Raum und Gesellschaft

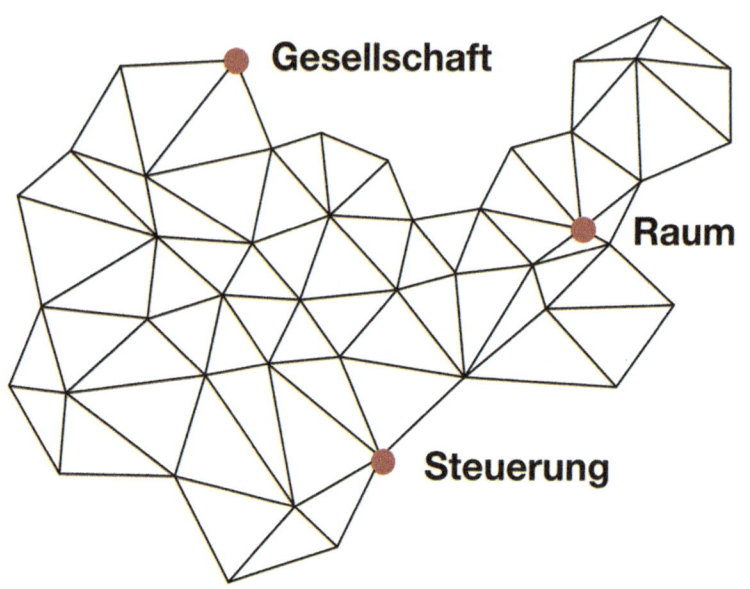

Oliver Frey

Raum und Gesellschaft

Soziale Dimensionen der Planung

 Springer VS

Oliver Frey
Hochschule für Wirtschaft und Umwelt
(HfWU), Fakultät Umwelt Gestaltung
Therapie (FUGT)
Nürtingen-Geislingen, Deutschland

ISBN 978-3-658-48153-7   ISBN 978-3-658-48154-4   (eBook)
https://doi.org/10.1007/978-3-658-48154-4

Die Deutsche Nationalbibliothek verzeichnet diese Publikation in der Deutschen Nationalbiblio-
grafie; detaillierte bibliografische Daten sind im Internet über https://portal.dnb.de abrufbar.

Springer VS ist ein Imprint der eingetragenen Gesellschaft Springer Fachmedien Wiesbaden GmbH
und ist ein Teil von Springer Nature.
Die Anschrift der Gesellschaft ist: Abraham-Lincoln-Str. 46, 65189 Wiesbaden, Germany

Für Student*innen der Stadt- und Regionalplanung, Raumplanung, Landschaftsplanung, Architektur, Geographie sowie der Soziologie, Sozialen Arbeit und den Sozialwissenschaften

Vorwort

Dieses Buch beleuchtet die soziale Dimension der räumlichen Planung, indem der grundlegende Wandel des Planungsverständnisses vor dem theoretischen Hintergrund von Raum und Gesellschaft sowie in den angewandten Bereichen der sozial-räumlichen Transformation erläutert wird. Ziel ist es, eine interdisziplinäre Brücke zwischen den Disziplinen der Stadt- und Regionalplanung und der Soziologie zu schlagen. Dabei wird die Planungssoziologie als eigenständiges Fachgebiet weiterentwickelt, um nicht nur eine kritische Perspektive auf die aktuelle Planungspraxis zu bieten, sondern auch Synergien und Innovationen für die Planungs- und Sozialwissenschaften zu fördern. Für die räumliche Planung wird die Perspektive auf das Wirkungsgeflecht zwischen Gesellschaft, Raum und Steuerung gestärkt, während für die Soziologie die Bedeutung der Raumgebundenheit sozialer Prozesse betont wird.

Der erste Grundstein für dieses Werk wurde während meines Studiums der Stadt- und Regionalplanung sowie Soziologie bei Dr. Wolfgang Serbser und Prof. Dr. Rainer Mackensen an der TU Berlin gelegt. Sie machten mich auf die qualitativen Studien der Chicagoer Schule aufmerksam und weckten mein Interesse an einer sozial orientierten Stadtplanung in den Bereichen Quartiersmanagement, Soziale Stadt sowie Stadterneuerungs- und Aufwertungsprozessen.

Durch Studienaufenthalte am Institut français d'urbanisme (IFU) an der Université de Paris VIII in Marne-la-Vallée unter der Leitung von Prof. Bernard Marchand und Prof. Dr. Alain Bourdin konnte ich einen Zugang zur französischen Stadtsoziologie erlangen. Die theoretischen Arbeiten von Maurice Halbwachs, Bruno Latour, Loïc Wacquant, Pierre Bourdieu und Henri Lefebvre stärkten sowohl meine kritische Sicht auf die Folgen neoliberaler Stadtentwicklung als auch mein Verständnis für die Rolle kultureller Phänomene in der Raumentwicklung. Diese Einflüsse spiegeln sich in den Argumentationen und Gedanken dieses Buches wider, das die materielle Verfasstheit kultureller Prozesse in räumlichen Strukturen berücksichtigt.

Diskussionen und Kooperationen mit französischen Kolleg*innen erweiterten zudem meine Perspektive auf die Wechselwirkungen zwischen urbanen Räumen und sozialen Dynamiken. Praxisorientierte Studien und Projekte ermöglichten es mir, theoretische Konzepte in realen städtischen Kontexten zu beobachten und zu analysieren, was mein Verständnis für die Mechanismen sozialer Ungleichheit und räumlicher Segregation vertiefte. Damit boten sich mir wertvolle Einblicke in die Bedeutung sozialer Netzwerke, symbolischer Macht und kollektiver Erinnerungen bei der Gestaltung urbaner Räume. Die Integration dieser Perspektiven und Methoden in meine Arbeit zeigt sich in den Analysen und Empfehlungen dieses Buches, das als Brücke zwischen Theorie und Praxis dient.

An der TU Wien fand ich mit Prof. Dr. Jens Dangschat während meiner fast 20-jährigen Tätigkeit in Lehre und Forschung einen Kollegen am Institut der Soziologie, der meine weitere Beschäftigung mit sozialräumlichen Prozessen in der Stadt förderte. Später konnte ich als Leiter des Arbeitsbereichs Urbanistik an der Fakultät für Architektur und Raumplanung durch Forschungen zu kulturellen Prozessen der Stadtentwicklung, zur Rolle kreativer Milieus sowie zu Gentrifikation und sozialräumlicher Ausgrenzung weitere soziale Aspekte der Planung vertiefen.

Durch einen Gastaufenthalt an der ‚Graduate School of Architecture, Planning and Preservation‘ an der Columbia University in New York unter der Leitung von Prof. Dr. Peter Marcuse konnte ich weitere sozialen Aspekte der Planung analysieren. Dabei führte ich Forschungen zu sozialer Ungleichheit im städtischen Raum, zu Exklusionsprozessen und zu den lokalen negativen Folgen der Globalisierung durch. Diese Untersuchungen ermöglichten es mir, fundierte Erkenntnisse zu gewinnen, die einen wesentlichen Beitrag zu meiner sozialen Perspektive auf Stadtplanung leisteten und mein Verständnis für die komplexen sozialen Dynamiken in urbanen Kontexten erheblich erweiterten.

Ein Stipendium der Heinrich-Böll-Stiftung ermöglichte mir im Graduiertenkolleg zur ‚Zukunft der Europäischen Stadt‘ unter der Leitung von Prof. Dr. Hartmut Häußermann und Prof. Dr. Ilse Helbrecht den Abschluss meiner Promotion. Durch die Forschungsarbeit im Graduiertenkolleg konnte ein weiterer Baustein mit Stadtkonzeptionen und räumlichen Steuerungstheorien zur Brücke zwischen Planung und Soziologie hinzugefügt werden.

Prof. Dr. Klaus Kunzmann machte mich auf die bahnbrechenden Arbeiten von Prof. Dr. John Friedmann aufmerksam, die eine sozialwissenschaftliche Fundierung der Planungsdisziplin bieten und maßgeblich in meine Forschungsarbeiten eingeflossen sind. Friedmann betrachtet räumliche Planung als ein normatives und politisches Feld, das darauf abzielt, eine gute Gesellschaft zu erreichen.

Die grundlegenden Arbeiten von Prof. Dr. Martina Löw und Prof. Dr. Dieter Läpple zur gesellschaftlichen und relationalen Raumtheorie stellen ein weiteres zentrales Fundament für dieses Buch dar. Durch das Aufzeigen der Wechselwirkungen zwischen der physisch-materiellen Welt und gesellschaftlichen Strukturen und Prozessen stellte sich stets die Frage nach der anwendungsbezogenen Konsequenz für die Methoden und Theorien des Planens. In meiner Habilitationsschrift im Fachgebiet Planungssoziologie versuche ich, darauf einige Antworten zu geben, indem ich Ortsgestaltungen zwischen gebautem Raum und sozialen Prozessen analysiere. Kulturellen Aspekten, insbesondere den divergierenden Vorstellungen von Räumen und den mit konkreten Orten verbundenen Emotionen und Sinnstrukturen, sollte in der Planung mehr Aufmerksamkeit zukommen. Planungssoziologie sollte interdisziplinär an der Schnittstelle von kulturwissenschaftlicher Stadt- und Raumsoziologie und räumlicher Planung agieren.

Während meines Forschungsaufenthaltes im Wintersemester 2023/2024 war ich als Gastwissenschaftler am Sonderforschungsbereich (SFB) 1265 der TU Berlin, unter der Leitung von Prof. Dr. Martina Löw und Prof. Dr. Hubert Knoblauch, assoziiert. Der im Januar 2018 von der Deutschen Forschungsgemeinschaft (DFG) eingerichtete Sonderforschungsbereich 1265 „Re-Figuration von Räumen" an der Technischen Universität Berlin untersucht die Veränderungen der sozialräumlichen Ordnungen, die seit den späten 1960er Jahren zu beobachten sind. Im Austausch mit Kolleg*innen konnte ich meine planungssoziologische Perspektive auf räumliche Steuerungen und die damit verbundenen Re-Konfigurationen von Räumen unter Berücksichtigung ökonomischer, sozial-kultureller und digitaler Entwicklungen sowohl theoretisch als auch praxisbezogen erweitern.

Sehr dankbar bin ich für die vielen fachlichen Gespräche während des Forschungsaufenthaltes in Berlin, die ich mit Kolleg*innen der Stadtsoziologie, unter anderem Prof. Dr. Silke Steets, Prof. Dr. Johanna Hörning, Prof. Dr. Florian Koch, Prof. Dr. Ignacio Farías, Dr. Jochen Kibel, Dr. Janet Merkel und Dr. Séverine Marguin, führen konnte. Insofern stellte das Forschungssemester auch eine Rückkehr zu meinen akademischen Wurzeln als Soziologe dar. Dies ermöglichte mir, die Sichtweisen auf die Disziplinen Soziologie und räumliche Planungswissenschaft weiter miteinander zu verbinden.

Das vorliegende Werk resümiert im Rahmen meines bisherigen Wirkens in der Soziologie und Planung das Spannungsfeld zwischen Raum und Gesellschaft als grundlegend für die Konstituierung eines sozialwissenschaftlichen Planungsverständnisses. Mein Plädoyer besteht in einer fruchtbaren Integration gesellschaftlicher, baulich-räumlicher und steuerungspolitischer Perspektiven in die Analyse von Planungsprozessen. Mit diesem Buch möchte ich Anregungen für eine weitergehende sozialwissenschaftliche Fundierung der Planung und eine Sensibilisierung für Räume und Orte in den Sozialwissenschaften liefern.

Ein weiteres Anliegen dieses Buches ist es, den Diskurs über die Bedeutung sozialer Gerechtigkeit in der räumlichen Planung zu fördern. In einer Zeit zunehmender sozialer Ungleichheiten und räumlicher Segregation ist es essenziell, Planungsprozesse zu entwickeln, die inklusiv und gerecht sind. Die Rolle der Bürgerbeteiligung und die Einbindung unterschiedlicher gesellschaftlicher Gruppen in die Planungsprozesse wird daher ebenfalls thematisiert, um Wege aufzuzeigen, wie Planung demokratischer und partizipativer gestaltet werden kann.

Abschließend möchte ich betonen, dass dieses Buch nicht nur für Fachleute aus der Planung und Soziologie gedacht ist, sondern auch für Praktiker*innen, Entscheidungsträger*innen und Studierende, die sich für die komplexen Wechselwirkungen zwischen Raum und Gesellschaft interessieren. Ich hoffe, dass die vorgestellten Konzepte und Fallstudien inspirieren und zur Weiterentwicklung der Planungssoziologie beitragen.

Die Originalversion des Buchs wurde revidiert. Ein Erratum ist verfügbar unter https://doi.org/10.1007/978-3-658-48154-4_14

Danksagung

Mein herzlicher Dank gilt den Kolleg*innen und Student*innen, die mich während meiner über 30-jährigen Tätigkeit in den Fachgebieten Soziologie, Planung und Architektur begleitet und inspiriert haben. Durch ihre intellektuellen Diskurse und ihr Engagement haben sie maßgeblich zu meiner Sicht auf die sozialen Aspekte von Planung sowie zum Verständnis des Wechselverhältnisses von Raum und Gesellschaft beigetragen. Ihr Beitrag und ihre Unterstützung waren für mich von unschätzbarem Wert.

Besonderer Dank gebührt den Studierenden der planerischen Studiengänge an der Hochschule für Wirtschaft und Umwelt Nürtingen-Geislingen (HfWU), insbesondere an meiner Fakultät für Umwelt, Gestaltung und Therapie (FUGT). Im Rahmen meiner Lehrveranstaltungen im Wintersemester 2024/25 verfassten die folgenden Jahrgänge ein Double-Entry-Review verschiedener Kapitel dieses Buches: Studierende der Stadtplanung im dritten und sechsten Semester (SP3 und SP6), der Landschaftsplanung im ersten, dritten und sechsten Semester (LPN1, LPN3 und LPN6) sowie Masterstudierende im zweiten Semester des Studiengangs Stadt-Landschaft-Transformation (SLM). Ihre zahlreichen wertvollen Hinweise, Anmerkungen und Verbesserungsvorschläge im Rahmen der Reviews und Diskussionen sind in die Überarbeitung eingeflossen.

Meine große Wertschätzung gilt Christopher Heidecke für das sorgfältige Lektorat, seine weiterführenden Anmerkungen sowie seine durchgehend motivierende und unterstützende Begleitung bei der Fertigstellung des Manuskripts.

Abschließend danke ich dem VS-Verlag, insbesondere meiner Verlagslektorin Frau Dr. Cori Mackrodt, für die kontinuierliche Betreuung und Unterstützung während des einjährigen Produktions- und Schreibprozesses dieses Buches.

Wechselwirkungen und Verflechtungen zwischen Gesellschaft, Raum und Umwelt

Das Buch ‚Gesellschaft und Raum: Soziale Dimension der Planung' bietet eine umfassende Einführung in die Planungssoziologie. Es untersucht die Wechselwirkungen zwischen gesellschaftlichen Strukturen, räumlichen Eigenschaften und Steuerungsformen anhand des Analysedreiecks ‚Gesellschaft, Orte, Steuerung'. Dieses Modell ermöglicht eine typologische Erfassung und detaillierte Analyse praxisbezogener Beispiele und Planungsprojekte. Ein zentraler Fokus des Buches liegt auf der kritischen Auseinandersetzung mit normativen Leitbildern und politischen Implikationen, die den Planungskonzepten zugrunde liegen. Ein besonderer Schwerpunkt liegt auf den institutionellen Arrangements sowie den prägenden sozialen Gruppen und Netzwerken. Die interdisziplinäre Perspektive des Buches ermöglicht ein tiefes Verständnis der komplexen Auswirkungen planerischer Interventionen und fördert ein erweitertes Verständnis der Zusammenhänge von Planung, Raum und Umwelt.

Themen

- Grundlagen der Planungssoziologie: Untersuchung der Wechselwirkungen zwischen gesellschaftlichen Strukturen, räumlichen Eigenschaften und Steuerungsformen, inklusive kritischer Auseinandersetzung mit normativen Leitbildern und politischen Implikationen.

- Räume als Spiegel der Gesellschaft: Analyse sowohl intentional gestalteter als auch emergenter Raumprozesse und deren dynamische Beziehungen zu sozialen Formationen inklusive soziale Dynamiken und kulturelle Muster, die räumliche Gestaltung und Nutzung prägen.

- Analysedreieck ,Gesellschaft, Orte, Steuerung': Einsatz dieses Modells zur typologischen Erfassung und detaillierten Analyse von praxisbezogenen Beispielen und Planungsprojekten.

- Partizipation und Inklusion: Die Bedeutung von Bürgerbeteiligung und transparenter Entscheidungsfindung in der räumlichen Planung wird betont.

- Institutionelle und organisatorische Arrangements: Betrachtung der institutionellen und organisatorischen Strukturen sowie der prägenden sozialen Gruppen und Netzwerke, die Einfluss auf die räumliche Planung nehmen.

- Interdisziplinäre Perspektive und theoretische Ansätze: Förderung eines neuen Verständnisses von Planung und Raum durch interdisziplinäre Ansätze und die Integration von sozialwissenschaftlichen Methoden in die räumliche Planungspraxis.

Inhaltsverzeichnis

Abbildungsverzeichnis

Einleitung

1

Diese Fotografie (Abb. 1.1) zeigt die technischen, sozialen, ökonomischen, ökologischen und funktionalen Aspekte des Wohnens und der gebauten Umwelt. Sie fängt gesellschaftliche, planerische sowie lokal-räumliche Dimensionen ein und verdeutlicht, dass der Raum kein stummer Hintergrund menschlichen Handelns ist, sondern ein lebendiges Geflecht aus sozialen Praktiken, Machtverhältnissen und Bedeutungen – ein dynamisches Spiegelbild gesellschaftlicher Prozesse.

Dieses Buch untersucht die vielschichtigen Beziehungen zwischen Gesellschaft und Raum und beleuchtet die soziale Dimension der räumlichen Planung. Es bietet einen umfassenden Überblick über die theoretischen und methodischen Grundlagen der Planungssoziologie. Der Fokus liegt dabei auf den Wechselwirkungen zwischen gesellschaftlichen Strukturen und räumlichen Prozessen, die für eine nachhaltige Entwicklung von zentraler Bedeutung sind. Raum wird hier nicht nur als physische Entität verstanden, sondern auch als sozial konstruiertes Phänomen, das durch soziale Praktiken, Machtverhältnisse und kulturelle Bedeutungen ständig neu geschaffen und transformiert wird.

Gesellschaftliche Prozesse und räumliche Planungen sind eng miteinander verknüpft und beeinflussen sich gegenseitig auf vielfältige Weise. Ziel ist es, die Relevanz der sozialen Dimension in der räumlichen Planung aufzuzeigen und die Leser*innen für diese Thematik zu sensibilisieren. Dabei wird betont, dass eine integrative Planung sowohl die materiellen als auch die immateriellen Aspekte des Raumes berücksichtigen sollte, um den komplexen Anforderungen der heutigen Zeit gerecht zu werden.

Es wird dargelegt, wie Planungsprozesse durch soziale Dynamiken geprägt werden und welche Rolle verschiedene Akteur*innen dabei spielen. Zudem wird

© Der/die Autor(en), exklusiv lizenziert an Springer Fachmedien Wiesbaden GmbH, ein Teil von Springer Nature 2025
O. Frey, *Raum und Gesellschaft*, https://doi.org/10.1007/978-3-658-48154-4_1

Abb. 1.1 Gursky, Andreas: Ausschnitt der Fotografie ‚Montparnasse‘, 2010 © Andreas Gursky/Courtesy Sprüth Magers/VG Bild-Kunst, Bonn 2025

die historische Entwicklung der Planungssoziologie skizziert, um ein besseres Verständnis für die aktuellen Ansätze und Methoden zu ermöglichen. Die Bedeutung partizipativer Ansätze wird hervorgehoben, da diese zu einer höheren Akzeptanz und Wirksamkeit der Planungen beitragen können.

Ein besonderes Augenmerk liegt auf der Analyse von Machtverhältnissen und sozialen Ungleichheiten, die sich in der räumlichen Struktur widerspiegeln. Das Buch verdeutlicht, dass eine sozial wie ökologisch gerechte räumliche Planung notwendig ist, um den Herausforderungen des 21. Jahrhunderts, wie Urbanisierung und Klimawandel, zu begegnen. Es wird erläutert, wie diese globalen Trends die räumliche Planung beeinflussen und welche Anpassungsstrategien erforderlich sind.

Abschließend wird die Bedeutung einer interdisziplinären Herangehensweise betont, die Planungs- und Sozialwissenschaften miteinander verbindet, um umfassende Lösungen zu entwickeln. Grundlage hierfür ist ein Verständnis der sozialen und ökologischen Dimensionen der räumlichen Planung.

1.1 Definition und Bedeutung von Raum und Gesellschaft

Raum und Gesellschaft sind zwei grundlegende Konzepte, die in einem ständigen Wechselverhältnis zueinanderstehen. Raum wird traditionell als physischer Container betrachtet, der durch materielle Gegebenheiten definiert ist. In den letzten Jahrzehnten hat sich jedoch ein relationales Verständnis von Raum durchgesetzt, bei dem Raum als dynamische Anordnung sozialer Beziehungen und Interaktionen gesehen wird. Dieses Verständnis erkennt an, dass Räume durch soziale Praktiken, Machtverhältnisse und kulturelle Bedeutungen ständig neu geschaffen und transformiert werden. Gesellschaft umfasst die komplexen Netzwerke von Individuen, Institutionen und sozialen Strukturen, die in ständiger Interaktion stehen. Die Rolle von Raum und Gesellschaft in der räumlichen Planung ist zentral, da Planungsprozesse sowohl die physischen als auch die sozialen Dimensionen eines Raumes berücksichtigen sollten. Diese Integration ermöglicht es, nachhaltige und resiliente Strategien zu entwickeln, die den Bedürfnissen und Perspektiven einer heterogenen Bevölkerung sowie der sozialen und ökologischen Transformation von Gesellschaft gerecht werden. Raum als soziales Konstrukt erfordert ein tiefes Verständnis der Wechselwirkungen zwischen materiellen und sozialen Elementen, um eine ganzheitliche und anpassungsfähige Planung zu gewährleisten.

1.2 Überblick über die Struktur des Buches

Die vorliegende Monographie ‚Gesellschaft und Raum. Soziale Dimension der Planung‘ ist in drei Buchteile gegliedert, die systematisch die verschiedenen Facetten der räumlichen Planung aus einer sozialen Perspektive beleuchten. In Buchteil A ‚Gesellschaft und Planung‘ wird die theoretische Grundlage gelegt, indem die Konzepte von Raum und Gesellschaft definiert und ihre Bedeutung für die Planung dargelegt werden. Es wird die historische Entwicklung der Planungssoziologie nachgezeichnet, um das Verständnis für die heutige Planungspraxis zu vertiefen. In Buchteil B ‚Steuerung und Konzepte‘ werden zentrale Themen wie sozialen Dimensionen der Stadtentwicklung, die Rolle der Akteur*innen in Planungsprozessen und die Bedeutung von Macht und Partizipation behandelt. Ein weiterer Schwerpunkt liegt auf der Analyse verschiedener Planungsinstrumente und -methoden, die zur Steuerung sozialer Dynamiken im Raum eingesetzt

werden. Buchteil C ,Raum, Orte und Umwelt' widmet sich der Zukunft der räumlichen Planung und den Herausforderungen, die sich aus globalen Trends wie
Urbanisierung, Klimawandel und Digitalisierung ergeben.

1.3   Zielsetzung und Methodik des Buches

Ziel des Buches ist es, ein tieferes Verständnis der sozialen Dimensionen
der räumlichen Planung zu vermitteln. Durch die Integration soziologischer
Theorien und Konzepte soll die Komplexität der Wechselwirkungen zwischen
Raum und Gesellschaft aufgezeigt werden. Methodisch stützt sich das Buch
auf eine interdisziplinäre Herangehensweise, die sowohl qualitative als auch
quantitative Forschungsmethoden umfasst. Es werden verschiedene analytische
Ansätze verwendet, um die vielfältigen sozialen Prozesse und Strukturen, die
die räumliche Planung beeinflussen, zu untersuchen. Dabei werden sowohl Best-
Practice-Beispiele als auch problematische Planungsansätze analysiert, um daraus
Erkenntnisse für eine verbesserte Planungspraxis abzuleiten.

1.4   Einführung in die Hauptthemen und Fragestellungen

Die Monographie behandelt eine Vielzahl von Hauptthemen und Fragestellungen,
die für das Verständnis der sozialen Aspekte der räumlichen Planung zentral sind.
Ein zentrales Thema ist die Analyse sozialer Ungleichheiten und deren räumliche Manifestationen. Wie beeinflussen soziale Strukturen und Machtverhältnisse
die räumliche Verteilung von Ressourcen und Chancen? Ein weiteres wichtiges
Thema ist die Rolle der Akteur*innen in den Planungsprozessen. Wer sind die
Hauptakteure, und wie beeinflussen sie die Gestaltung und Nutzung von Räumen? Die Frage der Partizipation und der Einbeziehung der Bevölkerung in die
Planungsprozesse ist ebenfalls von zentraler Bedeutung. Wie können partizipative Ansätze zur Förderung sozialer Gerechtigkeit und Nachhaltigkeit beitragen?
Darüber hinaus wird die Bedeutung der kulturellen und symbolischen Dimensionen von Raum untersucht. Wie prägen kulturelle Werte und Bedeutungen
die räumliche Organisation und Wahrnehmung? Schließlich wird die Frage der
Anpassungsfähigkeit der räumlichen Planung an globale Trends wie Urbanisierung, Klimawandel und Digitalisierung thematisiert. Welche Herausforderungen
und Chancen ergeben sich aus diesen Entwicklungen für die räumliche Planung?

1.5 Relevanz der sozialen Dimension in der räumlichen Planung

Die soziale Dimension ist ein unverzichtbarer Bestandteil der räumlichen Planung, da sie die Lebensqualität und das Wohlbefinden der Bevölkerung direkt beeinflusst. Eine Planung, die soziale Aspekte vernachlässigt, läuft Gefahr, soziale Ungleichheiten zu verschärfen und Konflikte zu fördern. Die Integration sozialer Dimensionen in die Planungspraxis ermöglicht es, die Bedürfnisse und Interessen verschiedener Bevölkerungsgruppen zu berücksichtigen und somit gerechtere und inklusivere Räume zu schaffen. Soziale Planung fördert die Schaffung von öffentlichen Räumen, die Begegnung und Austausch ermöglichen und soziale Netzwerke stärken. Sie berücksichtigt die unterschiedlichen Lebensstile und Bedürfnisse der Menschen und trägt zur Förderung von sozialer Kohäsion und Integration bei. Zudem spielt die soziale Dimension eine wichtige Rolle bei der Bewältigung globaler Herausforderungen wie dem demografischen Wandel, der Urbanisierung und dem Klimawandel. Eine sozial orientierte räumliche Planung kann zur Entwicklung nachhaltiger und resilienter Städte beitragen, die den komplexen Anforderungen der Zukunft gerecht werden.

Die Abb. 1.2 zeigt zentrale Herausforderungen der räumlichen Planung in Zeiten tiefgreifender sozio-ökonomischer Veränderungen. Der soziale, ökonomische und kulturelle Wandel führt zu wachsender Vielfalt, aber auch zu neuen Formen sozialer Ungleichheit. Besonders sichtbar wird dies in der zunehmenden sozialen und räumlichen Ungleichheit sowie in der Verschärfung von Armut und Segregation. Gleichzeitig steigen Instabilität und Flüchtigkeit urbaner Strukturen, was neue Anforderungen an soziale Organisation und Planung stellt. Ökologische, gesundheitliche und ökonomische Krisen verstärken bestehende Teilhabebarrieren und verschärfen soziale Belastungen. Zudem führen veränderte Arbeits- und Lebensweisen zu einer Verlagerung gesellschaftlicher Interaktion in virtuelle Räume, wodurch traditionelle Formen des Zusammenlebens neu verhandelt werden. Die Abbildung veranschaulicht damit, wie multiple Krisen und gesellschaftlicher Wandel die soziale Kohäsion und die Möglichkeiten der Teilhabe herausfordern.

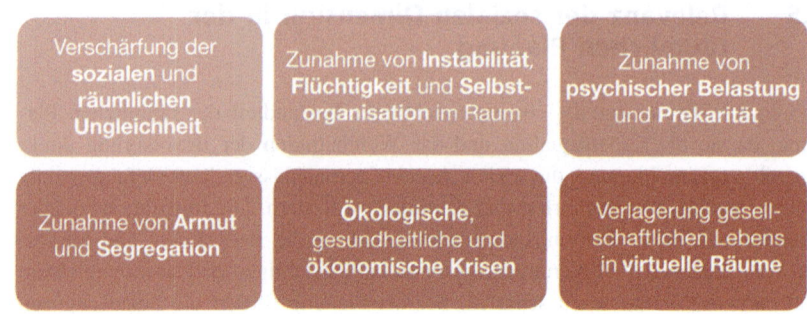

Abb. 1.2 Soziale Dimensionen der räumlichen Planung

Weiterführende Literatur

Atteslander, Peter (Hrsg.) (1976): Soziologie und Raumplanung. Berlin, New York: de Gruyter.

Breckner, Ingrid & Göschel, Albrecht & Matthiesen, Ulf (Hrsg.) (2020): Handbuch Stadtsoziologie und Stadtentwicklung, Nomos-Verlag, Baden-Baden.

Dangschat, Jens S. (Hrsg.) (1998): Modernisierte Stadt – gespaltene Gesellschaft. Ursachen von Armut und sozialer Ausgrenzung. Opladen: Leske+Budrich.

Eckardt, Frank (Hrsg.) (2024): Handbuch Stadtsoziologie. Springer VS, Wiesbaden.

Flade, Antje (Hrsg.) (2015): Stadt und Gesellschaft im Fokus aktueller Stadtforschung: Konzepte – Herausforderungen – Perspektiven. Wiesbaden: Springer Fachmedien Wiesbaden.

Frey, Oliver (2009): Die amalgame Stadt. Orte. Netze. Milieus. Wiesbaden: VS-Verlag für Sozialwissenschaften.

Frey, Oliver (2024): Planungssoziologie. In: Eckardt, Frank (Hrsg. 2024): Handbuch Stadtsoziologie, Wiesbaden: Springer Fachmedien Wiesbaden, S. 1-30.

Friedmann, John (1987): Planning in the public domain: From Knowledge to Action. Princeton: Princeton University Press.

Hamm, Bernd & Neumann, Ingo (1996): Siedlungs-, Umwelt- und Planungssoziologie. Ökologische Soziologie Band 2. Opladen: Leske+Budrich.

Kogler, Raphaela & Hamedinger, Alexander (Hrsg.) (2024): Interdisziplinäre Stadtforschung II: Zugänge und Methoden. transcript Verlag.

Kunzmann, Klaus R. (2004): An Agenda for Creative Governance in City Regions. disP – The Planning Review, 40 (158), S. 5–10.

Läpple, Dieter (1991): Essay über den Raum: für ein gesellschaftswissenschaftliches Raumkonzept. In: Häußermann, Hartmut u.a. (Hrsg.) (1991): Stadt und Raum: sozio-logische Analysen. Deutschland: Centaurus-Verlagsgesellschaft, S. 155–207.

Löw, Martina (2001): Raumsoziologie. Frankfurt am Main: Suhrkamp.

Rink, Dieter & Haase, Annegret (Hrsg.) (2018): Handbuch Stadtkonzepte. Analysen, Diagnosen, Kritiken und Visionen, Opladen, Toronto: utb, Barbara Budrich.

Schroer, Markus (2022): Geosoziologie: Die Erde als Raum des Lebens. Suhrkamp Verlag.

Siebel, Walter (2015): Die Kultur der Stadt. Frankfurt a.M.: Suhrkamp.

Walther, Uwe-Jens & Güntner, Simon (2007): Soziale Stadtpolitik in Deutschland: das Programm „Soziale Stadt". In: Die Stadt in der Sozialen Arbeit: Ein Handbuch für soziale und planende Berufe, S. 389–400.

Grundlagen der Planungssoziologie 2

Dieser 3D-Scan (Abb. 2.1) vereint kunstvoll Ästhetik und Funktionalität der gebauten Umwelt. Er zeigt ein Gebäude, das zugleich Raum und Ort für Mobilität, Aufenthalt, Bewegung und Beobachtung symbolisiert: den Wiener Südbahnhof – eingefangen in einer historischen Vergangenheit, einer gegenwärtigen Momentaufnahme und einer zukünftig dynamischen Perspektive. Im Zusammenspiel von Gesellschaft, Raum und Steuerung entfaltet sich die Choreographie der Planung – ein Spiel aus Macht, Normen und Dynamiken, in dem Orte nicht nur geformt, sondern durch soziale Praktiken und politische Impulse fortwährend neu verhandelt werden.

2.1 Einleitung

Ziel ist es, die historische Entwicklung der Planungssoziologie darzustellen, zentrale Forschungs- und Lehrfelder aufzuzeigen und die Relevanz des Faches für die Planungspraxis zu verdeutlichen. Das Tätigkeitsfeld der räumlichen Planung wird dabei als Zusammenspiel von gesellschaftlichen Strukturen und Prozessen, der baulich-materiellen Gestaltung von Orten und gezielten räumlichen Steuerungsformen betrachtet. Dabei geht es nicht nur um technische und rechtliche Rahmenbedingungen, sondern auch um soziale Dynamiken, die den Raum prägen und sich im Planungsprozess widerspiegeln. Die Schaffung von klimaresilienten Städten, in denen soziale, ökologische und bauliche Aspekte zusammengeführt werden, benötigt interdisziplinäre planerische Strategien und Instrumente. In der Landschaftsplanung zeigt sich dies etwa bei der Gestaltung von Grün- und Freiräumen, die sowohl als ökologische Rückzugsorte

O. Frey, *Raum und Gesellschaft*, https://doi.org/10.1007/978-3-658-48154-4_2

Abb. 2.1 3-D-Scan des Südbahnhofes Wien aus dem Jahr 2010 © Robert Kalasek & Mathias Ganspöck, TU Wien

für Tiere und Pflanzen als auch als soziale Begegnungsräume für Menschen dienen. In der Umweltplanung spiegelt sich die Verbindung zwischen Gesellschaft und Raum in Strategien zur Reduktion von Umweltbelastungen wider, beispielsweise durch Luftreinhaltepläne, die sowohl gesundheitliche als auch wirtschaftliche Interessen berücksichtigen müssen. In der Stadtplanung sind partizipative Planungsverfahren ein Beispiel dafür, wie Bürgerinnen und Bürger aktiv in räumliche Entscheidungsprozesse einbezogen werden, um sozial gerechtere und lebenswertere Quartiere zu schaffen. Dabei zeigt sich, dass ‚Planung als Beruf' in einem möglichst ausgewogenen Gleichgewicht zwischen der Praxis technisch-physischer Planung, einem kommunikativ-politischen Selbstverständnis und einem empathisch-künstlerischen Zugang zu Orten und Räumen liegt (vgl. Frey 2009; Beauregard & Lieto 2016; Göschel 2020).

Die Planungssoziologie basiert auf den Säulen Raumplanung sowie Soziologie und fördert durch interdisziplinäre Ansätze ein komplexes Verständnis von Planung und Raum. Für die räumliche Planung wird das Zusammenspiel von Gesellschaft, Raum und Planung betont, während in der Soziologie die Bedeutung der räumlichen Dimension sozialer Prozesse hervorgehoben wird. Die Planungssoziologie fokussiert theoretische Analysen ergänzt um praxisnahe Ansätze. Planungssoziologische Analysen betrachten die materielle Dimension der gebauten Umwelt als zentrales Element der Planungstätigkeit. Dabei wird die gebaute Umwelt nicht nur als Planungsobjekt berücksichtigt, sondern auch die physisch-materielle Umgebung, in der die Planungsprozesse selbst stattfinden, wie etwa Besprechungsräume und die eingesetzten technischen Hilfsmittel zur Visualisierung und Dokumentation. Diese materiellen Aspekte wirken entscheidend auf die räumliche Planung ein und müssen als einflussreiche Faktoren im Planungsprozess berücksichtigt werden.

Das Fachgebiet untersucht gesteuerte und ungeplante Ortsgestaltungen und ihre Wechselwirkungen mit sozialen Strukturen und Prozessen. Ziel ist es, die normative Ausrichtung der räumlichen Planung im Kontext gesellschaftlicher Transformationsprozesse zu analysieren und ein Verständnis für Planungsakteure und betroffene Gruppen zu entwickeln. Kommunikationsprozesse und Dialogverfahren spielen dabei eine zentrale Rolle. Ungeplante Entwicklungen durch Selbstorganisation und alltägliche Aneignungsprozesse werden ebenfalls berücksichtigt.

Raumplanung wird als sozialwissenschaftliche Disziplin verstanden, die theoretisches und praktisches Wissen in konkrete Aktionen umsetzt (vgl. Atteslander 1976: 10–71). In diesem Sinne betonen Friedmanns Arbeiten die Bedeutung der Planung als Instrument zur Förderung gesellschaftlicher Veränderungen durch interaktive Prozesse. Planung wird als Mittel zur gesellschaftlichen Transformation verstanden, bei dem neue Wege kontinuierlich und reflexiv im Dialog zwischen den Akteuren ausgehandelt werden. Als bedeutender Vordenker der Planungssoziologie, sah Friedmann Planung als Mittel zur gesellschaftlichen Transformation, in dem Wissen und Handlung im öffentlichen Raum verknüpft werden: „Planning is that professional practice that specifically seeks to connect forms of knowledge with forms of action in the public domain" (Friedmann 1993: 482).

Friedmanns Werk basiert auf einer sozialwissenschaftlichen Fundierung der Planung, bei der soziales Lernen und empathischer Dialog zentrale Rollen für positive Transformationsprozesse spielen. Ebenso betonen Hamm und Neumann in ihrem Buch ‚Siedlungs-, Umwelt- und Planungssoziologie' die Bedeutung der räumlichen Umwelt für die Soziologie und weisen auf die ökologische Krise und die Notwendigkeit einer normativ-planerische Auseinandersetzung mit der Umwelt hin (vgl. Hamm & Neumann 1996).

2.2   Was ist Planungssoziologie?

Planungssoziologie untersucht die Beziehung zwischen sozialen Strukturen und räumlicher Planung. Sie analysiert, wie Räume nicht nur durch gezielte Planung, sondern auch durch spontane soziale Prozesse gestaltet werden. Spontane soziale Prozesse sind informelle, oft ungeplante Aktivitäten und Interaktionen von Individuen und Gruppen, die den Raum durch ihre Nutzung und Aneignung verändern. Sie können als Reaktionen auf bestehende Planungen entstehen oder eigenständige Dynamiken entfalten, die den Charakter eines Ortes prägen. Dazu gehören informeller Treffpunkte in städtischen Parks oder auf öffentlichen Plätzen, die ursprünglich nicht für eine solche Nutzung vorgesehen waren. So werden etwa städtische Brachen oder Zwischenräume von Jugendlichen als Sport- oder Aufenthaltsorte genutzt, wodurch sich neue soziale Praktiken und räumliche Bedeutungen entwickeln. Diese nicht vorhersehbaren Nutzungen beeinflussen langfristig auch die formelle Stadtplanung, indem sie zeigen, welche räumlichen Bedürfnisse in der Bevölkerung bestehen. Ein bekanntes Beispiel ist die Zwischennutzung des Berliner Mauerparks, der sich durch informelle Aktivitäten – von Straßenmusik über Flohmärkte bis hin zu gemeinschaftlichen Gärten – zu einem lebendigen urbanen Raum entwickelte, bevor er in offizielle Planungen integriert wurde.

Planungssoziologie nimmt diesbezüglich die Wechselwirkungen zwischen sozialen Akteurinnen, Akteuren und baulichen Strukturen und gesellschaftlichen Veränderungen in den Blick. Ziel ist es, Planungen zu hinterfragen und die zugrunde liegenden Werte, Normen und politischen Implikationen sichtbar zu machen, um verdeckte Annahmen zu hinterfragen. Planungssoziologie hilft somit, die Auswirkungen von Planungsentscheidungen auf soziale Dynamiken zu verstehen und nachhaltig zu gestalten. Insbesondere befasst sie sich mit Fragen der Macht, Partizipation und sozialen Ungleichheit im Planungsprozess (vgl. Dangschat 2017).

Macht im Planungsprozess zeigt sich auf verschiedenen Ebenen – in den Entscheidungen der Planenden, in der Einflussnahme durch Partizipation und in den strukturellen Machtverhältnissen, die darüber bestimmen, wessen Interessen berücksichtigt werden. Wer über Ressourcen, Wissen und politische Unterstützung verfügt, hat meist mehr Einfluss auf den Planungsverlauf als Gruppen, die weniger gut organisiert oder finanziell schwächer sind. Planung ist daher kein neutraler technischer Vorgang, sondern immer eine Aushandlung zwischen verschiedenen Machtinteressen. Öffentliche Verwaltungen, Investoren, Bürgerinitiativen oder Umweltverbände verfolgen oft unterschiedliche Ziele – von wirtschaftlichem Wachstum über sozialen Ausgleich bis hin zum Schutz natürlicher

Ressourcen. Wie diese Interessen gegeneinander abgewogen werden, entscheidet darüber, welche Zukunft für einen Raum gestaltet wird. Zudem erweitert die Planungssoziologie das Verständnis von Raum durch interdisziplinäre Ansätze, die Raum nicht als statisches Gebilde, sondern als dynamisches, veränderbares und relationales Konzept betrachten. Räume entstehen und verändern sich durch soziale Praktiken, politische Entscheidungen und materielle Gegebenheiten – sei es durch neue Bauprojekte, sich wandelnde Mobilitätsformen oder den Klimawandel. Bei der Gestaltung von urbanen Grünflächen betonen Stadtverwaltungen oft ökologische Funktionen, Bürgergruppen fordern verstärkt nutzbare, soziale Räume, etwa durch Gemeinschaftsgärten oder Aufenthaltsflächen. Die Aushandlung dieser unterschiedlichen Bedürfnisse zeigt, dass räumliche Planung immer auch ein politischer Prozess ist. In diesem Sinn trägt die Planungssoziologie entscheidend dazu bei, Planungsprozesse kritisch zu hinterfragen und demokratisch sowie ethisch fundierte Entscheidungen zu ermöglichen (vgl. Frey 2024).

Die raumbezogene Planungssoziologie erforscht, wie Räume sowohl durch bewusste Gestaltung als auch durch spontane Prozesse konfiguriert werden und wie diese mit gesellschaftlichen Strukturen und Prozessen interagieren. Dabei liegt ein Fokus auf den Wertvorstellungen und Ideologien, die der räumlichen Planung zugrunde liegen. Durch die kritische Auseinandersetzung mit normativen Leitbildern und deren politischen Implikationen hinterfragt die Planungssoziologie verdeckte Annahmen innerhalb von Planungskonzepten. Dabei betrachtet Planungssoziologie die Rolle der Akteurinnen und Akteuren, die physische Umwelt sowie Kommunikationsprozesse und partizipative Planungsansätze. Eine zentrale Überzeugung ist, dass ideologische Überbauten und normative Leitbilder oft dazu dienen, bestehende ökonomische Machtstrukturen zu verschleiern. Indem sie bestimmte Entwicklungsziele als alternativlos oder ‚natürlich‘ erscheinen lassen, können sie ökonomische Interessen legitimieren und sozialen oder ökologischen Anliegen unterordnen. Die Planungssoziologie deckt diese Mechanismen auf, indem sie analysiert, wer von bestimmten Planungen profitiert und welche Gruppen strukturell benachteiligt werden (vgl. Harth & Scheller 2010).

Dementsprechend befasst sich Planungssoziologie mit der sozialen Dimension von Planungsprozessen und untersucht die Wechselwirkungen zwischen gesellschaftlichen Strukturen, sozialen Akteuren und Planungsentscheidungen in verschiedenen Kontexten, wie z. B. Stadtplanung, Regionalplanung oder Umweltplanung. Ziel der Planungssoziologie ist es, ein tieferes Verständnis für die sozialen Dynamiken und Einflussfaktoren in der Stadt- und Raumplanung zu gewinnen und damit eine effizientere Gestaltung und Umsetzung von Planungsmaßnahmen zu ermöglichen, welche die Perspektive auf Problemlösungen für räumliche Entwicklung legt (vgl. Diller & Oberding 2017).

Interdisziplinäre Forschungsansätze der Planungssoziologie nutzen sozialwissenschaftliche Methoden und Theorien für die Planungspraxis: „Sociologist appeared to assume that planner's education should prepare them for collaboration with other disciplines – what one might term an interdisciplinary ‚rationale'" (Faludi: 1976: 121). Insofern ergänzt Planungsbezogene soziologische Forschung die traditionellen Methoden der Raumplanung, indem sie eine tiefere Reflexion über soziale, ökonomische, kulturelle und räumliche Transformationsprozesse ermöglicht: „Planning is becoming a prolific generator of social research. The question of how distinguished reliable findings from unreliable ones ought therefore to concern planners. This refers to the formulation and testing of hypothesis, to problems of measurement, concepts of time and space, and so for. Forecasting is another area where the common methodological problems of the social sciences are becoming particular evident and which is highly relevant to planning" (Faludi 1976: 126).

‚Planung und Gesellschaft' bilden ein Schnittfeld, in dem sozialwissenschaftliche Theorie und Analyse auf ingenieurorientierte Methoden zur Gestaltung von Transformationsprozessen treffen. Dabei spielen interdisziplinäres Denken, Kommunikation und Handeln eine zentrale Rolle. Planung ist zukunftsgerichtet und entwirft Szenarien, Visionen und Werte einer zukünftigen Entwicklung. Kommunikation und Dialog sind dabei essenziell. Die Planungssoziologie untersucht die erforderlichen sozial-psychologischen Kompetenzen und Motivationen der planenden Akteure und Institutionen. Sie fragt, wie Planende mit Unplanbarkeit und Unsicherheiten umgehen und welche Sichtweise sie auf die Steuerbarkeit von Entwicklungen haben.

Ende der 1970er Jahre hob Simmie zentrale Themen der Planungssoziologie hervor. Im Fokus standen dabei der sozial-politische Kontext, die Ursachen räumlicher Ungleichheit, Machtverhältnisse und Verteilungsgerechtigkeit, Ideologien sowie die Herausforderungen des planerischen Wandels. Er stellte fest, dass sich die traditionelle Definition der physischen Planung zwar weiterentwickelt habe, jedoch nach wie vor die Koordination sichtbarer, oft von Menschen geschaffener Aspekte der Umwelt betone. Diese äußere sich typischerweise in Form von Karten, Diagrammen und Zeichnungen, die sich mit der Lage und Gestaltung von Landnutzungen befassen. Simmie definierte Stadtplanung darüber hinaus als eine Form der Strukturplanung, die nicht nur ihr unmittelbares administratives Umfeld, sondern auch die lokalen Auswirkungen mit einbezieht. Er argumentierte, dass die Planungsanalyse grundsätzlich darin bestehen sollte, die Beziehungen zwischen den Zielen der Planerinnen und Planer sowie den Zwecken von Individuen und gesellschaftlichen Gruppen zu verstehen und die daraus resultierenden Folgen zu analysieren. Aus soziologischer Perspektive konzentriert sich die Analyse der

Stadtplanung darauf, soziale Interaktionen zwischen physischen oder strukturellen räumlichen Entwicklungen, ihrem institutionellen Umfeld sowie Individuen oder Gruppen in der Gesellschaft ausreichend zu berücksichtigen. Ziel ist es, zu erkennen, wie sich diese Interaktionen sowohl sozial als auch physisch auf die Gesellschaft insgesamt, bestimmte Gruppen, Einzelpersonen oder die Umwelt auswirken.

Die Planungssoziologie erfasst die dynamischen Wechselwirkungen zwischen einer Vielzahl von sich ständig verändernden komplexen Variablen der Umwelt. Dies umfasst die Untersuchung der sozialen Interaktionen zwischen wichtigen gesellschaftlichen Gruppen und das Verständnis des Gleichgewichts zwischen Kooperation, Entfremdung, Anomie und Konflikt. Ein zentraler soziologischer Grundgedanke dabei ist, dass soziale Prozesse nicht isoliert betrachtet werden können, sondern als eigenständige, miteinander verbundene Systeme agieren. Diese Systeme entwickeln sich durch wechselseitige Einflüsse weiter und prägen räumliche Strukturen ebenso, wie sie von diesen beeinflusst werden. So entstehen komplexe Netzwerke von sozialen, wirtschaftlichen und politischen Beziehungen, die sich in urbanen Räumen, regionalen Entwicklungen oder Umweltplanungen widerspiegeln (vgl. Simmie 1981).

Es ist außerdem wichtig, die Beziehungen zwischen politischen Zielvorstellungen und der planenden Verwaltung zu identifizieren. Die Wahrnehmung der Gesellschaft von Planerinnen und Planern, in der sie agieren, ist schließlich auch eine soziale Konstruktion. Letztlich hängt der Erfolg ihrer Maßnahmen nicht nur von einer genauen Problemanalyse, sondern auch von den normativen Urteilen der Planerinnen ab (vgl. Diller & Oberding 2017). Eine reine Problemanalyse reicht also nicht aus, um zu hinterfragen, wessen Interessen durch die Stadtplanung tatsächlich bedient warden: „It is necessary to analyses the kind of social interaction taking place between the main group in society and to identify the balance between co-operation, anomie, alienation and conflict. It is then important to specify the relationship which exist between this dynamic balance, government, and administration. These references points may then be compared with the town planners understanding of them weather their comprehension of the society in which they operate is 'relevant' and consequently whether their programs of action are effective. Whether the letter is the case, however, will depend not just on accurate understanding but also on the planners' normative judgements based on this understanding. Finally, it will be instructive to asses whose interests are served by town planning" (Simmie 1974: 13).

In der heutigen Planungssoziologie, wie auch in den Sozialwissenschaften insgesamt, geht es zunehmend darum, die strikte Trennung zwischen empirischer und normativer Forschung zu überwinden. Diese beiden Forschungsansätze – das

Sammeln und Analysieren von Fakten einerseits und die ethische oder wertorientierte Bewertung andererseits – sollten stärker ineinandergreifen. In der Zukunft wäre es wünschenswert, dass sich Planungssoziologie stärker von systemrationalen und entscheidungstheoretischen Überlegungen leiten lassen, wobei die Trennung zwischen empirischen und normativen Aussagen weniger eindeutig sein sollte. Ein zentrales Anliegen ist, dass Planerinnen und Planer heute vor einer Vielzahl von unterschiedlichen Perspektiven und Herangehensweisen stehen, die je nach Problemstellung variieren. Dabei müssen sie flexibel zwischen verschiedenen systembezogenen Standpunkten vermitteln. Diese reichen von der Planung einzelner Bauprojekte bis hin zu städtebaulichen Konzepten, und beinhalten Themen wie die Unterstützung der Stadtbewohnerinnen und -bewohner bei der Anpassung an ihre städtische Umwelt (Sozialökologie) oder die Gestaltung dieser Umwelt durch lokale demokratische Prozesse (Nachbarschaftsbewegungen). Ebenso stellt sich die Frage, ob Stadtplanung sozialräumliche Mischungen fördern sollte oder ob Bürgerinnen und Bürger mehr Selbstbestimmung über die Gestaltung ihrer Quartiersräume erhalten sollten. Die Balance zwischen der Abschirmung privater Räume und der Förderung städtischer Identität und historischer Kontinuität ist ebenfalls eine zentrale Herausforderung. Die Aufgabe der Planungssoziologie besteht darin, diese unterschiedlichen Perspektiven zu analysieren und zu spezifizieren, um die soziale Realität in ihrer ganzen Vielfalt besser zu verstehen und aufzugreifen. Dadurch können sozial gerechte, historisch bewusste und räumlich ausgewogene Lösungen entwickelt werden, die sowohl die Bedürfnisse der Bürgerinnen und Bürgern als auch die strukturellen Anforderungen der städtischen Umwelt berücksichtigen.

2.2.1 Planung und Staat

Planung und Staat stehen in einem politisch-administrativen Zusammenhang. Ein zentrales Argument ist, dass staatliche Planung oft unter widrigen Bedingungen stattfindet und der Staat als Akteur nicht immer die besten Voraussetzungen für innovative und effektive Planung mitbringt. Siebel kritisiert die Bürokratie als unbegabten Akteur, der das Unplanbare unter oft schwierigen Umständen zu planen versucht. Die staatliche Organisation von Planung wird als ineffizient beschrieben, da sie auf etablierte, aber oft veraltete Strukturen angewiesen ist (vgl. Siebel u. a. 2001). Bürokratische Verfahren sorgen zwar für Rechtssicherheit, Nachvollziehbarkeit und eine formale Kontrolle von Planungsprozessen, gleichzeitig können sie aber auch Innovationshemmnisse darstellen und notwendige Anpassungen an aktuelle gesellschaftliche und ökologische Herausforderungen verzögern.

Formelle Planungen unterliegen gesetzlichen Vorgaben, insbesondere auf europäischer Ebene. Daher sind Anpassungen oder Erweiterungen oft zeitaufwendig und können nicht immer schnell auf bekannte Problemlagen reagieren. Ein Beispiel ist die Ausweisung von Schutzgebieten für bestimmte Tier- und Pflanzenarten. Diese basiert auf ihrem aktuellen Vorkommen, ohne zukünftige Veränderungen zu berücksichtigen. Durch den Klimawandel verschieben sich jedoch viele Lebensräume, während Schutzgebiete statisch bleiben. Das führt zu Konflikten, wenn Arten in ungeschützte Gebiete abwandern oder bestehende Schutzgebiete nicht mehr die nötigen Bedingungen bieten.

In der hoheitlichen Planung zeigt sich diese Ambivalenz besonders deutlich, da Verwaltungsvorschriften und Genehmigungsverfahren einerseits eine geordnete und transparente Entscheidungsfindung ermöglichen, andererseits aber oft starre Regelwerke bewahren, die nicht mehr zeitgemäß sind. Komplizierte Genehmigungsprozesse in der Landschaftsplanung für Renaturierungsmaßnahmen, bei denen ökologische Verbesserungen, etwa die Wiederherstellung natürlicher Flussläufe, werden durch langwierige Abstimmungen zwischen Behörden, Grundstückseigentümern und Interessengruppen verzögert. In der Umweltplanung zeigt sich das Dilemma bei der Umsetzung von Erneuerbare-Energien-Projekten, die trotz ihres positiven Beitrags zur Energiewende oft an widersprüchlichen Naturschutzauflagen oder langwierigen Beteiligungsverfahren scheitern. Auch in der Stadtplanung wird die Problematik sichtbar, etwa wenn dringend benötigter sozialer Wohnungsbau durch umfangreiche Bauvorschriften, langwierige Verwaltungsverfahren und Abstimmungen mit unterschiedlichen Institutionen massiv verzögert wird. Dies führt dazu, dass die Planung in vielen Fällen reaktiv und nicht proaktiv ist, was die Anpassungsfähigkeit des Staates an neue gesellschaftliche Herausforderungen behindert. Die formale Bürokratie hemmt den Innovationsprozess eher als dass sie diese fördert. Staatliche Planung ist durch Interessenkonflikte und die Schwierigkeit herausgefordert, verschiedene gesellschaftliche Akteure zu koordinieren. Sie scheitert oft an den Grenzen der bürokratischen Logik und verliert dabei das Potenzial für Transformationen. Daher braucht es eine größere Flexibilität und die Einbindung der Zivilgesellschaft, um die Planung effektiver und zukunftsorientierter zu gestalten.

Die politische Planung ist historisch und aktuell eng mit der Staatsentwicklung verknüpft. Historisch besteht eine parallele Entwicklung der Politischen Planung mit den Herausforderungen der Industrialisierung zum Ende des 19. Jahrhunderts: „Die Idee der Planung im Sinne einer zentralen Gestaltung und Lenkung des Wirtschaftsprozesses ist kaum jünger als der Kapitalismus selbst" (Chaloupek

1979: 225). Auch die Ereignisse und Entwicklungen während und nach dem 1. und 2. Weltkrieg wirkten als Katalysator für das Aufleben der Planungsdiskussion im Zusammenhang zwischen Staat und Planung. Im entwickelten kapitalistischen Staat hat politische Planung verschiedene Phasen des Aufschwungs erlebt durch den Anspruch Planung als Mittel zur Lenkung des Wirtschaftslebens. Die Euphorie der politischen Planung in den 1960er Jahren – in den Parteien der europäischen Sozialdemokratie als ‚Rahmenplanung' formuliert – stößt in der Praxis oft auf Widerstände, insbesondere durch die Bürokratie (vgl. Chaloupek, Günther 1979). Planung wird oft von der Bürokratie vereinnahmt und verliert so ihre Wirksamkeit. Es entsteht ein Widerspruch zwischen den ambitionierten Zielen der Planung und der tatsächlichen Umsetzung, die von bürokratischen Mechanismen dominiert wird. Die Autorität der Bürokratie wirkt oft gegen die Durchsetzung von Planungsprozessen, und es fehlt an einer Integration der Planung in die bestehenden Strukturen des Staates.

Darüber hinaus wird die Planung von den Interessen derjenigen geprägt, die in der Verwaltung Macht haben, was den eigentlichen Planungszielen entgegenstehen kann. Dabei stellt sich die grundlegende Frage, wie wirkungsvoll politische Planung gesellschaftliche Herausforderungen bewältigen kann, wenn sie durch bürokratische Hürden, politische Trägheit und Interessenkonflikte massiv eingeschränkt wird. Der Staat ist aktuell in keiner Weise in der Lage, auf drängende Herausforderungen zeitnah zu reagieren. Vielmehr agiert er mit einer Verzögerung von mehreren Jahren bis Jahrzehnte, sodass viele Probleme erst dann adressiert werden, wenn sie längst von neuen, oft noch gravierenderen Krisen überholt wurden. Dieses reaktive statt vorausschauenden Handelns führt dazu, dass politische Maßnahmen häufig nur Symptombehandlung betreiben, anstatt strukturelle Veränderungen herbeizuführen. Gleichzeitig bietet die Verwaltung jedoch die Möglichkeit, Planungsprozesse zu unterstützen, indem sie klare Strukturen schafft, Ressourcen bereitstellt und für eine gerechte Umsetzung sorgt. Eine effektive Zusammenarbeit zwischen Verwaltung, Politik und Zivilgesellschaft ist daher entscheidend, um bürokratische Hürden zu reduzieren, Prozesse zu beschleunigen und Planung flexibler sowie anpassungsfähiger zu gestalten (vgl. Ehlert 1975).

Die Rolle der öffentlichen Planung in modernen Gesellschaften besteht darin, Entwicklung zu steuern und dabei sowohl Ordnung als auch Sicherheit zu gewährleisten. Allerdings sollte Planung nicht durch bürokratische Hürden ausgebremst werden, wenn es darum geht, gesellschaftliche Herausforderungen aktiv anzugehen. Stattdessen braucht es innovative und flexible Ansätze, die integrative

Planung, soziale Gerechtigkeit und nachhaltige Entwicklung gleichwertig berücksichtigen. Hoheitliche Planung sollte weniger als starrer Verwaltungsakt verstanden werden, sondern als dynamischer Prozess, der durch klare Ziele und Werte gesteuert wird, aber offen für neue Lösungen bleibt. Insofern ist Planung stark mit dem Wandel des Staatsverständnisses verknüpft. Früher wurde sie als technokratischer, hierarchischer Prozess gesehen, der auf Kontrolle und Steuerung abzielte. Heute jedoch ist klar, dass der Staat zunehmend als Gewährleistungsstaat agiert, der Rahmenbedingungen setzt, anstatt selbst alle gesellschaftlichen Entwicklungen zu steuern. Hoheitliche Planung steht vor der Aufgabe im Vergleich zur privatwirtschaftlichen Planung verstärkt mit Konfliktfeldern und Interessensgegensätzen umgehen zu müssen. Da staatliche Planung viele Interessen integrieren muss und stark von politischen Mehrheiten abhängig ist, kommt es oft zu Interessenkonflikten, die gelöst werden müssen. Zudem ist der Planungsprozess iterativ, wobei frühere Entscheidungen häufig aufgrund neuer Konflikte oder veränderter Bedingungen überdacht werden müssen. Planung in modernen Staaten ist nicht nur ein technischer Prozess, sondern auch ein politisch-strategischer, der sich mit Unsicherheiten, komplexen Interdependenzen und wechselnden gesellschaftlichen Normen auseinandersetzen muss. Besonders die Governance-Aspekte der Planung, also die Art und Weise, wie unterschiedliche Akteure in Planungsprozesse eingebunden werden, sind zentral, um effektive und zukunftsorientierte Planungen zu ermöglichen.

2.2.2 Räumliche Steuerung und Governance

Planung, wie sie in den 1960er-Jahren verstanden wurde, betonte die etatistische und technokratische Gestaltung gesellschaftlicher Prozesse durch den Staat. Etatistisch bedeutet in diesem Kontext eine starke staatliche Lenkung und Regulierung, während technokratisch sich auf eine expertengeleitete, wissenschaftlich-rationale Planung ohne umfassende gesellschaftliche Mitbestimmung bezieht. Diese Top-down-Planung basierte auf der Annahme, dass soziale und räumliche Prozesse durch rationales Wissen steuerbar seien. Es zeigte sich jedoch bald, dass diese Form der Planung oft scheiterte, da soziale Systeme widerständig und hochkomplex sind. Insbesondere durch die Kritik von Planungs- und Sozialwissenschaftlern in den 1970er-Jahren (vgl. Friedmann 1987; Healey 1997) wurde die technokratische Steuerung hinterfragt und weiterentwickelt. Daraus entstanden partizipativere und prozessorientierte Ansätze, wie die kommunikative Planung oder ko-produktive Stadtentwicklung, die verstärkt auf gesellschaftliche Aushandlungsprozesse setzen.

In den 1980er-Jahren wurde daher der Begriff ‚Steuerung' eingeführt, um flexiblere, weniger hierarchische Formen der politischen Einflussnahme zu beschreiben. Steuerung erwies sich aber ebenfalls als begrenzt, weil viele gesellschaftliche Teilsysteme autonom und eigensinnig agieren, was Steuerungsversuche erschwert. Ab den 1990er-Jahren gewann die Governance-Perspektive an Bedeutung, die nicht nur staatliche, sondern auch markt- und zivilgesellschaftliche Akteure in den Fokus rückte. Governance beschreibt eine polyzentrische Form der Handlungskoordination, bei der Netzwerke, Verhandlungen und Kooperation zwischen verschiedenen Akteuren die zentrale Rolle spielen. Diese Form der politischen Gestaltung ist weniger hierarchisch, sondern verteilt sich auf eine Vielzahl von Akteuren, die jeweils ihre Interessen vertreten. Im Unterschied zur klassischen Planung betont Governance auch die politischen Kämpfe und Aushandlungsprozesse, die die Gestaltung gesellschaftlicher Strukturen prägen. In der Governance-Perspektive steht die pluralistische Koordination verschiedener Mechanismen im Vordergrund, die für eine effektive Interdependenzbewältigung sorgen (vgl. Schimank 2009).

Die räumliche Steuerung und Governance in der Planung beziehen sich auf die Balance zwischen staatlichen, wirtschaftlichen und zivilgesellschaftlichen Interessen bei der Gestaltung von Räumen. Dabei fungiert die räumliche Planung als Vermittler zwischen diesen Akteurinnen und Akteuren mit dem Ziel, die Lebensqualität zu verbessern und unterschiedliche Interessen auszubalancieren. Ein zentraler Aspekt ist der zunehmende Einfluss von Governance-Modellen, die statt einer hierarchischen, top-down Steuerung eher auf koordinative und moderierende Ansätze setzen. Diese neuen Modelle der Governance berücksichtigen die Vielfalt der beteiligten Akteurinnen und Akteure sowie die Eigenlogik der Orte. Durch partizipative Verfahren wie Bürgerbeteiligungsprozesse und interaktive Planungssitzungen wird die Einbindung der Zivilgesellschaft gestärkt, wodurch Transparenz geschaffen und innovative Lösungen gefördert werden. Planungsentscheidungen sind zudem zunehmend durch kulturelle und historische Kontexte geprägt, was eine reflexive und integrative Herangehensweise erfordert. Allerdings ist Partizipation in der Praxis oft eine Herausforderung, da nicht alle Bevölkerungsgruppen gleichermaßen Zugang zu diesen Prozessen haben. Besonders marginalisierte Gruppen wie Migrantinnen, Migranten, Senioren oder sozial Benachteiligte sind häufig unterrepräsentiert, da sprachliche, soziale und strukturelle Barrieren eine gerechte Beteiligung erschweren. Während gut vernetzte und ressourcenstarke Gruppen ihre Interessen gezielt in Planungsverfahren einbringen können, bleibt anderen oft nur eine passive Rolle. Daher müssen gezielte Maßnahmen entwickelt werden, um diese Ungleichheiten zu reduzieren – etwa durch mehrsprachige Angebote, barrierefreie Beteiligungsformate oder aktive Ansprache von wenig vertretenen Gruppen. Ebenso fordern einige lautstarke Gruppen aus der Zivilgesellschaft mehr Mitsprache und Mitbestimmung, was die Rolle der Planung hin zu einem dynamischen Netzwerk aus verschiedenen Akteurinnen und Akteuren transformiert (vgl. Schmitt & Danielzyk 2018; Zimmermann & Feiertag 2022).

In der Postmoderne zeigt sich eine Abkehr von technokratischen Planungsmodellen hin zu einem stärkeren Fokus auf soziale, ökologische und partizipative Aspekte, bei denen auch die Eigenverantwortung und Selbstorganisation der Bürgerinnen eine zentrale Rolle spielt. Der Wandel des Planungsverständnisses und damit auch der Planungspraxis lässt sich in der veränderten Vorstellung politischer Steuerung erkennen, wie sie seit der Implementationsforschung in den Politikwissenschaften diskutiert wird (Mayntz 1996). Mit dem Scheitern des klassischen Paradigmas der politischen Planung hat die Planungstheorie im Wesentlichen die Entwicklungen der politikwissenschaftlichen Steuerungsdiskussion kontinuierlich aufgegriffen und integriert. Auch heute fließen Konzepte und Begriffe aus der Politikwissenschaft regelmäßig in die Diskurse der Raumplanung ein (vgl. Ritter 1998; Fürst 2018). Besonders das Konzept des kooperativen Staatshandelns steht sowohl in der Planungspraxis als auch in der wissenschaftlichen Diskussion derzeit im Mittelpunkt des Interesses (vgl. Danielzyk et al. 2021). In den letzten Jahren hat sich jedoch zunehmend gezeigt, dass eine stärkere Integration der beiden Felder erforderlich ist, um den komplexen Herausforderungen moderner Planung gerecht zu werden. Dies betrifft insbesondere die Abstimmung zwischen politischen, administrativen und gesellschaftlichen Akteuren, um eine kohärente und nachhaltige Entwicklung zu gewährleisten. Die Planungsprozesse, die oft fragmentiert sind, erfordern eine koordinierte Steuerung, die nicht nur technische und räumliche Aspekte, sondern auch soziale, ökologische und ökonomische Faktoren berücksichtigt. Nachhaltigkeit spielt dabei eine zentrale Rolle, da zukunftsfähige Planungen nur gelingen können, wenn Umwelt-, Sozial- und Wirtschaftsinteressen in Einklang gebracht werden. Projekte, die gemeinsam mit der Zivilgesellschaft entwickelt werden, wie partizipative Stadtbegrünung, nachhaltige Mobilitätskonzepte oder gemeinwohlorientierte Quartiersentwicklung, können dazu beitragen, soziale Bedürfnisse besser in die räumliche Planung zu integrieren.

Allerdings ist dieser Ansatz ein zweischneidiges Schwert: Während zivilgesellschaftliche Beteiligung oft soziale Aspekte stärkt und die Akzeptanz von Planungen erhöht, können ökologische oder ökonomische Faktoren aus Sicht der Fachplanung unterrepräsentiert bleiben. Bürgerinitiativen legen beispielsweise großen Wert auf die Lebensqualität im eigenen Wohnumfeld, während übergeordnete Klimaschutzmaßnahmen oder wirtschaftliche Standortentwicklungen möglicherweise nicht im gleichen Maße berücksichtigt werden. Daher ist eine enge Zusammenarbeit zwischen Planungsfachleuten und der Zivilgesellschaft essenziell, um Fachwissen mit lokalen Bedürfnissen zu verbinden und tragfähige, nachhaltige Lösungen zu entwickeln. Hier spielt die Kommunikation eine entscheidende Rolle – doch genau daran scheitert es leider oft, da Interessen nicht ausreichend vermittelt oder Zielkonflikte nicht transparent diskutiert werden.

Hierbei gewinnt das Konzept der Governance an Bedeutung, welches eine stärkere Einbeziehung von Zivilgesellschaft und privaten Akteuren in Entscheidungsprozesse betont. Die Planungspraxis bewegt sich somit immer stärker weg von top-down Ansätzen hin zu partizipativen und kollaborativen Steuerungsmodellen. Dieser Wandel unterstreicht die Notwendigkeit, Planungsprozesse als soziale und politische Prozesse zu verstehen, die auf Verhandlung, Kompromiss und die Mitwirkung verschiedenster Interessengruppen basieren.

Gleichzeitig steht der Staat vor der Herausforderung, mit den zunehmenden gesellschaftlichen Extremen in der politischen Meinung umzugehen. Die wachsende Polarisierung führt nicht nur zu einer erschwerten Kompromissfindung, sondern bringt auch Gruppen von Totalverweigerern hervor, die den Staat als Ganzes ablehnen und sich jeglicher Form demokratischer Aushandlung entziehen. Die steigende Kluft zwischen den Positionen erschwert dabei konstruktive Debatten, da Extrempositionen häufig nicht mehr diskutabel sind und für rationale Argumente unzugänglich bleiben. Dies stellt die Governance-Ansätze vor eine zentrale Bewährungsprobe: Wie kann eine Gesellschaft ihre Entscheidungsprozesse so gestalten, dass sie trotz zunehmender Fragmentierung und Radikalisierung tragfähige Lösungen findet? In diesem Kontext ist auch die Rolle von Machtverhältnissen und deren Einfluss auf Planungsergebnisse ein zentrales Thema der aktuellen Diskussion (vgl. Schmitt & Danielzyk 2018; Zimmermann & Feiertag 2022).

2.2.3 Planungsprozesse und -methoden

Planungsakteure sind in Netzwerke von Dingen und Menschen eingebettet und agieren als Entscheidungsträger nur im Kontext dieser Beziehungen. Planung ist somit nicht autonom, sondern in ein soziales System eingebettet. Die Rolle der Soziologie in der Planung besteht darin, die Organisationen und Institutionen des Planens und Bauens im erweiterten sozialen Kontext zu analysieren. Zentral an dieser Perspektive ist die Rolle von Kommunikation und Dialog in der Praxis der

Planung. Kommunikation kann dabei als Dialog unter den Planenden als auch zwischen Planenden und Gesellschaft unterschiedliche Formen annehmen. Die Soziologie kann dabei helfen diesen Dialog so zu gestalten, dass die zugrunde liegenden Wertesysteme, Entscheidungs- sowie Partizipationsprozesse vor dem Hintergrund des gesellschaftlichen Wandels verstanden werden.

Die Planungsmethodik zählt zu den zentralen Kompetenzen von Planerinnen und Planern und bildet das grundlegende Instrumentarium, das zur systematischen Bearbeitung von Planungsproblemen in räumlichen Planungsprozessen genutzt wird (vgl. Bechmann 1981; Förster 2014). In der Landschafts- und Umweltplanung ist der geeignete Einsatz der Planungsmethodik wichtig, weil sie hilft, verschiedene.

Probleme wie z. B. den Artenschutz und die Nutzung von Flächen systematisch zu lösen. Planungsmethodik sorgt dafür, dass die Planungen strukturiert und effizient sind, indem alle relevanten wichtigen Faktoren beachtet werden. Dabei hat die Bedeutung von Planungsmethoden hat in den letzten Jahren, insbesondere in der Raum- und Umweltplanung, deutlich zugenommen. In diesem Zusammenhang wurden mehrere maßgebliche Handbücher veröffentlicht, die den Schwerpunkt auf die Planungsmethodik legen (z. B. Fürst & Scholles 2008; Streich 2011; Gilgen 2022). Auch in den Curricula der einschlägigen Studiengänge sind Planungsmethoden fest verankert, sodass heutige Absolventinnen und Absolventen bereits mit einem fundierten methodischen Wissen in ihren Beruf einsteigen. Planungsprozesse und Planungsmethoden spielen eine zentrale Rolle in der räumlichen Planung, die sich in formelle und informelle Ansätze unterteilt. Die formelle Planung wird durch rechtliche Rahmenbedingungen, wie Gesetze und Verordnungen, geregelt und beinhaltet festgelegte Verfahrensschritte und die Beteiligung relevanter Akteure. Ein Beispiel hierfür ist die Bauleitplanung, die durch das Baugesetzbuch strukturiert wird und zu verbindlichen Planungsprodukten wie Bebauungsplänen führt. Der formellen Bauleitplanung gehen aufwendige Beteiligungsverfahren voran. Zudem erhält sie häufig durch die informelle Planung ihre Legitimation. Gemäß § 1 Abs. 2 BauGB dient die Bauleitplanung der nachhaltigen Entwicklung, Ordnung und Sicherung der städtebaulichen Nutzung, wobei soziale, wirtschaftliche und ökologische Anforderungen miteinander in Einklang gebracht werden sollen. Diese rechtlichen Festsetzungen bieten sowohl der Verwaltung als auch der Bevölkerung rechtliche Planungssicherheit. Gerade die informelle Planung spielt eine entscheidende Rolle, wenn es darum geht, Akzeptanz für formelle Verfahren zu schaffen und unterschiedliche Akteure frühzeitig in die Planung einzubeziehen. Instrumente wie integrierte städtebauliche Entwicklungskonzepte, Leitbilder oder Bürgerdialoge ermöglichen eine partizipative Auseinandersetzung mit Planungsfragen und tragen zur Legitimation formeller Planungsentscheidungen bei. In der Praxis zeigt sich jedoch, dass informelle Prozesse oft maßgeblich für die Steuerung und Umsetzung von Projekten sind, während die formelle Bauleitplanung als rechtlicher Rahmen die abschließende Verbindlichkeit sichert.

Die beiden Planungsansätze der formalen und informellen Planung sollten integrativ betrachtet werden, da sie in der Praxis eng miteinander verwoben sind. Ein Vergleich dieser Ansätze sollte auch die zeitliche Abfolge berücksichtigen, da sie nur schwer unabhängig voneinander oder parallel existieren können. Gerade in der Bauleitplanung zeigt sich diese Verknüpfung deutlich: Bereits vor dem eigentlichen Bebauungsplanverfahren werden häufig städtebauliche Entwicklungskonzepte, Rahmenpläne oder vorbereitende Untersuchungen erarbeitet, die oft unter Beteiligung der Öffentlichkeit entstehen. Diese informellen Planungen dienen als Grundlage für die spätere formelle Planung und fließen in deren Verfahren ein.

In einem weiteren Schritt werden diese Konzepte in rechtlich verbindliche Instrumente wie Bebauungspläne überführt, die den informellen Vorarbeiten eine normative Wirkung verleihen. Dadurch wird deutlich, dass formale und informelle Planungsprozesse nicht getrennt voneinander betrachtet werden sollten, sondern vielmehr in einer prozesshaften Abfolge aufeinander aufbauen und sich gegenseitig beeinflussen. Diese formlose Planungsform, etwa in Form von Entwicklungskonzepten, basiert auf freiwilligen Vereinbarungen und Selbstverpflichtungen der beteiligten Akteure. Ihre Stärke liegt in ihrer Anpassungsfähigkeit sowie in der Förderung einer dialogorientierten und umsetzungsorientierten ‚neuen Planungskultur‘, die zunehmend an Bedeutung gewinnt. Zudem ist die demokratische Grundhaltung der räumlichen Planung durch eine ausgeprägte psychologische und emotionale Dimension geprägt. Dies unterstreicht die Notwendigkeit eines offenen Dialogs und einer breiten Beteiligung der Bevölkerung, um Akzeptanz und Identifikation mit den Planungsprozessen zu fördern.

Die Methoden, Instrumente und die Rolle der Planenden sind in einem stetigen Wandel begriffen. Planung orientiert sich an der Zukunft und ist daher auf Szenarien, Visionen und Werthaltungen angewiesen, um zukünftige Entwicklungen zu antizipieren und zu gestalten. Interdisziplinäres Denken und Handeln sowie effektive Kommunikation sind entscheidend für die räumliche Planung (vgl. Pinson 2004). Im Kontext dieser Planungsprozesse sind Planungsmethoden essenziell und bieten systematische Vorgehensweisen, um Planungsprobleme zu analysieren, Lösungen zu entwickeln und Ziele zu erreichen. Methoden werden dabei als strukturierte, zielgerichtete Schritte verstanden, die von Planerinnen und Planern angewendet werden, um sowohl theoretische als auch praktische Herausforderungen in der räumlichen Planung zu bewältigen. Der Einsatz von Methoden ist dabei nicht nur auf die Planungsvorbereitung beschränkt, sondern umfasst auch die Evaluation und das Monitoring nach der Umsetzung von Planungsmaßnahmen, um die Effektivität der durchgeführten Maßnahmen zu überprüfen. Letztlich sind Planungsmethoden entscheidend, um strukturierte, effektive und anpassungsfähige Planungsprozesse zu gewährleisten, die den komplexen Anforderungen der modernen Raumplanung gerecht werden. Der unterschiedliche Einsatz von Methoden der Raumanalyse wie beispielsweise GIS-basierte Kartierungen, ethnografische Feldforschung oder partizipative Workshops sind Ausdruck eines sich stetig entwickelnden Verständnisses von räumlicher Entwicklung, das sich von einer deterministischen Sichtweise abwendet, welche frühere Theorien kennzeichnete –, hin zu einem dynamischeren und komplexeren Bild der räumlichen und sozialen (Re-)Konfiguration (vgl. Löw & Knoblauch 2020; Marguin u. a. 2021). Im Kontext eines relationalen Verständnisses von Raum wird eine Neubewertung planerischer Methoden und Strategien wie Modelle, Pläne, visuelle Medien und Filme – sowohl theoretisch als auch praktisch – notwendig, weil sich die Sichtweise durchsetzt, dass Pläne und Modelle selbst Akteure im Gestaltungsprozess sind.

Ebenso ist die physische Beschaffenheit von Arbeitsorten der Planerinnen und Planer eine spezifische Konfiguration, die sowohl in der Ausgestaltung und Identität als auch in der Art der Kommunikationsstrukturen signifikant zur Gestaltung der Planungsresultate beiträgt. Der Arbeitsplatz beeinflusst nicht nur die Effizienz, sondern auch die Kreativität und Perspektiven der Planenden. Die räumliche Anordnung von Büros, die Gestaltung von Arbeitsumgebungen und die alltägliche Büroatmosphäre spielen dabei eine entscheidende Rolle. Offene Bürostrukturen fördern beispielsweise interdisziplinären Austausch und spontane Diskussionen, während abgeschottete Räume konzentriertes Arbeiten erleichtern, aber möglicherweise innovative Denkprozesse behindern. Auch die Ausstattung – von digitalen Tools über Visualisierungstechniken bis hin zu kollaborativen Arbeitsflächen – beeinflusst, wie Planung entwickelt und umgesetzt wird. Darüber hinaus wirkt sich das soziale und räumliche Umfeld des Büros auf die Planungsergebnisse aus. Liegt das Planungsbüro in einem urbanen Innovationsviertel, einem Verwaltungsgebäude oder einem Coworking-Space? Sind die Planerinnen und Planer in engem Austausch mit Politik, Wirtschaft und Zivilgesellschaft oder arbeiten sie isoliert? Die Büronachbarschaft kann neue Perspektiven eröffnen oder Planung in bestehenden Strukturen verankern – was wiederum die planerischen Prioritäten und Herangehensweisen prägt. Letztlich formt die Arbeitsumwelt mit

ihren Atmosphären, Routinen und sozialen Dynamiken nicht nur den individuellen Arbeitsstil der Planenden, sondern auch die Art und Weise, wie Räume
gedacht, konzipiert und umgesetzt werden (vgl. Frey 2009; Beauregard 2012 und
2013; Merkel 2015).

Die Hinwendung zur Rolle von Dingen in der Raumkonstitution macht
deutlich, dass quantitative, lineare Planungsmethoden, die auf einem Behälter-
raumkonzept basieren, die Wechselwirkungen zwischen baulichen und sozialen
Strukturen nur unzureichend erfassen. Der traditionelle Planungsprozess nach
dem Schema ‚Problemanalyse – Zieldefinition – Mittelwahl – Durchführung'
führt daher häufig zur Reproduktion bestehender Strukturen, anstatt diese kritisch
zu hinterfragen oder weiterzuentwickeln. Visuelle Darstellungstechniken wie GIS
und AutoCAD sind zentrale Werkzeuge in der Stadtplanung und Architektur, da
sie räumliche Daten präzise und effizient abbilden. Sie sind jedoch primär auf die
technische und geometrische Repräsentation von Raum ausgerichtet und weniger
geeignet, um sozioökonomische Zusammenhänge oder die Interessen der beteiligten Akteure umfassend darzustellen. Ästhetisch ansprechende Visualisierungen
können soziale, politische und wirtschaftliche Einflussfaktoren überlagern oder
verkürzt wiedergeben. Dies stellt keinen methodischen Mangel dieser Werkzeuge
dar, sondern spiegelt ihre spezifische funktionale Ausrichtung wider. Um urbane
Dynamiken besser zu verstehen, ist es daher erforderlich, GIS-gestützte Analysen mit qualitativen und quantitativen Methoden zu kombinieren, insbesondere
mit Akteurs- und Wirkungsanalysen (vgl. Goodchild 2010).

Darüber hinaus werden in der Planungspraxis raumbezogene Methoden,
die soziale Wirkungs- und Akteursanalysen systematisch integrieren, noch zu
wenig genutzt. Eine nachhaltige und sozial gerechte Stadtentwicklung erfordert
jedoch eine verstärkte Berücksichtigung sozialer Dynamiken und der Bedürfnisse
unterschiedlicher Bevölkerungsgruppen. Planungsmethoden sollten sich nicht
ausschließlich auf technische oder ökonomische Faktoren stützen, sondern verstärkt soziale Prozesse in den Mittelpunkt rücken. In diesem Zusammenhang
ist es notwendig, die abnehmende soziale und kulturelle Bedeutung stadtplanerischer und gestalterischer Disziplinen kritisch zu reflektieren. Dies schließt
eine Auseinandersetzung mit den normativen Annahmen, Werkzeugen und Rollen von Planerinnen und Planern ein, um eine integrative und sozial nachhaltige
Planungspraxis zu fördern (vgl. Healey 2007).

Planerinnen und Planer neigen dazu, positive und beruhigende Selbstbilder zu
präsentieren, während die Theorie oft selbstreferenziell bleibt oder wichtige Themen meidet. Die Probleme ergeben sich in vielen Fällen aus den Beschränkungen
des jeweiligen Kontexts, sei es durch das politische System, die Verwaltungsstrukturen, soziale oder Marktinstitutionen oder sogar durch den ‚gesunden

Menschenverstand'. Planungsprozesse benötigen eine umfassendere Perspektive, in der soziale und kulturelle Faktoren von räumlichen Entwicklungen stärker einbezogen werden.

2.2.4 Planung als Kommunikationsakt

Die räumliche Umwelt ist eine komplexe Verflechtung zwischen materiellen Dingen und sozialer Welt, die sowohl gesteuerten als auch ungeplanten Transformationsprozessen unterliegt. Die Gestaltungsformen der räumlichen Umwelt, mit denen Menschen interagieren, prägen dabei soziale und kommunikative Strukturen und Prozesse. In der räumlichen Planung stehen somit Kommunikationsakte und Beziehungsgeflechte zwischen der gebauten Umwelt und den sozialen Akteuren im Vordergrund. Planerinnen und Planer versuchen durch Übersetzungsleistungen Verständnis für die materielle Welt, die soziale Umwelt und normative Werthaltungen an konkreten Orten herzustellen: „Die beim Bauen und Planen ablaufenden Interaktionsprozesse bilden ein vielfältiges Netz gegenseitiger Information. Der Plan selbst ist ein Informationsmittel, über dessen spezifischen und infolgedessen unvollkommenen Mediencharakter man sich viel zu wenig Rechenschaft gibt. Der Plan diente ursprünglich als Information der Bauhandwerker; heute wird er allgemein als Verständigungsmittel im Bauwesen benutzt, obwohl er wesentliche Informationen vorenthält und überdies für Laien schwer lesbar ist. (…) Auch der Bau selbst ist ein Informationsträger; er drückt etwas aus, aber seine Botschaft ist recht diffus" (Burckhardt 2004: 88 f.).

In der Planung, die als sozialer und kommunikativer Prozess verstanden wird, spielt Kommunikation eine zentrale Rolle, um Interessen und Bedürfnisse der verschiedenen Akteure zu vermitteln. Auch in der Landschafts- und Umweltplanung müssen Planerinnen und Planer zwischen verschiedenen Interessensgruppen vermitteln. Die Fähigkeit, Beziehungen aufzubauen und Dialoge zu gestalten spielt eine wesentliche Rolle in allen räumlichen Planungsdisziplinen.

Da unterschiedliche Akteure oft divergierende Interessen und Perspektiven haben, entstehen Konflikte, wenn keine Übereinstimmung über die aktuelle Situation oder mögliche Entwicklungen erzielt wird. Kommunikation dient dabei sowohl als Mittel zur Konfliktlösung als auch als potenzielle Quelle für Missverständnisse und Eskalation. Planerinnen und Planern wird traditionell die Rolle des Konfliktlösers zugeschrieben, wobei Kommunikation und Partizipationsmethoden helfen sollen, Konflikte zu reduzieren und Kompromisse zu finden. In diesem Prozess spielen normative Vorstellungen über die Gestaltung und Nutzung eines Ortes eine zentrale Rolle: „Bei der Planung und ihrer Durchsetzung ist auch die

Zustimmung wenigstens eines Teils der Betroffenen für die Planer zum mindestens angenehm. Häufen sich die Ablehnungen, so kann die Durchsetzung eines Plans sogar gefährdet sein. Die Zustimmung der Betroffenen muss also entweder aufgespürt oder hergestellt werden: das Aufspüren führt zur Forderung, die Soziologie in die Planung einzubeziehen, die Herstellung der Zustimmung erfolgt durch die Methoden des Human Relation, also der Propaganda für ein besseres Sozialklima, und durch schärfere Mittel" (Burckhardt 2004: 82).

Planungsprozesse erfordern neben Fachwissen auch kommunikative Kompetenzen, um Konflikte produktiv zu gestalten. Ziel ist es nicht, Konflikte zu vermeiden, sondern sie als konstruktiven Bestandteil eines kooperativen Entscheidungsprozesses zu nutzen. Sie ermöglichen eine kritische Auseinandersetzung mit divergierenden Interessen und schaffen Raum für innovative Lösungen, die eine gerechtere und nachhaltigere Planung fördern. Anstatt sie zu unterdrücken, sollte das Planungsverfahren darauf abzielen, Konflikte in strukturierte Aushandlungsprozesse zu überführen, in denen unterschiedliche Perspektiven gehört und integriert werden. Eine konfliktsensible Planung stärkt nicht nur die Legitimität von Entscheidungen, sondern auch resiliente Strukturen, die langfristig zu einer sozial gerechteren und inklusiveren Stadt- und Landschaftsentwicklung beitragen.

Allerdings reicht die Kommunikation allein oft nicht aus, um bessere Pläne umzusetzen oder Widerstand zu brechen. Es geht darum, ein Verständnis für die materielle Umwelt und die sozialen Akteure im Netzwerk herzustellen. Denn Planerinnen und Planer sind Teil eines Entscheidungsnetzwerks und handeln nicht isoliert: „Wir müssen uns darüber klar sein, dass wir es bei der Planung mit entscheidungsfindenden Kollektiven zu tun haben. Die Entscheidung jedes Beteiligten ist aufgehängt in der Gesellschaft, sein persönlicher Entscheidungsstil – rational aufgrund von Kriterien oder intuitiv auf Grund sublimierter Erlebnisse – kommt nur noch leise zum Ausdruck" (Burckhardt 2004: 76).

2.3   Wesen der räumlichen Planung und Rolle der Soziologie

Räumliche Planung und Soziologie sind beide Kinder der Aufklärung und des Industrialisierungsprozesses. Dementsprechend sind die beiden Disziplinen historisch und inhaltlich eng verknüpft (vgl. Miller 1964; Pahl 1970). Stadtplanung baute auf den Theorien und Methoden des Städtebaus am Ende des 19. Jahrhunderts auf und verstand sich zunächst als unabhängige Ingenieurszunft, die mit technokratischen Mittel und baulichen Maßnahmen soziale Missstände in den Städten lösen kann (vgl. Harth 2012). Infolgedessen beanspruchte die im

Entstehen begriffene Stadtplanungsdisziplin einen unpolitischen Expertenstatus. Dennoch sahen sich Architekten und Stadtplaner oft nicht nur als Stadtgestalter, sondern auch als Verbesserer der Gesellschaft: „Planer und Architekten verstanden sich nicht selten als gesellschaftliche und ästhetische Avantgarde und wollten mit ihren Konzepten – sei es die Nachbarschaftseinheit, die funktionale Aufteilung der Stadt (...) nicht nur Städte und Wohnungen, sondern gleich die ganze Gesellschaft verbessern und den Menschen erziehen" (Harth 2012: 343). Das Zitat beschreibt eine Haltung, die vor allem im 20. Jahrhundert weit verbreitet war. Architekten und Stadtplaner dieser Zeit betrachteten sich häufig als visionäre Gestalter, die die gesellschaftliche Entwicklung durch ihre Entwürfe maßgeblich beeinflussen wollten. Ein prominentes Beispiel für diese Denkweise ist Le Corbusier. Mit seinen Planungen für funktionale, idealisierte Städte – wie etwa ‚La Ville Radieuse' – verfolgte er das Ziel, eine utopische Gesellschaftsordnung zu schaffen. Architektur und Städtebau sollten dabei nicht nur ästhetische, sondern auch tiefgreifende soziale Reformen bewirken. Bahrdt betont dementsprechend das damalige Selbstbild städtischer Architekten als ‚Bauherrn der Stadt', um „im Namen der Öffentlichkeit die Verantwortung für die harmonische Gestaltung der Städte zu tragen" (Bahrdt 1961: 15 f.).

Die ersten Theorien zur Stadtentwicklung und die zugrunde liegenden Forschungen über das Wesen der Städte versuchten künftige räumliche und soziale Entwicklungen im Sinne einer natürlichen Evolution räumlicher Strukturen zu erklären. Diese frühen sozialwissenschaftlichen Studien zu städtischen Strukturen und Prozessen verstanden Stadtentwicklung als einen Prozess, der durch ökonomische und soziale Bedingungen bestimmt wird. Die gesellschaftlichen Entwicklungen in den Städten wurden theoretisch im Sinne einer organischen und aus der Biologie hergeleiteten Evolution verstanden. Zu Beginn des 20. Jahrhunderts entwickelte die Chicagoer Schule der Stadtsoziologie Auffassungen von Gesetzmäßigkeiten städtischer Entwicklungen, die in Konzepten der sozialen Segregation und in Modellen räumlicher Zonen wachsender Städte entlang von Verkehrsachsen mündeten (vgl. Harth 2012: 344–347).

Die moderne Stadtsoziologie entwickelte sich im frühen 20. Jahrhundert als Antwort auf die tiefgreifenden sozialen und räumlichen Veränderungen, die mit dem Wachstum der Städte einhergingen. Soziologen wie Simmel und Weber gehörten zu den ersten, die die sozialen Dynamiken und Strukturen urbaner Lebensräume systematisch untersuchten. Sie analysierten, wie Menschen in städtischen Umgebungen miteinander interagieren und welche neuen Formen sozialer Beziehungen sich in diesen dicht besiedelten Räumen entwickeln. Die Chicagoer Schule der Soziologie trug entscheidend zur empirischen Erforschung

städtischer Phänomene bei. Ihre Arbeit legte den Fokus auf das Leben in Stadtvierteln, soziale Netzwerke und die spezifischen Herausforderungen, die das
städtische Leben mit sich bringt. Dabei entwickelten sie sozialwissenschaftliche Modelle, wie das ,Zonenmodell', das die räumliche Aufteilung von Städten
anhand von sozialökonomischen Schichten erklärte. Diese Entwicklungsmodelle
von konzentrischen Kreisen um die Stadt sowie Fragen von Invasion und Suk-
zession versuchen die Dynamik der städtischen Entwicklung zu verstehen. Die
Untersuchung von Faktoren wie der Zugänglichkeit zu Ressourcen, der sozioökonomischen Struktur und der Infrastrukturausstattung war jedoch stets auch durch
normative Werthaltungen der Planungs- und Stadtsoziologie geprägt, um die Entstehung und Veränderung von Wohngebieten in Vorstädten zu beleuchten. An den
ersten Lehrstühlen der Stadtsoziologie in Chicago versuchten Forscher dementsprechend theoretisch, aber auch teilweise mit ideologischen Werthaltungen zu
begründen, dass Wohnraum für die Mittelschicht im Vorstadtbereich zu schaffen sei, wobei marktkonforme, investorengetriebene Interessen die Forschungen
prägten. Einige dieser Stadtsoziologen wandten sich folgerichtig später auch der
staatlichen Bodenpolitik und der privaten Immobilienwirtschaft zu (vgl. Kuklick
1980).

Trotz dieser frühen Aspirationen war soziologische Stadtforschung in Deutschland lange Zeit ein vernachlässigtes Feld (vgl. Bahrdt 1967). Die heutige deutschsprachige Soziologie leistet jedoch einen entscheidenden Beitrag zur räumlichen
Planung, indem sie Erkenntnisse über sozialräumliche Bedürfnisse bereitstellt
und Prognosen bzw. Trendvoraussagen oder Szenarien über soziale, kulturelle
und ökonomische Entwicklungen anbietet. Somit bereichert und erweitert die
Soziologie die Methoden und Prozesse der Stadtplanung maßgeblich.

In den Folgejahren prägte die Stadtsoziologie nicht nur das Verständnis von
Städten als komplexe soziale Systeme, sondern wurde auch ein unverzichtbarer
Bestandteil stadtplanerischer Prozesse. Heute beschäftigt sich die Stadtsoziologie
mit einer Vielzahl von Themen, darunter Gentrifizierung, soziale Segregation,
Migration und die Auswirkungen von Globalisierung und Digitalisierung auf
das städtische Leben und der räumlichen Entwicklung. Mit dem wachsenden Bewusstsein für soziale Ungleichheiten und ökologische Herausforderungen
hat sich die Rolle der Stadtsoziologie erweitert, um nachhaltige und inklusive Stadtentwicklungskonzepte zu fördern. Seit den 2000er Jahren sind viele
sozialwissenschaftliche Forschungen und Arbeiten zum Verständnis des Raumes
hinzugekommen (vgl. Löw 2001; Breckner 2014; Löw & Knoblauch 2021). Die
Erkenntnisse der Raumsoziologie bleiben allerdings für den konkreten Bezug
der Planungspraxis oftmals auch unwirksam. Heute ist die Stadt-, Raum- und

Planungssoziologie ein interdisziplinäres Forschungsfeld, das sich mit einer Vielzahl von Themen befasst, darunter städtische Nachhaltigkeit, soziale Integration, öffentlicher Raum, Wohnungsversorgung und Bürgerbeteiligung.

Die jahrzehntelang praktizierte räumliche Planung konnte die heutigen ökologischen und sozialen Krisen nicht verhindern. Zu diesen zählen der Klimawandel, zunehmende Naturkatastrophen wie Überschwemmungen und Waldbrände, Ressourcenknappheit, insbesondere Wasserknappheit und Bodendegradation, der Verlust der Biodiversität sowie Umweltverschmutzung, darunter Luftverschmutzung und Plastikmüll. Hinzu kommen soziale Herausforderungen wie Wohnungsnot, Obdachlosigkeit und die ungleiche Verteilung von Ressourcen und Infrastruktur. Auch Gentrifizierung, soziale Segregation, Flächenversiegelung und die Integration von Migrantinnen und Migranten sind zentrale Problembereiche. Diese Entwicklungen verdeutlichen, dass die bisherige Planungspraxis nicht ausreicht, um die drängenden ökologischen und gesellschaftlichen Herausforderungen zu bewältigen (vgl. Brenner & Schmid 2015).

Allerdings kann räumliche Planung allein diese Krisen nicht aufhalten, da sie in einem komplexen Geflecht aus gesellschaftlichen, wirtschaftlichen und politischen Faktoren eingebettet ist. Wirtschaftliche Interessen, globale Märkte und politische Machtstrukturen spielen eine entscheidende Rolle in der Steuerung räumlicher Entwicklungen und können eine nachhaltige Planung erheblich einschränken. Zudem haben viele Herausforderungen, insbesondere der Klimawandel, eine globale Dimension, die nicht allein durch lokale oder regionale Planungsentscheidungen beeinflusst werden kann.

Daher muss die Verantwortung für den Umgang mit diesen Krisen weiter gefasst werden. Eine wirksame Planung erfordert nicht nur technokratische Lösungen, sondern auch eine enge Verknüpfung mit politischen und gesellschaftlichen Prozessen. Ohne einen langfristigen politischen Willen und eine konsequente Umsetzung bleiben selbst ambitionierte Planungsansätze wirkungslos. Viele der heutigen Krisen hätten durch eine vorausschauende und integrierte Planung abgemildert oder gar verhindert werden können, wenn frühzeitig entsprechende Maßnahmen ergriffen worden wären (vgl. Swyngedouw 2010).

Hamm wies bereits Mitte der 1990er Jahre in seiner wegweisenden Schrift zur Grundlegung der ‚Siedlungs-, Umwelt- und Planungssoziologie' darauf hin, dass es einen grundlegenden Wandel brauche: „Der einzige Weg, auf dem wissenschaftliche Anstrengung zur Abwendung dieser Katastrophe beitragen kann, besteht in einem holistischen, prospektiven und normativen Ansatz – der gegen alles geht, was heute im Mainstream der Sozialwissenschaften allgemein als akzeptiert gilt" (Hamm 1994: 218). Hamm fordert, dass sowohl die Soziologie als auch die räumliche Planung sich stärker ethisch und normativ an ökologisch

und sozial gerechten Zielsetzungen orientieren müssen. Diese Forderung unterstützt er durch einen Appell zur grundlegenden Veränderung der Lebensweisen
in Gesellschaft und Raum: „Die Zukunft lässt sich mit ‚Weiter so!'-Parolen nicht
bewältigen und schon gar nicht gestalten, die Machthandwerker und Pragmatiker
führen uns in die Irre. Wir müssen unsere Gesellschaften darauf vorbereiten, daß
die alten Modelle ausgedient haben, daß wir die Gesellschaft gründlich verändern
müssen, wenn sie überleben soll. Im Vorausdenken, im Ausarbeiten von Alternativen, in der Entscheidungsvorbereitung, in der Vorbereitung der Öffentlichkeit
auf anstehenden Wandel liegen die großen Aufgaben der Sozialwissenschaften
für morgen" (Hamm 1994: 225).

Räumliche Planung nimmt trotz ihrer teilweisen Erfolgslosigkeit gegenüber
den heutigen grundlegenden ökologischen und ökonomischen Krisen in der
Gesellschaft eine unverzichtbare öffentliche Aufgabe wahr, indem sie komplexe
Probleme mit räumlichen Auswirkungen erkennt und versucht zu lösen. Eine
umfassende Entwicklungsplanung, die auf einer positivistisch-rationalen Analyse basiert und Entscheidungen für die räumliche Entwicklung trifft, sowie
diese mit klassischen Instrumenten wie dem Flächennutzungsplan, Bebauungsplan und der Ausführungsplanung in einem zeitlich-linearen Modell steuert, wird
den komplexen sozial-räumlichen Entwicklungen nicht mehr gerecht. Polykontextuelle Räume und ihre dynamischen Entwicklungen erfordern flexiblere Ansätze,
die die vielschichtigen sozialen und räumlichen Prozesse besser berücksichtigen
und anpassen können. Sie umfasst nicht nur soziale, ökologische, wirtschaftliche, kulturelle und politische Dimensionen, sondern fördert auch die nachhaltige
Raumentwicklung.

Ein zentraler Punkt ist die Interdisziplinarität, da die Raumplanung verschiedene Fachbereiche koordiniert und so eine umfassende Sicht auf regionale,
städtische und ländliche Entwicklungen ermöglicht. Trotz dieser Bedeutung steht
die Raumplanung oft im Hintergrund politischer Debatten und genießt in der
Gesellschaft nur geringe Wahrnehmung und Wertschätzung, obwohl sie in ihrer
hoheitlichen Funktion, insbesondere in Zeiten wachsender Sektoralisierung, Konflikte zwischen Fachpolitiken und der Öffentlichkeit vermitteln und langfristige
Planungs- sowie Rechtssicherheit schaffen könnte. Eine wichtige Aufgabe der
Raumplanung besteht darin, gesellschaftliche Werte und die langfristige Sicherung der natürlichen Lebensgrundlagen miteinander in Einklang zu bringen. Dies
erfordert die frühzeitige Erkennung und Lösung raumwirksamer Konflikte. Im
Gegensatz zu anderen Planungsbereichen, die oft nur sektorale Interessen verfolgen, hat die Raumplanung den Vorteil, Gesamtzusammenhänge zu erkennen und
integriert zu handeln. Durch eine langfristige Ausrichtung könnte Raumplanung
zudem einen besonderen Beitrag zur Vorsorge, zum Risikomanagement und zur

Nachhaltigkeit leisten. Insbesondere in Zeiten des Klimawandels und des demografischen Wandels könnte sie eine entscheidende Rolle bei der Sicherstellung gleichwertiger Lebensverhältnisse und der Anpassung an neue Herausforderungen spielen. Planerinnen und Planer sollten daher ihre Rolle in der Gesellschaft stärker sichtbar machen, da Planungsakteure nicht nur Dienstleister sind, sondern auch wichtige Akteure im öffentlichen Diskurs, die Lösungen für gesellschaftliche Probleme anbieten (vgl. Scholich 2008).

2.3.1 Relevanz planungssoziologischer Theorie und Methoden

Faludi beschreibt die zentrale Rolle der Soziologie für die Stadt- und Raumplanung schon Mitte der 1970er Jahre: „sociology makes essential contributions both to planning theory and to our understanding of the problems at hand and on certain general ideas concerning planning education as a fascinating field for educational experiments" (Faludi 1976: 129). Ab Mitte der 1970er Jahre wurden an zahlreichen Institutionen der Planungsausbildung die Rolle der Soziologie im Curriculum gestärkt: „Man versprach sich damals seitens der Stadtplanung durch die Einbeziehung der Soziologie nicht weniger als eine menschengerechtere und demokratische Planung" (Harth 2012: 352).

Räumliche Planung baute anfänglich in der Praxis oft auf soziologische Thesen für eine marktkonforme, investorengetriebene Stadtentwicklung auf, die private ökonomische Interessen über das städtische Gemeinwohl stellten. Untersuchungen zur kritischen Rolle des Immobilienmarktes und der Kapitalakkumulation fanden in der anwendungsbezogenen Stadt- und Raumplanung kaum Beachtung (vgl. Kamleithner 2015). Auch Forschungen zu Mechanismen von Gentrifizierung (vgl. Holm 2024) und städtischer Regeneration sowie deren soziale und ökonomische Folgen wurden in der Planungsdisziplin und den konkreten Maßnahmen ebenfalls ungenügend berücksichtigt.

Zur Klärung des Verhältnisses zwischen Planungssoziologie und räumlicher Planung ist es entscheidend, ihre unterschiedlichen fachlichen Voraussetzungen zu betrachten. Beide Disziplinen befassen sich mit der Organisation und Gestaltung von Räumen, jedoch aus unterschiedlichen Perspektiven (vgl. Siebel 2010; Hoerning 2016). Während die räumliche Planung meist normativ auf konkrete Entwicklungsziele ausgerichtet ist, analysiert die Planungssoziologie die gesellschaftlichen Strukturen und Prozesse, die diese Entwicklungen beeinflussen. Sie untersucht soziale Dynamiken, Machtverhältnisse und Konflikte innerhalb von Planungsprozessen und reflektiert dabei deren gesellschaftliche Auswirkungen kritisch (vgl. Frey 2024). Historisch lassen sich Phasen identifizieren, in denen entweder kritische Analysen sozialer und politischer Dimensionen von Planungsprozessen oder anwendungsbezogene Beiträge zur räumlichen Gestaltung dominierten. Während die Planungssoziologie Erkenntnisse über gesellschaftlich-räumliche Wirkungszusammenhänge liefert, konzentriert sich die räumliche Planung stärker auf die physische Umsetzung. Dennoch bleibt das Verhältnis beider Disziplinen oft von mangelndem interdisziplinärem Austausch geprägt (vgl. Siebel 1967). Dies liegt unter anderem an der institutionellen Trennung der Disziplinen und der Fokussierung der Stadtplanung auf praktische Gestaltungsaufgaben, während die Soziologie eher analytisch-kritisch ausgerichtet ist.

Die Planungssoziologie fungiert als praxisbezogene Hilfswissenschaft, liefert jedoch gleichzeitig theoretische Grundlagen für eine sozial gerechte Stadtentwicklung. Dabei spielen interdisziplinäre Ansätze eine wesentliche Rolle, da moderne räumliche Planung zunehmend soziale, ökologische und wirtschaftliche Aspekte verknüpfen sollte. Ohne Berücksichtigung sozialwissenschaftlicher Erkenntnisse besteht die Gefahr, dass räumliche Planung primär an wirtschaftlichen Interessen ausgerichtet bleibt und soziale Ungleichheiten verstärkt.

Soziologie ist die Wissenschaft, die sich mit Handlungen, Normen, Zwecken, Werten und sozialen Beziehungen und ihrer Organisation in Personen, Rollen, Institutionen, sozialen Gruppen und sozialen (Teil-) Systemen als Strukturen der gesellschaftlichen Wirklichkeit befasst. Dabei untersucht sie auch die Entstehung, Entwicklung und Veränderung dieser Strukturen sowie deren Einfluss auf das Verhalten und die Interaktionen der Individuen in einer Gesellschaft. Ebenso werden Aspekte wie Machtverhältnisse und Konfliktfelder in und zwischen Gruppen oder Institutionen, Verteilungen der sozialen Ungleichheit und den Prozessen gesellschaftlichen Wandels untersucht. Sozialwissenschaftlerinnen und Sozialwissenschaftler stehen vor der Herausforderung, die widersprüchlichen Entwicklungen in Politik, Planung, Architektur, Wirtschaft und Bildung zu beschreiben und zu interpretieren (vgl. Pieper 1979; Hamm 1994).

Die Soziologie im Sinne Max Webers hat die Aufgabe, gesellschaftliche Strukturen und Prozesse zu verstehen und zu erklären. Hierbei greift sie auf ein Instrumentarium an Begriffen, Methoden und Forschungsansätzen zurück, um aus sozialen Tatsachen spezifische Kategorien und Typologien zu generieren. Das Ziel der soziologischen Betrachtung liegt darin, durch das Verständnis und die Analyse der sozialen Welt zu einer Bildung von Kategorien zu gelangen. Im Gegensatz dazu sieht die Planungsdisziplin ihre Hauptaufgabe darin, die Gesellschaft und ihre Orte praktisch zu gestalten und zu transformieren. Durch konkrete Eingriffe

und Interventionen soll eine Umgestaltung des Raumes erreicht werden. Atteslander definiert bereits Ende der 1970er Jahre in seinem Sammelband zur Soziologie
und Raumplanung insbesondere die gezielte Transformation von Raum, die in der
Folge eine neue Art und Weise des sozialen Verhaltens und Handelns im Raum
hervorbringt: „Unter Planung wird im allgemeinen zielgerichtetes Handeln verstanden, somit ist Raumplanung bewusste Veränderung räumlicher Nutzungen"
(Atteslander 1976: 10).

2.3.2   Räumliche Planung als interdisziplinäres Feld

Räumliche Planung lässt sich als ein interdisziplinäres Feld definieren, das sich
mit der systematischen Gestaltung und Entwicklung physischer und damit auch
sozialer Räume befasst. Häufig liegen dieser Praxis bereits vorgefertigte sche-
matische räumliche Kategorien und Typologien zugrunde, ohne dass sie zuvor
aus einem offenen Erkenntnisprozess abgeleitet wurden. Planerinnen und Planer betrachten sich daher in erster Linie als Gestalter und Designer der sozialen
und baulichen Umwelt, wobei sie ihre Handlungen entweder aus künstlerisch-
intuitiven oder technisch-rationalen Überlegungen ableiten. Darüber hinaus leiten
sie ihren Gestaltungsanspruch aus ihrer kommunikativen Rolle als Moderatoren und Mediatoren im Aushandlungsprozess unterschiedlicher Akteursinteressen
ab. Die Überlegungen von Planenden sollten sich jedoch nicht ausschließlich
auf intuitive, emotionale oder technisch-rationale Aspekte beschränken. Vielmehr sollten sie in der Lage sein, beide Perspektiven zu vereinen und dadurch
emotional-funktionale Räume für die Gesellschaft zu schaffen.

Für planende Akteure und Soziologen besteht eine Herausforderung der
Kommunikation im Rahmen interdisziplinärer Zusammenarbeit darin, einen Perspektivenwechsel zwischen Gestaltung und Verstehen einnehmen zu können.
Während Gestaltung oft einen kreativen, praktischen Ansatz verfolgt, bei dem
konkrete Lösungen für spezifische Probleme entwickelt werden, basiert das
Verstehen auf einer analytischen, theoretischen Herangehensweise, die darauf
abzielt, tiefere Einsichten und Zusammenhänge zu erkennen. Diese unterschiedlichen Ansätze können zu Spannungen und Missverständnissen führen, wenn
Planerinnen, Planer, Soziologinnen und Soziologen zusammenarbeiten. Bei der
Zusammenarbeit mit Soziologinnen und Soziologen sind Planende vermutlich
häufig nicht gewohnt, dass jemand den Sachverhalt aus einer anderen Perspektive betrachtet. Planende können dann nicht nach Schema F verfahren, sondern
müssen sich mit neuen Denkweisen auseinandersetzen. Dies kann herausfor-
dernd sein, aber der Planung oft zugutekommen, da es dazu zwingt, etablierte

Annahmen zu hinterfragen und Entscheidungsprozesse kritisch zu reflektieren. Soziologische Perspektiven können dazu beitragen, gesellschaftliche Dynamiken, Machtverhältnisse und soziale Auswirkungen von Planungen stärker in den Blick zu nehmen, was langfristig zu tragfähigeren und akzeptierteren Lösungen führt. Das Selbstbild und das Gesellschaftsbild von Planern ist jedoch nicht durch eine tiefgreifende theoretische Durchdringung und Reflexion gekennzeichnet, sondern bestehen aus Machbarkeitsvorstellungen, die auf praktischer Umsetzbarkeit und realistischen Lösungsansätzen basieren (vgl. Berndt 1968). Daher ist es wichtig, dass interdisziplinäre Teams Wege finden, diese unterschiedlichen Perspektiven zu integrieren, um gemeinsam nachhaltige und innovative Lösungen zu entwickeln (vgl. Siebel u. a. 2001). Die Schwierigkeit, in interdisziplinären Teams zwischen Soziologen und Planern gemeinsame Wege zu finden, liegt darin, dass den Akteuren der räumlichen Planung bei dieser interdisziplinären Zusammenarbeit eine gestaltende Zielsetzung zugrunde liegt, die auf eine rationale, systematische und praxisorientierte Umsetzung zukünftiger Entwicklungen abzielt. Insofern ist räumliche Planung durch soziale Prozesse gekennzeichnet, mit dem Ziel, einen intendierten geographischen, materiellen oder ideellen Zustand zu erreichen: „Unter Planung im engeren Sinne wird die explizite und strukturierte, an rationale Zweck-Mittel-Kalküle geknüpfte Antizipation von individuellen oder kollektiven Handlungszielen, -sequenzen und -resultaten verstanden. Diese konkretisiert sich fallweise in einem Plan als dem präskriptiven Modell zukünftiger Realität und ihrer systematischen Herbeiführung" (vgl. Ruck 2018: 1071).

Räumliche Planung trifft daher einerseits auf verstärkte Skepsis aufgrund verkürzter politischer Rationalität und gestiegener subjektiver Emotionalität, aufgrund krisenhafter konventioneller demokratischer Institutionen und gestiegenem Potenzial an Partizipationsanforderungen. Auch die veränderte Rolle des Staates, der aktive Gestaltung durch stärker kooperative Handlungsweisen ersetzt, trägt zu einem rückläufigen Anspruch an planerische Zukunftsgestaltung bei. Andererseits erfordern wissenschaftliche Prognosen zur Verschärfung der ökologischen und ökonomischen Krise als auch den dringenden Herausforderungen demokratische Institutionen zu stärken, einen stärkeren Anspruch einer aktiven Planungsstrategie verschiedener Lebensbereiche und Politikfelder (vgl. Schroer 2022). In der Folge ist ein Perspektivenwechsel auf räumliche Planung hin zu einer stärker theoretischen Auseinandersetzung mit gesellschaftlichen Transformationen erforderlich. Bisher sind jedoch das Verhältnis und die jeweiligen Rollen zwischen Soziologen und Stadtplanern eher durch Bewunderung oder Ablehnung der jeweils anderen Erkenntnisinteressen, Methodik oder Analyse sozialräumlicher Strukturen und Prozesse geprägt.

2.4 Planungssoziologie in der Planungsausbildung

Ein Studium der Raumplanung, der Stadt- und Regionalplanung oder der Landschaftsplanung erfordert persönliches Interesse an der Entwicklung von Städten oder Regionen und der Umwelt. Empathie für Menschen, Verständnis für Motive und Werthaltungen sowie Kenntnisse in empirischer Sozialforschung sind dabei zentral. Planung ist normativ auf zukünftige Entwicklungen gerichtet, wobei sie Annahmen und Vorstellungen von einer wünschenswerten sozialräumlichen Entwicklung impliziert. Insofern sollte eine sozialwissenschaftlich fundierte Planungsausbildung Reflexion und Selbstkritik bezüglich Rollenbildern und Werthaltungen fördern. Die Frage nach ethischen, moralischen und normativen Grundhaltungen der planerischen Motivation ist dabei zentral für die planungssoziologische Ausbildung. Die Einbindung der Soziologie in die Ausbildung von Planerinnen und Planern ermöglicht daher in erster Linie die Verknüpfung zwischen soziologischen Ansätzen und der planerischen Praxis. Die Herausforderung liegt insbesondere darin, soziologische Theorien und Methoden in konkrete Planungsprojekte zu integrieren, um Planerinnen und Planern ein umfassendes Verständnis der sozialen Dimensionen von Räumen und Prozessen zu vermitteln. Durch eine interdisziplinäre Einbindung der Soziologie in die Planungsprozesse können beide Disziplinen profitieren: Soziologinnen und Soziologen könnten durch diese verstärkte Zusammenarbeit ihr Verständnis von räumlichen und gesellschaftlichen Prozessen erweitern und gleichzeitig wertvolle Impulse für die Planungspraxis liefern. In diesem Austausch können wichtige Erkenntnisse für die Planungstheorie entstehen – einem Bereich, dem eine wachsende Bedeutung zukommt. Die Planungstheorie könnte durch den Einbezug soziologischer Perspektiven nicht nur die sozialen Auswirkungen von Planungsentscheidungen besser verstehen, sondern auch neue Ansätze zur Gestaltung von städtischen und ländlichen Räumen entwickeln, die auf gesellschaftliche Herausforderungen wie soziale Ungleichheit, Migration oder Klimawandel eingehen. Die Soziologie spielt daher eine entscheidende Rolle, um Planerinnen und Planern das notwendige Wissen zu vermitteln, um die soziale Komplexität von Räumen zu begreifen und in ihre Planungen einzubeziehen.

Planerinnen und Planer stehen im Fokus gesellschaftlicher Erwartungen und sind oftmals gefordert, Problemlagen zu adressieren und Wege für zukünftige Entwicklungen aufzuzeigen. Diese Verantwortungen sind sowohl akut als auch komplex und verlangen ein geschicktes Navigieren in einem Umfeld, in dem Planende manchmal als Schuldige für ungünstige Entwicklungen herangezogen werden. Planende müssen in der Lage sein, Zielkonflikte frühzeitig zu erkennen und klar zu benennen, da ökologische, ökonomische und soziale Zielsetzungen oft in einem starken Spannungsverhältnis zueinanderstehen oder sich sogar widersprechen können. In einer zunehmend komplexen Planungslandschaft mit immer mehr Vorgaben, Einzelbestandteilen und gesetzlichen Regelungen wird der Umgang mit diesen Zielkonflikten zur zentralen Herausforderung. Planende müssen nicht nur die bestehenden Rahmenbedingungen einhalten, sondern auch tragfähige Kompromisse finden, um Spannungen zu entschärfen und dabei die Interessen der Bürgerinnen und Bürger angemessen zu berücksichtigen.

Während beispielsweise der Schutz natürlicher Ressourcen und Biodiversität eine Reduzierung von Flächenversiegelung und eine Begrenzung neuer Bauprojekte erfordert, stehen dem oft wirtschaftliche Interessen an Wachstum, Investitionen und Arbeitsplatzschaffung entgegen. Gleichzeitig besteht aus sozialer Perspektive die Herausforderung, ausreichend bezahlbaren Wohnraum zu schaffen und eine gerechte Teilhabe an städtischer Infrastruktur zu gewährleisten. In der Umwelt- und Landschaftsplanung zeigt sich dieser Konflikt besonders in der Abwägung zwischen Naturschutz und landwirtschaftlicher Nutzung oder der Errichtung erneuerbarer Energieanlagen, die zwar ökologisch sinnvoll, aber landschaftsästhetisch oder naturschutzfachlich problematisch sein können. In der Stadtplanung wiederum führt die Notwendigkeit der Nachverdichtung häufig zu Widerständen aus der Bevölkerung, die um Grünflächen und gewachsene Quartiersstrukturen fürchten. Planerinnen und Planer sollten sich dieser vielschichtigen Zielkonflikte bewusst sein, um sie differenziert analysieren und angemessene Strategien zur Vermittlung und Abwägung entwickeln zu können. Die Ausbildung von Planenden sollte daher weit über die Vermittlung von ,Planung als Prozess' hinausgehen und technisches sowie gesellschaftstheoretisches Wissen umfassen, um auch in komplexen kommunikativen und mediativen Situationen zu bestehen. Darüber hinaus ist es wichtig, ein tiefergehendes Verständnis für den Einsatz kommunikativer Formen und Medien zu entwickeln. Dabei muss eine stete Reflexion der ethischen Dimension von Planungsentscheidungen stattfinden, insbesondere im Abgleich öffentlicher und privater Interessen.

Planungssoziologie wird umso relevanter, je komplexer und vielschichtiger sich die Anforderungen an die räumliche Planung und das Verständnis von Räumen selbst entwickeln. Indem sie theoretische Ansätze aus der Gesellschaftsanalyse mit einer Raumorientierung kombiniert, leistet die Planungssoziologie einen wesentlichen Beitrag zur Stärkung des Planungsverständnisses sowie zur Entwicklung von nachhaltigen und sozial gerechten Raumstrategien (vgl. Terlinden 2010). Planungssoziologie ist an der Schnittstelle angesiedelt, wo sozialwissenschaftliche Theorien und Analysen des gesellschaftlichen Wandels einerseits und ingenieurorientierte Methoden der Raumgestaltung andererseits zusammen-fließen. Interdisziplinarität, Kommunikation und Handlung sind Schlüsselbegriffe für zeitgemäße Planungskonzepte und -strategien. In Planungsmethoden und -prozessen – untermauert durch Szenarien, Visionen und Werthaltungen – spiegelt sich ein stetiger Wandel wider, der im Wandel der zukünftigen räumlichen Ent-wicklungszielen begründet liegt (vgl. Schönwandt 2002; Lumeng & Jianguo 2022).

2.5 Räumliche Planung zwischen Gesellschaft, Orten und Steuerung

Das Fachgebiet Planungssoziologie untersucht die Wechselwirkungen zwischen gesellschaftlicher Struktur, räumlicher Gestaltung und den Lebensweisen sozia-ler Gruppen. Es analysiert, wie räumliche Strukturen und Steuerungsinstrumente Orte formen und soziale Differenzierungen erzeugen. Planende vermitteln zwi-schen Orten, Menschen und Steuerungsmodellen und schaffen im Planungs-prozess Mehrwerte – etwa durch Nutzungsgewinne, Qualitätsverbesserungen oder Wertsteigerungen. Die Planungssoziologie fragt, welche Mehrwerte durch bestimmte Methoden und Instrumente entstehen und wer davon profitiert.

Das Analysedreieck „Gesellschaft – Orte – Steuerung" bildet den Rahmen für planungssoziologische Untersuchungen. Es erfasst praxisbezogene Planungs-projekte – von Best- bis Bad-Practices – in ihrer Typologie und Ausprägung. Diese Methodik ermöglicht eine detaillierte Analyse der komplexen Wechselwir-kungen zwischen gesellschaftlichen Strukturen, physischen Merkmalen von Orten und Steuerungsformen. Dabei werden technische, soziale und politische Aspekte einbezogen, um fundierte, ganzheitliche Planungsentscheidungen zu ermöglichen.

Die Abb. 2.2 veranschaulicht die Wechselwirkungen zwischen Gesellschaft, Orten und Steuerung in der räumlichen Planung. Gesellschaftliche Strukturen, ortsspezifische Merkmale und Steuerungsformen werden in ihrem Zusammenspiel analysiert. Steuerungsmechanismen werden hinsichtlich ihrer Dauer und räum-lichen Ebenen innerhalb verschiedener Ortskategorien untersucht. Orte werden nicht nur durch ihre geografische Lage definiert, sondern auch durch städtebau-liche, architektonische, soziale und funktionale Merkmale geprägt. Gleichzeitig spielen institutionelle und organisatorische Strukturen eine zentrale Rolle bei der Gestaltung und Entwicklung dieser Räume. Prägende soziale Gruppen, ihre Lebenswelten und Netzwerke beeinflussen die Dynamik von Orten und bestim-men maßgeblich deren Nutzung und Entwicklung. Die räumliche Organisation ergibt sich aus diesen Wechselwirkungen, während die räumliche Entwicklung

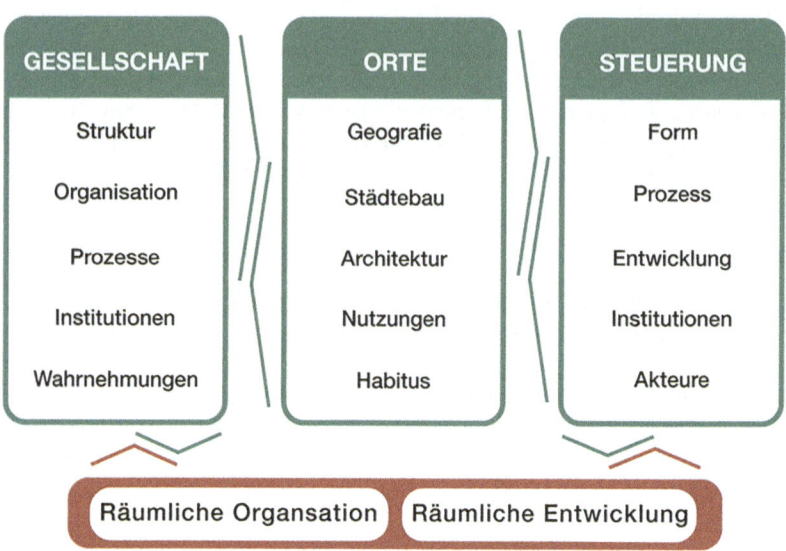

Abb. 2.2 Analysedreieck ‚Gesellschaft – Orte – Steuerung' in der röumlichen Entwicklung

durch Steuerungsprozesse geformt wird. Damit zeigt die Abbildung die vielschichtigen Prozesse auf, die zur Gestaltung von urbanen und ländlichen Räumen
beitragen.

2.6   Kulturelles Verständnis der Planung

Stadt- und Raumplanung als rein sachliche Ingenieursleistung ist unzureichend
gekennzeichnet. Dies erscheint aus heutiger Sicht – nach der Änderung des
allgemeinen Wissenschaftsparadigmas weg von der Wertfreiheit hin zu einem
normativ-gesellschaftlichen Verständnis der Natur- und Technik- und Ingenieurwissenschaften als etwas nicht weiter Bemerkenswertes. Die vormals vorherrschende Vorstellung einer wertneutralen Raumplanung, die in den 1970er bis
1990er Jahren dominierte, bei der Planende administrative Vorgaben in praktische Projekte übersetzten, ist überholt. Es wurden dafür angeblich objektive,
statistische, mathematische Modelle zur Raumanalyse eingesetzt und als wert-
frei dargestellt (vgl. Faludi 1985). Insofern liegt der räumlichen Planung in der

Moderne ein rationalistisches, objektives Menschenbild des Homo Oeconomicus zugrunde (vgl. Bökemann 1982).

Doch räumliche Planung war schon immer durch politische Werthaltungen, Zielsetzungen sowie durch manipulative Strategien und Methoden geprägt. Sie fand und findet stets in einem politischen Kontext statt und wird von den jeweiligen politischen Rahmenbedingungen beeinflusst. Planung umfasst nicht nur technische oder funktionale Entscheidungen, sondern ist auch durch strategische Manipulation und Einflussnahme geprägt, die häufig die Interessen bestimmter Gruppen widerspiegeln. Dabei können Machtverhältnisse, wirtschaftliche Interessen und ideologische Ausrichtungen eine entscheidende Rolle spielen. Diese Perspektive ergänzt die Erkenntnis, dass räumliche Planung seit jeher in politische Prozesse eingebettet ist, und verdeutlicht die Notwendigkeit, ihre politischen Dimensionen kritisch zu reflektieren. Eine bewusste Auseinandersetzung mit diesen Einflussfaktoren kann dazu beitragen, Planungsprozesse transparenter zu gestalten und eine gerechtere Verteilung von Ressourcen und Gestaltungsmöglichkeiten zu fördern.

Dementsprechend wird von Planerinnen und Planern zunehmend erwartet, dass sie Stellung zu gesellschaftlichen Themen, wie Inklusion, ökologische Nachhaltigkeit und Technologiefortschritt, beziehen. Es stellt sich für Planende zunehmend die Frage nach den Merkmalen einer ‚guten' Gesellschaft. So hebt John Friedmann schon Ende der 1980er Jahre die Rolle der Planenden bei der Bewältigung zukünftiger gesellschaftlicher Herausforderungen hervor: „Modern planning practice is a social and political process in which many actors, representing many different interests, participate in a redefined division of labor" (Friedmann 1987: 25).

Healy betonte Ende der 1990er Jahre ebenfalls, dass Planung ein politisches Feld sei und verband dies mit der Perspektive auf kommunikative Prozesse. Sie verweist dementsprechend auf die Rolle der Planung für die demokratische Entwicklung und den progressiven Fortschritt: „The modern idea of planning, as John Friedmann has described in his authoritative account of its intellectual origins, is centrally linked to concepts of democracy and progress. If centers on the challenge of fining ways in which citizen acting together can manage their collective concerns with respect to sharing of space and time" (Healey 1996: 234).

Im Gegensatz zu diesen politischen und kommunikativen Perspektiven orientieren sich die Zielsetzungen der räumlichen Planung allerdings oftmals stärker an ökonomischen Rahmenbedingungen, als an sozialen Gerechtigkeitsprinzipien oder ökologischen Orientierungen (vgl. Eckardt 2023). Stadtplanerinnen und Stadtplaner richten sich eher nach den kurzfristigen Absichten politischer Akteure und nach dem was sie den Menschen als Bedürfnisse unterstellen,

nicht auf dem was unterschiedliche, insbesondere benachteiligte Bewohnergruppen an Lebens- und Wohnbedürfnissen bräuchten. Insbesondere orientieren sich
Planer kaum an den Rahmenbedingungen, welche für eine ‚gute‘, gesellschaftliche nachhaltige Entwicklung nötig wären. Räumliche Planung stellt zwar einen
Teil von Gesellschaftspolitik als rahmensetzenden Ordnungspolitik dar, organisiert aber auch Entwicklungspolitik für marktwirtschaftliche Prozesse. In der
heutigen Zeit wird die Gestaltung städtischer Räume zunehmend von Bauunternehmen dominiert. Hinter den Fehlentwicklungen der Stadtentwicklung stehen im
Wesentlichen falsche finanzielle Anreize, die sowohl politische als auch private
Entscheidungsträger beeinflussen und dazu führen, dass kurzfristige wirtschaftliche Interessen oft über langfristige gemeinwohlorientierte Entwicklungsziele
gestellt werden. Diese Fehlsteuerungen verstärken eine ohnehin problematische Machtverschiebung in der Stadtplanung: Die Entwicklung des städtischen
Raums wird zunehmend von privatwirtschaftlichen Interessen dominiert, während Akteure wie Architektinnen und Architekten sowie Stadtplanerinnen und
Stadtplaner, die stärker ästhetische, soziale oder ökologische Werte verfolgen,
an Einfluss verlieren. Die hoheitliche Planung, die eigentlich das Gemeinwohl
in den Mittelpunkt stellen sollte, wird immer stärker durch marktwirtschaftliche Logiken überlagert. Besonders die Bau- und Immobilienwirtschaft gewinnt
an Einfluss und setzt zunehmend ihre Interessen durch, während die öffentliche Hand mit begrenzten Mitteln und regulatorischen Hürden kämpft. Dies
erschwert oder verhindert langfristig orientierte, nachhaltige Stadtentwicklungsstrategien und führt zu monofunktionalen Strukturen, sozialen Verwerfungen und
ökologischen Fehlentwicklungen. Um dieser Dynamik entgegenzuwirken, sind
tiefgreifende Reformen erforderlich, die die ökonomischen Rahmenbedingungen
für Städte und Gemeinden neu gestalten. Insbesondere muss die Verteilung der
Einnahmen und Kosten neuer Ansiedlungen überdacht werden, um Fehlanreize
zu vermeiden und eine nachhaltige Stadtentwicklung zu fördern (vgl. Henger &
Schuster 2022).

Diese Dynamik verdeutlicht den Konflikt zwischen den Bauunternehmen, die
maßgeblich die wirtschaftliche Produktion von Städten vorantreiben, und den Planungsinstitutionen, die ausgewogene räumliche Entwicklungen anstreben. Dabei
erfolgt die planerische Rahmensetzung oft zeitlich verzögert im Vergleich zu
den schnell agierenden, kapitalstarken Bauprojekten. Dies führt nicht nur zu
einem Machtungleichgewicht, sondern auch zu einer technischen Niederlage für
Planerinnen und Planer, deren Ansätze durch die Dominanz der messbaren ökonomischen Faktoren in den Hintergrund geraten. In der räumlichen Planung ist somit
eine klare Spannung zu erkennen: Während die Bauunternehmen die städtische

Entwicklung primär aus finanziellen Motiven steuern, müssen Planer und Architekten versuchen, ihre ästhetischen und gesellschaftlichen Vorstellungen in einem Umfeld durchzusetzen, das zunehmend von ökonomischen Interessen geprägt ist. So entscheiden in erster Linie oftmals die Bauunternehmen, wie städtische Räume gestaltet werden. Raumentwicklung wird in diesem Sinne verstärkt durch private ökonomische Kräfte geprägt: „Decisions about the form of the city can today be seen to have shifted almost exclusively to the construction companies – a field of reasoning that tends to stifle other actors' discussions in the technical debate, such as those of architects and planners which governed by aesthetic values of good form, urbanity criteria such as the vitality of the public space and other times that are hard to objectify" (Netto 2017: 214).

Die Dynamik des Verhältnisses zwischen hoheitlicher Planung und wirtschaftlicher Aktivität stellt eine komplexe Auseinandersetzung zwischen den handelnden Akteuren dar: den Bauunternehmen, welche maßgeblich die ökonomische Produktion von Städten und Räumen vorantreiben, und den Planungsinstitutionen, die sich für ausgewogene raumplanerische Interventionen einsetzen. Zudem erfolgt die planerische Rahmensetzung zeitlich verzögert im Vergleich zu den finanzstarken Bauvorhaben in der Praxis: „Between the roles of construction companies, which drive the process of (financial) production of the city a priori; and those who plan interventions a posteriori: But in addition to these differences, the defeat of planners and architects is also a technical defeat, because judgement is governed by the absolute objectivity of the measurable" (Netto 2017: 214).

Die erforderliche demokratische Perspektive für eine politische Dimension von Stadt- und Raumplanung würde den Stellenwert der Planerinnen und Planer in den Aushandlungsprozessen zwischen Bevölkerung, Staat und Markt stärken. Der Stellenwert von Planung würde aufgrund eines stärkeren Bewusstseins für die materiellen Objekte, den sozialen Raum und die vielfältige Arbeitsteilung von planenden Akteuren an Bedeutung gewinnen. Zunehmend fordern nämlich auch Bürgerinnen und Bürger, Selbstorganisation und Eigensteuerung sowie eine ‚Planung der Nicht-Planung' ein, um die Mitbestimmung der kritischen Zivilgesellschaft zu stärken. Stadt- und Raumplanung bewegt sich dementsprechend stets zwischen staatlichen Ansprüchen, sozialen Bewegungen, alternativen Gesellschaftsentwürfen und anarchistischem Staatsmisstrauen bewegt (vgl. Frey 2009: 320). Anstatt formelle und informelle, geplante und emergente Formen der Steuerung als Gegensätze zu betrachten, ist eine Perspektive erforderlich, die die Koexistenz und Interaktion beider Ansätze anerkennt. Zunehmend wird in der Zivilgesellschaft ein Modell der Selbstorganisation und Eigensteuerung gefordert, welches Planende dazu anregt, ihre Rolle zwischen den Erwartungen staatlicher Organe und dem Wunsch der Bevölkerung nach mehr Selbstgestaltung zu reflektieren (vgl. Nunbogu u. a. 2018).

Friedmann verweist auf die Positionierung der Planungsakteure zwischen einem starken steuernden hoheitlichen Staat und ihrer Verortung in nichtstaatlichen, zivilgesellschaftlichen Bewegungen. Er formulierte in seinem Werk ‚die gute Gesellschaft' (1979) wie zentral eine politische Werthaltung der Planerinnen und Planern ist, um dem Ziel, eine bessere Gesellschaft zu erreichen, näherzukommen. Dabei unterstreicht er die hohe Bedeutung der sozialen Beziehungen in einer Gesellschaft, die für räumliche Planungsprozesse an erster Stelle zu stehen haben. Friedmanns Betonung einer politischen Werthaltung unterstreicht zusätzlich die Notwendigkeit, dass soziale Beziehungen im Zentrum von räumlichen Planungsprozessen stehen sollten.

Die politische Dimension der Planung operiert traditionell zwischen sozialen Bewegungen, alternativen Gesellschaftsentwürfen und einem gewissen Staatsmisstrauen. Trotzdem müssen Planerinnen und Planer sowohl Verfechter einer starken und demokratischen Staatsrolle bleiben, als auch die Bedeutung der Zivilgesellschaft als vitalen Kontrollmechanismus anerkennen. Dabei treten interdisziplinäres Denken, Kommunizieren und Handeln der Planenden in den Vordergrund. Planerisches Gestalten ist in die Zukunft gerichtet und braucht aus diesem Grund Szenarien, Visionen und Werthaltungen einer zukünftigen Entwicklung. Demokratische Stadtplanung hat heute eine erhebliche psychologisch-emotionale Dimension, weil sie vielleicht nicht wirklich die Substanz praktizierter Demokratie ist, aber der Humus auf der Mitbestimmung und Werthaltungen wachsen können (vgl. Hummel 2018). Planungssoziologie sollte sich deshalb verstärkt der sich wandelnden Planungskultur und Planungspolitik widmen. Forschungsergebnisse der Soziologie sind in diesem Untersuchungsfeld nicht nur aufgrund möglicher Praxisrelevanz, sondern auch als theoretischer Reflexionsraum von zentraler Bedeutung: „Wenn Soziologie ihrem Gegenstand gerecht wird, dann muss sie auch solche Fragen ansprechen, die jenseits des Handlungsspielraumes der Politik liegen, d. h. sie wird unumgänglich mehr antworten, als sie von der Politik gefragt wurde" (Siebel 2010: 63).

‚Planung als politische Praxis' kennzeichnet Planung als ein politisches Aushandlungsfeld. In den letzten Jahren hat sich ein erneutes Interesse an der politischen Verfasstheit von Planung entwickelt, vor allem in Bezug auf Großprojekte und soziale Bewegungen wie Stuttgart 21 oder Recht-auf-Stadt-Initiativen. Frühere Ansätze zur Planung zielen oft auf Konsens und Zusammenarbeit ab, wie die kommunikative Planungstheorie der 1980er Jahre. Diese Ansätze wurden jedoch zunehmend kritisiert, da sie die Konflikte und Machtverhältnisse in Planungsprozessen ausblenden. In den 1960er und 1970er Jahren wurde Planung als politisches Feld verstanden, das eng mit der gesellschaftlichen und wirtschaftlichen Ordnung verbunden war. Kritische Ansätze wie der Agonismus, die Planung als politischen Aushandlungsprozess begreifen, gewinnen wieder an Bedeutung. Diese Theorien betonen, dass Planung immer von Konflikten geprägt ist, die nicht konsensual lösbar sind. Darüber hinaus werden neue interdisziplinäre Ansätze aus der Geographie, Politik- und Sozialwissenschaft diskutiert, die Planung als einen dynamischen Prozess der Machtverhandlungen begreifen. Zentrale Kritikpunkte an früheren konsensbasierten Ansätzen sind die Vernachlässigung der Machtasymmetrien und die fehlende Berücksichtigung realer gesellschaftlicher Konflikte. Planung ist insofern immer auch eine politische Praxis, in der soziale und kulturelle Aushandlungsprozesse stattfinden und Konflikte oft unauflösbar bleiben (vgl. Gribat u. a. 2017).

2.7   Fazit

Das Fachgebiet der Planungssoziologie verschränkt durch relationale Raumkonzepte die materiell-physischen Eigenschaften von Räumen mit sozialen Prozessen und Strukturen. Dies ermöglicht eine differenzierte Untersuchung von gebauten Umgebungen und deren Verflechtung mit sozialen Dynamiken innerhalb eines Raumes. In der akademischen Ausbildung von Planerinnen und Planern ist eine grundlegende Auseinandersetzung mit soziologischen Inhalten unerlässlich, um eine interdisziplinäre Ausrichtung zu gewährleisten, die eine umfassende Kompetenz für planerische Herausforderungen der Praxis sicherstellt (vgl. Phelps 2021).

Es fehlte lange Zeit allerdings eine ausreichend fundierte Planungssoziologie, die nicht allein als utilitaristische Zulieferer-Wissenschaft für die Planungspraxis betrachtet wird. Ihre Funktion beschränkt sich nicht lediglich darauf, die erforderlichen Daten für eine rationale praktische Planung zu beschaffen und zu vermitteln. Vielmehr bedarf es einer Betrachtung der politischen und gesellschaftlichen Rolle von räumlicher Planung.

Im Folgenden werden nun einige Herausforderungen der räumlichen Planung stichwortartig benannt, die sich für als Themen einer Planungssoziologie stellen: Verstärkte Einbeziehung neuer Technologien und Datenquellen in die Planungsgrundlagen und Entscheidungen (vgl. Christmann & Schinagl 2021); Förderung von interdisziplinärer Zusammenarbeit (vgl. Marguin 2021) und Berücksichtigung der Komplexität sozialer Systeme (vgl. Phelps 2021); Verbesserung der

Entscheidungsfindung und innovativer Planungsansätze für Partizipation und Empowerment (vgl. Kyttä u. a. 2023); stärkere Berücksichtigung demokratischer Kontrolle und kultureller Vielfalt und Identität (vgl. Hummel 2018); verstärkte Förderung von nachhaltigen und resilienten Entwicklungsprozessen (vgl. Brunetta u. a. 2019); aktivere Gestaltung der sozialen Entwicklung in denen der Einzelne aktiv seine Umwelt mitgestalten kann (vgl. Scharpf 2011).

Das Fachgebiet Planungssoziologie steht vor der Herausforderung, die sich wandelnden Rollen von Planenden zu durchleuchten, welche sich durch gesellschaftliche und räumliche Veränderungen kontinuierlich verändern (vgl. Eriksson u. a. 2022). In diesem Zusammenhang wird die Notwendigkeit einer adaptiven und reflexiven Herangehensweise deutlich, die sowohl in der Lehre als auch in der Forschung verstärkt verankert werden sollte. In einem Kontext aus sozialen und materiellen Bedingungen übernehmen Planende vermehrt die Rolle einer regulativen Instanz innerhalb komplexer Akteur-Netzwerk-Strukturen.

Eine Planungssoziologie, die Werte, Normen, Zielkonflikte und Planungsleitbilder in den Mittelpunkt der Analyse von Steuerungsprozessen stellt, betont die normativen und politischen Zielsetzungen zur räumlichen Entwicklung der Gesellschaft. Die hinter der Praxis liegenden Wertvorstellungen und Leitbilder sind normative Vorstellungen einer wünschenswerten sozialräumlichen gesellschaftlichen Transformation. Insofern muss sich die Analyse der Steuerungsprozesse und Instrumente immer auch mit den Fragen des normativen und politischen Wertes beschäftigen.

Räumliche Planung steht vor der Herausforderung, moderne Technologien und innovative Ansätze in Planungsprozesse zu integrieren, um diese effizienter und fundierter zu gestalten. Die Einbeziehung von Big Data, Geoinformationssystemen (GIS) und anderen technologischen Innovationen kann dabei eine entscheidende Rolle spielen. Der technologische Fortschritt eröffnet unter anderem auch der Landschaftsplanung neue Möglichkeiten. Mithilfe von GIS und Big Data lassen sich ökologische Muster und Trends frühzeitig erkennen, was für nachhaltige Maßnahmen im Naturschutz von großer Bedeutung ist. Diese technische Dimension ist besonders bemerkenswert, da sie die Qualität und Präzision der Planung erheblich verbessern kann.

Gleichzeitig ist es die Aufgabe der Planungssoziologie die sozialen Auswirkungen dieser Technologien zu analysieren, um deren Einfluss auf gesellschaftliche Strukturen zu verstehen. Eine enge interdisziplinäre Zusammenarbeit zwischen Planungssoziologie und räumlicher Planung ist insofern erforderlich, um durch den Austausch von Wissen und die Durchführung gemeinsamer Projekte innovativere Lösungsansätze zu entwickeln. Da die Gesellschaft von dynamischen und komplexen sozialen Strukturen geprägt ist, muss die Planungssoziologie die Grenzen der Planbarkeit thematisieren und flexiblere, anpassungsfähigere Planungsansätze entwerfen. Um Planungsentscheidungen gesellschaftlich legitim und akzeptiert zu machen, ist es unerlässlich, soziale Werte und Normen in die Planungsprozesse zu integrieren. Zudem hat Planungssoziologie die Aufgabe in einer zunehmend unsicheren und komplexen Welt die Konsequenzen von Entscheidungen fundiert abzuschätzen. Hierbei können sozialwissenschaftliche Methoden der Entscheidungstheorie und Risikoanalyse eine wichtige Rolle spielen. Die Einbindung der Bürgerinnen und Bürger in den Planungsprozess ist ein weiterer zentraler Aspekt. Durch die Förderung demokratischer Partizipation wird nicht nur die Legitimität der Entscheidungen gestärkt, sondern ermöglicht, dass die Interessen der Bevölkerung berücksichtigt werden. Dies erfordert auch kulturelle Vielfalt und unterschiedliche Identitäten in postmodernen Gesellschaften in den Planungs- und Partizipationsprozessen zu berücksichtigen. Ein weiteres Anliegen der Planungssoziologie ist es, Machtstrukturen und Interessenkonflikte in Planungsprozessen aufzuzeigen. Eine erfolgreiche und nachhaltige Stadtplanung sowie Architektur richten sich an den grundlegenden Bedürfnissen und Verhaltensweisen der Menschen aus. Nur wenn städtische Räume auf soziale, psychologische und funktionale Anforderungen abgestimmt sind, können sie langfristig genutzt und akzeptiert werden. Projekte, die diese menschlichen Faktoren ignorieren, laufen Gefahr, auf Ablehnung zu stoßen und letztlich an mangelnder Nutzung zu scheitern. Besonders in Zeiten des gesellschaftlichen und technologischen Wandels ist es entscheidend, Städte anpassungsfähig und lebenswert zu gestalten, indem sie nicht nur funktionale, sondern auch emotionale und soziale Aspekte berücksichtigen (vgl. Oberzaucher 2017).

Die Planungssoziologie trägt dazu bei, Akteure und Prozesse der räumlichen Planung mit den Aspirationen der Menschen zu synchronisieren. Sie hilft, Machtverhältnisse und Interessenlagen zu reflektieren, um nachhaltige und gemeinwohlorientierte Stadtentwicklungsstrategien zu ermöglichen. Nur durch eine enge Verknüpfung von Planung und gesellschaftlicher Teilhabe lassen sich resiliente, inklusive und lebendige soziale Lebenswelten schaffen, die demokratisch legitimiert und anpassungsfähig gegenüber zukünftigen Herausforderungen sind.

Literatur

Atteslander, Peter (1976): Sozialwissenschaftliche Aspekte von Raumordnung und Raumplanung, in: Atteslander, Peter (Hrsg.): Soziologie und Raumplanung. Berlin, New York: de Gruyter, S. 10–71.

Atteslander, Peter (Hrsg.) (1976): Soziologie und Raumplanung. Berlin, New York: de Gruyter.

Bahrdt, Hans Paul (1967): Soziologie und Stadtplanung in der Bundesrepublik Deutschland, Archiv für Kommunalwissenschaften, Jahrgang 6, Zweiter Halbjahresband, W. Kohlhammer Verlag Stuttgart, S. 212–231.

Bahrdt, Hans-Paul (1961): Die moderne Großstadt. Soziologische Überlegungen zum Städtebau. Reinbek bei Hamburg: Rowohlt Verlag.

Beauregard, Robert A. & Lieto, Laura (2016): Final remarks. In: Lieto, Laura & Beauregard, Robert A. (Hrsg.): Planning for a material world. Oxon: Routledge, S. 163–165.

Beauregard, Robert A. (2012): Planning with Things. In: Journal of Planning Education and Research Vol. 32, issue 2, 2012, S. 182–190.

Beauregard, Robert A. (2013): The neglected places of practice. In: Planning Theory & Practice, Vol. 14, No.1, 2007, S. 8–19.

Bechmann, Arnim (1981): Grundlagen der Planungstheorie und Planungsmethodik. Eine Darstellung mit Beispielen aus dem Arbeitsfeld der Landschaftsplanung. Bern: Uni-Taschenbücher.

Berndt, Heide (1968): Das Gesellschaftsbild bei Stadtplanern. Krämer, Stuttgart/Bern.

Bökemann, Dieter (1982): Theorie der Raumplanung. Sozialwissenschaftliche Grundlagen für die Stadt-, Regional- und Landesplanung. München: Oldenbourg.

Breckner, Ingrid (2014): Raum im Spektrum der Stadt- und Regionalplanung, in: Oßenbrügge, Jürgen & Vogelpohl, Anne (Hrsg.): Theorien in der Raum- und Stadtforschung. Einführungen, Münster, Westfälisches Dampfboot, S. 68–76.

Brenner, Neil & Schmid, Christian (2015): Towards a new epistemology of the urban? In: City, 19(2–3), S. 151–182.

Brunetta, Grazia u.a. (2019): Territorial resilience: Toward a proactive meaning for spatial planning. In: Sustainability 11, Nr. 8.

Burckhardt, Lucius (2004): Wer plant die Planung? Architektur, Politik und Mensch, herausgegeben von Fezer, Jesko & Schmitz, Martin: Berlin, Martin Schmitz Verlag.

Chaloupek, Günther (1979): Über die Grenzen der Planung. In: Wirtschaft und Gesellschaft-WuG 5, no. 2 (1979): S. 225–242.

Christmann, Gabriela & Schinagl, Martin (2021): Digitale Planung, digitalisiertes Planungshandeln und mediatisierte Konstruktionen von Räumen. In: Löw, Martina & Sayman, Volkan & Schwerer, Jona & Wolf, Hannah (2021) (Hrsg.): Am Ende der Globalisierung: Über die Refiguration von Räumen. transcript Verlag, 183–204.

Dangschat, Jens S. (2017): Macht und Herrschaft, aber auch Werte und institutionelle Settings – sie bestimmen die Raumplanung. Kommentar zu Lucius Burckhardts ‚Wer plant die Planung?' In: sub\urban. zeitschrift für kritische stadtforschung 5, Nr. 1/2, S. 131–136.

Danielzyk, Rainer & Priebs. Axel (2021): Gleichwertige Lebensverhältnisse. Als Beitrag der Raumordnung zu gesellschaftlichem Zusammenhalt und räumlicher Gerechtigkeit aktueller denn je! RaumPlanung Fachzeitschrift für räumliche Planung und Forschung 2123/4: S. 15–20.

Diller, Christian & Oberding, Sarah (2017): Probleme zuerst – ein banaler, überholter Imperativ in der Raumplanung? Theoretische Überlegungen und empirische Befunde, in: disP-The Planning Review 53, Nr. 4, S. 55–70.

Eckardt, Frank (2023): Urbanismus als Ökozid: Stadtplanung als inkrementelle Ursache für Ökozide. In: Paff, Tino (Hrsg.) Ökozid. München: oekom, S. 167–180.

Eckardt, Frank (Hrsg.): Handbuch Stadtsoziologie, VS-Verlag.

Ehlert, Wiking (1975): Politische Planung—und was davon übrigbleibt. In: Leviathan, S. 84–114.

Eriksson, Erik & Fredriksson, Amira & Syssner, Josefina (2022): Opening the black box of participatory planning: a study of how planners handle citizens' input. In: European planning studies 30, Nr. 6, S. 994–1012.

Faludi, Andreas (1976): Sociology in Planning Education. In: Urban Studies 1976, S. 121–132.

Faludi, Andreas (1985): The return of rationality. In: Breheny, Michael J. & Hooper, Alan J. (Hrsg.) (1985): Rationality in Planning: Critical Essays on the Role of Rationality in Urban and Regional Planning, Pion Press, London.

Förster, Agnes (2014): Planungsprozesse wirkungsvoller gestalten. Wirkungen, Bausteine und Stellgrößen kommunikativer planerischer Methoden. Dissertation. München. Technische Universität München, Fakultät für Architektur.

Frey, Oliver (2009): Die amalgame Stadt. Orte. Netze. Milieus. Wiesbaden: VS-Verlag für Sozialwissenschaften.

Frey, Oliver (2024): Planungssoziologie. In: Eckardt, Frank (Hrsg.): Handbuch Stadtsoziologie. Springer VS, Wiesbaden.

Friedmann, John (1979): The good Society. MIT Press, Cambridge, Massachusetts and London, England.

Friedmann, John (1987): Planning in the public domain: From Knowledge to Action. Princeton: Princeton University Press.

Friedmann, John (1993): Toward a Non-Euclidian Mode of Planning. In: Journal of the American Planning Association, Vol. 59, No. 4, S. 482–485.

Fürst, Dietrich & Scholles, Frank (Hrsg.) (2008): Handbuch Theorien und Methoden der Raum- und Umweltplanung. 3., vollst. überarb. Aufl. Dortmund: Rohn.

Fürst, Dietrich (2018): Planung, In: ARL – Akademie für Raumforschung.

Gilgen, Kurt (2022): Planungsmethodik in der kommunalen Raumplanung: vom Praxisbeispiel zur Theorie. vdf Hochschulverlag.

Goodchild, Michael F. (2010): Towards geodesign: Repurposing cartography and GIS for sustainable development. In: Cartographic Perspectives, 66, S. 7–25.

Göschel, Albrecht (2020): Kapitel A Stadtentwicklung im Widerstreit staatlicher, wirtschaftlicher und zivilgesellschaftlicher Interessen. Einleitung. In: Breckner, Ingrid & Albrecht Göschel & Ulf Matthiesen (Hrsg.): Stadtsoziologie und Stadtentwicklung. Handbuch für Wissenschaft und Praxis. Baden-Baden, S. 23–26.

Gribat, Nina & Kadi, Justin & Lange, Jan & Meubrink, Yuca & Müller, Jonas (2017): Planung als politische Praxis. Zur Einleitung in den Themenschwerpunkt. In: sub\urban. zeitschrift für kritische stadtforschung 5, no. 1/2, S. 7–20.

Hamm, Bernd & Neumann, Ingo (1996): Siedlungs-, Umwelt- und Planungssoziologie. Ökologische Soziologie Band 2. Opladen: Leske+Budrich.

Hamm, Bernd (1994): Neue Aufgaben für sozialwissenschaftliche (Stadt-)Forschung, in: Meyer, Sibylle et al.: Ein Puzzle, das nie aufgeht: Stadt, Region und Individuum in der Moderne; Festschrift für Rainer Mackensen. Berlin: Ed. Sigma, S. 209–224.

Harth, Annette & Scheller, Gitta (2010): Stadtsoziologie und Planungsbezogene Soziologie: Entwicklungen und Perspektiven. In: Harth, Anette & Scheller, Gitta (Hrsg.): Soziologie in der Stadt- und Freiraumplanung. VS Verlag für Sozialwissenschaften, S. 25–50.

Harth, Annette (2012): Stadtplanung. In: Eckardt, Frank (Hrsg.): Handbuch Stadtsoziologie. Springer-Verlag, S. 337–364.

Healey, Patsy (1996): Planning Through Debate: The Communicative Turn in Planning Theory. In: Town Planning Review, Vol. 63, S. 143–162.

Healey, Patsy (1997): Collaborative Planning: Shaping Places in Fragmented Societies. London: Macmillan.

Healey, Patsy (2007): Urban Complexity and Spatial Strategies: Towards a Relational Planning for Our Times. Routledge.

Henger Ralph & Schuster, Florian (2022): Ökonomische (Fehl-)Anreize der Siedlungsflächenentwicklung – Warum ist der Druck auf die „Grüne Wiese" so hoch? ', in Henn, Sebastian & Zimmermann Thomas & Braunschweig, Björn (Hrsg.): Stadtregionales Flächenmanagement. Berlin, Heidelberg: Springer Berlin Heidelberg, S. 1–19.

Hoerning, Johanna (2016): Megastädte zwischen Begriff und Wirklichkeit: Über Raum, Planung und Alltag in großen Städten. transcript Verlag.

Holm, André (2024): Gentrification. In: Eckardt, Frank: Handbuch Stadtsoziologie, VS-Verlag.

Hummel, Konrad (2018): Demokratische Stadtentwicklung: Vielfaltsstädte und die Herausforderung von Rechtspopulismus und Vertrauensverlusten. Forschungsjournal Soziale Bewegungen 31, Nr. 1–2, S. 245–263.

Kamleithner, Christa (2015): Mit dem Markt planen: Zu den epistemischen Voraussetzungen moderner Stadtplanung, in: Koch, Matthias & Köhler, Christian & Othmer, Julius u.a. (Hrsg.): Planlos! Zu den Grenzen von Planbar, Paderborn. Brill, Fink, S. 35–49.

Kuklick, Henrika (1980): Chicago sociology and urban planning policy: Sociological theory as occupational ideology. In: Theory and Society 9, S. 821–845.

Kyttä, Marketta u.a. (2023): Prioritizing participatory planning solutions: Developing place-based priority categories based on public participation GIS data. Landscape and Urban Planning, 239.

Lieto, Laura & Beauregard, Robert A. (Hrsg.) (2016): Planning for a material world. Oxon: Routledge.

Löw, Martina & Knoblauch, Hubert (2020): The Re-Figuration of Spaces and Refigured Modernity – Concept and Diagnosis. Historical Social Research, 45(2), S. 263–292.

Löw, Martina & Knoblauch, Hubert (2021): Raumfiguren, Raumkulturen und die Refiguration von Räumen. In: Löw, Martina & Sayman, Volkan & Schwerer, Jona & Wolf, Hannah (Hrsg.): Am Ende der Globalisierung: Über die Refiguration von Räumen, transcript Verlag, 25–58.

Löw, Martina (2001): Raumsoziologie. Frankfurt am Main: Suhrkamp.

Löw, Martina (2024): Homepage des Fachgebietes Planungs- und Architektursoziologie, TU Berlin, https://www.tu.berlin/archsoz; Aufruf am 10.03.2024.

Lumeng, L. & Jianguo, W. (2022): Scenario analysis in urban ecosystem services research: Progress, prospects, and implications for urban planning and management. Landscape and Urban Planning, 224.

Marguin, Séverine & Pelger, Dagmar & Stollmann, Jörg (2021): Mappings als joint spatial display. Handbuch qualitative und visuelle Methoden der Raumforschung. In: Heinrich,

Anna Juliane & Marguin, Séverine & Million, Angela & Stollmann, Jörg (Hrsg.) (2021): Handbuch qualitative und visuelle Methoden der Raumforschung, S. 381–399.

Marguin, Séverine (2021): Interdisziplinarität als polykontexturale Wissensproduktion. In: Löw, Martina & Sayman, Volkan & Schwerer, Jona & Wolf, Hannah (Hrsg.): Am Ende der Globalisierung: Über die Refiguration von Räumen, transcript Verlag, 417–443.

Mayntz, Renate (1996): Politische Steuerung: Aufstieg, Niedergang und Transformation einer Theorie. In: Klaus von Beyme/Claus Offe (Hrsg.) Politische Theorien in der Ära der Transformation. PVS Sonderheft 26. Opladen: Westdeutscher Verlag, 148–168.

Merkel, Janet (2015): Coworking in the city. Ephemera, 15(2), S. 121–139.

Miller, Andreas (1964): Soziologie und Stadtplanung, in: Schweizer Monatshefte 1964, Heft 3, S. 219–230.

Netto, Vinicius Moraes (2017): The social fabric of cities. Vol. 250. New York: Routledge.

Nunbogu, Abraham Marshall & Korah, Prosper Issahaku & Cobbinah, Patrick Brandful & Poku-Boansi, Michael (2018): Doing it 'ourselves': Civic initiative and self-governance in spatial planning. In: Cities 74 32–41.

Nunbogu, Abraham Marshall u.a. (2018): Doing it 'ourselves': Civic initiative and self-governance in spatial planning. In: Cities 74: 32–41.

Oberzaucher, Elisabeth (2017): Homo urbanus: Ein evolutionsbiologischer Blick in die Zukunft der Städte. Berlin, Heidelberg: Springer Berlin Heidelberg.

Pahl, Raymond Edward (1970): Whose City? And Other Essays on Sociology and Planning. London: Longman.

Phelps, Nicolas A. (2021): The urban planning imagination: A critical international introduction. John Wiley & Sons.

Pieper, Richard (1979): Soziologie im Städtebau: eine Einführung für Architekten, Stadtplaner und Sozialwissenschaftler. Stuttgart: Enke.

Pinson, Daniel (2004): Disciplinaire, transdisciplinaire, bidisciplinaire, pluridisciplinaire… l'urbanisme indiscipliné: une discipline pluridisciplinaire? Lieux Communs – Les Cahiers du LAUA, 2004, Vertiges et prodiges de l'interdisciplinarité, 7, S.49–66.

Ritter, Ernst-Hasso (1998): Stellenwert der Planung in Staat und Gesellschaft. In: Akademie für Raumforschung und Landesplanung (ARL) (Hrsg.) (1998): S. 6–22.

Ruck, Michael (2018): Planung. In: Voigt, Rüdiger (Hrsg.): Handbuch Staat. Springer VS, Wiesbaden, S. 1071 – 1083.

Scharpf, Fritz W. (2011): Die ‚Aktive Gesellschaft': Gestaltungsoptimistisch und risikoblind? In: Soziologische Revue 34, Nr. 1: S. 5–11.

Schimank, Uwe (2009): Planung – Steuerung – Governance: Metamorphosen politischer Gesellschaftsgestaltung, in: Die Deutsche Schule 101, 3, S. 231–239.

Schmitt, Peter & Danielzyk Rainer (2018): Exploring the planning-governance nexus: Introduction to the special issue. In: disP-The Planning Review 54, no. 4, S. 16–20.

Scholich, Dietmar (2008): Die Rolle der Raumplanung in der Gesellschaft. In: Raumforschung und Raumordnungl Spatial Research and Planning 66, no. 6, S. 475–485.

Schönwandt, Walter L. (2002): Planung in der Krise? Theoretische Orientierungen für Architektur, Stadt- und Raumplanung. Stuttgart: Verlag W. Kohlhammer

Schroer, Markus (2022): Geosoziologie: Die Erde als Raum des Lebens. Suhrkamp Verlag.

Siebel, Walter & Ibert, Oliver & Mayer, Hans-Norbert (2001): Staatliche Organisation von Innovation: Die Planung des Unplanbaren unter widrigen Umständen durch einen unbegabten Akteur, in: Leviathan 29, Nr. 4, S. 526–543.

Siebel, Walter (1967): Zur Zusammenarbeit zwischen Architekten und Soziologen, In: Das Argument 9. Nr. 44, S. 287–299.

Siebel, Walter (2010): Stadtsoziologie und Planung – Notizen zu einem zunehmend engen und ambivalenten Verhältnis. In: Harth, Anette & Scheller, Gitta (Hrsg.): Soziologie in der Stadt- und Freiraumplanung. VS Verlag für Sozialwissenschaften, S. 51–67.

Simmie, James Martin (1974): Citizens in conflict: the sociology of town planning. London: Hutchinson.

Simmie, James Martin (1981): Power, property and corporatism: the political sociology of planning. Springer.

Streich, Bernd (2011): Stadtplanung in der Wissensgesellschaft. Ein Handbuch. 2. Aufl. Wiesbaden: VS Verlag für Sozialwissenschaften.

Swyngedouw, Erik (2010): Apocalypse forever? Post-political populism and the spectre of climate change. In: Theory, Culture & Society, 27(2–3), S. 213–232.

Terlinden, Ulla (2010): Soziologie und Räumliche Planung. Zur Notwendigkeit des Wissens über die gesellschaftliche Raumproduktion und Geschlechterproduktionen. In: Harth, Anette & Scheller, Gitta (Hrsg.): Soziologie in der Stadt- und Freiraumplanung. VS Verlag für Sozialwissenschaften, S. 69–85.

Zimmermann, Karsten & Feiertag, Patricia (2022): Governance and city regions: Policy and planning in Europe. Taylor & Francis.

Grundlagen der Planungstheorie

3

Der 3D-Scan (Abb. 3.1) zeigt den Wiener Südbahnhof kurz vor seinem
Abriss im Jahr 2009 – eingefangen in einer thermografischen Darstellung,
die Temperaturunterschiede sichtbar macht. Die Fassade erscheint in einem
Spektrum aus Farben: Warme Bereiche leuchten in Rot, kühlere in Blau,
während Fenster und bauliche Strukturen durch sanfte Farbverläufe hervorgehoben werden. Dabei offenbart sich, dass Planung weit mehr ist als die
technische Kunst des Entwerfens – sie ist ein lebendiger Dialog zwischen
Raum, Gesellschaft und Umwelt, ein Geflecht aus Stimmen, das nur in der
Kunst des Vermittelns und Übersetzens erklingen kann.

3.1   Einleitung

Das Wesen der Planung besteht darin, zukünftige räumliche und gesellschaftliche
Entwicklungen bewusst zu steuern, um Ziele wie Ordnung, Nachhaltigkeit und
Lebensqualität zu erreichen. Sie basiert auf der Analyse bestehender Strukturen
und der Entwicklung von Konzepten, die auf die räumliche und soziale Organisation von Städten und Regionen abzielen. Räumliche Planung verbindet technische
und soziale Aspekte, indem sie sowohl materielle (z. B. Infrastruktur) als auch
immaterielle (z. B. soziale Gerechtigkeit) Faktoren berücksichtigt (Fehl u. a.
1972; Frick 2006; Fürst 2018; Ruck 2018). Insofern basiert Planung auf dem Versuch, zukünftige Entwicklungen durch Zielsetzungen und Wertvorstellungen zu
gestalten. Planung kann als ein methodisch fundierter Prozess verstanden werden,

Abb. 3.1 3-D-Scan des Südbahnhofes Wien aus dem Jahr 2010 ©Robert Kalasek & Mathias Ganspöck, TU Wien

der darauf abzielt, Handlungsoptionen zu entwickeln, um Unsicherheiten zu redu-zieren und Konflikte zwischen unterschiedlichen Interessen zu lösen. Dabei wird sie durch den ständigen Wandel gesellschaftlicher Rahmenbedingungen beein-flusst, was bedeutet, dass sie oft iterativ abläuft und sich an neue Gegebenheiten anpassen muss. Ein zentraler Aspekt der Planungstheorie ist die Abgrenzung zwi-schen verschiedenen Planungsebenen und -formen, wie der Raumplanung, die sich mit der optimalen Nutzung von knappen räumlichen Ressourcen befasst, und der Projekt- oder Programmplanung, die konkrete Maßnahmen und deren Umsetzung in den Vordergrund stellt. Planungstheorien unterscheiden sich dabei zwischen prozeduralen Ansätzen, die sich auf die Gestaltung des Planungspro-zesses selbst konzentrieren, und substanziellen Theorien, die die zu planenden Inhalte, wie wirtschaftliche oder soziale Entwicklungen, untersuchen (vgl. Faludi 1973).

   In der Planungstheorie wird oft zwischen verschiedenen Ansätzen unterschie-den, etwa zwischen rationalen, technokratischen Modellen und kommunikativen, partizipativen Ansätzen. Früher wurde die räumliche Planung stark als tech-nokratischer Prozess verstanden, bei dem Experten vorgefertigte Lösungen für räumliche Probleme entwickelten. Mit der Zeit wandelte sich dieses Verständ-nis hin zu einem prozessualen, auf Kommunikation basierenden Ansatz. Heute

sieht man Planung eher als einen moderierenden, iterativen Prozess, bei dem
unterschiedliche Akteure wie Politik, Wirtschaft und Zivilgesellschaft zusammenarbeiten, um Lösungen zu finden, die den vielfältigen Interessen gerecht werden
(Roskamm 2015; Gravert u. a. 2019; Schubert 2015).

Planungstheorie liefert den Rahmen und die Logik, nach denen Planung gestaltet wird. Sie helfen dabei zu verstehen, wie Planungsprozesse organisiert werden,
welche Methoden und Instrumente genutzt werden und wie sich Planerinnen
und Planer in einem komplexen Gefüge von Interessen und Machtverhältnissen
positionieren. Planungstheorie kann auch aufzeigen, wie sich Planung über die
Zeit entwickelt hat – von einer hierarchischen Steuerung hin zu einem moderierenden, verhandelnden Prozess, der stark von gesellschaftlichen und politischen
Veränderungen beeinflusst wird. In der Planungstheorie wird auch die Rolle von
Planerinnen und Planern thematisiert. Dementsprechend wird Planung als ein
evolutionärer Prozess betrachtet, der auf kollektives Lernen und die Suche nach
neuen Lösungen abzielt. Durch diese veränderte Sichtweise wird die Planung zu
einem flexiblen Instrument, das in einer zunehmend komplexen und pluralistischen Gesellschaft Zukunftsoptionen aufzeigen soll (vgl. Wiechmann 2019a und
2019b; Levin-Keitel u. a. 2022).

Planung ist sowohl in ihrer theoretischen Abstraktion als auch in ihrer
praktischen Anwendung sehr komplex. Sie umfasst rechtliche, normative und
kommunikative Prozesse. Dabei gibt es deutliche Unterschiede zwischen Theorie und Praxis: Während Planungstheorien oft abstraktes Wissen bieten, weichen
diese Ansätze in der Praxis oft ab. Obwohl Planungstheorien selten direkte Hand-
lungsanleitungen bieten, können sie das Wissen der Praktiker erweitern und
zur Reflexion und Diskussion anregen (vgl. Ferreira, u. a. 2009). Die Reibung
zwischen Theorie und Praxis ist produktiv, da sie zur Entwicklung neuer Theorien und innovativer Praktiken führen kann. Dabei wird eine engere Verzahnung
von Theorie und Praxis eingefordert, indem die empirische Forschung intensiver
auf theoretische Grundlagen gestützt und praxisorientierte Forschungsergebnisse
präziser und anwendungsbezogener formuliert werden. Planungsbezogene Forschung, die einen direkten Praxisbezug aufweist, ist häufig nicht theoretisch
fundiert. Dies führt zu einem verstärkten Auseinanderdriften der beiden Bereiche,
da Forschungsergebnisse oft entweder die praktische Relevanz oder die wissenschaftliche Fundierung vermissen lassen. Eine Lösung könnte darin bestehen,
Forschungsansätze zu entwickeln, die sowohl wissenschaftlich rigoros als auch
für die Praxis anwendbar sind, um die Lücke zwischen wissenschaftlicher Forschung und praktischer Anwendung zu überbrücken. (vgl. Diller & Thaler 2017;
Hellmich u. a. 2017; Lamker u. a. 2017).

Die Grundlagen der Planungstheorie bilden eine zentrale Säule für das Verständnis moderner räumlicher Planung. Seit ihren Anfängen im frühen 20. Jahrhundert hat sich das Steuerungsverständnis innerhalb der räumlichen Planung grundlegend verändert. Während früher die Steuerung als einseitiger Prozess betrachtet wurde, bei dem staatliche Akteure das Handeln anderer beeinflussten, spricht man heute von einem wechselseitigen Interaktionsprozess. In diesem Prozess ist die klare Trennung zwischen Steuerungsobjekt und -subjekt nicht mehr gegeben, sondern es entsteht ein dynamisches Zusammenspiel verschiedener Akteurinnen und Akteuren. Diese interaktive Sichtweise auf Planung hat weitreichende Konsequenzen für den Ablauf und die Komplexität des Planungsprozesses (vgl. Mayntz 2004; Altrock u. a. 2004; Frey u. a. 2008, Schimank 2009).

Insofern wurde die frühere Vorstellung eines linearen Planungsmodells, das in klar definierten Phasen wie Problemverständnis, Informationssammlung, Lösungsentwicklung und Umsetzung ablief durch ein zunehmend komplexeres und zirkuläres Verständnis abgelöst. Friedmann verdeutlicht dies schon Ende der 1990er Jahre, indem er aufzeigt, wie moderne Planungsprozesse von Wechselwirkungen zwischen den verschiedenen Phasen geprägt sind, wobei die ständige Anpassung und Evaluierung der Pläne eine zentrale Rolle spielt. Diese Entwicklung spiegelt den Wandel von einer technokratischen zu einer kooperativen Planungsauffassung wider, in der Flexibilität und Anpassungsfähigkeit im Vordergrund stehen (vgl. Friedmann 1987; Albers 1996; Peters 2004; Suitner 2021).

Veränderte Planungsansätze und das Ende des ‚Gottvater-Modells'
Die Entwicklung der Planungstheorie von einem technokratischen zu einem kooperativen Ansatz lässt sich nicht ohne die historische Betrachtung der ursprünglichen Konzepte verstehen. In den frühen Jahrzehnten der räumlichen Planung dominierte das sogenannte ‚Gottvater-Modell' (Siebel 1989: 51 f.), das räumliche Planung als rein technische Ingenieursaufgabe verstand. Ziel war es, den Siedlungsraum nach rationalen und wissenschaftlichen Kriterien optimal zu organisieren und zu nutzen, ausgehend von der Vorstellung eines ‚starken Staates' und einer ‚starken Führung' (vgl. Istel 2000 zit. nach Fürst 2005: 16). Planung galt als der „systematische Entwurf einer rationalen Ordnung auf der Grundlage allen verfügbaren Wissens" (Kaiser 1965, S. 7 zit. nach Ritter 1998: 10), ein Weltbild, das tief in der abendländischen Aufklärung verwurzelt war und auf einem unerschütterlichen Vertrauen in Fortschritt, Rationalität und die Gestaltbarkeit der Zukunft basierte (vgl. Ritter 1998: 10). Dieser technokratische Ansatz fand seinen Ausdruck insbesondere in den frühen Jahren der institutionalisierten räumlichen Planung. Vornehmlich

ausgebildete Architekten wurden mit der Gestaltung städtischer und regionaler Räume betraut, wobei ihre Herangehensweise oft von Intuition und künstlerischem Gestaltungswillen geprägt war (vgl. Bökemann 1999; Frick 2006; Trieb 2016).

Im Gegensatz zur späteren interaktiven und kooperativen Planung betrachteten diese Architekten Gebäude, städtische Räume und die räumliche Umwelt häufig als isolierte Objekte, die nicht in ein größeres Netzwerk eingebettet waren. Die Gestaltung erfolgte daher weniger durch detaillierte Analysen der räumlichen Umwelt oder sozialräumlichen Zusammenhänge, sondern überwiegend intuitiv und emotional. Dies führte zu einer klaren Trennung zwischen der ‚Ingenieurschule' und der ‚Akademie', die sich insbesondere im Gegensatz zwischen Hochbau und Tiefbau sowie zwischen Ingenieuren und Architekten manifestierte. In den Zwanziger- bis Sechzigerjahren war der Planer meist ein Architekt, dessen Ausbildung auf intuitive Entscheidungen abzielte. Burckhardt beschreibt diese Intuition als das vorherrschende Entscheidungsverfahren, das jedoch im starken Kontrast zu planenden, analytischen Ansätzen stand (Burckhardt 2004: 74 f.).

Heute spielen jedoch Umweltfaktoren eine immer größere Rolle in der räumlichen Planung. Klimawandel, Ressourcenknappheit und Biodiversitätsverlust erfordern eine nachhaltige und integrative Herangehensweise, die ökologische, soziale und wirtschaftliche Aspekte miteinander verbindet. Die zunehmenden Anforderungen an Klimaanpassung – wie etwa hitzeresiliente Stadtgestaltung, wassersensible Planung oder emissionsarme Mobilitätskonzepte – zeigen, dass eine isolierte Betrachtung von Gebäuden oder Stadtstrukturen nicht mehr zeitgemäß ist. In der Praxis funktioniert daher eine klare Trennung zwischen gestalterischer, sozialer und ökologischer Planung nicht, da alle Faktoren untrennbar miteinander verwoben sind.

Vom hierarchischen Modell zur kommunikativen Wende
Der Übergang von einer intuitiven und stark hierarchisch geprägten Planungsauffassung hin zu einer technisch-wissenschaftlichen sowie später kommunikativen Sichtweise der Planung ist ein zentraler Wandel in der Geschichte der Planungstheorie. Während in den ersten Jahrzehnten der räumlichen Planung das ‚Gottvater-Modell' dominierte, in dem Planer primär aus den Reihen der Architekten stammten und intuitiv-emotional an die Gestaltung von Räumen herangingen, begann sich allmählich ein neues Verständnis der Planung durchzusetzen, das analytische und wissenschaftliche Methoden einbezog (vgl. Friedmann 2011; Wiechmann 2018; Fürst 2018).

In diesem Sinne übertrug die Gesellschaft die räumliche Planung von bebauten und sozialen Räumen auf Vertreter eines Berufsfeldes, die auf intuitive Entscheidungen trainiert waren und denen ein Verständnis des gebauten Raumes als passives Objekt vermittelt wurde. Friedmann betont, dass die Anordnung von Gebäuden und

Nutzungen in dieser Phase eher durch ein hierarchisches und oft männlich dominiertes Weltbild geprägt war, in dem wissenschaftlich-analytische Ansätze weitgehend abgelehnt wurden: „It was primarily concerned with the physical arrangement of activities in two-dimensional or three-dimensional space. It was intended for a static, hierarchical world that was constructed as part of cosmic order whose ultimate meaning could only be grasped through mystical revelation. It had to conform to divine reason as interpreted by priests, shamans, theologians, geomancers, astrologers, and sometimes royalty" (Friedmann 1987: 23).

Mit dem schrittweisen Übergang hin zu einer technisch-analytischen Planungsauffassung wurde die räumliche Planung zunehmend von wissenschaftlich fundierten Methoden geprägt. Planer führten nun systematische Analysen durch, basierend auf einer rationalen und scheinbar neutralen Sichtweise des Raumes als statischen Behälter, den es optimal zu organisieren galt. Diese Herangehensweise ging von einem euklidischen Raumverständnis aus und betonte die normative Neutralität der Planung. Friedmann beschreibt diesen Wandel: „Physical Planning or design is now only a small area of planning, and even in that sphere the orthogonal tradition has been largely replaced by scientifically based modes of analysis that involve modeling, projections, and spatial synthesis" (Friedmann 1987: 25).

Dieser technokratische und analytische Ansatz wurde jedoch bald von einer neuen Sichtweise abgelöst, die Planung als kommunikativen und sozialen Prozess verstand. Die kommunikative Wende in der Planungstheorie brachte eine stärkere Beteiligung der betroffenen Menschen, Nutzerinnen und Nutzer an den Planungsprozessen mit sich. Planung wurde nun als ein Prozess betrachtet, der nicht nur auf technischer Rationalität, sondern auf Kommunikation, sozialer Interaktion und Partizipation basiert. Planerinnen und Planer entwickelten zunehmend Kompetenzen in der Vermittlung und Moderation sozialer und politischer Aushandlungsprozesse. Healey beschreibt diesen Paradigmenwechsel in den frühen 1990er Jahren, als das Bewusstsein für die kommunikativen Aspekte der Planung wuchs. Damit einher gingen verstärkt partizipative Prozesse, bei denen Moderation und Koordination der Interessen im Vordergrund stehen: „During the 1980 s and early 1990 s, alternative conceptions of planning purposes and practices have been increasingly identified and debated in planning theory. One route to imagining alternatives has focused on substantive issues, moving from material analyses of options for local economies exposed to global capitalism to concerns with culture, consciousness, community, and 'placeness'. Another focus has taken a 'process' route, exploring the communicative dimensions of collectively debating and deciding on matters of collective concern" (Healey 1996: 233).

Die Rolle der Kommunikation in der Planungstheorie

Die kommunikative Wende in der Planungstheorie, die sich in den 1980er und 1990er Jahren entfaltete, lässt sich auch mit den soziologischen Arbeiten von Jürgen Habermas und seiner Theorie des kommunikativen Handelns in Verbindung bringen. Während der vorherige technokratische Ansatz in der Planung stark auf wissenschaftlich-analytische Methoden setzte, rückte durch die zunehmende Bedeutung von Kommunikation und Partizipation der Dialog zwischen den Akteurinnen und Akteuren in den Vordergrund. Habermas betonte, dass die menschliche Vernunft nicht auf ein individuelles, subjektorientiertes Konzept beschränkt sein sollte, sondern in der zwischenmenschlichen, intersubjektiven Kommunikation Gestalt findet. Diese Perspektive wurde in der Planungstheorie aufgenommen und verstärkte den Fokus auf den sozialen Austausch zwischen Planerinnen, Planern und den betroffenen Bürgern: „Communicative rationality offers a way forward through a different conception of human reason, following the work of Habermas. Habermas argues that far from giving up reason as an informing principle for contemporary societies, we should shift perspective from an individualized, subject-oriented conception of reason to reasoning formed within intersubjective communication" (Healey 1996: 232).

Bereits Anfang der 1970er Jahre stellte Friedmann die Grundlagen einer transaktiven Planung vor, die den Dialog in den Mittelpunkt stellt. Er unterscheidet zwischen der Kommunikation zwischen Menschen, also der direkten zwischenmenschlichen Interaktion, und der thematisch-planerischen Kommunikation. Für Friedmann ist es wesentlich, dass Wissen und Praxis nur durch verschiedene Dialogformen in der Planung zusammengeführt werden können. Dieser Ansatz baut auf dem Grundgedanken auf, dass Planung nicht nur aus technischer Analyse besteht, sondern auf einem lebendigen, zwischenmenschlichen Austausch basiert: „In transactive planning, two levels of communication have to be distinguished. The first is the level of person-centered communication. It presumes a relationship that is applicable to all forms of human intercourse. This I shall call the life of dialogue. The second is the level of subject-matter-related communications, which is sustained by the primary relation of dialogue and cannot be understood independently of it. Both levels are indispensable to planning. Where they become dissociated, thought is reduced to theorems and action is pure energy" (Friedmann 2011: 21). Die transaktive Planung nach Friedmann und die Theorie des kommunikativen Handelns nach Habermas betonen beide die Bedeutung von Dialog und Kommunikation als zentrale Elemente des Planungsprozesses. Damit wird deutlich, dass der Wandel in der Planungstheorie nicht nur eine Verschiebung der Methoden war, sondern ein grundlegender Paradigmenwechsel hin zu einer partizipativen, kommunikationszentrierten Planung (vgl. Friedmann 1987; Healey 1996).

Der materielle Turn und die Erweiterung der Planungsauffassung

Die kommunikative Wende in der Planungstheorie stellte die Partizipation und den Dialog zwischen den beteiligten Akteuren in den Mittelpunkt. In den letzten Jahrzehnten kam es jedoch zu weiteren Paradigmenwechseln, die über das rein Soziale hinausgingen und die materielle Welt stärker in den Planungsprozess einbezogen. Schließlich entwickelte sich unter dem Begriff ,material turn' eine Perspektive, die das baulich-physische Objekt als einen Akteur unter vielen in einem erweiterten Geflecht menschlicher und nicht-menschlicher Elemente versteht (vgl. Latour 2005; Farías & Bender 2010; Blok & Farías 2016). Diese Wende stellt eine Ergänzung der bisherigen Planungsauffassungen dar, indem sie die Beziehungen zwischen den verschiedenen Akteuren – menschlich und nicht-menschlich – gleichwertig betrachtet. Rydin (2014) beschreibt die Herausforderungen dieser ,materiellen Wende' und betont, dass der Fokus auf das Beziehungsgeflecht der Elemente – wie Staat, Planende und Werkzeuge – liegt, anstatt nur auf die Eigenschaften der jeweiligen Akteure: „However, a focus on the material does offer new topics for study, looking at how planning actors are brought into association with material elements" (Rydin 2014: 592).

Die Integration materieller Akteure in die Planungsprozesse ermöglicht ein neues Verständnis von Planung, bei dem sowohl soziale als auch materielle Faktoren gleichberechtigt betrachtet werden. Dadurch rücken die physischen Gegebenheiten, wie die gebaute Umwelt, stärker in den Vordergrund. In den letzten Jahren hat sich dieser Ansatz durch Konzepte wie die Akteur-Netzwerk-Theorie (ANT) und die ökologische Urbanistik weiterentwickelt, die materielle Entitäten – von Gebäuden über Infrastrukturen bis hin zu Pflanzen und Tieren – als aktive Mitgestalter des Planungsprozesses verstehen.

In der räumlichen Planung werden Gebäuden nicht nur statische Objekte berücksichtigt, sondern als Akteure, die bestimmte soziale und ökologische Dynamiken beeinflussen – etwa bei der klimafreundlichen Nachverdichtung von Stadtquartieren, wo die bestehende Bausubstanz mit nachhaltigen Materialien und neuen Nutzungsformen verbunden wird. In der Landschaftsplanung zeigt sich diese Entwicklung etwa in der stärkeren Einbindung von nicht-menschlichen Akteuren wie Tieren und Pflanzen in den Planungsprozess, etwa durch die Schaffung von urbanen Biotopen oder der Anpassung von Grünflächen an die Mobilitätsrouten von Wildtieren. Diese Perspektive führt dazu, dass Häuser nicht nur als bauliche Strukturen, sondern als ökologische Schnittstellen verstanden werden, Dach- und Fassadenbegrünungen an Bedeutung gewinnen und die Raumplanung stärker mit der Ökologie verwoben wird. Dadurch entstehen neue Steuerungsmechanismen, die hybride Beziehungen zwischen Menschen, Technik und Natur berücksichtigen und Planungsprozesse dynamischer und anpassungsfähiger gestalten. Die wachsende

Bedeutung der materiellen Welt in der Planung zeigt sich auch in der zunehmenden Berücksichtigung von Klima- und Ressourcenschutzaspekten, die direkte
Auswirkungen auf Bau- und Infrastrukturprojekte haben. Schließlich führt diese
Entwicklung zu einem Paradigmenwechsel, bei dem nicht nur soziale Bedürfnisse,
sondern auch materielle Eigenlogiken und Wechselwirkungen zwischen gebauten
und natürlichen Umwelten in der Planung zentrale Rollen spielen.

Rydin zeigt auf, dass diese materielle Perspektive das bisherige Planungsverständnis erweitert, indem sie den Einfluss von Raum und Ort auf soziale und
räumliche Entwicklungen stärker berücksichtigt. Diese Wiederentdeckung von
Raum und Materialität ist eng mit gesellschaftlichen Veränderungen, technologischen Entwicklungen und dem Wandel vom Fordismus zum Postfordismus sowie
der Globalisierung verbunden (vgl. Rydin 2021).

Beauregard beschreibt den Paradigmenwechsel, der die Rolle der Planenden von
einer rational-analytischen hin zu einer sozialen Funktion verschiebt. Sie müssen
nicht nur technische Expertise besitzen, sondern auch soziale Fähigkeiten, um mit
Betroffenen in den Dialog zu treten: „The function of planning is thus shifted from
cognitive-based analysis […] to a social function in which planners engage with
those subjects to their advice in order to talk through their differences" (Beauregard
2016: 12 f.).

Der material turn rückte bislang vernachlässigte materielle Kontexte stärker in
den Fokus der Planung. Nach Latours Akteur-Netzwerk-Theorie (ANT) sind nicht
nur Menschen, sondern auch Gebäude, Infrastrukturen und ökologische Systeme
aktive Akteure, die Planungsprozesse mitgestalten (vgl. Latour 2005; Farías &
Bender 2010; Blok & Farías 2016). Beauregard kritisiert, dass nicht-menschliche
Akteure oft nur als Objekte betrachtet wurden, während ihre aktive Rolle in der
Planung marginal blieb: „Non-human things are important only as objects of discussion. What things do is marginal to persuasion and any hoped-for consensus"
(Beauregard 2016: 13).

Auch die Science and Technology Studies (STS) betonen die Notwendigkeit,
Unsicherheit, Pluralität und Nicht-Linearität stärker in die Planung einzubeziehen. Karvonen (2018) hebt hervor, dass traditionelle Planungsmodelle auf linearen Ursache-Wirkungs-Ketten basieren, während STS einen post-positivistischen
Ansatz verfolgen: „Traditional planning is based on a positivist understanding of
a singular world where linear chains of cause and effect invoke change. […] They
emphasize the significance of contingency, uncertainty, fluidity, and plurality" (Karvonen 2018: 318). Die Planungstheorie entwickelte sich von einem technokratischen
über einen kommunikativen hin zu einem materiellen und relationalen Ansatz. Dies
verdeutlicht, dass erfolgreiche Planung weit mehr als technisches Wissen und soziale
Kompetenzen erfordert. Ein tiefes Verständnis materieller und räumlicher Zusammenhänge ist ebenso essenziell, um den komplexen Herausforderungen moderner

Planungsprozesse gerecht zu werden (vgl. Beauregard 2015; Rydin u. a. 2016; Kurath 2018; Wiechmann 2018). Unabhängig von einzelnen Theorieansätzen lassen sich vier grundlegende Perspektivenwechsel in der Planungstheorie unterscheiden:

- „vom administrativ-technischen Pläne-Machen zur gesamtgesellschaftlichen Aufgabe
- von der verwissenschaftlichen Suche nach optimalen Lösungen zu kollektiven Lernprozessen,
- vom interventionistischen Steuerungsanspruch zu kommunikativem Handeln und
- vom planenden Erfüllungsgehilfen zu politisch agierenden Planungsakteuren" (Wiechmann 2018: 1781)

Die Abb. 3.2 zeigt die Entwicklung von Akteuren und Strategien in der räumlichen Planung. Anfangs dominierten Architekten und Städtebauer als künstlerische Genies mit Plänen und Modellen, später rückten Planerinnen mit quantitativen Methoden und Prognosen in den Fokus. Mit der Zeit gewann die Beteiligung von Menschen und Nutzerinnen an Bedeutung, unterstützt durch Kommunikation, Mediation und interdisziplinäre Zusammenarbeit. Heute wird auch die baulich-physische Umwelt als Akteur betrachtet, während digitale Technologien wie GIS, CAD, BIM und KI-gestützte Modellierung Planungsstrategien prägen.

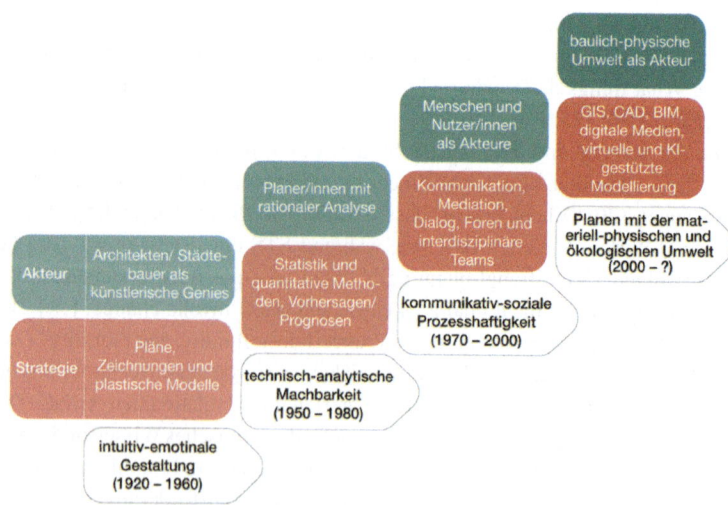

Abb. 3.2 Phasenmodell der räumlichen Planung und den planerischen Strategien

3.2   Wandel der räumlichen Planung

Im folgenden Abschnitt werden die zentralen planungstheoretischen Entwicklungen näher beleuchtet. Sie veranschaulichen, wie sich die räumliche Planung sowohl in der Theorie als auch in der Praxis kontinuierlich gewandelt hat und welche neuen Perspektiven sich daraus ergeben. Damit wird klar, dass Planung heute ein interdisziplinärer, dynamischer Prozess ist, der die wechselseitige Beziehung zwischen Menschen, Raum und materiellen Akteuren in den Fokus rückt.

Seit den 1970er Jahren geriet die bis dahin vorherrschende Einbettung der Raumplanung in ein positivistisches, naturwissenschaftlich-technisches Weltbild zunehmend ins Wanken. In den Sozial- und Naturwissenschaften führte dieser Perspektivwechsel zu einem post-positivistischen Verständnis von Planung, das sich als Reaktion auf die praktischen Herausforderungen der Planerinnen und Planer entwickelte (vgl. Warzecha 2005). Die bis dahin dominierende instrumentelle Rationalität und die strikte Trennung in substantielle und verfahrensorientierte Planungstheorien erwiesen sich als unzureichend, um die Komplexität moderner Planungsprozesse zu erfassen und bessere Vorhersagen zu ermöglichen (vgl. Faludi 1973). Eine weitere Unterscheidung bezieht sich auf die Planungsebenen des hoheitlichen Staates, der regionalen Steuerungsebene oder des lokalen Staates der Gemeinde: „Für die Logik der Planung ist aber entscheidender, ob es sich um konkrete Projektplanung oder allgemeine Entwicklungsplanung handelt, ob man für zukünftige Nutzungen ein Ordnungskonzept oder koordinierte Aktionen plant" (Fürst 2018: 1712).

Dieses Verständnis der unterschiedlichen Planungslogiken verdeutlicht, dass der Wandel in der räumlichen Planung nicht nur technische oder operative Fragen betrifft, sondern auch tief in den wissenschaftlichen Paradigmenwechsel eingebettet ist. Der Wechsel zu einer normativ-dynamischen Vorstellung von Raumentwicklungen basiert auf der Erkenntnis von Wissenschaftlern wie Kuhn und Hesse, dass sowohl die Realität als auch das Denken sozial-historische Konstrukte sind (vgl. Allmendinger 2002: 83). Allmendinger beschreibt diesen Paradigmenwechsel hin zum Post-Positivismus, der durch neue Erkenntnisse in der Physik, Chemie und Biologie beeinflusst wurde und zeigt, dass „in hochkomplexen Systemen keine einfachen Gesetzmäßigkeiten herrschen, sondern Chaos und Ordnung einander ablösen" (Ritter 1998: 11).

Friedmann, ein bedeutender Vordenker der sozialwissenschaftlich geprägten Planungstheorie, erkannte bereits Ende der 1980er Jahre, dass sich die Planung in einer tiefen Krise befindet. Er nannte drei Hauptgründe dafür: „(1) the theories about how to obtain valid knowledge about society are being radically revamped, (2) the sheer pace of historical events seems to outpace our abilities to harness the forces of change to a social purpose, and (3) the kind of problems we face and their magnitude render historically derived knowledge of little use in attempting to solve them" (Friedmann 1987: 13). Als Antwort auf diese Krise entwickelte Friedmann ein Modell der nicht-euklidischen Planung, das fünf grundlegende Merkmale aufweist: Es sollte normativ, innovativ, politisch, transaktiv und auf sozialem Lernen basieren (Friedmann 1993: 483). Diese Merkmale erfordern jedoch Kommunikation und Dialog, um in der Praxis erfolgreich umgesetzt zu werden. Friedmann betonte, dass das bisherige ingenieurwissenschaftlich geprägte Planungsmodell, das auf Vorentscheidungen und Blaupausen setzte, nicht länger gültig sei und aufgegeben werden müsse: „The engineering model of planning that served during this period, with its penchant for advance decision making and blueprinting and its claims of superiority to other forms of decision making because of its scientific character, are thus no longer valid and must be abandoned" (Friedmann 1993: 482). Mit diesem neuen Ansatz wurde es notwendig, Planungsprozesse und -theorien in einen breiteren sozialen und historischen Kontext einzubetten. Normative Kriterien mussten zur Entscheidung zwischen konkurrierenden Theorien herangezogen werden, während die Komplexität und Diversität der Akteurinnen und Akteure betont wurde. Friedmann argumentierte, dass Planung weniger ein Prozess der Dokumenterstellung, sondern vielmehr ein Instrument sei, um Planungswissen direkt auf das Handeln anzuwenden: „Viewed in this light, planning becomes less a way of preparing documents, such as analyses and plans, and more a way of bringing planning knowledge and practice to bear directly on the action itself" (Friedmann 1993: 482).

Seit den 1980er Jahren hat die Planungstheorie diese neuen Ansätze aufgegriffen und eine Vielzahl von Modellen entwickelt, die die bisherigen ingenieurwissenschaftlichen Grundlagen der Raumplanung zugunsten sozialwissenschaftlicher Perspektiven verringern. Ziel war es, die Planenden zu Akteuren zu machen, die stärker auf Aushandlung, Abstimmung und Koordination setzen. Friedmann betonte, dass innovative Planung in hohem Maße Fähigkeiten in Verhandlung, Mediation und Kompromissbereitschaft erfordere: „Therefore, innovative planning requires great skills in negotiation, mediation, and the art of compromise. It is a form of planning that, like entrepreneurship in the private sector, is prepared to take risks, even while remaining publicly accountable" (Friedmann 1993: 482). Im Zuge der Entwicklung neuer planungstheoretischer Ansätze wurde klar, dass zwischen Ursache und Wirkung keine proportionalen Beziehungen bestehen und statistische Wahrscheinlichkeitsberechnungen nicht ausreichen, um Entwicklungen vorherzusehen. Planung hat die Aufgabe, verschiedene mögliche

Zukunftsszenarien zu berücksichtigen und flexible Strategien zu entwickeln, um auf unvorhersehbare und nicht steuerbare Entwicklungen reagieren zu können. Der rationalistische Planungsansatz, der davon ausging, dass Akteurinnen und Akteure sich der Problemstellung bewusst sind und dann rational die besten Alternativen abwägen, erwies sich als unzureichend (vgl. Etzioni 1967: 42; Diller u. a. 2018).

Räumliche Planung als rein sachliche Ingenieursleistung ist insofern unzureichend charakterisiert. Dies erscheint aus heutiger Sicht – nach der Änderung des allgemeinen Wissenschaftsparadigmas weg von der Wertfreiheit hin zu einem normativ-gesellschaftlichen Verständnis der Natur-, Technik- und Ingenieurwissenschaften – als etwas nicht weiter Bemerkenswertes. Doch vor nicht allzu langer Zeit (1970er bis 1990er Jahre) bestand das vorherrschende Paradigma der Ausbildung in der räumlichen Planung in einem Verständnis des wertneutralen, sachlichen Planers, der Vorgaben aus der Politik verwaltungsmäßig umzusetzen hatte. Es wurden angeblich objektive, statistische, mathematische Modelle zur Raumanalyse vermittelt und als ideologiebefreit dargestellt (vgl. Faludi 1985 und Bökemann 1982). Zugrunde lag ein rationalistisches, objektives Menschenbild des Homo Oeconomicus. In der alltäglichen Praxis der räumlichen Planung lassen sich historisch und gegenwärtig unterschiedliche Rationalitäten beobachten, die auch gleichzeitig oder überschneidend aktiviert werden:

- „Hierarchische Planung vertraut auf Expertenwissen, misstraut Märkten und Gemeinschaften und erstellt Raumpläne, um die Bodennutzung und städtische Entwicklungen zu kontrollieren.
- Individualistische Planung stützt sich auf Marktkräfte; ein Raumplan muss wirtschaftliche Anreize für private Akteure bieten, die zu wünschenswerten räumlichen Veränderungen beitragen können.
- Egalitäre Planung zielt darauf ab, Vertrauen innerhalb der lokalen Gemeinschaft aufzubauen; ein Raumplan hilft der Gemeinschaft, sich selbst zu schützen und Außenstehende auszuschließen.
- Fatalistische Planung hat sich damit abgefunden, dass Planer nur sehr wenig Einfluss haben, aber dass Pläne das sind, was Politiker und andere mächtige Akteure fordern" (vgl. Davy u. a. 2023: 2270).

3.2.1 Umfassende längerfristige Masterplanung

Die Planungspraxis, die durch umfassende und langfristige Masterpläne geprägt war, reflektiert eine Ära, in der Planung als ein stark technokratischer und rationaler Prozess verstanden wurde. Diese Phase zwischen den 1950er und 1970er Jahren war von einer ausgeprägten Euphorie und einem festen Glauben an die vollständige Steuerbarkeit und Gestaltbarkeit von Städten und Regionen durch sorgfältig ausgearbeitete Masterpläne geprägt. Es herrschte die Überzeugung, dass durch eine präzise und umfassende Planung sowohl soziale, wirtschaftliche als auch räumliche Herausforderungen im Voraus antizipiert und effektiv gelöst werden könnten. Allerdings gerieten diese Planungsansätze später oft in die Kritik, da sie wenig Flexibilität boten und die soziale Interaktion vernachlässigten. Zentrales Ziel dieser Planungsphase war die langfristige Steuerung und Kontrolle von Stadt- und Raumentwicklungen. Masterpläne dienten als Instrumente, um durch eine detaillierte Vorausplanung nicht nur räumliche, sondern auch soziale und wirtschaftliche Probleme gezielt anzugehen. Es wurde davon ausgegangen, dass durch eine rationale und systematische Ziel-Mittel-Analyse die bestmöglichen Lösungen für städtische und regionale Entwicklungen erarbeitet werden könnten (vgl. Albers 1967 und 1996).

Ein weiterer zentraler Aspekt war die Optimierung von Ressourcen. Masterpläne sollten sicherstellen, dass Städte effizient gestaltet werden, um wirtschaftliches Wachstum zu fördern, Verkehrsströme optimal zu lenken und das städtische Leben nachhaltig zu organisieren. Dieser rationalistische Planungsansatz setzte stark auf wissenschaftlich fundierte Analysen und eine vorausschauende Organisation der städtischen Infrastruktur.In dieser Zeit lag die Verantwortung für die Erstellung und Umsetzung der Masterpläne oft in den Händen staatlicher oder städtischer Behörden, die in einem stark zentralisierten und top-down-geprägten Entscheidungsprozess agierten. Die technische Expertise der Planer wurde als maßgeblich angesehen, während die Öffentlichkeit nur eine begrenzte Rolle im Planungsprozess spielte. Dieser technokratische Ansatz bot jedoch wenig Raum für Flexibilität. Da die Pläne häufig auf langfristige Lösungen setzten, war es schwierig, auf unerwartete gesellschaftliche oder wirtschaftliche Veränderungen zu reagieren. Die begrenzte Flexibilität dieser umfassenden Masterpläne führte schließlich dazu, dass sie in vielen Fällen nicht den tatsächlichen Entwicklungen und Bedürfnissen der Gesellschaft gerecht wurden. Obwohl die Planerinnen und Planer auf ihre technischen und wissenschaftlichen Methoden vertrauten, erwies sich die starre Struktur der Pläne als hinderlich in einer dynamischen und sich ständig verändernden Welt (vgl. Fürst 2018; Ruck 2018).

3.2.2 Planung in kleinen Schritten

Nachdem der vorherige Abschnitt die umfassende Planung durch langfristige Masterpläne beleuchtete, die auf eine weitreichende Steuerung und Kontrolle abzielten, stellt der Ansatz des ,Planung in kleinen Schritten' oder auch des ,disjointed incrementalism' (vgl. Braybrooke & Lindblom 1963) einen Kontrast zu diesen groß angelegten Plänen dar. Dieser Ansatz, den Braybrooke und Lindblom Anfang der 1960er Jahre entwickelten, basiert auf der Erkenntnis, dass Planung in kleinen, unkoordinierten Schritten oft effektiver ist. Die Kernidee besteht darin, dass das Lösen und Bewerten von Problemen überschaubar bleiben sollte, um einen realistischen Konsens zu erreichen. Der Versuch, alle Aspekte in einem umfassenden Plan zu koordinieren, führt laut dieser Theorie selten zu konkreten Ergebnissen. Einerseits ist dieser Ansatz pragmatisch und realistisch, da er schnelle Entscheidungen ermöglicht und eine flexible Reaktion auf neue Entwicklungen erlaubt. Andererseits kann er langfristige und strategische Ziele aus dem Blick verlieren, da er sich auf kurzfristige Lösungen konzentriert. Besonders in der räumlichen Planung kann dies problematisch sein, wenn etwa Umwelt- oder Sozialaspekte nicht ausreichend berücksichtigt werden, weil sie über viele kleine Entscheidungen hinweg verwässert werden. Zudem kann die kleinschrittige Vorgehensweise zu Verzögerungen führen, wenn einzelne Maßnahmen nicht ausreichend koordiniert sind und sich gegenseitig blockieren. Daher erfordert dieser Ansatz eine bewusste Ergänzung durch langfristige Leitbilder und eine übergreifende Strategie, um nachhaltige und zukunftsfähige Entwicklungen zu gewählrleisten.

Braybrooke und Lindblom argumentieren, dass es einfacher sei, sich auf kleine, überschaubare Planungsschritte zu einigen, anstatt große, langfristige Pläne zu entwickeln, die oft an ihrer eigenen Komplexität scheitern. Der große Masterplan wird hier abgelehnt, da in kleinteiligen Schritten die ,Interdependenzen zwischen Teilproblemen' besser berücksichtigt werden können (Braybrooke & Lindblom 1963: 162). Diese Planungsstrategie akzeptiert, dass es eine gewisse Unordnung und Unvollständigkeit geben wird, die jedoch Vorteile bieten kann. Wie Braybrooke und Lindblom feststellen: „Fragmentierung hat ihre Vorteile – die Vorzüge ihrer Mängel –, beispielsweise im politischen Bereich jederzeit ein breites Spektrum von Eindrücken und Einsichten zu garantieren" (Braybrooke & Lindblom 1963: 163).

In komplexen gesellschaftlichen Situationen, so argumentieren sie, sei ein einziger, umfassender Plan oft unangemessen. Es bestehe die Gefahr, dass durch übereilte, schlecht durchdachte Forderungen nach einem Gesamtplan zentrale Aspekte übersehen werden. Die Autoren beschreiben, dass die ,Strategie der unkoordinierten, kleinen Schritte' eine natürliche Anpassung an die Entscheidungsprozesse in pluralistischen Gesellschaften darstellt und so besser auf die Diversität der Bedürfnisse und Interessen reagieren kann, im Gegensatz zu den starren Masterplänen totalitärer Gesellschaften (Braybrooke & Lindblom 1963: 164).

Allerdings bleibt diese Planungstheorie nicht ohne Kritik. Etzioni (1967) betont, dass auch kleine, inkrementelle Entscheidungen grundlegende Steuerungsannahmen enthalten und in ihrer Summe ebenso zu weitreichenden, wenn auch unkoordinierten Entscheidungen führen können. Er entwickelt daraufhin den Ansatz des ‚mixed scanning‘, der versucht, detaillierte Einzelfallanalysen mit einer übergeordneten Strategie zu kombinieren. Etzioni beschreibt diesen Ansatz als eine „Kombination von detaillierter Untersuchung einiger Sektoren – die im Gegensatz zu einer umfassenden Überprüfung des gesamten Bereichs machbar ist – mit einer vereinfachten Überprüfung anderer Sektoren" (Etzioni 1967: 43).

Aktuelle Masterpläne in der Stadtentwicklung kombinieren übergeordnete Strategien mit planerischen Herausforderungen, um eine Stadt als Ganzes entwickeln zu können. Auch versuchen Masterpläne gesellschaftliche Bedarfe zu berücksichtigen und in langfristige Entwicklungsstrategien einzubinden. Dieser gegenwärtige Ansatz der Masterplanung öffnet die Tür für eine weitergehende Diskussion über die zunehmende Berücksichtigung einer Vielfalt von Akteurinnen und Akteuren in der Planung. Während der eher technokratische Masterplan verstärkt auf zentralisierte Entscheidungen setzte und der inkrementelle Ansatz die Bedeutung kleinteiliger Entscheidungen betonte, wird in der (post-)modernen Planung die Rolle verschiedener Akteurinnen und Akteure immer wichtiger (vgl. Forester 2009). Darüber hinaus lässt sich beobachten, dass Masterpläne zunehmend als strategische Rahmenwerke fungieren, die flexibel an sich wandelnde Bedingungen angepasst werden können. Anstelle starrer Festlegungen stehen nun adaptive Steuerungsansätze im Vordergrund, die eine kontinuierliche Anpassung an soziale, ökonomische und ökologische Herausforderungen ermöglichen. Dies verdeutlicht die Transformation des Masterplans von einem rein technischen Instrument zu einem prozesshaften, partizipativen Planungsansatz, der unterschiedliche Interessen integriert und langfristige Visionen mit kurzfristigen Bedarfen verbindet.

3.2.3 Anwaltsplanung und öffentlich-private Partnerschaften (PPP)

Im Zuge der zunehmenden Vielfalt und Heterogenität von Akteurinnen und Akteuren im Planungsprozess wurde klar, dass traditionelle Planungsansätze nicht mehr ausreichen, um den unterschiedlichen Bedürfnissen und Interessen gerecht zu werden. Diese Vervielfältigung der Akteurslandschaft führte zu einer stärkeren Hinwendung zu spezifischen Akteursgruppen, die im Planungsprozess oftmals weniger Macht und Ressourcen besitzen. Eine dieser Ansätze, die Anwaltsplanung oder des ‚Advocacy Planning‘, wie sie von Davidoff (1965) entwickelt wurde, zielt darauf ab, die Interessen benachteiligter und weniger artikulationsstarker Gruppen stärker in den Mittelpunkt der Planung zu rücken. Die Grundannahme der Anwaltsplanung ist, dass die Unterschiede zwischen Menschen in ihren Bedürfnissen und Ressourcen auch unterschiedliche Planungsstrategien erfordern. Planerinnen und Planer agieren in diesem Modell als Anwälte derjenigen, die im Machtgefüge des Planungsprozesses sonst wenig Einfluss hätten. Dieser Ansatz findet auch in der Landschaftsplanung Anwendung, insbesondere wenn es darum geht, die Interessen der Natur und des Artenschutzes in Planungsprozesse einzubringen. Durch Planungen im Bereich des Artenschutzes, des Umweltschutzes und des Flächenschutzes übernehmen Landschaftsplaner eine anwaltliche Rolle für Ökosysteme, bedrohte Arten und natürliche Ressourcen, die selbst keine Stimme in politischen und wirtschaftlichen Entscheidungsprozessen haben. Ein Beispiel ist die Integration von Biotopverbundsystemen in regionale Entwicklungspläne, um den Schutz gefährdeter Arten sicherzustellen und gleichzeitig nachhaltige Landnutzungskonzepte zu entwickeln. Damit wird deutlich, dass die Anwaltsplanung nicht nur soziale, sondern auch ökologische Interessen vertritt und somit eine Schlüsselrolle für eine nachhaltige räumliche Entwicklung spielt.

Davidoff versteht räumliche Planung als einen interaktiven Prozess, in dem Planerinnen, Planer und die betroffene Community in enger Zusammenarbeit stehen. Dies macht die Beteiligung der Betroffenen nicht nur wünschenswert, sondern notwendig. In der Anwaltsplanung nehmen Planerinnen und Planer die Rolle von Fürsprechern für benachteiligte Gemeinschaften ein und zielen darauf ab, diesen Gruppen Gehör zu verschaffen und ihre Interessen im Planungsprozess zu vertreten. Ein Beispiel für eine solche Anwaltsplanung ist die Planung für einkommensschwache Bevölkerungsgruppen in städtischen Entwicklungsprozessen wie das ‚Melrose Commons‘-Projekt in der South Bronx, New York, das in den 1990er Jahren umgesetzt wurde. Dort engagierten sich Stadtplaner und Community-Organisationen gemeinsam, um die drohende Gentrifizierung und Zwangsumsiedlung einkommensschwacher Bewohner zu verhindern. Durch eine enge Zusammenarbeit mit der lokalen Bevölkerung entstand ein Plan, der die Interessen der ansässigen Gemeinschaft berücksichtigte, indem bezahlbarer Wohnraum erhalten und neue soziale Infrastrukturen geschaffen wurden.

Anwaltsplanung wird insbesondere dann umgesetzt, wenn sozioökonomisch benachteiligte Gruppen von städtischen Entwicklungen oder Großprojekten betroffen sind, aber kaum Mitspracherecht haben. Auch wenn öffentliche Beteiligungsverfahren unzureichend sind, werden von Anwaltsplanerinnen und Planer alternative Mechanismen zur Interessenvertretung eingesetzt. Bei ökologischen oder sozialen Gerechtigkeitsfragen wie beim Schutz von marginalisierten Gruppen vor Umweltbelastungen oder beim Zugang zu Grünflächen kommt Anwaltsplanung zum Einsatz. Auch im IBA-Projekt ‚Bottom-Up Stadtplanung‘ in Hamburg-Wilhelmsburg, arbeiteten Stadtplanerinnen und Stadtplaner aktiv mit Bewohnergruppen zusammen, um eine sozial verträgliche Stadtentwicklung sicherzustellen. Hier wurden Bürgerinitiativen gezielt gestärkt, um ihre Interessen gegenüber Politik und Investoren durchsetzen zu können.

Solche Ansätze zeigen, dass Anwaltsplanung besonders in konfliktbehafteten oder ungleichen Planungsprozessen eine wichtige Rolle spielt, um Stimmen hörbar zu machen, die sonst übergangen würden. Diese ungleichen Ausgangslagen bei Planungsprozessen werden auch in Ansätzen wie Public Private Partnerships (PPP) aufgegriffen. Heinz (1993) betont, dass solche öffentlich-privaten Partnerschaften auf der Zusammenarbeit zwischen öffentlichen und privaten Akteuren basieren, wobei der öffentliche Sektor eine zentrale Rolle spielt: „Der Begriff ‚Public Private Partnership‘ bringt zweierlei zum Ausdruck: die Beteiligten der damit gemeinten Partnerschaften – öffentliche und private Hand – und die Vorrangstellung des öffentlichen Sektors. Letztere beruht vor allem auf der maßgeblichen Rolle öffentlicher Akteure bei der Initiierung und Stimulierung von Partnerschaftsansätzen" (Heinz 1993: 181). Solche Partnerschaften zielen darauf ab, die spezifischen Befugnisse, Kenntnisse und Ressourcen von öffentlicher und privater Seite zu verknüpfen, um gemeinsame Projekte effizienter zu realisieren. Diese Entwicklung spiegelt eine tiefgreifende Veränderung in der Planung wider, bei der die Rolle der Kommunikation und Interaktion zwischen den Akteurinnen und Akteuren zunehmend an Bedeutung gewinnt. Planung wird nicht länger als statischer Prozess verstanden, sondern vielmehr als ein dynamischer Dialog, der von der aktiven Beteiligung und dem Austausch zwischen allen beteiligten Gruppen lebt.

3.2.4 Kommunikative und kollaborative Planung

Im Kontext der zunehmenden Vervielfältigung von Akteurinnen und Akteuren im Planungsprozess stellt sich die Frage, wie diese Vielzahl an Interessen und Perspektiven miteinander in Einklang gebracht werden kann. In diesem Zusammenhang haben sich die Ansätze der kommunikativen und kollaborativen Planung herauskristallisiert. Diese betonen, dass erfolgreiche Planung nicht nur technisches Wissen und analytische Fähigkeiten erfordert, sondern in erster Linie von der Qualität der Kommunikation und Zusammenarbeit zwischen den beteiligten Akteuren abhängt. Kommunikative Planung beschreibt die Notwendigkeit, durch aktive Dialogprozesse zwischen den Beteiligten – von Fachplanerinnen und Fachplanern über die Politik bis hin zu Bürgerinnen und Bürgern – Konsens zu erreichen und Konflikte zu lösen. Dabei basiert sie auf dem Verständnis, dass Planung ein interaktiver, sozialer Prozess ist, bei dem unterschiedliche Interessen zusammengeführt werden sollten. Die zunehmende Anzahl an Stakeholdern in modernen Planungsprozessen führt jedoch dazu, dass die Schnittmenge potenzieller Übereinstimmungen zwischen den Beteiligten immer kleiner wird. Dies hat zur Folge, dass sich der mögliche Konsens, auf den man sich einigen kann, oft auf einen kleinsten gemeinsamen Nenner beschränkt. Wenn ausschließlich jene Aspekte integriert werden, die als Konsens gelten, kann dies Handlungsmöglichkeiten und kreative Lösungsansätze erheblich einschränken. Daher sollte auch berücksichtigt werden, dass Planungsprozesse nicht nur konsensbasierte Elemente enthalten, sondern auch solche, bei denen kein vollständiger Konsens erzielt werden konnte. Diese sollten weiterhin Teil der Ergebnisse sein können – abhängig davon, welches Entscheidungsverfahren zugrunde liegt (z. B. mehrheitliche Abstimmungen, konsensorientierte Verfahren oder auch hierarchische Entscheidungen). Kollaborative Planung geht über den reinen Dialog hinaus, indem sie die tatsächliche Zusammenarbeit zwischen den verschiedenen Akteuren und Gruppen in den Mittelpunkt stellt. Ziel ist es, gemeinsam Lösungen zu entwickeln, die die Vielfalt der Perspektiven einbeziehen und eine möglichst breite Akzeptanz finden. Dabei werden nicht nur bestehende Interessengegensätze ausgehandelt, sondern auch neue kreative Ansätze gefördert, die über eine bloße Schnittmengenlösung hinausgehen (vgl. Healey 2003).

Der planungstheoretische Ansatz von Selle und Sinning hebt die zentrale Bedeutung von Kommunikation für die Planung hervor. Sie argumentieren, dass „Planung in Quartier und Stadt ohne Kommunikation nicht auskommt" (Selle 1996: 61). Kommunikation ist unerlässlich, um die Koordination zwischen den verschiedenen Fachplanungen sicherzustellen, Abstimmungsprozesse zwischen öffentlichen und privaten Akteurinnen und Akteuren zu ermöglichen und den

Dialog zwischen Verwaltung, Politik und Bürgern zu pflegen. Durch diese Kommunikationsprozesse werden die betroffenen Bürgerinnen und Bürger nicht nur informiert, sondern aktiv in den Planungsprozess eingebunden, wodurch die Legitimation und Akzeptanz der Planungen gesteigert werden. Dieser Ansatz stellt die Ausdifferenzierung der an Planung beteiligten Akteurinnen und Akteuren in den Vordergrund und unterstreicht die wesentliche Rolle von Kommunikations- und Koordinationsleistungen (vgl. Bischof u. a. 2001).

Healey greift Ende der 1990er Jahre die wachsende Bedeutung von Kommunikation als zentrale Grundlage ihres Ansatzes der ‚Collaborative Planning' auf. Sie betont, dass die Diversität von Erfahrungen und Perspektiven in der Gesellschaft und im Alltagsleben eine Pluralisierung der Planungsansätze erforderlich macht. Dies betrifft im Kern die Frage der Steuerung und Governance in der Planung. Sie schreibt: „Collaborative Planning is a plea for the importance of understanding complexity and diversity, in a way that does not collapse into atomistic analyses of specific episodes and individual achievements, or avoid recognizing the way power consolidations into driving forces that shape situational specificities" (Healey 2003: 117). In Healeys Ansatz wird deutlich, dass die Komplexität und Diversität von Governance-Fragen nicht in isolierten Handlungen einzelner Akteure betrachtet werden dürfen. Stattdessen ist die Steuerung räumlicher Entwicklungen ein sozialer Prozess, der von der Zusammenarbeit und dem gegenseitigen Verständnis der beteiligten Akteure lebt. In diesem Kontext hebt die Governance-Perspektive insbesondere die politische Dimension des Planungsprozesses hervor: „Damit akzentuiert die Governance-Perspektive, anders als noch die Planungs-Perspektive, auch die genuin politische Seite des Geschehens. So auf die Gestaltung gesellschaftlicher Strukturen zu blicken bedeutet, den Kampf um die Durchsetzung von Ordnungsvorstellungen zu betonen, der sich in Interessen- und Einflusskonstellationen vollzieht. Alle beteiligten Akteure sind ‚watchdogs for values' (Lindblom 1963, S. 156), achten also aus ihrem jeweiligen Eigeninteresse darauf, dass bestimmten, oftmals konkurrierenden Sacherfordernissen Rechnung getragen wird" (Schimank 2009: 237). Dieser Fokus auf die Aushandlung von Interessen verdeutlicht, dass Planung ohne gezielte und effektive Kommunikation kaum erfolgreich gestaltet werden kann. Sie bildet die Grundlage, auf der Beteiligungsprozesse und Entscheidungen aufbauen. Wiechmann betont in diesem Zusammenhang: „Planende werden hier nicht als durch ihr Fachwissen überlegene Entscheider oder als neutrale Moderatoren angesehen, sondern als pragmatische Spezialisten, die inklusive und partizipative Formen kollektiven Handelns unterstützen" (Wiechmann 2018: 1778).

3.2.5 Planung durch Projekte

Zahlreiche konkrete Planungspraktiken orientieren sich ausschließlich am Maßstab eines räumlichen Projekts und dessen Entwicklung. Unter dem Stichwort ,Planung durch Projekte' wurde Anfang der 1990er Jahre die Rolle von Projekten in der Planung intensiv diskutiert. Diese Planungsstrategie stellt eine Antwort auf die gestiegene Komplexität der Planungsprozesse und die zunehmende Bedeutung von Kooperation zwischen verschiedenen Akteurinnen und Akteuren dar. Allerdings werden Projekte oft als singuläre, voneinander unverbundene Einheiten betrachtet, was zu einer Fragmentierung führen kann. Die Einbeziehung privater Akteurinnen und Akteure sowie die Bedeutung von Partizipation werden bei dieser Strategie häufig auf das jeweilige, klar umrissene Projekt begrenzt. Da Planung heute als vielschichtiger, offener Prozess verstanden wird, in dem ständig neue Formen der Darstellung, Auseinandersetzung und Entscheidungsfindung entwickelt werden sollten, kann die Strategie der ,Planung durch Projekte' dazu beitragen, diese Komplexität zu reduzieren. Allerdings besteht ohne eine strategische Rahmung die Gefahr, dass diese projektbezogene Planung isoliert bleibt und keine übergeordneten, kohärenten Entwicklungslinien verfolgt.

Im Gegensatz dazu bieten Leitbilder und Szenarien eine Möglichkeit, Planung langfristig zu strukturieren und zu steuern. Sie schaffen einen Rahmen, in dem einzelne Projekte und Planungsschritte zielgerichtet vernetzt und in größere Zusammenhänge eingebettet werden können, ohne die notwendige Flexibilität des Planungsprozesses einzuschränken. In der planungstheoretischen Diskussion über die Rolle von Projekten im Planungsprozess ging es insbesondere um die „Zukunft einer auf kooperatives Handeln ausgerichteten öffentlichen Planung" (Keller et al. 1996: 37). Eine zentrale Erkenntnis war, dass öffentliche Rahmensetzungen für private Projekte unverzichtbar sind. Es wurde betont, dass „übergreifende und nicht auf das einzelne Projekt und die Interessen einzelner Beteiligter ausgerichtete Ziele notwendig" seien (Keller et al. 1996: 42). Dies unterstreicht, dass projektorientierte Planung zwar auf Einzelprojekte fokussiert, aber dennoch strategische Rahmensetzungen benötigt, um das Gemeinwohl und langfristige Entwicklungsziele zu sichern.

Eine ,Planung der kleinen Schritte' oder der ,perspektivische Inkrementalismus' (vgl. Ganser et al. 1993) kombiniert die Vorteile der projektbezogenen Planung mit einer langfristigen Strategie. Dieser Ansatz integriert Einzelprojekte in eine übergeordnete Zielformulierung, die in einem kooperativen Prozess entwickelt wird. Ein Beispiel hierfür ist die Internationale Bauausstellung Emscher Park (IBA) im Jahr 1999, bei den projektbezogenen Planungen in ein umfassendes, langfristiges Konzept eingebettet wurden (vgl. Ganser u. a. 1993).

3.2.6   Planung mit Leitbildern und Szenarien

Im Gegensatz zur projektorientierten Planung, die oft auf singuläre, voneinander unverbundene Projekte setzt, bietet die Planung mit Leitbildern eine langfristige strategische Orientierung. Während die Projektplanung eher kurzfristige Lösungen fokussiert, zielt die Leitbildplanung auf eine übergeordnete Zielformulierung, die eine kohärente Entwicklung ermöglicht und die Beteiligung verschiedener Akteure fördert. Leitbilder haben in diesem Kontext an Bedeutung gewonnen, da sie als Instrument dienen, um in einem kommunikativen Prozess die Interaktion zwischen Akteurinnen und Akteuren zu fördern und eine klare Orientierung zu bieten (vgl. Becker u. a. 1999; Knieling 2006; Jessen 2021).

Leitbilder werden zumeist in kooperativen und auf Konsens angelegten Prozessen entwickelt. Dabei werden Zielvorstellungen und Handlungsprinzipien formuliert, die als gemeinsamer Bezugspunkt im Planungsprozess dienen: „Leitbilder übernehmen Orientierungs-, Koordinierungs- und Motivationsfunktionen: sie bilden einen gemeinsamen Bezugspunkt im Zukunftsdenken", koordinieren „die Wahrnehmungs-, Denk- und Entscheidungsprozesse der Menschen" und aktivieren „immer auch emotionale Potentiale der Menschen", wodurch „Engagement geweckt und zum Handeln motiviert wird" (Kahlenborn et al. 1996 zit. in Becker et al. 1999: 38).

Ein weiteres wichtiges Instrument in der leitbildorientierten Planung sind Szenarien. Im Gegensatz zu Prognosen, die auf eine bestimmte Zukunft abzielen, stellen Szenarien eine Vielzahl möglicher Entwicklungen dar und fördern den Dialog sowie gemeinsame Lernprozesse. Szenarien helfen, komplexe Zusammenhänge besser zu verstehen und unterschiedliche mögliche Entwicklungen zu reflektieren, ohne eine festgelegte Richtung vorzugeben. Sie stärken die Annahme, dass längerfristige Entwicklungen wieder stärker die Steuerungsfragen räumlicher Planungen beeinflussen sollten: „Dies macht deutlich, dass wir nicht mehr so einfach sagen können, welche Entwicklung die richtige ist, und dass wir uns aus dem Wünschenswerten und Möglichen am besten durch gemeinsame Gespräche darüber nähern" (Arras 1998: 28). Im Unterschied zum positivistisch-rationalen Denken, das darauf abzielt, eine ‚richtige' Zukunft zu bestimmen, stehen bei Szenarien der Dialog und der gemeinsame Lernprozess im Vordergrund. Hierbei geht es nicht nur um das Erstellen von Planungsdokumenten, sondern um die Kommunikation und Kooperation zwischen den verschiedenen Akteuren. Die Strategie der Raumplanung, ob im Rahmen von Projekt- und Regionalmanagement (vgl. Fürst 1998) oder im Quartiermanagement, stellt die Koordination der Planungsbeteiligten und die ressortübergreifende Kooperation in den Mittelpunkt (vgl. Knieling 2006).

3.2.7 Strategieorientierte Planung

Strategieorientierte Planung verbindet langfristige Planungsziele mit der Fähigkeit, auf kurzfristige und unvorhergesehene Entwicklungen flexibel zu reagieren. Sie betont die Notwendigkeit von Anpassungsfähigkeit und Offenheit im Planungsprozess, um auf unvorhersehbare Veränderungen einzugehen und die räumliche Umwelt nachhaltig zu gestalten. In diesem Kontext werden umfassende Leitbilder entwickelt, die es ermöglichen, flexibel auf plötzlich auftretende Entwicklungen zu reagieren. Dabei stellt sich jedoch die Frage, wie flexibel Planung tatsächlich sein kann. Gerade im Naturschutz gibt es häufig Zielkonflikte, und der Schutz bestimmter Flächen steht nicht zur Debatte, nur weil sich gesellschaftliche Interessen ändern. Rechtliche Rahmenbedingungen und ökologische Notwendigkeiten lassen sich nicht einfach anpassen, nur weil sich die öffentliche Meinung wandelt. Strategieorientierte Planung muss daher einen Ausgleich zwischen Anpassungsfähigkeit und der Wahrung langfristiger, nicht verhandelbarer Ziele finden.

Das Ziel der strategieorientierten Planung besteht darin, neben einer vorausschauenden und zielgerichteten Planung auch unvorhergesehene Entwicklungen berücksichtigen zu können. Im Gegensatz zur traditionellen Zielplanung, die auf eine feste, prognostizierte Entwicklung hinarbeitet und starre Zielsetzungen verfolgt, bleibt die strategieorientierte Planung dynamisch und offen für neue Einflüsse. Während die klassische Zielplanung von der Annahme ausgeht, dass zukünftige Entwicklungen weitgehend vorhersehbar und planbar sind, geht die strategieorientierte Planung davon aus, dass sich Dinge oft unerwartet entwickeln. Diese Flexibilität ermöglicht es, auf neue Herausforderungen oder Chancen zu reagieren, anstatt sich an einmal festgelegte Ziele zu klammern, die unter veränderten Rahmenbedingungen möglicherweise nicht mehr sinnvoll sind. Dadurch wird der Planungsprozess nicht nur realistischer, sondern auch anpassungsfähiger und zukunftsfähiger, weil er sich an tatsächlichen Entwicklungen orientieren kann, anstatt an starren Vorgaben festzuhalten (vgl. Frey u. a. 2008).

Fassbinder konstatiert Ende der 1990er Jahre in einem Aufsatz mit dem Titel ‚Zum Begriff der strategischen Planung': „Dem großen Plan für das zukünftige Bild der Stadt, dem Stadtentwicklungsplan, dem Masterplan, dem Stadtplan kommt in dieser Situation eine andere Rolle zu als in der klassischen Bauleitplanung. Der Plan ist nicht mehr Endzustandsbeschreibung, er stellt vielmehr die große bildhafte Vision des Ganzen dar und ist als solche Eingabe und Orientierung für Diskussion und Interaktion zwischen allen Planungsebenen und allen beteiligten Parteien, den privaten Akteuren mit ihrer unterschiedlichen Herkunft, Interessenlage und Orientierung ebenso wie den gemeinnützigen

Einrichtungen und Organisationen und den verschiedenen öffentlichen Instanzen. Der Plan ist Teil einer Strategie, die mit Mitteln betrieben wird, die auf unterschiedlichen Planungsebenen angesiedelt sein können und unterschiedliche Konkretisierungsformen annehmen können" (Fassbinder 1993: 9–18). Eine strategieorientierte Planung verbindet gleichwertig den Plan mit dem Prozess. Planinhalt und Planungsprozess verknüpfen sich in einer strategischen Orientierung, die der Raumplanung die Rolle einer konzeptionellen Koordination räumlicher Entwicklungen zuschreibt. In der Stadtentwicklung werden diese strategieorientierten Planungen oft eingesetzt wie z. B. die Stadtentwicklungsstrategie Wien 2004 (vgl. STEP 05) und ihre Weiterentwicklung in STEP 2005. Dabei werden langfristige Orientierung in einem Rahmen für die räumliche Entwicklung der Stadt festgelegt, wobei strategische Leitlinien für Mobilität, Wohnen, Grünräume und Wirtschaftsstandorte formuliert wurden. Im Laufe der Jahre wurde der Plan weiterentwickelt, etwa durch das Grün- und Freiraumkonzept ‚Freiraum Wien' und die stärkere Integration klimarelevanter Aspekte. Der Plan diente nicht nur als Vision, sondern wurde durch gezielte Umsetzungsmaßnahmen begleitet, etwa in Entwicklungsgebieten wie Aspern Seestadt oder durch die Strategie zur Nachverdichtung bestehender Quartiere. Dabei übernehmen die Akteurinnen und Akteure der räumlichen Planung eine Koordinationsfunktion, um Politik, Verwaltung, Wirtschaft und Zivilgesellschaft in einem strategischen Prozess einzubinden.

Insofern verbindet Planung eine konzeptionelle Steuerung mit einem prozesshaften Ansatz, indem sie langfristige räumliche Leitbilder entwickelt und gleichzeitig flexibel auf neue Entwicklungen reagiert. Dies funktioniert, indem Planungsstrategien nicht nur als starre Vorgaben formuliert werden, sondern als adaptive Rahmenwerke, die offen für Veränderungen bleiben und gesellschaftliche Dynamiken einbeziehen. Durch regelmäßige Evaluationen, Bürgerbeteiligung und experimentelle Ansätze wie Zwischennutzungen oder Reallabore können Planungen kontinuierlich an neue Anforderungen angepasst werden. So entstehen hybride Planungsmodelle, die sowohl eine strategische Orientierung geben als auch Raum für spontane soziale Prozesse und sich wandelnde Nutzungsanforderungen lassen.

Anstatt nur einen starren Masterplan zu erstellen, kombiniert strategieorientierte Planung Ziele und Visionen mit einem offenen und adaptiven Planungsprozess. Dabei werden in Kooperations- und Kommunikationsprozessen unterschiedlicher Akteurinnen und Akteuren strategische Ziele räumlicher Steuerung entwickelt. Planerinnen und Planer entwerfen dafür ein Leitbild gesellschaftlicher und räumlicher Entwicklungen, bilden diese ab und machen sie diskutier- und verhandelbar. Einer strategieorientierten Planung bedarf es bei zunehmend unbestimmbareren Problemen und Lösungsansätzen. Dazu müssen Flexibilität und Offenheit einen ständigen Prozess gewährleisten, in dem das strategische Denken, Handeln und Entscheiden auf unvorhersehbare Entwicklungen reagieren kann. Die Bedeutung einer strategieorientierten Planung wird in Zukunft zunehmen, da die Mittel zur Gestaltung des Lebensraumes knapper werden: „Das Bilden von Schwerpunkten, die Konzentration der stets knappen Mittel auf strategisch bedeutsame Aufgaben ist unerlässlich, um nachfolgenden Generationen möglichst große Spielräume und damit möglichst viel Freiheit beim Lösen der betreffenden Aufgaben zu lassen" (Scholl 2005: 1129).

Strategieorientierte Planung überwindet die Trennung zwischen langfristiger, schrittweiser Planung und kurzfristigen Einzelprojekten, die oft ohne übergeordnete Zielsetzung umgesetzt werden. Sie verbindet konkrete Projekte mit Leitbildern und Strategien, sodass einzelne Maßnahmen in einen größeren räumlichen und politischen Kontext eingebettet sind. Dabei geht es nicht um starre Planwerke, sondern um eine flexible Planung, die sich an veränderte Rahmenbedingungen anpassen kann. Entscheidend ist die Zusammenarbeit verschiedener Akteure aus Verwaltung, Politik, Wirtschaft und Zivilgesellschaft, um eine ganzheitliche und nachhaltige Entwicklung zu ermöglichen. Dieser Planungsperspektive liegt die Erkenntnis zugrunde, dass Planen ein sozialer Prozess ist, bei dem Partizipation bereits in der Formulierung von Strategien sowie in der Umsetzung von Planungszielen ein zentraler Bestandteil ist. In der heutigen Zeit gewinnen diese Fähigkeiten besonders an Relevanz, da sich die Umwelt in einem stetigen Wandel befindet. Vor dem Hintergrund des Klimawandels sind zunehmend unvorhersehbare Entwicklungen zu beobachten, mit denen Planerinnen und Planer konfrontiert sind. Es ist essenziell, in Planungsprozessen offen für Veränderungen zu bleiben, da eine präzise Vorhersage zukünftiger Entwicklungen nie vollständig gewährleistet werden kann. Darüber hinaus schafft diese Offenheit Raum für Diskussion und die Entfaltung kreativer Lösungsansätze (vgl. Phelps 2021; Pojani 2022; Peer u. a. 2024).

3.3 Bausteine einer reflexiven postmodernen Planungstheorie

Für eine postmoderne Planungstheorie ist die Anerkennung und der Einbezug der Vielfalt von Rationalitäten und Ansätzen im Bereich der räumlichen Planung zentral. Die (post-)moderne Planung sieht sich zunehmend mit einer ‚brutalen Pluralität von Wahrheiten' konfrontiert, bei den verschiedenen Interessengruppen und Akteure widersprüchliche Perspektiven und Ansprüche einbringen. Dies erschwert die Konsensfindung, besonders in Zeiten multipler globaler Krisen wie der Klimakrise, der Finanz- und Flüchtlingskrise oder der COVID-19-Pandemie. In diesem Kontext können Planerinnen und Planer sich nicht länger auf eine einzige, unangefochtene Wissensbasis stützen, um ihre Arbeit zu legitimieren. Stattdessen ist eine umfassendere, reflektierte Herangehensweise erforderlich, die die Komplexität und Widersprüchlichkeit der Realität anerkennt. Das Konzept der Polyrationalität bietet einen Ansatz, um dieser Pluralität gerecht zu werden. Polyrationalität bedeutet, dass mehrere Rationalitäten nebeneinander existieren und im Planungsprozess Berücksichtigung finden sollten (vgl. Innes 2013). In der Praxis erfordert dies von Planerinnen und Planern, dass sie verschiedene Stimmen hören und verstehen, da jede Rationalität unterschiedliche Strategien und Lösungsvorschläge für die Herausforderungen der räumlichen Planung bietet. Dies zeigt sich insbesondere im politischen und moralischen Planungsanspruch bei der Abwägung zwischen wirtschaftlichen Interessen, sozialen Gerechtigkeitsfragen und ökologischen Notwendigkeiten. Jede dieser Perspektiven bietet legitime, aber oft konträre Ansätze, die in der Planung aufeinander abgestimmt werden sollten (vgl. Tewdwr-Jones 2017; Davy u. a. 2023, Lintz 2024).

Die in den vorangegangenen Abschnitten dargestellten Paradigmen der Planung sind keine ‚reinen' Paradigmen, und der Wandel in der Planungsauffassung vollzog sich nicht durch einen abrupten Bruch mit den vorangegangenen Sichtweisen. Vielmehr sind diese Phasen im historischen Kontext zu betrachten, und viele ihrer Elemente sind auch heute noch relevant. Die unterschiedlichen Ansätze der Planung – von der technokratischen Masterplanung über die inkrementelle Planung bis hin zur kollaborativen und projektbasierten Planung – lassen sich nicht als strikte Paradigmenwechsel, sondern vielmehr als miteinander verbundene Ansätze verstehen, die jeweils verschiedene Schwerpunkte setzen. In der gegenwärtigen und zukünftigen Perspektive auf Planungstheorien könnte es daher sinnvoll sein, bewährte Elemente aus den vorhergehenden Konzepten aufzugreifen und sie miteinander zu verknüpfen. Planung sollte daher zunehmend dynamische und interaktive Ansätze verfolgen, um die Komplexität von Räumen zu erfassen. Healey hebt in diesem Zusammenhang die Bedeutung der Ideen von John Friedmann hervor, der die Rolle der Planung in Bezug auf Demokratie und Fortschritt betont. Die Planungssoziologie steht vor der Aufgabe, das Spannungsfeld zwischen ‚Gesellschaft und Planung' so zu gestalten, dass sowohl die zunehmende technisch-materielle Dominanz in der Gestaltung sozialer Prozesse als auch die Bedingungen für ein gutes zwischenmenschliches Zusammenleben in die räumlichen Steuerungsformen einfließen. Angesichts aktueller gesellschaftspolitischer Diskussionen zu Rassismus, Diskriminierung und der Benachteiligung von Frauen müssen diese Themen stärker in den planerischen Fokus rücken.

Stadt- und Raumplanung beeinflussen nicht nur die physische Umwelt, sondern auch soziale Gerechtigkeit, indem sie Zugänge zu Wohnraum, Bildung, Arbeit und öffentlichem Raum gestalten. Besonders zukunftsorientierte Planung sollte Mechanismen entwickeln, die soziale Ungleichheiten abbauen – etwa durch diskriminierungsfreie Beteiligungsverfahren, geschlechtergerechte Stadtgestaltung und Strategien gegen die räumliche Marginalisierung von Minderheiten. Damit wird deutlich, dass Planung nicht nur technokratische Steuerung ist, sondern auch eine Verantwortung für eine gerechtere Gesellschaft trägt: „The modern idea of planning, as John Friedmann has described in his authoritative account of its intellectual origins, is centrally linked to concepts of democracy and progress. It centers on the challenge of finding ways in which citizens acting together can manage their collective concerns with respect to the sharing of space and time" (Healey 1996: 234).

Zudem wird die demokratische und politische Dimension der Planung zunehmend an Bedeutung gewinnen indem Planerinnen und Planer verstärkt die Rolle von aktiven Vermittlern zwischen den Interessen verschiedener Gruppen und räumlichen Vorstellungen einnehmen. In dieser Rolle werden sie auch in Zukunft eine zentrale Bedeutung haben, da das Bewusstsein für die materiellen Objekte, den sozialen Raum und die vielfältige Arbeitsteilung von planenden Akteuren immer wichtiger wird: „Modern planning practice is a social and political process in which many actors, representing many different interests, participate in a redefined division of labor" (Friedmann 1987: 25). Diese Bausteine – die Verbindung von demokratischen Prinzipien, Kommunikation und Kooperation, die Vermittlungsrolle der Planenden sowie das Bewusstsein für die dynamischen Prozesse in der Stadtentwicklung – werden auch in der Zukunft entscheidend für eine Weiterentwicklung von Planungstheorien sein (vgl. Hummel 2018; Lamker 2022). Räumliche Planung war historisch stets von politischen Werthaltungen, Zielsetzungen und manipulativen Strategien geprägt. Eine zentrale Aufgabe der Planungssoziologie ist es, auf die aktive Positionierung der Planenden hinzuweisen. Lamker betont deren Verantwortung: „Planende können und sollten Verantwortung für die eigenen Handlungsmöglichkeiten übernehmen und nicht vermeiden. Diese sind beschränkt und sollten, in einer demokratischen Gesellschaft, auch immer beschränkt bleiben" (Lamker 2022: 104). Dies zeigt, dass Planung nicht nur technisch, sondern auch politisch fundiert ist, da Planende Konzepte für eine bessere räumliche Umwelt entwickeln sollen. Sie müssen sich wertend mit gesellschaftlichen Entwicklungen wie Inklusions- und Exklusionsprozessen, ökologischen Herausforderungen sowie technischen und digitalen Entwicklungen auseinandersetzen.

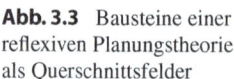 **Abb. 3.3** Bausteine einer
reflexiven Planungstheorie
als Querschnittsfelder

Die Abb. 3.3 zeigt zentrale Aspekte partizipativer und kooperativer Planungsprozesse. Ein erweitertes Akteursnetzwerk sowie soziales Lernen und Dialog sind
essenziell für eine integrative Stadt- und Raumplanung. Planungswerkzeuge und
Modelle unterstützen die Vermittlung komplexer Inhalte, während Übersetzung
und Kommunikation zwischen verschiedenen Akteursgruppen eine Schlüsselrolle
spielen. Moral und Normen bilden dabei einen wichtigen Rahmen, um Planung
ethisch und nachhaltig zu gestalten.

3.3.1   Planung im erweiterten Netzwerk von Akteuren

Insgesamt wird deutlich, dass die Rolle der Planerinnen und Planer weit über
die reine technische Umsetzung von Vorgaben hinausgeht. Sie agieren als Vermittler und Übersetzer zwischen unterschiedlichen Akteurinnen und Akteuren,
die jeweils über spezifische Wissensformen verfügen. Dies erfordert nicht nur
technisches und methodisches Fachwissen, sondern auch soziale Kompetenz,
politische Sensibilität und die Fähigkeit, in komplexen Netzwerken zu operieren.
Im erweiterten Geflecht sozialer, materieller und physischer Netzwerke werden
Planende zunehmend als Vermittlungsinstanz fungieren. Die Akteur-Netzwerk-
Theorie (ANT) und die Science and Technology Studies (STS) heben hervor, wie

zentral die Vermittlung zwischen menschlichen und nicht-menschlichen Akteuren im Planungsprozess geworden ist: „Interpreting and shaping the multitude of human and nonhuman relations in cities is a perennial challenge for planning scholarship and practice"(Karvonen 2018: 317).

Wenn Planerinnen und Planer ihre Arbeit wirksam gestalten und Einfluss auf die Gestaltung des Raums nehmen wollen, sollten sie ihre Rolle als Vermittlungsinstanz zwischen räumlichen Konstellationen und den vielfältigen Akteurinnen neu überdenken. Dabei geht es nicht nur um die Beschreibung und Gestaltung urbaner oder regionaler Räume, sondern auch um politische und technische Verantwortung. Regelsetzungen spielen hierbei eine zentrale Rolle, da sie der Ort sind, an dem Rechte, Normen und Verhaltensweisen sowie das Zusammenspiel formeller und informeller Strukturen verhandelt und festgelegt werden. In einem erweiterten Netzwerk, das Akteurinnen und Akteuren aus Politik, Wirtschaft und Zivilgesellschaft vereint, übernehmen Planerinnen die Aufgabe, unterschiedliche Interessen und Perspektiven in verbindliche Regeln und Leitlinien zu übersetzen. Sie sind somit nicht nur Gestalterinnen und Gestalter von Räumen, sondern auch Vermittlerinnen und Vermittler in sozialen und politischen Aushandlungsprozessen: „If planners aim to make a difference, if they want to succeed with their advice and plans, they need to rethink how to represent the city and its material constituencies. To represent is both a normative practice of description and political and technical endeavor. Rule-making is the field where representation – in both senses – becomes a specific practice engaging with rights and forms, norms and social behaviors, and where the formal/informal relationship is negotiated and agreed upon as a political matter. Within this perspective, rule-making is central to what planners do" (Lieto 2016: 39).

3.3.2 Planende als demokratische Übersetzer

Im Prozess des Planens, Vermittelns und der Übersetzung zwischen den Akteurinnen und Akteuren im Netzwerk kommt den planenden Fachexpertinnen und -experten eine aktiv-initiierende Rolle zu:„In mediating theory and practice, radical planners are not neutral agents arbitrating between two disputing parties. Nor do they present themselves as experts on theory and, therefore, on the political guidance of radical planning. Radical planners must not become absorbed into everyday struggles of radical practice. In short, as mediators they stand neither apart nor above nor within such a practice" (Friedmann 1987: 392).

Der Akt des Übersetzens von unterschiedlichen Sprach- und Ausdrucksformen der Objekte, Orte, Räume und Nutzerinnen und Nutzer sowie der von Planung betroffenen Menschen, Akteurinnen und Akteuren in Wirtschaft und Gesellschaft verleiht den Planenden einen Wissensvorsprung. Grundlage dafür ist ein vertieftes Verständnis und eine analytische Kenntnis des gebauten Raumes und der ihm innewohnenden sozialen Prozesse:„The central role of radical planning consists in mediating transformative theory with radical practice, and that in so doing, planners must draw on the tradition of social learning. Mediation was seen to involve specific skills used to confront formal knowledge with knowledge drawn from struggle and experience. As a result, the distribution of roles in radical planning is not clearly defined" (Friedmann 1987: 395).

Für dieses Grundverständnis der Wechselwirkungen sind insbesondere Empathie und Vorstellungsvermögen sowie technisch-materielle Kenntnisse eine wesentliche Voraussetzung: „Terms such as mediation, mediator, and role suggest a technical division of labor. But in radical practice, the set of mediating roles is not clearly defined and, in the language of mathematics, remains a 'fuzzy' set" (Friedmann 1987: 393). Die Übersetzungsleistung der Planenden stellt einen zusätzlichen Wert dar, der weder durch einen einzelnen sozialen Akteur noch durch ein materiell-physisches Objekt gegeben ist. Dieser Wert entsteht durch die Verbindungen und Beziehungen im Netzwerk von sozialen und nicht-menschlichen Akteuren und wird in der politischen Arena wirksam: „Politics (in the broad sense of relations, assumptions, and contests pertaining to power) is what links value and exchange in the social life of commodities" (Appadurai 1986: 57).

Für den Prozess des Übersetzens gibt es klare Regeln, die ständig neu verhandelt werden müssen. Diese Verhandlungen und Kommunikationsakte stellen einen politisch-kommunikativen Prozess dar: „What is political about this process is not just the fact that it signifies and constitutes relations of privilege and social control. What is political about it is the constant tension between the existing framework (of price, bargaining, and so forth) and the tendency of commodities to breach these frameworks" (Appadurai 1986: 57). Um das Argument aufzugreifen, dass der materiell-physische Raum auch als sozial lebendige Umwelt zu begreifen ist, soll im Rahmen der Übersetzungsleistung keine Unterscheidung zwischen der Sprache von Objekten und der Ausdrucksform von Menschen gemacht werden: „Focusing on the things that are exchanged, rather than simply on the forms or functions of exchange, makes it possible to argue that what creates the link between exchange and value is politics, construed broadly. This argument (...) justifies the conceit that commodities, like persons, have social lives" (Appadurai 1986: 3).

Dieser Zwischenraum der Übersetzungsleistung wird von den Planenden geschaffen und stellt einen Mehrwert im Sinne einer Wissensaneignung oder eines Wissensvorsprungs dar. Dieser Mehrwert entsteht insbesondere durch eine interpersonale Transaktion, die im Dialog verankert ist (vgl. Friedmann 1987: 403). Den Planenden ist bewusst, dass bei der Übersetzung zwischen Objekten des gebauten Raumes und anderen materiell-physischen Gegenständen sowie zwischen individuellen Subjekten oder sozialen Gruppen und der räumlichen Umwelt sowohl Missverständnisse als auch Konflikte weiterhin bestehen können. Die Übersetzerrolle in der Planung ist auch im Hinblick auf Entscheidungen und Machtpositionen im sozialräumlichen Netzwerk zu betrachten. Planung strukturiert die Entscheidungs- und Handlungsmöglichkeiten für die Praxis vor. Dies betrifft einen zentralen Aspekt des Verständnisses von Planung, da Planerinnen und Planer verschiedene Zukunftsoptionen der räumlichen Entwicklung für demokratische Entscheidungsprozesse vorbereiten. Mit Plänen oder Modellen können Planende unterschiedliche Entwicklungsmöglichkeiten von Räumen darstellen, die anschließend einem politischen Abstimmungs- und Entscheidungsprozess unterzogen werden (vgl. Bratman 1999). Erst durch die Einbindung in demokratische Verfahren werden aus Plänen positives Recht, welches die tatsächlichen Lebensbereiche des Wohnens, der Mobilität, der Freizeit und der Arbeit von Menschen prägt. Insofern besteht aus der Perspektive der Planerinnen und Planer als demokratische Übersetzer ein wesentlicher Unterschied zwischen Planung und juristischen Regelungen, wie dem Baurecht oder Planungsrecht (vgl. Kreft 1980). Räumliche Planung bewegt sich somit in einem politischen Feld, das von Werten, Emotionen, ethischen Prinzipien und gesellschaftlichen Zielen bestimmt wird. Denn Planungsentscheidungen sind nicht nur zeitlich zwischen Vergangenheit und Zukunft angesiedelt, sondern beinhalten auch eine Wahl zwischen notwendigen und möglichen Ziel- und Handlungsalternativen: „Jede planerische Entscheidung ist somit nicht nur eine fachliche bzw. gegenstandsbezogene. Sie ist ebenso eine soziale und politische Entscheidung unterschiedlicher Reichweite und Tiefe, da sie gerichteten Einfluss auf das Verhalten und Handeln von Individuen, Gruppen oder Institutionen entfaltet" (Konter 1997: 48).

Planung zielt nicht nur auf eine notwendige oder mögliche Veränderung oder Erhaltung ihres Gegenstandsbereiches ab. Sie ist darüber hinaus interessengebunden und machtvoll in den Möglichkeiten eines planerischen Eingriffs. Sie richtet sich in ihren Entscheidungen auch an von der Planungsabsicht betroffene Menschen. Daraus ergibt sich die politische Frage der Art und Weise der Legitimation von Entscheidungen. Insbesondere die Art und Weise des Verständigungsprozesses über die Problemstellungen, Ziele und Inhalte, aber auch die Begründung der Machtbasis, der Beteiligung der Interessenten und Betroffenen am Verständigungsaustausch und des Entscheidungsprozesses sind in der politischen Arena zu diskutieren (vgl. Konter 1997: 45).

3.3.3 Impulsgeberin für soziale Innovation und Kreativität

Die räumliche Planung spielt eine zentrale Rolle als Innovationsgeber und als Motor für soziale Lernprozesse. Sie schafft nicht nur den Rahmen für physische Transformationen im Raum, sondern ermöglicht es auch, neue Ansätze und Ideen in die Gesellschaft zu integrieren. Durch die Auseinandersetzung mit aktuellen Herausforderungen wie dem Klimawandel, der Urbanisierung und sozialen Ungleichheiten kann die Planung innovative Lösungsansätze fördern, die sowohl technologische als auch soziale Veränderungen vorantreiben. Ein Schlüsselargument für die räumliche Planung als Innovationsgeber ist ihre Fähigkeit, verschiedene Disziplinen und Akteure zusammenzubringen (vgl. Peer u. a. 2024). In der Praxis ist diese Zusammenarbeit jedoch oft mit erheblichen Herausforderungen verbunden, sei es durch Interessenkonflikte, organisatorische Barrieren oder bürokratische Hürden. Unterschiedliche Fachsprachen, methodische Herangehensweisen und institutionelle Strukturen erschweren die Integration von Wissen aus verschiedenen Disziplinen. Zudem bleibt oft unklar, wie diese interdisziplinäre Fähigkeit tatsächlich umgesetzt oder sichergestellt wird. Während die theoretische Notwendigkeit der Zusammenarbeit zwischen Planenden, Soziologinnen und Soziologen und anderen Fachrichtungen anerkannt wird, fehlen in vielen Fällen klare Mechanismen, um diesen Austausch strukturiert und nachhaltig zu verankern. Ohne gezielte Kommunikationsformate, verbindliche Beteiligungsprozesse oder eine entsprechende institutionelle Unterstützung besteht die Gefahr, dass interdisziplinäre Ansätze nur oberflächlich integriert werden oder im Planungsalltag untergehen.

Räumliche Planung agiert an der Schnittstelle zwischen öffentlicher Politik, Wirtschaft und Gesellschaft, was ihr ermöglicht, komplexe Probleme zu adressieren und interdisziplinäre Lösungen zu entwickeln. In diesem Kontext kann Planung als ‚Labor' für innovative Ideen betrachtet werden, in dem unterschiedliche Perspektiven integriert und neue Konzepte getestet werden. Darüber hinaus fördert die räumliche Planung soziale Lernprozesse, indem sie Bürgerbeteiligung und partizipative Planungsverfahren stärkt. Durch die Einbindung der Bevölkerung in Planungsprozesse können nicht nur lokale Bedürfnisse und Perspektiven besser berücksichtigt werden, sondern es entstehen auch neue Formen des kollektiven Lernens. Bürgerinnen und Bürger entwickeln ein tieferes Verständnis für die Herausforderungen und Potenziale ihrer Umgebung, was langfristig zu einem stärkeren Bewusstsein für nachhaltige Entwicklungen und gemeinschaftliche Verantwortung führt. Insgesamt trägt die räumliche Planung sowohl durch

ihre Rolle als Innovationsmotor als auch durch die Förderung sozialer Lernprozesse entscheidend zur Gestaltung zukunftsfähiger Gesellschaften bei. Sie
schafft Räume, in denen technologische und soziale Innovationen gedeihen und
kollektive Lernprozesse stattfinden können, was wiederum die Resilienz und
Anpassungsfähigkeit von Städten und Regionen stärkt (vgl. Siebel u. a. 2001;
Bragaglia 2021).

3.3.4 Dialogische Planungspraxis als soziales Lernen

Wissensinhalte sind zeitlich und räumlich gebunden. Sie treten in individuellen
als auch kollektiven Ausdrucksformen in der Planung auf. Durch die Beziehungen
und Wechselwirkungen zwischen Menschen, Dingen und der räumlichen Umwelt
ist es für Planerinnen und Planer in der Planungspraxis notwendig, eine Vermittlung und Übersetzung dieser Wissensformen herzustellen: „Rather, knowledge
is located in space and time and situated in particular contexts; it is mediated
through language, technology, collaboration and control; and is constructed, pro-
visional, and constantly developing. Most important, if knowledge is the sense
that people make of information, that 'sense' is a practice that is distributed
through relations between people, objects and environment, and is not simply the
property of individuals or group alone" (McFarlane 2011: 3).

Soziales Lernen und soziale Interaktion erfordern von Planenden oftmals die
Einnahme unterschiedlicher Rollen und auch einen Wechsel zwischen diesen Rollen je nach Funktion und Aufgabenstellung. Eine zentrale Voraussetzung ist auf
der einen Seite eine gefestigte Grundidentität, auf der anderen Seite auch die
Fähigkeit, sich in unterschiedliche Rollen einzufühlen. Soziale Kompetenz in der
Planung besteht darin, unterschiedliche Rollen einnehmen zu können. Dies läuft
keinesfalls auf eine Persönlichkeitsstörung hinaus, wie Madanipour es als ‚räumliche Schizophrenie des Designs'darstellt (vgl. Madanipour 2014). Im Gegenteil:
Diese sozialen Lernprozesse, bei denen die Beziehung zwischen Subjekten und
Objekten in ein neues, flexibles, aber auch verflochtenes Verhältnis gesetzt wird,
ermöglichen eine selbstbewusste und analytisch fundierte räumliche und soziale
Interventionsstrategie in der Praxis: „The planner's special skill, therefore, lies in
his ability to be a rapid learner. His is an intelligence that is trained in the uses
of processed knowledge for acquiring new knowledge about reality. He comes
equipped to bring order into a seemingly chaotic universe of data and sense
impressions, to reduce this to a structure of relative simplicity, to isolate the processes responsible for the emergence and maintenance of the structure, to probe
its interventions" (Friedmann 2011: 25).

Die Tätigkeit der Planenden als Übersetzerinnen und Übersetzer erfolgt immer in Bezug auf mehrere Gesichtspunkte: Orte, Räume, Objekte und Akteure. Für die Verständigung ist es notwendig, die unterschiedlichen Zeichen, Sprachen und Ausdrucksweisen zu koordinieren. Die unterschiedlich verteilten Wissens- und sozialen Lernformen hängen von individuellen Entscheidungen oder Handlungen ab: „Translation offers four perspectives to a conception of the constitution of urban learning through the creation and transformation of knowledge: a focus on distributions; a concern with intermediaries and displacement; as partial, multiple and practice-based; and as produced through comparison" (McFarlane 2011: 17).

Diese vier Perspektiven für die Konzeption sozialer und räumlicher Lernprozesse sind nicht nur auf einer individuellen Ebene zu verstehen, sondern auch als kollektive Handlungsfähigkeit. Dies erfordert, den Begriff des sozialen Lernens als einen Prozess zu verstehen, der die Grenzen zwischen Individuum und räumlicher Umwelt aufweicht. Dabei handelt es sich um eine adaptive Reorganisation innerhalb eines komplexen und instabilen Systems. In diesem Zusammenhang beschreibt Fürst die sich verändernden Bedingungen der Planung: „Instabilität, Unsicherheit, Komplexität, sinkende Autonomiegrade, hohe Akteursvernetzungen und sinkende Steuerbarkeit des Planungsgegenstands bestimmen Planung. Deshalb wird sie heute nicht mehr als deterministisch wahrgenommen, sondern als evolutionärer Prozess eines Handlungskollektivs, der auf Lernen und Suche nach neuen Lösungen ausgerichtet ist" Fürst 2018: 1717).

Diese Perspektive betont, dass Lernen zwar ortsbezogen sein kann, sich jedoch nicht auf einen Ort beschränkt. Translokales Lernen erfordert vielmehr kontinuierliche Arbeit, um Verbindungen zwischen verschiedenen Quellen, Routen und Akteuren zu schaffen und weiterzuentwickeln. Statt auf das Individuum beschränkt zu sein, wird soziales Lernen als Prozess durch die Beziehungen zwischen Menschen, Material und Umwelt notwendig. Dadurch, so Patsy Healey, kann eine dialogbasierte Planung aufgebaut werden: „We need to develop skills in translation, in constructive critique, and in collective invention and respectful action to be able to realize the potential of planning understood as collectively and intersubjectively addressing how to act in respect of common concerns about urban and regional environments. We need to rework the store of techniques and practices evolved within the planning field to identify their potential within a new communicative, dialogue-based form of planning" (Healey 1993: 248 f.).

Mit den Modellen des Netzwerkgeflechts und der Assemblage wird dabei das Prozesshafte, Exzessive und Performative in den Vordergrund gestellt. Es beinhaltet eine Vorstellung von den Räumlichkeiten des urbanen Lernens als Entfaltung verschiedener sozio-materieller Bedingungen und Prozesse: „I use the concept of assemblage as a spatial grammar of urban learning. Assemblage is used to emphasize the labour through which knowledge, resources, materials and histories become aligned and contested: it connotes the processual, generative and practice-based nature of urban learning, as well as its unequal, contested and potentially transformative character." (McFarlane 2011: 1).

Assemblage ist nicht einfach als eine räumliche Kategorie des sozialen Lernens zu verstehen. Stattdessen konzentriert sich Assemblage darauf, wie soziales und räumliches Lernen in der Wechselwirkung von Praxis und Wissen funktioniert. Dabei sind für die PlanerInnen diese Wechselwirkungen an konkreten Orten, Räumen und Materiellem eingebettet: „Learning is a distributed assemblage of people, materials and space that is often neither formal nor simply individual." (McFarlane 2011: 3).

Planerinnen und Planer entwickeln in der Ausbildung und Praxis eine Sensibilität für die Sprachen der Gebäude, Plätze, BewohnerInnen und Räume. Sie können ihr Leiden, ihre Ästhetik oftmals erkennen und in gezielte Raumkonzepte übersetzen. In der österreichischen Planungswelt sind in den letzten Jahren vermehrt sogenannte Ortskümmerer im städtischen Gefüge positioniert. Damit nehmen sie die Bedeutung des sozialen Lernens in der räumlichen Umwelt insbesondere auch in der Rolle als Mediatorinnen und Mediatoren auf. In gewissem Sinn sind hier neue Tätigkeitsfelder entstanden, bei denen Fähigkeiten eines Dirigenten notwendig sind: Sie dirigieren mit Impulsen und nehmen sich in der Rolle des Entscheiders und Gestalters etwas zurück. Im Unterschied zu klassischen Planerinnen und Planern, die oft langfristige strategische Konzepte entwickeln und auf formelle Instrumente der Stadt- und Raumplanung zurückgreifen, agieren Ortskümmerer stärker auf lokaler Ebene und in direkter Interaktion mit der Bevölkerung. Sie arbeiten prozessorientiert und reagieren flexibel auf aktuelle Herausforderungen, anstatt vorrangig an festen Planwerken zu arbeiten. Dadurch verstehen sie sich eher als Vermittler zwischen Verwaltung, Politik und Zivilgesellschaft und setzen Impulse für partizipative Stadtentwicklungsprozesse, ohne selbst primär in die physische Gestaltung des Raums einzugreifen.

3.3.5 Kritische Reflexion von Planungsinstrumenten und Modellen

Friedmann betont, dass durch Planung Wissen zur Praxis gelangt. Das Wissen der Planerinnen und Planer hat unterschiedliche Formen und Gebundenheit. Es drückt sich in verschiedenen Darstellungsformen und Werkzeugen aus. Law hebt die Einbindung des Wissens in materielle Formen hervor: „It comes as talk or conference presentations. Or it appears in papers, pre-prints or patents. Again, it appears in the form of skills embodied in scientists and technicians. 'Knowledge', then, is embodied in a variety of material forms" (Law 1992: 382).

Planerinnen und Planer nutzen ihr Fachwissen und ihre Kompetenzen, um verschiedene Übersetzungs- und Kommunikationswerkzeuge zu erstellen, darunter Pläne, Modelle, Zeichnungen, Poster, Präsentationen sowie Sprache und Texte. Diese Werkzeuge sind entscheidend für die Umsetzung von Planungsstrategien und dienen dazu, soziale Kommunikation zu stabilisieren und planerische Entscheidungen in Bezug auf räumliche Strukturen und Prozesse zu untermauern. In der Planung ist es wichtig, diese Zusammenhänge zu erkennen und gleichzeitig zu verstehen, dass es keine direkten Eins-zu-Eins-Entsprechungen gibt. Gerade hier liegt eine zentrale Rolle der Planenden: Je fundierter die Zusammenhänge dargestellt werden, desto größer sind die Chancen für erfolgreiches Planungshandeln.

Papier und Tinte, oder ein Aktenschrank, wenn sie in menschliche Zusammenhänge eingebunden werden, haben die Fähigkeit, Entscheidungen zu stabilisieren und an anderen Orten und zu anderen Zeiten wirksam zu machen. Diese Materialien können Handlungen verlängern und über einen längeren Zeitraum hinweg tragen. Dies verdeutlicht, wie materielle und dokumentarische Mittel im Planungsprozess dazu beitragen, Entscheidungen und Handlungen zu festigen und deren Wirkung zu verstärken. In den Beziehungen dieses sogenannten ‚semiotischen Dreiecks' zwischen Planerinnen und Planern, Gegenständen und Zeichen werden die Gegenstände durch die Planenden benannt und liefern dadurch eine Evidenz für die dahinterliegenden Konstrukte (vgl. Schönwandt 2002: 125). Diese Konstrukte sind nicht unmittelbar beobachtbar, sondern müssen, wie Schönwandt (2002) betont, sprachlich oder durch Zeichen ausgedrückt werden: „Da Konstrukte nicht-beobachtbare Gedanken sind, kann man sich ihnen nicht durch bloßes Hinschauen nähern, sondern nur auf einem einzigen Weg: Konstrukte müssen per Sprache (gesagt oder geschrieben) oder Zeichen ausgedrückt werden, um für Dritte begreif- und nachvollziehbar zu sein" (Schönwandt 2002: 134).

In der praktischen Anwendung der Planung bleiben diese sprachlichen und symbolischen Ausdrücke jedoch oft unreflektiert. Das liegt daran, dass viele planerische Konzepte auf bestehenden Traditionen, Fachsprachen und Routinen beruhen, die nicht immer hinterfragt oder an neue gesellschaftliche und ökologische Herausforderungen angepasst werden. Zudem sind Planungsprozesse oft stark formalisiert, wodurch kreative und alternative Ausdrucksformen, die eine tiefere Reflexion ermöglichen könnten, in den Hintergrund treten. Dies trägt dazu bei, dass die verwendete Symbolik eine bestimmte soziale Wirklichkeit konstruiert, die nur durch eine machtkritische Auseinandersetzung mit den Begriffen und ihrer Verwendung zumindest teilweise entschlüsselt und hinterfragt werden kann.

Eine solche kritische Reflexion ist notwendig, um die impliziten Machtstrukturen und -dynamiken sichtbar zu machen, die durch die Sprache in Planungsprozessen entstehen und aufrechterhalten werden (vgl. Wiechmann 2018: 1779).

Auch die Verwendung von Modellen in der Planungspraxis erfordert eine kritische Reflexion der zugrunde liegenden Planungsprozesse. Modelle sind nicht nur neutrale Darstellungsinstrumente, sondern enthalten auch implizite Annahmen, die die Dynamiken zwischen verschiedenen Akteuren und deren Handlungsmöglichkeiten widerspiegeln und beeinflussen. Sie können einerseits rein schematisch sein und sich im Medium Papier realisieren, andererseits aber auch als materielle Werkmodelle entstehen, an denen praktisch gearbeitet wird. Unabhängig von ihrer Form haben Modelle die Funktion, eine Vielzahl von komplexen Daten in kondensierter Weise darzustellen. Sie bieten ein strukturiertes Gerüst, das als Ganzes sensibel reagiert, wenn an einer bestimmten Stelle Eingriffe vorgenommen werden. Dadurch zeigen sie auf, wie eng die verschiedenen Aspekte einer Planung miteinander verknüpft sind und wie Veränderungen an einem Punkt Auswirkungen auf das gesamte System haben können. Wichtig ist, dass Modelle in ihrer Symbolkraft und in den darin eingeschriebenen Machtverhältnissen hinterfragt werden, da sie oft als vermeintlich objektive Werkzeuge auftreten, obwohl sie ebenfalls gesellschaftliche und politische Interessen transportieren. „Heute sind virtuelle Modelle in Computerräumen der Laboratorien der Welt allgegenwärtig. Im Modell werden aus dem Experiment gewonnene Daten miteinander in Beziehung gesetzt. Hieran erkennt man die zweite Spezifik des Modells. Modelle sind so etwas wie Datenverbünde. Die Daten verbinden sich hier aber nicht quasi von selbst wie im Praparat, sie werden vielmehr verbunden" (Rheinberger 2015: 154).

Diese Sorte von Wissensobjekten wird als Computersimulation für virtuelle Räume zunehmend attraktiv. Man kann sich virtuell in Straßen oder Gebäuden bewegen, Vorstellungen über die geplanten Räume entwickeln oder auch Effekte des Eingriffs darstellen. Diese Modelle und Simulationen sind zunehmend auch aktiver Natur. Planerinnen und Planer sollten sich bewusst sein, dass diese Werkzeuge als Aktanten die Art und Weise der gezielten Gestaltungs- und Planungsprozesse manipulieren: „Nun haben wir es bei Simulationen jedoch nicht nur mit epistemischen Dingen zu tun, die Daten nicht nur verarbeiten, sondern diese oft auch generieren. Sie können damit ganz im Virtuellen operieren – sie erzeugen auch noch Daten, aus denen sie bestehen oder die sie verarbeiten. Das Modell verselbständigt sich. Es wird tendenziell zu einer eigenen Wirklichkeit" (Rheinberger 2015: 160).

Gleichzeitig sehen Planerinnen und Planer weniger ihre eigene Bedeutung in der Schrift, dem Objekt oder dem Plan, sondern richten die Aufmerksamkeit auf die Wirkungen ihrer Werkzeuge auf die Art und Weise der Planungs-

und Gestaltungsmöglichkeiten der räumlichen Umwelt. Doch für die Bildung der Prozesse und Beziehungen im sozialen Raum während eines Planungsprozesses spielen diese Werkzeuge und Modelle eine entscheidende Rolle: „To emphasize and articulate their arguments, the participants use plans, financial studies, and statistics, personal and/or international best-case projects, quality warranties, and videos and pictures. All these artefacts, attributed as characteristic utensils of their respective professions, attempt to persuade the best possible outcome and unique solution. Objects and materials – be they discursive, visual or symbolic – operate and have considerable agency in the enrolment and alignment of the collective becoming" (Paulos 2018: 247).

Auch die Formen der planerischen Werkzeuge wie Modelle, Pläne, Fotografien und Filme müssen im Rahmen eines relationalen Planungsverständnisses neu geordnet werden. Räumliche Planung greift nicht nur in soziale Prozesse ein, sondern auch in die materiell-physische Umwelt. Planer arbeiten immer mit materiellen Dingen wie Landfills, Busspuren, Karten, bezahlbaren Wohnprojekten, GIS-Software und Budgets (vgl. Beauregard 2016: 10).

Mit dem Begriff ‚Assemblage‘ wird konzeptionell erfasst, dass traditionelle Akteure in der Raumentwicklung in ihrer Beziehung zur räumlichen Umwelt eingebunden sind. Eine Assemblage kann aus materiellen Objekten bestehen, die die räumliche Planung beeinflussen, wie z. B. lokale Infrastrukturen und strategische Planungsdokumente. Seltener werden die Orte, an denen geplant wird, als beeinflussender Faktor für die planerischen Entscheidungen analysiert: „If one believes that where something happens is important for how it happens and its consequences, and, that planning theory should be about planning practices, then theorist need to acknowledge the places of practice" (Beauregard 2013: 9).

Die Gestaltung, Ausstattung und Struktur der Orte, an denen geplant wird, beeinflussen die Art und Weise der Kommunikation unter den Planenden und den Einsatz der Techniken und Methoden: „The array of places within a planning event has consequences for whose voices are heard and poses strategic considerations regarding how planners might engage diverse publics" (Beauregard 2013: 12).

3.3.6 Koproduktion und Selbstorganisation in der Planung

Planungssoziologisch besteht eine grundlegende Werthaltung räumlicher Planung auch in der Überwindung eines Gegensatzes zwischen gezielten, intendierten Steuerungen und ungeplanten, selbstorganisierten Prozessen. Sowohl die von den

Planenden gewünschten Zukunftsveränderungen als auch die von sozialen Gruppen oder die selbstorganisierten Prozesse der sozialräumlichen Veränderungen sind Teil von Planung. Es ist wichtig, formelle und informelle Planungsansätze nicht als Gegensätze zu betrachten, sondern als zwei gleichwertige Elemente, die zusammenwirken. Räumliche Entwicklungen entstehen sowohl durch gezielte Steuerung als auch durch spontane, ungeplante Prozesse, die sich gegenseitig beeinflussen. Deshalb braucht es eine Kombination aus formellen Instrumenten wie Bauleitplanung und Gesetzen sowie informellen Methoden wie Bürgerbeteiligung oder experimentellen Zwischennutzungen. Nur durch diese Verbindung kann Planung flexibel auf Veränderungen reagieren und sowohl langfristige Ziele als auch spontane soziale Dynamiken berücksichtigen (vgl. Wiechmann u. a. 2008).

Planungssoziologisch findet eine Integration von ungeplanter Entwicklung in Strategien der gezielten Steuerung statt, um so die Überwindung des Gegensatzes zwischen formalen und informellen planerischen Strategien und Methoden zu erreichen: „Many sites, things, and objects play a role in how political subjectivities are achieved and performed in the contemporary city, but their heterogeneous and fluid materiality may escape the normalizing grip of planning as a state action with coercive powers. Consequently, these sites, things, and objects are typically relegated to the realm of the informal, whatever the consequences (e.g., eviction and demolition of informal settlements or the legal entitling of land). If we include in our epistemological and moral perspectives, we must reconcile the two spheres of formality and informality. To do so, a flat, symmetrical perspective is needed; i.e., the same methods used to envisage urban informality have to be extended to the analysis of formality and its constituency" (Lieto 2016: 26 f.).

Die Modelle von Selbstorganisation und Eigensteuerung bzw. eine ‚Planung der Nicht-Planung‘ (Frey 2009: 320) sind stärker in der kritischen Zivilgesellschaft verankert und werden von Bürger in der Planung zunehmend eingefordert. Für die Akteurinnen und Akteure der Planung besteht die Herausforderung einer Positionierung zwischen staatlich-hoheitlichen Akteuren, die überwiegend zielgerichtete Instrumente einsetzen, und der Zivilgesellschaft des ‚Selber-Machens und Selbstgestaltens‘. Planung als komplexer Prozess hat im Sinne der Anwaltsplanung auch Wurzeln in der zunehmend differenzierten Zivilgesellschaft und der radikal praktizierten Basisdemokratie.

3.4 Moralische Dimension und normative Grundlage der Planung

Moralische Dimensionen und normative Grundlagen sind innerster Bestandteil der räumlichen Planung. Diese ethische Dimension ist der Raumplanung inhärent, da sie untrennbar mit der Verantwortung für den Lebensraum von Menschen, Tieren und Pflanzen verbunden ist. Räumliche Planung ist somit nicht nur eine technische oder ökonomische Disziplin, sondern ihr wohnt eine moralische Dimension inne. Aus diesem Grund stehen nicht nur funktionale Aspekte im Vordergrund, sondern auch die Berücksichtigung der Ziele gesellschaftlicher und räumlicher Transformation. Dies impliziert eine ethische Verpflichtung gegenüber der Umwelt und den kommenden Generationen, denen ein intakter Lebensraum hinterlassen werden soll (vgl. Lendi & Hübler 2004; Lendi 2004).

In der Ausbildung spielen klassische Instrumente und Methoden der Raumentwicklung, fundiert durch sozialwissenschaftliche Analyse, eine zentrale Rolle. Zusätzlich sollten Kenntnisse über den zielführenden Einsatz von Kommunikationsformen und -medien vermittelt werden. In der Abwägung zwischen öffentlichen und privaten Interessen sind die Werthaltungen und Normen der Planungsentscheidungen zentral: „Non-Euclidean planning operates in real time by linking knowledge and action into a tightly looped process of strategic change. Planning entrepreneurs are primarily resource mobilizers who seek to concert public and private energies around innovative solutions to stubborn problems in the public domain. Such planning is oriented to values rather than profit" (Friedmann 1993: 484). In Ergänzung zur Position, dass die Ausbildung vor allem ‚Planung als Prozess‘ mit Kompetenzvermittlung in Kommunikation, Moderation und Mediation fokussiert, sollte weiterhin auch die fachliche Argumentation und Begründung für raumplanerische Instrumente, Methoden und Leitbilder zentral sein. Dazu gehört auch die Anerkennung der grundlegend normativen Ausrichtung von Planung: „This would foreground the normativity of planning and help to articulate and support the often implicit agenda of planners to create a 'better' world" (Karvonen 2018: 323).

Planerinnen und Planern wird von Politik, Verwaltung und oft auch von der Zivilgesellschaft die Verantwortung übertragen, sozialräumliche Problemlagen zu lösen und gleichzeitig Lösungen für die zukünftige Entwicklung zu finden. Diese Herausforderungen sind oft brisant, aktuell und komplex, und PlanerInnen müssen mit ihnen jonglieren und manchmal als ‚Sündenböcke‘ für vermeintlich falsche Entscheidungen herhalten. Daher ist es wichtig, dass Planerinnen und Planer die Zielkonflikte klar benennen. Beispielsweise gibt es bei der Abwägung zwischen ökologischer Nachhaltigkeit und sozialer Gerechtigkeit oft zentrale

Widersprüche, die nicht aufgelöst werden können. Soziale Wohnbaupolitik mit dem Leitbild ,Leistbarer Wohnraum' kann dem Ziel einer ,ökologischen Sanierung' und damit der Verteuerung von Wohnraum entgegenstehen (vgl. Thomas & Healey 1991; Bednar & Spiekermann 2024).

Planung hat sich politisch stets zwischen sozialen Bewegungen, alternativen Gesellschaftsentwürfen und anarchistischem Staatsmisstrauen bewegt, dennoch sollten Planerinnen und Planer skeptische Verteidiger der Rolle des starken und demokratischen Staates sein. Friedmann baute eine Brücke zwischen der Positionierung für einen starken planenden und steuernden hoheitlichen Staat und seiner Verortung in nichtstaatlichen, zivilgesellschaftlichen Bewegungen.

Auch bei raumplanerischen Fragen zur ökologischen Krise in der Welt ist die Werthaltung mit einem Bekenntnis der Planerinnen und Planer zu einer möglichst nachhaltigen Raumentwicklung zu untermauern, die die Verbesserung der sozialen und ökologischen Rahmenbedingungen gleichermaßen als Entwicklungsziel grundsätzlich beachtet. In diesem Sinne ist für die Praxis der Raumplanung stets die lokale Verankerung und Wirkung ausschlaggebend: „(…) we highlighted the need to focus on human agency – environmental actions that emerge in relation to particular localities and conditions" (Friedmann & Rangan 1993: 11).

Die globalen Zusammenhänge und überörtlichen Netzwerke erfordern von Planerinnen und Planern eine erweiterte, globale Perspektive. Räumliche Entwicklungen sind nicht mehr nur lokal oder national zu betrachten, sondern stehen in engem Zusammenhang mit weltweiten ökologischen, wirtschaftlichen und sozialen Prozessen. Der Klimawandel und seine Auswirkungen auf Stadt- und Landschaftsplanung verlangen konkrete räumliche Entwicklungsmaßnahmen durch z. B. Schwammstadt-Konzepte. Dabei wird versucht mit Starkregenereignissen umzugehen, indem Grünflächen und wasserdurchlässige Materialien gezielt in die Stadtplanung integriert werden. Auch in der Landschaftsplanung zeigt sich die globale Perspektive, etwa durch die Förderung biodiversitätsfreundlicher Flächennutzung, um den Verlust von Artenvielfalt weltweit zu verringern. Solche Ansätze machen deutlich, dass lokale Planungsentscheidungen Teil eines größeren globalen Netzwerks sind und nachhaltige Lösungen sowohl auf lokaler als auch auf internationaler Ebene gedacht werden müssen: „we need to develop middle-range explanatory frameworks that integrate global processes with local environmental action and reveal the particular outcomes experienced by peoples and communities living within localities and regions" (Friedmann & Rangan 1993: 11).

Tanev betont, dass als Werthaltung für die Planung der Mensch im Mittelpunkt steht: Menschliche Fähigkeiten weiterzuentwickeln, Möglichkeiten des sozialen Lernens in der räumlichen Umwelt zu fördern, und die Unterstützung des Verhältnisses von Kultur und Gesellschaft im Raum sind normative Werte einer kritischen Planung: „An emphasis on human intentionality; an emphasis on the asymmetry between people and things; the importance of human learning and skill development; the idea that culture and society both shape human activity" (Tanev 2014: 67).

Die gegenwärtigen Versuche, soziale und ökologische Probleme in Städten und Gemeinden mit technischen Lösungen zu beheben, fordern von den Planerinnen und Planern eine umso dringlichere Bezugnahme zu den Fähigkeiten des sozialen Lernens und der Bedeutung menschlicher Interaktion. Die Handlungen und sozialen Verhaltensweisen der Menschen sind nicht rein durch technische Lösungen ‚zu verbessern'. Friedmann formulierte in seinem Werk ‚Die gute Gesellschaft', wie zentral eine politische Werthaltung der Planerinnen und Planer ist, um dem Ziel, eine bessere Gesellschaft zu erreichen, näherzukommen. Dabei unterstreicht er die hohe Bedeutung der sozialen Beziehungen in einer Gesellschaft, die für räumliche Planungsprozesse an erster Stelle stehen sollten (vgl. Friedmann 1979).

Friedmann unterstreicht die wichtige Rolle der Planenden bei der Bewältigung der Herausforderungen der Zukunft: „The epistemological grounding for these mediations is found in the paradigm of social learning whose organizational counterpart is the small action group, which is loosely linked to similar groups elsewhere through informal networks and political conditions. Radical planners are committed to an alternative world-historical project that points to greater self-reliance and a more active political life. As part of this undertaking, they perform critical roles in their facilitation and promotion of efforts that will lead to the self-empowerment of households, local communities, and regions; encourage thinking without frontiers (…)" (Friedmann 1987: 14). Mit dem Begriff des ‚Zwischenmenschlichen' wird für die Planung eine Grundlage für ihre Zukunftsvorstellungen geliefert: „Central to Forester's work is the principle of dialogue, which the Jewish philosopher Martin Buber (1965) has called das Zwischenmenschliche, that which binds humans together and, in a wider circle of interdependencies, joins us in loving attentiveness to all living beings on Earth. In a book I called ‚The Good Society', I explored this principle in its multiple forms of ambiguities and suggested that human bonds can be formed into social movements (or temporary solidarity) that, through personal engagement and political struggle, act as the living germ cell in the moral transformation of human societies" (Friedmann 2011: 214).

3.5 Fazit

In den letzten Jahren wurde verstärkt diskutiert, wie kulturelle Faktoren Ideologien, Leitbilder, Methoden, Prozesse und Maßnahmen der räumlichen Planung beeinflussen. Eine reflexive Planungstheorie und -kultur verdeutlicht die Zusammenhänge zwischen Raum, Verhalten, Handeln und Institutionen. Dabei hat sich der Fokus zunehmend auf den Spannungsbogen zwischen institutioneller Planungspolitik und den Wertbezügen der Planungsakteure verschoben. Die Rolle der Kommunikation bei räumlich wirksamen Entscheidungen und die Einbindung heterogener Akteure sowie die Transparenz und Nachvollziehbarkeit der Entscheidungsgründe sind zentrale Themen geworden. Auch hat sich eine verstärkte Perspektive auf die kulturell verankerte und historisch bedingte Entwicklungsperspektive der Planungspraxis ergeben. Planungsakteure sollten zunehmend ihre eigene Sozialisation und die zugrunde liegende Planungskultur ihrer Institution reflektieren. Die kulturelle Verankerung der Planung zeigt sich unter anderem in tradierten Leitbildern, normativen Vorstellungen über Stadtentwicklung sowie institutionellen Routinen, die durch historische Erfahrungen, gesellschaftliche Wertvorstellungen und politische Rahmenbedingungen geprägt sind. So unterscheiden sich beispielsweise die Konzepte und Umsetzungsstrategien der Innenentwicklung in verschiedenen Ländern je nach planerischer Tradition: Während in Deutschland das Leitbild der ‚Stadt der kurzen Wege‘ eine hohe Dichte und Mischnutzung fördert, orientiert sich die Stadtplanung in den USA stärker an suburbanen Entwicklungsmodellen mit einem Fokus auf Einfamilienhausgebiete. Innen- und Außenentwicklung bezeichnen zwei zentrale Strategien der Stadtentwicklung. Während die Innenentwicklung auf die Nachverdichtung und Umnutzung bestehender Siedlungsflächen setzt, zielt die Außenentwicklung auf die Erschließung neuer Bauflächen am Stadtrand oder in suburbanen Räumen ab. In der Praxis stehen diese Ansätze oft in einem Spannungsfeld zwischen nachhaltiger Flächennutzung und wirtschaftlichen Wachstumsinteressen. Die Debatte um die Umnutzung ehemaliger Bahnflächen in deutschen Großstädten zeigt, wie solche Areale für Wohnungsbauprojekte im Sinne der Innenentwicklung erschlossen werden, um dem Flächenverbrauch entgegenzuwirken. Gleichzeitig gibt es Widerstände gegen Verdichtung – etwa aus Sorge vor Gentrifizierung oder dem Verlust von Freiräumen. Hier zeigt sich, wie kulturell geprägte Wertvorstellungen über städtische Lebensqualität die planerischen Entscheidungen beeinflussen. Planungsakteurinnen und -akteure sollten daher zunehmend ihre eigene Sozialisation sowie die zugrunde liegende Planungskultur ihrer Institution reflektieren, um bewusster mit diesen Prägungen umzugehen und kommunikative Prozesse transparenter zu gestalten.

Ziel sollte es sein, „Denk- und Handlungsmuster von Planerinnen und Planern sowie Planungsinstitutionen zu identifizieren und zu verstehen. Hier geht es vor allem darum, regionale Traditionen, Normen, Werthaltungen, Einstellungen und Denkmuster zu erfassen, die örtlichen oder regionalen Planungsprozessen zugrunde liegen und diese beeinflussen" (Othengrafen & Reimer 2018: 1734). Besonders wichtig ist die Erkenntnis, dass räumliche Planung als kultureller Prozess betrachtet werden muss, der stark von lokalen Gegebenheiten und kulturellen Strukturen abhängig ist. Historisch betrachtet wurde der Begriff der Planungskultur in den 1960er Jahren geprägt, als eine Kritik am rationalen Planungsmodell aufkam. Man erkannte, dass Entscheidungsprozesse nicht nur durch objektive Faktoren bestimmt werden, sondern auch von subjektiven Wertvorstellungen, Wahrnehmungen, ideologischen Überzeugungen und Traditionen beeinflusst sind. Othengrafen & Reimer beschreibt Planungskultur als „die zu einem bestimmten Zeitpunkt und an einem bestimmten Ort vorherrschenden Denk- und Handlungsmuster von Planerinnen und Planern sowie Handlungsroutinen von Planungsinstitutionen. Planungskulturen umfassen informelle Normen und Werte (Gewohnheiten, Traditionen, Bräuche, Wahrnehmungen etc." (Othengrafen & Reimer 2018: 1735). Diese Aspekte sind entscheidend, um die Komplexität und Vielschichtigkeit des Planungsprozesses zu erfassen. Als Erklärungsansatz umfasst die Planungskultur sowohl formelle Regeln und Verfahren als auch informelle Normen und Werte, die sich in der täglichen Praxis widerspiegeln.

In diesem Sinne ist die Planungskultur untrennbar mit den Planungsprozessen verbunden und stellt einen wichtigen Bestandteil dar, um die tatsächliche Praxis der räumlichen Planung zu verstehen. Die Forschung zur Planungskultur basiert auf verschiedenen theoretischen Ansätzen, wie kultur- und organisationswissenschaftlichen, institutionentheoretischen sowie strukturations- und praxistheoretischen Modellen (vgl. Othengrafen & Reimer 2018). Diese Ansätze versuchen, das Zusammenspiel von formellen (rechtlichen und administrativen) und informellen (Werte und Wahrnehmungen) Elementen zu analysieren, um Planungspraktiken besser zu verstehen. Der Fokus liegt dabei auf der Interaktion zwischen kulturellen Einflüssen und planerischen Entscheidungen. Die Analyse von Planungskulturen stellt jedoch eine Herausforderung dar, da viele verschiedene Analysekategorien und Indikatoren zusammenwirken. Eine strikte Operationalisierung des Begriffs ist schwer zu erreichen, weshalb Planungskultur oft als flexibles, analytisches Konzept genutzt wird. Um die empirische Untersuchung von Planungskulturen voranzutreiben, wird auch der Rückgriff auf Methoden aus anderen Disziplinen, wie der Kulturwissenschaft, empfohlen. Diese Ansätze bieten wertvolle Perspektiven, um die kulturellen Dimensionen der Planung erfahrbar zu machen (vgl. Othengrafen & Sondermann 2015; Ulloa 2019).

Die zunehmende Unschärfe zwischen formeller Planung und informellen Planungsprozessen zeigt, dass das traditionelle Planungsverständnis durch ein prozessuales Planungsverständnis ergänzt wird. Planungsentscheidungen werden nicht nur durch objektive Kriterien beeinflusst, sondern auch durch subjektive, affektive und emotionale Gründe. Forschungen zu Governance-Modellen zeigen, dass die Steuerung durch planerische Instrumente zunehmend als koordinierender und moderierender Prozess verstanden wird. Der Paradigmenwechsel hin zu einer prozessualen Form des Planens betont die Rolle der Zivilgesellschaft und hinterfragt traditionelle Planungsentscheidungen.

Der Wandel der räumlichen Planung von einer rein technischen Disziplin hin zu einem interdisziplinären und sozial eingebetteten Feld markiert einen wesentlichen Paradigmenwechsel. Diese Entwicklung reflektiert die wachsende Erkenntnis, dass Planung nicht nur eine technische Herausforderung ist, sondern auch tief in sozialen, politischen und ökologischen Kontexten verwurzelt ist. Friedmann betonte Ende der 1980er Jahre die Krise der Planung und nannte drei Hauptgründe: die radikale Überarbeitung der Theorien zur Gewinnung von Wissen über die Gesellschaft, das rasante Tempo historischer Ereignisse und die Unzulänglichkeit historisch abgeleiteten Wissens zur Lösung aktueller Probleme. Im Kontext dieser Veränderungen verweisen Diller und Oberding auf die Schwierigkeit, den normativen Anspruch der Planung aufzugeben, während gleichzeitig flexible und adaptive Prozesse gefordert werden, um mit komplexen Problemstellungen umzugehen:

„Für Planende erscheint es nur schwer vorstellbar, vom normativen Anspruch der ‚Kunst des Problemlösens' (Schönwandt u. a. 2011) Abschied zu nehmen. Die zentrale Herausforderung für die Gestalter von Planungsprozessen ist es einerseits den gesamten Planungsprozess bis zum ende für veränderte Problemdefinitionen offen zu halten und dabei auch immer wieder das Ausgangsproblem und vor allem das System Umwelt als Referenzpunkt zu verdeutlichen. Andererseits geht es aber auch darum, den Wert einer eigenen, sinnstiftenden Dimension der kollektiven Problembearbeitung zu erkennen" (Diller & Oberding 2017: 68).

Dieser Ansatz verdeutlicht, dass die Rolle der Planung sich hin zu einem dynamischen und reflexiven Prozess verschiebt, bei dem nicht nur technische Lösungen im Vordergrund stehen, sondern auch soziale und ökologische Wechselwirkungen berücksichtigt werden müssen. Planung wird so zu einem Prozess der kontinuierlichen Anpassung und Neudefinition, der durch den Austausch zwischen verschiedenen Akteurinnen und Akteuren getragen wird. Insofern unterstreicht die Einbindung von Planerinnen und Planer in ein erweitertes Netzwerk von sozialen und materiellen Akteuren die Bedeutung der Mediation und Übersetzung zwischen unterschiedlichen Wissensformen und Ausdrucksweisen. Dabei ist das Verständnis von Planung als ein sozialer Prozess zentral, bei dem unterschiedliche Rollen eingenommen und Wechselwirkungen zwischen Menschen und Umwelt gestaltet werden. Planerinnen und Planer fungieren als Mediatoren, die durch Techniken der Kommunikation und Partizipation den Planungsprozess beeinflussen. Diese Rolle erfordert sowohl Empathie und Vorstellungsvermögen als auch technisch-materielle Kenntnisse. Die Übersetzungsleistung der Planenden schafft einen zusätzlichen Wert, der durch die Verbindungen und Beziehungen im Netzwerk von sozialen und nicht-menschlichen Akteuren entsteht und in der politischen Arena wirksam wird. Die Bedeutung von sozialen Lernprozessen und der dialogischen Planung betont die Notwendigkeit, unterschiedliche Zeichen, Sprachen und Ausdrucksweisen zu koordinieren, um kollektive Handlungsfähigkeit zu erreichen. Die Fähigkeit, komplexe und verflochtene Verhältnisse zu erkennen und in gezielte Raumkonzepte zu übersetzen, ist dabei eine wesentliche Kompetenz von Planerinnen.

Literatur

Albers, Gerd (1967): Vom Fluchtlinienplan zum Stadtentwicklungsplan, Archiv für Kommunalwissenschaften, Jahrgang 6, Zweiter Halbjahresband, W. Kohlhammer Verlag Stuttgart, S. 192 – 211.

Albers, Gerd (1993): Über den Wandel im Planungsverständnis. In: RaumPlanung 61, S. 97-103.

Albers, Gerd (1996): Entwicklungslinien der Raumplanung in Europa seit 1945. In: disP – The Planning Review, 32(127), 3–12.

Allmendinger, Philip (2002): Towards a post-positivist typology of planning theory. In: Planning Theory 1/1, 2002, S. 77–99.

Altrock, Uwe & Günter, Simon & Huning, Sandra & Peters, Deike (2004): Perspektiven der Planungstheorie. Berlin: Leue Verlag.

Appadurai, Arjun (1986): Introduction: commodities and the politics of value. In: Appadurai, Arjun (Hrsg.): The social life of things: commodities in cultural perspective. Cambridge: Cambridge University Press, 3–63. https://doi.org/10.1017/CBO9780511819582

Arras, Hartmut E. (1988): Szenarien als Instrumente zur Kommunikation. In: ILS (Hrsg.), S. 27–38.

Beauregard, Robert A. (2013): The neglected places of practice. In: Planning Theory & Practice, Vol. 14, No.1, 2007, S. 8–19.

Beauregard, Robert A. (2015): Planning Matter. Acting with Things. The University of Chicago Press, Chicago.

Beauregard, Robert A. (2016): Planning and the politics of resistance. In: Lieto, Laura & Beauregard, Robert A. (ed.) (2016): Planning for a material world. Oxon: Routledge, S. 10-25.

Becker, Heidede & Jessen, Johann & Sander, Robert (1999): Auf der Suche nach Orientierung – das Wiederaufleben der Leitbildfrage im Städtebau. In: Becker u. a. (Hrsg.): Ohne Leitbild? Städtebau in Deutschland und Europa. Stuttgart/ Zürich: Karl Krämer, S. 10–20.

Bednar, Kathrin & Spiekermann, Sarah (2024): The Power of Ethics: Uncovering Technology Risks and Positive Value Potentials in IT Innovation Planning. Bus Inf Syst Eng 66, 181–201.

Behrend, Lukas & Levin-Keitel, Meike (2020): Planning as Scientific Discipline? Digging Deep Toward the Bottom Line of the Debate. In: Planning Theory 19 (3): S. 306–323.

Bischoff, Ariane & Selle, Klaus & Sinning, Heidi (2001): Informieren, Beteiligen, Kooperieren. Kommunikation in Planungsprozessen. Eine Übersicht zu Formen, Verfahren, Methoden und Techniken. 3. Aufl. Dortmund: Dortmunder Vertrieb für Bau- und Planungsliteratur.

Blok, Anders & Farías, Ignacio (2016): Urban Cosmopolitics: Agencements, Assemblies, Atmospheres. Routledge.

Bökemann, Dieter (1982): Theorie der Raumplanung. Sozialwissenschaftliche Grundlagen für die Stadt-, Regional- und Landesplanung. München: Oldenbourg, De Gruyter Piper.

Bragaglia, Francesca (2021): Social Innovation as a 'Magic Concept' for Policy-Makers and Its Implications for Urban Governance. In: Planning Theory 20 (2): S. 102–120.

Bratman, Michael E. (1999): Intention, plans, and practical reason, Center for Study of Language and Information Cambridge.

Braybrooke, David & Lindblom, Charles E. (1963): Zur Strategie der unkoordinierten kleinen Schritte (Disjointed Incrementalism). In: Fehl et al. (1963): S.139–166.

Buber, Martin (1965): The Knowledge of Man. Ed. M. Friedman. New York: Harper & Row.

Burckhardt, Lucius (2004): Wer plant die Planung? Architektur, Politik und Mensch, herausgegeben von Fezer, Jesko & Schmitz, Martin: Berlin, Martin Schmitz Verlag.

Dangschat, Jens (2017): Macht und Herrschaft, aber auch Werte und institutionelle Settings–sie bestimmen die Raumplanung. Kommentar zu Lucius Burckhardts „Wer plant die Planung? In: sub\urban. zeitschrift für kritische stadtforschung 5, Nr. 1/2, S. 131–136.

Davidoff, Paul (1965): Advocacy and pluralism in planning. In: Journal of the American Institute of Planners 4/31, 1965, S. 331–338.

Davy, Benjamin & Levin-Keitel, Meike & Sielker, Franziska (2023): Plural planning theories: cherishing the diversity of planning, European Planning Studies, 31:11, S. 2267-2276.

Diller, Christian & Oberding, Sarah (2017): „Probleme zuerst»–ein banaler, überholter Imperativ in der Raumplanung? Theoretische Überlegungen und empirische Befunde." disP-The Planning Review 53, Nr. 4, S. 55–70.

Diller, Christian & Oberding, Sarah (2018): ‚Rationale' vs. (?) ‚kommunikative' Planungsmethoden: Theoretische Ausgangspunkte, empirische Befunde aus Experimenten und Überlegungen zur Weiterentwicklung am Beispiel der Nutzwertanalyse. Raumforsch Raumordn Spat Res Plan 76, S. 515–529.

Diller, Christian & Thaler, Thomas (2017): Zum Gap zwischen theoriebasierter Planungs-
forschung und Planungspraxis. Eine Betrachtung weiter Teile des deutschsprachigen pla-
nungswissenschaftlichen Outputs seit 2003. In: Raumforschung und Raumordnung 75, S.
57–69.
Etzioni, Amitai (1967): Mixed Scanning: A Third Approach to Decision Making. In: Public
Administration Review 27, 1967, S. 387–392.
Faludi, Andreas (1973): Planning Theory. Oxford: Pergamon.
Faludi, Andreas (1985): The return of rationality. In Breheny, Michael J. & Hooper, Alan
J. (Hrsg.) (1985): Rationality in Planning: Critical Essays on the Role of Rationality in
Urban and Regional Planning, Pion Press, London.
Farías, Ignacio & Bender, Thomas (Hrsg.) (2010): Urban Assemblages: How Actor-
Network-Theory Changes Urban Studies. Routledge.
Fassbinder, Helga (1993): Zum Begriff der Strategischen Planung. In: Fassbinder, Helga
(Hrsg.): Strategien der Stadtentwicklung in europäischen Metropolen, Harburger
Berichte zur Stadtentwicklung Bd.1, S. 9–18, Hamburg 1993, S. 9–18.
Fehl, Gerhard & Fester, Mark & Kuhnert, Nikolaus (Hrsg.) (1972): Planung und Information.
Materialien zur Planungsforschung Bauwelt Fundamente 34), Bertelsmann Fachverlag,
Gütersloh.
Ferreira, António & Sykes, Olivier & Batey, Peter: (2009): Planning Theory or Planning
Theories? The Hydra Model and its Implications for Planning Education. In: Journal for
Education in the Built Environment 4 (2): S. 29–54.
Fischer Frank & Forester, John (Hrsg.) (1993): The Argumentative Turn in Policy Analysis
and Planning. New York, USA: Duke University Press.
Forester, John (2009): Dealing with Differences. Dramas of Mediating Public Disputes.
Oxford: Oxford University Press
Frey, Oliver & Hamedinger, Alexander & Dangschat, Jens S. (2008): Strategieorientierte Pla-
nung im kooperativen Staat – eine Einfiihrung. In: Hamedinger, Alexander & Frey, Oli-
ver & Dangschat Jens S. & Breitfuss, Andrea (Hrsg.) 2008: Strategieorientierte Planung
im kooperativen Staat; VS Verlag für Sozialwissenschaften, Wiesbaden, S.14 – 33.
Frey, Oliver (2008): Von der Partizipation als eine integrierte Strategie von ‚Urban Gover-
nance‘ zur regulierten Selbststeuerung und Selbstorganisation in der Raumplanung; in:
Strategieorientierte Planung im kooperativen Staat, VS Verlag für Sozialwissenschaften,
Wiesbaden, S. 224–249.
Frey, Oliver (2009): Die amalgame Stadt. Orte. Netze. Milieus. Wiesbaden: VS-Verlag für
Sozialwissenschaften.
Frick, Dieter (2006) Theorie des Städtebaus: Zur baulich-räumlichen Organisation von Stadt.
Berlin: Wasmuth.
Friedmann, John & Rangan, Haripriya (1993) Introduction: In Defense of Livelihood. In:
Friedmann, John & Rangan, Haripriya (ed.) (1993): In Defense of Livelihood. Compa-
rative Studies on Environmental Action. West Hartford: Kumarian Press, S. 1-21.
Friedmann, John & Rangan, Haripriya (ed.) (1993) In Defense of Livelihood. Comparative
Studies on Environmental Action. West Hartford: Kumarian Press.
Friedmann, John (1979): The good Society. MIT Press, Cambridge, Massachusetts and Lon-
don, England.
Friedmann, John (1987): Planning in the public domain: From Knowledge to Action. Prin-
ceton: Princeton University Press.

Friedmann, John (1993): Toward a Non-Euclidian Mode of Planning. In: Journal of the American Planning Association, Vol. 59, No. 4, S. 482–485.

Friedmann, John (2011): Insurgencies: Essays in Planning Theory. London/New York: Routledge.

Friedmann, John (2017): Postscript. In Rangan, Haripriya; Ng, Mee Kam; Porter, Libby; Chase, Jacquelyn (Hrsg.): Insurgencies and Revolutions. Reflections on John Friedmann's Contributions to Planning Theory and Practice. New York und London: Routledge, S. 289–297.

Fürst, Dietrich (1998): Projekt- und Regionalmanagement. In: Akademie für Raumforschung und Landesplanung (ARL) (Hrsg.) (1998): S. 352–361.

Fürst, Dietrich (2005): Entwicklung und Stand des Steuerungsverständnisses in der Raumplanung. In: disP 4/163, 2005, S. 16–27.

Fürst, Dietrich (2018): Planung, In: ARL – Akademie für Raumforschung und Landesplanung (Ed.): Handwörterbuch der Stadt- und Raumentwicklung, ARL – Akademie für Raumforschung und Landesplanung, Hannover, S1711–1719.

Ganser, Karl & Siebel, Walter & Sieverts, Thomas (1993): Die Planungsstrategie der IBA Emscher Park. In: RaumPlanung 61, 1993, S. 112–118.

Gravert, Andreas & Günzel, Marian & Wiechmann, Thorsten (2019): How do Topics Emerge in Planning Studies? In: Raumforschung und Raumordnungl Spatial Research and Planning 77, no. 3 S, 225–240.

Hahn, Hans Peter (Hrsg.) (2015): Vom Eigensinn der Dinge. Für eine neue Perspektive auf die Welt des Materiellen, Berlin: Neofelis Verlag.

Hamedinger, Alexander; Frey, Oliver; Dangschat Jens S.; Breitfuss, Andrea (Hrsg.) 2008: Strategieorientierte Planung im kooperativen Staat; VS Verlag für Sozialwissenschaften, Wiesbaden.

Healey, Patsy (1993): Planning Through Debate: The Communicative Turn in Planning Theory. In Fischer Frank & Forester, John (Hrsg.): The Argumentative Turn in Policy Analysis and Planning. New York, USA: Duke University Press, 1993, S. 233 253.

Healey, Patsy (1996): The communicative turn in planning theory and its implications for spatial strategy formation. In: Environment and Planning B: Planning and design, SAGE Publications, 217–234.

Healey, Patsy (2003): Collaborative Planning in perspective. In: Planning Theory 2/2, 2003, S. 101–123.

Healey, Patsy (2017): Political Economy, Diversity and Pragmatism: Critical Essays in Planning Theory: Volume 2. Routledge.

Heinz, Werner (1993): Public-Private-Partnership – ein neuer Weg zur Stadtentwicklung? Schriftenreihe des Deutschen Instituts für Urbanistik, Band 87.

Hellmich, Meike & Lamker, Christian Wilhelm & Lange, Linda (2017): Planungstheorie und Planungswissenschaft im Praxistest: Arbeitsalltag und Perspektiven von Regionalplanern in Deutschland. Raumforsch Raumordnung 75, S. 7–17.

Hummel, Konrad (2018): Demokratische Stadtentwicklung: Vielfaltsstädte und die Herausforderung von Rechtspopulismus und Vertrauensverlusten. Forschungsjournal Soziale Bewegungen 31, Nr. 1-2, S. 245-263.

Innes, Judith (2013): A turning point for planning theory? Overcoming dividing discourses, Working Paper, No. 2013–04, University of California, Institute of Urban and Regional Development (IURD), Berkeley, CA.

Jessen, Johann (2021): Städtebauliche Leitbilder – Entwicklungstendenzen. In: Vallée, Dirk & Engel, Barbara & Vogt, Walter D. (Hrsg.) Stadtverkehrsplanung Band 1. Springer Vieweg, Berlin, Heidelberg, S. 93–118.

Kaiser, Joseph H. (1965): Planung I. Baden-Baden, Vorwort, S. 7–9.

Kapriev, Georgi & Roussel, Martin & Tchalakov, Ivan (Eds.) (2014): Le Sujet de l'Acteur. An Anthropological Outlook on Actor-Network Theory. Morphomata Reihe. Paderborn: Wilhelm Fink GmbH & Co. Verlags-KG.

Karvonen, Andrew (2018): Afterword: Planning and the Non-modern City. In: Kurath, Monika & Marskamp, Marko & Paulos, Julio & Ruegg, Jean (eds) (2018): Relational Planning. Tracing Artefacts, Agency and Practice. Cham: Palgrave Macmillan, S. 317–326.

Keller, Donald A. & Koch, Michael & Selle, Klaus (1996): Planung und Projekte. Ausschnitte eines Werkstattgespräches über den Wandel im Planungsverständnis. In: DISP 126, 1996, S. 37–46.

Klotz, Arnold & Frey, Otto & Antalovsky, Eugen (2006): Stadtplanung und Stakeholder. Managing the Flow. Wien: Springer.

Knieling, Jörg (2006): Leitbilder und strategische Raumentwicklung. Raumforschung und.Raumordnung. 64, S. 473–485.

Koch, Matthias & Köhler, Christian & Othmer, Julius u. a. (Hg.) 2017: Planlos! Zu den Grenzen von Planbarkeit. Paderborn: Fink, Schriftenreihe des Graduiertenkollegs ‚Automatismen'.

Konter, Erich (1997): Lebensraum Stadt – Stadt-Regulation. Grundlagen einer Planungstheorie und -soziologie, Verlag für Wissenschaft und Forschung.

Kreft, Burghard (1980): Zur funktionalen Unterscheidung von Recht und Planung – Für eine ‚Planungssoziologie': in: Pohlmann, Rosemarie & Schelsky, Helmut (Hrsg.): Person und Institution: Helmut Schelsky gewidmet. Königshausen u. Neumann.

Kurath, Monika & Bürgin, Reto (Hrsg.) (2018): Planung ist unsichtbar: Stadtplanung zwischen relationaler Designtheorie und Akteur-Netzwerk-Theorie, Bielefeld: transcript Verlag.

Lamker, Christian & Peer, Christian & Sondermann, Martin (2017): Zum Verhältnis von Planungswissenschaft und–praxis, in: Nachrichten der ARL 47, no. 1: S. 10-13.

Lamker, Christian Wilhelm (2022): Poststrukturalistische Impulse für die (deutschsprachige) Planungstheorie. In: Gesellschaftsverhältnisse und Planung: Ein Geburtstagsgruß für Sandra Huning (Planungsrundschau). Universität Kassel, S. 95–108.

Landry, Charles (2017): The Civic City in a Nomadic World. Rotterdam: nai010 publishers.

Latour, Bruno (2005): Reassembling the Social: An Introduction to Actor-Network-Theory. Oxford University Press.

Law, John (1992): Notes on the Theory of the Actor-Network: Ordering, Strategy and Heterogeneity. In: Systems Practice, Vol. 5, 1992, S. 379–393.

Lendi, Martin & Hübler, Karl-Hermann (Hrsg.) (2004): Ethik in der Raumplanung: Zugänge und Reflexionen, Hannover: Verl. d. ARL.

Lendi, Martin (2004): Ethik und Raumplanung – ein Auftrag zum Innehalten, zum Besinnen, zur kritischen Distanznahme: oder: Von der gestaltenden Kraft der Rückbesinnung auf das ‚Leben' als Kerngehalt des Raumbewusstseins und der Raumverantwortung. In: M. Lendi, Martin & Hübler, Karl-Hermann (Hrsg.): Ethik in der Raumplanung: Zugänge und Reflexionen, Hannover: Verlag der ARL, S. 220–272.

Levin-Keitel, Meike & Behrend, Lukas (2022): Die Topologie der Planungstheorien. Eine Systematisierung planerischen Wissens. Berlin: Springer.

Lieto, Laura & Beauregard, Robert A. (Hrsg.) (2016): Planning for a material world. Oxon: Routledge.

Lieto, Laura (2016): Things, rules, and politics: blurring the boundaries between formality and informality. In: Lieto, Laura & Beauregard, Robert A. (ed.) (2016): Planning for a material world. Oxon: Routledge, S. 26-41.

Lintz, Gerd (2024): Viele Wahrheiten in der Planung? Anmerkungen zu Ideen der Postmoderne in der Planungstheorie, Raumforschung und Raumordnung / Spatial Research and Planning, ISSN 1869-4179, oekom verlag, München, Vol. 82, Iss. 1, pp. 1-4.

Madanipour, Ali (2014) Urban Design, Space and Society. Basingstoke: Palgrave Macmillan

Mayntz, Renate (2004): Governance Theory als fortentwickelte Steuerungstheorie? Max-Planck-Institut für Gesellschaftsordnung, Working Paper No. 04/1.

McFarlane, Colin (2011): Learning the City. Knowledge and Translocal Assemblage. RGS-IBG Book Series. Chichester: Wiley-Blackwell.

Metzger, Jonathan (2013): Placing the stakes: the enactment of territorial stakeholders in planning processes. In: Environment and Planning A 2013, volume 45, S. 781–796.

Othengrafen, Frank & Reimer, Mario (2018): Planungskultur. In Handwörterbuch der Stadt- und Raumentwicklung Hannover: Verlag der ARL, (S. 1733–1739).

Othengrafen, Frank & Sondermann, Martin (Hrsg.) (2015): Städtische Planungskulturen im Spiegel von Konflikten, Protesten und Initiativen, Planungsrundschau 23, Berlin.

Paulos, Julio (2018): Performing Urbanity: An Inquiry into the Modes of Knowing the City. In: Kurath, Monika & Marskamp, Marko & Paulos, Julio & Ruegg, Jean (eds) (2018): Relational Planning. Tracing Artefacts, Agency and Practice. Cham: Palgrave Macmillan, S. 229–258.

Peer, Christian & Psenner, Angelika (Hrsg.). (2024). Urbane Mixturen: Städtebau und Stadtplanung als relationales Handlungsfeld, Urban Studies, Bielefeld: transcript Verlag.

Peters, Deike (2004): Zum Stand der deutschsprachigen Planungstheorie, in: Altrock, Uwe; Güntner, Simon and Huning, Sandra (Hrsg.): Perspektiven der Planungstheorie. Berlin: Leue Verlag, S. 5–18.

Phelps, Nicholas A. (2021): The Urban Planning Imagination: A Critical International Introduction. Polity: Cambridge.

Pojani, Dorina (2022): Alternative Planning History and Theory. London: Routledge.

Rheinberger, Hans-Jörg (2015). Über den Eigensinn epistemischer Dinge. In: Hahn, Hans Peter (Hrsg.): Vom Eigensinn der Dinge. Für eine neue Perspektive auf die Welt des Materiellen, Berlin: Neofelis Verlag, S. 147–162.

Ritter, Ernst-Hasso (1998): Stellenwert der Planung in Staat und Gesellschaft. In: Akademie für Raumforschung und Landesplanung (ARL) (Hrsg.) (1998): S. 6–22.

Roskamm, Nikolai (2015): Planungstheorie aktuell. Von rational bis agonistisch – eine Positionsbestimmung. PLANERIN : Mitgliederzeitschrift Für Stadt-, Regional- Und Landesplanung, 6, S. 9–11.

Ruck, Michael (2018): Planung. In: Voigt, Rüdiger (Hrsg.): Handbuch Staat. Springer VS, Wiesbaden, S. 1071–1083.

Rydin, Yvonne & Tate, Laura (2016): Actor Networks of Planning. Exploring the influence of Actor-Network-Theory. Routledge Research in Planning and Urban Design. Ney York.

Rydin, Yvonne (2014): The challenges of the 'material turn' for planning studies. In: Planning Theory & Practice, Vol. 15, No. 4, 2014, S. 590–595.

Rydin, Yvonne (2021): Theory in Planning Research. Singapore: Springer.

Schimank, Uwe (2009): Planung – Steuerung – Governance: Metamorphosen politischer Gesellschaftsgestaltung, in: Die Deutsche Schule 101, 3, S. 231–239.

Scholl, Bernd (2005): Strategische Planung. In: Akademie für Raumforschung und Landesplanung (2005): Handwörterbuch der Raumordnung.

Schönwandt, Walter L. & Hemberger, Christoph & Grunau, Jens-Peter & Voermanek, Katrin & Von der Weth, Rüdiger & Saifoulline Rinat (2011): Die Kunst des Problemlösens: Entwicklung und Evaluation eines Trainings im Lösen komplexer Planungsprobleme. In: disP-The Planning Review 47, no. 185: 14–26.

Schönwandt, Walter L. (2002): Planung in der Krise? Theoretische Orientierungen für Architektur, Stadt- und Raumplanung. Stuttgart: Verlag W. Kohlhammer.

Schubert, Dirk (2015): Stadtplanung – Wandlungen einer Disziplin und zukünftige Herausforderungen, in: Flade, Antje (Hrsg.): Stadt und Gesellschaft im Fokus aktueller Stadtforschung: Konzepte-Herausforderungen-Perspektiven, Springer Fachmedien Wiesbaden, S. 121–176.

Selle, Klaus (Hrsg.) (1996): Planung und Kommunikation: Gestaltung von Planungsprozessen in Quartier, Stadt und Landschaft; Grundlagen, Methoden, Praxiserfahrungen. Wiesbaden/ Berlin.

Siebel, Walter & Ibert, Oliver & Mayer, Hans-Norbert (2001): Staatliche Organisation von Innovation: Die Planung des Unplanbaren unter widrigen Umständen durch einen unbegabten Akteur, in: Leviathan 29, Nr. 4, S. 526–543.

Siebel, Walter (1989): Zukünftige Perspektiven der Stadtentwicklung. In: Deutsche Akademie für Städtebau und Landesplanung (Hrsg.) (1989): S. 2–58.

STEP 05 (2005): Stadtentwicklung Wien 2005. (Hrsg.): Stadtentwicklung Wien, Magistratsabteilung 18, Stadtentwicklung und Stadtplanung.

Suitner, Johannes (2021): Planning (in) transition. Planungswissenschaftliche Perspektiven auf Stadtplanung und Pfadentwicklung. In: Kogler, Raphaela & Hamedinger, Alexander: Interdisziplinäre Stadtforschung: Themen und Perspektiven, transcript Verlag, Bielefeld, S. 141–163.

Tanev, Stoyan (2014): Actor-Network vs Activity Theory. Dealing With the Changing Nature of the Asymmetry in Human-Technology-Inter-Actions. In: Kapriev, Georgi & Roussel, Martin & Tchalakov, Ivan (Eds.) (2014): Le Sujet de l´Acteur. An Anthropological Outlook on Actor-Network Theory. Morphomata Reihe. Paderborn: Wilhelm Fink GmbH & Co. Verlags-KG, S. 65–85.

Tewdwr-Jones, Mark (2017): Complexity and interdependency in a kaleidoscopic spatial planning landscape for Europe. In: Albrechts, Louis & Alden, Jeremy & Pires, Artur Da Rosa (Hrsg.): The Changing Institutional Landscape of Planning, Routledge, S. 8–34.

Thomas, Huw & Healey, Patsy (1991): Dilemmas of planning practice: Ethics, legitimacy, and the validation of knowledge. Avebury Technical.

Trieb, Michael (1974/2016): Stadtgestaltung: Theorie und Praxis. Basel: Birkhäuser.

Ulloa, Ignacio Castillo (2019): Die subjektive Destitution des Planers: zu einer hysterisch-analytischen Triade von Planungstheorie, Forschung und Praxis. In: Raumforschung und Raumordnung I Spatial Research and Planning,; 77(2): S. 181–198.

Warzecha, Bettina (2005): Paradoxien in Organisations- und Planungstheorien. Sozialwissenschaften und Berufspraxis,28(1), S. 107-119.

Wiechmann, Thorsten & Hutter, Gérard (2008). Die Planung des Unplanbaren. In: Hamedinger, Alexander, Frey, Oliver, Dangschat, Jens S., Breitfuss, Andrea (eds) Strategieorientierte Planung im kooperativen Staat. VS Verlag für Sozialwissenschaften.

Wiechmann, Thorsten (2018): Planungstheorie, In: ARL – Akademie für Raumforschung und Landesplanung (Ed.): Handwörterbuch der Stadt- und Raumentwicklung, ARL – Akademie für Raumforschung und Landesplanung, Hannover, S. 1771–1784.

Wiechmann, Thorsten (Hrsg.) (2019a): ARL Reader Planungstheorie: Band 1 Kommunikative Planung, Neoinstitutionalismus und Governance. Berlin: Springer Spektrum.

Wiechmann, Thorsten (Hrsg.) (2019b): ARL Reader Planungstheorie: Band 2 Strategische Planung-Planungskultur. Berlin: Springer Spektrum.

Teil I
Gesellschaft und Planung

Die gegenwärtigen gesellschaftlichen Transformationsprozesse stellen die räumliche Planung vor vielfältige Herausforderungen und Chancen. In den folgenden drei Kapiteln von Buchteil I ‚Gesellschaft und Planung' werden die tiefgreifenden Veränderungen und ihre Implikationen für die Planung detailliert untersucht. Es wird aufgezeigt, dass die gesellschaftlichen Transformationsprozesse tiefgreifende Auswirkungen auf die räumliche Planung haben. Die fortschreitende Digitalisierung, der demographische Wandel und die sozioökonomischen Veränderungen erfordern eine flexible und adaptive Planung, die sowohl technologische Innovationen als auch soziale Bedürfnisse berücksichtigt. Interdisziplinäre Ansätze und partizipative Prozesse sind unerlässlich, um die planerischen Herausforderungen anzunehmen und eine gerechte, nachhaltige und lebenswerte sozial-räumliche Umwelt zu schaffen. Räumliche Planung sollte sich kontinuierlich an die sich verändernden gesellschaftlichen Bedingungen anpassen und innovative Lösungen entwickeln, um den sozialen Zusammenhalt zu stärken und soziale Ungleichheiten zu mindern. Die gesellschaftlichen Veränderungen erzeugen komplexe und vielfältige Herausforderungen für die räumliche Planung. Die Kapitel bieten eine umfassende Analyse der aktuellen Trends und Entwicklungen und betonen die Notwendigkeit einer integrativen und adaptiven Planung, um den sozialen Zusammenhalt zu stärken und eine nachhaltige Stadtentwicklung zu gewährleisten.

Die Planungssoziologie, als interdisziplinäres Forschungsfeld, befasst sich intensiv mit den Wechselwirkungen zwischen sozialen und räumlichen Strukturen. Die Verteilung von Funktionen und Menschen im regionalen und lokalen Raum folgt bestimmten Gesetzmäßigkeiten und ist nicht zufällig. Um die räumlichen Aspekte sozialer Phänomene theoretisch zu erfassen, ist eine präzise Definition von Raum erforderlich. Ebenso bedeutend ist das Wechselverhältnis zwischen räumlichen Gegebenheiten und sozialen Strukturen. Diese gegenseitige Beeinflussung verdeutlicht, dass die räumliche Umwelt sowohl Ursache als auch Ergebnis sozialer Organisation ist. In der traditionellen Sozialwissenschaft wurde

Raum oft als statischer Container betrachtet, gefüllt mit bestimmten Menschen, baulichen Strukturen und Infrastrukturen. Dies führte zu einer vernachlässigten Betrachtung von Raum als Ausdruck gesellschaftlicher Macht und Herrschaft oder als eine das Verhalten beeinflussende Größe. Die Planungssoziologie bricht mit diesem traditionellen Verständnis und verfolgt ein relationales Raumverständnis, welches die dynamischen und relationalen Prozesse in den Vordergrund stellt. Aktuelle Forschungsergebnisse unterstreichen die Notwendigkeit eines Perspektivenwechsels in der Planungspraxis, der sowohl die Möglichkeiten als auch die Grenzen räumlicher Planung berücksichtigt. Durch die Einbeziehung von Machtverhältnissen und sozialen Ungleichheiten entwickelt die Planungssoziologie fundierte Ansätze zur Gestaltung urbaner Räume. Ein integrativer Ansatz fördert das Verständnis und die Umsetzung von Planungsprozessen, die sowohl materielle als auch soziale Faktoren berücksichtigen.

Das Kapitel 4 ‚Gesellschaftlicher Wandel und Herausforderung für die Planung' widmet sich den grundlegenden Veränderungen, die durch Digitalisierung, Informatisierung und demographische Entwicklungen hervorgerufen werden. Die fortschreitende Digitalisierung und der technologische Fortschritt haben nicht nur neue Möglichkeiten für die Stadtentwicklung geschaffen, sondern auch bestehende soziale Ungleichheiten verschärft. In diesem Kapitel wird betont, dass eine integrative und adaptive Planung notwendig ist, um den sozialen Zusammenhalt zu stärken und eine nachhaltige Stadtentwicklung zu gewährleisten. Es wird auf die zunehmende Diversität und Heterogenität der städtischen Bevölkerung eingegangen, die Planer*innen vor neue Aufgaben stellt. Eine Planung erfordert daher interdisziplinäre Ansätze und partizipative Prozesse, um die sozialen und kulturellen Dimensionen in der Planung zu berücksichtigen.

In Kapitel 5 ‚Räumliche Transformationen und Herausforderungen für die Planung' stehen die sozioökonomischen und kulturellen Veränderungen im Fokus. Der Übergang von der Industrie- zur Dienstleistungsgesellschaft, die Entstehung einer Informations- und Netzwerkgesellschaft und die Flexibilisierung und Internationalisierung der Arbeitswelt werden analysiert. Diese Entwicklungen führen zu einer zunehmenden Pluralisierung und Fragmentierung der sozialen Strukturen und Lebensstile. Die neuen Formen der Wissensproduktion und die wachsende Bedeutung immaterieller ökonomischer Rationalitäten prägen die urbane Landschaft. Es wird aufgezeigt, wie sich diese Transformationen auf die städtischen Orte und Räume auswirken und welche neuen Herausforderungen und Möglichkeiten sich daraus für die räumliche Planung ergeben. Die Bedeutung von wissensbasierten Ökonomien und die damit verbundenen sozialen Dynamiken werden ebenfalls thematisiert.

Kapitel 6 ‚Raum in der Soziologie' untersucht die Wechselwirkungen zwischen sozialen und räumlichen Strukturen. Es betont die dynamischen und relationalen Prozesse, die durch soziale Interaktionen ständig neu konfiguriert werden. Ein relationales Raumverständnis, das materielle und soziale Dimensionen integriert, ist zentral für die Analyse von Räumen. Planer*innen agieren in einem Netzwerk aus menschlichen und nicht-menschlichen Akteuren, wobei der gebaute Raum als aktiver Teilnehmer betrachtet wird. Aktuelle Forschungsergebnisse unterstreichen die Notwendigkeit eines Perspektivenwechsels, der sowohl die Möglichkeiten als auch die Grenzen räumlicher Planung berücksichtigt. Theorien wie die Akteur-Netzwerk-Theorie (ANT) und die Urban Assemblage betonen die Heterogenität und Komplexität räumlicher Strukturen. Durch die Berücksichtigung von Machtverhältnissen und sozialen Ungleichheiten kann die Planungssoziologie fundierte Ansätze für die Gestaltung urbaner Räume entwickeln. Letztlich fördert ein integrativer Ansatz das Verständnis und die Umsetzung von Planungsprozessen, die sowohl materielle als auch soziale Faktoren einbeziehen.

Die Berücksichtigung komplexer Raumdynamiken ist entscheidend für eine zukunftsorientierte Planung. Ein relationales, polykontextuelles Raumverständnis bietet den theoretischen Rahmen, um Interaktionen und Bedeutungen in die Planung zu integrieren. Dies ermöglicht eine flexiblere Herangehensweise, die physische und soziale Dimensionen umfasst. Angesichts der Konfliktfelder, die durch die Transformation planetarer Lebensräume sowie durch Globalisierung, Migration, Klimawandel und Digitalisierung entstehen, müssen zukünftige Planungsstrategien nachhaltige und resiliente Lösungen entwickeln. In der Landschaftsplanung bedeutet dies beispielsweise, integrative Konzepte für den Erhalt und die Wiederherstellung ökologischer Funktionen zu schaffen, etwa durch die Förderung grüner Infrastruktur oder naturbasierter Lösungen zur Klimaanpassung. In der Stadtplanung erfordert dies adaptive Ansätze für den öffentlichen Raum, bezahlbares Wohnen und eine nachhaltige Mobilität, um sozial gerechte und klimafreundliche Stadtentwicklungsprozesse zu ermöglichen.

Definitionen
Gesellschaftlicher Wandel: Veränderungen in den sozialen, ökonomischen und kulturellen Strukturen einer Gesellschaft, ausgelöst durch Digitalisierung, Globalisierung und demografischen Wandel. Dieser Wandel zeigt sich in veränderten Lebensweisen, Wertvorstellungen und Machtverhältnissen und beeinflusst Ungleichheiten, politische Prozesse und räumliche Strukturen. Er verläuft schleichend oder abrupt und wird durch technologische Innovationen, ökologische Herausforderungen sowie politische und wirtschaftliche Krisen geprägt.

Räumliche Transformation: Dynamische Prozesse der Veränderung und Anpassung regionaler, städtischer und ländlicher Räume, die durch soziale, ökonomische, ökologische und technologische Faktoren beeinflusst werden. Diese Prozesse umfassen strukturelle Wandlungsprozesse in der Raumnutzung, der Infrastruktur und den Lebensbedingungen. Sie sind oft durch Wechselwirkungen zwischen globalen Trends und lokalen Gegebenheiten geprägt und können zu neuen Raumkonfigurationen, veränderten Machtverhältnissen und unterschiedlichen sozialen, wirtschaftlichen und ökologischen Herausforderungen führen.

Nachhaltige Stadtentwicklung: Entwicklungskonzepte, die ökologische, ökonomische und soziale Aspekte integrieren, um lebenswerte und zukunftsfähige Städte zu schaffen. Sie zielt darauf ab, Ressourcen effizient zu nutzen, soziale Gerechtigkeit zu fördern und resiliente urbane Strukturen zu entwickeln, die den Herausforderungen des Klimawandels und des demografischen Wandels standhalten.

Relationales Raumverständnis: Ein Konzept, das Raum als dynamisches Geflecht betrachtet, das durch soziale Interaktionen und materielle Dimensionen ständig neu konfiguriert wird. Es beschreibt, dass Räume nicht statisch existieren, sondern durch soziale Praktiken und Interaktionen kontinuierlich geformt und transformiert werden. Relationale Räume entstehen durch Wechselwirkungen von Akteur*innen und Netzwerken, wodurch sich Kontexte und Bedeutungen überlagern.

Akteur-Netzwerk-Theorie (ANT): Ein theoretischer Ansatz, der menschliche und nicht-menschliche Akteure als gleichberechtigte Teilnehmer in Netzwerken betrachtet und die Komplexität von Raumstrukturen betont. Sie analysiert, wie Akteure durch Beziehungen und Materialitäten miteinander verknüpft sind und wie diese Verflechtungen urbane Dynamiken, Planungsprozesse und gesellschaftliche Veränderungen prägen.

Urban Assemblage: Urban Assemblage bezeichnet einen theoretischen Ansatz, der Städte als dynamische Gefüge betrachtet, die sich durch soziale, materielle und technologische Verknüpfungen ständig neu formieren. Neben menschlichen Akteuren prägen auch Infrastrukturen, Natur und digitale Systeme urbane Prozesse und Machtverhältnisse. Der Ansatz betont die Fluidität urbaner Räume und versteht Städte als bewegliche Netzwerke statt als feste Gebilde.

Fragestellungen

- Welche technologischen Innovationen beeinflussen die räumliche Entwicklung und welche Herausforderungen bringen sie mit sich?
- Welche Auswirkungen haben Digitalisierung und demografische Veränderungen auf die räumliche Planung?

- Welche Herausforderungen entstehen durch die zunehmende Diversität der Bevölkerung und welche Ansätze sind notwendig, um eine gerechte Raument-wicklung zu gewährleisten?
- Inwiefern kann die Integration und Partizipation der Zivilgesellschaft die räumliche Planung unterstützen?
- Wie beschreibt die Planungssoziologie das Wechselverhältnis zwischen sozialen Strukturen und räumlichen Gegebenheiten, und welche Theorien unterstützen dieses Verständnis?
- Welche Rolle spielt der gebaute Raum in der Planungssoziologie und wie beeinflusst er soziale Intentionen und planerische Ambitionen?

Übersicht

Der Buchteil I *„Gesellschaft und Planung"* analysiert gesellschaftliche und räumliche Transformationen durch Digitalisierung, demografischen Wan-del und Globalisierung. Der Wandel beeinflusst alle Lebensbereiche und stellt die räumliche Planung vor neue Herausforderungen. Technologische Innovationen bieten Chancen und Risiken, die durch adaptive Planungsan-sätze bewältigt werden müssen. Die Diversität der Bevölkerung erfordert interdisziplinäre und partizipative Prozesse. Ein Fokus liegt auf sozialen Ungleichheiten und nachhaltigen Entwicklungsstrategien. Digitalisierung verändert soziale Interaktionen und wirkt sich auf die Steuerung städti-scher Entwicklungen. Der Klimawandel und die Urbanisierung erfordern flexible und resiliente Planungsstrategien. Polarisierung und Gentrifizierung stellen weitere Herausforderungen dar, die innovative Ansätze zur sozialen Integration und ökologischen Nachhaltigkeit verlangen. Die räumliche Pla-nung muss Bevölkerungswachstum, Polarisierung und die Relokalisierung von Gewerbe berücksichtigen. Planer*innen benötigen technisches Wis-sen, soziale Kompetenzen und ein Verständnis für raumprägende Akteure und Prozesse. Eine erfolgreiche Planung basiert nicht nur auf technischen Lösungen, sondern integriert auch soziale und kulturelle Dimensionen.

Gesellschaftlicher Wandel und Herausforderung für die Planung

4.1 Einleitung

Viele nationale Gesellschaften vollziehen derzeit einen intensiven sozialen Wandel, der alle Lebensbereiche betrifft. Diese Veränderungen haben oft ihren Ursprung in der Transformation ökonomischer Strukturen und Prozesse, beeinflusst durch neue Formen der Globalisierung, der internationalen Arbeitsteilung sowie den Übergang zu Dienstleistungsgesellschaften. Zudem ist der gesellschaftliche Wandel in kulturellen Bereichen begründet, der veränderte Wert- und Normvorstellungen hervorbringt. Empirische Daten zeigen zudem, dass die soziale Ungleichheit in Europa zunimmt, sowohl zwischen als auch innerhalb der Regionen. Ungleichheit zwischen Regionen ist ein Phänomen, das in vielen europäischen Gesellschaften existiert und das sich in vergangenen Dekaden oftmals verstärkt hat (vgl. Ehrlich u. a. 2020; Löw u. a. 2021).

Sozio-ökonomische Ungleichheiten, wie Unterschiede bei Einkommen, Vermögen oder Arbeitsplatzsicherheit, führen zunehmend zu Spannungen. Gleichzeitig nehmen die Unterschiede in Lebensstilen und sozialen Gruppen zu. Diese Entwicklungen werden zusätzlich durch Faktoren wie Alter, familiäre Situation und andere Risiken verstärkt. Strikte Gruppenzuweisungen lösen sich auf, und es entsteht eine breite Vielfalt an möglichen Werte-Kombinationen. Diese neuen Formen sozialer Ungleichheit zeigen sich in räumlichen Mustern von Wohnsegregation (‚gated communities‘ bis zu ‚sozialen Brennpunkten‘) (vgl. Dangschat 2018). Siedentop (2020) konstatiert, dass Deutschland von starken territorialen Ungleichheiten geprägt ist und sich künftig verschärfen können: „Häufig wird auf raumstrukturelle Polarisierungsdynamiken verwiesen, die zukünftig sogar verstärkte Disparitäten erwarten lassen" (vgl. Hülz u. a. 2024).

Die zentrale Forschungsfrage der raumbezogenen Sozialwissenschaft nach den Ursachen und Herausforderungen sozialer Ungleichheit versucht unter anderem, Antworten darauf zu finden, wie gesellschaftliche und räumliche Transformationsprozesse erklärt und gesteuert werden können. Empirische Untersuchungen und theoretische Erklärungen zur gesellschaftlichen Differenzierung am Übergang von einer modernen zu einer post- bzw. spätmodernen Gesellschaft richten ihren Fokus entweder verstärkt auf die ökonomischen Umstrukturierungen oder auf die kulturellen Diversifikationen (vgl. Schimank 1996; Zapf 2006; Schwinn 2006 und 2009; Othengrafen & Levin-Keitel 2019; Reckwitz 2019; Reckwitz u. a. 2021).

Gesellschaftlicher Wandel fungiert dabei für beide Blickrichtungen als Oberbegriff für tiefgreifende und dauerhafte Veränderungen in den ökonomischen und sozialen Strukturen. Werte, Normen, Verhaltensweisen und Institutionen einer Gesellschaft verändern sich dabei über einen längeren Zeitraum hinweg. Faktoren des gesellschaftlichen Wandels sind unter anderem technologische Innovationen und ökonomische Veränderungen, wie etwa Globalisierung, Industrialisierung oder Digitalisierung (vgl. Poferl 2019). Auch kulturelle und demografische Entwicklungen, wie Migration, Veränderungen in den Geburtenraten oder der Wandel von Geschlechterrollen, sowie politische und ökologische Dynamiken tragen maßgeblich zum gegenwärtigen tiefgreifenden gesellschaftlichen Wandel bei.

Die gegenwärtigen sozio-ökonomischen Transformationen haben auch die Sozialwissenschaften tiefgreifend verändert. Fragen zur Verfasstheit der Gesellschaft, zu geeigneten Kategorien für die Beschreibung des Wandels und zu möglichen Steuerungsformen sind vielfältiger geworden. An die Stelle großer Theorien sind komplexe, vielschichtige Perspektiven getreten. Dieser Wandel erfordert eine praxisorientierte, interdisziplinäre Vermittlungsarbeit, die methodische Debatten über empirisches Wissen sowie organisatorische und inhaltliche Auseinandersetzungen über zentrale Begriffe des gesellschaftlichen Strukturwandels umfasst (vgl. Schwinn 2006 und 2009; Othengrafen & Levin-Keitel 2019; Reckwitz 2019; Reckwitz u. a. 2021; Rosa 2013).

Laut Theorien der ‚Langen Wellen‘ (vgl. Schumpeter 1939; Kondratieff 1926) sind diese Veränderungen jedoch nicht neu: Ökonomische Produkte und Management-Prinzipien stoßen nach 60 bis 80 Jahren an ihre Grenzen. Eine angemessene gesellschaftliche Steuerung ist daher entscheidend zur Reduktion sozialer und Gestaltung von Integrationsprozessen.

Ulrich Beck charakterisiert den gesellschaftlichen Wandel in den 1990er Jahren als einen Individualisierungsprozess, bei dem traditionelle Strukturen wie Klassen und Geschlechterrollen an Starrheit verlieren und individuelle Biographien zunehmend eigenständig gestaltet werden. Gleichzeitig nimmt die

Abhängigkeit des Einzelnen von staatlichen Institutionen zu. Diese Entwicklungen eröffnen ressourcenstarken Gruppen größere Handlungsspielräume, während ressourcenschwache Gruppen vermehrt Risiken ausgesetzt sind (Beck 1986).

Diese Individualisierungstendenzen haben sich im digitalen Zeitalter weiter intensiviert. Die zunehmende Nutzung sozialer Medien und digitaler Plattformen ermöglicht es Individuen, ihre Identität und Lebenswege noch stärker zu personalisieren, was jedoch gleichzeitig neue Formen der sozialen Kontrolle und Überwachung durch digitale Algorithmen nach sich zieht. Zudem wird die Ungleichheit zwischen ressourcenstarken und ressourcenschwachen Gruppen durch die digitale Kluft weiter verschärft, da der Zugang zu digitalen Technologien und die Fähigkeit, diese effektiv zu nutzen, stark von sozioökonomischen Ressourcen abhängt. Dies führt zu einer weiteren Polarisierung der Gesellschaft, bei der diejenigen, die über digitale Kompetenzen und Ressourcen verfügen, von der zunehmenden Vernetzung profitieren, während andere Gruppen in ihrer Handlungsfähigkeit weiter eingeschränkt werden (vgl. Castells 2003).

Castells (2000) und Sassen (2001) analysieren den tiefgreifenden technologischen Wandel als Folge von Globalisierungsprozessen, die die soziale Struktur von Gesellschaften so umgestalten, dass wirtschaftliche Macht und Ressourcen neu verteilt werden. In diesem Kontext treten globale Städte als zentrale Knotenpunkte von Macht und Wohlstand hervor, während periphere Regionen häufig wirtschaftlich marginalisiert werden. Diese Entwicklungen verlangen von der räumlichen Planungspraxis, lokale und globale Dynamiken gleichermaßen sorgfältig zu berücksichtigen (vgl. Frey 2015).

Aktuelle Forschungen zeigen, dass diese Tendenzen durch die zunehmende Digitalisierung und den Aufstieg der Plattformökonomie weiter verstärkt werden. Digitale Netzwerke und Plattformen zentralisieren wirtschaftliche Aktivitäten noch stärker in globalen Städten, die als Zentren für Technologie, Finanzen und Innovation dominieren (Schor 2017). Gleichzeitig vertieft sich die Kluft zwischen urbanen und ländlichen Gebieten, da periphere Regionen oft nicht in den digitalen Wandel integriert werden und dadurch wirtschaftlich weiter ins Abseits geraten. Diese Entwicklung erhöht die Anforderungen an die räumliche Planung, da sie nicht nur die Integration digitaler Infrastrukturen fördern muss, sondern auch Strategien entwickeln sollte, um die Ungleichheiten zwischen zentralen und peripheren Regionen abzubauen. Zudem wächst die Bedeutung von Nachhaltigkeitsaspekten in der Planung, da die Konzentration von Ressourcen und wirtschaftlicher Macht in globalen Städten auch ökologische Herausforderungen mit sich bringt, die auf globaler und lokaler Ebene adressiert werden müssen (vgl. Paff 2023; Lenz u. a. 2023).

Der demografische Wandel, geprägt durch eine alternde Bevölkerung und zunehmende Migration, beeinflusst räumliche Steuerungsziele wie die Bereitstellung von geeignetem Wohnraum sowie die gezielte Entwicklung von Infrastruktur und Dienstleistungen (vgl. Haist 2023). Die räumliche Planung erfordert daher zunehmend flexible und anpassungsfähige Ansätze, da die soziale und räumliche Segregation in Städten und auch ländlichen Räumen zunimmt und zu einer Konzentration von Armut und sozialer Ausgrenzung führt. Diese Herausforderungen machen innovative planerische Strategien erforderlich, die soziale Integration und Chancengleichheit in der räumlichen Entwicklung stärker in den Fokus rücken. Der Bedarf an altersgerechtem Wohnraum und barrierefreier Infrastruktur wächst, während gleichzeitig die Mobilität und Teilhabe älterer Bevölkerungsgruppen gewährleistet werden muss. Migration führt zusätzlich zu kultureller Diversität in den Städten, was die Planungspraxis vor die Aufgabe stellt, interkulturelle Integration zu fördern und die Bedürfnisse unterschiedlicher Bevölkerungsgruppen zu berücksichtigen (vgl. Hummel 2018). Angesichts dieser komplexen Anforderungen muss sich die Planungspraxis verstärkt im Spannungsfeld zwischen heterogenen Akteurskonstellationen und vielfältigen räumlichen Transformationsprozessen positionieren. Die Gestaltung der Lebenswelten der Menschen sollte als integrative räumliche Konfiguration verstanden werden, die soziale, ökologische und ökonomische Aspekte gleichermaßen berücksichtigt: „Planning has always been relational […] aligning people and things in specific configurations" (Karvonen 2018: 317).

4.2   Gesellschaftlicher Wandel und soziale Prozesse

Die Gründungsfrage der soziologischen Disziplin nach den Ursachen der sozialen Ungleichheit wurden im historischen Verlauf mit unterschiedlichen Perspektiven entweder auf ökonomische, kulturelle, soziale oder technologische Faktoren beantwortet. Ebenso streiten Soziologinnen und Soziologen über die besseren Beschreibungen der Gegenwartsgesellschaften. Die Frage in welcher Gesellschaft ‚wir' leben bringt schillernde Begriffe wie u. a. ‚Wissensgesellschaft', ‚Informationsgesellschaft', ‚Weltgesellschaft', ‚Postfordistische Gesellschaft' oder ‚Multikulturelle Gesellschaft' hervor, um nur ein paar wenige zu nennen (vgl. Pongs 1999).

Seit den 1970er Jahren haben gesellschaftliche Transformationsprozesse vielfältige Formen angenommen: Dazu gehören der Übergang von der Industrie- zur Dienstleistungsgesellschaft, die Erosion des Modells der geschlechtsspezifischen Arbeitsteilung, die Entstehung einer Informations- und Netzwerkgesellschaft durch neue Technologien und Organisationsformen (vgl. Castells 1996), die wachsende Bedeutung verschiedener Wissensformen in der Wissensgesellschaft (vgl. Stehr 1994), die Flexibilisierung und Internationalisierung der globalisierten Gesellschaft sowie der Übergang von der Moderne zur postmodernen Gesellschaft (vgl. Bell 1973; Inglehart 1998; Mouffe, & Holdengräber 1989). In diesem Kontext gewinnen stärker auf subjektorientierte Handlungs- und Wahlmöglichkeiten der Individuen an Bedeutung gegenüber traditionellen objektiven Klassenlagen (vgl. Hradil 1987). Während die produzierenden und materiellen Grundlagen der Ökonomie weiterhin relevant sind, gewinnt die Bedeutung nichtmaterieller, wissensbasierter ökonomischer Rationalität zunehmend an Relevanz. Neue Informations- und Kommunikationstechnologien sowie die weitverbreitete Nutzung von Internettechnologien haben neue virtuelle Räume für Kommunikation und Information geschaffen, die die grundlegenden Wertemuster sozialer und städtischer Beziehungen neu strukturieren. Zudem führen veränderte Wohn- und Arbeitsformen zu neuen Handlungs- und Verhaltensräumen sowie veränderten Raumwahrnehmungen, die sich von manifesten, institutionalisierten Strukturen unterscheiden (vgl. Löw et al. 2021).

Die zentralen Trends der ökonomischen, sozialen, kulturellen oder ökologischen Transformationen von Gesellschaften werden dabei im Zuge von ökonomischer und kultureller Globalisierung (vgl. Huntington 1996; Berger u. a. 2002), von technologischen Entwicklungen im Bereich der Medien und des Internets (vgl. Castells 2003) oder von umweltbezogenen Risikolagen beschrieben (vgl. Beck 2008; 1986; Schroer 2022; Paff 2023; Diekmann 2024; Sonnberger u. a. 2024).

Einige Theorien des gesellschaftlichen Wandels, beschreiben die ökonomische Transformation durch Globalisierung, Tertiärisierung und Deindustrialisierung, welche zu neuen Strukturen und Prozessen von Integration und Exklusion innerhalb der Gesellschaft führt. Die zunehmenden Prozesse einer ökonomischen und kulturellen Globalisierung sowie Internationalisierung führen auch zu einer stärkeren Abhängigkeit von Orten und Räumen vom globalen Prozess einer Vereinheitlichung ihrer Charakteristika (vgl. Noller 1999). Gleichzeitig gibt es Erklärungsansätze ür Gegenbewegung zur Globalisierung, die durch eine stärkere Entwicklung regionaler und lokaler Identitäten das jeweils Spezifische und Eigenständige von Orten und Räumen in der Stadt betont (vgl. Berking 2006: 7–22).

Mit dem Begriff der ‚Glokalisierung‘ wird die Verbindung und das Nebeneinander des komplexen Prozesses der Globalisierung und seiner lokalen bzw. regionalen Auswirkungen beschrieben. Die endogenen Ressourcen einer lokalregionalen Entwicklung verweben sich mit global-überregionalen Prozessen.

Somit stellt Glokalisierung die spezifische lokale Auswirkungsebene kultureller, ökonomischer, politischer und sozialer Prozesse und Strukturen an den städtischen Orten und Räumen dar (vgl. Robertson 1998). Dieser verschiebt dementsprechend räumliche und soziale Grenzen. Insofern lässt sich der gesellschaftliche Wandel durch veränderte Milieus und Lebensstile feststellen, die neue soziale Ungleichheiten hervorbringen. Ein damit einhergehender kultureller Wandel verwirbelt die klassischen Strukturen sozialer Ungleichheit, indem Symbolisierungen und Ästhetisierungen von Lebensstilen an Bedeutung gewinnen. In neueren theoretischen Gegenwartsdiagnosen werden die Strukturen sozialer Ungleichheit in Bezug auf der globalen Ebene der Weltgesellschaft analysiert. Diese kritische Perspektive erweitert sich auf die Nachhaltigkeit und die systemischen Ursachen von Ungleichheiten und Umweltzerstörung, die in den bestehenden globalen Wirtschafts- und Gesellschaftsstrukturen verankert sind. Mit dem Konzept der ‚imperialen Lebensweise' beschreiben die Sozialwissenschaftler Brand und Wissen eine Lebens- und Wirtschaftsweise in den industrialisierten Ländern, die auf der Ausbeutung von Ressourcen und Arbeitskräften in anderen Teilen der Welt beruht (vgl. Brand u. a. 2018). Diese globalen Ungleichheiten und Ausbeutungsverhältnisse zwischen industrialisierten Ländern und Entwicklungsländern (vgl. Lessenich 2016) zeigen, dass der Wohlstand des Globalen Nordens eng mit sozialen und ökologischen Kosten im Globalen Süden verknüpft ist, die häufig externalisiert und unsichtbar gemacht werden.

Diese Lebensweise ist ‚imperial' im Sinne, dass sie auf ungleichen Machtverhältnissen und globalen Abhängigkeiten beruht, die es den Wohlstandsgesellschaften ermöglicht, ihren hohen Konsumstandard aufrechtzuerhalten, während die ökologischen und sozialen Kosten auf andere Regionen und Bevölkerungsgruppen abgewälzt werden. Merkmale der imperialen Lebensweise sind ressourcenintensiver Konsum; globale Arbeitsteilung, Verlagerung der Umweltbelastungen, Reproduktion von Ungleichheiten: „Das Konzept der imperialen Lebensweise geht davon aus, dass der Alltag vieler Menschen vor allem im globalen Norden – aber in zunehmendem Maße auch bis in die Mittelschichten des globalen Südens – auf Kosten der Natur und der Arbeitskraft anderer Gelebt wird. Es stellt produktions- und Konsummuster infrage, die mit einem überproportionalen Zugriff auf Ressourcen, Senken und Arbeitskraft einhergehen" (Hammermeister 2023: 51).

Der Transformationsbegriff wird zunehmend mit Nachhaltigkeit verknüpft. Nachhaltigkeit und Digitalisierung sind zentrale Leitbegriffe des gesellschaftlichen Wandels, die europäische Gesellschaften tiefgreifend geprägt haben: „Als (sozial-ökologische) Transformation wird in den Sozialwissenschaften die

grundlegende, langfristige Veränderung zentraler gesellschaftlicher Naturverhält-
nisse verstanden" (Hoffmann u. a. 2023: 1). Transformation umfasst nicht nur
wirtschaftliche oder technologische Entwicklungen, sondern auch soziale, ökologische und kulturelle Veränderungen. Im Nachhaltigkeitskontext betrifft sie
Produktions- und Konsummuster, Energiegewinnung, Mobilität und den Umgang
mit Ressourcen, um eine zukunftsfähige Gesellschaft zu gestalten.Die Digitalisierung verändert nahezu alle Lebensbereiche – von Arbeit und Bildung bis hin zu
sozialen Interaktionen. Sie bietet Potenziale für nachhaltige Entwicklung, etwa
durch effizientere Ressourcennutzung, neue Geschäftsmodelle oder verbesserte
Kooperation: „Beiden Leitbegriffen gemein ist die Verknüpfung ökologischer
Ressourcen, technischer Infrastruktur sowie sozialer Gerechtigkeit und Inklusion" (Lenz u. a. 2023: 2). Grundsätzlich lassen sich die Transformationsprozesse
europäischer Gesellschaften auf den folgenden fünf Ebenen ausmachen:
Demographische Transformationen:

- Alterung der Bevölkerung: Der Anteil der älteren Bevölkerung steigt, was
  erhebliche Auswirkungen auf Arbeitsmärkte, Rentensysteme und die Gesundheitsversorgung hat. Städte müssen sich an die Bedürfnisse einer alternden
  Bevölkerung anpassen, was barrierefreien Wohnraum und altersgerechte Infrastruktur erforderlich macht (vgl. Haist u. a. 2023).
- Zuwanderung und Migration: Die zunehmende Migration führt zu einer
  größeren ethnischen und kulturellen Vielfalt, die neue Integrationsstrategien
  erfordert. Dies beeinflusst sowohl das soziale Gefüge als auch die wirtschaftliche Dynamik in Städten und ländlichen Regionen (vgl. Hummel
  2018).
- Pluralisierung von Lebensstilen: Die demografischen Veränderungen tragen
  zur Pluralisierung von Lebensstilen und sozialen Strukturen bei, was die Planung und Bereitstellung öffentlicher Dienstleistungen komplexer macht (vgl.
  Dangschat 2014).

Ökonomische Transformationen:

- Polarisierung des Wohlstands: Während einige Bevölkerungsschichten von
  wirtschaftlichem Wachstum profitieren, erleben andere Gruppen eine zunehmende Verarmung, was zu sozialräumlichen Differenzierungen und Segregation führt (vgl. Hülz u. a. 2024).
- Übergang zur Wissensökonomie: Die Ökonomie verlagert sich zunehmend
  hin zu wissensbasierten und nichtmateriellen Strukturen, was den Zugang zu

traditionellen Arbeits- und Infrastrukturformen für bestimmte Bevölkerungsgruppen einschränkt (vgl. Meusburger u. a. 2013).

- Globale Vernetzung und Lokalisierung: Die globale Vernetzung führt zu einer
  zunehmenden Bedeutung lokaler Wirtschaftscluster, während gleichzeitig die
  Abhängigkeit von globalen Märkten und Technologien wächst (Berger u. a.
  2002; Baur, Nina u. a. 2021; Kulke & Baur 2021).

Kulturelle Transformationen:

- Veränderung von Geschlechterrollen und Familienstrukturen: Traditionelle
  Geschlechterrollen und Familienstrukturen wandeln sich, was zu neuen Anforderungen an die Vereinbarkeit von Beruf und Familie sowie an die Gestaltung
  von Arbeitsplätzen führt (vgl. Zibell u. a. 2019).
- Wertediversität und Individualisierung: Die Gesellschaft wird durch eine
  zunehmende Diversität von Wertemustern und Lebensstilen geprägt, was die
  soziale Kohäsion herausfordert und neue Formen der Gemeinschaftsbildung
  erfordert (vgl. Kierot u. a. 2023).
- Kulturelle Hybridität: Migration und Globalisierung führen zu einer Vermi-
  schung und Hybridisierung von Kulturen, die sowohl Chancen für kulturellen
  Austausch als auch Konflikte birgt (vgl. Huntington 1996).

Ökologische Transformationen:

- Anpassung an den Klimawandel: Der Klimawandel zwingt Städte und
  Gemeinden, ihre Strukturen zu überdenken und Maßnahmen zur Reduzierung von CO_2-Emissionen und zur Anpassung an extreme Wetterereignisse
  zu ergreifen (vgl. Diekmann 2024).
- Nachhaltige Stadtentwicklung: Die Bedeutung nachhaltiger Praktiken nimmt
  zu, was die Integration von grüner Infrastruktur, erneuerbaren Energien und
  umweltfreundlicher Mobilität erfordert (vgl. Hesse u. a. 2023).
- Ressourcenmanagement: Der steigende Druck auf natürliche Ressourcen verlangt nach effizienten Praktiken im Umgang mit Wasser, Energie und Boden,
  um zukünftige Generationen zu sichern (vgl. Haslauer u. a. 2016)

Räumliche Transformationen:

- Urbanisierung und Verdichtung: In städtischen Gebieten führen Bevölkerungswachstum und Urbanisierung zu einer Verdichtung, was neue Herausforderungen für die Stadtplanung und die Bereitstellung von Infrastruktur darstellt (vgl.
  Frey 2015).

- Landflucht und Abwanderung: Ländliche Regionen kämpfen mit Abwanderung und dem Verlust von Dienstleistungen und Infrastruktur, was zu einer weiteren Marginalisierung dieser Gebiete führt (vgl. Stumfol u. a. 2019).
- Digitale und physische Vernetzung: Die fortschreitende Digitalisierung verändert die Raumwahrnehmung und schafft neue Formen der Mobilität und räumlichen Vernetzung, während physische und digitale Räume zunehmend miteinander verschmelzen (Kirchner u. a. 2016).
- Räumliche Ungleichheiten: Gentrifizierung und Segregation schaffen neue räumliche Ungleichheiten, die durch gezielte Maßnahmen in der Stadt- und Regionalplanung adressiert werden müssen, um soziale Kohäsion zu fördern (vgl. Dangschat 2018).

Die Abb. 4.1 veranschaulicht die komplexen Transformationsprozesse, die verschiedene gesellschaftliche Bereiche betreffen und planerische Herausforderungen mit sich bringen. Dabei werden die Dimensionen Demographie, Ökonomie, Kultur, Ökologie und Raum als zentrale Einflussfaktoren dargestellt. Diese Veränderungen haben weitreichende gesellschaftliche Folgen, die wiederum spezifische planerische Strategien erfordern. Die Wechselwirkungen zwischen Transformation, gesellschaftlichen Folgen und planerischen Antworten zeigen, dass Stadt- und Raumplanung zunehmend interdisziplinäre Ansätze benötigt. Besonders die sozialräumliche und bauliche Steuerung wird durch diese Prozesse vor neue Aufgaben gestellt. Die Abbildung verdeutlicht, dass Planerinnen und Planer ein breites Verständnis für gesellschaftliche Dynamiken benötigen, um nachhaltige und zukunftsfähige Strategien zu entwickeln. In diesem Kontext vermittelt die raumbezogene Sozialwissenschaft essentielle Kompetenzen für die Planungspraxis. Ziel ist es, sozial, wirtschaftlich und ökologisch tragfähige Entwicklungsansätze zu formulieren, die den Herausforderungen der Transformation gerecht werden.

Eine zentrale Fähigkeit, die durch die Soziologie gefördert wird, ist die ‚Verunsicherungsfähigkeit' – also das Vermögen, sich selbst und bestehende Annahmen immer wieder infrage zu stellen und darauf konstruktiv zu reagieren. Denn nur wer bereit ist, zu zweifeln und aus diesen Zweifeln zu lernen, kann sich den rasanten Veränderungen der Welt erfolgreich anpassen. Der gegenwärtige tiefgreifende gesellschaftliche Wandel erfordert ein fundiertes sozialwissenschaftliches Verständnis, um ihn adäquat zu begreifen und zu gestalten (vgl. Othengrafen & Levin-Keitel 2019).

In den europäischen Gesellschaften haben sich Schieflagen entwickelt: Das Vertrauen in eine Systemintegration durch den Arbeitsmarkt, den Wohnungsmarkt oder das soziale Wohlfahrtsstaatssystem ist brüchig geworden. Das Modell der Europäischen Stadt im Kontext der Herausbildung von Wohlfahrts-(National-)

Transformation	Gesellschaftliche Folgen	Planerische Strategien
Demographie	• Alterung • Zuwanderung • Pluralisierung • …	• raumbezogene Governance • koordinierte Akteursbeteiligung • Partizipation • soziale Infrastruktur • …
Ökonomie	• Ungleichheit • Wissensökonomie • Globalsierung/Glokalisierung • …	• Regulation und Steuerung • Interessensabwägung • Planungspolitik • Wohnungspolitik • …
Kultur	• Wertediversität • Geschlechterrollen • Hybridität • …	• Planungskultur • kommunikative Strategien • Moderation und Mediation • kulturelle Planung • …
Ökologie	• Klimaanpassung • Biodiversität • Ressourcenverbrauch • …	• ressortübergreifendes Planen • Bodenpolitik • Ressourcenmanagement • Umweltplanung • …
Raum	• Verdichtung • Segregation • Digitalisierung • …	• Eigenlogik der Orte • integrative Strategien • digitale Strategien • …

Abb. 4.1 Gesellschaftliche Transformation und planerische Strategien

Staaten wurde stark von sozialen Sicherungssystemen geprägt. Zunehmend gerät dieses Merkmal der Europäischen Stadt unter Druck (vgl. Frey & Koch 2011). Der lokale Wohlfahrtsstaat kann die gesellschaftliche Kohäsion nicht mehr ausreichend gewährleisten. Unternehmen setzen verstärkt auf Technisierung und Digitalisierung, um soziale Herausforderungen zu bewältigen, was die soziale Lebenswelt und Umwelt tiefgreifend verändert. Dabei stellt sich die Frage, ob diese Entwicklungen eine Transformation bestehender wohlfahrtsstaatlicher Strukturen bedeuten oder ob sie vielmehr eine Verschiebung hin zu einer stärker privatwirtschaftlich und technologisch geprägten Stadtentwicklung anzeigen. Gleichzeitig bleibt offen, inwiefern infrastrukturelle und soziale Aspekte noch in öffentlichen Händen verbleiben oder zunehmend marktwirtschaftlichen Logiken unterworfen werden.

Der ökonomische, soziale sowie politisch-institutionelle Wandel führt zu einer veränderten Rolle des Staates. Der Staat agiert zunehmend als ‚aktivierender

Staat', indem er Aufgaben auf die private Zivilgesellschaft überträgt und das soziale Kapital der Bürgerbeteiligung für staatliche Aufgaben nutzt. Dabei verschiebt er jedoch auch Verantwortung von sich weg und delegiert zentrale soziale Pflichten an ehrenamtliche Strukturen und Bürgerdienste. Zwar sind diese ein stützender Pfeiler der Zivilgesellschaft, doch darf der Staat sich nicht darauf verlassen, dass essenzielle soziale Verantwortung dauerhaft auf freiwilliger Basis getragen wird. Eine solche Verschiebung birgt die Gefahr, dass grundlegende öffentliche Aufgaben nicht mehr gesichert und soziale Ungleichheiten weiter vertieft werden.

Um jedoch eine nachhaltige und gerechte Gestaltung gesellschaftlicher Prozesse zu gewährleisten, darf der aktivierende Staat nicht nur Verantwortung delegieren, sondern muss aktiv steuernd eingreifen: „Im Sinne eines aktiv gestaltenden Staates ist ein kollaboratives und zielorientiertes Zusammenwirken sowohl in der vertikalen Mehrebenen-Verflechtung als auch in der horizontalen Verflechtung zwischen Fachpolitiken und eine ressortübergreifende Koordination zwingend erforderlich" (ARL 2024: 5). Die wachsende Bedeutung von Beteiligungsprozessen zeigt sich in der Einbettung dieser Prozesse in lokale Institutionen und politisch-administrative Systeme. Bürgerdienste, Ehrenamt und die Aktivierung der Bürger sind zu zentralen Leitlinien des aktivierenden Staates geworden.

Zusätzlich leidet die repräsentative Demokratie unter einem Glaubwürdigkeitsdefizit. Es zeichnet sich eine ‚multiple Demokratie' ab, in der bildungsnahe und sozial privilegierte Gruppen überproportional Einfluss nehmen. Dabei profitiert nicht nur die Mittelschicht, sondern auch die Oberschicht, da sie über die notwendigen Ressourcen und Netzwerke verfügen, um politische Prozesse zu beeinflussen. Die Mittelschicht wiederum kann verstärkte Partizipation und Mitbestimmung nutzen, da sie sich diese Form der demokratischen Teilhabe „leisten" kann. Gleichzeitig verlieren schrumpfende Mittelschichten und benachteiligte Gruppen zunehmend an politischer Partizipation, was die soziale Ungleichheit in der politischen Einflussnahme weiter verschärft. Dies ist nicht nur auf strukturelle Bevorzugung zurückzuführen (Mair 2013; Offe 2016), sondern auch auf politische Entfremdung infolge von Abstiegsängsten und dem Gefühl mangelnder Repräsentation (Butterwegge 2020; Nachtwey 2016). Die ökonomische Unsicherheit der Mittelschicht untergräbt das Vertrauen in politische Institutionen und führt zu Wahlenthaltung oder einer Hinwendung zu populistischen Strömungen (Inglehart & Norris 2017). Während bildungsnahe und einkommensstarke Gruppen weiterhin Einfluss auf demokratische Prozesse nehmen, wächst in anderen Teilen der Gesellschaft Apathie. Die repräsentative Demokratie steht vor der

Herausforderung, Vertrauen zurückzugewinnen und neue Partizipationsformen zu schaffen.

Gleichzeitig wird die soziale Struktur immer heterogener und fragmentierter, was die politischen und gesellschaftlichen Spannungen weiter verschärft. Die gesellschaftliche Vielfalt wächst: Heterogene Lebensstile, neue Alters- und Familienstrukturen, veränderte Mobilitätsformen, unterschiedliche soziale Lagen und spezifische Migrationshintergründe tragen zur Komplexität der sozialen Strukturierung bei: Das Besondere an der demokratischen Stadt besteht nicht in einem idealtypischen europäischen baulichen Gefüge, „sondern im Gleichgewichtssystem von Rechtsstaatlichkeit, Markt, Teilhabe und Vielfalt" (Hummel 2018: 247).

4.2.1   Demographische Veränderung

Demografische Veränderungen beziehen sich auf die Verschiebungen in der Zusammensetzung der Bevölkerung im Laufe der Zeit. Aktuelle Trends zeigen, dass die Weltbevölkerung weiterhin wächst, jedoch mit regionalen Unterschieden. Während in vielen Industrieländern die Bevölkerung altert, bedingt durch niedrigere Geburtenraten und höhere Lebenserwartung, erleben viele Entwicklungsländer ein starkes Bevölkerungswachstum. In Industrieländern führt die zunehmende Alterung der Gesellschaft zu Herausforderungen in den Bereichen Renten- und Gesundheitssysteme, da eine wachsende Zahl älterer Menschen versorgt werden muss, während die Erwerbsbevölkerung schrumpft: „Der demografische Wandel stellt unsere Gesellschaft in vielen Bereichen vor Fragen, sei es bei Weiterbildung, Zuwanderung, Sozialversicherung oder Infrastruktur. Mit dem Übergang der geburtenstarken Jahrgänge in den Ruhestand wird der Mangel an Arbeitskräften immer spürbarer" (Haist 2023: 3).

Dieser demografische Wandel hat tiefgreifende Auswirkungen auf den Arbeitsmarkt. In alternden Gesellschaften entstehen Lücken in der Arbeitskraft, die durch den Rückgang der erwerbstätigen Bevölkerung und den zunehmenden Ruhestand von Babyboomern verursacht werden. Unternehmen und Regierungen stehen vor der Aufgabe, Strategien zur Fachkräftesicherung zu entwickeln, darunter die Förderung von lebenslangem Lernen und die Anpassung der Arbeitsbedingungen an die Bedürfnisse älterer Arbeitnehmer (vgl. Haist 2023).

Migration spielt eine zunehmend wichtige Rolle und kann demografische Veränderungen sowohl verstärken als auch abmildern. Zuwanderung, insbesondere von jungen Arbeitskräften, trägt in vielen Ländern dazu bei, den demografischen

Wandel zu bewältigen und die Wirtschaft aufrechtzuerhalten. Gleichzeitig stellen Integrationsprozesse eine Herausforderung dar, da sie die gesellschaftliche Kohäsion und die Fähigkeit zur sozialen Integration auf die Probe stellen (vgl. Hummel 2018).

Ein weiteres demografisches Phänomen ist die zunehmende Urbanisierung, die das Bevölkerungswachstum in Städten antreibt. Diese Entwicklung führt zu einer stärkeren Belastung der städtischen Infrastrukturen und erhöht den Bedarf an nachhaltiger Stadtplanung. Gleichzeitig geht die Verstädterung mit einem fortschreitenden Abbau ländlicher Infrastrukturen einher – Banken, Arztpraxen, Supermärkte und der öffentliche Nahverkehr werden in vielen Regionen reduziert oder ganz aufgegeben. Dadurch verschärft sich die soziale und wirtschaftliche Ungleichheit zwischen urbanen und ländlichen Räumen. Zudem verändern sich die sozialen Strukturen: Immer mehr Menschen leben in dicht besiedelten, oft kulturell vielfältigen urbanen Umgebungen, während ländliche Regionen von Abwanderung und Überalterung geprägt sind (vgl. Eckardt 2023).

Die globale COVID-19-Pandemie hat die demografische Entwicklung ebenfalls beeinflusst. In einigen Ländern führten wirtschaftliche Unsicherheiten zu einem Rückgang der Geburtenraten, während in anderen Regionen Migrationstrends durch Reisebeschränkungen und Lockdowns gestört wurden. Langfristige Auswirkungen der Pandemie auf die demografische Struktur, wie veränderte Familienplanung und regionale Migrationsmuster, sind derzeit Gegenstand intensiver Forschung (vgl. Lips u. a. 2022; Volkmer & Werner 2020).

Darüber hinaus gewinnt die Diskussion um intergenerationelle Gerechtigkeit an Bedeutung. Die Frage, wie eine alternde Gesellschaft ihre Ressourcen gerecht zwischen den Generationen aufteilt, wird zu einer zentralen politischen und sozialen Herausforderung: „Die Entwicklung „wir werden weniger, älter, bunter und ungleich verteilter" stellt neue Anforderungen an die Stadtplanung. Es geht um die Bereitstellung zukunftsfähiger, anpassungsfähiger Wohn- und Infrastrukturen für eine alternde Gesellschaft. Für Konzepte der demographiespezifischen Stadt- und Quartiersplanung wird es u. a. um Nutzungsmischung und kurze Wege für mobilitätseingeschränkte Bewohner gehen" (Schubert 2015: 152).

Dies verdeutlicht, dass die demografische Entwicklung nicht nur räumliche Anpassungen erfordert, sondern auch soziale und wirtschaftliche Veränderungen mit sich bringt. Eine alternde Gesellschaft stellt neue Ansprüche an Stadtplanung, Mobilität und Infrastruktur, die gleichzeitig mit veränderten Konsum- und Erwerbsmustern älterer Generationen einhergehen: „Ältere Menschen sind so agil wie nie zuvor und ihre Entscheidungen als Konsument*innen, Erwerbstätige sowie Unternehmer*innen gewinnen für Wirtschaft und Gesellschaft an Bedeutung. Was bedeutet das für die Lebensqualität wie auch die soziale Teilhabe der

Älteren? Wie können Wirtschaft und Gesellschaft die Veränderungen durch den demografischen Wandel bewältigen und gestalten?" (Haist 2023: 3).

Junge Generationen stehen vor der Aufgabe, die finanziellen Lasten der Rentensysteme zu tragen, während gleichzeitig Investitionen in Bildung und Innovation erforderlich sind, um die Zukunftsfähigkeit der Gesellschaft zu sichern. Schließlich führt der demografische Wandel zu einer Neuausrichtung politischer Strategien. Regierungen müssen nicht nur die Alterung der Bevölkerung bewältigen, sondern auch die Chancen nutzen, die durch Migration und Urbanisierung entstehen. Dies erfordert eine umfassende und integrative Planung, die sowohl die Bedürfnisse einer älteren Bevölkerung als auch die Potenziale junger und mobiler Bevölkerungsgruppen berücksichtigt (vgl. ARL 2024).

4.2.2 Ökonomische Transformation

Die aktuellen ökonomischen Trends sind von tiefgreifenden Veränderungen und Herausforderungen geprägt, die sowohl die globale als auch die nationale Ebene betreffen. Wirtschaftlich gesehen stehen viele Länder vor der Herausforderung, sich von den Auswirkungen der COVID-19-Pandemie zu erholen, während sie gleichzeitig mit einer zunehmenden Inflation, Lieferkettenproblemen und geopolitischen Spannungen konfrontiert sind. Darüber hinaus gewinnt die Digitalisierung weiter an Bedeutung, was die Arbeitsmärkte und Geschäftsmodelle grundlegend verändert.

Der ökonomische Wandel zeigt sich auch in der zunehmenden Bedeutung der Wissens- und Plattformökonomie (vgl. Kirchner 2016). Traditionelle Industrien verlieren an Gewicht, während digitale Plattformen und datengetriebene Geschäftsmodelle an Bedeutung gewinnen. Diese Entwicklung verändert nicht nur die Art und Weise, wie Unternehmen operieren, sondern auch die Anforderungen an die Qualifikationen der Arbeitskräfte. Die Nachfrage nach digitalen Kompetenzen steigt, während einfache, repetitive Tätigkeiten zunehmend automatisiert werden.

Gleichzeitig erleben wir eine wachsende Ungleichheit, sowohl innerhalb der Länder als auch zwischen ihnen. Die Globalisierung hat zwar in vielen Regionen zu einem wirtschaftlichen Aufschwung geführt, doch sind die Gewinne oft ungleich verteilt. Insbesondere in entwickelten Volkswirtschaften führt dies zu einer Polarisierung zwischen hochqualifizierten Arbeitskräften, die von den neuen ökonomischen Trends profitieren, und weniger qualifizierten Beschäftigten, die Gefahr laufen, abgehängt zu werden. Ein weiterer Aspekt der ökonomischen Transformation ist der Übergang zu einer nachhaltigen Wirtschaft.

Die Dringlichkeit, ökologische Herausforderungen zu adressieren, führt dazu, dass Unternehmen und Regierungen zunehmend in grüne Technologien und erneuerbare Energien investieren.

Dieser ‚grüne Wandel' wird oft als Chance für wirtschaftliches Wachstum gesehen, erfordert jedoch eine tiefgreifende Transformation von Produktions- und Konsumprozessen (vgl. Paff 2023; Dörre u. a. 2013). Häufig dient er jedoch als Buzzword für Greenwashing, bei dem Nachhaltigkeitsversprechen ohne substanzielle Veränderungen genutzt werden. Zudem ist die Vorstellung von Wachstum als Voraussetzung für Wohlstand kritisch zu hinterfragen. Postwachstumsperspektiven (vgl. Latouche 2009) betonen, dass unbegrenztes Wachstum in einer endlichen Welt nicht nachhaltig ist und soziale sowie ökologische Probleme verschärft. Besonders im städtischen Raum zeigt sich dies in Gentrifizierung, steigenden Bodenpreisen und wachsendem Ressourcenverbrauch, was soziale Ungleichheiten verstärkt. Ein nachhaltiger Wandel erfordert daher nicht nur technische Innovationen, sondern auch ein grundsätzliches Umdenken in der Wirtschafts- und Stadtentwicklung.

Die zunehmende Bedeutung der Kreislaufwirtschaft, bei der Ressourcen wiederverwendet und Abfälle minimiert werden, stellt eine Antwort auf die globalen ökologischen und ökonomischen Herausforderungen dar. Dieser Ansatz verändert traditionelle Geschäftsmodelle und fördert Innovationen, die sowohl ökonomische Effizienz als auch ökologische Nachhaltigkeit in den Vordergrund stellen (vgl. Hesse u. a. 2023).

Nicht zuletzt beeinflussen geopolitische Entwicklungen die ökonomischen Transformationen. Handelskonflikte, die Neuordnung globaler Lieferketten und die zunehmende wirtschaftliche Rivalität zwischen Großmächten verändern die Rahmenbedingungen für globalen Handel und Investitionen. Unternehmen müssen sich an eine Welt anpassen, in der wirtschaftliche und politische Risiken eng miteinander verknüpft sind.

4.2.3 Soziale Ungleichheit

Die soziale Dimension der europäischen Stadt versteht die Stadt als Zusammenschluss ihrer Bürgerinnen und Bürger, die sich in unterschiedlichen Initiativen an der Entwicklung ihrer Stadt beteiligen. Betrachtet man die gesellschaftlichen Entwicklungen, stellt man fest, dass dieses Prinzip zunehmend die Wirklichkeit der Städte nicht mehr vollständig trifft (vgl. Frey 2011). Städte sind zunehmend die Orte, an denen Armut und soziale Ausgrenzung sichtbar werden, da sich soziale Ungleichheiten hier besonders konzentrieren. Der Wohnungsmarkt ist stark polarisiert: Während in zentralen Lagen teurer Wohnraum entsteht, fehlt es an bezahlbaren Wohnungen für einkommensschwächere Gruppen, was Verdrängungsprozesse und Gentrifizierung verstärkt (Holm 2021). Gleichzeitig führen prekäre Beschäftigungsverhältnisse, insbesondere im Niedriglohnsektor und der Plattformökonomie, dazu, dass selbst Erwerbstätige oft in Armut leben (Standing 2011; Sassen 2001). Der Rückbau wohlfahrtsstaatlicher Leistungen und die Kommerzialisierung öffentlicher Räume verschärfen die soziale Exklusion zusätzlich, da marginalisierte Gruppen zunehmend aus dem städtischen Raum verdrängt werden). Diese Entwicklungen tragen dazu bei, dass soziale Spannungen in Städten wachsen und gesellschaftliche Teilhabe für viele Menschen erschwert wird. (vgl. Dangschat 2007; Mitchell 2003; Musterd & Ostendorf 2013).

Gerade in den Großstädten entstehen neue Berufsbilder und Rekrutierungswege, neue berufliche Milieus und Wertvorstellungen. Die neue Dienstleistungsklasse setzt Menschen voraus, die karriereorientiert und gut gebildet sind, was zu demonstrativem Konsum, Hedonismus, Individualismus, Flexibilität und Entsolidarisierung führt. Der Arbeitsmarkt erzeugt jedoch auch vermehrt Arbeitsplätze am unteren Rand der Hierarchie, insbesondere im Niedriglohnsektor, und fördert prekäre Beschäftigungsverhältnisse, die durch unsichere Arbeitsbedingungen, niedrige Löhne und fehlende soziale Absicherung gekennzeichnet sind. Es entstehen vermehrt neue haushaltsbezogene und unternehmensbezogene Dienstleistungen (Kindererziehung, Saubermachen, Kochen, Reinigung, Wartung, Sicherung).

Neue Lebensstile entstehen, die zu veränderten Wohn- und Vergemeinschaftungsformen führen. Ein Beispiel hierfür sind multilokale Haushalte – also Personen, die über mehrere Wohnungen in unterschiedlichen Städten verfügen, etwa Studierende oder hochmobile Berufspendler. Für diese Gruppe wird die Zugehörigkeit zu einer bestimmten Stadt oder Gemeinde zunehmend schwerer definierbar. Gleichzeitig gibt es soziale Gruppen, die kaum oder gar nicht in die Stadtgesellschaft integriert sind, wie Wohnungslose, Migranten ohne Aufenthaltsstatus oder alte und kranke Menschen mit eingeschränkter gesellschaftlicher Teilhabe. Die Pluralisierung von Lebensstilen geht mit neuen Formen der Vergemeinschaftung unter Gleichgesinnten einher, etwa in autofreien Siedlungen, Cluster-Wohnungen, Mehrgenerationen-WGs oder Seniorenwohnheimen. Die Entstehung homogener Milieus und deren räumliche Segregation können jedoch zu einem Rückgang von Toleranz und Vielfalt führen. Zusammenleben ist immer auch durch Konflikte und Interessengegensätze geprägt – problematisch wird es, wenn bestimmte soziale Gruppen ihre Konfliktfähigkeit in ihren Lebensweisen verlieren (vgl. Frey 2015).

Die fundamentale Frage für die Zukunft ist, was die Gesellschaft in den Städten und Gemeinden zusammenhalten kann: Was ist der Kitt, der soziale Integration gewährleistet? Werden durch das Auseinanderdriften der Stadtgesellschaften zunehmend unlösbare urbane Konflikte entstehen? Was wird in Zukunft die Integrationsleistung des Städtischen im Zuge zunehmender Heterogenisierung und Pluralisierung von Stadtgesellschaften gewährleisten?

Zudem gibt es widerstreitende Tendenzen in den Formen des Zusammenlebens. Soziales Verhalten und Interaktionen im öffentlichen Raum verlagern sich zunehmend in die digitalen sozialen Medien, und neue ‚smarte' Technologien beeinflussen immer stärker die Wohnbedürfnisse und das Wohnverhalten, indem sie ein Sozialleben ohne räumliche Nähe zu Freunden ermöglichen. Smart-Home-Technologien, das Internet der Dinge (IoT) und digitale Assistenten vernetzen Haushalte und erleichtern die soziale Interaktion über smarte Kommunikationssysteme. Plattformen für gemeinschaftliches Wohnen und Nachbarschaftsnetzwerke wie digitale Quartiers-Apps fördern den Austausch und organisieren soziale Unterstützung. Virtuelle Gemeinschaften entstehen durch solche digitalen Technologien, die neue Formen der digitalen Sozialität ermöglichen. Dem entgegen steht ein neues Wir-Gefühl, das in inselähnlichen städtischen Lebensgemeinschaften erwächst – eine Art von innerstädtischen ‚Dorfgemeinschaften'. Diese Prozesse führen zu verstärkten sozialräumlichen Polarisierungen.

Die Vertreter der Polarisierungsthese führen die zunehmende Zahl armer Menschen auf die ökonomisch-technische Modernisierung zurück (vgl. Reckwitz 2017; Sachweh 2021; Konietzka & Martynovych 2022). Armut ist danach das Ergebnis einer mehrfachen, sich überlagernden und räumlich festgeschriebenen strukturellen Benachteiligung von wachsenden Bevölkerungsgruppen. Die Zunahme sozioökonomischer Ungleichheit, von Armut und Arbeitslosigkeit, von Risiken, den Arbeitsplatz zu verlieren oder von gesundheitlichen Gefährdungen, die bestimmte Bevölkerungsschichten benachteiligen, wird in den Sozialwissenschaften durch Begriffe wie Polarisierung, Soziale Exklusion oder Ausgrenzung beschrieben. Der Exklusionsbegriff kategorisiert und stigmatisiert die mit dem Begriff belegten Bevölkerungsgruppen. Meist wird er im Sinne einer positiven Diskriminierung verwendet, um die skandalöse Lage der so bezeichneten zu beschreiben. In erster Linie ist Exklusion ein Paradigma, das direkt in und durch die Funktions- und Aktionsweise des Wohlfahrtsstaates konstruiert ist. Castells (2003) versteht Exklusion als einen Prozess, der im ‚Zentrum' der Gesellschaft seinen Ausgang nimmt und nur im Zusammenhang mit dem Gegenbegriff der Inklusion verstanden werden kann. Im Themenfeld der Integration und Exklusion von bestimmten sozialen Gruppen im Raum sollte sich Raumordnungspolitik verstärkt an Diversität und Vielfalt orientieren. Handlungsstrategien der

Raumplanung sollten versuchen, an den Schnittstellen von Raumentwicklungs-, Integrations- und Diversitätspolitik entstehende Exklusionsprozesse entgegenzuwirken (vgl. Hülz u. a. 2024).

Aktuelle Entwicklungen zeigen, dass die COVID-19-Pandemie bestehende Ungleichheiten drastisch verschärft hat. Viele prekäre Arbeitsplätze sind weggefallen, während die digitale Kluft zwischen verschiedenen sozialen Gruppen deutlicher geworden ist. Zudem haben globale Migrationsbewegungen und die Flüchtlingskrise zu neuen Herausforderungen in der räumlichen Planung und Integration geführt. Es bedarf innovativer und inklusiver Ansätze, um diesen komplexen und dynamischen Veränderungen gerecht zu werden und eine gerechte und solidarische Stadtgesellschaft zu fördern.

4.2.4   Integration und Exklusion

In einer globalisierten Welt sind Migration und die damit verbundenen Bevölkerungsbewegungen zu zentralen Themen geworden. Die fortschreitende Globalisierung, wirtschaftliche Ungleichheiten, Konflikte und Umweltveränderungen treiben Menschen weltweit dazu, neue Lebensorte zu suchen. Dies führt zu einer zunehmenden kulturellen und ethnischen Diversität in vielen Ländern. Migration trägt in vielen Ländern dazu bei, die demographischen Herausforderungen abzumildern, indem junge Arbeitskräfte zuwandern und die Erwerbsbevölkerung stärken. Erfolgreiche Integration dieser Migranten ist jedoch entscheidend, um soziale Kohäsion zu gewährleisten und wirtschaftliche Potenziale voll auszuschöpfen. Eine gelungene Integration umfasst Zugang zu Bildung, Arbeitsmarkt und sozialen Dienstleistungen sowie die Förderung interkultureller Verständigung.

Die Theorien einer multikulturellen Gesellschaft beschreiben die Ausdifferenzierung der Lebenswelten durch heterogene ethnische Gemeinschaften mit jeweils spezifischen kulturellen Wertmustern. Durch einen höheren Anteil von Menschen mit Migrationsgeschichte nimmt in den westeuropäischen Gesellschaften die kulturelle Vielfalt zu. In den multikulturellen Gesellschaften der Städte erfahren sich die Individuen als multipolare Identitäten, wodurch oftmals auch eine Überformung kultureller Lebensweisen stattfindet (vgl. Hummel 2018). Entscheidungen, welchen Orten und Identitäten sich die jüngeren Einwanderergenerationen zuwenden, werden immer uneindeutiger. Es entstehen neuartige und gemischte Formen von Heimatgefühl zwischen Herkunftsort und Einwanderungsland. Verschiedene Orte liefern dabei Wertemuster und Identifikationsangebote. Die kulturellen Differenzen zwischen Herkunftsland und Einwanderungsland werden von den Migrantinnen und Migranten oft in neuartige Formen kultureller

Identität umgewandelt. Somit entstehen heute zusätzliche kulturelle Diversitäten und Unterschiede, die die vormals eher homogenen kulturellen Gesellschaften aus der Zeit der Industriegesellschaft weiterentwickeln. Diese neuen Qualitäten, die die Arbeit in der Dienstleistungsgesellschaft kennzeichnen, bedeuten einen Wechsel im Modus der gesellschaftlichen Integration vom Tauschwert als Arbeitsleistung hin zu zwischenmenschlichen Beziehungswerten. In diesem Prozess der zunehmenden Pluralisierung und Heterogenisierung von Lebensstilen treten verstärkt in bestimmten Bevölkerungsgruppen Bedürfnisse nach Homogenität und Stabilität auf (vgl. Bukow u. a. 2001).

Gleichzeitig besteht die Gefahr der Exklusion, wenn bestimmte Bevölkerungsgruppen aufgrund ethnischer, kultureller oder sozialer Unterschiede an den Rand gedrängt werden. Exklusion kann zu sozialen Spannungen, Ungleichheit und einer Verschlechterung der Lebensqualität für betroffene Gruppen führen. Insbesondere in alternden Gesellschaften kann die Exklusion von Migranten und Minderheiten die wirtschaftlichen und sozialen Herausforderungen weiter verschärfen. Die aktuellen demographischen Veränderungen im Zuge der Migrationsbewegungen erfordern daher umfassende Strategien, die sowohl die Integration fördern als auch Exklusion verhindern, um eine nachhaltige und inklusive Entwicklung sicherzustellen. Dies beinhaltet politische Maßnahmen zur Unterstützung von Migranten, Initiativen zur Förderung des interkulturellen Dialogs und die Beseitigung struktureller Barrieren im Bildungs- und Arbeitsmarkt.

4.2.5   Kulturelle Veränderungen

Die Ausdifferenzierung sozialer und gesellschaftlicher Strukturen führt zu einer Vielfalt an Orientierungs-, Einstellungs- und Handlungsmustern bei Individuen und sozialen Gruppen. Diese Pluralisierungsprozesse werden durch Milieu- und Lebensstilkonzepte erfasst und führen zu einer zunehmenden Differenzierung städtischer Orte und Räume. In einem Forschungsbericht zum Thema der ‚gesellschaftlichen Trends im urbanen Wandel' wird folgendes ausgeführt: „Die größte sozio-kulturelle Dynamik geht aktuell von der Mitte der Gesellschaft aus. Die Lebens- und Wertewelten driften auseinander. Der statusoptimistische Teil modernisiert sich und blickt nach oben. Der harmonieorientierte, größere Teil sieht seinen Lebensstil und seine Prinzipien gesellschaftlich entwertet, zieht sich verbittert zurück und grenzt sich verstärkt nach unten und nach oben ab. Der gesellschaftliche Zusammenhalt nimmt ab, weil der Glaube an kontinuierliche Wohlstands- und Sicherheitsgewinne erodiert" (Borgstedt u. a. 2023: 8).

Diese Entwicklung betrifft sowohl die städtebaulich-architektonische Gestaltung als auch die planerischen Zielsetzungen, die sich mit wachsender Homogenität oder Heterogenität im Raum auseinandersetzen müssen. Pluralisierung und Heterogenisierung sozialer Strukturen in der postmodernen Wissensgesellschaft stellen auch die Funktionen der öffentlichen Räume als Orte lokaler gesellschaftlicher Integration vor neue Herausforderungen. Öffentliche Räume unterliegen einem tiefgreifenden Funktionswandel durch diesen Prozess der Ausdifferenzierung gesellschaftlicher Lagen und der Heterogenisierung von Lebenswelten und Lebensstilen. Auch die neuen Formen ökonomischer und sozialer Organisation von Arbeit, Wohnen und Freizeit beeinflussen diesen Transformationsprozess (vgl. Reckwitz 2019; Pfnür u. a. 2023).

Der Übergang von der Dienstleistungs- zur Wissensgesellschaft rückt die Bedeutung von Wissen und Innovationen als zentrale Faktoren für dynamisches Wirtschaftswachstum und die Wettbewerbsfähigkeit von lokalen und regionalen Räumen in den Vordergrund. Wissensbasierte Ökonomien zeichnen sich durch einen hohen Anteil an Beschäftigten im Forschungssektor und im Dienstleistungsbereich aus. Neue Formen der Wissensproduktion, des Wissensmanagements und der Wissensvernetzung stehen im Mittelpunkt dieses ökonomischen Strukturwandels. Die Bedeutung verschiedener Wissensformen – sei es kodifiziertes, nicht-kodifiziertes, implizites oder sogenanntes ‚tacit knowledge' – wächst, insbesondere da dieses Wissen oft personengebunden ist und nur durch direkte ‚face-to-face'-Interaktionen ausgetauscht werden kann. Diese Wissensformen sind in kontinuierliche Veränderungsprozesse eingebettet, die sowohl die räumliche Ebene als auch die kommunikativen und sozialen Strukturen der Gesellschaft prägen (vgl. Matthiesen 2009 und 2013). Pluralisierung, Fragmentierung und Heterogenisierung des Territoriums und der Lebensstile haben eine Ausdifferenzierung der Orte und Räume zur Folge. Diese Entwicklungen beeinflussen sowohl die städtebaulich-architektonische Gestaltung als auch die soziale Dimension von Städten, wobei entweder verstärkte Homogenität oder zunehmende Heterogenität der Orte in den Blick genommen wird. Der gesellschaftliche Wandel von einer Industriegesellschaft zu einer Wissens- und Informationsgesellschaft hat – im Zuge der technologischen Entwicklung und der Anwendung neuer Informations- und Kommunikationstechnologien – die Frage nach der territorialen Entortung sozialer und kommunikativer Prozesse aufgeworfen. Einige Forschungen postulieren das ‚Ende der Geographie' (vgl. Touraine 1996) und betonen die zunehmende Bedeutung virtueller Räume und einer stärkeren Ortsunabhängigkeit sozialen Handelns und Verhaltens (vgl. Mitchell 1995). Dementsprechend gewinnt die Art und Weise der Ortsbezüge sozialer Handlungen und Lebensweisen zentrale Bedeutung (vgl. Castells 1996).

Der Übergang zu einer wissensbasierten Ökonomie beeinflusst somit die Sozialstruktur, die Arbeitsverhältnisse, die alltäglichen Lebenswelten sowie die städtischen und regionalen Raumstrukturen (vgl. Meusburger u. a. 2013). Forschungen zu den Qualitäten des „lokalen Raums", in denen sich neue Formen wissensbasierter Arbeits- und Lebenszusammenhänge konzentrieren, analysieren die Dichte und räumliche Nähe der Akteure, die Vielfalt an Wissensformen und -ressourcen sowie den Wissensaustausch. Die Veränderung der ökonomischen Strukturen hat somit einen tiefgreifenden sozialstrukturellen Wandel und eine Transformation der räumlichen Umwelt zur Folge. Ein Verlust traditioneller Bindungen und gemeinschaftlicher Identitäten wird ebenfalls festgestellt. Die Folge ist, dass Integration in bestehende institutionelle Ordnungen sowie zivilgesellschaftliche Organisationen brüchig geworden ist, was zu zunehmenden sozialräumlichen Spaltungen auch aufgrund kultureller Lebensweisen in Stadt und Region führen kann.

Andreas Reckwitz beschreibt den aktuellen gesellschaftlichen kulturellen Wandel als Formierung eines gesellschaftlichen Kreativitätsdispositivs, das eine „radikale Ausrichtung des Ästhetischen am dynamisch Neuen" (Reckwitz 2014: 39) beinhaltet. Entscheidend ist für ihn die relative Differenz gegenüber dem Anderen, die als Reiz perzeptiv-affektiv wahrgenommen und grundsätzlich als etwas ‚Neues' positiv bewertet wird. Gleichzeitig erfolgt eine Zuweisung dieses ästhetisch Neuen an kreativ bzw. schöpferisch gestaltende Personen (Reckwitz 2014: 39 f.). Der Prozess dieser Ästhetisierung ist folglich an den Produktionsehtos des Kreativen gekoppelt: „Kreativität bezeichnet die Fähigkeit, ästhetisch Neues zu fabrizieren, und der Künstler ist das ursprüngliche, bis heute wirksame Modell dieser Fähigkeit" (Reckwitz 2014: 40). Die künstlerische Perspektive auf Kreativität lässt sich mit einer breiteren kognitiven und funktionalen Sichtweise verbinden, da Kreativität sowohl die Fähigkeit umfasst, ästhetisch Neues zu schaffen, als auch innovative und originelle Ideen, Konzepte oder Lösungen zu entwickeln, die sich durch Neuartigkeit und Zweckmäßigkeit auszeichnen. Nicht die technische Innovation, sondern die ästhetische Kreation liefert das soziale Modell für Kreativität. Das Ideal des Künstlers hat im Zuge der Durchsetzung des Kreativitätsdispositivs das Subjekt, das „nach gesichertem sozialem Status im Rahmen einer Normalbiographie strebt" (Reckwitz 2014: 316), als idealtypische Lebensform abgelöst. In seinem Buch zum Strukturwandel der Moderne (Reckwitz 2017) beschreibt Reckwitz diese gesellschaftlichen Transformationsprozesse hin zu einem Leitbild der Kreativität und Innovation und erläutert die auf der Digitalisierung beruhende Wissensökonomie. Darin konkurrieren nicht nur Orte, Städte und Güter, sondern auch Subjekte und Kollektive um Attraktivitätsmärkte.

In seinem Buch zum Strukturwandel der Moderne (Reckwitz 2017) beschreibt Reckwitz diese gesellschaftlichen Transformationsprozesse hin zu einem Leitbild der Kreativität und Innovation und erläutert die auf der Digitalisierung beruhende ,Wissensökonomie'. Darin konkurrieren nicht nur Orte, Städte und Güter, sondern auch Subjekte und Kollektive um ,Attraktivitätsmärkte'. Ein ähnlicher Transformationsprozess zeigt sich in Richard Floridas Konzept der Creative City und seiner Theorie der Creative Class (Florida 2002). Er beschreibt, wie Städte und urbane Räume zunehmend auf die Anziehung und Förderung kreativer Fachkräfte angewiesen sind, um wirtschaftlich und kulturell konkurrenzfähig zu bleiben. Dabei werden Wissensarbeit, Innovation und kulturelle Produktion zu zentralen Treibern der Stadtentwicklung. Dieser Wandel verstärkt die Dynamik der Standortkonkurrenz und führt dazu, dass Städte gezielt Strategien entwickeln, um Kreative und innovative Unternehmen anzuziehen. Die Wissensökonomie und das Leitbild der Kreativität, wie sie Reckwitz beschreibt, finden hier eine räumliche Entsprechung, die sich in neuen Formen urbaner Gestaltung und Planung manifestiert.

Die Ökonomie der Singularitäten läuft im ,Modus der Dauerrezension', und weil sie auch das Soziale erfasst hat, unterliegen nicht nur Städte, Räume und Dinge einem permanenten Kampf um die knappe Ressource Aufmerksamkeit, sondern auch jedes einzelne Individuum in seiner ,Bastelbiographie'. Die Individuen müssen sich als einzigartig und attraktiv inszenieren, und zwar auch noch glaubhaft, denn nur wer als ,authentisch' erlebt und beurteilt wird, vermag in diesem Wettbewerb zu bestehen. Im Zuge dessen entstehen für die Individuen, aber auch für soziale Gruppen sowie für Orte, Städte und Räume Fragen nach raumbezogenen Identitäten, die räumlich und sozial stets neu hergestellt werden müssen: Wer sind wir? Wie werden wir von außen gesehen? Wie sehen wir uns selbst?

Steffen Mau und Kollegen konstatieren der gegenwärtigen Gesellschaft bei kulturellen Identitätsfragen gewisse Triggerpunkte. Triggerpunkte der Gesellschaft sind spezifische Themen, Ereignisse oder Zustände, die starke emotionale oder soziale Reaktionen hervorrufen können. Diese Punkte sind sensibel und können Spannungen, Konflikte oder tiefgreifende Debatten in der Gesellschaft auslösen. Sie variieren je nach kulturellem, historischem und sozialem Kontext und umfassen u. a. die Themenbereiche soziale Ungerechtigkeit und Ungleichheit, politische Entscheidungen und Korruption, aber auch kulturelle und identitätsbezogene Themen sowie ökologische und wirtschaftliche Krisen. Auch die Themen Digitalisierung und Datenschutz sowie Künstliche Intelligenz (KI) und Automatisierung wecken tief verwurzelten Werte, Ängste und Konflikte innerhalb einer

Gesellschaft und haben das Potenzial, entweder zu sozialen Fortschritten oder zu verstärkten Spannungen zu führen (vgl. Mau u. a. 2023).

4.2.6 Digitalisierung und Informationalisierung

Der technologische Wandel hin zu Digitalisierung und Informatisierung wirft die zentrale Frage auf, wie neue Technologien so gestaltet werden können, dass sie die Ressourcen des sozialen und kommunikativen Handelns nicht bedrohen. Die daraus resultierenden dynamischen Transformationsprozesse der räumlichen Umwelt stellen die räumliche Planung vor neue, komplexe Herausforderungen. Der digitale Wandel vollzieht sich in allen gesellschaftlichen Sphären, Sektoren und Regionen. Doch die Frage, ob und wie die räumliche Planung damit umgehen soll, löst häufig Unbehagen und Skepsis aus – nicht zuletzt, weil Unklarheit darüber herrscht, in welchem Verhältnis Digitalisierung zu räumlichen Entwicklungsprozessen steht. Handelt es sich um baulich-räumliche Wechselwirkungen? Um den Wandel von Lebensstilen, Nutzungsweisen und Interaktionsformen? Oder um die Gestaltung von Politik- und Planungsprozessen, Verwaltungsabläufen und Formen der Beteiligung? (vgl. Geschäftsstelle der Österreichischen Raumordnungskonferenz 2022: 6).

Räumliche und soziale Innovationen sind gegenwärtig stark durch technologische Visionen gesellschaftlicher Entwicklungen geprägt. Die Lösung gesellschaftlicher Probleme durch effiziente smarte Technologien, die meist auf digitalen Infrastrukturen beruhen, ist jedoch stark von sozialen Verhaltens- und Nutzungsformen beeinflusst. Diese Formen sozialer Interaktion zwischen technischer Innovation und der gesellschaftlichen Struktur entscheiden einerseits über die Akzeptanz, andererseits über die Entwicklung der technisch smarten Produkte (vgl. Beck 1999).

Unternehmen wie beispielsweise Siemens, IBM oder Cisco bauen verstärkt eigene Städte. In den 1980er Jahren galt die Kritik der Stadtpolitik, dass diese wie ein Unternehmen agiere. Die ‚Stadt als Unternehmen' wird gegenwärtig durch die Perspektive ersetzt, dass verstärkt Unternehmen neue Stadtteile bauen und ihre Technologien und Produkte in einem neuen Stadtquartier als Labor für die gesamte Stadtgesellschaft erproben. Ihre Zielsetzung ist es, durch innovative Technologien die sozialen und urbanen Strukturen neu im Hinblick auf zukünftige Herausforderungen, insbesondere des Klimawandels und der effizienten Ressourcenschonung, zu gestalten. Dabei ist die demokratisch legitimierte Stadtplanung an den Rand gedrängt und dient als ‚Enabler' und ‚Ermöglicher'.

Die Forschungsabteilungen von Unternehmen rechtfertigen die Machbarkeit und Implementierung technischer Lösungen und Produkte oft durch das Vertrauen in deren klare Steuerbarkeit und Kontrollierbarkeit. Diese Perspektive vernachlässigt jedoch die komplexen Wechselwirkungen zwischen Technik, Mensch und Raum. Technologien beeinflussen nicht nur das Verhalten und die Wahrnehmung der Menschen, sondern auch räumliche Strukturen, soziale Dynamiken und ökologische Systeme. Angesichts der fortschreitenden Digitalisierung, Automatisierung und urbanen Transformationen wird ein tiefgehendes Verständnis dieser Zusammenhänge immer dringlicher. Nur durch eine interdisziplinäre Betrachtung kann sichergestellt werden, dass technische Innovationen nachhaltig, sozial verträglich und räumlich integriert gestaltet werden.

Einerseits werden die Auswirkungen von technischen Produkten, Applikationen, virtuellen Daten und Infrastrukturnetzen auf das soziale Verhalten und die soziale Struktur selten erforscht; andererseits entstehen neue soziale Formen und gesellschaftliche Bedürfnisse, die Gestaltungsräume benötigen und dabei durch die neuen technischen Innovationen großer globaler Unternehmen oder auch kleinerer Kreativwirtschaftsbetriebe unterstützt werden können. Neue Recyclingtechnologien können die Energieeffizienz und den ökologischen Fußabdruck der Städte optimieren, sind aber vom individuellen Nutzungsverhalten abhängig. Selbst im Sinne der ökonomischen Verwertung neuer Technologien im Energie- und Abfallbereich wird in Zukunft verstärkt eine Einbindung der Gesellschaft und deren Bedürfnisse und Verhaltensweisen notwendig sein.

Bei der Gestaltung sozialer Prozesse geht es nicht nur um die räumliche und technische Gebundenheit, sondern auch um flexible Gestaltungsspielräume jenseits von Technik- und Raumoptimierung. Die Aufgabe der räumlichen Planung ist nicht nur für die Sicherheit, sondern auch für die Freiheit sozial-räumlicher Entwicklung zu sorgen. Im Kern geht es bei der Wechselwirkung von technischen Lösungen und den Bedürfnissen einer Gesellschaft um eine soziale Frage: Wie wollen wir eigentlich zusammenleben und wie kann dies sozial und räumlich unter Einsatz digitaler Technologien gestaltet werden?

Aufgrund neuer Formen der Konnektivität, die beispielsweise durch Plattformen wie Facebook oder Twitter ermöglicht werden, kommt es zu einer zunehmenden territorialen Entankerung von Individuen. Digitale Kommunikationsgeräte besitzen das Potenzial, unsere Wahrnehmung und unser Handeln zu erweitern – ähnlich wie es bereits vor Jahrzehnten durch das Radio und das Telefon geschah.

Ein Blick auf die Material- und Designwissenschaften zeigt, wie materielle Interaktionen durch immaterielle Informationsflüsse ergänzt und transformiert werden. Durch innovative Designlösungen wird der digitale Gestaltungsprozess zunehmend manipulierbar und programmierbar, da sich auch die verwendeten Materialien dynamisch anpassen und verändern. Diese Materialien werden so entwickelt, dass sie als geteilte, intersubjektiv wahrnehmbare Umwelt fungieren. Die fortschreitende Digitalisierung und Informatisierung werden künftig verstärkt Fragen zur Verortung, Gestaltung und Abgrenzung technischer Netzwerke an die Raumplanung herantragen. Die Aufgabe von Planerinnen und Planern wird es sein, sich intensiv und empathisch mit der Gestaltung einer intelligenten materiellen Umwelt auseinanderzusetzen (vgl. Mitchell 2003; Shepard 2011; Rydin 2014).

In diesem Zusammenhang wird deutlich, dass materielle Strukturen und digitale Informationsflüsse nicht mehr als getrennte Sphären betrachtet werden können, sondern zunehmend miteinander verschmelzen: „Wenn wir erkennen, dass die materielle Umwelt nicht lediglich versteckte Möglichkeiten der Interaktion enthält, sondern selbst eine Tendenz dazu hat, Schnittstelleneigenschaften zu enthalten, dann wird auch die bislang allgemein akzeptierte Unterscheidung zwischen Hardware und Software fragwürdig" (Küchler 2015: 142).

Die Integration von digitalen Technologien in den städtischen Raum bringt nicht nur technische, sondern auch soziale Herausforderungen mit sich. Digitale Technologien wie IoT (Internet der Dinge), Big Data und KI (Künstliche Intelligenz) ermöglichen es, städtische Prozesse effizienter zu gestalten und die Lebensqualität der Bewohner zu verbessern. Allerdings muss dabei auch die digitale Spaltung berücksichtigt werden. Der Zugang zu digitalen Technologien und die Fähigkeit, diese effektiv zu nutzen, sind ungleich verteilt. Dies führen zu neuen Formen der Ungleichheit und Exklusion.

Ein weiterer Aspekt der Digitalisierung ist die Veränderung der Arbeitswelt. Automatisierung und digitale Technologien schaffen neue Berufsfelder, während traditionelle Berufe und Tätigkeiten zunehmend verdrängt werden. Dies erfordert eine kontinuierliche Anpassung der Bildungs- und Weiterbildungssysteme, um sicherzustellen, dass die Arbeitskräfte von morgen die notwendigen Fähigkeiten und Kompetenzen besitzen. Auch das Konzept der Smart Cities spielt in diesem Zusammenhang eine wichtige Rolle. Durch den Einsatz digitaler Technologien sollen Städte effizienter, nachhaltiger und lebenswerter gestaltet werden. Vernetzte Infrastrukturen, intelligente Verkehrssysteme und digitale Bürgerbeteiligung bieten neue Möglichkeiten, werfen aber auch Fragen zur sozialen Gerechtigkeit und technologischen Abhängigkeit auf. Schließlich ist die Frage nach dem Datenschutz und der Privatsphäre ein zentrales Thema in der digitalisierten Stadt. Die Erhebung und Verarbeitung großer Datenmengen wirft ethische und rechtliche Fragen auf. Es gilt, ein ausgewogenes Verhältnis zwischen technologischen Innovationen und dem Schutz persönlicher Daten zu finden.

4.2.7   Ökologische Krisen

Ökologisch gesehen nimmt der Klimawandel eine immer zentralere Rolle ein. Extreme Wetterereignisse, wie Hitzewellen, Überschwemmungen und Waldbrände, nehmen weltweit zu und verdeutlichen die Dringlichkeit nachhaltiger Umweltmaßnahmen. Regierungen und Unternehmen sind gefordert, ihre Strategien zur Reduzierung von Treibhausgasemissionen zu intensivieren und den Übergang zu einer grünen Wirtschaft zu beschleunigen. Die ökologischen Krisen wirken sich jedoch nicht nur auf die Umwelt, sondern auch tiefgreifend auf gesellschaftliche Strukturen und Prozesse aus. Schon Beck formulierte in seinem Buch ‚Risikogesellschaft' (1986), dass soziale Ungleichheiten durch die Folgen von Umweltrisiken verschärft werden, da vulnerable Bevölkerungsgruppen besonders stark von Umweltkatastrophen betroffen sind. Dies führt zu einer wachsenden sozialen Spaltung und fordert die Gesellschaft heraus, gerechte und inklusive Anpassungsstrategien zu entwickeln.

Das gesellschaftliche Bewusstsein für ökologische Fragen nimmt zu und beeinflusst Konsum- sowie Verhaltensmuster. Die wachsende Nachfrage nach nachhaltigen Produkten und Dienstleistungen zwingt Unternehmen, ihre Geschäftsmodelle anzupassen. Dieser Wandel trägt zu einer stärkeren kulturellen Verankerung ökologischer Werte bei. Allerdings bleibt die Verbreitung ökologischer Sensibilisierung regional und sozial unterschiedlich ausgeprägt. In vielen Teilen der Welt oder bestimmten Bevölkerungsgruppen spielt Nachhaltigkeit im Konsumverhalten eine untergeordnete Rolle. Daher führt die zunehmende ökologische Sensibilisierung nicht zwangsläufig zu einem umfassenden gesellschaftlichen Wandel, sondern bleibt häufig selektiv wirksam.

Ökologische Bewegungen und Parteien gewinnen nominell an Einfluss, doch ihre Wirkmacht bleibt begrenzt. Während Forderungen nach Umweltgerechtigkeit und Klimaschutz lauter werden, wächst zugleich der gesellschaftliche und politische Widerstand. Bewegungen wie ‚Fridays for Future' oder ‚Die Letzte Generation' werden zunehmend kriminalisiert oder delegitimiert. Auch in Regierungsverantwortung scheitern ökologische Parteien oft an wirtschaftlichen und politischen Widerständen. Parallel vollzieht sich in vielen Ländern ein Rechtsruck, der Umweltpolitik ausbremst oder aktiv zurückdreht – sei es durch Klimaleugnung (USA, Ungarn, Italien) oder durch drohende Machtverschiebungen (Frankreich, Deutschland). Der Einfluss ökologischer Bewegungen schwindet, da ihre Anliegen in realpolitischen Aushandlungsprozessen abgeschwächt oder blockiert werden. Entscheidend ist daher die Analyse sozialer Strukturen, Netzwerke und Institutionen, „von denen maßgeblich die Anreize für die Dekarbonisierung in Wirtschaft und Gesellschaft abhängen" (Diekmann 2024: 3).

Auch die räumliche Planung und Raumentwicklungen werden von den ökologischen Krisen beeinflusst. Der Bedarf an nachhaltigen städtischen Infrastrukturen, wie grünen Gebäuden, effizienten öffentlichen Verkehrsmitteln und widerstandsfähigen Versorgungsnetzen, wächst. Städte müssen sich an die neuen ökologischen Realitäten anpassen und gleichzeitig ihre Rolle als Zentren des Wirtschaftswachstums und der Innovation erhalten (vgl. Eckardt 2023).

Nicht zuletzt stellt der Verlust der biologischen Vielfalt eine weitere Dimension der ökologischen Krise dar. Das Aussterben von Tier- und Pflanzenarten bedroht nicht nur die Ökosysteme, sondern auch die Grundlagen menschlicher Existenz. Neben dem Rückgang heimischer Arten stellt die Ausbreitung invasiver Spezies eine zusätzliche Herausforderung dar. Phänomene wie die Waschbärenkrise, die Flusskrebskrise oder die unkontrollierte Verbreitung invasiver Pflanzenarten wie das Drüsige Springkraut gefährden bestehende Ökosysteme und verstärken den Druck auf die biologische Vielfalt. Die Erhaltung der Biodiversität wird daher zu einer zentralen Aufgabe, die eine globale Zusammenarbeit erfordert. Insgesamt verdeutlichen die ökologischen Krisen, dass ein tiefgreifender gesellschaftlicher Wandel notwendig ist. Es geht nicht nur um technische Lösungen, sondern auch um eine grundlegende Neuausrichtung der Werte und Prioritäten in der Gesellschaft.

4.3 Gesellschaftliche Veränderungen und Herausforderungen für die räumliche Planung

Räumliche Planung fungiert als Mittler zwischen gesellschaftlichen Belangen, staatlichen Interessen und der Privatwirtschaft mit dem Ziel, die Lebensqualität zu erhöhen und unterschiedliche Interessen auszubalancieren. Die Herausforderung liegt in der Bewältigung der Spannungen zwischen der Einbindung der Zivilgesellschaft und der Berücksichtigung privater Interessen von Investoren. Es stellt sich die essentielle Frage, inwiefern die räumliche Planung angesichts politischer und wirtschaftlicher Einflüsse ihre Unabhängigkeit bewahren und zur Lösung von Konflikten im öffentlichen Interesse beitragen kann.

Die für die Raumplanungsdisziplin wohl grundlegende Frage nach ihrer nicht nur rein rechtlichen Verankerung von Instrumenten und Verfahren, sondern auch nach der kulturellen Bedingtheit von Ideologie, Leitbildern, Methoden, Prozessen, Arbeitsmitteln und Maßnahmen wurde verstärkt erst in den letzten Jahren diskutiert. Voraussetzungen für eine reflexive Planungstheorie und Planungskultur schaffte auch hier eine Planungssoziologie und sozialwissenschaftliche Debatte, die Zusammenhänge zwischen Raum, Verhalten, Handeln und Institutionen verdeutlichte und begründete (vgl. Peters 2004; Davy u. a. 2023).

Der nun stärker ins Blickfeld genommene Spannungsbogen zwischen institutioneller Planungspolitik, insbesondere ihrer instrumentellen und organisatorischen Verfasstheit, und den Sinn- bzw. Wertbezügen der handelnden Planungsakteurinnen zeugt von einem Wandel des Planungsverständnisses (vgl. Schubert 2015). Lag in der traditionellen Planungspolitik der Fokus auf funktionalen und ökonomischen Aspekten, wie z. B. der effizienten Nutzung von Flächen, der Verkehrsplanung und der wirtschaftlichen Rentabilität, so legen die beteiligten Planungsakteure, darunter Architekten und Architektinnen, Stadtplanerinnen und Stadtplaner und Vertreter der Zivilgesellschaft, zunehmend Wert auf soziale und ökologische Aspekte wie Gemeinschaftsbildung, Nachhaltigkeit und Lebensqualität.

Die zentrale Frage nach den Steuerungsmechanismen hat die Rolle der Kommunikation bei räumlich wirksamen Entscheidungen deutlicher werden lassen. Ein erfolgreicher Planungsprozess integriert die verschiedenen Interessen und Perspektiven durch intensive Kommunikationsprozesse. So werden regelmäßige öffentliche Anhörungen, Workshops und interaktive Planungssitzungen eingesetzt, um sicherzustellen, dass die Anliegen und Werte aller Beteiligten berücksichtigt werden. Durch diesen Kommunikationsprozess wird nicht nur Transparenz geschaffen, sondern es werden auch innovative Lösungen gefunden, die sowohl den institutionellen Anforderungen als auch den individuellen Wertvorstellungen gerecht werden. Die Schnittstelle zwischen institutioneller Planung und den Werten der Planungsakteure ist durch Kommunikationsprozesse geprägt und für die räumliche Entscheidungsfindung unerlässlich.

Typische Fragestellungen der Planungssoziologie betreffen sowohl die räumliche und soziale Organisation innerhalb von Städten als auch deren Rolle als Gestalter globaler Informations- und Kapitalflüsse. Dabei wird insbesondere die Art und Weise untersucht, wie Städte und Stadtregionen als Knotenpunkte in einem zunehmend vernetzten globalen System agieren. Die institutionellen und netzwerkartigen Beziehungen zwischen Städten und Stadtregionen stehen dabei im Fokus, da sie wesentlich zur Gestaltung globaler Dynamiken beitragen.

Landry formuliert die globalen Herausforderungen, die im Kontext dieser Entwicklungen stehen, als eine Jahrhundertaufgabe: „We are in the midst of redesigning the world and all its systems as we witness the biggest mass movement of people, goods, factories, frenzied finance, and ideas in history. Vast flows make the new norm nomadic. Yet there is a yearning for belonging, distinctiveness and identity as the 'anytime, anyplace, anywhere' phenomenon enabled by digitalization is changing how we interact with space, place and time" (Landry 2017: 9).

Diese Ausführungen unterstreichen die Bedeutung von Raumplanung in einer globalisierten Welt, in der die traditionellen Grenzen von Raum und Zeit durch digitale Technologien zunehmend aufgelöst werden. Städte und Regionen sind nicht mehr nur Orte, sondern dynamische Akteure in einem globalen Netzwerk, das kontinuierlich neugestaltet wird. Diese Neugestaltung erfordert ein Umdenken in der Planung, das sowohl die lokalen Bedürfnisse nach Zugehörigkeit und Identität berücksichtigt als auch die globalen Herausforderungen bewältigt.

Angesichts der sich verändernden Steuerungsprozesse und Steuerungsstrukturen sozialräumlicher Zusammenhänge sind innovative Organisationsformen der räumlichen Planung unerlässlich. Die zunehmende Komplexität und Unvorhersehbarkeit dieser Prozesse verlangten nach flexiblen und adaptiven Ansätzen. Friedmann betont in diesem Zusammenhang: „In turbulent times, when little can be foreseen, there is a need to proceed cautiously and experimentally to learn from mistakes, to allow new information to guide the course of action, and to take immediate corrective actions as may be needed" (Friedmann 1993: 484).

Dies zeigt, dass eine experimentelle und lernorientierte Herangehensweise in der Raumplanung erforderlich ist. In Zeiten des Wandels müssen Planungsprozesse in der Lage sein, schnell auf neue Informationen und unvorhergesehene Entwicklungen zu reagieren. Eine solche Flexibilität ist entscheidend, um den Herausforderungen einer sich rasch verändernden Welt gerecht zu werden und langfristig tragfähige Losungen zu entwickeln: „Für die große Transformation sind außerdem zusätzliche strategische Abstimmungs- und Aushandlungsprozesse sowie kreative Verfahren der Suche und Vereinbarung von Lösungen erforderlich, die von verbindlich festzulegenden, quantitativ bestimmbaren Zielgrößen abzuleiten wären." (ARL 2024: 6). Diese Prozesse sollten so gestaltet sein, dass sie sowohl die Komplexität der Aufgaben widerspiegeln als auch die notwendigen Entscheidungen in einem kooperativen und integrativen Rahmen ermöglichen. Nur so kann eine nachhaltige und effektive Transformation der räumlichen Strukturen gelingen.

4.3.1 Politische und kulturelle Verankerung der Planung

Durch die Erkundung ihrer kulturellen Verankerung und historischen Entwicklung erfahren Planungskonzepte und -praktiken eine Neubewertung, welche die

Wechselwirkungen zwischen innerer Dynamik und äußeren Entwicklungen stärker berücksichtigen können. Planungsakteure einer postmodernen Planung sollten daher die eigene Kultur und deren Prägungen stärker reflektieren, um bewusste und verantwortungsvolle Entscheidungen treffen zu können. Der Schritt zu prozessorientierter Planung und verstärkter Einbeziehung der Zivilgesellschaft wird durch innovative Governance-Modelle begründet (vgl. Mouffe, & Holdengräber 1989;

Davy u. a. 2023). Diese bilden die vielschichtigen Steuerungsmechanismen in der Stadtpolitik und Raumplanung ab und berücksichtigen die Diversität und spezifischen Dynamiken der Orte und ihren Akteuren. Diese Modelle unterstreichen nicht mehr nur die koordinierende und moderierende Rolle von Planungsinstrumenten, wie z. B. Bürgerbeteiligungsverfahren, partizipativen Planungswerkstätten und digitalen Plattformen zur öffentlichen Meinungsbildung (vgl. Mackrodt & Helbrecht 2013), sondern auch das relationale Verständnis von Planung, das sich von einer hierarchischen top-down Steuerung hin zu einer stärkeren Betonung der Vielfalt der Einflussfaktoren und beteiligten Akteurinnen bewegt:

„Damit akzentuiert die Governance-Perspektive, anders als noch die Planungs-Perspektive, auch die genuin politische Seite des Geschehens. So auf die Gestaltung gesellschaftlicher Strukturen zu blicken bedeutet, den Kampf um die Durchsetzung von Ordnungsvorstellungen zu betonen, der sich in Interessen- und Einflusskonstellationen vollzieht" (Schimank 2009: 236). Schimank hebt die politische Dimension der Governance-Perspektive hervor, die im Gegensatz zur Planungs-Perspektive nicht nur auf die organisatorische Ebene, sondern auch auf die Auseinandersetzung um Macht und Einfluss in der Gestaltung gesellschaftlicher Strukturen fokussiert. Diese Sichtweise betont den Kampf um die Durchsetzung von Ordnungsvorstellungen, der sich durch unterschiedliche Interessen- und Einflusskonstellationen vollzieht. Auch bei der Gestaltung einer tiefgreifenden Transformation in räumlicher und politischer Hinsicht erfordert das Bewusstsein, dass es nicht ausreicht, Institutionen, Regulierungen, Strategien und Praktiken nur oberflächlich anzupassen. Vielmehr sind umfassende strukturelle und prozessuale Veränderungen notwendig, insbesondere in den Bereichen der Raumplanung und -entwicklung. Diese Veränderungen spiegeln den politischen Kampf um die Durchsetzung von Ordnungsvorstellungen wider, wie er in den unterschiedlichen Interessen- und Einflusskonstellationen zum Ausdruck kommt: „Die große Transformation erfordert eine neue raumbezogene Governance, die neue Prozesse einleitet und bestehende nichtnachhaltige Prozesse beendet, also Exnovationen und Innovationen aktiv und innerhalb der planetaren

Grenzen gestaltet. Dabei sind Gerechtigkeitskriterien zu verfolgen, die Regenerationskapazitäten der Ökosysteme müssen respektiert und der Schutz und die Entwicklung von Biodiversität aktiv gefördert werden" (ARL 2024: 5). Diese Dynamiken lassen sich auch mit Polanyis Konzept der ‚doppelten Bewegung' verstehen: Während marktliberale Kräfte versuchen, räumliche Entwicklungen an wirtschaftlichen Verwertungslogiken auszurichten, formiert sich zugleich gesellschaftlicher Widerstand, der auf soziale und ökologische Schutzmechanismen drängt. Die Konflikte um Projekte wie Stuttgart 21 oder das Tempelhofer Feld verdeutlichen, dass Planungsprozesse nicht nur als technokratische Steuerungsinstrumente verstanden werden können, sondern auch als Aushandlungsprozesse im Spannungsfeld von Ökonomie, Ökologie und gesellschaftlicher Teilhabe (vgl. Block 2003; Polanyi [1944] (2002).

Ein Blick auf die kulturellen und historischen Kontexte der Planungskultur ermöglicht es, die Faktoren hinter räumlichen Entwicklungsprozessen neu zu betrachten und zu verhandeln. Die Sichtweise auf bedingende Faktoren zwischen Innen- und Außenentwicklung, zwischen zugrunde liegenden Planungskulturen von Institutionen, sowie die Konzepte von ‚Nicht-planen' oder ‚Anders-planen' und die ‚Bedeutungen des eigenen Planens' können dadurch stärker reflektiert werden (vgl. Frey 2009). Die kulturellen und historischen Kontexte der Planungskultur sowie die neuen Governance-Modelle verdeutlichen einen tiefgreifenden Wandel in der Herangehensweise an die räumliche Entwicklung und Steuerung. Dieser Wandel hin zu einer reflexiven und integrativeren Planungspraxis berücksichtigt sowohl die vielfältigen Perspektiven und Eigenlogiken der beteiligten Akteure als auch die spezifischen Bedingungen der Orte selbst. Damit entsteht eine dynamische und flexible Planungskultur, die besser in der Lage ist, den komplexen Anforderungen der postmodernen Stadt- und Raumplanung gerecht zu werden. Formen und Prozesse der Steuerung europäischer Siedlungsentwicklung befinden sich dementsprechend in einem Veränderungsprozess. Forschungen zu Governance-Modellen arbeiten komplexe Steuerungsmodelle für die Stadtpolitik und die raumbezogene Planung heraus (vgl. Einig u. a. 2005; Schimank 2009: 231–239). Diese beziehen sich vorwiegend auf Veränderungen im Verhältnis zwischen Steuerungsobjekt und Steuerungssubjekt. Diese Governance-Modelle beschreiben letztlich ein Verwischen der klaren Trennung von Steuerungsobjekt und Steuerungssubjekt (vgl. Mayntz 2003). Im Gegensatz zu den hierarchischen Konzepten der Steuerung von ‚Government' wird die implizite deterministische Annahme einer hierarchischen top-down Steuerung über die Beeinflussung durch die physisch-materielle Substanz von Orten und Räumen zunehmend durch eine Sichtweise abgelöst, bei der die Heterogenität und Eigenlogik der Orte und Akteure in den Vordergrund rückt (vgl. Löw 2008).

4.3.2 Koordinierende und kommunikative Funktion von Planung

Planerische Instrumente werden zunehmend als Werkzeuge zur Koordination und Moderation beschrieben. Dieser Wandel im Planungsverständnis hat sich entwickelt, weil die Vorstellung, dass gesellschaftliche Entwicklungen allein durch rationales Verhalten und Handeln gesteuert werden können, an Überzeugungskraft verloren hat. Das rationale Planungsverständnis, welches von dem Bild eines planenden Fachmannes geprägt war, der unter Zuhilfenahme objektiver wissenschaftlicher Methoden und Instrumente einen ,guten' Plan entwickelt und umsetzt, wurde durch die Erkenntnis relativiert, dass Wissenschaft und Verwaltung in ihren Wertsetzungen und Normen viel stärker als angenommen durch subjektive, emotionale und individuelle Faktoren geprägt sind (vgl. Reckwitz 2017). Dadurch wurden Grenzen einer objektiven rationalen Planung sichtbar. Moderne Planungsmethoden kombinieren bereits statistische und qualitative Ansätze, um Lebenswelten und Verhaltensweisen besser zu verstehen. Quantitative Daten allein reichen nicht aus, um die Vielfalt und Heterogenität der Planungsbetroffenen adäquat zu erfassen (vgl. Dangschat 2005). Fachliche Kompetenzen müssen daher durch ein vertieftes Wissen über die Entwicklung unterschiedlicher Milieus, deren Bedürfnisse sowie veränderte Nutzungsstrukturen ergänzt werden. Dies erfordert eine stärkere Integration qualitativer Methoden und partizipativer Ansätze, um die Komplexität sozialräumlicher Dynamiken angemessen zu berücksichtigen.

Die räumliche Planung der Moderne und der Postmoderne unterscheidet sich in Bezug auf ihre Ziele, Ansätze und zugrunde liegenden Prinzipien. In der postmodernen Raumplanung wird ein stärkeres Augenmerk auf Diversität und Gemeinschaftsbeteiligung gelegt. Die kulturellen und historischen Einflüsse auf die Raumgestaltung anerkennend, betont die Postmoderne Wichtigkeit von Reflexion und Diskurs (vgl. Mouffe, & Holdengräber 1989; Healey 1996; Reckwitz 2019). Die traditionelle Trennung zwischen formeller und informeller Planung wird infrage gestellt, da auch Akteure außerhalb der etablierten Planungsinstitutionen bedeutenden Einfluss auf die Planungspraxis ausüben können. Die zunehmende Komplexität der Akteure in der Planungspraxis lässt sich sowohl in horizontaler als auch in vertikaler Hinsicht beschreiben und mit der Planungsstrategie „Verständigung und Koordinierung" kennzeichnen: „Als Ergebnis der Urbanisierung wächst die Stadt über ihre tradierten Grenzen hinaus, ohne dass der Raum der Politik entsprechend mitgewachsen wäre. Verständigung auf der Ebene der Stadtregion ist insofern ein Schlüsselkonzept für die Zukunft. Zugleich sind die Städte zunehmend in übergeordnete, wenn nicht globale, Handlungszusammenhänge eingebunden. Dies gilt für ihr Verhältnis zum Staat, aber auch für ihre Abhängigkeit von räumlich weitgespannten ökonomischen Netzwerken" (Hesse et al. 2023: 18).

In der räumlichen Planung der Moderne wurde oft eine zentralisierte und hierarchische Planung bevorzugt. Dies bedeutete, dass die Planung von oben nach unten erfolgt, mit klaren Hierarchien und festgelegten Strukturen. Dementsprechend war ein funktionalistischer Ansatz charakteristisch für die Stadt- und Raumplanung in der Moderne. Hierbei wurden Räume nach ihrer funktionalen Verwendung und Effizienz geplant, um die Bedürfnisse der Gesellschaft bestmöglich zu erfüllen. Dabei überwogen technokratische Elemente, bei denen Experten und Fachleute Raumstrukturen und -funktionen festlegten. Die Stadt- und Raumplanung in der Moderne betonte oft die Zonierung, bei der bestimmte Gebiete für spezifische Funktionen vorgesehen sind. In der Folge wurden Wohngebiete, Gewerbegebiete und Industriegebiete oft voneinander getrennt geplant. Die Pluralisierung in der Gesellschaft führt hingegen zu einer verstärkten und manchmal auch konflikthaften Nutzungsvielfalt und Nutzungsüberlagerungen im Raum. Dangschat weist auf die Schwierigkeiten des Vielfaltsbegriffs hin: „denn er verweist zum einen auf Ambivalenzen des ‚Sowohl -als- auch' und zum anderen darauf, dass es ‚Gewinner' und ‚Verlierer' bei einer zunehmend ausdifferenzierten (Groß-)Stadtgesellschaft gibt" (Dangschat 2014: 185). Planerinnen und Planer sollten darauf abzielen, die Vielfalt und Integration im Raum zu stärken, um das Zusammenleben und die Identifikation mit dem Gemeinwohl zu fördern. Dies erfordert planerische Abwägungen, Moderation und Mediationsfähigkeiten, um die unterschiedlichen Nutzungsbedürfnisse an einem Raum auszugleichen: „Die Integration und Partizipation der Zivilgesellschaft sind wesentliche Säulen der neuen Governance. Für Politik und Planung geht es darum, die Prozesse der Konzept-, Ziel- und Maßnahmenentwicklung mit Akteursbeteiligung weiter zu professionalisieren und an die Anforderungen der großen Transformation anzupassen" (ARL 2024: 6).

4.4 Fazit

Der gesellschaftliche Wandel in der Postmoderne führt zu Spannungen zwischen institutioneller Planungspolitik und den Wertvorstellungen der Planungsakteure. Die zunehmende Bedeutung von Kommunikation, die Integration einer Vielzahl von Akteurinnen und die Forderung nach Transparenz und Nachvollziehbarkeit beeinflussen die Entscheidungsprozesse und erweitern die Gestaltungsspielräume einer postmodernen räumlichen Planung.

Postmoderne Planungsprozesse wie zum Beispiel zur Entwicklung des Tempelhofer Feldes in Berlin verdeutlichen, dass in einer breiten Debatte verschiedener Akteurinnen und Akteuren, darunter städtische Planerinnen und Planer, lokale Bürgerinitiativen, Umweltgruppen und Investoren, unterschiedliche Interessen und Wertvorstellungen in den Planungsprozess eingebracht werden. Durch intensive Kommunikationsprozesse, einschließlich öffentlicher Anhörungen, Bürgerbeteiligungsverfahren und Workshops, wurde ein Konsens darüber erzielt, das Tempelhofer Feld als öffentlichen Raum zu erhalten und für Freizeit, Erholung und Veranstaltungen zugänglich zu machen (vgl. Mackrodt 2015; Brenck u. a. 2021). Ein weiteres Beispiel ist Stuttgart 21, ein Großprojekt des Bahn- und Städtebaus, das von Beginn an kontrovers diskutiert wurde. Hier zeigen sich die Spannungen zwischen technokratischer Planung, wirtschaftlichen Interessen und bürgerschaftlichem Protest besonders deutlich. Die langanhaltenden Auseinandersetzungen um das Projekt verdeutlichen, dass in der postmodernen Planung nicht nur funktionale und ökonomische Aspekte, sondern auch Fragen der Transparenz, Mitbestimmung und Legitimation zentral sind.

Die Einsicht, dass Planungsentscheidungen nicht ausschließlich auf objektiven Kriterien basieren, sondern auch durch eine Vielzahl von subjektiven Faktoren geprägt sind, erfordert eine erweiterte Perspektive auf die Lebenswelten der von Stadt- und Raumplanung Betroffenen (vgl. Lintz 2023). Planungsakteure sind somit nicht nur ausführende Organe, sondern vielmehr Teil eines dynamischen Netzwerks, das in wechselseitige Beziehungen eingebettet ist.

Gesellschaftliche Transformationsprozesse, die durch Digitalisierung, Informatisierung und weitere sozioökonomische Veränderungen geprägt sind, erfordern eine integrative und adaptive Planung, um den sozialen Zusammenhalt zu stärken und eine nachhaltige Stadtentwicklung zu gewährleisten. Es wird deutlich, dass technologische Innovationen sowohl zur Lösung als auch zur Verschärfung sozialer Probleme beitragen können. Die Planerinnen und Planer müssen daher eine Balance zwischen technologischem Fortschritt und den sozialen Bedürfnissen der Bevölkerung finden. Die zunehmende Diversität der Lebensstile und die Heterogenität der städtischen Bevölkerung stellen die Planungsdisziplin vor neue Aufgaben, die nur durch interdisziplinäre Ansätze und partizipative Prozesse bewältigt werden können. Die soziale Spaltung, die durch wirtschaftliche und demographische Veränderungen entsteht, muss durch gezielte Maßnahmen zur Förderung der Integration und zur Verhinderung der Exklusion bekämpft werden. Der Wandel in der Arbeitswelt und die Veränderungen der sozialen

Strukturen erfordern eine kontinuierliche Anpassung der Bildungs- und Sozial-systeme. Insgesamt zeigt der Artikel, dass eine erfolgreiche Stadtplanung nicht nur auf technischen Lösungen basieren kann, sondern auch die sozialen und kulturellen Dimensionen einbeziehen muss, um eine lebenswerte und gerechte Stadt zu schaffen.

Literatur

ARL – Akademie für Raumentwicklung in der Leibniz-Gemeinschaft (Hrsg.) (2024): Große Transformation und nachhaltige Raumentwicklung machen: Impulse zur Umsetzung in der regionalen und kommunalen Praxis. Hannover. = Positionspapier aus der ARL 148.

Baur, Nina & Kulke, Elmar & Hering, Linda & Fülling, Julia (2021): Dynamics of Polycontexturalization in Commodity Chains. In: sozialraum.de (13) Ausgabe 1/2021.

Beck, Ulrich (1986): Risikogesellschaft: Auf dem Weg in eine andere Moderne. Suhrkamp: Frankfurt am Main.

Beck, Ulrich (1999): Weltrisikogesellschaft, ökologische Krise und Technologiepolitik. In: Beck, Ulrich u.a. (Hrsg): Der unscharfe Ort der Politik. Empirische Fallstudien zur Theorie der reflexiven Modernisierung, Leske + Budrich: Opladen, S. 307–334.

Beck, Ulrich (2008): Moderne. In Lexikon Soziologie und Sozialtheorie, 198–201. Stuttgart: Reclam.

Bell, Daniel (1973): Die nachindustrielle Gesellschaft. Frankfurt am Main & New York: Campus.

Berger, Peter L. & Huntington, Samuel P. (2002): Many Globalizations: Cultural Diversity in the Contemporary World. Oxford University Press: New York.

Berking, Helmuth (2006): Raumtheoretische Paradoxien im Globalisierungsdiskurs. In: Berking, Helmuth (Hrsg.): Die Macht des Lokalen in einer Welt ohne Grenzen. Frankfurt am Main: Campus, S. 7–22.

Block, Fred (2003): Karl Polanyi and the writing of The Great Transformation. In: Theory and Society 32, S. 275–306.

Borgstedt, Silke & Stockmann, Frauke (2023): Gesellschaftliche Trends im urbanen Wandel. Wohnen, Zusammenleben und Partizipation in den Sinus-Milieus. vhw-Schriftenreihe Nr. 44. Berlin.

Brand, Ulrich & Wissen, Markus (2018): Imperiale Lebensweise. Zur Ausbeutung von Mensch und Natur im globalen Kapitalismus. München: oekom.

Bukow, Wolf.-Dieter, Nikodem, Claudia, Schulze, Erika, & Yildiz, Erol (2001): Die multikulturelle Stadt. Von der Selbstverständlichkeit im städtischen Alltag. Opladen

Bundesministerium für Verkehr-, Bau- und Stadtentwicklung, 2010.Bundesministerium für Verkehr-, Bau- und Stadtentwicklung (Hrsg.) (2010): Identität bauen. Position zum Wesen unserer gebauten und gelebten Umwelt. Berlin: Dokumentation der Baukulturwerkstatt.

Butterwegge, Christoph (2020): Die polarisierende Pandemie. Deutschland nach Corona. Weinheim: Beltz.

Castells, Manuel (1996): The Rise of the Network Society. Malden & Massachusetts: Blackwell Publishers.

Castells, Manuel (2000): Toward a sociology of the network society, in: Contemporary sociology, 29(5), S. 693–699.

Castells, Manuel (2003): Die Entstehung der Vierten Welt: Informationeller Kapitalismus, Armut und soziale Exklusion. In: Jahrtausendwende. VS Verlag für Sozialwissenschaften.

Dangschat, Jens S. (2005): Die ‚neue‘ Gesellschaft: Auswirkungen auf die bestehenden Planungsverfahren. In: ÖROK: Raumordnung im 21. Jahrhundert – zwischen Kontinuität und Neuorientierung.

Dangschat, Jens S. (2007): Soziale Ungleichheit, gesellschaftlicher Raum und Segregation. In: Dangschat, Jens S. & Hamedinger, Alexander (Hrsg.) (2007): Lebensstile, soziale Lagen und Siedlungsstrukturen. Akademie für Raumforschung und Landesplanung. Hannover: Verlag der ARL, S. 21–50.

Dangschat, Jens S. (2014): Wachstumsoption, Integrationsversprechen oder Überforderung? – Vielfalt der Stadtgesellschaft und die Ansätze der Stadtentwicklung. In: vhw Forum Wohnen und Stadtentwicklung 4/2014: 185–190.

Dangschat, Jens S. (2018): Disparitäten, räumliche. In: ARL – Akademie für Raumforschung und Landesplanung (Hrsg.): Handwörterbuch der Stadt- und Raumentwicklung. Hannover. 425–438.

Davy, Benjamin & Levin-Keitel, Meike & Sielker, Franziska (2023): Plural planning theories: cherishing the diversity of planning, in: European Planning Studies, 31(11), S. 2267–2276.

Diekmann, Andreas (2024): Klimawandel – kein Thema für die Soziologie? Zeitschrift für Soziologie, 53(1), S. 3–7.

Dörre, Klaus & Lessenich, Stephan & Rosa, Hartmut (2013): Soziologie-Kapitalismus-Kritik: Eine Debatte. Suhrkamp Verlag, Berlin.

Eckardt, Frank (2023): Urbanismus als Ökozid: Stadtplanung als inkrementelle Ursache für Ökozide. In: Paff, Tino (Hrsg.) Ökozid. München: oekom, S. 167–180.

Ehrlich and Overman, 2020. Ehrlich, Maximilian v & Overman, Henry G. (2020): Place-Based Policies and Spatial Disparities across European Cities. Journal of Economic Perspectives, 34 (3), 128–149.

Einig, Klaus & Grabher, Gernot & Ibert, Oliver & Strubelt, Wendelin (Hrsg.) (2005): Urban Governace. In: Informationen zur Raumentwicklung 9/10, 2005, S. I–IX.

Friedmann, John (1993): Toward a Non-Euclidian Mode of Planning. In: Journal of the American Planning Association, 59(4), S. 482–485.

Florida, Richard (2002): The Rise of the Creative Class: And How It's Transforming Work, Leisure, Community and Everyday Life. New York: Basic Books.

Frey, Oliver & Koch, Florian (Hrsg.) (2011): Die Zukunft der europäischen Stadt, Wiesbaden: VS-Verlag für Sozialwissenschaften.

Frey, Oliver (2009): Die amalgame Stadt. Orte. Netze. Milieus. Wiesbaden: VS-Verlag für Sozialwissenschaften.

Frey, Oliver (2011): Stadtkonzepte in der Europäischen Stadt: In welcher Stadt leben wir eigentlich? In: Frey, Oliver; Koch Florian (Hrsg.) (2011): Die Zukunft der europäischen Stadt. Stadtpolitik, Stadtplanung und Stadtgesellschaft im Wandel. Wiesbaden: VS Verlag für Sozialwissenschaften, S. 380–415.

Frey, Oliver (2015): Die Stadt von morgen; in: Spektrum der Wissenschaft, Mai 2015, S. 80–86.

Frey, Oliver (2020): Planungssoziologie – Quo Vadis? Steuerung zwischen gebautem Raum und sozialen Prozessen. In: Dillinger, Thomas & Getzner, Michael & Kanonier, Arthur & Zech, Sibylla (Hrsg.): 50 Jahre Raumplanung an der TU Wien studieren – lehren – forschen. Jahrbuch des Instituts für Raumplanung der TU Wien 2020, Band 8, S. 610–625.

Geschäftsstelle der Österreichischen Raumordnungskonferenz (ÖROK) (2022): Räumliche Dimensionen der Digitalisierung. Wien.

Haist, Karin (2023): Demografischer Wandel – bekannte Herausforderungen, neue Gestaltungsmöglichkeiten, ifo Institut – Leibniz-Institut für Wirtschaftsforschung an der Universität München, München, 76(11), S. 03–7.

Hammermeister, J. (2023). Alltagsverstand und imperiale Lebensweise. In: Kierot, L., Brand, U., Lange, D. (eds) Solidarität in Zeiten multipler Krisen. Citizenship. Studien zur Politischen Bildung. Springer VS, Wiesbaden. https://doi.org/10.1007/978-3-658-40794-0_4

Haslauer, Eva & Strobl, Josef (2016): GIS-basiertes Backcasting: Ein Instrument zur effektiven Raumplanung und für ein nachhaltiges Ressourcenmanagement. In: Bachleitner, Reinhard & Weichbold, Martin & Pausch, Markus. (Hrsg.): Empirische Prognoseverfahren in den Sozialwissenschaften. Zukunft und Forschung, vol 5. Springer VS, Wiesbaden, S. 278–304.

Healey, Patsy (1996): Planning Through Debate: The Communicative Turn in Planning Theory. In: Town Planning Review, 63, S. 143–162.

Hesse, Markus & Lange, Bastian (2023): Die Krise der Stadt als permanente Herausforderung für Nachhaltigkeit. Ökologisches Wirtschaften – Fachzeitschrift, 38(1), S. 18–20.

Hoffmann, Jessica & Philipp, Marlon & Sonnberger, Marco & Sommer, Bernd (2023): "Transformation." In: SuN Soziologie und Nachhaltigkeit, Beiträge zur sozial-ökologischen Transformationsforschung, S. 1–5.

Holm, Andrej (2021): Mietenwahnsinn: Warum Wohnen immer teurer wird und was wir dagegen tun können. Frankfurt am Main: Suhrkamp Verlag.

Hradil, Stephan (1987): Sozialstrukturanalyse in einer fortgeschrittenen Gesellschaft. Von Schichten und Klassen zu Lagen und Milieus. Opladen: Leske & Budrich.

Hülz, Martina & Krätzig, Sebastian & Siegloch, Sebastian & Streng, Martin (2024): Multidimensionale regionale Ungleichheit in Deutschland: Eine Analyse aus ökonomischer und raumwissenschaftlicher Perspektive (Multi-dimensional regional Inequality in Germany: An analysis from an economic perspective and spatial science perspective) (2024). ZEW – Centre for European Economic Research Discussion Paper No. 24–015.

Hummel, Konrad (2018): Demokratische Stadtentwicklung: Vielfaltsstädte und die Herausforderung von Rechtspopulismus und Vertrauensverlusten. Forschungsjournal Soziale Bewegungen, 31(1-2), S. 245–263.

Huntington, Samuel P. (1996): Kampf der Kulturen. Die Neugestaltung der Weltpolitik im 21. Jahrhundert. Wien: Europa.

Inglehart, Ronald (1998): Modernisierung und Postmodernisierung. Kultureller, wirtschaftlicher und politischer Wandel in 43 Gesellschaften. Frankfurt/Main: Campus Verlag.

Inglehart, Ronald/Norris, Pippa (2017): Cultural Backlash: Trump, Brexit, and Authoritarian Populism. Cambridge: Cambridge University Press.

Karvonen, Andrew (2018): Planning has always been relational. In: Gunder, Michael Madanipour Ali und Watson Vanessa: The Routledge Handbook of Planning Theory. Routledge.

Kierot, Lara & Brand, Ulrich & Lange, Dirk (Hrsg.) (2023): Solidarität in Zeiten multipler Krisen. Citizenship. Studien zur Politischen Bildung. Springer VS, Wiesbaden.

Kierot, Lara u.a. (Hrsg.): Solidarität in Zeiten multipler Krisen. Citizenship. Studien zur Politischen Bildung. Springer VS, Wiesbaden.

Kirchner, Stefan & Beyer, Jürgen (2016): Die Plattformlogik als digitale Marktordnung. Zeitschrift für Soziologie, 45, S. 324–339.

Kondratieff, Nikolai D. (1926): Die langen Wellen der Konjunktur, Archiv für Sozialwissenschaft und Sozialpolitik, Tübingen, S. 573ff.

Konietzka, Dirk & Martynovych, Yevgeniy (2022): Die These der räumlichen Polarisierung in der neuen Klassengesellschaft. Ein empirischer Beitrag zur sozialen Spaltung von „Stadt und Land". Köln Z Soziol 74, S. 169–202.

Küchler, Susanne (2015): Wenn Dinge Netzwerke sind. In: Hahn, Hans Peter (Hrsg.) (2015): Vom Eigensinn der Dinge. Für eine neue Perspektive auf die Welt des Materiellen. Berlin: Neofelis Verlag, S. 127–145.

Kulke, Elmar & Baur, Nina (2021): Spatial Transformations and Spatio-Temporal Coupling: Links between everyday shopping behavior and changes in the retail landscape. In Spatial Transformations, Routledge, S. 151–166.

Latouche, Serge (2009): Farewell to Growth. Cambridge: Polity Press.

Lenz, Sarah & Henkel, Anna (2023): Digitalisierung und Nachhaltigkeit. In: Sonnberger, Marco u.a. (Hrsg.): Handbuch Umweltsoziologie, Wiesbaden: Springer Fachmedien Wiesbaden, S. 1–15.

Lessenich, Stephan (2016): Neben uns die Sintflut – Wie wir auf Kosten anderer leben. Berlin: Rowohlt.

Levin-Keitel, Maren; Behrend, Lisa (2022): Werteorientierung in der räumlichen Planung. In: Die Topologie der Planungstheorien: Eine Systematisierung planerischen Wissens. Berlin, Heidelberg: Springer Berlin Heidelberg, S. 49–70.

Lintz, Gerd (2023): Viele Wahrheiten in der Planung? Anmerkungen zu Ideen der Postmoderne in der Planungstheorie, in: Raumforschung und Raumordnung, Spatial Research and Planning.

Lips, Anna & Heyer, Lea & Thomas, Severine. (2022). Jugendliches Raumerleben während der Corona-Pandemie. Diskurs Kindheits- und Jugendforschung, 17(1). 72–88.

Löw, Martina & Knoblauch, Hubert (2021). Raumfiguren, Raumkulturen und die Refiguration von Räumen. In: Löw, Martina, Sayman, V., Schwerer, J., & Wolf, H. (2021): Am Ende der Globalisierung. Über die Refiguration von Räumen, transcript Verlag.

Löw, Martina (2008): Eigenlogische Strukturen – Differenzen zwischen Städten als konzeptuelle Herausforderung. In: Berking, Helmuth & Löw, Martina (Hrsg.): Eigenlogik der Städte. Neue Wege für die Stadtforschung. Frankfurt am Main/New York: Campus. 33–53.

Löw, Martina, Sayman, V., Schwerer, J., & Wolf, H. (2021): Am Ende der Globalisierung: Über die Refiguration von Räumen. transcript Verlag.

Mackrodt, Ulrike & Helbrecht, Ilse (2013): Performative Bürgerbeteiligung als neue Form kooperativer Freiraumplanung. In: disP – The Planning Review, 49(4), S. 14–24.

Mackrodt, Ulrike (2015): Cui bono? Die Pioniernutzungen auf dem Tempelhofer Feld in Berlin zwischen Partizipation, Stadtmarketing und Protest. In: Othengrafen, Frank & Sondermann, Martin (Hrsg.): Städtische Planungskulturen im Spiegel von Konflikten, Protesten und Initiativen, Planungsrundschau 23, Berlin, S. 277–302.

Mair, Peter (2013): Ruling the Void: The Hollowing of Western Democracy. London: Verso.

Matthiesen, Ulf (2009). KnowledgeScapes: A new conceptual approach and selected empirical findings from recent research on knowledge milieus and knowledge networks. disP – The Planning Review, 45(177), 10–28.

Matthiesen, Ulf (2013). KnowledgeScapes. In: Meusburger, Peter., Glückler, Johannes., el Meskioui, Martina. (Hrsg.): Knowledge and the Economy. Knowledge and Space, vol 5. Springer.

Mau, Steffen & Lux, Thomas & Westheuser, Linus (2023): Triggerpunkte: Konsens und Konflikt in der Gegenwartsgesellschaft. Frankfurt: Suhrkamp.

Meusburger, Peter., Glückler, Johannes., el Meskioui, Martina. (Hrsg.) (2013): Knowledge and the Economy. Knowledge and Space, vol 5. Springer.

Mitchell, Don (2003): The Right to the City: Social Justice and the Fight for Public Space. New York: Guilford Press.

Mitchell, William J. (1995): City of Bits: Space, Place, and the Infobahn. MIT Press

Mouffe, Chantal & Holdengräber, Paul (1989): Radical Democracy: Modern or Postmodern? Social Text, no. 21, S. 31–45.

Musterd, Sako & Ostendorf, Wim (Hrsg.) (2013): Urban Segregation and the Welfare State: Inequality and Exclusion in Western Cities. London: Routledge.

Nachtwey, Oliver (2016): Die Abstiegsgesellschaft. Über das Aufbegehren in der regressiven Moderne. Berlin: Suhrkamp.

Noller, Peter (1999): Globalisierung, Stadträume und Lebensstile. Kulturelle und lokale Repräsentationen des globalen Raumes, Opladen: Leske & Budrich.

Offe, Claus (2016): Europa in der Falle. Berlin: Suhrkamp.

Othengrafen, Frank & Levin Keitel, Meike (2019): Planners between the Chairs: How Planners (Do Not) Adapt to Transformative Practices. Urban Planning, 4(4), S. 111–138.

Paff, Tino (Hrsg.) (2023): Ökozid. München: oekom verlag.

Peters, Deike (2004): Zum Stand der deutschsprachigen Planungstheorie. In: Altrock, Uwe & Güntner, Simon & Huning, Sandra (Hrsg.): Perspektiven der Planungstheorie. Berlin: Leue Verlag, S. 5–18.

Pfnür, Andreas & Lachenmayer, Fabian & Bachtal, Yassien & Voll, Kyra (2023): So wohnen wir in Zukunft: Wie der soziodemografische Wandel das Wohnen verändert – Empirische Studie bei privaten Haushalten, Arbeitspapiere zur immobilienwirtschaftlichen Forschung und Praxis, No. 49, Technische Universität Darmstadt, Forschungscenter Betriebliche Immobilienwirtschaft, Darmstadt.

Poferl, Angelika (2019): Die Verortung des Subjekts. Herausforderungen der Globalisierungsforschung und Überlegungen zu einer nachgesellschaftlichen Gesellschaftstheorie, SFB 1265 Working Paper, Nr. 3, Berlin.

Polanyi, Karl [1944] (2002): The great transformation. In: Readings in economic sociology, S. 38–62.

Pongs, Armin (1999): In welcher Gesellschaft leben wir eigentlich? Gesellschaftskonzepte im Vergleich, Band 1 und 2, Dilemma Verlag.

Reckwitz, Andreas & Rosa, Hartmut (2021): Spätmoderne in der Krise: Was leistet die Gesellschaftstheorie? Suhrkamp Verlag.

Reckwitz, Andreas (2014): Die Erfindung der Kreativität – Zum Prozess gesellschaftlicher Ästhetisierung. Berlin: Suhrkamp.

Reckwitz, Andreas (2017): Die Gesellschaft der Singularitäten. Zum Strukturwandel der Moderne. Berlin: Suhrkamp.

Reckwitz, Andreas (2019): Das Ende der Illusionen. Politik, Ökonomie und Kultur in der Spätmoderne. Berlin: Suhrkamp.

Robertson, Roland (1998): Glokalisierung: Homogenität und Heterogenität in Raum und Zeit. In: Beck, Ulrich (Hrsg) (1998): Perspektiven der Weltgesellschaft. Frankfurt am Main: Suhrkamp, S. 192–220.

Rosa, Hartmut (2013): 'Notes' Social Acceleration: A New Theory of Modernity, New York Chichester, West Sussex: Columbia University Press, 2013, S. 323–418.

Rydin, Yvonne (2014): The challenges of the 'material turn' for planning studies. In: Planning Theory & Practice, Vol. 15, No. 4, S. 590–595.

Sachweh, Patrick (2021): Klassen und Klassenkonflikte in der postindustriellen Gesellschaft Soziale Spaltungen und soziokulturelle Polarisierung in den Mittelklassen. Leviathan 49: S.181–188.

Sassen, Saskia (2001): The Global City: New York, London, Tokyo. 2. Auflage. Princeton: Princeton University Press.

Schimank, Uwe (1996): Theorien gesellschaftlicher Differenzierung, Opladen: Leske + Budrich.

Schimank, Uwe (2009): Planung – Steuerung – Governance: Metamorphosen politischer Gesellschaftsgestaltung, in: Die Deutsche Schule, 101(3), S. 231–239.

Schor, Juliet B. (2017): Does the sharing economy increase inequality within the eighty percent? findings from a qualitative study of platform providers, Cambridge Journal of Regions, Economy and Society, 10(2), July 2017, Pages 263–279.

Schroer, Markus (2022): Geosoziologie: Die Erde als Raum des Lebens. Frankfurt am Main: Suhrkamp.

Schubert, Dirk (2015): Stadtplanung – Wandlungen einer Disziplin und zu-künftige Herausforderungen, in: Flade, Antje (Hrsg.): Stadt und Gesellschaft im Fokus aktueller Stadtforschung: Konzepte-Herausforderungen-Perspektiven, Springer Fachmedien Wiesbaden, S. 121–176.

Schumpeter, Joseph A. (1939): Business Cycles: A Theoretical, Historical, and Statistical Analysis of the Capitalist Process, 2 vol., New York: McGraw-Hill.

Schwinn, Thomas (2009): Multiple Modernities: Konkurrierende Thesen und offene Fragen. Zeitschrift für Soziologie 38, 454–476.

Schwinn, Thomas (Hrsg.) (2006): Die Vielfalt und Einheit der Moderne. Kultur- und strukturvergleichende Analysen. Wiesbaden: VS Verlag für Sozialwissenschaften.

Shepard, Mark (2011): Sentient City: Ubiquitous Computing, Architecture, and the Future of Urban Space. Cambridge, MA: MIT Press.

Siedentop, S. (2020): Die Vermessung der Gleichwertigkeit. Zur Rolle der Wissenschaft im Umgang mit räumlicher Ungleichheit. Nachrichten der ARL 01-02/2020. Hannover, S. 27–30.

Sonnberger, Marco & Bleicher, Alena & Groß, Matthias (2024) (Hrsg.): Handbuch Umweltsoziologie. Wiesbaden: Springer Fachmedien.

Standing, Guy (2011): The Precariat: The New Dangerous Class. London: Bloomsbury Academic.

Stehr, Nico (1994): Arbeit, Eigentum und Wissen. Zur Theorie von Wissensgesellschaften. Frankfurt am Main.

Stumfol, Isabel & Zech, Sibylla (2019): Plädoyer für ein neues Bild vom Land/A Case for a New Image of the Countryside, In: Graz Architecture Magazine, Heft 15, Territorial Justice, Fakultät für Architektur, TU Graz, S. 34–43.

Touraine, Alain (1996): Das Ende der Städte? in: DIE ZEIT No. 23, 31 May 1996.

Verba, Sidney/Schlozman, Kay Lehman/Brady, Henry E. (1995): Voice and Equality: Civic Voluntarism in American Politics. Cambridge: Harvard University Press.

Volkmer, Michael & Werner, Karin (Hrsg.) (2020): Die Corona-Gesellschaft: Analysen zur Lage und Perspektiven für die Zukunft. transcript Verlag.

Zapf, Wolfgang. (2006). Modernisierungstheorie – und die nicht-westliche Welt. In Die Vielfalt und Einheit der Moderne. Kultur- und strukturvergleichende Analysen, Hrsg. Thomas Schwinn, 227–235. Wiesbaden: VS Verlag für Sozialwissenschaften.

Zibell, Barbara & Damyanovic, Doris & Strum. Ulrike (2019): Gendered Approaches to Spatial Development in Europe. Routledge: New York, NY, USA.

Räumliche Transformation und Herausforderungen für die Planung

5

5.1 Einleitung

Durch Raum- und Stadtplanung stehen Verfahren, Instrumente und Methoden zur Steuerung der Entwicklung von Orten und Räumen zur Verfügung. Vor dem Hintergrund räumlicher Transformationsprozesse wird die Herausforderung der Planung zur Beeinflussung sozialräumlicher Prozesse durch Instrumente und Methoden analysiert. Entweder zielen Planungsmaßnahmen auf die physisch-materielle Substanz städtischer Orte und Räume oder auf die sozialen und kulturellen Prozesse und Herstellungspraktiken von Raum. Zudem wird nach der räumlichen Ebene der Steuerung unterschieden: Steuerungsziele können sich auf die Region, die Gesamtstadt oder Teilgebiete bzw. Quartiere oder spezifische städtische Orte beziehen. Die Objekte der Steuerung können im physischen Raum als konkrete baulich-materielle Dinge liegen oder im Sozialraum als sozial-kulturelle Felder sowie im symbolischen Raum in Diskursen oder Bildern bzw. Images verortet sein (vgl. Frey & Koch 2011; Frey 2024).

Die Steuerungsprozesse und ihre planerischen Instrumente werden als eher marktnah-koordinierend, eher hierarchisch-staatlich oder über Netzwerke eingeordnet. Die Formen der Steuerung sind institutionell eingebettet in Markt, Staat oder Gesellschaft. Entscheidend ist die Frage, nach welchen Gesetzen, Regeln oder Normen die Steuerung erfolgt und ob die Regulation eher nach formalen oder informellen Kriterien erfolgt (vgl. Streek & Schmitter 1985; Frey 2009).

Wo und welche planerischen Instrumente eingesetzt werden, hat Einfluss auf die Wirkungsbereiche. Dabei werden die städtischen Bereiche bzw. Territorien differenziert auf die jeweiligen in Betracht kommenden Steuerungsstrategien (vgl.

O. Frey, *Raum und Gesellschaft*, https://doi.org/10.1007/978-3-658-48154-4_5

Einig u. a. 2005). Räumliche Steuerungsstrategien fokussieren entweder stärker die endogene Eigenentwicklung von Orten oder eine stärkere Steuerung von außen.

Die Transformation sozialräumlicher Entwicklungen in Gemeinden und Städten wird auch durch einen technologiegetriebenen Wandel von Kommunikation und sozialem Handeln verursacht. Infolgedessen verringert sich die Form traditioneller sozialer Interaktion, wodurch Innovation und Kreativität im Raum stärker durch Technisierung geprägt werden. Im Zuge dessen verbreiten sich neue Wissensformen, Informationen und Daten, die die Steuerung oder zumindest die Beeinflussung des gesellschaftlichen und räumlichen Wandels erschweren. Der sozialräumliche Wandel führt zu durch die Planung schwer steuerbaren Reurbanisierungsprozessen, aber auch zu Wachstums- und Schrumpfungsprozessen innerhalb von Regionen (vgl. Haase u. a. 2010; Siedentop 2018).

Die Steuerung sozialräumlicher Transformationsprozesse in Städten hat sich verändert: Die lokale Stadtplanung verliert aufgrund finanzieller Engpässe und begrenzter demokratischer Einflussmöglichkeiten an Bedeutung. Finanzielle Defizite resultieren aus einer unzureichenden kommunalen Finanzausstattung, insbesondere in strukturschwachen und hochverschuldeten Städten. Allerdings verfügen wirtschaftsstarke Kommunen über größere Handlungsspielräume, weshalb finanzielle Einschränkungen nicht pauschalisiert werden sollten. Trotz der kommunalen Planungshoheit (§ 1 BauGB) wird die demokratische Legitimation der Stadtplanung durch den zunehmenden Einfluss privater Investoren, überregionale Projektentwickler und Public–Private Partnerships (PPP) relativiert. Externe wirtschaftliche und politische Zwänge sowie schwer zugängliche Beteiligungsverfahren erschweren eine umfassende demokratische Kontrolle. Dies begünstigt eine Verschiebung der Planungshoheit zugunsten wirtschaftlicher Interessen und übergeordneter politischer Akteure.

In der Zivilgesellschaft lassen sich zwei entgegengesetzte Tendenzen ausmachen, da ein ‚Auseinanderbrechen' und ein Verlust an integrierenden Identitäten und Werthaltungen zwischen heterogenen gewordenen Bevölkerungsschichten zu unterschiedlichen Perspektiven und Möglichkeiten einer Teilhabe an städtischen Entwicklungen führt: Auf der einen Seite verlieren zunehmend mehr soziale Gruppen den ‚Anschluss' an städtische Entwicklungen und ziehen sich verstärkt in den privaten Raum zurück. Andere soziale Gruppen fordern zunehmend auch öffentlich eine Partizipation und Beteiligung ein und besitzen für diese Gestaltungsmöglichkeiten unterschiedliches soziales, kulturelles und ökonomisches Kapital. Diese Dynamik verdeutlicht ein Spannungsfeld zwischen zunehmenden Beteiligungsmöglichkeiten und einer gleichzeitig abnehmenden Beteiligungsbereitschaft weiter Teile der Bevölkerung. Gründe dafür sind unter anderem die steigende Komplexität planungsrechtlicher Verfahren sowie ein mangelndes Interesse an kommunalen Entwicklungsprozessen, was die Herausforderung verstärkt, eine breite und inklusive Partizipationskultur zu etablieren (vgl. Arnstein 1969; Lowndes et al. 2006).

Private Unternehmen stoßen dabei in die Lücke der politischen Schwäche und betreiben selbst Stadtforschung und Stadtentwicklung. Die stadtplanerischen Gestaltungsmöglichkeiten privater Unternehmen oder besser gestellter sozialer Gemeinschaften und Gruppen nehmen dementsprechend zu. Dies wird in Zukunft sowohl zu einer Zunahme der Konflikte zwischen den Akteurinnen und Akteuren der hoheitlichen räumlichen Planung sowie privatwirtschaftlicher Interessenslagen führen als auch zu neuen Kooperationsformen und -möglichkeiten, welche neue Allianzen in der zukünftigen Stadtentwicklung entstehen lassen wie beispielsweise private und öffentliche Partnerschaften (PPP-Modelle) (vgl. Heinz 1993).

Die zunehmende Pluralität in der Gesellschaft führt im Planungskontext zu einer zunehmenden Akteursvielfalt. Interessenkonflikte um Raum können sich verschärfen. Die Planerinnen und Planer werden neben der Praxisanwendung ihres Fachwissens auch die Fähigkeit zur Moderation und Mediation in räumlichen Konflikten brauchen. Zudem wird von angehenden Planerinnen und Planern ein zusätzliches Wissen verlangt. Wissen über verändertes soziales Handeln, Kommunikation und Verhalten, da sich die unterschiedlichen Bedürfnisse und Wahrnehmungen im Raum ausdifferenzieren. Diese neuen, sich auch überlagernden Raumidentitäten führen zur Neukonzeption der Leitideen im Bereich Arbeit, Wohnen, Freizeit, Konsum und Mobilität. Es braucht verstärkte Kompetenzen, um räumliche Exklusions- und Integrationsprozesse besser zu steuern (vgl. Läpple 2018).

Aktuelle Entwicklungen, wie die vierte technologische Revolution, der Klimawandel, globale Migrationsbewegungen und wachsende soziale Ungleichheiten, erhöhen die Komplexität und Unsicherheit in der räumlichen Planung zusätzlich. Planerinnen und Planer müssen flexibel und anpassungsfähig sein, um auf diese dynamischen Veränderungen reagieren zu können. Interdisziplinäre Ansätze und die Integration von technologischem Wissen werden immer wichtiger, um innovative Lösungen zu entwickeln und nachhaltige Stadtentwicklung zu fördern. Am Horizont der Zukunft unserer Gegenwartsgesellschaften erscheint eine ungeheure, noch nie in solcher Form dagewesene globale Gefährdung – Waffenarsenale, Klima, Hunger, Armut, Migrationsbewegungen und eine vierte technologische Revolution, die in den nächsten Jahren radikale Planungsansätze erforderlich machen. Man muss sich tatsächlich fragen, welche Rolle räumliche Planung in

einer Gesellschaft mit chaotischen und zugleich totalitären Entwicklungen überhaupt einnehmen kann. In seinem Buch „Die offene Gesellschaft und ihre Feinde"
hat sich Popper Mitte des 20. Jahrhunderts auch mit Planung auseinandergesetzt.
Er schreibt:

„Wenn wir Menschen bleiben wollen, dann gibt es nur einen Weg, den Weg ins
Unbekannte, ins Ungewisse, ins Unsichere weiterzuschreiten und die Vernunft,
die uns gegeben ist, zu verwenden, um, so gut wir es eben können, für beides
zu planen: nicht nur für die Sicherheit, sondern zugleich auch für die Freiheit"
(Popper 1957: 224).

Diese kurz skizzierten zentralen gesellschaftlichen Entwicklungen und Transformationen haben folgenreiche Konsequenzen für die Art und Weise der
räumlichen Planung: Wenn die gesellschaftliche Unübersichtlichkeit zunimmt,
nimmt gleichzeitig die Planungssicherheit ab. Was müssen Planerinnen und Planer lernen, um mit Verunsicherung besser umgehen zu können? Was bedeutet
‚Planung unter Unsicherheit' – gerade, wenn die Sozialwissenschaften immer
weniger in der Lage sind, Prognosen und Szenarien für räumliche Entwicklungen
zu erstellen?

5.2 Räumliche Transformationen und bauliche Prozesse

Räumliche Transformationen sind ein dynamischer und vielschichtiger Prozess,
der die kontinuierliche Veränderung und Anpassung von regionalen, städtischen
und ländlichen Räumen beschreibt. Diese Transformationen sind das Ergebnis
eines komplexen Zusammenspiels von sozialen, ökonomischen, ökologischen und
technologischen Faktoren. In einer Zeit, in der Urbanisierung, Digitalisierung
und Klimawandel die Rahmenbedingungen für die Entwicklung von Räumen
grundlegend verändern, wird die Analyse und das Verständnis dieser Prozesse
immer wichtiger. Räumliche Transformationen betreffen nicht nur die physische
Struktur von Städten und Regionen, sondern auch die sozialen und kulturellen
Praktiken, die sich innerhalb dieser Räume entwickeln und entfalten (vgl. Wanner et al. 2022). Im folgenden Abschnitt werden unterschiedlichen Dimensionen
dieser Transformationsprozesse beleuchtet und die Triebkräfte dieser Veränderungen beschrieben. Ziel ist es, die Mechanismen und Auswirkungen der räumlichen
Transformationen besser zu verstehen, um zukunftsfähige und resiliente Strategien für die räumliche Planung und Entwicklung umsetzen zu können. Sechs
zentrale Herausforderungen lassen sich dabei identifizieren:

- Bevölkerungswachstum: Die Bevölkerung wächst in beachtlichen Größenordnungen, was zu einer Renaissance des Urbanen führt. Besonders Klein- oder Mittelzentren, die nicht im Sog einer Großstadtregion liegen, verzeichnen ein Bevölkerungsplus. Dies stellt die Wohnungsfrage neu und erfordert verstärkte Sanierungstätigkeiten im Altbestand, die Ausweisung von Bauland sowie innerstädtische Verdichtungen. Diese Maßnahmen führen jedoch zu ökologischen und sozialen Zielkonflikten, die durch innovative Wohnkonzepte sowie eine stärker integrierte und nachhaltige Stadtplanung, unter Einsatz sowohl restriktiver als auch anreizbasierter Steuerungsinstrumente, zu bewältigen sind (vgl. Spars 2021; Neumann u. a. 2022).

- Polarisierende Raumentwicklung: Es gibt zwei Seiten einer Medaille, die als ‚Wachstumspole' und ‚potenzialarme Räume' bezeichnet werden. Auf der anderen Seite führen die Wachstumszentren zu steigenden Mieten und einer erhöhten Nachfrage nach Flächen, was den sozialen Druck auf einkommensschwächere Bevölkerungsgruppen verstärkt. Potenzialarme Räume hingegen kämpfen mit Abwanderung und einem Rückgang von Infrastruktur und Dienstleistungen, was die regionale Ungleichheit weiter verstärkt. Diese Disparitäten können langfristig zu einer Verfestigung struktureller Probleme in den betroffenen Regionen führen (vgl. Fink et al. 2019).

- Traditionelle Raumnutzungen und Relokalisierung von Produktion und Gewerbe: Neue Produktionstechniken im Rahmen digitaler und automatisierter Industrien ermöglichen die Wiederansiedlung von produzierenden Betrieben in Siedlungsgebieten. Dies hat weitreichende Auswirkungen auf traditionelle ökonomische Strukturen. Gleichzeitig eröffnen sich neue Chancen für lokale Wertschöpfung und kurze Lieferketten, die durch die Relokalisierung begünstigt werden (vgl. Gärtner & Stegmann 2015; Läpple 2013 und 2016).

- Produktive Landschaften: Die Frage, wie Landschaften produktiv sein können, wird zunehmend wichtig. Dies betrifft individuelle Ernährung, Energieverbrauch sowie Freizeit- und Mobilitätsverhalten. Die räumliche Planung von Landschaft sollte sich u. a. den dadurch entstehenden neuen Landschaftsbildern widmen. Bei der Veränderung der Landschaftsnutzung und des Landschaftsbildes spielen in der Planung Strategien sowohl für naturbezogenen Tourismus und Freizeitgestaltung als auch zur Vermarktung der ‚produktiver Landschaften' mit neuen räumlichen Identitäten eine wichtige Rolle (vgl. Giffinger & Zech 2013; Schöbel-Rutschmann 2021).

- Planungskultur und Baukultur: Im deutschsprachigen Raum wird die Diskussion um die Grundsätze einer Baukultur intensiv geführt. Eine starke Planungskultur und Baukultur sind Merkmale von Vertrauensprozessen, bei denen Vertrauen als zentrale Aufgabe gesehen wird. Dies erfordert eine kontinuierliche Auseinandersetzung mit den Prinzipien guter Gestaltung und nachhaltiger Entwicklung (vgl. Plattform Baukulturpolitik 2021, Haase & Schmidt & Rink 2023; Peer u. a. 2024).

- Technologischer Wandel und Nachhaltigkeit: Der technologische Fortschritt, insbesondere im Bereich der Digitalisierung und Automatisierung, stellt die Planerinnen und Planer vor neue Herausforderungen. Die Integration dieser Technologien in die Stadtentwicklung sollte mit den Zielen der Nachhaltigkeit und Resilienz in Einklang gebracht werden (vgl. Rink & Kabisch 2017; Haase & Schmidt 2024).

Zusammengefasst stehen Planerinnen und Planer vor der Aufgabe, die vielfältigen und dynamischen Herausforderungen der (post-)modernen räumlichen Entwicklungen mit neuen Instrumenten und Methoden zu bewältigen. Dies erfordert nicht nur technisches und fachliches Wissen, sondern auch soziale Kompetenzen, Innovationsfähigkeit und ein tiefes Verständnis für die komplexen Wechselwirkungen zwischen Raum, Gesellschaft und Technologie (vgl. Warner et al. 2021).

Die Abb. 5.1 stellt zentrale Trends und Herausforderungen der räumlichen Entwicklung dar. Bevölkerungswachstum führt zu einer zunehmenden innerstädtischen Verdichtung und stellt hohe Anforderungen an Wohnraum, Infrastruktur und Mobilität. Gleichzeitig verstärkt sich eine polarisierende Raumentwicklung, bei der sich regionale Ungleichheiten zwischen Wachstumszentren und schrumpfenden Regionen verschärfen. Technologische Veränderungen, insbesondere Digitalisierung und Automatisierung, beeinflussen zunehmend räumliche Strukturen und Prozesse. Auch veränderte Raumnutzungen, beispielsweise durch die Ansiedlung von Produktion und Gewerbe in Siedlungsgebieten, verändern die

Abb. 5.1   Räumliche Transformation und bauliche Prozesse

Stadt- und Regionalentwicklung. Zudem erfordern ökologische, gesundheitliche und ökonomische Krisen eine resiliente Raumentwicklung, um langfristige Nachhaltigkeit zu gewährleisten. Produktive Landschaften spielen dabei eine Rolle für die Identitätsbildung und die nachhaltige Nutzung von Ressourcen. Die Abbildung verdeutlicht damit die vielschichtigen Transformationsprozesse, die eine integrierte und adaptive Planung erfordern.

5.2.1 Innenentwicklung: Städtische Gentrifizierung- und Verdrängungsprozesse

Um Innenentwicklung im Sinne einer baulichen und sozialen Verdichtung sozial verträglich gestaltet zu können, sollten Gentrifizierungsprozesse vermieden und eine sozial heterogene Bewohnerschaft gefördert werden. Unter den Stichwörtern ‚Renaissance der Stadt' und ‚Neue Urbanität' reflektierten zahlreiche Stadtsoziologinnen und Stadtsoziologen in den 1990er Jahren eine zunehmende Attraktivität innerstädtischer Gebiete, die durch eine bewusste städtebauliche Verdichtung unterstützt wird. Das Konzept der ‚Neuen Urbanität' betont die Rückkehr der Menschen in die Stadtzentren, getrieben durch den Wunsch nach Nähe zu Arbeitsplätzen, kulturellen Angeboten und sozialen Netzwerken (vgl. Siebel 2000; Frank 2011; Helbrecht 2016; Reiß-Schmidt 2018).

Der Abgesang auf die Integrationsleistung des Städtischen hatte bis vor kurzem Hochkonjunktur: Slogans wie ‚Mieten explodieren', ‚Luxussanierungen führen zu einem Ausverkauf der Innenstadt', ‚Segregation gefährdet den sozialen Frieden' oder ‚Gentrifizierung führt zu Verdrängung' benennen zwar gefährliche Spaltungstendenzen in ökonomisch schwache und starke Stadtquartiere, verschweigen aber die sichtbaren Trends zur Stärkung einer ‚Stadtgesellschaft von innen'. Die Innovations- und Integrationskraft urbaner Räume bleibt trotz der Auswirkungen neoliberaler Stadtentwicklung bestehen. Allerdings führt die zunehmende Privatisierung von Infrastruktur und die Auslagerung staatlicher Verwaltungsaufgaben an private Akteure zu erheblichen sozialen Risiken. Der Rückzug des Staates aus zentralen Bereichen der Daseinsvorsorge verschärft soziale Ungleichheiten, da einkommensschwache Gruppen zunehmend von öffentlichen Dienstleistungen und Mitgestaltungsmöglichkeiten ausgeschlossen werden. Der wachsende Einfluss privatwirtschaftlicher Akteure kann zu einer stärkeren sozialen und räumlichen Segregation führen, indem der Zugang zu grundlegenden urbanen Ressourcen wie Wohnraum, Mobilität oder Bildung zunehmend von der individuellen Zahlungsfähigkeit abhängt. Die langfristigen negativen Folgen dieser Entwicklung – insbesondere die soziale Spaltung und die Marginalisierung bestimmter Bevölkerungsgruppen – werden häufig unterschätzt oder ignoriert (vgl. Brenner & Theodore 2002).

Die Kreativität und vielfältigen Kulturen in den Städten stellen weiterhin ein wichtiger Nährboden für kreative Ideen, innovative Unternehmungen, technische Innovationen, spezifische Werthaltungen und Problemlösungen jenseits traditioneller Pfade dar. Sowohl in der Ökonomie als auch in der Zivilgesellschaft sind ‚Aufwertungsprozesse von innen' zu beobachten, die teilweise ohne radikale und abrupte Verdrängungsprozesse und Spaltungstendenzen ablaufen. Die Bedeutung von kreativem Wissen, technischen Innovationen und kulturellem Wertewandel im Wohnbereich und den städtischen Quartieren kann insofern auch die Rolle der Stadt als Integrationskraft stärken (vgl. Reiß-Schmidt 2018; Glatter & Mießner 2021).

Die ‚Wiederentdeckung der Innenstädte' als Lebens- und Arbeitsorte seit den 1990er Jahren hat aber auch zu einem Funktionswandel beigetragen: Die Innenstadt ist seitdem verstärkt zu einer lebendigen Bühne für Events, Konsum, Tourismus und eine bunte Vielfalt von Lebensstilen aus aller Welt geworden. Dieser Prozess, der als Reurbanisierung beschrieben wird, erklärt nach wie vor einen Attraktivitätsgewinn von Städten gegenüber dem ländlichen Raum. Seit der Jahrtausendwende ist die Stadt als Ort der Konsumation, der Produktion und für Aktivitäten des Lebens und Arbeitens stets attraktiver geworden. Die Innenstädte sind in diesem ökonomischen und kulturellen Transformationsprozess eher globaler, internationaler und weltoffener geworden, anstatt Bankrott zu gehen (vgl. Haase u. a. 2006; Lange u. a. 2009; Haase u. a. 2010; Brake & Herfert 2012; Siedentop 2018; Läpple 2019).

Der Wandel der Innenstadt vollzieht sich jedoch auch in einem Kampf um städtischen Raum, bei dem oft das ökonomische Kapital auf der Gewinnerseite steht. Dadurch können wichtige städtische Funktionen und soziale Institutionen an Bedeutung verlieren. Zudem zeigt sich, dass nicht in allen Bereichen ein attraktiveres städtisches Leben und Arbeiten zu verzeichnen ist. Insbesondere der stationäre Handel leidet unter den strukturellen Veränderungen seit der Coronapandemie und dem wachsenden Onlinehandel, wodurch zahlreiche Einzelhandelsflächen in den Innenstädten leer stehen und die städtische Aufenthaltsqualität beeinträchtigt wird (vgl. Lang 2021; Steffen 2022). Dieser Prozess verstärkt räumliche Disparitäten: Während einige innerstädtische Quartiere weiter florieren, geraten andere in eine Abwärtsspirale aus Leerstand, Funktionsverlust und sinkender sozialer Vielfalt. Eine zentrale Herausforderung der Stadtentwicklung besteht daher darin, adaptive Strategien zu entwickeln, um diese urbanen Transformationsprozesse sozial und funktional auszugleichen.

Zudem steht die ansässige lokale Bevölkerung im globalen Finanzkapitalismus des Wohnungsmarktes oft auf der Verliererseite durch Umwandlungen von Miet- in Eigentumswohnungen, durch enorme Mietsteigerungen oder auch durch die Verdrängung einkommensschwächerer Bevölkerungsgruppen in periphere Stadtteile. Diese Entwicklungen führen zu einer zunehmenden sozialen Segregation und gefährden die soziale Durchmischung der Innenstädte. Um diesen Tendenzen entgegenzuwirken, sind gezielte wohnungspolitische Maßnahmen und der Schutz bezahlbaren Wohnraums notwendig, um die Innenstädte für alle Bevölkerungsgruppen lebenswert zu erhalten. Wohnfunktionen für die Mittelschicht sind in den Kernstädten gegenüber dem Segment des Luxuswohnens im Nachteil; kleinere Geschäfte verschwinden zugunsten internationaler Kaufhausketten, und die traditionelle Gastronomiekultur wird durch hochpreisige Gastronomie ergänzt (vgl. Helbrecht 2016; Holm 2024).

Trotz wirtschaftlicher und infrastruktureller Umbrüche bleibt oft eine gewisse Kontinuität in der städtischen Atmosphäre erhalten, die sowohl Alteingesessene als auch Zugezogene wahrnehmen – auch wenn sich spezifische Strukturen verändern. Diese Widerstandsfähigkeit spüren ebenso Touristinnen und Touristen wie die Bewohnerinnen und Bewohner der Stadt (vgl. Zukin 2010). Die „Seele" einer Stadt ist anpassungsfähig, kann jedoch durch Gentrifizierungsprozesse spürbar verändert werden. Der Begriff beschreibt die städtische Identität oder den Genius Loci und wird von vielfältigen Faktoren geprägt. Besonders die kulturelle und soziale Vielfalt, die oft als wesentlich für das urbane Wesen gilt, kann durch Verdrängungseffekte und steigende Mietpreise erheblich beeinträchtigt werden. Insbesondere kleinere, lang ansässige Geschäfte, die zur lokalen Identität beitragen, sind von diesen Veränderungen betroffen. Ihr Verschwinden verändert nicht nur das Stadtbild, sondern kann auch zu einer Verschiebung der sozialen Struktur führen. Da viele Immobilien in Innenstädten privaten Eigentümern oder Investoren gehören, stehen wirtschaftliche Interessen häufig im Konflikt mit dem Erhalt sozialer Strukturen. Gleichzeitig zeigt die Geschichte, dass die „Seele" einer Stadt trotz tiefgreifender Veränderungen überdauern kann. Städte haben es immer wieder geschafft, Menschen, Ökonomien, Lebensstile und Kulturen zu integrieren, ohne ihre grundlegende Identität zu verlieren.

Wohnen bleibt in der (post-)kapitalistischen Stadtentwicklung mehr als nur eine Ware: Zwar wird Wohnen zunehmend zum Spekulationsobjekt, doch auch die Funktion als Rückzugsort ins Private, als Lebensraum für verschiedene Haushaltsformen und, bedingt durch die Corona-Pandemie, auch als Arbeitsort prägt weiterhin die Wohnformen. Die staatliche Regulierung des Wohnungsmarktes gewinnt dabei an Bedeutung. Durch regulative, restriktive und anreizschaffende

Steuerungsinstrumente der Stadtplanung oder Wohnungspolitik wie Mietober-grenzen, Spekulationseinschränkungen, die Enteignung spekulativer Leerstände sowie staatliche Förderungen und Neubau können gemischte Wohn- und Lebens-formen in der Stadt gesichert werden. Fördermaßnahmen zum Umbau des Wohnungsbestandes durch ökologische Sanierung von Häusern und Wohnraum ermöglichen energiesparende Wohnformen, flexible Grundrisse und die Anpas-sung an unterschiedliche Wohnbedürfnisse in verschiedenen Lebensphasen (vgl. Giffinger & Zech 2013; Belina 2020; Spars 2021; Ehrhardt u. a. 2022).

5.2.2 Stadtregionales Wachstum: Verdichtung und Wohnungsfrage

Das stadtregionale Wachstum wird maßgeblich durch den Bevölkerungszuwachs beeinflusst, der in vielen Regionen zu beobachten ist. Dieses Wachstum führt zu einer Renaissance des urbanen Lebensstils, insbesondere in Klein- und Mit-telzentren, die nicht im direkten Einflussbereich großer Metropolregionen liegen und ein bemerkenswertes Bevölkerungsplus verzeichnen (vgl. Zimmermann u. a. 2024). Diese Entwicklung stellt die Wohnungsfrage in diesen Regionen neu und erfordert gezielte Maßnahmen, um den Wohnraummangel zu bewältigen (vgl. Ehrhardt u. a. 2022). Verstärkte Sanierungstätigkeiten im Altbestand sind eine wesentliche Strategie, um zusätzlichen Wohnraum zu schaffen. Diese Sanierun-gen müssen durch die Ausweisung von neuem Bauland ergänzt werden, um den steigenden Bedarf an Wohnflächen zu decken. Innerstädtische Verdichtungen bie-ten eine Möglichkeit, zusätzliche Wohnkapazitäten zu schaffen und vorhandene Infrastrukturen effizienter zu nutzen, indem beispielsweise Baulücken geschlossen oder Aufstockungen zugelassen werden (vgl. Reiß-Schmidt 2018).

Diese Maßnahmen führen jedoch häufig zu ökologischen und sozialen Ziel-konflikten, die sorgfältig abgewogen werden müssen. Ökologische Konflikte entstehen beispielsweise durch den Verlust von Grünflächen und die erhöhte Umweltbelastung durch dichte bebaute Stadtteile. Soziale Konflikte können durch Veränderungen in den Wohnformen und -strukturen sowie durch den Druck auf bestehende Gemeinschaften und soziale Netzwerke entstehen. Eine angepasste planerische Agenda ist notwendig, um diese Herausforderungen zu bewältigen. Nachhaltige Sanierungskonzepte im Altbaubestand können einen wichtigen Bei-trag zur Lösung der Wohnungsfrage leisten. Die Ausweisung von neuem Bauland sollte ökologisch verträglich und sozial ausgewogen erfolgen, um langfristige negative Auswirkungen zu vermeiden (vgl. Küchel u. a. 2022; Gstach u.a. 2022).

Innerstädtische Verdichtungen bieten die Möglichkeit, vorhandene Infrastrukturen besser zu nutzen, müssen jedoch so gestaltet werden, dass die Lebensqualität nicht beeinträchtigt wird. Neue Wohnformen, wie Mehrgenerationenhäuser oder gemeinschaftliches Wohnen, können soziale Zielkonflikte entschärfen und den gesellschaftlichen Zusammenhalt stärken (vgl. Herfert & Osterhage 2012). Innerstädtische Verdichtung bezieht sich auf die gezielte Erhöhung der Bevölkerungsdichte und der baulichen Dichte innerhalb städtischer Gebiete. Das Konzept einer baulichen Verdichtung ist zentral in der (post-)modernen Stadtplanung und wird in vielen Städten als Strategie zur Bewältigung demographischen Wachstums und zur Förderung einer nachhaltigen städtischen Entwicklung versucht umzusetzen. Der demographische Wandel und der verstärkte Zuzug in innerstädtische Bereiche erfordern innovative Ansätze zur urbanen Verdichtung, um den steigenden Bedarf an Wohnraum und Infrastruktur zu decken, ohne die Lebensqualität zu beeinträchtigen. Bevölkerungsprognosen zeigen für viele Ballungsräume ein kontinuierliches Wachstum, insbesondere in zentralen Stadtteilen, was zu einem erhöhten Druck auf Wohnraum und öffentliche Dienstleistungen führt (vgl. Holm 2021; Ehrhardt u. a. 2022).

Strategien zur Verdichtung sollten daher sowohl die Schaffung neuer Wohnflächen durch Nachverdichtung als auch die Umnutzung bestehender Gebäude umfassen, um den steigenden Wohnraumbedarf zu decken. Eine erfolgreiche Verdichtung kann zur Belebung von Stadtvierteln beitragen, indem sie die Nutzungsvielfalt erhöht und städtische Räume attraktiver und lebendiger macht. In diesem Sinn ist die Schaffung von ‚urbanen Dörfern‘ innerhalb von städtischen Agglomerationen, die eine Mischung aus Wohnen, Arbeiten und Freizeit ermöglichen, ein zentrales Ziel (post-)moderner Stadtentwicklung. Svanda u. a. (2023) verweisen auf die negativen Folgen von ‚Entdichtungsprozessen‘: „Das Phänomen der „inneren Entdichtung" betrifft Städte, Gemeinden und Ortschaften sowohl in Wachstumsregionen als auch in schrumpfenden Gebieten. Die Verlagerung von Geschäften, Dienstleistern und öffentlichen Einrichtungen wie Schulen und Kindergärten an die Siedlungsränder und die Entstehung von Handelsagglomerationen an den Orts- und Stadteinfahrten bewirkt eine Zentrifugalkraft, die die Orts- und Stadtzentren schwächt – Leerstand, Abwanderung, Funktionsverlust und geringere Attraktivität und Aufenthaltsqualität sind damit verbunden" (Svanda u. a. 2023: 534).

Eine erhöhte städtebauliche Dichte kann zur Nachhaltigkeit beitragen, indem sie den Flächenverbrauch minimiert, die Ressourceneffizienz steigert und bestehende Infrastrukturen besser ausnutzt (vgl. Hamacher, Hendrik 2020; Haase & Schmidt 2021). Kompakte Stadtstrukturen reduzieren den Bedarf an zusätzlicher Verkehrsinfrastruktur und Energieversorgung, während integrierte Grünflächen zur Erhaltung der Lebensqualität beitragen. Die Umsetzung einer nachhaltigen Innenentwicklung ist jedoch anspruchsvoll, da sie ein ausgewogenes Verhältnis zwischen Verdichtung, Freiraumqualität und sozialer Verträglichkeit erfordert. Das Konzept der dreifachen Innenentwicklung verdeutlicht diesen Zielkonflikt: Während eine hohe Bebauungsdichte zur Ressourcenschonung beiträgt, kann ein übermäßiger Flächenverbrauch für Bauzwecke die Aufenthaltsqualität und ökologische Funktionen städtischer Freiräume beeinträchtigen. Ein unausgewogenes Verhältnis könnte zur Überlastung urbaner Quartiere und zum Verlust ihrer Attraktivität führen.

Eine nachhaltige Lösung liegt in der gezielten Kombination von Verdichtung und qualitätsvoller Freiraumgestaltung. Dazu gehören multifunktionale Grünflächen, kompakte, aber durchmischte Bebauungsstrukturen sowie integrative Mobilitätskonzepte. Nur durch eine strategische Steuerung dieser Faktoren kann eine dichte, aber lebenswerte Stadtentwicklung sichergestellt werden. Die Förderung von Fußgänger- und Fahrradfreundlichkeit sowie der Ausbau des öffentlichen Nahverkehrs sind essentielle Elemente, um die Umweltbelastung zu minimieren und eine nachhaltige urbane Mobilität zu gewährleisten. Soziale Heterogenität und die Integration unterschiedlicher Bevölkerungsgruppen sind wesentliche Komponenten einer nachhaltigen innerstädtischen Verdichtung. Die Schaffung von Wohnraum für verschiedene soziale Schichten kann durch eine Mischung von Eigentums- und Mietwohnungen sowie sozialen Wohnungsbau erreicht werden. Gemeinschaftliche Räume und soziale Infrastruktur, wie Schulen, Kindergärten und Freizeitmöglichkeiten, sind entscheidend, um eine soziale Durchmischung und Integration zu fördern. Politische und verwaltungstechnische Maßnahmen müssen sicherstellen, dass die Interessen aller Bevölkerungsgruppen berücksichtigt werden, um soziale Konflikte zu vermeiden. Die innerstädtische Verdichtung ist ein komplexes und vielschichtiges Thema, das demographische, ökonomische, soziale und ökologische Aspekte berücksichtigt (vgl. Rink & Kabisch 2017). Die wissenschaftlichen Thesen und Überlegungen zeigen, dass eine gezielte Verdichtung zur nachhaltigen Stadtentwicklung beitragen kann, wenn sie sozial verträglich und ökologisch nachhaltig gestaltet wird: „Wichtig für die Teilhabe der Bewohner*innen ist, dass lokal engagierte Akteure, Vereine oder Genossenschaften in aktive Rollen bei der Weiterentwicklung der Quartiere kommen und sich damit den Anwohner*innen Möglichkeiten der (selbstorganisierten) Mitwirkung an den Veränderungsprozessen eröffnen – insbesondere für die soziale und ökologische Gestaltung ihres Wohnumfelds. Das Erleben von (Selbst-)Wirksamkeit (beispielsweise durch gemeinschaftlich gestaltete Freiräume, gemeinsame Gärten, Begegnungsräume usw.) kann dazu beitragen, Ängste und „empfundene" Nachteile im Zuge von Nachverdichtung zu reduzieren.

Zugleich kann es das soziale Zusammenleben in städtischen Quartieren stärken und Bewusstsein und Wertschätzung für Umweltqualitäten und Erfahrungen über den eigenen Einfluss auf diese fördern" (Umweltbundesamt 2019: 20).

Eine zukunftsfähige Stadtentwicklung muss sowohl ökologische als auch soziale Nachhaltigkeit berücksichtigen. Dabei geht es nicht nur um Umweltfreundlichkeit, sondern auch um die Anpassung an klimatische Veränderungen. Grüne Infrastruktur, Energieeffizienz und resiliente Stadtstrukturen sind zentrale Konzepte, um urbane Räume lebenswerter und widerstandsfähiger zu gestalten. Gleichzeitig ist eine partizipative Planung unerlässlich, um die Akzeptanz und Identifikation der Bevölkerung mit städtischen Entwicklungsmaßnahmen zu fördern. Durch die aktive Einbindung der Bürgerinnen und Bürger können Bedarfe besser erfasst und nachhaltige Lösungen gemeinsam entwickelt werden.

Harvey betont die enge Verbindung zwischen sozialer Gerechtigkeit und ökologischer Nachhaltigkeit. Er argumentiert, dass eine gerechte Verteilung von Ressourcen und Zugängen essenziell ist, um Städte langfristig lebenswert zu gestalten (Harvey 2012). Die Integration von Klimaschutz, Anpassungsstrategien und sozialer Inklusion stellt somit einen zentralen Baustein einer nachhaltigen Stadtentwicklung dar, die nicht nur ökologischen Herausforderungen begegnet, sondern auch den gesellschaftlichen Zusammenhalt stärkt.

Eine partizipative Planung, die die Bedürfnisse der Bevölkerung berücksichtigt, ist hierbei unerlässlich. Durch die Einbindung der Bürgerinnen und Bürger in den Planungsprozess können Akzeptanz und Identifikation mit den geplanten Maßnahmen erhöht werden. Technologische Innovationen, wie modulare Bauweisen, können die Bauprozesse beschleunigen und kostengünstiger gestalten, was insbesondere in Zeiten steigender Baukosten von großer Bedeutung ist. Die Integration von Grünflächen und nachhaltigen Verkehrskonzepten ist entscheidend für die Lebensqualität in verdichteten urbanen Räumen. Diese Elemente tragen nicht nur zur ökologischen Nachhaltigkeit bei, sondern fördern auch das Wohlbefinden der Bewohnerinnen und Bewohner. Eine langfristige Planungsperspektive hilft, die Auswirkungen des stadtregionalen Wachstums auf die Wohnungsfrage zu bewältigen. Durch eine vorausschauende und integrierte Planung können die verschiedenen Aspekte der Wohnraumversorgung, der ökologischen Nachhaltigkeit und der sozialen Gerechtigkeit miteinander in Einklang gebracht werden (vgl. Schipper & Schönig 2021).

5.2.3 Ländlicher Raum, Mittel- und Kleinstädte unter Druck: Schrumpfungsprozesse und räumliche Polarisierung

Schrumpfungsprozesse sind zu verstehen als Folge von ungleicher Raumentwicklung aufgrund ökonomischer Transformationsprozesse sowie veränderter gesellschaftlicher Rahmenbedingungen. Die ökonomische Regulierungsweise bringt in ihrer inhärenten Logik der Kapitalakkumulation eine Polarisierung von wachsenden und schrumpfenden Territorien hervor. Raumplanung und Raumentwicklung werden zwar durch dieses Wachstumsparadigma in ihren sozioökonomischen Rahmenbedingungen geprägt; sie sind jedoch auch durch weiterer gesellschaftlichen, demographischen, kulturellen und sozialen Wandel bestimmt. Räumliche Entwicklungen in Städten und Gemeinden sind im Rahmen von Schrumpfungsprozessen durch rückläufige Bevölkerungszahlen und einen veränderten Altersaufbau der Stadtgesellschaft sowie Arbeitsplatzabbau und meist eingeschränkte Finanzierungsmöglichkeiten privater und öffentlicher Haushalte gekennzeichnet. Bis vor kurzem wurde der politische Planungsauftrag, aber auch die theoretische Unterfütterung der Planungstheorie und -strategie mit Leitbildern des sozioökonomischen und räumlichen Wachstums formuliert (vgl. Hannemann 2004; Beetz 2012; Jessen 2020; Wolff 2020).

Harvey (1989) erklärt ungleiche Entwicklung als Folge innerer Widersprüche und Krisen des Kapitalismus. Der Kapitalismus muss ständig nach neuen, zeitlich begrenzten und räumlich wechselnden Lösungen suchen. Überschüssiges Kapital wird entweder in Niedriglohnländer oder in westliche Zentren in Form von Infrastrukturprojekten und Spekulation investiert. Harveys Konzept des ‚spatial fix' beschreibt die geographische Verlagerung von Produktionsstandorten und die Suburbanisierung von Wohnen und Gewerbe. Soja (1992) betont die flexible Akkumulation und das Outsourcing als Gründe für die Verlagerung von Produktionsstätten. Manuel Castells (1991) erweitert Harveys Modell mit dem ‚space of flows', das die Informationsgesellschaft beschreibt, in der Räume und Orte sich um Kapital-, Technologie- und Informationsströme organisieren. Städte fungieren als Knotenpunkte in diesen Netzwerken, und ihre Bedeutung kann sich aufgrund technologischer und wirtschaftlicher Entwicklungen ändern. Eine Unterbrechung der Verbindung zum Netzwerk kann zum wirtschaftlichen Niedergang eines Ortes führen.

Im Kontext der räumlichen Transformationen ist die Polarisierung ein zentrales Phänomen, das die räumliche Entwicklung maßgeblich prägt: „Im Gegensatz zu den Entwicklungen der 1990er Jahre führen diese Gleichzeitigkeit von Wanderungsgewinnen und natürlichen Verlusten sowie die neue Wanderungsdynamik dazu, dass sich neue, kleinteilige Raummuster herausbilden, welche Ost-West-Unterschiede oder generelle Stadt-Umland-Regelmäßigkeiten verschwimmen lassen" (Wolff u. a. 2020: 2). Dieser Prozess ist gekennzeichnet durch eine zunehmende soziale und ökonomische Segregation innerhalb unterschiedlicher Räume, wobei diese sich in Bezug auf Einkommen, Bildungsniveau und Lebensqualität stark voneinander unterscheiden. Während einige Gebiete von einer Aufwertung durch Investitionen, steigende Immobilienpreise und verbesserte Infrastruktur profitieren, sehen sich andere mit sozialen Herausforderungen wie Arbeitslosigkeit, mangelnder Infrastruktur und unzureichenden sozialen Dienstleistungen konfrontiert. Altindustrielle Regionen wie der Rust Belt in den USA oder das Ruhrgebiet in Deutschland erleben einen wirtschaftlichen Niedergang, während neue Wachstumszentren wie Kalifornien und der Süden Deutschlands an Bedeutung gewinnen. Diese Veränderungen führen zu einer ungleichen räumlichen Entwicklung, wobei einige Regionen florieren und andere zurückbleiben. Die polarisierende Raumentwicklung in Deutschland führt zu einer zunehmenden Ungleichheit zwischen städtischen Wachstumspolen und ländlichen sowie kleineren städtischen Räumen. Während städtische Wachstumspole prosperieren, kämpfen viele ländliche Regionen und Kleinstädte mit Schrumpfungsprozessen (vgl. Porsche u. a. 2019; Maretzke & Porsche 2020; Mayer 2021; Gribat u. a. 2022).

Diese räumliche Polarisierungen verstärken bestehende Ungleichheiten und können zu einer weiteren Verfestigung von sozialen Brennpunkten in städtischen Gebieten führen. Politische und planerische Maßnahmen sind gefordert, um diesen Prozessen entgegenzuwirken und eine integrative städtische Entwicklung zu fördern. Dies erfordert unter anderem eine ausgewogene Wohnraumpolitik, die sowohl sozialen Wohnungsbau als auch die Schaffung bezahlbaren Wohnraums unterstützt. Darüber hinaus sind Investitionen in Bildung, Gesundheitsversorgung und öffentliche Infrastruktur entscheidend, um soziale Mobilität zu fördern und Chancengleichheit zu gewährleisten. Diese Schrumpfungsprozesse resultieren häufig in einer sinkenden baulichen und sozialen Dichte, was zu Leerstand und baulichem Verfall in den betroffenen Innenstädten führt.

Schrumpfungsprozesse in städtischen und ländlichen Räumen stellen die räumliche Planung vor neue Herausforderungen, um das ‚Weniger-Werden' von Bevölkerung, Infrastruktureinrichtungen, Mobilitätsangeboten und Wohngebäuden mit neuen Instrumenten und Methoden gezielt zu steuern. Stadtumbauprogramme werden umgesetzt, die auf Rückbau, Entflechtung und die Schaffung neuer Zentralitäten in den betroffenen Räumen abzielen. Zwei zentrale Entwicklungspfade zeichnen sich ab: Einerseits eine Akzeptanz der Schrumpfung durch einen Paradigmenwechsel weg vom Wachstumsfokus hin zur Gestaltung unter

Schrumpfungsbedingungen. „Darüber hinaus sind demographische Entwicklungen als Teilprozesse weitaus komplexerer Vorgänge zu betrachten, was ebenso Implikationen für die Wirtschaftsentwicklung, Altersvorsorge oder politischen Einstellungen umfasst. Zukünftig sind daher differenzierte Analysen abseits der dichotomen Betrachtung von Wachstum und Schrumpfung notwendig" (Wolff u. a. 2020: 12). Andererseits als weiterhin wachstumsorientierte Strategien, die wieder auf wirtschaftliches Wachstum ausgerichtet sind. Die Wachstumsstrategien erfolgen jedoch nicht unbedingt in Bezug auf Größe oder Bevölkerung, sondern auf Attraktivität und wirtschaftliche Performance. In beiden Fällen ist es wichtig, alternative Formen des Wirtschaftens und Arbeitens, lokal vernetzte Strukturen und nachhaltige, solidarische Ökonomien in die räumlichen Steuerungsziele einzubeziehen (vgl. Beetz 2012, Porsche u. a. 2019; ARL 2021; Lamker & Terfrüchte 2021).

Veränderte demographische und gesellschaftliche Entwicklungen sowie der wirtschaftliche Strukturwandel von nationalen Ökonomien und dem Wohlfahrtsstaat hin zu einer globalisierten Wirtschaft, gesteuert durch eine neoliberale Politik, haben eine Polarisierung regionaler Räume und ein wachsendes Ungleichgewicht in und zwischen Territorien zur Folge. Die lokalen sozialräumlichen Steuerungsmöglichkeiten scheinen angesichts des Bedeutungszuwachses von politischen Öffentlichkeits- und Marketingstrategien weniger wirksam als in Zeiten vermeintlich klarer hoheitlicher Steuerungsmöglichkeiten. Die heutige Raumentwicklung ist gekennzeichnet durch eine Polarität und eine Gleichzeitigkeit sowie Überlagerung von ökonomischem und demographischem Wachstum bzw. von Schrumpfungsprozessen in Städten und Regionen. Obwohl beide Prozesse größtenteils von globalen ökonomischen Transformationen beeinflusst werden, erfordert dieses deutlich sichtbarere Spannungsverhältnis flexiblere Steuerungsinstrumente auf lokaler Ebene als bisher (vgl. Siedentop & Uphues 2015; Porsche 2015).

In der politischen und wissenschaftlichen Diskussion zur Steuerung von Stadtschrumpfung und der Entleerung von Räumen wird zunehmend ein neuer Realismus gefordert, der einen Paradigmenwechsel von wachstumsorientierten räumlichen Strategien hin zur bewussten Gestaltung von „Nicht-Wachstum" vollzieht. Diese Debatte steht im Einklang mit postwachstumsökonomischen Ansätzen, die eine Abkehr vom Paradigma des stetigen Wirtschaftswachstums fordern und stattdessen auf nachhaltige, suffiziente Wirtschafts- und Planungsmodelle setzen. Die Degrowth-Bewegung (vgl. Schmelzer et al. 2022) plädiert für eine sozial und ökologisch gerechte Gesellschaft, die nicht auf permanenter Expansion, sondern auf einer bewussten Reduktion von Ressourcenverbrauch und wirtschaftlicher Aktivität basiert. Ein prominentes Beispiel für alternative ökonomische Modelle bietet Kate Raworths „Doughnut Economics" (2017), das eine Wirtschaftsweise vorschlägt, die sich innerhalb ökologischer Grenzen bewegt, während gleichzeitig soziale Mindeststandards gewährleistet werden. Diese Konzepte liefern wertvolle Impulse für die Stadtplanung, da sie eine Neuausrichtung von Wachstumszwängen hin zu resilienten, gemeinwohlorientierten Stadtentwicklungsstrategien erfordern.

Es besteht weitgehend Einigkeit darüber, dass Schrumpfung als Phänomen der räumlichen Entwicklung akzeptiert und – zumeist auf lokaler Ebene – ein planerischer Umgang mit dem Prozess des „Weniger-werdens" gefunden werden sollte. Schrumpfung ist zwar Folge von Transformationen nationaler und lokaler Produktions- und Verteilungssysteme im Kontext der Globalisierung und des Wettbewerbs um Kapital. Die Ursachen der Schrumpfung, unter anderem auch globale ökonomische Transformationen, stellen dementsprechend die sozialräumliche Gestaltung dieser Prozesse auf lokaler Ebene vor große Herausforderungen.

Um diesen negativen Entwicklungen entgegenzuwirken, sind innovative Strategien erforderlich, die insbesondere durch Digitalisierung und flexible Nutzungskonzepte neue Potenziale eröffnen. Automatisierung und digitale Technologien ermöglichen eine effizientere Steuerung von Mobilität und Logistik, was Innenstädte attraktiver macht. Smart City-Technologien und der Ausbau digitaler Infrastrukturen können ländliche Räume revitalisieren und Abwanderung verhindern. Gleichzeitig tragen flexible Arbeitsmodelle und Homeoffice dazu bei, die Lebensqualität zu steigern und Pendelbewegungen zu reduzieren. Leerstehende Gebäude in Innenstädten lassen sich durch kreative Konzepte wie Pop-up-Stores oder Co-Working-Spaces beleben, während eine bessere Vernetzung zwischen Stadt und Land wirtschaftliche Synergien schafft. Auch die Förderung von Kultur- und Freizeitangeboten kann zur Belebung der Innenstädte beitragen und neue Besucher anziehen (vgl. Merkel 2018).

Nachhaltige Mobilitätskonzepte, wie der Ausbau von Fahrradwegen und öffentlichem Nahverkehr, sind notwendig, um die Erreichbarkeit und Lebensqualität in diesen Regionen zu verbessern. Eine zielgerichtete Stadtplanung sollte die Bedürfnisse der alternden Bevölkerung in ländlichen Räumen berücksichtigen und entsprechende Dienstleistungen bereitstellen. Regionale Wirtschaftskreisläufe können durch die Unterstützung lokaler Unternehmen gestärkt werden, was zur wirtschaftlichen Stabilität beiträgt. Bildungseinrichtungen und Gesundheitsversorgung sollten auch in schrumpfenden Regionen gesichert werden, um eine Grundversorgung zu gewährleisten und die Lebensqualität zu erhalten. Der Erhalt historischer Bausubstanz kann zur Identitätsbildung und Attraktivität der Innenstädte beitragen und touristische Potenziale ausschöpfen. Die Position urbaner

Orte zwischen Peripherie und Zentrum ist durch den gesellschaftlichen Wandel gegenwärtig nicht mehr so einfach zu beantworten: An den Rändern der Städte sind Strukturen entstanden, welche immer stärker auch ins Zentrum vorrücken. Stadtregionale Verflechtungen sind nicht allein durch die traditionelle Infrastruktur geprägt, sondern räumliche Verbindungen und Grenzen verschwimmen in neuen überlagernden Bruchlinien. War der Rand der Städte oftmals durch ländliche bzw. naturbelassene Bereiche geprägt, so ist mit dem Urban Farming auch dieses Randphänomen ins Zentrum vorgestoßen. Selbstversorgung, soziale Netzwerke von Gemeinschaften oder auch gemeinschaftliches Wohnen und Arbeiten – eher dörflich geprägte Strukturen – sind zunehmend auch Handlungslogiken in urbanen Milieus (vgl. Frey, Oliver 2015; Baier u. a. 2016).

5.2.4 Digitalisierung, Automatisierung und Industrie: Relokalisierung von Produktion und Gewerbe

Digitale und automatisierte Industrie eröffnet durch neue Produktionstechniken die Möglichkeit, produzierende Betriebe wieder in urbanen Siedlungsgebieten anzusiedeln. Diese Wiederansiedlung führt zu einer Neubelebung traditioneller Industriestandorte innerhalb der Städte und integriert hochautomatisierte und digitalisierte Produktionsprozesse, die eine effizientere und umweltfreundlichere Produktion ermöglichen. Urban angesiedelte Produktionsstätten können durch kürzere Transportwege zur Reduktion von Emissionen beitragen, was nicht nur ökologisch vorteilhaft ist, sondern auch die Lebensqualität in städtischen Gebieten erhöht. Digitale und automatisierte Industrie ist ein bedeutender Treiber für die Digitalisierung und den strukturellen Wandel der deutschen Wirtschaft. Im Zentrum stehen dabei technologische Innovationen, die Produktionsprozesse effizienter, flexibler und vernetzter gestalten sollen. Diese Entwicklungen bieten Chancen, sind jedoch auch mit Herausforderungen verbunden – insbesondere, wenn es um die Relokalisierung von Produktion und Gewerbe sowie die damit verbundenen räumlichen Planungen geht (vgl. Läpple 2016).

Digitale und automatisierte Industrie fördert nicht nur technologische Innovationen, sondern verlangt auch nach neuen Herangehensweisen in der räumlichen Planung. Traditionelle Produktionsstandorte müssen sich anpassen, um die Anforderungen der digitalen Vernetzung zu erfüllen. Dies erfordert erhebliche Investitionen in Infrastruktur, Fachkräfte und Innovationskapital. Gerade im Kontext der Relokalisierung, also der Rückverlagerung von Produktionsprozessen in die Heimatmärkte, stellt dies eine zentrale Herausforderung dar. Die Digitalisierung und Automatisierung revolutionieren die Art und Weise, wie Räume genutzt und gestaltet werden. Intelligente Technologien ermöglichen eine flexible Nutzung urbaner Räume, wodurch multifunktionale Gebäude entstehen. Durch die Automatisierung von Prozessen wird die Effizienz in der Raumnutzung erheblich gesteigert. Smart City Konzepte integrieren digitale Technologien, um städtische Infrastruktur und Dienstleistungen zu optimieren (vgl. Stadt Wien 2015; Libbe 2018; Bauriedl & Strüver 2018; Kirimtat u. a. 2020; Giffinger 2021).

Die Digitalisierung beeinflusst das soziale Handeln, indem sie neue Formen der Interaktion und Kommunikation ermöglicht. Homeoffice und Telearbeit verändern die räumliche Verteilung von Arbeitsplätzen und Wohnorten. Vor allem Homeoffice und flexible Arbeitsmodelle lassen die Trennung zwischen Arbeits- und Wohnort zunehmend verschwinden. Diese Entwicklungen könnten langfristig das Leben in städtischen und ländlichen Gebieten prägen, indem sie den Pendelverkehr verringern und die Wohnqualität steigern. Dies könnte insbesondere ländliche Regionen attraktiver machen und zu einer neuen Raum- und Stadtentwicklung beitragen.

Coworking Spaces und flexible Arbeitsorte werden durch digitale Vernetzung gefördert. Automatisierte Transportsysteme und autonome Fahrzeuge reduzieren den Bedarf an traditionellen Parkflächen (vgl. Soike u. a. 2019). Digitale Plattformen erleichtern die gemeinsame Nutzung von Ressourcen und fördern Sharing-Modelle. Durch die Digitalisierung entstehen neue Formen des Einzelhandels, wie etwa Online-Shopping, was die Nutzung von Verkaufsflächen verändert. Smarte Gebäude und Wohnungen bieten innovative Lösungen für Energieeinsparung und Komfort. Datenbasierte Stadtplanung ermöglicht eine präzisere und bedarfsgerechte Gestaltung urbaner Räume. Die Digitalisierung von Dienstleistungen und Verwaltung verbessert den Zugang zu öffentlichen Angeboten. ‚Virtuelle Realität' und ‚Augmented Reality' eröffnen neue Möglichkeiten der Raumwahrnehmung und -nutzung. Automatisierung in der Logistik optimiert die Verteilung und Lagerung von Gütern in städtischen Räumen. Digitale Technologien unterstützen die Inklusion und Teilhabe verschiedener Bevölkerungsgruppen (vgl. Döring & Löbel 2023).

Die Digitalisierung fördert die Entwicklung von Smart Grids und verbessert die Energieversorgung in Städten. Überwachung und Datensammlung durch Sensoren und Kameras bieten Sicherheitsvorteile, werfen aber auch Datenschutzfragen auf. Die Digitalisierung verändert die kulturellen und sozialen Praktiken, indem sie neue Formen der Freizeitgestaltung ermöglicht. Insgesamt führt die Digitalisierung zu einer umfassenden Transformation der Raumnutzung und des sozialen Handelns, die sowohl Chancen als auch Herausforderungen mit sich bringt (vgl. Bauriedl & Strüver 2018). Digitalisierung und Automatisierung beeinflussen durch veränderte Raumnutzungen und soziales Handeln mit flexibleren

Nutzungen von Räumen die städtische Infrastruktur. Es können neuen Formen der Arbeit und Interaktion entstehen. Dabei ist es entscheidend, die damit verbundenen ökologischen, sozialen und ethischen Fragen zu berücksichtigen, um die Potenziale der Digitalisierung nachhaltig und inklusiv zu nutzen. Die Digitalisierung bringt zudem tiefgreifende Veränderungen in den Wertschöpfungsketten mit sich. Diese Punkte müssen in die Überlegungen zur räumlichen Planung und zur Standortwahl von Produktionsstätten integriert werden. In der Planung neuer Standorte für Produktion und Gewerbe sollten daher verstärkt umweltfreundliche Technologien und nachhaltige Infrastrukturen gefördert werden: „Gerade für leerstehende Einzelhandelsflächen könnte Urbane Produktion eine spannende Alternative sein, um den Innenstädten und Quartieren wieder mehr Attraktivität zur verleihen. Urbane Produktion könnte demnach theoretisch in Zukunft in einem Wohngebäude stattfinden oder umgekehrt – vielleicht ist es bald möglich, auf Produktionsbetrieben oder Gewerbehallen zu wohnen. In beiden Fällen ist es aber notwendig, Urbane Produktion von Beginn an bei der Stadtentwicklung mitzudenken und Flächen dafür freizuhalten, um Verdrängung zu vermeiden" (Brandt u. a. 2017: 10). Die Relokalisierung von Produktion und Gewerbe im Kontext digitaler und automatisierter Industrie bietet zugleich Chancen, aber auch erhebliche Herausforderungen für die räumliche Planung. Die Vernetzung der Produktion, die Anpassung an regionale Gegebenheiten und die Integration von Klimaschutzmaßnahmen erfordern eine enge Zusammenarbeit zwischen Unternehmen, staatlichen Akteuren und Wissenschaft. Nur so können die Potenziale der Digitalisierung voll ausgeschöpft und gleichzeitig die Nachhaltigkeit und Wettbewerbsfähigkeit gewährleistet werden (vgl. Belitz u. a. 2021).

Die Nähe zu Forschungseinrichtungen und Hochschulen fördert Innovation und beschleunigt die Entwicklung neuer Technologien. Dies kann die Wettbewerbsfähigkeit urbaner Räume stärken und neue Arbeitsplätze in städtischen Räumen schaffen. Die Relokalisierung von Produktion und Gewerbe kann Synergien mit anderen urbanen Funktionen wie Wohnen und Dienstleistungen schaffen und so zur Attraktivität und Funktionalität gemischt genutzter Stadtquartiere beitragen. Gehl betont, dass die Gestaltung urbaner Räume unter Berücksichtigung von Lebensqualität und Umweltaspekten entscheidend für die Akzeptanz von Nutzungsmischung ist. Die Integration von Produktionsstätten in städtische Gebiete stellt jedoch hohe Anforderungen an die Stadtplanung. Um Lärm- und Emissionsbelastungen zu minimieren und gleichzeitig die Lebensqualität zu erhalten, sind innovative Konzepte erforderlich. Dazu gehören kompakte urbane Produktionsstätten, emissionsarme Technologien und multifunktionale Gebäude, die verschiedene Nutzungen effizient kombinieren (vgl. Gehl 2010).

Die Rückkehr der Produktion in die Städte, wie von Läpple argumentiert, bietet eine realistische und vielversprechende Möglichkeit, den urbanen Raum zu revitalisieren. Moderne Technologien wie der 3D-Druck und die wachsende Nachfrage nach lokal produzierten Gütern schaffen hierfür die Grundlage. Dennoch stellt die Integration von Produktion in städtische Gebiete eine Herausforderung für die räumliche Planung dar. Die Verfügbarkeit geeigneter Flächen, die Koexistenz von Wohn- und Gewerbenutzungen sowie die Berücksichtigung von Umwelt- und Lärmschutzbestimmungen müssen dabei genau abgewogen werden (vgl. Läpple 2018).

Eine zentrale Herausforderung liegt in der Planung und Gestaltung von Quartieren, die sowohl für die Produktion als auch für das Wohnen geeignet sind. Hierbei geht es darum, eine Mischnutzung zu ermöglichen, die gleichzeitig Arbeitsplätze schafft und urbane Räume attraktiv gestaltet. Dies erfordert eine enge Abstimmung zwischen verschiedenen Akteuren – von der Stadtplanung über Unternehmen bis hin zur Zivilgesellschaft. Erfolgreiche Beispiele aus Städten wie Bremen zeigen, dass die Stadtentwicklungspolitik innovative Lösungen entwickeln kann, um Gewerbe- und Wohnflächen in einem funktionalen und ökologisch nachhaltigen Rahmen zu kombinieren. Die räumliche Planung muss zudem auf die spezifischen Anforderungen der (post-)modernen urbanen Produktion eingehen, die kleinteiliger, flexibler und emissionsärmer ist. Die Schaffung neuer Arbeitsplätze in unmittelbarer Nähe zu Wohngebieten erfordert eine enge Verzahnung von Stadtentwicklungs- und Wirtschaftspolitik. Dies könnte nicht nur die lokalen Wirtschaftsstrukturen stärken, sondern auch zu einer deutlichen Reduzierung der Pendlerbewegungen und damit zu einer Verbesserung der Lebensqualität führen. Dennoch bleibt die Herausforderung bestehen, geeignete rechtliche und infrastrukturelle Rahmenbedingungen zu schaffen, um den städtischen Raum für eine moderne Produktion nutzbar zu machen, ohne dabei die Lebensqualität der Bewohner zu beeinträchtigen. Die Urbanisierung der Produktion spielt eine zentrale Rolle für die Zukunft der Städte, sofern die räumliche Planung eine sinnvolle Integration von Produktionsstätten in den urbanen Kontext ermöglicht. Die Schaffung grüner Produktionsstätten kann zur Akzeptanz und Attraktivität dieser neuen Nutzungen beitragen. Urban Farming und grüne Dächer können als Elemente nachhaltiger Produktion in das Stadtbild integriert werden. Die Relokalisierung von Produktion und Gewerbe erfordert eine enge Zusammenarbeit zwischen Stadtverwaltung, Unternehmen und Bürgern. Insgesamt trägt die Relokalisierung von Produktion und Gewerbe im urbanen Raum zur Resilienz und Zukunftsfähigkeit der Städte bei. Die Integration moderner Produktionstechniken in städtische Umgebungen fördert nicht nur die wirtschaftliche Entwicklung, sondern auch die ökologische Nachhaltigkeit und die soziale Integration.

5.2.5 Ökologische Krisen, Umweltbelastungen und Klimawandel: resiliente Raumentwicklung

Ökologische Krisen, Umweltbelastungen und der Klimawandel erfordern Konzepte einer nachhaltigen Stadt- und Raumplanung, die Ressourcen effizient nutzen, die Verkehrsinfrastruktur verbessern und die Lebensqualität in städtischen und ländlichen Räumen zu erhöhen, ohne die Umwelt weiter zu belasten. Die fortschreitende Umweltzerstörung und der Klimawandel stellen eine der größten globalen Herausforderungen dar. Diese Krisen führen zu veränderten Klimabedingungen, die sich auf natürliche Lebensräume, Biodiversität und menschliche Lebensgrundlagen auswirken. Industrielle Aktivitäten, städtische Entwicklung und landwirtschaftliche Intensivierung tragen erheblich zu Umweltverschmutzungen bei. Dazu gehören Luft- und Wasserverschmutzung, Bodenerosion sowie der Verlust natürlicher Ökosysteme. Insbesondere zersiedelte und suburbanisierte Wohngebiete mit geringer Dichte sowie eine Siedlungsentwicklung abseits des öffentlichen Verkehrs erschweren klimafreundliches Leben erheblich. Leerstände und die sinkende Attraktivität von Stadt- und Ortskernen, verursacht durch die Verlagerung von Wohn-, Arbeits- und Freizeiteinrichtungen an die Peripherie, tragen ebenfalls dazu bei. Einkaufs- und Gewerbeagglomerationen sowie großflächige Parkplätze an den Stadträndern fördern zusätzlich den individuellen Autoverkehr und belasten das Klima.

Um klimafreundliche Strukturen zu fördern, sind tiefgreifende Veränderungen notwendig. Eine höhere Bebauungsdichte in Kombination mit einer Durchgrünung der Städte und eine funktionale Mischung von Arbeiten, Wohnen, Bildung und Freizeit in räumlicher Nähe sind essenziell. Zudem muss der öffentliche Verkehr attraktiver und leistungsfähiger gestaltet werden, um das Rückgrat der Siedlungsentwicklung zu bilden. Arbeitsmöglichkeiten sowie Bildungs- und Versorgungseinrichtungen sollten an Standorten angesiedelt sein, die umweltfreundlich erreichbar sind, um den Flächenverbrauch und die CO_2-Emissionen zu reduzieren. Die Integration erneuerbarer Energien unter Berücksichtigung des Natur- und Landschaftsschutzes sollte ebenfalls verstärktes als Leitbild in der Raumordnung und Flächenwidmung verankert und rechtlich bindend festgeschrieben werden. Trotz dieser Notwendigkeiten hat die räumliche Planung derzeit kein ausreichendes Instrumentarium, um klimafeindlichen Entwicklungen entgegenzuwirken. Es braucht eine Stärkung der Planungsprozesse, die sektorübergreifende Planungen integriert und eine bessere Koordination zwischen verschiedenen Akteuren und Gebieten ermöglicht. Die Nutzung bestehender Instrumente zur Standortplanung sollte konsequent verstärkt auf klimafreundliche Ziele ausgerichtet werden. Hierbei ist es entscheidend, dass die Bevölkerung und alle relevanten Akteure stärker in Planungsprozesse eingebunden werden. Zukünftige Planungen sollten sektoral übergreifend die Koordination zwischen Verkehr, Tourismus, Energie und Wohnbau koordinieren, um die raumrelevanten Auswirkungen auf das Klima zu berücksichtigen zu können (vgl. Einig 2011). Eine integrierte Energieraumplanung soll den Ausbau erneuerbarer Energien vorantreiben und deren raumverträgliche Umsetzung gewährleisten. Letztlich erfordert die Trendumkehr hin zu klimafreundlichen Strukturen ein neues öffentliches Bewusstsein sowie politische und institutionelle Voraussetzungen. Es ist notwendig, fiskalische Instrumente zu reformieren, klimaschädliche Subventionen abzuschaffen und neue Anreize wie Entsiegelungsprämien oder Leerstandsabgaben einzuführen. Nur durch ein entschlossenes Handeln und eine enge Verzahnung von Raumplanung und Klimaschutz kann eine nachhaltige und zukunftsfähige räumliche Entwicklung sichergestellt werden (vgl. Bolte u. a. 2018; Hamacher, Hendrik 2020; Svanda & Zech 2023).

Die räumliche Planung sollte auf diese ökologischen Herausforderungen reagieren, indem sie verstärkt nachhaltige und umweltbewusste Entwicklungsstrategien entwickelt. Der Fokus liegt dabei auf der Vermeidung von Flächenversiegelung, der Förderung von Grünflächen und der Anpassung an veränderte Umweltbedingungen. Städte und Gemeinden sollen verstärkt Strategien entwickeln, um sich an die Folgen des Klimawandels anzupassen. Dazu gehören Hochwasserschutzmaßnahmen, energieeffiziente Bauweisen und die Förderung erneuerbarer Energien. Umweltbelastungen sollten reduziert werden, um sowohl Anpassungen an den Klimawandel als auch für den Klimaschutz umzusetzen. Eine nachhaltige Raumentwicklung erfordert dabei die Berücksichtigung ökologischer, sozialer und wirtschaftlicher Faktoren. Grüner Infrastruktur kommt dabei eine zentrale Rolle bei der Verbesserung der städtischen Umweltbedingungen zu. Der Ausbau von Parks und Grünflächen trägt zur Reduzierung von städtischen Hitzeinseln bei und verbessert die Lebensqualität der Bewohner (vgl. Haase 2023).

Ökologische Krisen und der Klimawandel stehen im Zentrum der globalen Herausforderungen unserer Zeit. Der anthropogene Klimawandel, der durch den verstärkten Ausstoß von Treibhausgasen maßgeblich vorangetrieben wird, verschärft diese Krisen in beunruhigendem Maße. Die fortschreitende Erwärmung der Erde führt nicht nur zu einer Erhöhung der globalen Durchschnittstemperaturen, sondern auch zu intensiveren Extremwetterereignissen wie Hitzewellen, Starkregen und Dürren. Besonders städtische Gebiete sind hiervon stark betroffen, was gravierende Auswirkungen auf die Lebensqualität und die Gesundheit der Bevölkerung mit sich bringt. Sie sind nicht nur zentrale Akteure im Kampf gegen den Klimawandel, sondern auch bedeutende Verursacher von Treibhaus-gasemissionen. Der Großteil der energiebedingten Emissionen wird in urbanen Gebieten produziert. Angesichts dieser Realität ist es entscheidend, dass Städte zukunftsorientiert und klimafreundlich gestaltet werden. Die räumliche Planung muss daher nicht nur Emissionsminderungen anstreben, sondern sich auch auf die Anpassung an die unvermeidbaren Folgen des Klimawandels fokussieren. Klima-sensible Stadtplanung vereint beide Ansätze und verfolgt sowohl Maßnahmen zur Emissionsreduktion als auch zur Erhöhung der städtischen Resilienz (vgl. Ganser, Robin 2023).

Zwei zentrale Strategien stehen hierbei im Vordergrund: Klimaschutz (Miti-gation) und Klimaanpassung (Adaptation). Während der Klimaschutz auf die Reduzierung von Treibhausgasen abzielt, zielt die Klimaanpassung darauf ab, Städte auf die unausweichlichen klimatischen Veränderungen vorzubereiten. Beide Ansätze müssen lokal angepasst werden, um besonders gefährdete Stadt-gebiete zu schützen und eine widerstandsfähige Infrastruktur zu schaffen. Der Klimawandel hat jedoch nicht nur infrastrukturelle, sondern auch schwerwie-gende gesundheitliche Folgen. Hitzestress, Luftverschmutzung und die Verbrei-tung von krankheitsübertragenden Insekten stellen ernsthafte Gesundheitsrisiken dar. Besonders anfällig für diese Entwicklungen sind gefährdete Bevölkerungs-gruppen wie ältere Menschen, Kinder oder Personen mit Vorerkrankungen. In der Stadtplanung ist es daher unerlässlich, Maßnahmen zu implementieren, die die Gesundheit der Menschen schützen und fördern. Hierzu zählen die Schaffung von Grünflächen, die Begrünung von Fassaden und Dächern sowie die Verringerung der Flächenversiegelung, um die städtischen Mikroklima positiv zu beeinflussen (vgl. Pfoser 2018; Bunge u. a. 2020).

Räumliche Planung ist der Schlüssel, um Städte sowohl klimaresilient als auch gesundheitsfördernd zu gestalten. Innovative Ansätze wie die Begrünung von Gebäuden, die Integration von Grün- und Wasserflächen sowie die Verbes-serung der Energiebilanz von Bauwerken tragen nicht nur zur Anpassung an den Klimawandel bei, sondern verbessern auch die Luftqualität und reduzieren die Entstehung von städtischen Hitzeinseln. Für die Zukunft stellt die Trans-formation zu postfossilen, nachhaltigen Städten eine zentrale Herausforderung dar. Diese Transformation erfordert technologische, ökonomische und soziale Innovationen, die eng miteinander verknüpft werden müssen. Klimaschutz- und Anpassungsmaßnahmen dürfen nicht isoliert betrachtet werden, sondern müssen Hand in Hand gehen, um Städte widerstandsfähiger, lebenswerter und gesünder zu machen. Ein besonderer Fokus liegt hierbei auch auf dem Schutz der städti-schen Biodiversität und der Förderung einer gesunden, urbanen Umgebung (vgl. Schröder & Moebus 2021).

Energieeffiziente Gebäude und die Nutzung erneuerbarer Energien sind Schlüsselfaktoren für eine nachhaltige Stadtentwicklung. Die Förderung öffentlicher Verkehrsmittel und umweltfreundlicher Mobilitätslösungen ist entscheidend, um den CO_2-Ausstoß zu verringern. Digitale Technologien können zur Überwachung und Reduzierung von Umweltbelastungen eingesetzt werden, indem sie beispielsweise den Energieverbrauch optimieren und die Luftqualität überwachen (vgl. Kabisch & Haase 2014).

5.3 Instrumente und Methoden der räumlichen Planung zur Gestaltung der ‚großen Transformation'

Zur Gestaltung der ‚großen Transformation' stehen der räumlichen Planung verschiedene konkrete Instrumente und Methoden zur Verfügung, die auf die Erfordernisse von Klimaschutz, Nachhaltigkeit und sozialer Gerechtigkeit ausgerichtet sind. Die klassischen Instrumente der Raumordnungspläne und Bauleitplanung ermöglichen es, übergeordnete Ziele wie die Reduzierung des Flächenverbrauchs und den Schutz von Freiräumen in formelle Pläne zu integrieren (vgl. Hamacher, Hendrik 2020; Krüger u. a. 2021). Diese Instrumente sollten jedoch flexibler werden, um den Anforderungen der Transformation gerecht zu werden, indem sie regelmäßig an neue Erkenntnisse angepasst werden. Das Instrument der Ausweisung von ‚integrierten Transformationsräume' oder ‚Urbanen Mischgebieten' bietet die Möglichkeit, spezielle Gebiete für Experimente und Modellprojekte zur Umsetzung nachhaltiger Entwicklungsziele zu schaffen. Diese Räume ermöglichen es, innovative Ansätze zur Verbindung von Klimaschutz, Anpassung an den Klimawandel und sozialer Gerechtigkeit zu erproben. Die Integration des Prinzips der Ökosystemleistungen in die räumliche Planung kann dafür sorgen, dass der Wert von Naturressourcen und Ökosystemen erfasst und in Planungsentscheidungen berücksichtigt wird. Durch die monetäre Bewertung dieser Leistungen werden die langfristigen Kosten des Nichthandelns sichtbar gemacht. Ausgleichende Verfahren eines ‚Transformationschecks' könnten eingeführt werden, um Planungen und Vorhaben auf ihre Vereinbarkeit mit den Zielen der großen Transformation zu überprüfen. Transformationschecks stellen sicher, dass neue Projekte nachhaltig und ressourcenschonend sind.

Mit einem verstärkten Einsatz von Szenarien und Testplanungen kann besser auf die Unsicherheiten und dynamischen Veränderungen der Zukunft reagiert werden. Sie gewinnen im Kontext der ‚großen Transformation' an Bedeutung, da sie ermöglichen, verschiedene Entwicklungswege durchzuspielen und flexibel auf sich ändernde Rahmenbedingungen einzugehen. Durch die verstärkte formale Verankerung im Planungsrecht und den gezielten Einsatz von ‚partizipative Planungsverfahren' kann die Zivilgesellschaft in die Planungsprozesse stärker eingebunden werden, um Akzeptanz für transformative Maßnahmen zu schaffen. Mit ‚Nachhaltigkeitsindikatoren und Monitoring' können Indikatoren zur Messung von Nachhaltigkeit in der Planungspraxis als weiteres Instrument zur Überwachung und Anpassung nachhaltiger Entwicklungsziele eingesetzt werden, um Fortschritte zu bewerten, Abweichungen frühzeitig zu erkennen und gegebenenfalls korrigierende Maßnahmen zu ergreifen. Planerische Instrumente zur Kreislaufwirtschaft und dem Flächenrecycling fördern den ressourcenschonenden Umgang mit Bauflächen, indem vorhandene Infrastrukturen besser genutzt und neue Flächenverbrauchsmaßnahmen reduziert werden.

Die Schaffung neuer, kooperativer Governance-Strukturen, wie Transformationsplattformen, kann den Wissensaustausch und die Koordination von Akteuren fördern. Diese Strukturen helfen dabei, sektorübergreifende Planungsansätze zu etablieren, die für die große Transformation entscheidend sind. Diese Instrumente und Methoden bilden zusammen eine integrative und anpassungsfähige Grundlage, um die räumliche Planung an die Anforderungen der großen Transformation auszurichten und nachhaltige, resiliente Räume zu schaffen (vgl. Hamacher, Hendrik 2020; Christmann u. a. 2020).

Warner u. a. (2021) weisend darauf hin, dass „das Leitbild einer nachhaltigen Raumentwicklung als Begriff sowohl in den Raumwissenschaften als auch in räumlicher Planung und Raumordnung seit Langem fest verankert ist. Es findet sich im Bundesraumordnungsgesetz (ROG § 1 Abs. 2) als sogenannte „Leitvorstellung" ebenso wie im Baugesetzbuch (BauGB § 1 Abs. 5). Eine Vielzahl von Konzeptualisierungs- und Operationalisierungsansätzen und Veröffentlichungen dazu liegt vor. Es birgt als ein immer noch offenes Konzept ein großes Potenzial und wartet auf seine Weiterentwicklung, Operationalisierung und anwendungsbezogene Übersetzung (Warner u. a. 2021: 215). Jedoch hat die Novelle des Baugesetzbuches (BauGB) vom 04.09.2024 durch den neuen Paragraphen § 246e weitere tiefgreifende Veränderungen für die räumliche Planung in Deutschland gebracht. Dieser Paragraph ermöglicht es befristet bis 2027, Bauvorhaben ohne einen Bebauungsplan durchzuführen. Während dies kurzfristig Planungsprozesse beschleunigen soll, untergräbt es zentrale Prinzipien der Bauleitplanung, die langfristig auf Nachhaltigkeit und geordnete Stadtentwicklung abzielen. Kritiker befürchten, dass Entscheidungen auf Einzelfallbasis getroffen werden könnten, was nicht nur städtebauliche Fehlentwicklungen begünstigt, sondern auch die Privatisierung von Gewinnen auf Kosten der Allgemeinheit fördert. Laut einer Pressemitteilung der SRL (Vereinigung für Stadt-, Regional- und Landesplanung) vom 10.09.2024 eröffnet neben § 246e auch eine Reihe weiterer unbefristeter Regelungen zu Befreiungen und zum Bauen im unbeplanten Innenbereich ein Einfallstor für städtebauliche Fehlentwicklungen auf Basis von Einzelfallentscheidungen. Diese Regelungen können potenziell im Konflikt mit einer nachhaltigen Stadtentwicklung stehen, die sich an den Anforderungen des Klimaschutzes und der Klimaanpassung orientiert. Mit dem neuen Paragrafen 246e BauGB besteht die Gefahr, dass bewährte Instrumente der Bauleitplanung, der Bodenpolitik sowie der ökologischen und sozialen Stadtentwicklung umgangen werden. Dies betrifft insbesondere die Öffentlichkeitsbeteiligung, Vorgaben zur Nutzungsmischung oder zur Schaffung sozialer Einrichtungen, Auflagen für ökologische Ausgleichsmaßnahmen sowie Quoten für den sozialen Wohnungsbau oder Mietpreisbindungen. Kritiker befürchten, dass durch die neue Regelung die Bebauung auf Grün- oder Sportflächen sowie auf landwirtschaftlichen Flächen erleichtert wird und damit ein sogenannter ‚Bodenspekulations-Turbo' entsteht (vgl. Haberle 2024). Ein zentrales Problem besteht darin, dass die Kosten für notwendige Infrastrukturmaßnahmen den Kommunen auferlegt werden, während private Investoren von steigenden Bodenpreisen profitieren. Da kurzfristige Bauinteressen häufig im Vordergrund stehen, kann dies langfristige ökologische und soziale Planungsziele erschweren (vgl. Hamacher, Günther 2020; Ganser, Rolf 2023).

Dennoch schließen kurzfristige Planungsprozesse Klimaschutz und Klimaanpassung nicht grundsätzlich aus. Durch den Einsatz ressourcenschonender Bauweisen, energieeffizienter Konzepte und grüner Infrastruktur lassen sich auch kurzfristige Bauvorhaben mit klimagerechten Zielen in Einklang bringen. In der Praxis stehen diesen Ansätzen jedoch häufig wirtschaftliche Interessen entgegen, wodurch nachhaltige Aspekte nicht immer ausreichend berücksichtigt werden.

Gesellschaftliche Mitwirkung ist ein zentraler Bestandteil demokratischer Prozesse und spielt eine entscheidende Rolle in der räumlichen Planung. Durch die aktive Beteiligung der Bürgerinnen und Bürger entsteht ein Gefühl der Zugehörigkeit und Verantwortung, was das Vertrauen in politische und administrative Entscheidungen stärkt. Dabei sind transparente Kommunikationsprozesse essentiell, um Vertrauen aufzubauen und zu festigen. Partizipative Planungsprozesse ermöglichen eine gemeinsame Lösungsfindung und können zu einer höheren Akzeptanz von Projekten führen. Offene Dialoge können dabei das gegenseitige Verständnis und die Zusammenarbeit zwischen Bürgern und Entscheidungsträgern fördern. Dadurch kann Vertrauen durch den kontinuierlichen Austausch und die Berücksichtigung der Meinungen und Bedürfnisse der Bevölkerung aufgebaut werden. Transparente Planungsinformation spielt eine zentrale Rolle bei der Förderung gesellschaftlicher Mitwirkung. Informierte Bürger sind in der Lage, fundierte Entscheidungen zu treffen und ihre Interessen besser zu vertreten. Vertrauen wächst auch dann, wenn die Ergebnisse der Mitwirkung sichtbar und nachvollziehbar sind. Regelmäßige Rückmeldungen zu den Fortschritten von Projekten sind dabei von großer Bedeutung. Die Anerkennung und Wertschätzung von Bürgerengagement stärken ebenfalls das Vertrauen in die planenden Institutionen. Dabei bieten digitale Partizipationsplattformen neue Möglichkeiten zur gesellschaftlichen Mitwirkung. Diese digitalen Tools ermöglichen es, den Beteiligungsprozess zu erweitern und diverser zu gestalten, was besonders in Zeiten von zunehmender Digitalisierung und Mobilität relevant ist (vgl. Selle 2017).

5.4   Die große Transformation: Strukturelle und Prozessuale Veränderungen in der Raumplanung

Die ‚große Transformation', die vor dem Hintergrund der Biodiversitäts- und Klimakrise notwendig ist, verlangt tiefgreifende strukturelle und prozessuale Veränderungen in der räumlichen Planung. Ein zentrales Paradigma dieser Transformation ist das Konzept der starken Nachhaltigkeit. Dieses legt fest, dass Naturressourcen nicht durch menschliche Güter ersetzt werden können, sondern der Schutz und die nachhaltige Nutzung der Natur höchste Priorität haben müssen. Dies stellt eine fundamentale Neujustierung der Planungsziele auf allen Ebenen dar. Die ‚große Transformation' steht dementsprechend im Zentrum eines umfassenden Umbruchs, der auf eine nachhaltige Entwicklung von Wirtschaft, Gesellschaft und Umwelt abzielt. Das Positionspapier der ARL ‚Große Transformation und nachhaltige Raumentwicklung' bietet Impulse und Leitlinien für die praktische Umsetzung dieser Transformation auf regionaler und kommunaler Ebene (vgl. ARL 2024): „Die Lösung der derzeitigen sozial-ökologischen Krise erfordert eine wirksame politische Steuerung unter Einbeziehung zahlreicher raumwirksamer Akteure. Für die Transformation zu einer nachhaltigen Entwicklung sind Raum- und Umweltplanungen zentrale Akteure" (Hofmeister u. a. 2021: 5).

Das Positionspapier betont die dringende Notwendigkeit, den aktuellen Herausforderungen wie der Klimakrise und dem Verlust der Biodiversität mit neuen Ansätzen in der räumlichen Planung zu begegnen. Ein zentraler Schritt in dieser Neuausrichtung der räumlichen Planung ist die Abkehr von sektoralen Ansätzen hin zu integrativen, systemischen Lösungen. Die sektorale Trennung von ökologischen, sozialen und wirtschaftlichen Belangen behindert die Umsetzung ganzheitlicher Strategien, die für eine erfolgreiche Transformation erforderlich sind. Stattdessen sollten verstärkt Ansätze entwickelt werden, die diese Bereiche miteinander verbinden, um die komplexen Herausforderungen der großen Transformation anzugehen: „Die große Transformation muss als übergeordnetes öffentliches Interesse etabliert werden. Zu ihrer Gestaltung wird eine neue raumbezogene Governance benötigt. Hierzu ist ein Kulturwandel in der räumlichen Planung und Entwicklung dergestalt notwendig, dass stärker umsetzungsorientiert agiert wird. Als konkrete transformative Strategien und Praktiken für die räumliche Planung empfehlen wir Transformationskonzepte, transformative Zielabweichungsverfahren (tZAV) und Integrierte Transformationsräume (ITR)" (ARL 2024: 11).

Mit diesen neuen Raumkategorien wie ‚integrierte Transformationsräume' können experimentelle und innovative Ansätze zur nachhaltigen Raumentwicklung erprobt werden. Diese Räume ermöglichen Experimente und Innovationen, die mehrere Nutzungsanforderungen – etwa Klimaschutz und Anpassung an den Klimawandel – miteinander verbinden. Die Anpassung bestehender Raumordnungspläne ist unerlässlich, um die Transformation voranzutreiben. Ein Paradigmenwechsel hin zu einer „transformativen Planung" wird zunehmend als notwendig erachtet, um den aktuellen Herausforderungen in Stadt- und Raumplanung gerecht zu werden. Jessen u. a. (2024) zählen zu den wichtigsten Handlungsfeldern die Umsetzung einer Bodenwende, die darauf abzielt, den Umgang mit Bodenressourcen neu zu gestalten und sozial-ökologische Kriterien stärker zu berücksichtigen. Zudem müssen Teilhabe und Beteiligung in der Planung neu geregelt werden, um das soziale Kapital zu heben und eine inklusivere Planungspraxis zu fördern. Darüber hinaus sind institutionelle Strukturen zu verändern und der Rechtsrahmen zu reformieren, um flexiblere und anpassungsfähigere Planungsprozesse zu ermöglichen. Gleichzeitig ist es entscheidend, sozialen Ausgleich zu sichern und das Gemeinwohl zu stärken, um Ungleichheiten entgegenzuwirken und die gesellschaftliche Kohäsion zu fördern. Schließlich bedarf es einer Neuausrichtung der Leitlinien für Planung und Gestaltung, um den vielfältigen Anforderungen einer nachhaltigen Zukunft gerecht zu werden. Solche Pläne müssen nicht nur den aktuellen Entwicklungen Rechnung tragen, sondern auch langfristig tragfähige Lösungen bieten (vgl. Jessen 2024).

Dabei sollte verstärkt der Fokus auf soziale Praktiken gerichtet werden, da diese einen maßgeblichen Einfluss auf nachhaltige Verhaltensänderungen haben können. Zusätzlich spielt das Prinzip der Ökosystemleistungen eine zentrale Rolle. Räumliche Planung sollte nicht nur den Wert von Ökosystemen anerkennen, sondern diesen auch monetär bewerten, um die tatsächlichen Kosten des Nichthandelns und die Folgen ökologischer Schäden transparent darzustellen. Szenarien und Testplanungen sollten häufiger eingesetzt werden, um zukunftsfähige Lösungen zu entwickeln. Dementsprechend sollte nachhaltige Raumentwicklung in erster Linie auf Suffizienz, Konsistenz und Effizienz basieren sollte. Die Suffizienz setzt dabei auf eine Reduktion des Ressourcenverbrauchs, Konsistenz auf die ökologische Verträglichkeit von Prozessen und Produkten, und Effizienz auf eine sparsame Nutzung von Ressourcen. Dies erfordert neue Planungsstrategien, die auf die planetaren Grenzen Rücksicht nehmen und die Resilienz von Ökosystemen und Gesellschaften stärken (vgl. ARL (2024).

Ein weiteres Schlüsselelement für die Umsetzung der Transformation ist die Schaffung von Transformationsplattformen, die den Wissensaustausch fördern und die Zusammenarbeit zwischen verschiedenen Akteuren erleichtern. Eine enge Verzahnung von Politik, Planung und Zivilgesellschaft ist dabei unverzichtbar, um Akzeptanz und Mitgestaltung zu ermöglichen. In diesem Sinne sollte eine Anpassung der Governance-Strukturen erfolgen. Die Planung sollte dadurch adaptiver werden, um flexibel auf die sich wandelnden Anforderungen und Krisen zu reagieren. Dies erfordert neue Prozesse der Beteiligung und Abstimmung zwischen verschiedenen politischen Ebenen und Fachdisziplinen. Bürgerbeteiligung spielt dabei eine zentrale Rolle, um die Akzeptanz für die Maßnahmen der Transformation zu sichern. Partizipative Elemente sollten dementsprechend in die Planungsprozesse integriert werden, um eine breite gesellschaftliche Unterstützung zu gewährleisten. Dies schließt auch die Abwägung von Zielkonflikten ein, die im Rahmen der Transformation unvermeidlich sind: „Eine politische Steuerung sowohl der Nutzung menschlicher Arbeitskraft als auch die der Boden- und Naturleistungen wird in dieser gesellschaftlichen Verfasstheit zwingend erforderlich. Die politische und planerische Entwicklung und Gestaltung des Raumes, wie sie in den westeuropäischen Ländern seit Beginn des 20. Jahrhunderts etabliert, erweitert (z. B. um die Umwelt- und Landschaftsplanung) und weiterentwickelt worden ist, wird daher systemisch gebraucht, um die im Marktsystem angelegten Widersprüche, wenngleich nicht aufzulösen, so doch auszugleichen" (Hofmeister u. a. 2021: 9).

Es sollte sichergestellt werden, dass die Priorisierung erneuerbarer Energien fest in den Raumordnungsplänen verankert wird und der Schutz von Freiräumen eine zentrale Rolle spielt. Zudem ist ein Kulturwandel in der Raumplanung notwendig, um die großen Herausforderungen der Transformation zu meistern. Dies erfordert eine kontinuierliche Weiterentwicklung von Planungs- und Entscheidungsprozessen, die transparente Entscheidungsfindung gewährleisten, um Vertrauen in die transformatorischen Prozesse zu schaffen.

Schließlich sind Kommunen maßgebliche Akteure bei der Umsetzung der großen Transformation auf regionaler Ebene. Die kommunale Finanzpolitik sollte verstärkt transformative Projekte unterstützen, und es sollten Transformationschecks in Planungsverfahren eingeführt werden, um die Nachhaltigkeit zu fördern. Ein Wandel der Planungskultur bedeutet auch, dass anstelle langfristiger und starrer Planungsprozesse dynamische, prozessorientierte Ansätze im Vordergrund stehen sollten, was eine kontinuierliche Weiterentwicklung von Planungsinstrumenten und -methoden erfordert (vgl. Krüger u. a. 2021). Gleichzeitig sind langfristige Planungen notwendig, um stabile und kohärente Entwicklungen zu gewährleisten. Ein vollständiger Verzicht auf langfristige Planungen könnte zu Unsicherheit und chaotischen Entwicklungen führen. Daher ist eine Balance zwischen langfristigen Zielen und der erforderlichen Flexibilität entscheidend, um sowohl adaptive als auch verlässliche Planungsprozesse zu ermöglichen.

5.4.1 Megacities und Urbanisierung

Megacities sind urbane Ballungsräume mit mehr als zehn Millionen Einwohnern, die sich durch hohe Bevölkerungsdichte, bedeutende wirtschaftliche Macht und komplexe soziale Strukturen auszeichnen. Beispiele hierfür sind Tokio, Delhi und São Paulo, die oft als globale Knotenpunkte für Handel, Finanzen und Kultur fungieren. Die Urbanisierung, also der Prozess, durch den immer mehr Menschen in städtische Gebiete ziehen, hat in den letzten Jahrzehnten weltweit zugenommen, insbesondere in Entwicklungsländern. Diese Dynamik wird durch wirtschaftliche Möglichkeiten, bessere Bildungschancen und Zugang zu Dienstleistungen wie Gesundheitsversorgung angetrieben.

Megacities stehen vor einer Vielzahl von Herausforderungen, darunter Infrastrukturüberlastung, Wohnraummangel, Umweltverschmutzung und soziale Ungleichheit. Der immense Zustrom von Menschen führt oft zu informellen Siedlungen, in denen grundlegende Dienstleistungen und sichere Lebensbedingungen fehlen. Verkehrsstaus und Luftverschmutzung verstärken die Gesundheitsrisiken für die Bewohner. Eine robuste und gut geplante Infrastruktur ist entscheidend für das Funktionieren von Megacities. Dies umfasst den Ausbau öffentlicher Verkehrssysteme, die Verbesserung der Wasser- und Energieversorgung sowie die Schaffung von Abwassersystemen. Investitionen in intelligente Infrastrukturen, wie beispielsweise Smart Grids und IoT-basierte Verkehrsmanagementsysteme, können zur Effizienz und Nachhaltigkeit urbaner Räume beitragen (vgl. Kabisch & Kraas 2018).

Die Größe und Dichte von Megacities führt zu erheblichen ökologischen Fußabdrücken. Planerische Maßnahmen zur Förderung grüner Infrastruktur, zur Verbesserung der Energieeffizienz und zur Reduktion von Treibhausgasemissionen sind daher essenziell. Urban Farming und die Schaffung von Grünflächen tragen zur Verbesserung des Mikroklimas und der Lebensqualität bei. Megacities sind oft das wirtschaftliche Rückgrat ihrer jeweiligen Länder. Sie beherbergen zahlreiche multinationale Unternehmen und sind Zentren für Innovation und Unternehmertum. Ihre Wirtschaftskraft zieht Investitionen an und bietet zahlreiche Arbeitsmöglichkeiten. Allerdings kann die wirtschaftliche Ungleichheit innerhalb der Megacities auch soziale Spannungen verschärfen. Die Zukunft von Megacities hängt stark von der Fähigkeit ab, innovative und integrative Lösungen für ihre komplexen Herausforderungen zu entwickeln. Forschung im Bereich der Stadtplanung, Sozialwissenschaften und Umweltwissenschaften spielt dabei eine entscheidende Rolle. Interdisziplinäre Ansätze und internationale Kooperationen sind notwendig, um die Nachhaltigkeit und Lebensqualität in Megacities langfristig zu sichern (vgl. Kabisch & Kraas 2018).

5.4.2   Klimawandel und Stadtentwicklung

Der Klimawandel hat signifikante Auswirkungen auf städtische Gebiete, darunter die Zunahme von Extremwetterereignissen wie Hitzewellen, Starkregen, Überschwemmungen und Stürme. Diese Ereignisse bedrohen die städtische Infrastruktur, die Gesundheit der Bewohnerinnen und Bewohner sowie die wirtschaftliche Stabilität. Städte müssen daher ihre Resilienz stärken, um den Herausforderungen des Klimawandels zu begegnen. „Nicht viele Themen haben eine vergleichbare Zunahme an politischer Relevanz zu verzeichnen wie der anthropogene Klimawandel. Eingebettet in die größere Debatte der ökologischen Krise in Gestalt von Biodiversitätsverlust, Ressourcenknappheit, Erschöpfung der ökologischen Tragekapazität, zählt die Frage nach dem klimagerechten Umbau unserer Gesellschaft zu den Megatrends des 21. Jahrhunderts" (Schröder u. a. 2021: 205).

Nachhaltige Stadtentwicklung zielt darauf ab, Städte umweltfreundlich und widerstandsfähig gegenüber den Auswirkungen des Klimawandels zu gestalten. Dies umfasst Maßnahmen wie den Ausbau grüner Infrastruktur, die Förderung erneuerbarer Energien und die Implementierung energieeffizienter Bauweisen. Ziel ist es, den ökologischen Fußabdruck zu reduzieren und die Lebensqualität der Stadtbewohner zu erhöhen. Grüne Infrastruktur und naturbasierte Lösungen spielen eine entscheidende Rolle bei der Anpassung an den Klimawandel. Dazu gehören die Schaffung und Erhaltung von Grünflächen, urbanen Wäldern und

Wasserspeichern, die das städtische Mikroklima verbessern, Schutz vor Überschwemmungen bieten und die städtische Wärmeinselwirkung reduzieren. Die Reduktion von Treibhausgasemissionen ist ein zentrales Ziel der Klimapolitik in Städten. Der Einsatz erneuerbarer Energien wie Solar- und Windkraft sowie die Verbesserung der Energieeffizienz in Gebäuden und Verkehrssystemen sind dabei entscheidende Maßnahmen. Smart Grids und andere innovative Energiemanagementsysteme können den Energieverbrauch optimieren und die Nutzung erneuerbarer Energien maximieren.

Klimagerechte Stadtplanung integriert Klimaschutz- und Anpassungsstrategien als zentrale Elemente städtischer Planungsprozesse (vgl. Schindler et al. 2020). Dazu gehören die Einbindung von Klimarisiken in die Stadtentwicklung, die Förderung kompakter und durchmischter Strukturen sowie die Umsetzung von Maßnahmen zur Emissionsreduktion und Klimaanpassung. Angesichts der zunehmenden Häufigkeit und Intensität von Extremwetterereignissen sind effektives Risikomanagement und umfassende Katastrophenvorsorge essenziell. Frühwarnsysteme, Notfallpläne und regelmäßige Katastrophenübungen stärken die Resilienz von Städten und minimieren potenzielle Schäden. Ein weiterer zentraler Aspekt ist die nachhaltige Mobilität. Die Förderung des öffentlichen Nahverkehrs, der Ausbau von Rad- und Fußwegen sowie die Implementierung von Carsharing- und Elektromobilitätslösungen tragen zur Emissionsreduktion und zur Verbesserung der Luftqualität in urbanen Räumen bei. Verkehrsberuhigungsmaßnahmen und autofreie Zonen sind zusätzliche Instrumente, um lebenswerte und klimagerechte Städte zu gestalten.

Der Klimawandel betrifft unterschiedliche Bevölkerungsgruppen in Städten unterschiedlich stark. Klimagerechtigkeit zielt darauf ab, die sozialen und ökonomischen Ungleichheiten im Zusammenhang mit den Auswirkungen des Klimawandels zu berücksichtigen. Maßnahmen zur Anpassung und zum Klimaschutz müssen so gestaltet sein, dass sie die Bedürfnisse und Interessen vulnerabler Gruppen besonders berücksichtigen und deren Resilienz stärken (vgl. Baumgart 2018). Gstach u. a. (2022) fragen diesbezüglich suggestiv in die Zukunft: „Stellen wir uns aber Folgendes vor …Im Sinne der Verfahrensgerechtigkeit finden endlich auch die beteiligungsfernen Bevölkerungsgruppen in partizipativen Verfahren Gehör. Im Sinne der Anerkennungsgerechtigkeit bildet sich die zunehmende Buntheit der Gesellschaft auch im Freiraum ab. Daraus entstehen vielfältige Arten und Nutzungen von Freiräumen – von klassischen Parks über trendorientierte, „bottom-up" oder in Koproduktion entstandene improvisierte und veränderbare Angebote bis hin zu abseitigen Orten, die Wildniszulassen und für Aneignung offen sind. Es existieren Grün und Freiräume, die in ihrer Gesamtheit allen dieselben Chancen bieten, sich im Freiraum aufzuhalten, teilzuhaben und sich zu entfalten. Im Sinne der Verteilungsgerechtigkeit hat die Verbesserung der Grünausstattung in benachteiligten Stadtquartieren kompromisslos Vorrang und wird von Alltagsbedürfnissen anstatt von Wertsteigerungseffekten und Investoreninteressen bestimmt" (Gstach u. a. 2022: 11). Doch in vielen Städten haben benachteiligte Gruppen oft weniger Zugang zu diesen Flächen, sei es durch schlechte Erreichbarkeit, mangelnde soziale Integration oder bestehende Ungleichheiten in der Verteilung von Freiräumen. Dies zeigt, dass eine gerechtere Gestaltung urbaner Freiräume nicht nur eine Frage der Planungskultur ist, sondern auch strukturelle Herausforderungen adressieren muss, um Teilhabe und Nutzungsvielfalt tatsächlich für alle zu ermöglichen.

5.4.3 Technologische Innovationen und ihre Auswirkungen

Technologische Innovationen transformieren die räumliche Planung durch die Integration digitaler Werkzeuge wie Geoinformationssysteme (GIS) und Building Information Modeling (BIM). Diese Technologien ermöglichen eine detailliertere Analyse, Überwachung und Steuerung urbaner Räume, indem sie umfangreiche Datensätze zugänglich machen und die Entscheidungsfindung sowie die Effizienz städtischer Planungsprozesse optimieren. Zudem bieten Smart Grids und Künstliche Intelligenz (KI) neue Möglichkeiten für eine adaptive, datenbasierte Stadtplanung, die Stadtverwaltungen und Planungsämter dabei unterstützt, flexibel auf sich verändernde Bedürfnisse und Herausforderungen zu reagieren. Trotz dieser Potenziale besteht die Gefahr, dass technologiebasierte Planungsansätze bestehende soziale und räumliche Ungleichheiten verstärken, anstatt sie zu reduzieren. Der Zugang zu digitalen Technologien ist ungleich verteilt, und datengetriebene Entscheidungsprozesse bergen das Risiko, bestimmte Bevölkerungsgruppen zu benachteiligen, insbesondere wenn Datenlücken oder algorithmische Verzerrungen bestehen (vgl. Zuboff 2019; Kitchin 2014). Zudem kann die zunehmende Automatisierung der Planung zu einer Entdemokratisierung führen, indem politische und soziale Aushandlungsprozesse durch technokratische, algorithmische Entscheidungen ersetzt werden. Kritische Planungsansätze fordern daher eine reflektierte Nutzung digitaler Technologien, die Partizipation, Transparenz und soziale Gerechtigkeit stärker in den Mittelpunkt stellt (vgl. Shaw & Graham 2017).

Das Konzept der Smart City basiert auf dem Einsatz des Internets der Dinge (IoT), bei den Sensoren und vernetzte Geräte in die städtische Infrastruktur integriert werden. Diese Technologien erlauben die Echtzeitüberwachung und

Steuerung von Verkehrsflüssen, Energieverbrauch, Abfallmanagement und öffentlicher Sicherheit, wodurch Städte effizienter und nachhaltiger betrieben werden können: „Auswirkungen der Digitalisierung werden in den Bereichen Mobilität, Energie und Versorgung besonders deutlich, aber auch in Bezug auf Freizeit, Erholung sowie flächenrelevante Nutzungen werden Trends ersichtlich" (Engelke u. a. 2022: 2).

Erneuerbare Energien und fortschrittliche Energiemanagementsysteme, wie Smart Grids, tragen zur Reduktion von Treibhausgasemissionen und zur Erhöhung der Energieeffizienz bei. Diese Technologien ermöglichen es Städten, den Übergang zu einer nachhaltigeren und umweltfreundlicheren Energieversorgung zu gestalten. Fortschritte in der Verkehrstechnologie, wie autonomes Fahren und intelligente Ampelsysteme, verbessern die städtische Mobilität, reduzieren Verkehrsstaus, senken Emissionen und erhöhen die Verkehrssicherheit. Engelke verweist in einem Positionspapier der ARL kritisch darauf hin, dass, „aufgrund der eher technisch orientierten Betrachtung der Digitalisierung wird den heutigen Problemen der Siedlungs-, Verkehrs- und Landschaftsentwicklung vorwiegend auch mit baulichen bzw. technischen Maßnahmen begegnet. Eine räumliche Perspektive, die neben technischen Antworten eine planerische oder gesellschaftsbezogene Strategie verfolgt, ist gegenwärtig nur unzureichend entwickelt" (Engelke u. a. 2022: 3–4). Künstliche Intelligenz (KI) und Big Data spielen dennoch insofern eine wichtige Rolle in der Stadtplanung und -verwaltung, indem sie Muster und Trends in großen Datenmengen erkennen, die für die städtische Entscheidungsfindung relevant sind. Diese Technologien unterstützen die Entwicklung präventiver Maßnahmen und die Optimierung städtischer Dienstleistungen (vgl. Stadt Wien 2015; Libbe 2018; Bauriedl & Strüver 2018; Kirimtat u. a. 2020; Giffinger 2021).

5.5 Fazit

Die räumliche Transformation, die Städte und Gemeinden betrifft, wird von sozialen, ökologischen, wirtschaftlichen und technologischen Faktoren angetrieben. Besonders wichtig sind dabei die Steuerungsprozesse, die sich entweder an marktnahen, hierarchisch-staatlichen oder netzwerkbasierten Ansätzen orientieren. Hofmeister verweist auf die Bedeutung dieser Steuerungsprozesse im Kontext der Nachhaltigkeitstransformation: „Indem sich die sozial-ökologische Krise als systemische Krise im Verhältnis von Staat, Politik und Umwelt erweist, geraten Raum- und Umweltplanungen zu den zentralen Akteuren der Nachhaltigkeitstransformation" (Hofmeister u. a. 2021: 10).

Der technologische Fortschritt, insbesondere die Digitalisierung, verändert die sozialen Interaktionen und erschwert die Steuerung der räumlichen Entwicklung. Ein zentrales Problem ist die Polarisierung städtischer Gebiete, die zu sozialer Ungleichheit und Gentrifizierung führt. Planerinnen und Planer sehen sich bei dem Steuerungsanspruch des hoheitlichen lokalen Staates zudem mit finanziellen Engpässen und einem Mangel an demokratischer Legitimation konfrontiert, was die Handlungsfähigkeit der lokalen Stadtplanung beeinträchtigt. Um den Herausforderungen des Bevölkerungswachstums, der Urbanisierung und der Polarisierung zu begegnen, sind innovative Steuerungsinstrumente erforderlich. Nachhaltige Stadtentwicklung sollte stärker ökologische, soziale und ökonomische Zielkonflikte ausbalancieren: „Mögliche Strategien für eine große Transformation stehen somit in einem Spannungsfeld zwischen ökologischer Modernisierung mit Effizienzgewinnen durch technologische Innovationen und Marktanreize einerseits und Suffizienz- und Konsistenzgewinnen durch Steuerung und qualitatives Wachstum andererseits" (Warner u. a. 2021: 218).

Auch die Integration neuer Technologien, wie sie durch digitale und automatisierte Industrie und Smart Cities vorangetrieben wird, spielt eine zentrale Rolle. Die gesellschaftliche Mitwirkung und das Vertrauen der Bevölkerung sind entscheidend, um die Akzeptanz von Planungsprozessen zu fördern. Zudem sollte die Planung flexibler und anpassungsfähiger werden, um auf dynamische und unvorhersehbare Entwicklungen reagieren zu können. Planung ist zunehmend mit einer komplexen und dynamischen räumlichen Entwicklung konfrontiert, die von tiefgreifenden sozialen, ökologischen und technologischen Transformationen geprägt ist. Die Rolle der Planung muss sich an diese neuen Herausforderungen anpassen, wobei der technologische Fortschritt und der Klimawandel eine entscheidende Rolle spielen. Die räumliche Entwicklung erfordert integrative und nachhaltige Ansätze, die soziale Gerechtigkeit, ökologische Nachhaltigkeit und wirtschaftliche Effizienz miteinander verbinden. Partizipation und Vertrauen der Gesellschaft in die Planungsprozesse sind unerlässlich, um Lösungen zu entwickeln, die sowohl inklusiv als auch zukunftsfähig sind. Gleichzeitig muss die Planung flexibel genug sein, um auf Unsicherheiten und unvorhersehbare Entwicklungen zu reagieren, während neue Formen der Governance und Zusammenarbeit gefördert werden. Schröder u. a. (2021) formulieren diesbezüglich eine grundsätzliche Änderung der Perspektive für die räumliche Planung: „Angesichts der zu erwartenden Klimaänderungen sieht sich der Gesundheitssektor einem erhöhten Versorgungsbedarf gegenüber, unter anderem bezogen auf Hitzestress, Luftqualität sowie Ausbreitung von Krankheiten. Eine klimasensible Stadtplanung, die Gesundheitsförderung explizit in ihre Agenda aufnimmt und in

Verwaltungs- und Bürgerhandeln integriert, kann wesentlich dazu beitragen, diesen Versorgungsbedarf zu senken" (Schröder u. a. 2021: 216). Die notwendige räumliche Transformation verlangt nicht nur eine Anpassung von Planungsinstrumenten und -methoden, sondern auch einen Paradigmenwechsel hin zu einer ganzheitlicheren, zukunftsorientierten Planung (vgl. Danielzyk & Priebs 2021).

Literatur

ARL – Akademie für Raumentwicklung in der Leibniz-Gemeinschaft (2021): Postwachstum und Raumentwicklung. Denkanstöße für Wissenschaft und Praxis (Bd. 122).

ARL – Akademie für Raumentwicklung in der Leibniz-Gemeinschaft (Hrsg.) (2024): Große Transformation und nachhaltige Raumentwicklung machen: Impulse zur Umsetzung in der regionalen und kommunalen Praxis. Hannover. Positionspapier aus der ARL 148.

Arnstein, Sherry R. (1969): A Ladder of Citizen Participation. In: Journal of the American Institute of Planners, 35(4), S. 216–224.

Baier, Andrea & Hansing, Tom & Müller, Christa & Werner. Karin (2016) (Hrsg.): Die Welt reparieren. Open Source und Selbermachen als postkapitalistische Praxis. transcript Verlag, Bielefeld.

Baumgart, Sabine (2018): Räumliche Planung und öffentliche Gesundheit – eine historische Verknüpfung. In: Baumgart, Sabine & Köckler, Heike & Ritzinger, Anne & Rüdiger, Andrea (Hrsg.) (2018): Planung für gesundheitsfördernde Städte. Hannover, Forschungsberichte der ARL 08, S. 20–36.

Bauriedl, Sybille, and Strüve & Strüver, Anke (Hrsg.) (2018): Smart City: Kritische Perspektiven auf die Digitalisierung in Städten. Transcript.

Beetz, Stephan (2012): Besonderheiten in der Entwicklung kleiner Städte in ländlichen Räumen. In: Engel, Alexandra; Harteisen, Ulrich; Kaschlik, Anke (Hg.): Kleine Städte in peripheren Regionen. Prozesse, Teilhabe und Handlungsbefähigung. Detmold, S. 45–66.

Beetz, Stephan (2012): Besonderheiten in der Entwicklung kleiner Städte in ländlichen Räumen. In: Engel, Alexandra; Harteisen, Ulrich; Kaschlik, Anke (Hrsg.): Kleine Städte in peripheren Regionen. Prozesse, Teilhabe und Handlungsbefähigung. Detmold, S. 45–66.

Belina, Bernd (2020): Städtischer Boden zwischen Profit- und Sozialorientierung. In: Geographische Rundschau 72, 5, S. 40–44.

Belitz, Heike & Gornig, Martin Kemfert & Claudia & Löckener, Ralf & Sundmacher, Torsten (2021): Prioritäten setzen, Ressourcen bündeln, Wandel beschleunigen. Wiso Diskurs 02/2021. 2: 2021, Friedrich-Ebert-Stiftung. Bonn.

Bolte, Gabriele & Bunge, Christiane & Hornberg, Claudia & Köckler, Heike (2018): Umweltgerechtigkeit als Ansatz zur Verringerung sozialer Ungleichheiten bei Umwelt und Gesundheit. Bundesgesundheitsblatt, 61. Jahrgang, Heft 6, S. 674–683.

Brake, Klaus & Herfert, Günter (2012): Reurbanisierung. Materialität und Diskurs in Deutschland. Wiesbaden.

Brandt, Martina & Gärtner, Stefan & Meyer, Kerstin (2017): Urbane Produktion: Ein Versuch einer Begriffsdefinition, Forschung Aktuell, No. 08/2017, Institut Arbeit und Technik (IAT), Gelsenkirchen.

Brenner, Neil; Theodore, Nik (2002): Spaces of Neoliberalism: Urban Restructuring in North America and Western Europe. Blackwell.

Bunge, Christiane & Rehling, Julia (2020): Umweltgerechtigkeit in Städten. Empirische Befunde und Strategien für mehr gesundheitliche Chancengleichheit. In: Bundesinstitut für Bau-, Stadt- und Raumforschung (BBSR) im Bundesamt für Bauwesen und Raumordnung (BBR) (Hrsg.): Gesundheit und Krankheit in räumlicher Perspektive. Informationen zur Raumentwicklung, Heft 1/2020. Stuttgart, Franz Steiner Verlag. S. 70–83.

Castells, Manuel (1991): The Informational City. Economic Restructuring and Urban Development. Oxford: Blackwell.

Christmann, Gabriela B. & Ibert, Oliver & Jessen, Johann & Walther, Uwe-Jens (2020): Innovations in spatial planning as a social process – phases, actors, conflicts, European Planning Studies, Taylor&Francis, London, Vol. 28, Iss. 3, S. 496–520.

Danielzyk, Rainer & Priebs. Axel (2021): Gleichwertige Lebensverhältnisse. Als Beitrag der Raumordnung zu gesellschaftlichem Zusammenhalt und räumlicher Gerechtigkeit aktueller denn je! RaumPlanung Fachzeitschrift für räumliche Planung und Forschung 2123/4: S. 15–20.

Döring, Matthias & Löbel, Stephan (2023): Folgen der Digitalisierung auf öffentliche Dienstleistungen. In Handbuch Digitalisierung in Staat und Verwaltung, Wiesbaden: Springer Fachmedien Wiesbaden, S. 1–11.

Ehrhardt, Denise & Eichhorn, Sebastian & Behnisch, Martin & Jehling, Mathias & Münter, Angelika & Schünemann, Christoph & Siedentop, Stefan (2022): Stadtregionen im Spannungsfeld zwischen Wohnungsfrage und Flächensparen: Trends, Strategien und Lösungsansätze in Kernstädten und ihrem Umland. Raumforschung und Raumordnung / Spatial Research and Planning, 80 (5), S. 522–541.

Ehrhardt, Denise & Eichhorn, Sebastian & Behnisch, Martin & Jehling, Mathias & Münter, Angelika & Schünemann, Christoph & Siedentop, Stefan (2022): City Regions in Between Housing Issues and Tackling Land Take. Trends, Strategies and Potenzial Solutions in Core Cities and Their Hinterland. In: Raumforschung und Raumordnung I Spatial Research and Planning 80 (5), S. 522–541.

Einig, Klaus & Grabher, Gernot & Ibert, Oliver & Strubelt, Wendelin (Hrsg.) (2005): Urban Governace. In: Informationen zur Raumentwicklung 9/10, 2005, S. I–IX.

Einig, Klaus (2011): Koordination infrastruktureller Fachplanungen durch die Raumordnung. Forschungs- und Sitzungsberichte der ARL 235.

Engelke, Dirk et al. (2022): Raumwirksamkeit der Digitalisierung, Positionspapier aus der ARL, No. 136, Verlag der ARL – Akademie für Raumentwicklung in der Leibniz-Gemeinschaft, Hannover.

Fink, P.; Hennicke, M.; Tiemann, H. (2019): Ungleiches Deutschland. Sozioökonomischer Disparitätenbericht 2019, Friedrich-Ebert-Stiftung.

Frank, Susanne (2011): Je näher man hinschaut, desto fremder schaut es zurück. Aktuelle Diskussionen um Suburbanisierung und Gentrifizierung. In: Herrmann, H.; Keller, C.; Neef, R. et al. (Hrsg.): Die Besonderheit des Städtischen. Entwicklungslinien der Stadt-(Soziologie). Wiesbaden, S. 285–300.

Frey, Oliver & Koch, Florian (Hrsg.) (2011): Die Zukunft der europäischen Stadt, Wiesbaden: VS-Verlag für Sozialwissenschaften.

Frey, Oliver (2009): Die amalgame Stadt. Orte. Netze. Milieus. Wiesbaden: VS-Verlag für Sozialwissenschaften.

Frey, Oliver (2015): Die Stadt von morgen; in: Spektrum der Wissenschaft, Mai 2015, S. 80–86.

Frey, Oliver (2024): Planungssoziologie. In: Eckardt, Frank (Hrsg.): Handbuch Stadtsoziologie. Springer VS, Wiesbaden.

Ganser, Robin (2023): Auf dem Weg zur Etablierung von Starkregen-Resilienzen durch vorbereitende Bauleitplanung–: Kooperation von Stadtplanung und Siedlungswasserwirtschaft als Basis. Abstract. gwf Wasser| Abwasser 164, no. 11, S. 75–81.

Ganser, Rolf (2023): Baurecht und Klimapolitik: Konflikte und Lösungsansätze. De Gruyter.

Gärtner, Stefan & Stegmann, Tim: (2015): Neue Arbeit und Produktion im Quartier – Beobachtungen und Wishful Thinking. In: Institut Arbeit und Technik (Hrsg.): Forschung Aktuell 07/2015, Gelsenkirchen.

Gehl, Jan (2010): Cities for People. Island Press.

Giffinger, R. (2021): Smart city: The importance of innovation and planning. In Smart Cities, Green Technologies and Intelligent Transport Systems: 8th International Conference, SMARTGREENS 2019, and 5th International Conference, VEHITS 2019, Heraklion, Crete, Greece, May 3–5, 2019, Revised Selected Papers 8, Springer International Publishing, S. 28–39.

Giffinger, Rudolf & Zech, Sibylla (2013): Energiebewusste Raumentwicklung. In Energie und Raum (Bd. 20). Lit-Verlag.

Glatter, Jan & Mießner, Michael (Hrsg.) (2021): Gentrifizierung und Verdrängung: Aktuelle theoretische, methodische und politische Herausforderungen. transcript Verlag, Bielefeld.

Gribat, Nina & Ülker, Barış & Weidner, Silke & Weyrauch, Bernhard & Ribbeck-Lampel, Juliane (Hrsg.) (2022): Kleinstadtforschung. transcript Verlag, Bielefeld.

Gstach, Doris & Grimm-Pretner, Dagmar & Weichselbaumer, Roswitha (2022): What's fair? Auf dem Weg zur Grünraumgerechtigkeit. In: zoll+, Haus der Landschaft, Nr. 40. Wien

Gstach (2022): What's fair. Auf dem Weg zur Grünraumgerechtigkeit, zoll, 40, S. 8–12.

Haase, Annegret & Herfert, Günter & Kabisch, Sigrun & Steinführer, Annett (2010): Reurbanisierung in Ostdeutschland. Regionale, städtische und Quartieranalysen unter besonderer Berücksichtigung demographischer Prozesse. In: disP 46, 1/180, S. 24–35.

Haase, Annegret & Kabisch, Sigrun & Steinführer, Annett (2006): Aufschwung der inneren Stadt in Europa? Reurbanisierung unter den Bedingungen des demographischen Wandels im internationalen Vergleich. In: Europa Regional 4, S. 167–180.

Haase, Annegret & Rink, Dieter (2015): Inner-city transformation between reurbanization and gentrification: Leipzig, eastern Germany. In: Geografie 15, 2, S. 226–250.

Haase, Annegret & Schmidt, Anika & Rink, Dieter (2023): Grüne Gentrifizierung: Impulse für eine kritische Perspektive auf Stadtgrün und nachhaltige Stadtentwicklung. In: Handbuch Umweltsoziologie, Wiesbaden: Springer Fachmedien Wiesbaden, S. 1–13.

Haase, Annegret & Schmidt, Anika (2021): Grüne Gentrifizierung. Eine neue Herausforderung für nachhaltige Stadtentwicklung. In: Glatter, J., Mießner, M. (Hrsg.). Gentrifizierung und Verdrängung. Aktuelle theoretische, methodische und politische Herausforderungen, Bielefeld: transcript.

Haase, Annegret & Schmidt, Anika (2024): Impulse für eine kritische Debatte zur resilienten Stadtentwicklung am Beispiel der grünen Gentrifizierung. In: Kabisch, Sigrun & Rink, Dieter & Banzhaf, E. (Hrsg.): Die resiliente Stadt: Konzepte, Konflikte, Lösungen. Springer, 39–54.

Haberle, Heiko (2024): "'Bau-Turbo' § 246e: falsches Instrument für mehr Wohnungen." In: Deutsches Architektenblatt Online.

Hamacher, Günther (2020): Nachhaltige Stadtentwicklung und Klimaanpassung – Herausforderungen und Strategien. Springer.

Hamacher, Hendrik (2020): Flächenverbrauch im Recht: 30-Hektar-Ziel und Flächenzertifikatehandel. NuR 42, S. 388–394.

Hannemann, Christine (2004): Marginalisierte Städte. Probleme, Differenzierungen und Chancen ostdeutscher Kleinstädte im Schrumpfungsprozess, Berlin.

Harvey, D. (1989). The Condition of Postmodernity.

Harvey, David (2012): Rebel Cities: From the Right to the City to the Urban Revolution. Verso.

Heinig, Stefan (2022): Integrierte Stadtentwicklungsplanung. transcript Verlag, Bielefeld.

Heinz, W. (Hrsg.) (1993): Public private partnership. ein neuer Weg zur Stadtentwicklung? Stuttgart, Germany: W. Kohlhammer, Deutscher Gemeindeverlag.

Helbrecht, Ilse (2016): Gentrifizierung in Berlin. Verdrängungsprozesse und Bleibestrategien. Bielefeld.

Herfert, Günter & Osterhage, Frank (2012): Wohnen in der Stadt: Gibt es eine Trendwende zur Reurbanisierung? Ein quantitativ-analytischer Ansatz. In: Brake, Klaus & Herfert, Günter (Hrsg.): Reurbanisierung. Materialität und Diskurs in Deutschland. Wiesbaden, S. 86–112.

Hofmeister, Sabine & Warner, Barbara & Ott, Zora S. (Hrsg.). (2021): Nachhaltige Raumentwicklung für die große Transformation – Herausforderungen, Barrieren und Perspektiven für Raumwissenschaften und Raumplanung (Forschungsberichte der ARL, 15). Verlag der ARL, Hannover.

Holm, Andrej (2024): Sociology of gentrification. In: Martinez, Miguel (Hrsg.): Research Handbook on Urban Sociology. Cheltenham (UK)/Northampton MA (USA): Edward Elgar, 167–187.

Holm, Andrej 2021: Marktversagen, Staatsversagen und die Notwendigkeit einer sozialökologischen Transformation des Wohnens. In: Spars, Guido (Hrsg.): Wohnungsfrage 3.0. Stuttgart: Kohlhammer, 113–133.

Jessen, Johann & Zupan, Daniela (2024): Planung: Von sozialen Innovationen zur Transformation in der räumlichen Planung? In C. Peer, Christian & Semlitsch, Emanuela & Güntner, Simon & Haas, Mara Bernögger, Andreas (Hrsg.): Urbane Transformation durch soziale Innovation: Schlüsselbegriffe und Perspektiven, TU Wien, Academic Press, S. 183–190.

Jessen, Johann (2020): Städtebauliche Leitbilder. Komfortzone oder Kampfarena? In Wüstenrot Stiftung (Hrsg.), Bedingt planbar. Städtebau und Stadtentwicklung in Deutschland und Europa (S. 28–34). Wüstenrot.

Kabisch, Nadja & Haase, Dagmar (2014): Green justice or just green? Provision of urban green spaces in Berlin, Germany. Landscape and Urban Planning 122: S. 129–139.

Kabisch, Sigrun & Kraas Frauke (2018): Megastadt. In: Rink, Dieter & Haase Annegret (Hrsg.): Handbuch Stadtkonzepte: Analysen, Diagnosen, Kritiken und Visionen. UTB Verlag, S. 213–236.

Kirimtat, Ayca & Krejcar, Ondre & Kertesz, Attila & Tasgetiren, M. Fatih (2020): Future trends and current state of smart city concepts: A survey, IEEE access, S. 86448–86467.

Kitchin, Rob (2014): The Data Revolution: Big Data, Open Data, Data Infrastructures and Their Consequences. London: SAGE Publications.

Krüger, Tobias & Schorcht, Martin & Meinel, Gotthard (2021): Zur Entwicklung der Flächenneuinanspruchnahme in Deutschland. In: Flächennutzungsmonitoring XIII: Flächenpolitik – Konzepte – Analysen – Tools Berlin: Rhombos-Verlag, S. 171–187.

Krüger, Tobias & Schorcht, Martin & Meinel, Gotthard (2021): Zur Entwicklung der Flächenneuinanspruchnahme in Deutschland. In Flächennutzungsmonitoring XIII: Flächenpolitik – Konzepte – Analysen – Tools Berlin: Rhombos-Verlag, S. 171–187.

Küchel, Lisa & Bosch-Lewandowski, Simone & Ulrich, Alexandra & Weeber, Rotraut & Weeber, Hannes & Rapp, Johanna & Bott, Cornelia & Nguyen, Le Trang & Ganser, Robin (2022): Freiraum- und Lebensqualität in urbanen Stadtquartieren, Wüstenrot Stiftung.

Lamker, Christian Wilhelm & Terfrüchte, Thomas (2021): Postwachstum nach der Pandemie: Gleichwertige Lebensverhältnisse ohne Wachstumszwang. In: Raumplanung, no. 3–4: S. 34–39.

Lang, Tobias (2021): Die Zukunft des Einzelhandels: Strukturwandel, Digitalisierung und die Folgen für die Stadtentwicklung. Wiesbaden: Springer VS.

Lange, Bastian & Kalandides, Ares & Stöber, Birgit: & Wellmann, Inga (2009) (Hrsg.): Governance der Kreativwirtschaft: Diagnosen und Handlungsoptionen, Urban Studies, transcript Verlag, Bielefeld

Läpple, Dieter (2013): Produktion zurück in die Stadt? In: Kronauer, M.; Siebel, W. (Hrsg.): Polarisierte Städte. Soziale Ungleichheit als Herausforderung für die Stadtpolitik. Campus Verlag, Frankfurt/Main, New York, S. 129–150.

Läpple, Dieter (2016): Produktion zurück in die Stadt. Ein Plädoyer. In: Stadt Bauwelt: Die Produktive Stadt, H. 35, S. 22–29.

Läpple, Dieter (2018): Perspektiven einer produktiven Stadt. In: Schäfer, K. (Hrsg.): Aufbruch aus der Zwischenstadt. Urbanisierung durch Migration und Nutzungsmischung. Transcript Urban Studies; S. 151–176.

Läpple, Dieter (2019): Neue Arbeitswelten. Eine Einführung. In: BBSR: Informationen zur Raumentwicklung, IZR, Heft 06/2019; S. 4–21.

Libbe, Jens (2018): Smart City. In: Rink, Dieter & Haase Annegret (Hrsg.): Handbuch Stadtkonzepte: Analysen, Diagno-sen, Kritiken und Visionen. UTB Verlag, S. 429–451.

Lowndes, Vivien; Pratchett, Lawrence; Stoker, Gerry (2006): Diagnosing and Remedying the Failings of Official Participation Schemes: The CLEAR Framework. In: Social Policy & Society, 5(2), S. 281–291.

Maretzke, Steffen & Porsche, Lars (2020): Kleinstädte in ländlichen Räumen. Ein Spiegelbild ihrer ökonomischen, sozialen und siedlungsstrukturellen Rahmenbedingungen. In: BBSR-Online-Publikation (Hrsg.): Das Neue Wachstum der Städte. Ist Schrumpfung jetzt Abgesagt? Nr. 01/2020, S. 36–55.

Maretzke, Steffen (2016): Demografischer Wandel im ländlichen Raum. So vielfältig wie der Raum, so verschieden die Entwicklung. In: Informationen zur Raumentwicklung Heft 2.2016, Bonn, S. 169–187.

Mayer, Heike (2021): Wirtschaftliche Entwicklung und Innovationsdynamiken in Kleinstädten. In Kleinstadtkompendium; Steinführer, Anett & Porsche, Lars & Sondermann, M., (Hrsg.): Forschungsbericht der ARL 16; ARL: Hanover, Germany; S. 140–154.

Merkel, Janet (2018): Kreative Stadt. In: Rink, Dieter & Haase Annegret (Hrsg.): Handbuch Stadtkonzepte: Analysen, Diagnosen, Kritiken und Visionen. UTB Verlag. S. 193–212.

Neumann, Ute & Spellerberg, Annette & Eichholz, Lutz (2022): Veränderungen beim Wohnen und von Standortpräferenzen durch Homeoffice in der Covid-19-Pandemie. In: Raumforschung und Raumordnung | Spatial Research and Planning 80, 4, 434–450.

Peer, Christian & Semlitsch Emanuela & Güntner, Simon & Haas, Mara & Bernögger, Andreas (2024). Editorial: Urbane Transformation durch soziale Innovation. In: Peer, Christian u. a. (Hrsg.): Urbane Transformation durch soziale Innovation: Schlüsselbegriffe und Perspektiven (S. 1–7).

Pfoser, Nicole (2018): Vertikale Begrünung. Verlag Eugen Ulmer.

Plattform Baukulturpolitik, & Forschungsinstitut für Urban Management und Governance. (2021): Vierter Baukultur Report – Baukulturpolitik konkret: Der Weg zur Agentur für Baukultur.

Popper, Karl. R. (1957) (1980): Die offene Gesellschaft und ihre Feinde. Tübingen: Francke Verlag (6. Auflage 1980).

Porsche, Lars & Steinführer, Annett & Beetz, Stephan & Dehne, Peter & Fina, Stefan & Großmann, Katrin & Leibert, Tim & Maaß, Anita & Mayer, Heike & Milbert, Antonia & Nadler, Robert & Sondermann, Martin (2019): Kleinstadtforschung; Positionspapier aus der ARL 113; ARL: Hannover.

Porsche, Lars & Steinführer, Annett & Sondermann, Martin (Hrsg.). (2019): Kleinstadtforschung in Deutschland: Stand, Perspektiven und Empfehlungen (Arbeitsberichte der ARL, 28). Verl. d. ARL, Hannover.

Porsche, Lars & Steinführer, Annett; Sondermann, Martin (Hrsg.) (2019): Kleinstadtforschung in Deutschland. Stand, Perspektiven und Empfehlungen Hannover: ARL (Arbeitsberichte der ARL; 28.

Porsche, Lars (2015): Die Zukunft von Kleinstädten gestalten. In RaumPlanung 181, 5/2015, Dortmund, S. 26–32.

Raworth, Kate (2017): Doughnut Economics: Seven Ways to Think Like a 21st-Century Economist. London: Random House.

Reiß-Schmidt, Stephan (2018): Innenentwicklung. In: ARL – Akademie für Raumforschung und Landesplanung (Hrsg.): Handwörterbuch der Stadt- und Raumentwicklung. Hannover, 995–1000.

Rink, Dieter & Kabisch, Sigrun (2017): Urbane Transformationen und die Vision nachhaltiger Stadtentwicklung. In: Brand, Karl-Werner (Hrsg.): Die sozial-ökologische Transformation der Welt. Ein Handbuch. Campus Verlag, Frankfurt/New York, S. 243–266.

Schindler, Stefan; Wehrhahn, Robert; Siegmund, Alexander (2020): Klimagerechte Stadtentwicklung: Herausforderungen und Strategien für nachhaltige urbane Transformationen. Springer.

Schipper, Sebastian & Schönig, Barbara (2021): Die ewig neue Wohnungsfrage! Auf den Spuren bundesdeutscher Debatten zur sozialen Wohnraumversorgung. In: Egner, Björn & Grohs, Stephan & Robischon, Tobias (Hrsg.): Die Rückkehr der Wohnungsfrage. Stadtforschung aktuell. Springer VS, Wiesbaden, S. 1–14.

Schmelzer, Matthias & Vetter, Andrea & Vansintjan, Aaron (2022): The Future is Degrowth: A Guide to a World beyond Capitalism. London: Verso.

Schöbel-Rutschmann, Sören (2021): Stadtregion oder differenzielle Landschaft: Vom Umland zur vermittelnden Ebene zwischen Stadt und Land. In Stadtregionales Flächenmanagement. Berlin, Heidelberg: Springer Berlin Heidelberg, S. 1–20.

Schröder, Judith & Moebus, Susanne (2021): Klimasensible Stadtplanung und Stadtentwicklung, In: Günster, Christian & Bernt-Peter, Robra & Schmuker, Caroline & Schneider, Alexandra (Hrsg.): Versorgungsreport Klima und Gesundheit, MWV Medizinisch Wissenschaftliche Verlagsgesellschaft Berlin, S. 205–218.

Selle, K. (2017): Partizipation 8.0. Informationen zur Raumentwicklung, 6/2017, 12.

Shaw, Joe & Graham, Mark (2017): An Informational Right to the City? Code, Content, Control, and the Urbanization of Information. In: Antipode 49(4), S. 907–927.

Siebel, Walter (2000): Urbanität. In: Häußermann, Hartmut (Hrsg.): Großstadt: Soziologische Stichworte. Springer-Verlag, S. 264–272.

Siedentop, Stefan & Uphues, Norbert (2015): Ländliche Räume im Sog der Reurbanisierung? Befunde für Baden-Württemberg und raumordnungspolitische Schlussfolgerungen. In: Fricke, Axel & Siedentop, Stefan & Zakrzewski, Philipp (Hrsg.): Reurbanisierung in baden-württembergischen Stadtregionen. Arbeitsberichte der ARL 14. Hannover, S. 187–203.

Siedentop, Stefan (2018): Reurbanisierung. In: Rink, Dieter & Haase, Annegret (Hrsg.): Handbuch Stadtkonzepte. Analysen, Diagnosen, Kritiken und Visionen. Opladen, S. 381–404.

Soike, Roman & Libbe, Jens & Konieczek-Woger, Magdalena & Plate Elke (2019): Räumliche Dimensionen der Digitalisierung. Handlungsbedarfe für die Stadtentwicklungsplanung. Ein Thesenpapier. Difu-Sonderveröffentlichung.

Soja, E. W. (1992). Postmodern Geographies: The Reassertion of Space in Critical Social Theory.

Spars, Guido (2021): Wohnungsfrage 3.0? Zur Einführung. In: Spars, Guido (Hrsg.): Wohnungsfrage 3.0. Stuttgart, 7–17.

Stadt Wien, Magistratsabteilung 18, Stadtentwicklung und Stadtplanung (2015): Perspektiven einer smarten Stadtentwicklung, Smart City Wien Werkstattbericht.

Steffen, Carolin (2022): Post-COVID Cities: Leerstand, neue Nutzungen und die Transformation der Innenstädte. Berlin: De Gruyter.

Streek, Wolfgang & Schmitter, Philipp (1985): Private Interest Government. Beyond Market and State. London: Sage.

Svanda, Nina & Zech, Sibylla (2023): Raumplanung. In: Görg, Christoph & Madner, Verena & Muhar, Andreas & Novy, Andreas & Posch, Alfred & Steininger, Karl W, Görg & Aigner, Ernest C. (Hrsg.): APCC Special Report: Strukturen für ein klimafreundliches Leben. Springer Spektrum, Berlin, Heidelberg, S. 529–546.

Umweltbundesamt (Hrsg.) (2019): Innenentwicklung in städtischen Quartieren: Die Bedeutung von Umweltqualität, Gesundheit und Sozialverträglichkeit, Dessau-Roßlau.

Wanner, Matthias & Förster, Agnes & Brings, Laura & Köckler, Heike & Egermann, Markus & Hampe, Christian & Noltemeyer, Svenja & Strehle, Isabel (2022): Aufruf zum Trialog für räumliche Transformation. In: Lehrstuhl für Planungstheorie und Stadtentwicklung, RWTH Aachen University (Hrsg.): pnd – rethinking planning, Aachen, 1/2022, S. 228–252.

Warner, Barbara & Hofmeister, Sabine & Malburg-Graf, Barbara & Kropp, Cordula (2021): Nachhaltige Raumentwicklung für die große Transformation: Zusammenführende Diskussion und Schlussfolgerungen, In: Hofmeister, Sabine & Warner, Barbara & Ott, Zora (Hrsg.): Nachhaltige Raumentwicklung für die große Transformation – Herausforderungen, Barrieren und Perspektiven für Raumwissenschaften und Raumplanung, Verlag der ARL -Akademie für Raumentwicklung in der Leibniz-Gemeinschaft, Hannover, S. 214–231.

Wolff, Manuel & Haase, Annegret & Leibert, Tim (2020): Mehr als Schrumpfung und Wachstum? Trends der demographischen Raumentwicklung in Deutschland nach 2011. (UFZ Discussion Papers, 1/2020). Leipzig: Helmholtz-Zentrum für Umweltforschung – UFZ.

Zimmermann, Thomas, Björn Braunschweig, and Sebastian Henn (2024): Das stadtregionale Flächenproblem–Genese, Ausprägung und Treiber. In Stadtregionales Flächenmanagement, Berlin, Heidelberg: Springer Berlin Heidelberg, S. 1–27.

Zuboff, Shoshana (2019): The Age of Surveillance Capitalism: The Fight for a Human Future at the New Frontier of Power. New York: PublicAffairs.

Zukin, Sharon (2010): Naked City: The Death and Life of Authentic Urban Places. Oxford University Press.

Raum in der Soziologie

6

6.1 Einleitung

Die Soziologie zeichnet sich durch eine gewisse ‚Raumblindheit' aus. Insbesondere in der deutschsprachigen Soziologie nach dem Zweiten Weltkrieg wurde der Raum lange Zeit vernachlässigt. Diese Nichtbehandlung des Raums lässt sich auf verschiedene Faktoren zurückführen, darunter die Dominanz sozialstruktureller und handlungstheoretischer Ansätze, die ideologische Aufladung des Raumbegriffs im Nationalsozialismus sowie die Orientierung an universalistischen Theorien der Moderne. Erst mit dem „Spatial Turn" in den Sozialwissenschaften, der seit den 1980er Jahren eine verstärkte Auseinandersetzung mit räumlichen Dimensionen sozialen Handelns initiierte, gewann der Raumbegriff auch in der Soziologie wieder an Bedeutung (vgl. Gosztony 1976; Prigge 1986; Krämer-Badoni & Kuhm 2003; Berking 2006).

Zum einen wurden Raum- und Gesellschaftsthemen infolge der nationalsozialistischen Propaganda unter dem Schlagwort „Volk ohne Raum" delegitimiert, was eine tiefgehende Auseinandersetzung mit dem Raumbegriff über lange Zeit erschwerte. Zum anderen dominierte über Jahrzehnte eine Gleichsetzung von Raum und Nationalstaat, wodurch differenzierte und komplexere Raumkonzepte in den Hintergrund rückten. Die Fokussierung auf nationale Territorien verstärkte zudem die Vorstellung eines primär physischen Raumkonzepts, das vor allem an staatliche Grenzen und Gebietsansprüche gekoppelt wurde. Darüber hinaus vernachlässigten die sozialwissenschaftlichen Disziplinen lange Zeit materielle Objekte und Dinge in ihren Theorien, sodass der Raum als gesellschaftlich bedeutsame Dimension unzureichend berücksichtigt wurde. Erst durch neuere Ansätze wurde erkannt, dass räumliche Strukturen nicht nur physisch gegeben, sondern auch durch soziale Praktiken und Diskurse hervorgebracht und verändert werden (vgl. Giddens 1984; Läpple 1991; Sturm 1998; Löw 2001; Löw & Sturm 2005; Weiske 2006).

Die Kategorie des Raums spielt in den etablierten, traditionellen sozialwissenschaftlichen Themenfeldern – etwa zur Erklärung sozialer Ungleichheit, gesellschaftlicher Strukturierung, Arbeitswelten oder institutioneller Organisationen – kaum eine Rolle, da sich diese Disziplinen historisch stark auf soziale Kategorien stützten. Insbesondere die Soziologie fokussierte sich lange auf Konzepte wie Klasse, Schicht, Geschlecht und Ethnizität, um soziale Ungleichheiten zu analysieren, während räumliche Dimensionen oft ausgeblendet wurden. Um jedoch die räumlichen Aspekte sozialer Phänomene theoretisch angemessen zu erfassen, bedarf es einer präziseren Bestimmung des Raumbegriffs. Raum ist nicht willkürlich, sondern strukturiert und in soziale Prozesse eingebettet. Seine Form, Bedeutung und Wirkung sind das Ergebnis gesellschaftlicher Praktiken, institutioneller Regulierungen und historischer Entwicklungen (vgl. Löw 2001; Löw & Knoblauch 2019 und 2021).

Die Verteilung von Funktionen und Menschen im Raum folgt bestimmten Gesetzmäßigkeiten und ist nicht zufällig. Ebenso zentral ist das dialektische Wechselverhältnis zwischen räumlichen Gegebenheiten und sozialen Strukturen: Räumliche und soziale Phänomene beeinflussen sich wechselseitig. Die räumliche Umwelt ist einerseits eine Ursache für bestimmte Formen sozialer Organisation – so prägen beispielsweise die Beschaffenheit des Terrains, die Topographie, die Bodenqualität und das Vorhandensein von Flüssen die Siedlungsstrukturen eines Landes oder einer Stadt. Andererseits ist sie auch ein Ergebnis sozialer Organisation, da menschliche Aktivitäten und gesellschaftliche Entwicklungen die räumlichen Strukturen fortwährend verändern und gestalten (vgl. Krämer-Badoni & Kuhm 2003).

Das Raumverständnis vieler Sozialwissenschaftlerinnen und Sozialwissenschaftler war lange Zeit auf eine beschreibende und klassifikatorische Sichtweise reduziert, in der Raum als ein Behälter betrachtet wurde, der mit Menschen, baulichen Strukturen und Infrastrukturen „gefüllt" ist. Durkheim, einer der Gründungsväter der Soziologie, betrachtete Raum als eine zu vernachlässigende Größe zur Erklärung sozialer und gesellschaftlicher Prozesse. Seiner Auffassung nach sollte das „Soziale" ausschließlich durch „soziale Phänomene" erklärt werden. In diesem Verständnis wurde Raum vorrangig als materielles Element – etwa in Form von Objekten, Dingen, Steinen und Beton oder natürlichen Gegebenheiten wie Landschaften – sowie als funktionale Infrastruktur, etwa im Wohnungsbau, betrachtet. Dabei blieb weitgehend unberücksichtigt, dass Raum auch Ausdruck gesellschaftlicher Macht- und Herrschaftsstrukturen ist. Die Perspektive,

dass Raum nicht nur eine physische Gegebenheit ist, sondern auch eine hand-
lungsbestimmende Größe darstellt, die durch die sozialen Konstruktionen der
Akteurinnen und Akteure geformt wird, war lange unterbelichtet. Insbesondere
wurde in den Sozialwissenschaften übersehen, dass ökonomische, soziale, kulturelle und ökologische Prozesse stets an konkrete Orte gebunden sind und dass
ihre Ausprägung maßgeblich durch die spezifischen Eigenschaften dieser Orte
beeinflusst wird (vgl. Linde 1972; Pincon & Pincon-Charlot 1986).

Lange Zeit wurde aufgrund der wissenschaftlichen Arbeitsteilung davon ausgegangen, dass die Segregationsforschung hinreichende Erkenntnisse über den
Zusammenhang zwischen sozialer Ungleichheit und Siedlungsstrukturen liefert.
Tatsächlich bildet die Analyse von Segregation und Konzentration die Grundlage aller Schulen der Stadtsoziologie sowie der Humangeographie. Innerhalb der
Debatten unter den ,Raumfachleuten' wurde jedoch häufig mit einem stark redu-
zierten Verständnis sozialer Ungleichheit gearbeitet. Viele Ansätze orientierten
sich an veralteten Modellen, die die komplexen Wechselwirkungen verschiedener Ungleichheitsmerkmale vernachlässigten. Statt multidimensionale Dynamiken
sozialer Ungleichheit zu berücksichtigen, konzentrierte sich die Forschung oft
auf die isolierte Betrachtung einzelner Faktoren. Umgekehrt spielt die Kategorie
des Raumes bis heute für Wissenschaftlerinnen und Wissenschaftler im Bereich
der sozialen Ungleichheit praktisch keine Rolle (vgl. Friedrichs 2018). Lediglich Kategorien wie Wohnraumversorgung oder regionale Unterschiede in den
Arbeitsmarktchancen werden als Indikatoren sozialer Ungleichheit berücksichtigt.
Dass der Raum jedoch – neben Defiziten in der Ausstattung und Erreichbarkeit – durch die Zusammensetzung der Wohnbevölkerung, das Image eines Ortes,
Planwertgewinne oder eine spezifische soziale oder politische Kultur geprägt ist,
wird in der Ungleichheitsforschung meist nicht beachtet, da der physische Raum
als irrelevant für soziale Prozesse angesehen wird (vgl. Dangschat 1996).

Viele soziologische Theorien arbeiten mit abstrakten Konzepten wie Macht,
Normen, Identität oder Kultur. Diese Begriffe werden häufig ohne Bezug zu
räumlichen Gegebenheiten behandelt, wodurch die Bedeutung des Raums für
soziale Dynamiken in den Hintergrund tritt. Zudem neigen traditionelle soziologische Analysen dazu, sich entweder auf die Makroebene gesellschaftlicher
Strukturen oder auf die Mikroebene individueller Interaktionen zu konzentrieren.
Die Mesoebene – also der Raum als vermittelnde Instanz zwischen individuellen Handlungen und gesamtgesellschaftlichen Prozessen – bleibt dabei oft
unberücksichtigt. Diese Vernachlässigung des Raums trägt zu einer anhalten-
den Unterschätzung der materiellen und ökologischen Welt in der Soziologie
bei. Viele Ansätze konzentrieren sich vorrangig auf die soziale Konstruktion von
Wirklichkeit, während materielle und ökologische Bedingungen, einschließlich

des Raums, häufig als nachrangig betrachtet werden (vgl. Schroer 2019, 2022; Diekmann 2024).

Auch in der klassischen soziologischen Methodologie fehlt es an Werkzeugen und Konzepten, um Raum systematisch in die Analyse sozialer Prozesse einzubeziehen. Die Methoden konzentrieren sich auf soziale Beziehungen und Interaktionen, ohne den physischen Raum als konstitutiven Faktor zu berücksichtigen (vgl. Dangschat & Kogler 2019). Folglich wird den Dimensionen des Raumes in den Sozialwissenschaften bis heute eine untergeordnete Rolle beigemessen. Soziologinnen und Soziologen betrachteten den Raum aufgrund klarer disziplinärer Grenzen lange Zeit als Domäne der Geografie. Diese disziplinäre Trennung hat dazu geführt, dass soziologische Forschungen den Raum nicht als zentrale Dimension gesellschaftlicher Analysen einbezogen haben.

Erst in jüngerer Zeit, durch die Etablierung der Stadtsoziologie als wissenschaftliche Disziplin an der Schnittstelle von Stadtgeografie, Stadtplanung und Architektur, wird das Wechselverhältnis zwischen Raum und Gesellschaft verstärkt untersucht und stärker ins Bewusstsein gerückt. Dangschat nimmt darauf Bezug, wenn er als Stadtsoziologe Mitte der 1990er Jahre in Bezug auf qualitative Methoden in Segregationsanalysen schreibt: „Damit wird auch das Ziel verfolgt, einen Beitrag dazu zu leisten, sowohl die Stadtsoziologie (als raumbezogene spezielle Soziologie) wieder in die allgemeine soziologische Diskussion sozialer Ungleichheit zurückzubinden als auch gleichzeitig der ‚freischwebenden' Theorie sozialer Ungleichheit einen Raumbezug zu geben" (Dangschat 1994: 427).

Dementsprechend rückte ins Zentrum der Forschung der Stadtsoziologie die Analyse der räumlichen Ausprägungen sozialer Beziehungen, auch in Bezug auf räumliche Lebensstile und Lebenslagen mit den jeweiligen Werthaltungen der Bewohnerinnen und Bewohnern. Der städtische Raum wird dabei als ein Spannungsfeld von sozio-kulturellen und städtebaulichen Merkmalen wie Dichte, Heterogenität und Differenz in seinen sozialräumlichen Ausprägungen beschrieben (vgl. Weber 1921; Park 1925; Park u. a. 1925; Dangschat 1994 und 1996; Mackensen 2000; Lichtenberger 2002; Häußermann & Siebel 2004; Dangschat & Frey 2005; Blasius & Friedrichs 2011; Gebhardt 2014; Hahn 2015).

Städtische Räume sind als miteinander verwobene Formen der geistigen und materiellen Welt zu begreifen. Das dualistische Denken zwischen objektiver Struktur und subjektiver Bedeutung wandelt sich in ein polykontextuelles Raumverständnis, wenn der städtische Raum als ‚objektiviertes Soziales' betrachtet wird (vgl. Linde 1972; Pinçon & Pinçon-Charlot 1986). Dieses ‚objektivierte Soziale' manifestiert sich sowohl in Dingen, Gebäuden und Orten als auch in den Lebensstilen der handelnden Personen. Kultur und Geist in der Stadt werden sowohl durch städtebauliche Formen strukturiert als auch durch gesellschaftliche, soziale Prozesse und Handlungen (vgl. Halbwachs 1946; Chambart de Lauwe 1952; Hamm & Neumann 1995; Frey 2009).

Mit der zunehmend erfolgreichen institutionellen Verankerung einer Raum- und Planungssoziologie hat sich im Zuge einer Soziologie des Globalen und Lokalen eine Perspektive auf die Figuration unterschiedlicher Räume verbreiten können. Der Beitrag, den die Raum-, Stadt- und Planungssoziologie zu einem relationalen und polykontextuellen Raumverständnis leistet, wurde dadurch möglich, dass gebaute materielle Orte und soziale Prozesse im Raum umfassend analysiert und die Raumbildungsprozesse auf verschiedenen Ebenen besser verstanden wurden (vgl. Löw 2001). Die traditionelle Sichtweise, die Raum und Gesellschaft als getrennte Einheiten betrachtete, wird durch eine dynamischere und interaktive Perspektive ersetzt. Diese Perspektive berücksichtigt die kontinuierlichen Wechselwirkungen zwischen Akteuren, sozialen Netzwerken und physischen Strukturen. Dadurch wird deutlich, dass soziale Prozesse und räumliche Strukturen sich gegenseitig bedingen und formen.

Das neue, relationale und polykontextuelle Raumverständnis erfordert von der allgemeinen Soziologie eine stärkere Berücksichtigung des gesellschaftlichen Faktors Raum, der sowohl durch soziale als auch materielle Dimensionen und deren Wechselwirkungen gekennzeichnet ist. Dies hat zur Folge, dass die Soziologie ihre Raum-, Stadt- und Planungstheorien stärker an den empirischen Rahmenbedingungen räumlicher Entwicklung orientieren sollte. Dies beinhaltet die Analyse der kulturellen und historischen Bedingungen von Raumkonfigurationen auf lokalen, regionalen und globalen Ebenen, die gesellschaftliche Prozesse und Strukturen beeinflussen, sowie die Einbeziehung der vielfältigen Akteurinnen und Akteuren sowie Interessengruppen, die an diesen Prozessen beteiligt sind (vgl. Löw & Knoblauch 2021).

Ein relationales und polykontextuelles Raumverständnis betont die vielfältigen Verbindungen und Wechselwirkungen zwischen verschiedenen Akteurinnen und Akteuren sowie Netzwerken, die kontinuierlich neue Raumkonfigurationen schaffen. Es berücksichtigt, dass Räume nicht statisch sind, sondern durch soziale Praktiken und Interaktionen geformt und transformiert werden. Gleichzeitig erweitert das polykontextuelle Raumverständnis diese Perspektive, indem es anerkennt, dass urbane Räume durch die simultane Existenz und Überlagerung verschiedener Kontexte und Bedeutungen geprägt sind. Dies bedeutet, dass ein und derselbe Raum unterschiedliche Bedeutungen und Nutzungen für verschiedene Gruppen haben kann, je nach ihren spezifischen sozialen, kulturellen und ökonomischen Hintergründen. Diese komplexen räumlichen Beziehungen und die damit verbundenen Dynamiken sind zentral für das Verständnis (post-)

moderner städtischer Räume. Dieses relationale und polykontextuelle Raumverständnis erkennt somit an, dass urbane Räume durch die gleichzeitige Existenz und Überlagerung verschiedener Kontexte und Bedeutungen geprägt sind (vgl. Läpple 1991; Poferl 2019; Löw & Knoblauch 2021).

Um diese Dynamik und Interaktivität von Räumen, die durch die kontinuierlichen Wechselwirkungen von Akteurinnen und Netzwerken neugestaltet werden, zu erfassen, ist ein sozialwissenschaftliches, relationales und polykontextuelles Raum- und Planungsverständnis notwendig (vgl. Löw 2001). Dadurch werden die vielfältigen Verbindungen und Interaktionen zwischen verschiedenen Akteurinnen und Netzwerken deutlich, die ständig neue Raumkonfigurationen erzeugen. Räume werden nicht als statische Gebilde betrachtet, sondern als Produkte sozialer Praktiken und Interaktionen, die ständig geformt und transformiert werden. Dementsprechend liegen die sozialtheoretischen Herausforderungen einer Raum- und Planungssoziologie in der Erkundung des intermediären Raums zwischen Subjekt und Objekt, Mensch und materiell-technischer Welt. Während klassische sozialwissenschaftliche Modelle soziale Beziehungen zwischen Menschen in den Vordergrund stellen, plädiert die Raum-, Stadt- und Planungssoziologie für einen integrativen Ansatz, der die vielschichtigen Verflechtungen zwischen Menschen und Objekten als konstitutiv für soziale Ordnungen betrachtet (vgl. Haraway 2008; Latour 2010; Schroer 2022: 258–336).

6.2   Grundlagen der Raumsoziologie

Das Verständnis von Raum hat sich in der sozialwissenschaftlichen Forschung grundlegend gewandelt – weg von einer statischen Vorstellung hin zu einer relationalen Perspektive. Besonders einflussreich war dabei die Raumsoziologie von Martina Löw (2001), die nicht nur für die soziologische Theoriebildung, sondern auch für die Praxis der räumlichen Planung von großer Bedeutung ist. Ihr Ansatz verdeutlicht, dass Raum nicht als starre Kulisse für menschliches Handeln existiert, sondern aktiv durch soziale Prozesse konstituiert wird. Individuen und Gruppen gestalten und verändern den Raum kontinuierlich durch ihr Handeln und ihre Interaktionen. Diese dynamische Sichtweise zeigt sich insbesondere in der Planungs- und Architektursoziologie, die sowohl gezielt gestaltete Räume als auch deren Auswirkungen auf soziales Handeln sowie informelle Stadtentwicklungsprozesse untersucht. Löw hebt hervor, dass die traditionelle Vorstellung einer festen Einheit von Territorium und Lebensstil überholt ist. Angesichts der zunehmenden Pluralisierung und Fragmentierung von Räumen und Lebenswelten erfordert das Verständnis von Raum eine konzeptionelle Neubewertung.

In ihrer relationalen Raumtheorie beschreibt Löw Raum als ein Geflecht aus baulich-manifesten und sozial-psychischen Strukturen, die nicht isoliert existieren, sondern in ständiger Wechselwirkung stehen. Sie fasst dies folgendermaßen zusammen: „Raumsoziologie ist eine soziologische Teil- und Querschnittsdisziplin, die die gesellschaftliche Strukturierung durch räumliche Anordnungsprinzipien sowie deren Konstitution im Alltag zum Gegenstand hat. Systematisch fragt sie nach den symbolischen und materiellen Platzierungen und ihren Verknüpfungen. Der Blick raumsoziologischer Forschung ist somit gleichermaßen auf die körperliche Präsenz und Performanz an Orten gerichtet wie auf die globalen, nationalstaatlichen und urbanen Deutungsmuster, Produkt- und Ideenflüsse oder Images. Die Analyse reicht systematisch von Innen- und Nahräumen über städtische, regionale oder dörfliche Anordnungen bis hin zu nationalstaatlichen und globalen Raumproduktionen" (Löw & Sturm 2005: 16).

Löw kritisiert das traditionelle ‚Behälter-Raum-Konzept', das Raum als unveränderliche Gegebenheit betrachtet, und definiert stattdessen Raum als eine dynamische, relationale Anordnung von Menschen und Objekten an Orten. Diese Anordnung entsteht durch soziale Prozesse und wird von gesellschaftlichen Machtverhältnissen beeinflusst. Sie betont, dass Macht ein wesentlicher Faktor ist, der die Gestaltung und Nutzung von Räumen steuert. Die Frage, wer Raum anordnet und welche Machtverhältnisse dabei wirksam sind, spielt eine zentrale Rolle in ihrer Theorie. Löw verweist darauf, dass Räume nicht nur durch Handlungen geschaffen werden, sondern auch durch institutionalisierte Strukturen, die zukünftiges Handeln beeinflussen. Städte und öffentliche Plätze bieten durch Regeln und Ressourcen Handlungssicherheit, was zur Stabilität sozialer Ordnungen beiträgt. Ein wichtiger Punkt in Löws Raumsoziologie ist die Dualität von Handlung und Struktur: Räume werden durch Handeln geschaffen, formen aber gleichzeitig das zukünftige Handeln der Akteurinnen und Akteure. Diese Dualität verdeutlicht, dass Räume nicht statisch sind, sondern durch soziale Praktiken ständig neu produziert und transformiert werden. Institutionalisierte Räume prägen dabei das Verhalten der Menschen und ermöglichen stabile soziale Ordnungen, bleiben jedoch durch soziale Dynamiken veränderbar. Löws Theorie bietet somit einen differenzierten Blick auf die soziale Konstruktion von Räumen und zeigt, wie eng Raum und Gesellschaft miteinander verwoben sind, indem sie die Rolle von Macht, Struktur und sozialem Handeln in der Raumkonstitution betont (vgl. Löw 2001).

Physische Orte sind klar abgrenzbare, physische Bereiche, die geographisch und territorial exakt bestimmt werden können. Sie sind konkret erfahrbar und bieten einen spezifischen Rahmen für gesellschaftliche, ökonomische, kulturelle und ökologische Prozesse. Die Identität eines Ortes wird durch seine geografische Lage und die spezifischen Aktivitäten, die dort stattfinden, geprägt. Orte sind stabile, bestimmbare Einheiten, die durch ihre lokale Begrenzung sichtbare Strukturen aufweisen. Hier manifestieren sich soziale Beziehungen und Interaktionen in einem festen, greifbaren Umfeld. Orte bieten zudem eine Plattform, auf der Machtverhältnisse und soziale Praktiken sichtbar werden (vgl. Augé 1994; Bratman 1999; Dangschat 2007).

Relationale Räume hingegen sind weitgehend abstrakter und umfassen sowohl materielle als auch symbolische, regulative und atmosphärische Aspekte. Sie sind nicht klar messbar oder ortsgebunden, sondern entstehen durch die Überlagerung gesellschaftlicher und materieller Strukturen. Raumstrukturen sind dynamisch und werden durch soziale, kulturelle und ökonomische Interaktionen von Akteuren und Akteurinnen in Prozessen der Produktion, Reproduktion und Koproduktion geformt. Sie sind nicht statisch, sondern figürlich und verändern sich ständig durch die Einflüsse verschiedener Prozesse und Beziehungen. Räume stellen das Zusammenspiel von sozialen Handlungen und räumlichen Strukturen dar, wodurch sie eher als relationale und prozessuale Gebilde zu verstehen sind. Ihre Bedeutung ergibt sich aus den Praktiken, die sich in ihnen entfalten, sowie den symbolischen Bedeutungen, die ihnen zugeschrieben werden. Räumliche Strukturen und gesellschaftliche Entwicklungen stehen in einem Wechselverhältnis von Wahrnehmungen, Interpretationen und Handlungen verschiedener Akteure und Akteurinnen, sowohl auf der lokalen Mikroebene als auch im Kontext überregionaler ökonomischer und politischer Strukturen. Raum wird dabei nicht als ‚Behälter- oder Containerraum' verstanden, sondern als relationales Konzept, das über die bloße Vermessbarkeit hinausgeht. In Disziplinen wie Städtebau, Architektur und Raumplanung dominiert jedoch noch immer die Vorstellung von ‚objektiven' Räumen, die sich objektiv vermessen und definieren lassen. Räume werden dabei oft verkürzt als neutrale Gefäße betrachtet, die materielle Objekte aufnehmen und durch deren Nutzung transformiert werden.

Ein fundiertes Verständnis des konkreten, physischen Ortes sollte die Wechselwirkungen zwischen materiellen Strukturen und der sozialen Welt in den Mittelpunkt stellen. Die physische Beschaffenheit eines Ortes ist nicht nur ein neutraler Hintergrund für gesellschaftliche Prozesse, sondern spiegelt soziale Strukturen wider. Orte sind Träger kultureller Symbole, Zeichen und Images, durch die soziale Bedeutungen räumlich manifestiert werden. In der räumlichen Planung und Architektur entsteht ein wechselseitiger Einfluss: Planerinnen und Planer sowie Architektinnen und Architekten arbeiten mit bestimmten Imaginationen und Konzepten, die wiederum durch gesellschaftliche Vorstellungen und soziale Beziehungsformen geprägt sind. Gleichzeitig beeinflussen gebaute

Strukturen und räumliche Anordnungen das soziale Miteinander und prägen urbane Lebenswelten. Diese dynamische Wechselbeziehung schafft ein dialektisches Beziehungsgeflecht zwischen sozialer Ordnung, städtebaulichen Formen und räumlichen Gestaltungsprozessen. Es umfasst sowohl gesellschaftliche und technische Entwicklungen als auch soziale Strukturen und Handlungen. Damit wird deutlich, dass Orte nicht nur durch physische Gegebenheiten bestimmt werden, sondern als Ausdruck einer raumspezifischen gesellschaftlichen Struktur zu verstehen sind, die sich an einem bestimmten Ort sichtbar und erfahrbar manifestiert.

Räume werden als dynamische Anordnungen sozialer Güter, Menschen und anderer Lebewesen verstanden, die miteinander in Verbindung stehen. Menschen und Dinge existieren nicht unabhängig vom Raum, noch befinden sie sich lediglich innerhalb oder außerhalb von ihm – vielmehr sind sie integraler Bestandteil seiner Struktur. Diese Perspektive überwindet das traditionelle, dualistische Denken, das Raum lediglich als neutrale Kulisse für soziale Interaktionen betrachtet. Raum entsteht erst durch die Verknüpfung sozialer Güter und Akteure – ein ‚leerer Raum' existiert in diesem Sinne nicht. Gesellschaftliche, soziale und kulturelle Strukturen sowie Prozesse sind zentrale Faktoren bei der Konstruktion von Raum. Etablierte Normen, Regeln und Arbeitsabläufe beeinflussen maßgeblich, wie Räume genutzt und wahrgenommen werden. So kann beispielsweise die Architektur eines Stadtviertels soziale Interaktionen entweder begünstigen oder erschweren. Räume sind somit weit mehr als physische Strukturen – sie sind Ausdruck sozialer Beziehungen und Machtverhältnisse, die sich in ihrer Gestaltung, Nutzung und Wahrnehmung widerspiegeln.

Ein zentraler Aspekt der Raumsoziologie von Martina Löw ist ihr relationales Raumverständnis, das auf den Prozessen des Spacing und der Syntheseleistung basiert. Spacing bezeichnet die Platzierung materieller Güter und Menschen im Raum – etwa das Bauen von Häusern oder die räumliche Anordnung von Individuen in bestimmten Bereichen. Die Syntheseleistung hingegen beschreibt die kognitive und symbolische Verknüpfung dieser Elemente zu einem sinnhaften Raumensemble. Diese Synthese erfolgt durch Wahrnehmung, Erinnerung und Vorstellungen, wodurch Räume als kohärente Einheiten erlebt und gesellschaftlich reproduziert werden. Löw zeigt, dass Räume nicht statisch sind, sondern durch die kontinuierliche Interaktion von Menschen, Objekten und Strukturen dynamisch neu geschaffen werden. Dabei spielen Machtverhältnisse und soziale Ungleichheiten eine wesentliche Rolle, da sie beeinflussen, wie Räume genutzt, wahrgenommen und gestaltet werden. In diesem Sinne ist Raum nicht nur eine physische Gegebenheit, sondern auch eine soziale Konstruktion, die durch soziale Praktiken und kulturelle Bedeutungen geformt wird (vgl. Löw 2001).

Dieses relationale Verständnis von Raum wird durch das Konzept der Polykontextualität erweitert, das die simultane Existenz und Überlagerung verschiedener räumlicher Kontexte und Bedeutungen betont. Urbane Räume etwa sind nicht homogen, sondern enthalten multiple soziale, kulturelle und ökonomische Bezüge, die für unterschiedliche Gruppen je nach ihrem Hintergrund verschiedene Bedeutungen und Nutzungen haben. Durch dieses polykontextuelle Raumverständnis wird deutlich, dass Raum ein vielschichtiges Gefüge aus materiellen, sozialen und symbolischen Dimensionen ist, das sich fortlaufend durch gesellschaftliche Interaktionen verändert (vgl. Löw & Knoblauch 2019).

Die Zukunftsperspektive für neue Raumkonstellationen unter den Bedingungen des Anthropozäns im Zuge der Globalisierung, der Migration, des Klimawandels und der Digitalisierung ist geprägt von neuen Prozessen und Typologien geographischer, virtueller und sozialer Räume. Hier spielen Konzepte wie ‚Planetary Urbanization‘, ‚Hybrid Spaces‘ und ‚Translokalität‘ eine zentrale Rolle (de Souza e Silva 2006; Schmid 2018; Waldherr, u. a. 2024).

Raumkonstitutionen und -konstruktionen werden durch das Zusammenspiel unterschiedlichster Akteurinnen und Akteure beeinflusst – einschließlich der vielfältigen gesellschaftlichen Formationen von Menschen, Tieren und Pflanzen. Diese Verflechtungen prägen den terrestrisch geschaffenen Raum, der sich von natürlichen Höhlen bis hin zu urbanen Hochhauslandschaften erstreckt. Schroer (2019, 2022) führt in diesem Zusammenhang das Konzept der geosozialen Gesellschaften ein, das nicht nur menschliche Gesellschaften, sondern auch Pflanzen- und Tiergemeinschaften sowie posthumane Gesellschaftsformen umfasst. Angesichts globaler Herausforderungen wie Klimawandel, Artensterben und Pandemien wird es zunehmend wichtiger, sowohl die überlagernden und volatilen sozialen Raumstrukturen als auch die Wechselwirkungen mit nichtmenschlichen Akteuren und ökologischen Prozessen in den Blick zu nehmen. Ein erweitertes Raumverständnis, das diese Geoverhältnisse und Geopraktiken mit einbezieht, ist daher essenziell für eine zeitgemäße Auseinandersetzung mit räumlichen Dynamiken.

6.3   Raum als soziale Konstruktion

Der Raum als soziales Konstrukt stellt ein fundamentales Konzept dar, das in den Sozialwissenschaften breite Beachtung findet. Statt Raum nur als physische Gegebenheit zu betrachten, wird er hier als Ergebnis sozialer Interaktionen und gesellschaftlicher Strukturen verstanden. Diese Sichtweise erlaubt es, die Verflechtungen von Mensch, Gesellschaft und physischen Umgebungen in ihrer

Komplexität zu erfassen. Räume sind somit nicht statisch, sondern werden durch die sozialen Akteure in einem kontinuierlichen Prozess der Wahrnehmung, Interpretation und Handlung gestaltet. Dabei spielen auch Medien eine wesentliche Rolle, indem sie Diskurse und Bilder über Räume produzieren und verbreiten, die wiederum die Wahrnehmung und das Verhalten der Menschen in diesen Räumen beeinflussen.

Der folgende Abschnitt vertieft diese Perspektive und rückt die Mediatisierung des Raumes in den Fokus. In diesem Zusammenhang dient die Mediatisierung als Beispiel für die soziale Konstruktion von Raum. Durch verschiedene soziale und digitale Medien wird eine spezifische Wahrnehmung von Räumen erzeugt, die wiederum auf die Lebensrealitäten der Bewohnerinnen und Bewohner Einfluss nimmt. So entstehen durch mediale Berichterstattung und digitale Plattformen Bilder von bestimmten Orten – sei es als sogenannte Angsträume oder als sicherheitsfördernde Umgebungen. Diese medial vermittelten Raumkonstruktionen beeinflussen nicht nur das Verhalten der Menschen im Alltag, sondern formen auch kollektive Vorstellungen von Sicherheit und Gefahr. Darüber hinaus wirken sich diese Wahrnehmungen auf städtebauliche und ökonomische Entscheidungen aus. Politische Akteurinnen und Akteure sowie Planende greifen solche medial geprägten Raumvorstellungen auf und lassen sie in Stadtentwicklungsstrategien und Sicherheitskonzepte einfließen. In diesem Sinne ist die Mediatisierung nicht nur ein Spiegel gesellschaftlicher Deutungsmuster, sondern ein aktiver Faktor in der Produktion und Transformation von Räumen (vgl. Krotz 2007; Christmann & Schinagl 2021).

Die handlungsorientierte Perspektive auf Raum wird von Vertreterinnen und Vertretern der kritischen Stadtsoziologie, die den Raum primär unter ökonomisch-kapitalistischen Gesichtspunkten analysieren, häufig skeptisch betrachtet. Sie kritisieren, dass dadurch die realen Produktions- und Regulierungsbedingungen von Räumen unzureichend berücksichtigt oder gar verschleiert würden. Dennoch lässt sich nicht ignorieren, dass Räume durch die soziale Konstruktion von Bildern, Diskursen und Wahrnehmungen eine konkrete Wirkung auf die Raumpraxis ausüben. Eine strikte Trennung zwischen strukturellen und handlungsorientierten Raumtheorien erscheint wenig zielführend, da sie einer ganzheitlichen Betrachtung von Raum und seinen Wirkungen im Wege steht. Besonders produktiv werden Raumtheorien, wenn sie unterschiedliche Perspektiven miteinander verknüpfen. Raum wird in diesem Sinne als ein Produkt gesellschaftlicher Konstruktionen verstanden, der nicht nur materielle, sondern auch diskursive und symbolische Dimensionen umfasst. Diese Konstruktionen beeinflussen die Art und Weise, wie Räume wahrgenommen, genutzt und gestaltet werden. Sie wirken auf bauliche, ökonomische und soziale Rahmenbedingungen ein und prägen damit die konkrete materielle Realität von Räumen (vgl. Christmann u. a. 2022). Insofern ist die soziale Konstruktion von Raum ein dynamisches, relationales Konzept, das durch die Interaktionen und Praktiken der Menschen ständig neu geschaffen wird. Die institutionellen Kulturen, der Habitus der Akteure sowie deren Neupositionierungen und Sprechakte tragen wesentlich zur Konstruktion und Rekonstruktion von Räumen bei. Sprechakte, also die kommunikative Aushandlung von Raum, spielen ebenfalls eine zentrale Rolle. Durch Gespräche und Diskurse werden Bedeutungen ausgehandelt und Räume symbolisch aufgeladen. Diese sprachliche Dimension der Raumgestaltung zeigt, wie stark der Raum von sozial konstruierten Bedeutungen abhängt. Raum als soziale Konstruktion stellt ein komplexes Geflecht aus physischen, sozialen und symbolischen Dimensionen dar, das ständig im Wandel begriffen ist. Soziale Konstruktionen von Räumen sind somit nicht nur das Ergebnis sozialer Prozesse, sondern auch deren ständige Voraussetzung und Kontext, wodurch sich soziale und räumliche Strukturen wechselseitig beeinflussen und formen (vgl. Berger & Luckmann 1969; Krotz 2007; Christmann 2016).

In diesem Sinne reflektiert die räumliche Anordnung eines Stadtteils die sozialen Strukturen und Machtverhältnisse, die in ihm wirken. So kann die soziale Schichtung eines Stadtteils in seiner physischen Gestaltung sichtbar werden, indem die Raumordnungen die sozialen Unterschiede zwischen verschiedenen Gruppen widerspiegelt. Neupositionierungen, wie etwa das Umgestalten öffentlicher Plätze oder die Schaffung neuer Treffpunkte, verändern die räumlichen Beziehungen und Bedeutungen. Solche Interventionen zeigen, dass Raum nicht statisch ist, sondern durch menschliches Handeln kontinuierlich transformiert wird.

Der Habitus, verstanden als tief verankerte Denk- und Handlungsmuster, die durch Sozialisation erworben werden, prägt auch die räumliche Umwelt. Bourdieu betont, dass der Habitus der Akteurinnen und Akteure, ihre Wahrnehmung und Nutzung des Raumes maßgeblich beeinflusst. Die Gestaltung von Räumen erfolgt dabei nicht nur durch physische Eingriffe, sondern auch durch die aktive Teilhabe und Interpretation der handelnden Individuen. Diese Sinnzusammenhänge manifestieren sich in einem lokalen Kontext, der durch spezifische institutionelle Kulturen, Normen und Arbeitsabläufe geprägt ist. Das bedeutet, dass Räume nicht neutral sind – sie sind weder frei von Machtansprüchen noch von Deutungshoheit entkoppelt. Vielmehr werden sie durch soziale und kulturelle Praktiken geformt, die in ihnen stattfinden. Zudem spiegeln sich die Werthaltungen, der Habitus und die sozialstrukturellen Merkmale der Akteurinnen und

Akteure in der räumlichen Umwelt wider. Diese Merkmale lassen sich in der Art und Weise ablesen, wie Räume genutzt, wahrgenommen und organisiert werden. Fragt man nach den Wahrnehmungs-, Deutungs- und Aneignungsstrategien von Individuen und sozialen Gruppen, rückt die Konstruktionsleistung sozialer Akteurinnen und Akteure bei der Gestaltung des Raumes in den Vordergrund (vgl. Christmann 2016).

Sinnzusammenhänge manifestieren sich in einem lokalen Kontext, der durch spezifische Konventionen, Normen und Praktiken geprägt ist. Diese sind historisch gewachsen, kulturell verankert und beeinflussen das soziale Miteinander sowie die Wahrnehmung und Gestaltung von Raum. Auch die Werthaltungen, der Habitus und die sozialstrukturellen Merkmale der Menschen lassen sich in der räumlichen Umwelt ablesen. Räume werden als vernetzte Anordnungen sozialer Güter, Menschen und anderer Lebewesen konzipiert. Menschen und Dinge sind integrale Bestandteile des Raumes und können diesen durch Neupositionierungen oder kommunikative Handlungen neugestalten und interpretieren. Erst die aktive Verknüpfung sozialer Güter und Menschen konstituiert den Raum. Raum hat also deswegen Eigenschaften, weil er in sozialen Prozessen produziert und durch Wahrnehmungen und Bewertungen reproduziert wird. Mit der Gestaltung und Nutzung von Räumen entstehen gleichzeitig soziale Bedeutungen. Im Prozess der Sozialisation lernen Menschen, die Symbolik des Raums zu verstehen und zu deuten. Raum existiert nicht unabhängig von unserer Wahrnehmung – er wird erst durch unsere Sichtweise und Erfahrung erfahrbar. Diese Wahrnehmung ist jedoch nie neutral, sondern wird immer durch soziale Zusammenhänge geprägt und beeinflusst.

6.4 Raumproduktion, -reproduktion und -koproduktion

Raum ist ein zentrales Element sozialer Organisation und entsteht in einem dynamischen Wechselspiel zwischen sozialen, kulturellen und materiellen Faktoren. Er ist nicht einfach eine statische Gegebenheit, sondern wird durch soziale Handlungen kontinuierlich geformt und verändert. Dabei lassen sich drei grundlegende Dimensionen des sozialen Raums unterscheiden: die räumliche Praxis, die Raumrepräsentationen und die Repräsentationsräume. Diese Dimensionen sind eng miteinander verwoben und befinden sich in einem stetigen Prozess der Produktion und Reproduktion. Darüber hinaus basiert das Raumverständnis auf einer relationalen Perspektive. Das bedeutet, dass Raum nicht als rein geografisch-materielle Einheit verstanden werden kann – etwa als Territorium oder Ort – und daher auch nicht objektiv in Dimensionen wie Länge, Breite, Höhe, Entfernung oder Richtung beschrieben werden kann. Raum kann somit nicht losgelöst von seinem Inhalt betrachtet werden, wie es in der herkömmlichen Container-Idee von Raum oft der Fall ist.

Stattdessen entwickelt sich Raum aus der Wechselwirkung zwischen Materialität und den ordnenden Kräften, die ihn prägen – wie Marktmechanismen, Planung und moralische Normen. Darüber hinaus wird er durch überindividuelle, symbolische Inhalte geformt, etwa durch kollektive Erinnerung an vergangene Nutzungen oder durch langfristig wirkende Attraktivitätszuschreibungen. Ebenso spielen die kreativen Leistungen der jeweiligen Akteure im Raum eine Rolle, wobei ihre soziale Stellung und ihr Habitus mitbestimmen, wie sie Raum nutzen und gestalten. Schließlich wird Raum auch durch die Präsenz und das Verhalten der Menschen im Raum hervorgebracht – eine Praxis, die als Spacing bezeichnet wird (vgl. Löw 2001).

Lefebvre (1991), Harvey (2006) und Soja (2008) haben bedeutende Ansätze zur Produktion, Reproduktion und Koproduktion von Raum entwickelt, die eine kritische Perspektive auf die Beziehung zwischen Raum und Gesellschaft ermöglichen.

Lefebvre war ein französischer Soziologe, der die Idee prägte, dass Raum nicht nur ein physisches, sondern ein soziales Produkt ist. In seiner Theorie der Raumproduktion unterscheidet er zwischen drei zentralen Dimensionen: dem wahrgenommenen Raum (perceived space), dem konzipierten Raum (conceived space) und dem gelebten Raum (lived space). Der wahrgenommene Raum bezieht sich auf die physische und materielle Umgebung, die durch alltägliche Erfahrungen der Menschen geprägt ist. Diese Dimension umfasst infrastrukturelle und funktionale Aspekte wie Verkehrsnetze und Märkte, die den Raum im Alltag formen. Der konzipierte Raum hingegen beinhaltet die abstrakten und oft technokratischen Vorstellungen von Raum, die durch Architekten, Stadtplaner und politische Entscheidungsträger entwickelt werden. Diese Repräsentationen von Raum spiegeln sich in Plänen, Karten und wissenschaftlichen Theorien wider, die als Grundlage für die räumliche Ordnung und Planung dienen. Der gelebte Raum schließlich ist der Raum, wie er von den Menschen tatsächlich erlebt und mit Bedeutung versehen wird. In diesem Raum manifestieren sich symbolische und soziale Praktiken, die sich in der individuellen und kollektiven Erfahrung des Raums widerspiegeln. Lefebvre betont, dass der Raum stets im Zusammenhang mit den gesellschaftlichen Produktionsweisen steht und durch diese geprägt wird. Jede Gesellschaft produziert ihren eigenen Raum, und diese Produktion erfolgt durch materielle und soziale Praktiken. Materiell-räumliche Praktiken umfassen dabei nicht nur die physischen Elemente des Raums, sondern auch die Art und

Weise, wie Raum genutzt und organisiert wird. Diese Praktiken sind eng mit der Reproduktion von Machtstrukturen verbunden. Der Kapitalismus beispielsweise benötigt die Produktion von Raum, um ökonomische Macht zu reproduzieren, indem er territoriale Infrastrukturen schafft, die der Kapitalakkumulation dienen. In diesem Sinne versteht Lefebvre Raum nicht nur als physisches Gebilde, sondern auch als Machtprojekt, das zur Legitimation und Stabilisierung von Herrschaftsverhältnissen dient. Insgesamt sieht Lefebvre Raum als ein komplexes Zusammenspiel zwischen materiellen Praktiken, abstrakten Konzepten und gelebten Erfahrungen. Diese drei Dimensionen des sozialen Raums – die räumliche Praxis, die Raumrepräsentationen und die Repräsentationsräume – hängen eng miteinander zusammen und sind in einem ständigen Prozess der Produktion und Reproduktion begriffen. Für Lefebvre ist Raum somit nicht statisch, sondern dynamisch, und wird kontinuierlich durch gesellschaftliche Praktiken und Machtverhältnisse geformt und verändert (vgl. Lefebvre 1991).

Harvey erweitert das Verständnis von Raumproduktion, indem er betont, dass Raum nicht nur das Ergebnis sozialer Prozesse ist, sondern auch ein Mittel zur Schaffung und Aufrechterhaltung von Machtverhältnissen. Raum ist in Harveys Analyse eng mit der politischen Ökonomie verbunden, insbesondere in kapitalistischen Gesellschaften. Er zeigt auf, dass die kapitalistische Stadtentwicklung häufig zu räumlichen Ungleichheiten führt, die sich in Segregation, Gentrifizierung und ungleicher Verteilung von Ressourcen manifestieren. Diese Ungleichheiten sind das Ergebnis von Machtverhältnissen, die sich in der Art und Weise widerspiegeln, wie Raum organisiert und kontrolliert wird. Harvey, ein britischer Humangeograph, baut auf den Ideen von Lefebvre auf und entwickelt den historisch-geographischen Materialismus. Er betrachtet Raum als ein gesellschaftliches Produkt, das untrennbar mit sozialen Prozessen und Machtstrukturen verknüpft ist. Dabei spielt die zeitliche Dimension eine ebenso wichtige Rolle, da Harvey argumentiert, dass Raum und Zeit durch soziale Handlungen geformt werden. In seinem Konzept der „annihilation of space through time" beschreibt er, wie der Kapitalismus Raum durch die Effizienz der Produktions- und Zirkulationsprozesse „vernichtet". Das bedeutet, dass der Raum für kapitalistische Zwecke immer wieder neugestaltet wird, um Produktions- und Zirkulationswege zu optimieren, was jedoch gleichzeitig bestehende soziale Strukturen verändert und Ungleichheiten verstärkt. In Harveys marxistischer Analyse ist Raumproduktion eng mit Macht und Kontrolle verbunden. Der Kapitalismus organisiert den Raum, um die Kontrolle über Territorien und Ressourcen zu gewährleisten, was zur Entstehung territorialer Hierarchien führt. Diese Hierarchien werden besonders in Krisenzeiten restrukturiert, was zu neuen Machtverhältnissen und räumlichen Konfigurationen führt. Die Kontrolle über Raum ist für Harvey zentral, da sie nicht nur die wirtschaftlichen Prozesse, sondern auch die gesellschaftlichen Dynamiken bestimmt. Letztlich zeigt Harvey, dass räumliche Praktiken sowohl bestehende Machtstrukturen reproduzieren als auch verändern können, was den Raum zu einem zentralen Ort gesellschaftlicher Kämpfe und Konflikte macht (vgl. Harvey 2006).

Soja, ein amerikanischer Geograph, führte das Konzept der „Dritten Raumdimension" ein, um das Verständnis von Raumproduktion weiter zu differenzieren und zu erweitern. Aufbauend auf den Theorien von Lefebvre und Harvey ergänzt Soja ihre Ansätze um die Vorstellung, dass Raum nicht nur materiell und konzipiert ist, sondern auch eine imaginative Dimension besitzt. Der von ihm entwickelte „Dritte Raum" oder „Thirdspace" ist ein hybrider Raum, in dem physische, mentale und symbolische Aspekte zusammenkommen und soziale, politische sowie kulturelle Dynamiken aufeinandertreffen. Dieser Raum ist weder rein materiell noch rein symbolisch, sondern ein Ort, an dem unterschiedliche Prozesse interagieren und in dem Machtverhältnisse ausgehandelt und sichtbar werden. Soja betont, dass dieser „Dritte Raum" ständig neu geschaffen wird und durch die Koproduktion verschiedener Akteurinnen und Akteure geformt wird. Er sieht den „Dritten Raum" als einen Ort, an dem Machtkämpfe ausgetragen und gesellschaftliche Veränderungen angestoßen werden. Dabei ist der Raum nicht statisch, sondern fluid und dynamisch, was es erforderlich macht, verschiedene Perspektiven in die Analyse von Raumprozessen einzubeziehen. Diese Vielschichtigkeit macht den „Dritten Raum" zu einem zentralen Schauplatz für soziale und politische Transformationen. Das Konzept des „Thirdspace" erlaubt eine umfassendere und nuanciertere Analyse von Raumprozessen, da es die Interaktion zwischen materiellen Strukturen, symbolischen Bedeutungen und den Vorstellungen von Raum berücksichtigt. Soja zeigt auf, dass Räume nicht nur produziert und reproduziert, sondern auch durch die Interaktionen verschiedener Akteurinnen und Akteure koproduziert werden. Diese Koproduktion von Raum spiegelt die komplexen Machtverhältnisse wider, die in sozialen, politischen und kulturellen Kontexten eine Rolle spielen. Somit ermöglicht Sojas Ansatz eine dynamische Betrachtung des Raums, die dessen multiple Dimensionen – von physischen über symbolische bis hin zu imaginativen – in den Blick nimmt und dabei die Macht, Kultur und Gesellschaft in ihren Wechselwirkungen beleuchtet (vgl. Soja 2008).

Lefebvre, Harvey und Soja bieten komplementäre Ansätze zur Analyse der Raumproduktion. Lefebvre begründet die Theorie, dass Raum ein soziales Produkt ist, Harvey fokussiert auf die kapitalistischen Machtverhältnisse, die den Raum formen, und Soja ergänzt dies um den hybriden, imaginativen Charakter des Raums. Gemeinsam ermöglichen diese Perspektiven eine tiefere Auseinandersetzung mit der Rolle des Raums in der Gesellschaft sowie den Prozessen seiner Produktion, Reproduktion und Transformation.

Die Produktion, Reproduktion und Ko-Produktion von Raum sind Prozesse, die durch die Interaktion von materiellen, sozialen und symbolischen Faktoren geprägt werden. Sie umfassen sowohl physische Gegebenheiten als auch soziale Praktiken und institutionelle Rahmenbedingungen, die Räume auf unterschiedliche Weise formen und strukturieren. Ein tiefgehendes Verständnis dieser Prozesse erfordert eine interdisziplinäre Herangehensweise, die die Komplexität und Dynamik von Raum unter anderem als soziales Konstrukt berücksichtigt. Darüber hinaus ermöglichen diese Ansätze eine differenzierte Analyse urbaner Phänomene, indem sie die Interdependenzen und Wechselwirkungen zwischen Ökonomie, Gesellschaft, Kultur, Ökologie und Raum berücksichtigen können. Durch die Betrachtung von gesellschaftlich produzierten, reproduzierten oder auch koproduzierten Räumen wird deutlich, dass urbane Prozesse nicht linear verlaufen, sondern durch ein Geflecht heterogener Elemente und Kräfte geformt werden. Dies eröffnet neue Perspektiven für das Verständnis der Komplexität urbaner Dynamiken und ihrer Auswirkungen auf das soziale Gefüge.

Schließlich bezeugen die Theorien zur Produktion von Raum die Notwendigkeit interdisziplinärer Ansätze in der Stadtforschung, um die vielfältigen Facetten und Dimensionen urbanen Lebens zu erfassen. Dies erfordert eine integrative Methodik, die sowohl qualitative als auch quantitative Ansätze einbezieht und die Grenzen traditioneller disziplinärer Ansätze überwindet. Nur durch eine solche umfassende Betrachtung können wir die Komplexität und Vielschichtigkeit moderner urbaner Umgebungen adäquat verstehen und analysieren (vgl. Farías 2011).

Diese Ansätze stellen weniger die Planerinnen und Planer als handelnde Subjekte in den Vordergrund, sondern liefern sozialwissenschaftliche und soziologische Analyseebenen zur Erforschung des komplexen Beziehungsgeflechts zwischen den heterogenen Akteuren – sowohl materiellen als auch menschlichen. Sie ermöglichen es, die Akteure eines Netzwerks und deren Verbindungen untereinander in den Fokus zu rücken. Der Zusammenschluss von menschlichen und nicht-menschlichen Akteuren erzeugt nur temporär einzigartige Netzwerke an bestimmten Orten. Die Beziehungen zwischen diesen Akteurinnen und Akteuren innerhalb eines erweiterten Netzwerks sowie in den Dimensionen von Ökonomie, Kultur und Ökologie – ebenso wie die Verbindungen zwischen Objekten, sozialen Gütern, Orten und Menschen – sind weder dauerhaft stabil noch gleichmäßig aktiv oder passiv. Raum als gesellschaftlich produzierte, reproduzierte oder koproduzierte Struktur verweist auf eine materielle Welt, die durch eine Heterogenität an Eigenschaften und Fähigkeiten geprägt ist. Diese Vielfalt kann Handlungen beeinflussen, soziale Differenzen hervorbringen und räumliche Ungleichheiten verstärken.

6.5 Sozialraum und Sozialraumanalyse

Das Konzept des Sozialraumes beschreibt die Beziehung zwischen dem physischen Raum und der sozialen Struktur, die diesen Raum formt und von ihm beeinflusst wird. Ein Sozialraum ist dabei nicht einfach eine geografische Einheit, sondern ein Bereich, in dem soziale Gruppen ihre Lebensweisen und Handlungen entfalten. Diese Räume sind durch soziale Bedeutungen und Normen geprägt, die sich in der Nutzung des physischen Raumes und der Interaktion zwischen den Akteuren manifestieren. Sozialräume bestehen also aus einer räumlich begrenzten Sozialstruktur, die das Verhalten und die Nutzungsroutinen der Menschen in diesem Raum widerspiegelt. Das Verhalten der Menschen im Sozialraum ist kontextgebunden und hängt stark von den sozialen, ökonomischen und kulturellen Strukturen des Raumes ab. Ein zentraler Aspekt der Theorie ist die Überwindung der traditionellen Vorstellung des Raumes als starr und unveränderlich. Stattdessen wird Raum als dynamische, relationale Anordnung sozialer Güter und Menschen verstanden. Der Raum verändert sich ständig durch die sozialen Praktiken der Menschen, die ihn nutzen und gestalten. Dabei spielen Machtverhältnisse und soziale Ungleichheiten eine wesentliche Rolle bei der Frage, wer Zugang zu bestimmten Räumen hat und wie diese genutzt werden. Sozialräume sind außerdem Orte, an denen gesellschaftliche Prozesse wie Integration, Segregation oder soziale Mobilität stattfinden. Diese Räume prägen nicht nur das Verhalten der Akteure, sondern werden durch deren Handlungen auch selbst ständig neu konstituiert. Sozialräume sind also Ausdruck der sozialen Struktur, die sich in den baulich-physischen Gegebenheiten widerspiegelt. Sie ermöglichen es, gesellschaftliche Strukturen, Machtverhältnisse und soziale Ungleichheiten räumlich zu analysieren und zu verstehen.

Bourdieus (1991) Theorie des sozialen Raums basiert auf der Idee, dass soziale und physische Räume eng miteinander verknüpft sind und durch soziale Strukturen geformt werden. Der soziale Raum ist für Bourdieu eine abstrakte Modellvorstellung der Gesellschaft, in der sich Individuen entsprechend ihres ökonomischen, sozialen und kulturellen Kapitals positionieren. Der soziale Raum besteht aus Subräumen oder Feldern, wie dem wirtschaftlichen, kulturellen oder politischen Feld, die auf der ungleichen Verteilung von Kapital basieren.

Diese Felder bestimmen, welche Ressourcen und Möglichkeiten den Akteurinnen und Akteuren innerhalb eines bestimmten sozialen Raums zur Verfügung
stehen. Ein wichtiges Kennzeichen des sozialen Raums ist die Reproduktion
sozialer Ungleichheiten. Bourdieu beschreibt diese Prozesse anhand seiner Repro-
duktionsformel „Struktur-Habitus-Praxis". Die Struktur bezieht sich auf die
Verteilung von Kapitalarten, der Habitus umfasst die klassenspezifischen Denk-,
Wahrnehmungs- und Handlungsschemata, und die Praxis beschreibt die daraus
resultierenden Verhaltensweisen. Der soziale Raum spiegelt also soziale Positionen wider, die durch das Zusammenspiel von Kapital, Habitus und Praxis
reproduziert werden. Bourdieu führt den Begriff des angeeigneten physischen
Raumes ein, um die Verbindung zwischen sozialem und physischem Raum zu
beschreiben (vgl. Bourdieu 1991). Der physische Raum ist nicht neutral, sondern
ein Produkt sozialer Auseinandersetzungen. Hier manifestiert sich Macht in Form
von Symbolik und physischer Präsenz. Soziale Gruppen eignen sich Räume an,
um ihre Macht und ihren Status zu demonstrieren. Dies zeigt sich besonders in der
ostentativen Zurschaustellung von Besitz, etwa durch prestigeträchtige Adressen
oder exklusive Wohnlagen.

Der angeeignete Raum ist ein Ort, an dem Macht subtil und symbolisch aus-
geübt wird. Die Fähigkeit, Zugang zu begehrten physischen Räumen zu erhalten
oder andere davon auszuschließen, hängt bei Bourdieu stark von individuellem Kapital ab. Kapital ermöglicht es, physische und symbolische Räume zu
dominieren, indem unerwünschte Personen ferngehalten und bevorzugte Kontakte
gefördert werden. Dadurch wird die soziale Hierarchie nicht nur im physischen
Raum, sondern auch im sozialen Raum reproduziert. Ein weiterer wichtiger
Aspekt ist, dass die räumliche Verteilung von Machtfaktoren auch als Raum-
profite bezeichnet wird. Diese Profite umfassen zum Beispiel die Lagevorteile
einer Immobilie oder die symbolische Aufwertung eines Ortes durch seine exklusive Nutzung. Der angeeignete physische Raum zeigt somit deutlich, wie soziale
Unterschiede und Machtverhältnisse physisch sichtbar und erfahrbar werden.
Bourdieus Theorie verdeutlicht, dass physischer Raum stets eine Manifestation
sozialer Machtverhältnisse ist und soziale Ungleichheiten reflektiert und verstärkt.

Die Konzepte des Sozialraumes beziehen sich dementsprechend auf einen
Raum, der nicht nur physisch, sondern auch durch soziales Handeln geprägt wird.
Er umfasst die Wechselwirkungen zwischen räumlichen und sozialen Strukturen
und beschreibt, wie individuelle Handlungen, soziale Beziehungen und gesellschaftliche Strukturen in einem bestimmten geographischen Raum interagieren.
Sozialräume sind also Orte, an denen soziale Praktiken, Wertvorstellungen und
kulturelle Bedeutungen materialisiert werden. Das Konzept des Sozialraumes geht

davon aus, dass Räume nicht neutral sind, sondern durch die sozialen Akteure und ihre Handlungen aktiv geformt und mit Bedeutung aufgeladen werden.

Das Verständnis der Sinnstrukturen des lokalen Handelns und Verhaltens der Individuen im Sozialraum erfordert jedoch eine Kombination aus qualitativen und quantitativen Methoden. In den spezifischen Lebenswelten und Biografien der Individuen manifestiert sich der gesellschaftliche Strukturwandel, der auch von den subjektiven Werthaltungen und Lebensweisen der Menschen geprägt wird. Der Sozialraum spiegelt diese individuellen und kollektiven Handlungs-weisen wider und zeigt auf, wie sich gesellschaftliche Strukturen in konkreten räumlichen Kontexten niederschlagen. Um den gesellschaftlichen Transforma-tionsprozess umfassend zu beschreiben und zu analysieren, muss der Fokus verstärkt auf die individuellen Lebenswelten gerichtet werden, da diese die lokale Ausprägung von sozialem Wandel greifbar machen.

Die traditionelle Stadtsoziologie in Deutschland hat lange Zeit versäumt sich stärker an den Traditionen der qualitativen, ethnografischen und lebensweltlich orientierten Stadtforschung der Chicagoer Schule anzuknüpfen (vgl. Lindner 2004). Die qualitativ-empirisch orientierte Chicagoer Schule hat schon Anfang des 20. Jahrhunderts die komplexe Wechselwirkung zwischen sozialem Raum und individuellen Lebensweisen aufgezeigt. Doch diese Erkenntnisse wurden in der traditionellen quantitativen Segregationsforschung in Deutschland nur unzurei-chend antizipiert (vgl. Friedrichs 2018). Hingegen erfordern umfassende Sozial-raumanalysen eine tiefere Auseinandersetzung mit den subjektiven Bedeutungen, die die Akteurinnen und Akteuren den Räumen zuschreiben, um die sozialen Dynamiken, die sich in diesen Räumen entfalten, besser zu verstehen. Die Kon-zentration auf die Beschreibung und Analyse der Siedlungsentwicklung durch statistische quantitative Daten zur Segregation und sozialen Ungleichheit sowie die theoretischen Analysen der Regulationsschule haben den Blick auf die subjek-tiven, sinn- und wertgeprägten räumliche Lebenswelten der Individuen verstellt. Quantitative Methoden erfassen häufig nur strukturelle Aspekte des Sozialraumes, wie Segregationsmuster oder ökonomische Indikatoren, während sie die quali-tativen Dimensionen – also die subjektiven Erfahrungen und Bedeutungen, die Menschen ihrem Lebensraum zuschreiben – oft vernachlässigen.

Daher verwenden Sozialraumanalysen stärker qualitative Methoden des Ver-stehens von Lebenswelten im Sinne der Biographieforschung und Stadtkulturfor-schung. Ziel ist es, die Sinnhaftigkeit der Akteurinnen und Akteure im Kontext der kulturellen Dimension räumlicher Lebenswelten zu beschreiben und zu ana-lysieren. Die subjektive Bedeutung des Sozialraumes, die sich aus individuellen Erfahrungen und sozialen Praktiken speist, kann nur durch eine Kombination von Methoden angemessen erfasst werden. Diese sollten sowohl textliche, visuelle

als auch geografische Verfahren der empirischen Sozialforschung umfassen, um
die Lebens- und Arbeitsorganisation der Akteure sowie ihre jeweiligen lokalen
Aktionsräume zu dokumentieren und zu verstehen (vgl. Riege & Schubert 2005;
Kessel u. a. 2005; Deinet & Krisch 2003). Eine umfassende Analyse des Sozialraumes sollte also nicht nur die räumlichen Strukturen, sondern auch die sozialen
Praktiken, Bedeutungen und kulturellen Wertsetzungen erfassen, die den Raum
prägen.

Die Sozialraumanalyse ist ein methodischer Ansatz, der die Wechselwirkungen zwischen sozialen Akteuren und ihrem räumlichen Umfeld untersucht. Sie
basiert auf der Annahme, dass Räume nicht nur physische Gebilde sind, sondern
durch soziale Praktiken, Handlungen und Bedeutungszuschreibungen geformt und
verändert werden. Dabei werden sowohl die räumlichen Strukturen als auch die
sozialen Praktiken, die diese Räume prägen, berücksichtigt. Ziel ist es, die Beziehungen zwischen sozialen Strukturen, sozioökonomischen Indikatoren und den
Nutzungsmustern von Räumen zu erfassen und zu analysieren. Sozialraumanalyse kombiniert quantitative und qualitative Methoden, um die Verteilung sozialer
Phänomene im Raum zu verstehen. Dies umfasst die Untersuchung, wie soziale
Gruppen in bestimmten Räumen leben, arbeiten und interagieren. Ein zentrales
Element der Sozialraumanalyse ist die Erfassung der physischen Anordnung von
Gebäuden und Infrastrukturen sowie der sozialen Interaktionen, die diesen Räu-
men Bedeutung verleihen. Dieser Ansatz dient dazu, soziale Ungleichheiten und
Ausgrenzungsprozesse in Bezug auf ihre räumliche Dimension zu analysieren. Es
wird untersucht, wie Ressourcen, Macht und Zugang im Raum verteilt sind und
wie diese Faktoren das Leben der Menschen beeinflussen. Ein weiterer wichtiger
Aspekt der Sozialraumanalyse ist die Triangulation, bei der verschiedene Datenquellen und Methoden – wie statistische Erhebungen, Kartierungen, Interviews
und Beobachtungen – kombiniert werden, um ein umfassendes Bild der sozialen und räumlichen Strukturen zu erhalten. Die Sozialraumanalyse hilft nicht
nur, die Verteilung sozialer Gruppen im Raum zu verstehen, sondern zeigt auch
auf, wie räumliche und soziale Strukturen wechselseitig aufeinander einwirken.
Durch diesen methodischen Ansatz können soziale Phänomene wie Segregation,
Gentrifizierung oder soziale Mobilität sichtbar gemacht werden. Dies macht die
Sozialraumanalyse zu einem unverzichtbaren Werkzeug für räumliche Planung,
Sozialarbeit und politische Entscheidungen, da sie eine fundierte Grundlage für
die Gestaltung sozial gerechter Räume bietet.

Dementsprechend bieten Methoden der Sozialraumanalyse geeignete Instrumente, um das Verhältnis von sozialräumlichen Strukturen mit sozioökonomischen Indikatoren und sozialräumlichen Nutzungsmustern zu analysieren. Ein
zentrales Anliegen der Sozialraumanalyse ist es, das soziale Verhalten und das

aktive Handeln im Raum in den Mittelpunkt zu rücken (vgl. Riege & Schubert 2005: 36 f.). Sie zielt darauf ab, nicht nur die räumliche Anordnung und Nutzung von Flächen zu erfassen, sondern auch die sozialen Prozesse, die diese Nutzungen bedingen. Hierbei kommen sozialraumorientierte Methoden zum Einsatz, die qualitative und quantitative Ansätze kombinieren, um die subjektiven Bedeutungen und objektiven Strukturen des Raumes zu erfassen.

Die Herausforderung der Sozialraumanalyse besteht darin, die Wechselbeziehungen zwischen dem räumlichen Verhalten von Individuen und sozialen Gruppen und ihren alltäglichen Nutzungsmustern zu verdeutlichen. Durch die Untersuchung von Aktionsräumen – also der Räume, in denen sich die Akteurinnen und Akteure im Alltag bewegen – wird das Verständnis für urbane Lebenswelten und ihre spezifischen räumlichen Bezüge erweitert. Qualitative Methoden wie teilnehmende Beobachtung und Interviews erlauben es, die subjektiven Erfahrungen und Deutungen der Akteure zu erfassen, während quantitative Methoden, etwa statistische Erhebungen oder geografische Informationssysteme (GIS), dabei helfen, die räumliche Verteilung und Nutzungsmuster objektiv darzustellen.

Die physischen und materiellen Raumstrukturen sowie die in ihnen eingeschriebenen Symbol- und Zeichensysteme werden in Relation zur sozialen Strukturierung gesetzt. Hier wird deutlich, dass Räume nicht nur durch ihre physische Gestalt, sondern auch durch die sozialen Bedeutungen geprägt sind, die ihnen zugeschrieben werden. Besonders aus der Perspektive von Architektur und Stadtplanung ist der Zusammenhang zwischen Raumgestalt und Sozialgestalt von Interesse. Die Wechselwirkungen zwischen räumlichen Anordnungen und sozialen Mustern bieten wertvolle Einblicke in die Gestaltung und Nutzung urbaner Räume (vgl. Riege & Schubert 2005: 15).

Sozialraumorientierte Methoden können dabei helfen, sowohl die materielle Gestaltung von Räumen als auch die sozialen Interaktionen, die dort stattfinden, zu erfassen und zu analysieren. Zudem ermöglichen diese Analysen ein tieferes Verständnis der sozialen Dynamiken und der daraus resultierenden städtischen Strukturen. So lassen sich beispielsweise sozioökonomische Ungleichheiten in ihrer räumlichen Ausprägung erkennen, während gleichzeitig die individuellen Perspektiven und Wahrnehmungen der Bewohnerinnen und Bewohner erfasst werden können. Sozialraumanalysen, die sowohl auf statistische Daten als auch auf ethnografische Feldforschung zurückgreifen, können so die vielschichtigen Wechselwirkungen zwischen sozialen und räumlichen Strukturen aufzeigen und fundierte Ansätze für liefern.

6.6 Wechselwirkungen zwischen Raum und Gesellschaft

Simmel, einer der Gründungsväter der Soziologie, arbeitete Ende des 19. Jahrhunderts wissenschaftlich und untersuchte als einer der ersten Soziologen die komplexen Wechselwirkungen zwischen Gesellschaft und Raum. Er betonte, dass der Raum nicht nur eine physische Gegebenheit ist, sondern tief in psychologische und soziale Prozesse eingebettet ist, die das menschliche Zusammenleben prägen. Dabei bleibt der Raum selbst eine passive Form, deren gesellschaftliche Bedeutung erst durch die Aktivitäten und Interaktionen der Individuen entsteht. Erst die sozialen Kräfte, die sich im Raum entfalten, machen ihn zu einem bedeutungsvollen Schauplatz gesellschaftlicher Dynamiken. Simmel zeigt auf, dass soziale Wechselwirkungen den Raum mit Bedeutung aufladen und ihm durch die Beziehungen zwischen Menschen eine neue Dimension verleihen. Diese Wechselwirkungen beeinflussen Konzepte wie Nähe und Distanz, Exklusion und Teilhabe im Raum. Besonders deutlich wird dies in politischen und sozialen Strukturen, in denen der Raum nicht nur als physischer Ort, sondern auch als Symbol von Macht, Zugehörigkeit und sozialer Kohärenz fungiert. Grenzen etwa verdeutlichen nicht nur territoriale Trennungen, sondern spiegeln auch tiefer liegende soziale und psychologische Prozesse wider. Simmel macht deutlich, dass der Raum sowohl Voraussetzung als auch Ausdruck von Vergesellschaftung ist. In diesem Zusammenhang betont er die Bedeutung der räumlichen Organisation für das Verständnis von Vergesellschaftungsformen. Dies führt zu seiner zentralen Aussage:

„Die Vergesellschaftung hat, in den verschiedenen Arten der Wechselwirkung der Individuen, andere Möglichkeiten des Beisammenseins – im geistigen Sinne – zustande gebracht; manche derselben aber verwirklichen sich so, dass die Raumform, in der dies wie bei allen überhaupt geschieht, für unsere Erkenntniszwecke besondere Betonung rechtfertigt. So fragen wir im Interesse der Ergründung der Vergesellschaftungsformen nach der Bedeutung, die die Raumbedingungen einer Vergesellschaftung für ihre sonstige Bestimmtheit und Entwicklung in soziologischer Hinsicht besitzen" (Simmel 2006: 17).

In der Tradition Simmels haben Raum-, Stadt- und Planungssoziologie die Wechselwirkungen zwischen sozialen und räumlichen Strukturen untersucht und dabei die dynamischen und relationalen Prozesse betont, die dur1991ch soziale Interaktionen ständig neu konfiguriert werden. Für die raum- und planungssoziologische Analyse lokaler, regionaler, transnationaler und globaler Räume ist ein relationales und polykontextuelles Raumverständnis zentral, das materielle

und soziale Dimensionen integriert. Der Fokus liegt dabei auf den Transformationsprozessen in Räumen und Orten, die sowohl das Alltagsleben als auch
die räumliche Gestaltung prägen. Auch Durkheim beschäftigte sich Ende des
19. Jahrhunderts als Zeitgenosse Simmels mit der Beziehung zwischen sozialen
Strukturen und räumlichen Gegebenheiten. Er bezeichnete diesen Zusammenhang
als ‚Morphologie sociale' und betonte, dass physische Strukturen sowohl Voraussetzungen als auch Produkte des sozialen Lebens sind. Die materielle Gestaltung
der Umwelt und ihre soziale Einbettung sind für die räumliche Planung von zentraler Bedeutung, da die Wechselwirkung zwischen gebautem Raum und sozialen
Verhältnissen die Möglichkeiten und Strategien planerischer Praxis beeinflusst. In
dieser wechselseitigen Beziehung spiegeln sich Machtverhältnisse, ökonomische
Interessen sowie kulturelle und soziale Dynamiken wider, die von den unterschiedlichen Akteuren im Raum beeinflusst und gestaltet werden (vgl. Durkheim
1897).

Die raum- und planungssoziologische Analyse des Wechselverhältnisses zwischen gesellschaftlichen und räumlichen Strukturen zeigt, dass die räumliche
Steuerung sozialer Strukturen und Prozesse sowie die Gestaltung der räumlichen
und bebauten Umwelt unterschiedliche Wirkungen entfalten können. Eine analytische Trennung zwischen den Kategorien Gesellschaft, Orte und Steuerung
ermöglicht es, zwischen baulich-physischem Ort, gesellschaftlichem Raum und
den Formen gezielter oder informeller Entwicklungen zu unterscheiden. Diese
Differenzierung hilft dabei, die komplexen Beziehungen zwischen physischen
Strukturen und sozialen Dynamiken besser zu verstehen. Der unterschiedliche
territoriale Bezug von objektiv-materiellen Gegebenheiten und sozialen Akteuren
erweist sich als notwendiges Unterscheidungsmerkmal. So kann etwa der konkrete Einfluss sozialer Akteure auf räumliche Prozesse und die Rolle materieller
Infrastrukturen differenziert betrachtet werden.

Gesellschaftliche Strukturen wie Ökonomie, Demographie, soziale Schichtung, Ideologie und Kultur stehen auf der Makroebene in Beziehung zur
Mikroebene der Individuen. Dementsprechend spiegelt sich die gesellschaftliche Transformation in den raumbezogenen Konfigurationen der Lebensweisen
von Individuen oder sozialen Gruppen im Lokalen wider. Orte und Räume
werden in dieser Perspektive als die Ebene betrachtet, auf der sich soziale
Strukturierungen sowohl auf der Makro- als auch auf der Mikroebene manifestieren. Das Wechselverhältnis zwischen Mikro- und Makroebene ist komplex und
vielschichtig und führt in spezifischen räumlichen Konfigurationen des Sozialen zu einer Verschmelzung von gesellschaftlichen Strukturen und individuellen
Lebensweisen.

Vor diesem Hintergrund sollten gesellschaftliche Transformationen in Städten als ein Ineinandergreifen von Struktur und Handlung analysiert und beschrieben werden (vgl. Giddens 1984: 125–162; Mackensen 2000; Löw 2001). Gebaute und soziale Räume sind durch die simultane Existenz und Überlagerung verschiedener Kontexte und Bedeutungen geprägt, was bedeutet, dass ein Raum unterschiedliche Bedeutungen und Nutzungen für verschiedene Gruppen haben kann. Dabei zeigen sich sozialräumliche Verschmelzungen und Überlappungen von gesellschaftlichen Strukturen und individuellen Handlungen. Das Verhältnis zwischen gesellschaftlicher Makro- und individueller Mikroebene wird auf der Mesoebene des gebauten und sozialen Raumes konkret erfahrbar (vgl. Lindner 2004).

Der Gründungskonsens der Planungssoziologie basiert auf der Sichtweise der wechselseitigen Verknüpfung von gesellschaftlichen und räumlichen Strukturierungen. Im gebauten und sozialen Raum werden gesellschaftliche Transformationsprozesse sozialräumlich sichtbar und empirisch beschreibbar; gleichzeitig sind diese Räume und ihre Bewohnerinnen und Bewohner ihrerseits Triebkräfte gesellschaftlicher Strukturveränderungen. Insofern lassen sich soziale und gesellschaftliche Strukturen und Prozesse nur in ihrer Verknüpfung mit räumlichen Gegebenheiten und den jeweiligen Steuerungsstrategien hinreichend darstellen und analysieren.

Die Planungssoziologie berücksichtigt zudem die Rolle globaler Einflüsse und transnationaler Netzwerke, die die lokalen Lebensweisen und Planungsstrategien zunehmend prägen. Dies erfordert eine Erweiterung der traditionellen Analysen um Faktoren wie Migration, Globalisierung, ökologische Prozesse und technologische Entwicklungen, die neue Formen sozialer Interaktionen und räumlicher Konfigurationen hervorbringen (vgl. Sassen 2001; Castells 2010). Diese Einflüsse haben Auswirkungen auf die lokale Planung und die Art und Weise, wie Städte mit neuen Herausforderungen umgehen, sei es durch die Integration von Migrantinnen und Migranten, die Anpassung an globale ökonomische Veränderungen oder die Implementierung technologischer Innovationen. Die Betrachtung von gebauten und sozialen Räumen auf der Mesoebene als Orte, an denen diese komplexen Dynamiken sichtbar und erfahrbar werden, ermöglicht ein tieferes Verständnis der Prozesse, die sowohl die soziale als auch die räumliche Ordnung prägen.

Die Abb. 6.1 stellt das Konzept der Raumfiguration dar und zeigt die vielschichtige Verflechtung von Raum, Akteur*innen und Strukturen. Im Zentrum stehen vier zentrale Dimensionen: der konkrete Ort, Assemblage, Akteur-Netzwerk und abstrakter Raum. Diese werden durch verschiedene Prozesse und Strukturen beeinflusst, darunter materielle physische Substrate, soziale Konstruktionen, Interaktion und institutionalisierte Regulationen. Der Raum ist nicht statisch, sondern wird durch gesellschaftliche Strukturen und Prozesse kontinuierlich produziert und transformiert. Dabei spielen soziale Morphologie, räumliche

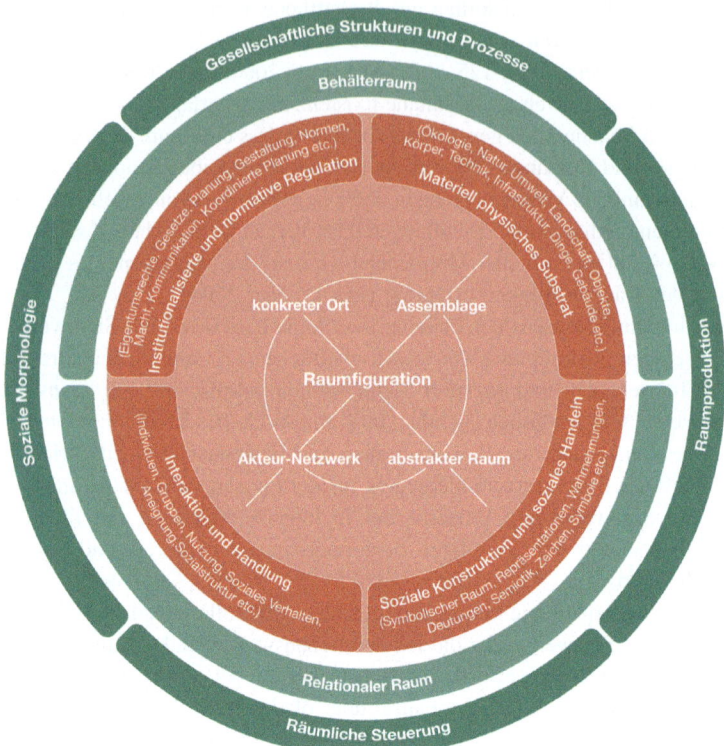

Abb. 6.1 Sozialwissenschaftliches Raummodell

Steuerung und die Produktion relationaler Räume eine entscheidende Rolle. Die Abbildung macht deutlich, dass Raum nicht nur als physischer Behälter verstanden werden kann, sondern auch durch symbolische, soziale und normative Praktiken geformt wird. Raumproduktion erfolgt durch das Zusammenwirken von physischen Gegebenheiten, sozialen Handlungen und institutionellen Rahmenbedingungen. Diese systemische Betrachtung ermöglicht ein tiefgehendes Verständnis räumlicher Prozesse und ihrer Auswirkungen auf gesellschaftliche Strukturen.

6.7   (Re-)Figurationen des Raumes

Die Perspektive auf die (Re-)Figurationen von Räumen hebt die zentrale Bedeutung der Akteurinnen und Akteure bei der Gestaltung und Transformation von Räumen hervor. Der Begriff Figuration, abgeleitet von Norbert Elias, beschreibt dynamische Interdependenzgeflechte, in denen soziale und räumliche Strukturen kontinuierlichem Wandel unterliegen. Elias begreift die Figuration als eine zentrale Struktur, die aus den wechselseitigen Abhängigkeiten zwischen Einzelpersonen und Gruppen hervorgeht. Er beschreibt sie als einen allgemeinen Begriff für das Gefüge, das durch die Interdependenzen zwischen Menschen – sowohl als Individuen als auch als Gemeinschaften – entsteht (vgl. Elias 2006).

Diese Sichtweise verdeutlicht, dass Raum nicht nur als physisches Konstrukt, sondern auch als sozial geformtes Gefüge betrachtet werden muss – ein Produkt kollektiver Interaktionen, Entscheidungen und Handlungen. Im Prozess der Figuration von Raum agieren zahlreiche Akteurinnen und Akteure: von Stadtplanerinnen und Stadtplanern, Architektinnen und Architekten bis hin zu politischen Entscheidungsträgern, zivilgesellschaftlichen Organisationen und den Bewohnerinnen und Bewohnern selbst. Darüber hinaus spielen auch die physische und ökologische Umwelt eine wesentliche Rolle. Das Konzept der Figuration bringt drei zentrale Aspekte mit sich: (a) die enge Verflechtung verschiedener sozialräumlicher Prozesse, die sich wechselseitig beeinflussen, (b) die permanente Dynamik, in der sich Figurationen ständig weiterentwickeln, sowie (c) die Herausbildung unterschiedlicher Beziehungsmuster, die über lokale, regionale und globale Maßstäbe hinweg reichen können.

Das Konzept der Re-Figuration von Räumen bezieht sich auf die tiefgreifenden Veränderungen der räumlichen Ordnungen und den damit verbundenen gesellschaftlichen Prozessen, die seit den 1960er Jahren beobachtet werden. Löw und Knoblauch identifizieren in dem Forschungsprogramm des Sonderforschungsbereich (SFB) 1265 ‚Re-Figuration von Räumen‘ der TU Berlin mehrere zentrale Hypothesen, um diese Umwälzungen zu beschreiben. Zunächst wird davon ausgegangen, dass die traditionelle Vorstellung von Raum als fest umrissene Einheit, wie etwa der nationalstaatliche Raum, durch globale Dynamiken zunehmend infrage gestellt wird. Die Re-Figuration beschreibt den Konflikt zwischen diesen traditionellen räumlichen Ordnungen und neuen transnationalen, polyzentrischen Strukturen. Ein zentraler Aspekt dieser Re-Figuration ist die zunehmende Vernetzung und Mobilität, die durch Globalisierung und Digitalisierung gefördert wird (vgl. Löw & Sayman & Schwerer & Wolf 2021).

Räume sind nicht mehr durch klare Grenzen definiert, sondern durch komplexe Interaktionen und Verbindungen zwischen verschiedenen Orten und Akteuren.

Diese neuen räumlichen Ordnungen führen zu einer Polykontextualität, in dem Menschen gleichzeitig in mehreren räumlichen Logiken agieren (vgl. Löw & Knoblauch 2019). Durch die fortschreitende Digitalisierung und Mediatisierung von Räumen existieren diese nicht mehr nur in physischer Form, sondern zunehmend auch in digitalen und symbolischen Dimensionen. Dies verändert das räumliche Wissen der Menschen und führt zu neuen Formen der Raumnutzung und -wahrnehmung. Digitale Medien ermöglichen es, Räume aus der Ferne zu beobachten und zu beeinflussen, wodurch die Grenzen zwischen physischen und virtuellen Räumen zunehmend verschwimmen (vgl. Krotz 2007; Christmann & Schinagl 2021).

Diese Entwicklung hat erhebliche Auswirkungen auf die planerische Praxis. So können Planende, Architektinnen und Architekten sowie Stadtgestaltende mittlerweile mithilfe von Tools wie Google Street View oder Geoinformationssystemen (GIS) räumliche Analysen durchführen, ohne physisch vor Ort sein zu müssen. Diese Fernerkundung und Fernplanung spart Zeit und Ressourcen, birgt jedoch auch erhebliche Risiken. Ohne eine direkte Auseinandersetzung mit dem sozialen, kulturellen und ökologischen Kontext eines Ortes besteht die Gefahr kontextloser und schematischer Gestaltungen, die den lokalen Gegebenheiten nicht gerecht werden. Ein Beispiel hierfür ist die standardisierte Planung von Stadtquartieren, die auf generischen Modellen basiert, anstatt spezifische Bedürfnisse und Identitäten einzelner Stadtteile zu berücksichtigen. Digitale Planungsmethoden erleichtern zwar den Zugriff auf großflächige Datenanalysen, ersetzen aber nicht die notwendige Einbindung lokaler Akteurinnen und Akteure sowie die sinnliche Erfahrung eines Ortes. In der Praxis kann dies dazu führen, dass soziale Dynamiken, kulturelle Eigenheiten oder klimatische Bedingungen unzureichend berücksichtigt werden, was langfristig zu einer Entfremdung von Bewohnerinnen und Bewohnern gegenüber den geplanten Räumen führen kann.

Die Re-Figuration von Räumen ist nicht nur eine Folge der Globalisierung und Digitalisierung, sondern auch Ausdruck sozialer Konflikte. In einer zunehmend vernetzten Welt entstehen neue Formen sozialer Ungleichheit und Exklusion, die sich auch räumlich manifestieren. Ein Beispiel hierfür ist der Kampf um nationale Grenzen und den Erhalt traditioneller räumlicher Strukturen, der im Gegensatz zu den Dynamiken globaler Mobilität steht. Darüber hinaus spielen translokale Verbindungen eine zentrale Rolle in der Re-Figuration. Geografisch weit voneinander entfernte Orte können durch soziale, wirtschaftliche oder kulturelle Netzwerke eng miteinander verknüpft sein. Dies verändert die Beziehungen zwischen Städten und Regionen und führt dazu, dass traditionelle territoriale Hierarchien an Bedeutung verlieren (vgl. Mau 2022). Gleichzeitig zeigt sich jedoch eine gegenläufige Entwicklung: Während nationale Grenzen zunehmend

befestigt und abgeschottet werden, betrifft diese Einschränkung vor allem marginalisierte Gruppen, während globale mobile Eliten weiterhin von transnationaler
Bewegungsfreiheit profitieren.

Die Re-Figuration von Räumen ist ein vielschichtiger Prozess, der auf allen
gesellschaftlichen Ebenen wirkt. Sie betrifft sowohl die Makroebene der globalen
wirtschaftlichen und politischen Strukturen als auch die Mikroebene des Alltags-
lebens. Menschen erleben Räume nicht mehr als statische Einheiten, sondern
als dynamische, sich ständig verändernde Strukturen, die durch soziale Praktiken geformt und umkämpft werden. Löw und Knoblauch betonen, dass die
Re-Figuration nicht als lineare Entwicklung hin zu einer globalen Einheit verstanden werden kann, sondern als ein Prozess, der durch Konflikte, Unsicherheiten
und Widersprüche geprägt ist. Diese Veränderungen erfordern neue theoretische
Ansätze, um die Komplexität der modernen räumlichen Ordnungen zu erfassen. Ihr Forschungsprogramm zielt darauf ab, durch empirische Untersuchungen
und theoretische Reflexionen ein besseres Verständnis für die gegenwärtigen
räumlichen Transformationen zu entwickeln und Handlungsmöglichkeiten für die
Raumgestaltung zu eröffnen. Re-Figuration von Räumen beschreibt eine kon-
fliktreiche Umgestaltung der räumlichen Ordnung in einer globalisierten Welt,
die durch Mobilität, Vernetzung und Mediatisierung geprägt ist (vgl. Löw &
Knoblauch 2019).

Dabei stehen traditionelle räumliche Strukturen im Spannungsverhältnis zu
neuen, transnationalen Dynamiken, was zu einem ständigen Aushandlungsprozess
über die Bedeutung und Nutzung von Raum führt. Ein relationales und polykontextuelles Raumverständnis bietet hierfür einen geeigneten theoretischen Rahmen,
da es die dynamischen Wechselwirkungen zwischen sozialen Praktiken und der
räumlichen Gestaltung erfasst und verständlich macht. Akteurinnen und Akteure
agieren in einem dynamischen Spannungsfeld, in dem soziale Interessen, wirtschaftliche Ziele und ökologische Herausforderungen aufeinandertreffen und die
Planung sowie Gestaltung des Raumes beeinflussen.

6.8   Fazit

Raum sollte als Kategorie der Analyse in der Soziologie verstärkt eine zentrale Rolle einnehmen, indem die Rolle von Raum als dynamisches, relationales
und soziales Konstrukt betont wird. Denn Raum hat nicht nur eine physische,
sondern auch eine soziale Dimension, die durch Interaktionen, Machtverhältnisse und gesellschaftliche Prozesse geprägt wird. Traditionell wurde der Raum
in der Soziologie vernachlässigt, da der Fokus auf sozialen Kategorien wie

Klasse, Geschlecht und Ethnizität lag. Durch ein relationales und polykontextuelles Raumverständnis wird jedoch deutlich, dass Räume sowohl durch materielle Strukturen als auch durch soziale Praktiken geformt und transformiert werden. Ein entscheidender Aspekt ist die Wechselwirkung zwischen sozialem Handeln und der räumlichen Gestaltung. Soziale Prozesse und Raumstrukturen beeinflussen sich gegenseitig: Der Raum ist nicht nur Kulisse, sondern aktiver Bestandteil sozialer Dynamiken. Diese Erkenntnis erfordert eine Neuausrichtung soziologischer Forschung, die den Raum als konstitutive Dimension gesellschaftlicher Prozesse versteht und ihn systematisch in die Analyse einbezieht.

Die Bedeutung von Akteurinnen und Akteuren, Netzwerken und Institutionen in der Raumgestaltung kann durch die raum- und planungssoziologische Perspektive besser erfasst werden. Durch ihre Handlungen und Entscheidungen formen sie den Raum aktiv und prägen damit auch soziale Beziehungen und Machtstrukturen (vgl. Bratman 1999). Zudem ermöglicht die Dimension des Raumes eine soziologische Analyse von globalen Einflüssen wie Migration, Globalisierung und technologischen Entwicklungen, die zu neuen Formen der Raumproduktion führen. Soziologie sollte Raum als integralen Bestandteil gesellschaftlicher Strukturen anerkennen, um ein tieferes Verständnis der Dynamiken zu erreichen, die die gebaute Umwelt und das soziale Gefüge formen. Ein relationales und polykontextuelles Verständnis von Raum ermöglicht es, die vielfältigen Wechselwirkungen zwischen sozialem Handeln, materiellen Strukturen und Machtverhältnissen und daraus resultierende Konflikte zu analysieren. Entscheidend sind dabei interdisziplinäre Ansätze, um die komplexen Strukturen und Prozessen der Konfiguration von Räumen erfassen zu können. Hierzu gehören auch die Berücksichtigung von nicht-menschlichen Akteuren und die Auseinandersetzung mit den Auswirkungen von Klimawandel, Digitalisierung und sozialen Ungleichheiten auf die Raumkonfigurationen.

Literatur

Augé, Marc (1994): Nicht-Orte. Vorüberlegungen zu einer Ethnologie der Einsamkeit. Frankfurt a. M.: S. Fischer.

Berger, Peter & Luckmann, Thomas (1969): Die gesellschaftliche Konstruktion der Wirklichkeit: Eine Theorie der Wissenssoziologie. Frankfurt: Fischer.

Berking, Helmuth (2006): Raumtheoretische Paradoxien im Globalisierungsdiskurs. In: Berking, Helmuth (Hrsg.) (2006): Die Macht des Lokalen in einer Welt ohne Grenzen. Frankfurt am Main: Campus, S. 7–22.

Blasius, Jörg & Friedrichs, Jürgen (2011): Die Bedeutung von Lebensstilen für die Erklärung von sozial-räumlichen Prozessen, in: Kölner Zeitschrift für Soziologie und Sozialpsychologie, Sonderheft, H. 51, S. 399–423.

Bourdieu, Pierre (1991): Physischer, sozialer und angeeigneter physischer Raum. In: Wentz, Martin (Hg.): Stadt-Räume. Frankfurt am Main/New York: Campus: 25–34.

Bratman, Michael E. (1999): Intention, plans, and practical reason, Center for Study of Language and Information Cambridge.

Castells, M. (2010): The Information Age: Economy, Society, and Culture. Malden, MA: Wiley-Blackwell.

Chambart de Lauwe, P. H. (1952): Paris et l'agglomération parisienne, Band 1. Paris: P.U.F

Christmann, Gabriela & Knoblauch, Hubert & Löw, Martina (2022): Introduction. Communicative Constructions and the Refiguration of Spaces. In Christmann, G., Knoblauch, H., & Löw, M. (Hrsg.): Communicative Constructions and the Refiguration of Spaces. Theoretical Approaches and Empirical Studies (S. 3–15). New York: Routledge.

Christmann, Gabriela B. (Hrsg.) (2016): Zur kommunikativen Konstruktion von Räumen. Wiesbaden: Springer Fachmedien.

Dangschat, Jens S. & Frey, Oliver (2005): Stadt- und Regionalsoziologie. In: Kessel et al. (Hrsg.) (2005): 143–163.

Dangschat, Jens S. (1994): Segregation — Lebensstile im Konflikt, soziale Ungleichheiten und räumliche Disparitäten. In: Dangschat, Jens S., Blasius, Jörg (Hrsg.): Lebensstile in den Städten. VS Verlag für Sozialwissenschaften, S. 426– 438.

Dangschat, Jens S. (1996): Raum als Dimension sozialer Ungleichheit und Ort als Bühne der Lebensstilisierung? – zum Raumbezug sozialer Ungleichheit und von Lebensstilen. In: Schwenk: S. 99–135.

Dangschat, Jens S. (2007): Raumkonzept zwischen struktureller Produktion und individueller Konstruktion. In: Ethnoscripts 9: 24–44.

Dangschat, Jens S., & Kogler, Raphaela (2019): Qualitative räumliche Daten. In: Baur, Nina & Blasius, Jörg: Handbuch Methoden der empirischen Sozialforschung, Springer VS, Wiesbaden, S. 1337–1344.

de Souza e Silva, Adriana (2006): From cyber to hybrid: Mobile technologies as interfaces of hybrid spaces. In: Space and Culture, 9(3), S. 261–278.

Deinet, Ulrich & Krisch, Richard (2003): Der sozialräumliche Blick der Jugendarbeit. Methoden und Bausteine zur Konzeptentwicklung und Qualifizierung. Wiesbaden: VS-Verlag für Sozialwissenschaften.

Diekmann, Andreas (2024): Klimawandel – kein Thema für die Soziologie? In: Zeitschrift für Soziologie, vol. 53, no. 1, S. 3–7.

Durkheim, Émile (1897): Note sur la Morphologie sociale. L'Année sociologique 2. 1897.

Elias, Norbert (1986) (2006): Figuration, sozialer Prozess und Zivilisation: Grundbegriffe der Soziologie. in: Aufsätze und andere Schriften III. Ges. Schriften Band 16. Frankfurt am Main, S. 104–111.

Farías, Ignacio (2011): The politics of urban assemblages. In: City 15, Nr. 3–4, S. 365–374.

Frey, Oliver (2009): Die amalgame Stadt. Orte. Netze. Milieus. Wiesbaden: VS-Verlag für Sozialwissenschaften.

Friedrichs, Jürgen (2018): Segregation, In: ARL – Akademie für Raumforschung und Landesplanung (Hrsg.): Handwörterbuch der Stadt- und Raumentwicklung, Hannover, S. 2159–2166.

Gebhardt, Dirk (2014): Lebensstile in der Quartiersforschung. In: Schnur, Olaf (Hrsg.): Quartiersforschung. Zwischen Theorie und Praxis. Wiesbaden: Springer VS, S. 113–133.

Giddens, Anthony (1984): Die Konstitution der Gesellschaft. Grundzüge einer Theorie der Strukturierung, Frankfurt am Main.

Gosztony, Alexander (1976): Der Raum. Geschichte seiner Probleme in Philosophie und Wissenschaften. Bd. 1 und 2. Freiburg: Alber.

Hahn, Hans Peter (Hrsg.) (2015): Vom Eigensinn der Dinge. Für eine neue Perspektive auf die Welt des Materiellen. Berlin: Neofelis Verlag.

Halbwachs, Maurice (1946): Morphologie sociale. Paris.

Hamm, Bernd & Neumann, Ingo (1996): Siedlungs-, Umwelt- und Planungssoziologie. Ökologische Soziologie Band 2, Opladen: Leske+Budrich.

Haraway, Donna (2008): Companion species, mis-recognition, and queer worlding. Queering the non/human, S. 23–26.

Harvey, David (2006): Spaces of global capitalism. Verso.

Häußermann, Hartmut & Siebel, Walter (2004): Stadtsoziologie. Eine Einführung. Frankfurt: Campus.

Kessel, Fabian & Reutlinger, Christian & Maurer, Susanne & Frey, Oliver (Hrsg.) (2005): Handbuch Sozialraum. Wiesbaden: VS-Verlag für Sozialwissenschaften.

Krämer-Badoni, Thomas & Klaus Kuhm (Hrsg.) (2003): Die Gesellschaft und ihr Raum. Raum als Gegenstand der Soziologie. Stadt, Raum und Gesellschaft Band 21. Opladen: Leske + Budrich.

Krotz, Friedrich (2007): The meta-process of 'mediatization' as a conceptual frame. Global Media and Communication, 3(3), 256–260. https://doi.org/10.1177/174276650700 30030103

Läpple, Dieter (1991): Essay über den Raum: für ein gesellschaftswissenschaftliches Raumkonzept. In: Häußermann, Hartmut u.a. (Hrsg.) (1991): Stadt und Raum: soziologische Analysen. Deutschland: Centaurus-Verlagsgesellschaft, S. 155–207.

Latour, Bruno (2010): Das Parlament der Dinge. Für eine politische Ökologie. Frankfurt a. M.: Suhrkamp.

Lefebvre, Henri (1991): The Production of Space. Oxford/Cambridge: Blackwell.

Lichtenberger, Elisabeth (2002): Die Stadt. Von der Polis zur Metropolis. Darmstadt: Wissenschaftliche Buchgesellschaft.

Linde, Hans (1972): Sachdominanz in Sozialstrukturen. Tübingen.

Lindner, Rolf (2004): Walks on the wild side. Eine Geschichte der Stadtforschung, Frankfurt am Main: Campus.

Löw, Martina & Knoblauch, Hubert (2021): Raumfiguren, Raumkulturen und die Refiguration von Räumen. In: Löw, Martina & Sayman, Volkan & Schwerer, Jona & Wolf, Hannah (Hrsg.): Am Ende der Globalisierung: Über die Refiguration von Räumen, transcript Verlag, 25–58.

Löw, Martina & Sayman, Volkan & Schwerer, Jona & Wolf, Hannah (2021): Am Ende der Globalisierung: Über die Refiguration von Räumen (Re-Figuration von Räumen, Bielefeld: transcript Verlag.

Löw, Martina & Sturm, Gabriela (2005): Raumsoziologie. In Kessl, Fabian & Reutlinger, Christian & Maurer, Susanne & Frey, Oliver (Hrsg.): Handbuch Sozialraum (1. Auflage) (S. 31–48). Wiesbaden: VS Verlag für Sozialwissenschaften.

Löw, Martina (2001): Raumsoziologie. Frankfurt am Main: Suhrkamp.

Löw, Martina. & Knoblauch, Hubert. (2019): Die Re-Figuration von Räumen — Work-ing Paper No. 1. Berlin: TU Berlin.

Mackensen, Rainer (2000): Lokales Handeln in Siedlungswelten. In: Mackensen, Rainer: Handlung und Umwelt – Beiträge zu einer soziologischen Lokaltheorie (Hrsg.), S. 227–272.

Mau, Steffen (2022): Die globalisierte Grenze im 21. Jahrhundert. Neue Gesellschaft/ Frankfurter Hefte, 9/22, S. 32–35.

Park, Robert [1925] (1974): Die Stadt als räumliche Struktur und als sittliche Ordnung. In: Atteslander, Peter & Hamm, Bernd (Hrsg.): Materialien zur Siedlungssoziolgie. Köln: Kiepenheuer & Witsch, S. 90–100.

Pincon, Michel & Pincon-Charlot, Monique (1986): Espace social et espace urbain. In: socius, 1986, S. 32–49.

Poferl, Angelika (2019): Die Verortung des Subjekts. Herausforderungen der Globalisie-rungsforschung und Überlegungen zu einer nachgesellschaftlichen Gesellschaftstheorie, SFB 1265 Working Paper, Nr. 3, Berlin.

Prigge, Walter (1986): Zeit, Raum und Architektur. Zur Geschichte der Räume. Köln: Kohlhammer.

Riege, Marlo & Schubert, Herbert (2005): Zur Analyse sozialer Räume – ein interdiszipli-närer Integrationsversuch. In: Riege, Marlo & Schubert, Herbert (Hrsg.): Sozialraumana-lyse – Grundlagen, Methoden, Praxis. Opladen: Leske + Budrich.. (2005): S. 7–67.

Sassen, Saskia (2001): The Global City: New York, London, Tokyo. Oxfordshire: Princeton University Press.

Schmid, Christian (2018): Journeys through planetary urbanization: Decentering perspec-tives on the urban. In: Environment and Planning D: Society and Space 36, no. 3, S, 591–610.

Schroer, Markus (2019): Räume der Gesellschaft. Wiesbaden: Springer Fachmedien.

Schroer, Markus (2022): Geosoziologie: Die Erde als Raum des Lebens. Suhrkamp Verlag.

Simmel, Georg [1908] (2006): Der Raum und die räumlichen Ordnungen der Gesellschaft. In: Eigmüller, Monika & Vobruba, Georg (Hrsg.): Grenzsoziologie. VS Verlag fur Sozi-alwissenschaften.

Soja, Edward W (2008): Thirdspace: Toward a new consciousness of space and spatiality. In: Communicating in the third space, Routledge, S. 63–75.

Sturm, Gabriele 1998: Wege zum Raum. Opladen: Leske+Budrich.

Waldherr, Annie & Stoltenberg, Daniela & Maier, Daniel & Keinert, Alexa & Pfetsch, Bar-bara (2024): Translocal networked public spheres: Spatial arrangements of metropolitan Twitter. new media & society 26, no, 11, S. 6636–6657.

Weber, Max (1921): Wirtschaft und Gesellschaft: Die nichtlegitime Herrschaft (Typologie der Städte). In: Schmals (1983): 247–258.

Weiske, Christine (2006): Raum. In: Schäfers, Bernhard (Hrsg.): Grundbegriffe der Soziolo-gie.Wiesbaden: VS Verlag für Sozialwissenschaften, S. 227–230.

Teil II
Steuerung und Konzepte

Der Buchteil II ‚Steuerung und Konzepte' befasst sich mit den Herausforderungen und Möglichkeiten der räumlichen Planung und Steuerung in urbanen, ländlichen und landschaftsbezogenen Kontexten. Dieser Teil gliedert sich in drei zentrale Kapitel, die sich mit den Themen Bürgerbeteiligung, Orts- und Raumgestaltung sowie räumliche Identität befassen. Diese Kapitel verdeutlichen die vielschichtigen Herausforderungen und komplexen Wechselwirkungen in der Planung. Sie unterstreichen die Notwendigkeit für adaptive, inklusive und transparente Beteiligungsansätze sowie eine umfassende Berücksichtigung sozialer, kultureller und ökonomischer Aspekte in der Gestaltung von Landschaftsräumen, Städten und Regionen. Es wird aufgezeigt, wie durch innovative Steuerungsmechanismen und kooperative Planungsprozesse die vielfältigen Herausforderungen der urbanen und ländlichen Entwicklung bewältigt werden können. Dabei wird deutlich, dass eine erfolgreiche räumliche Planung immer auch die Berücksichtigung sozialer, ökonomischer und technologischer Aspekte erfordert und dass interdisziplinäre Ansätze sowie partizipative Verfahren unverzichtbar sind, um eine nachhaltige und zukunftsorientierte Entwicklung zu gewährleisten. Durch die Betrachtung dieser Themen wird ein umfassendes Verständnis für die komplexen Dynamiken und Wechselwirkungen vermittelt, welche Rahmenbedingungen der räumlichen Steuerung zwischen Markt, Staat und Gesellschaft prägen.

Das Kap. 7 ‚Grenzen und Herausforderungen der Partizipation' beleuchtet die evolutionäre Entwicklung von hierarchischen zu partizipativen Governance-Modellen. Es wird die transformative Rolle der Bürger und Gemeinschaften in Planungsprozessen hervorgehoben. Verschiedene Beteiligungsmethoden, von grundlegender Informationsverbreitung bis hin zu Selbstverwaltung und Empowerment-Strategien, werden analysiert. Herausforderungen wie die Sicherstellung der Repräsentativität und die Ressourcenintensität von Partizipationsprozessen werden ebenfalls diskutiert. Die Notwendigkeit für adaptive, inklusive und transparente Beteiligungsansätze wird betont, um eine nachhaltige und gerechte Raumentwicklung zu erreichen. Zudem werden die Herausforderungen der Integration partizipativer Prozesse in die öffentliche Verwaltung und die entscheidende Rolle von NGOs und zivilgesellschaftlichen Organisationen diskutiert. Die Chancen für adaptive, inklusive und transparente Beteiligungsansätze werden betont. Ebenso wird auf verschiedene Grenzen bei Partizipationsprozessen hingewiesen.

In Kap. 8 ‚Orts- und Raumgestaltung' werden die bidirektionale Beziehung zwischen sozialen, kulturellen und ökonomischen Strukturen und der räumlichen Umwelt untersucht. Die Gestaltung von Orten trägt zur Abgrenzung räumlicher Identitäten bei und reflektiert soziale Differenzen, die sowohl Integrations- als auch Exklusionsprozesse beeinflussen. Raum wird ebenso als Triebkraft gesellschaftlicher und ökonomischer Transformationen betrachtet. Es wird ein umfassendes Verständnis für die komplexen Dynamiken und Wechselwirkungen zwischen materiellen Objekten und sozialen Prozessen vermittelt. Es wird aufgezeigt, wie soziale, kulturelle und ökonomische Strukturen die räumliche Umwelt prägen und umgekehrt. Zudem wird betont, dass Unterschiede in der Gestaltung von Orten zur Abgrenzung räumlicher Identitäten beitragen und soziale Differenzen widerspiegeln können.

Das Kap. 9 ‚Stadtkonzepte und räumliche Steuerung' widmet sich den verschiedenen Modellen und Konzepten, die zur Steuerung urbaner Räume entwickelt wurden. Hierbei steht das Modell der Europäischen Stadt im Vordergrund, welches historische und aktuelle städtische Entwicklungen integriert. Die Untersuchung umfasst sowohl normative als auch analytische Ansätze und betrachtet die Auswirkungen von technologischen und ökonomischen Veränderungen auf städtische Räume. Die Darstellung verschiedener Stadtkonzepte bietet wertvolle Einblicke in die Anpassungsstrategien von Städten an neue Herausforderungen und fördern ein umfassendes Verständnis urbaner Dynamik.

Partizipation ist ein zentraler Aspekt in der Landschafts- und Stadtplanung, da eine verstärkte Einbindung von Bürgern und zivilgesellschaftlichen Akteuren nachhaltige und resiliente Lösungen fördert. Die räumliche Gestaltung prägt soziale Strukturen, sei es durch öffentliche Freiräume, grüne Infrastruktur oder die Identität urbaner Quartiere. Steuerungsmechanismen und Stadtkonzepte beeinflussen nicht nur urbane Entwicklungen, sondern auch landschaftliche Transformationsprozesse, insbesondere im Hinblick auf Klimaanpassung und Ressourcenschutz. Die enge Verbindung zwischen sozialen, ökonomischen und ökologischen Faktoren erfordert integrative Planungsansätze, die städtische und landschaftliche Räume gleichermaßen einbeziehen. Dabei sind adaptive, inklusive und transparente Verfahren essenziell, um eine gerechte und zukunftsfähige Raumentwicklung zu gewährleisten.

Definition

Urban Governance: Ein Modell der Stadtplanung, das räumliche Steuerung vor dem Hintergrund einer zunehmenden Vielfalt von Akteur*innen betrachtet. Bürgerbeteiligung und partizipative Prozesse werden als kommunikative Strategie definiert, um Entscheidungsprozesse transparenter und inklusiver zu gestalten. **Empowerment:** Ein Ansatz in der Stadtplanung, der darauf abzielt, durch spezifische Organisations- und Kooperationsformen die eigenen Ressourcen der Bürger für eine Selbstbestimmung zu aktivieren. Dies stärkt die lokale Handlungsfähigkeit und fördert eine nachhaltige Entwicklung von Quartieren und Nachbarschaften.

Sozialräumliche Strukturen: Die sozialen und räumlichen Arrangements, die sowohl durch soziale Prozesse geprägt werden als auch diese beeinflussen, insbesondere in Bezug auf soziale Ungleichheiten und Integration. Sie formen alltägliche Lebenswelten und beeinflussen den Zugang zu Ressourcen, öffentlichen Räumen und sozialen Netzwerken.

Räumliche Identität: Die kollektive Identität, die durch die Gestaltung und Nutzung von Räumen entsteht und zur kulturellen Zugehörigkeit und sozialem Zusammenhalt beiträgt. Sie entwickelt sich aus historischen, symbolischen und alltäglichen Bedeutungen, die Menschen mit bestimmten Orten verbinden.

Partizipation: Die aktive Beteiligung von Bürgern und Gemeinschaften an Planungsprozessen, um die Bedürfnisse und Interessen der Bevölkerung in die Entscheidungsfindung einzubeziehen. Sie trägt zur Legitimität von Planungsentscheidungen bei und kann die Akzeptanz von Veränderungen im urbanen Raum erhöhen.

Ortsgestaltung: Die spezifische Gestaltung von lokalen Räumen, die zur Identitätsbildung und Abgrenzung räumlicher Bereiche beiträgt und soziale Differenzen reflektiert. Sie beeinflusst das Stadtbild, prägt die Aufenthaltsqualität und kann soziale Interaktionen im öffentlichen Raum fördern oder begrenzen.

Fragestellungen

- Welche Herausforderungen bestehen bei der Implementierung partizipativer Governance-Modelle in der räumlichen Planung?
- Wie beeinflussen räumliche Strukturen soziale Ungleichheiten und Integrationsprozesse?
- Inwiefern tragen unterschiedliche Ortsgestaltungen zur Abgrenzung und Identität von Räumen bei?
- Wie kann die Partizipation von Bürgern effektiv und nachhaltig gestaltet werden?
- Welche Methoden und Ansätze sind erforderlich, um die räumliche Identität in der Stadtentwicklung zu stärken?

Overview

Die Integration von Partizipation, sozialen und räumlichen Strukturen sowie technologischen Innovationen ist essenziell, um eine nachhaltige und lebenswerte städtische Umwelt zu schaffen. Die Einbindung der Bevölkerung ist dabei von Bedeutung, da sie lokales Wissen und Perspektiven in den Planungsprozess einbringt und die Akzeptanz und Qualität der Planungsergebnisse erhöht. Soziale und räumliche Dynamiken sollten berücksichtigt werden, um die vielfältigen Bedürfnisse und Lebenslagen der Stadtbewohner*innen zu verstehen und in die Planung zu integrieren. Die Anpassung an technologische und ökonomische Veränderungen erfordert flexible und innovative Steuerungsansätze. Insgesamt wird in diesem Buchteil herausgearbeitet, dass eine erfolgreiche und zukunftsorientierte Stadtplanung nur durch die enge Zusammenarbeit aller relevanten Akteur*innen und die Berücksichtigung sozialer, räumlicher und technologischer Aspekte erreicht werden kann. Dies erfordert eine kontinuierliche Anpassung und Weiterentwicklung der Planungsstrategien, um den dynamischen und komplexen Anforderungen urbaner Umgebungen gerecht zu werden. Schließlich wird die Bedeutung der planerischen Kompetenzen hervorgehoben. Planer*innen sollten nicht nur technisches Wissen besitzen, sondern auch soziale Kompetenzen und ein tiefes Verständnis der vielfältigen Akteure und Prozesse, die Raumentwicklung prägen. Insgesamt unterstreicht der Buchteil, dass eine erfolgreiche Planung eine Zusammenarbeit relevanter Akteur*innen und die Berücksichtigung sozialer, räumlicher und technologischer Aspekte erfordert.

Grenzen und Herausforderungen der Partizipation 7

7.1 Einleitung

Das Thema der Partizipation gewinnt in der aktuellen politischen Debatte zunehmend an Bedeutung und Brisanz. ‚Mehr Beteiligung' ist in aller Munde, doch was genau damit gemeint ist, variiert stark. Die Forderung nach mehr Bürgerbeteiligung ist inzwischen fester Bestandteil der politischen Agenda, kaum jemand stellt sie noch infrage. Doch mit den langjährigen Erfahrungen wächst auch die Ernüchterung über die tatsächliche Wirkung solcher Prozesse. Insbesondere die Verstetigung von Beteiligungsprozessen, ihre Implementierung in das politisch-administrative System, die Verbindlichkeit der Ergebnisse und ihre nachhaltige Wirkung werden zunehmend kritisch hinterfragt. Es zeigt sich, dass Partizipation oft vor allem die Mitsprache der bessergebildeten Mittelschicht sichert, was die Grenzen und Herausforderungen solcher Prozesse deutlich macht.

Ziel dieses Kapitels ist es zu zeigen, dass im Zuge von Governance-Modellen das Verhältnis zwischen lokalem Staat und Zivilgesellschaft auf kommunaler Ebene neue Planungsstrategien hervorgebracht hat. Der Kern dieses neuen Planungsverständnisses besteht in einer flexiblen Partizipationsstrategie, die sowohl formelle als auch informelle Elemente umfasst. In diesem Kapitel wird die These entwickelt, dass diese vielfältigen Partizipationsansätze ein integrales Element von Governance-Modellen darstellen, die auf verschiedenen Ebenen lokaler Steuerungspolitik neue Kooperationsbeziehungen etablieren. Partizipation wird hier als eine Form der Kooperation bei der Formulierung strategischer Planungsziele, der Beteiligung und Zusammenarbeit zur Bewältigung gesellschaftlicher Probleme sowie der Teilhabe an Entscheidungsprozessen konzipiert. ‚Urban Governance' wird als eine geregelte, aber dennoch flexible Form kooperativer

© Der/die Autor(en), exklusiv lizenziert an Springer Fachmedien Wiesbaden GmbH, ein Teil von Springer Nature 2025
O. Frey, *Raum und Gesellschaft*, https://doi.org/10.1007/978-3-658-48154-4_7

Politik des lokalen Staates verstanden, die Akteure aus Staat, Kommune, Wirtschaft und Zivilgesellschaft zusammenführt (vgl. Healey 2004; Sinning 2006; Frey 2008).

Partizipation, Aktivierung und Empowerment können unterschiedliche Formen annehmen. Über Formen der Mitwirkung schon im Vorfeld von Entscheidungen (Ideenfindung) bis hin zur kooperativen Mitentscheidung, Selbstverwaltung und Eigenständigkeit können schrittweise eigene Kompetenzen entdeckt, entfaltet und eingebracht werden (vgl. Arnstein, 1969; Lüttringhaus 2000; Straßburger & Rieger 2019). ‚Empowerment' ist dabei ein Konzept, mit dessen Hilfe Veränderungen des Ist-Zustandes angestrebt werden, indem durch spezifische Organisations- und Kooperationsformen eigene Ressourcen für eine Selbstbestimmung aktiviert werden. Besonders in ausgegrenzten und benachteiligten Stadtquartieren erfordert dies eine Umkehr des Denkens: Im Gegensatz zur ‚Defizitorientierung' verlangt ein Empowerment-Ansatz, die Ressourcen des Quartiers und dessen Bevölkerung zu entdecken, sie neu zu bewerten und zu aktivieren, indem die vorhandenen sozialen Netzwerke und gemeinschaftlichen Beziehungen gestärkt und die Fähigkeiten der Individuen gefördert werden (vgl. Merchel 2002: 202–203; Filipič & Schönauer 2020).

In Zeiten zunehmender Komplexität und Unübersichtlichkeit in der Planung und Gestaltung unserer Gesellschaft wird oft der Ruf nach mehr Partizipation und Beteiligung laut. Doch wenn man genauer hinschaut, stellt sich die Frage, ob die zugrunde liegenden Ziele, Absichten und Strategien, wie beispielsweise die Vorstellungen von Demokratie und Gesellschaft, tatsächlich ausreichend dargelegt, diskutiert und hinterfragt werden. Häufig scheint es, als ob bei Unsicherheit entweder ein Arbeitskreis gegründet wird oder Beteiligung als Allheilmittel propagiert wird, ohne dass wirklich Klarheit darüber besteht, worauf diese Maßnahmen eigentlich abzielen und ob sie die Herausforderungen unserer komplexen Gesellschaft tatsächlich lösen können. Dabei entsteht eine wechselseitige Dynamik zwischen komplexen Planungsprozessen, gesellschaftlichen Anforderungen und der Forderung nach Bürgerbeteiligung. Die Annahme, dass Partizipation als Lösung für die steigende Komplexität dienen kann, führt paradoxerweise häufig zu einer zusätzlichen Erhöhung der Komplexität. Je mehr Akteure mit unterschiedlichen Interessen, Wissensständen und Erwartungen eingebunden werden, desto anspruchsvoller wird die Koordination und Entscheidungsfindung. Dieser Prozess verstärkt sich selbst, da zur Bewältigung der neu entstehenden Herausforderungen oft erneut partizipative Verfahren eingesetzt werden, ohne dass dies zwangsläufig zu einer Vereinfachung oder Verbesserung der Planung führt. Statt einer direkten Problemlösung kann dies vielmehr zu einer Art struktureller Rückkopplung führen, bei der Beteiligungsverfahren die Entscheidungsprozesse nicht immer effizienter, sondern in manchen Fällen sogar langwieriger und widersprüchlicher machen. Insofern bedarf es einer kritischen Reflexion darüber, in welchen Kontexten Partizipation tatsächlich zur Problemlösung beiträgt und wann sie möglicherweise eher als symbolische oder sogar kontraproduktive Maßnahme fungiert (vgl. Alcántara u. a. 2016; Nedden 2020).

Wichtig ist es auch, sich über die angemessenen Methoden der Partizipation Klarheit zu verschaffen. Sehr oft überwiegen Elemente wie Diskussionsleitung und Kleingruppenarbeit (die mehr oder weniger intensiv zurückgekoppelt wird); diese Verfahren werden noch sehr stark von Auftraggeberinnen und Auftraggebern sowie und Moderatorinnen und Moderatoren gesteuert. Wendet man hingegen offene Verfahren wie Zukunftswerkstatt, Zukunftskonferenz oder Open Space an, kommt man in der Regel zu kreativeren Vorschlägen und zu einer größeren Identifikation der Beteiligten – man muss andererseits aber auch seitens der Verwaltung willens und in der Lage sein, auf diese stärker ergebnisoffenen Verfahren einzugehen.

7.2 Räumliche Governance

Das Verständnis von Partizipationsstrategien als integrierter Bestandteil von Governance-Modellen führt dazu, dass im Zusammenspiel staatlicher und nichtstaatlicher AkteurInnen die Konzeption hierarchischer Steuerung aufgegeben wird und neue Rollen entstehen: Die klassische ‚top-down'- Planungsrolle einer hierarchischen Steuerung wird zugunsten einer kooperativ-koordinierenden Verhandlungsrolle aufgegeben. Für die kommunale Verwaltung bedeutet dies eine Rollenerweiterung hin zu Moderation und Verhandlung in sowohl externen als auch internen Netzwerken. Im Folgenden wird Governance verstanden als eine „neue interaktive Form der Steuerung, in der private Akteure, verschiedene öffentliche Organisationen, Bürgergemeinschaften oder andere Arten von Akteuren an der Verarbeitung von Politik teilnehmen" (Marcou u. a. 1997, zitiert nach Ferry 2003).

Die Governance-Modelle basieren auf der zentralen Annahme, dass das Zentrum der effektiven politischen Steuerung nicht mehr durch den Staat repräsentiert ist, sondern dass Marktmechanismen als Steuerungssysteme sowie horizontale Selbstorganisation von Akteurinnen und Akteuren als Alternativen zum bestehenden hierarchischen System entwickelt werden: „Governance indicates a new kind of social-political steering logic in the public sector characterised by a differentiated and multicentered political system with a mix of private and public

actors participating directly in the decision making process without any clear
hierarchic relation between the many centers and actors" (Sehested 2001: 10 f.).
Durch diese Veränderung des klassischen hierarchischen Steuerungsverhältnis-
ses zwischen Staat und Gesellschaft verändert sich die Reichweite der jeweiligen
Governance-Modi. Im Rahmen der ‚Governance' stellt sich die Frage nach neuen
Möglichkeiten, um die auf der sozialräumlichen städtischen Ebene durch lokale
Ortsgebundenheit hervorgebrachten sozialen Ordnungen zu beschreiben und zu
steuern (vgl. Altrock & Bertram 2012). In den folgenden Überlegungen wird
das Governancekonzept als eine folgenreiche Erweiterung der politischen Steuerungstheorie verstanden. Es beschreibt nicht nur den Wechsel von ‚Government'
zu ‚Governance' als neue Steuerungsform, sondern hebt auch neue Arrangements gesellschaftlicher Koordination hervor. Das Governancemodell beschreibt
einen Wechsel in der Form des Regierens, bei dem hierarchische Modelle durch
stärker kooperativ vernetzte Strategien ersetzt werden. Darüber hinaus wird das
Governancekonzept als eine erweiterte Theorie zur Steuerung sozialer Ordnung
verwendet, bei der die klare Trennung von Steuerungsobjekt und Steuerungssubjekt aufgehoben ist (vgl. Mayntz 2004). Governance benennt jede soziale
Ordnungsform, die durch eine kollektive Regelung gesellschaftlicher Beziehungen entsteht: „von der institutionalisierten zivilgesellschaftlichen Selbstregelung
über verschiedene Formen des Zusammenwirkens staatlicher und privater Akteure
bis hin zu hoheitlichem Handeln staatlicher Akteure" (Mayntz 2003: 72).

Die Steuerungstheorien der Policy-Forschung beinhalten einen akteursfokus-
sierten Blick, bei dem Fragen der gesamtgesellschaftlichen Planung durch eine
staatliche Lenkungsinstanz im Vordergrund stehen (vgl. Mayntz 2004: 2). Mayntz
formuliert es folgendermaßen: „Governance kann sich sowohl auf eine das
Handeln regelnde Struktur als auch auf den Prozess der Regelung beziehen;
unabhängig von der Wortwahl im Einzelfall sind immer beide Aspekte impliziert" (Mayntz 2004: 5). Dieses erweiterte Governance-Konzept beschreibt alle
wesentlichen Formen der Handlungskoordination. Im Rahmen der Transaktions-
kostentheorie von Williamson (1979) wurde für die Governanceformen in eine
markt- und eine hierarchische Koordinationsform ökonomischen Handelns unterschieden. Die Ergänzung dieses Begriffspaares um Verbände (Streek & Schmitter
1985) und Netzwerke (Powell 1990) erweitert dann das Governance-Verständnis
um „die wie auch immer zustande gekommene Regelungsstruktur und ihre Wirkung auf das Handeln der ihr unterworfenen Akteure" (Mayntz 2004: 4 f.). In
den Hintergrund tritt das Steuerungshandeln bestimmter Akteurinnen und Akteuren. Dabei interessieren insbesondere die Formen der Handlungskoordination, die
jenseits von Markt und Staat aufgebaut werden.

Dieses um Verbände und Netzwerke erweiterte Governancekonzept benennt für die staatliche Steuerung, die politische Regelung und die planerische Umsetzung unterschiedliche Governancemodi: Die sozialen Ordnungen von Staat, Markt und Gemeinschaft werden von idealtypischen Prinzipien der Koordination und Allokation geleitet: Hierarchische Kontrolle (Staat), atomistische Konkurrenz (Markt) und spontane Solidarität (Gemeinschaft) sind die Logiken der Regelungsstruktur (vgl. Streek & Schmitter 1985).

Der gesellschaftliche Strukturwandel bringt eine neue Form von lokal verankerten, ortsgebundenen sozialen Netzwerkstrukturen hervor, während gleichzeitig eine Abnahme hierarchischer, staatsbezogener Steuerungsformen stattgefunden hat. Dieser gesellschaftliche Strukturwandel führt zu einem Bedeutungsgewinn des Lokalen auf Kosten eines Einflussverlustes des Staates. Besonders in der Stadt- und Raumplanung zeigt sich dies in der kommunalen Planungshoheit, die den Gemeinden eine zentrale Rolle in der städtebaulichen Entwicklung einräumt. Laut § 1 Baugesetzbuch (BauGB) sind sie verpflichtet, Bauleitpläne aufzustellen, sobald dies für eine geordnete städtebauliche Entwicklung erforderlich ist. Damit liegt die Steuerung der Bauleitplanung nicht bei einer zentralstaatlichen Instanz, sondern wird von den Kommunen selbst übernommen.

Dadurch verändern sich die Reichweiten der Governance-Modi und werfen die Frage nach der Möglichkeit der lokalen Ebene zur Steuerung sozialer Ordnungen auf. Hollingsworth & Boyer stellen diese Frage dezidiert, wenn sie schreiben: „Why these configurations occur within a particular place and time is a complex theoretical problem which has yet to be solved " (Hollingsworth & Boyer 1997: 2). Durch das Zurückdrängen der staatlichen Regelung und Steuerung, die mithilfe hierarchischer Modelle erfolgte, wurde eine Steuerung ermöglicht, die stärker die Selbstorganisation von Communities im Blick hat. Die Selbstorganisation der Communities oder lokaler Gemeinschaften basiert auf Vertrauen, Gegenseitigkeit und Verpflichtungen in einem Netzwerk. Diese Netzwerke sind gekennzeichnet durch einen vielfältigen Mix aus Eigeninteressen und sozialer Verpflichtung unter AkteurInnen, die formal unabhängig und gleichrangig sind. Unterschiedlichste Akteure wie Firmen, staatliche Institutionen oder soziale Gemeinschaften bilden diese Netzwerkräume aus (vgl. Hollingsworth & Boyer 1997).

Die Rolle lokaler Steuerungsstrategien in sozialräumlichen Interaktionen unterschiedlicher Akteursgruppen in der Raumentwicklung beschreibt Hollingsworth/Boyer wie folgt: „Specifically, we are interested in understanding the interaction of spatially-based forms of coordination with social systems of production. Economic coordination varies by territory, for social institutions are rooted in local, regional, national, or even transnational political communities with their shared beliefs, experiences, and traditions" (Hollingsworth & Boyer 1997: 25).

Partizipation ist insofern ein wesentlicher Bestandteil der räumlichen Planung, da sie sicherstellt, dass die Bedürfnisse und Interessen der Bürgerinnen und Bürgern in den Planungsprozess einfließen. Durch die Einbeziehung der Bürger können Planungsprozesse demokratischer gestaltet und die Akzeptanz der geplanten Maßnahmen erhöht werden. Bürgerbeteiligung kann in unterschiedlichen Formen erfolgen, die sich in ihrer Verbindlichkeit und institutionellen Verankerung unterscheiden. Während einige Beteiligungsprozesse informell und freiwillig sind, sind andere gesetzlich geregelt und fester Bestandteil politischer Entscheidungsstrukturen. Es gibt eine Vielzahl an Beteiligungsformaten, von informellen Verfahren wie öffentlichen Konsultationen und Workshops bis hin zu formellen Instrumenten wie Bürgerbefragungen und Referenden. Diese Vielfalt ermöglicht es, unterschiedliche Bevölkerungsgruppen einzubeziehen und eine breite Basis an Meinungen und Ideen zu erfassen. Informelle Beteiligung basiert auf freiwilligem Engagement, ist nicht gesetzlich vorgeschrieben und verfolgt in der Regel keine wirtschaftlichen Interessen. Formelle Bürgerbeteiligung hingegen ist rechtlich verankert, findet auf kommunalpolitischer Ebene statt und ist direkt in Planungs- und Entscheidungsprozesse integriert. Beide Formen ergänzen sich und tragen auf unterschiedliche Weise zur Legitimation und Qualität politischer und planerischer Prozesse bei.

,Partizipative Planung' ist ein Ansatz, bei dem Bürger aktiv in die Entscheidungsfindung eingebunden werden. Dies kann durch gemeinschaftliche Planungsworkshops, Bürgerjurys oder Online-Plattformen geschehen, die den Austausch von Ideen und Feedback erleichtern. Effektive Governance-Strukturen sind entscheidend für die erfolgreiche Umsetzung partizipativer Planungsprozesse. Hierzu gehören klar definierte Verantwortlichkeiten, transparente Entscheidungsprozesse und die Integration verschiedener Akteure, einschließlich staatlicher Stellen, privater Unternehmen und zivilgesellschaftlicher Organisationen. Eine gute Governance fördert die Zusammenarbeit und Koordination zwischen den Akteuren (vgl. Emerson & Nabatchi 2015).

Die lokale planende Verwaltung spielt eine zentrale Rolle in der Förderung und Umsetzung von Partizipation und Governance in der räumlichen Planung. Sie kann geeignete Rahmenbedingungen schaffen, die Bürgerbeteiligung ermöglichen und fördern. Dazu gehören die Bereitstellung von Informationen, die Organisation von Beteiligungsveranstaltungen und die Schaffung von Plattformen für den Dialog zwischen Bürgerinnen, Bürgern, Entscheidungsträgerinnen und -trägern. Transparenz und Rechenschaftspflicht sind grundlegende Prinzipien für eine gute

Governance in der räumlichen Planung. Transparente Verfahren sowie die Offenlegung von Planungsdokumenten und Entscheidungsgrundlagen ermöglichen es den Bürgern, den Planungsprozess nachzuvollziehen und die Verantwortlichen kritisch zu hinterfragen.

‚Inklusive Planung' zielt darauf ab, alle Bevölkerungsgruppen in den Planungsprozess einzubeziehen, insbesondere marginalisierte und vulnerable Gruppen. Dies stellt sicher, dass die Bedürfnisse und Interessen aller Bürgerinnen und Bürger berücksichtigt werden und fördert soziale Gerechtigkeit. Trotz der vielen Vorteile der Bürgerbeteiligung gibt es auch Herausforderungen, wie z. B. die Mobilisierung und Einbindung einer breiten Bevölkerungsschicht, die Sicherstellung der Repräsentativität der Beteiligung und die Bewältigung von Interessenkonflikten. Es ist wichtig, diese Konflikte zu erkennen und durch geeignete Strategien und Maßnahmen zu adressieren, um eine effektive und inklusive Partizipation zu gewährleisten (vgl. Krummacher 2004; Filipič & Schönauer 2020; Kühn 2023; Kühn & Sommer 2023).

Die Beteiligung der Bürgerinnen und Bürger an der Politik ist aus demokratietheoretischer Sicht ein unverzichtbares Element einer funktionierenden Demokratie. Sie wird nicht nur als ein demokratischer Wert an sich geschätzt, sondern auch mit verschiedenen funktionalen Aspekten verknüpft. Bürgerbeteiligung trägt entscheidend zur Schaffung von Legitimation bei, indem sie die Anerkennung und das Vertrauen in die Rechtmäßigkeit von Personen, Handlungen, Institutionen oder politischen Systemen fördert (vgl. Alcántara u. a. 2016). Darüber hinaus stärkt sie die Responsivität, also die Rückbindung politischer Entscheidungen an die Interessen der Bürger. Dies führt zu einer Generierung von Vertrauen in den politischen Entscheidungsprozess und unterstützt sowohl die handelnden Akteure als auch das politische System insgesamt. Allerdings stehen Partizipationsprozesse auch vor Herausforderungen und Grenzen, die berücksichtigt werden müssen. Aus demokratietheoretischer Sicht und der Perspektive der Beteiligungsforschung sind drei wesentliche Aspekte von Bedeutung, um die Effektivität der Bürgerbeteiligung zu gewährleisten:

• Repräsentative Interessenäußerung: Es muss sichergestellt werden, dass die geäußerten Interessen möglichst repräsentativ sind, um dem demokratischen Grundsatz der Gleichheit zu entsprechen, wonach jede Stimme gleich viel wert ist.
• Präzise Artikulation der Interessen: Die Interessen der Bürger sollten so präzise wie möglich artikuliert werden, damit die Entscheidungsträger auf konkrete Vorstellungen und Wünsche Rücksicht nehmen können.

- Verfasstheit und Institutionalisierung der Beteiligungsverfahren: Beteiligungs-
verfahren sollten möglichst verfasst und institutionalisiert sein, um den
Bürgern eine nachhaltige und verbindliche Einflussnahme zu ermöglichen.
Dies kann beispielsweise durch regelmäßige Beteiligungsprozesse oder die
Festlegung von verbindlichen Regelungen zur Bürgerbeteiligung erreicht
werden.

Partizipationsprozesse bieten einen erheblichen Mehrwert für demokratische Ent-
scheidungsfindungen und die gesellschaftliche Entwicklung insgesamt. Einer der
wesentlichen Vorteile besteht darin, dass durch die Einbeziehung der Bürger
neue und bessere Lösungen gefunden werden können. Dies geschieht, indem
Bedürfnisse der Bevölkerung erkundet, lokales Fachwissen einbezogen sowie
Meinungen und Stimmungen eingeholt werden. Allerdings sind partizipative
Prozesse nicht per se erfolgreich. Wenn Beteiligungsverfahren scheitern oder
nicht die gewünschten Ergebnisse bringen, kann dies die Akzeptanz und Legitimität von Partizipation erheblich schwächen. Rückschläge wie eine geringe
oder einseitige Beteiligung, die Dominanz einzelner Interessengruppen oder das
Ignorieren von Bürgerbeiträgen in der finalen Entscheidung können Frustration
und Politikverdrossenheit verstärken. Besonders problematisch wird es, wenn
hohe Erwartungen geweckt, aber nicht erfüllt werden – sei es durch mangelnde
Umsetzungsmöglichkeiten, politische Blockaden oder unklare Verantwortlichkeiten. Um dem entgegenzuwirken, müssen Beteiligungsverfahren realistische
Einflussmöglichkeiten bieten und klare Erwartungen kommunizieren. Transparente Entscheidungsprozesse, die nachvollziehbar machen, wie Bürgerbeiträge
einfließen, sind ebenso essenziell wie eine institutionelle Verankerung partizipativer Formate. Nur wenn Partizipation nicht als symbolische Geste, sondern als
fester Bestandteil der politischen Entscheidungsfindung verstanden wird, kann sie
langfristig zur Stärkung demokratischer Prozesse beitragen. Feedback-Schleifen
und Evaluierungen helfen zudem, Vertrauen in die Verfahren zu fördern und
kontinuierliche Verbesserungen zu ermöglichen.

Durch diese umfassende Einbindung wird es möglich, Planungen für die
Beteiligten nachvollziehbar zu machen und dadurch eine höhere Akzeptanz zu
erzielen. Darüber hinaus tragen Partizipationsprozesse dazu bei, Planungssicherheit zu schaffen, Verfahren zu beschleunigen und Diskussionen zu versachlichen.
Dadurch können Proteste vermieden und gut akzeptierte Entscheidungen getroffen werden. Dieser Prozess hilft, Ausgewogenheit zu erreichen, Hindernisse
frühzeitig zu erkennen und zu überwinden sowie Netzwerke zu stärken.

Ein weiterer bedeutender Mehrwert von Partizipation ist die Stärkung der
Demokratie. Durch die aktive Beteiligung der Bürger wird das Vertrauen in

die politischen Prozesse und das Miteinander gefördert. Zudem bieten Partizipationsprozesse die Möglichkeit, voneinander zu lernen, soziale Kompetenzen
zu stärken und eine gemeinschaftliche Atmosphäre des Respekts und der Vielfalt zu erleben und zu verstehen. Allerdings führen diese positiven Effekte nicht
zwangsläufig in jedem Fall zum gewünschten Ergebnis. Planung heißt auch Kompromisse, und diese können oft dazu führen, dass alle Beteiligten gleichermaßen
unzufrieden sind. Insgesamt tragen Partizipationsprozesse nicht nur zur besseren Entscheidungsfindung bei, sondern auch zur Stärkung des gesellschaftlichen
Zusammenhalts und der demokratischen Kultur (vgl. Alcántara u. a. 2016; Rohr
u. a. 2017).

Die Weiterentwicklung partizipativer Verfahren in der räumlichen Planung
gewinnen in der (post-)modernen Stadtentwicklung zunehmend an Bedeutung.
In diesem Kontext spielen die Konzepte der Koproduktion von Raum und der
kollaborativen Planung eine zentrale Rolle. Partizipation, also die aktive Einbindung der Bevölkerung und anderer Akteure in Planungsprozesse, ist ein
grundlegender Baustein, um Planungsvorhaben erfolgreich und nachhaltig zu
gestalten. Die Koproduktion von Raum fördert diese Partizipation, indem sie
die gemeinsame Gestaltung und Nutzung von Räumen durch verschiedene Interessengruppen ermöglicht. Gleichzeitig schafft die kollaborative Planung die
methodische Grundlage für diese Zusammenarbeit, indem sie den Dialog zwischen Bürgern, Planern und anderen Stakeholdern systematisch organisiert. Durch
die Integration dieser Ansätze in die räumliche Planung wird nicht nur eine
höhere Akzeptanz der Projekte erreicht, sondern auch eine kontinuierliche Weiterentwicklung und Anpassung der Planungsprozesse an die Bedürfnisse der
Gesellschaft ermöglicht (vgl. Abt u. a. 2022, Bernhardt u. a. 2024).

‚Koproduktion von Raum' bezieht sich auf die gemeinsame Erschaffung und
Gestaltung von Räumen durch verschiedene Akteure, darunter die Zivilgesellschaft, die öffentliche Verwaltung, Privatunternehmen und weitere Interessen-
gruppen. Im Gegensatz zu traditionellen, top-down orientierten Planungsansätzen,
bei denen Entscheidungen hauptsächlich von Fachleuten getroffen werden, fördert die Koproduktion von Raum die aktive Beteiligung der Nutzer und anderer
Stakeholder. Diese Beteiligung kann in verschiedenen Phasen der Planung und
Umsetzung erfolgen, beispielsweise bei der Definition von Bedürfnissen, der
Ideenfindung, der Entscheidungsfindung und der tatsächlichen Realisierung von
Projekten (vgl. Franta & Haufe 2020). ‚Kollaborative Planung' ist ein Prozess,
bei dem verschiedene Akteure gemeinsam an der Entwicklung und Umsetzung
von Planungsprojekten arbeiten. Dieser Ansatz betont die Zusammenarbeit und
den Dialog zwischen Planern, Politikern, Bürgern und anderen Interessengruppen. Ziel der kollaborativen Planung ist es, eine inklusive und transparente

Entscheidungsfindung zu fördern, bei der die unterschiedlichen Interessen und Perspektiven der beteiligten Akteure berücksichtigt werden. Die kollaborative Planung zielt darauf ab, Konflikte zu minimieren und Lösungen zu finden, die für alle Beteiligten akzeptabel sind (vgl. Cristofoli u. a. 2022, Bertram u. a. 2023).

Die ,Koproduktion von Raum' und die ,kollaborative Planung' stehen in engem Zusammenhang, da beide Ansätze die Beteiligung und Zusammenarbeit von verschiedenen Akteuren im Planungsprozess betonen. Während die Koproduktion von Raum speziell auf die gemeinsame Gestaltung von physischen Räumen abzielt, bildet die kollaborative Planung den organisatorischen und methodischen Rahmen, innerhalb dessen diese Koproduktion stattfinden kann. Beide Konzepte tragen dazu bei, Räume zu schaffen, die besser auf die Bedürfnisse und Wünsche der Nutzer abgestimmt sind, da sie durch einen integrativen und partizipativen Prozess entstehen (vgl. Franta & Haufe 2020; Abt u. a. 2022; Bernhardt u. a. 2024).

Die Abb. 7.1 stellt zentrale Prinzipien der Mitgestaltung in der Stadtentwicklung dar. Sie hebt hervor, dass eine kooperative Stadtentwicklung auf langfristige Partnerschaften zwischen Verwaltung, Wirtschaft, Zivilgesellschaft und Wissenschaft setzt. Partizipative Koproduktion bedeutet, dass Bürgerinnen, Expertinnen und Verwaltung gemeinsam Ideen entwickeln und Verantwortung für Stadtentwicklungsprozesse übernehmen. Öffentlichkeitsbeteiligung spielt dabei eine wesentliche Rolle, um Transparenz zu schaffen und gesellschaftliche Akzeptanz

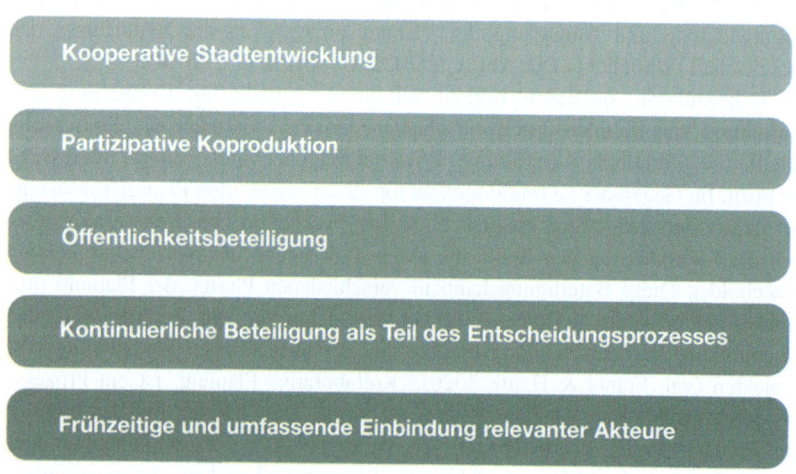

Abb. 7.1 Erweitertes Partizipationsverständnis in der räumlichen Entwicklung

für Planungsentscheidungen zu fördern. Gleichzeitig wird betont, dass kontinuierliche Beteiligung als Teil des Entscheidungsprozesses notwendig ist, um
nachhaltige und gut abgestimmte Lösungen zu entwickeln. Die frühzeitige und
umfassende Einbindung relevanter Akteure ist entscheidend, um Konflikte zu
minimieren und Synergien zu nutzen. Das sogenannte Beteiligungsparadoxon
zeigt, dass die Einflussmöglichkeiten zu Beginn eines Planungsprozesses am
größten sind, während das Interesse der Bürgerinnen und Bürger oft erst in
späteren Phasen wächst. Um diesem Effekt entgegenzuwirken, sollten Beteiligungsprozesse frühzeitig initiiert und kontinuierlich fortgeführt werden. Neben
formellen Beteiligungsverfahren sind auch informelle Aushandlungsprozesse
wichtig, um offene Dialoge und kreative Lösungsansätze zu ermöglichen. Die
Leipzig-Charta der europäischen Stadtentwicklung hebt die Notwendigkeit einer
integrativen Stadtentwicklung hervor, die alle gesellschaftlichen Gruppen einbindet. Nur durch eine konsequente Mitgestaltung kann Stadtentwicklung als
gemeinschaftlicher Prozess gelingen, der soziale, wirtschaftliche und ökologische
Herausforderungen gleichermaßen berücksichtigt.

7.3 Methoden der Beteiligung in der räumlichen Planung

Die zunehmende Bedeutung von Partizipationsprozessen in der heutigen Gesellschaft steht in engem Zusammenhang mit tiefgreifenden ökonomischen, sozialen
und politisch-institutionellen Wandlungsprozessen. Während sich die Gesellschaft
weiter ausdifferenziert und die Milieus sowie Lebensstile immer heterogener werden, wächst auch die Komplexität der Interessenslagen, die es zu berücksichtigen
gilt. Partizipation wird daher nicht nur notwendig, sondern auch schwieriger, da sie auf komplexe und oft widersprüchliche Interessen reagieren muss.
Die Einbettung von Beteiligungsverfahren in lokale Institutionen und politisch-
administrative Systeme stellt eine Herausforderung dar, insbesondere angesichts
des Wandels dieser Systeme. Kommunikation und Partizipation zwischen dem
politisch-administrativen System und der Gesellschaft sind heute bedeutender
denn je, aber auch zunehmend komplizierter. Die traditionelle Rolle des Staates
als Steuerungszentrum hat sich gewandelt, wodurch die Grenze zwischen Staat
und Gesellschaft zunehmend verschwimmt. Dies führt zu einer unklaren Verteilung von Steuerungsfunktionen, in der sowohl staatliche als auch gesellschaftliche
Akteure aktiv beteiligt sind (vgl. Healey 1992; Fürst 2005; Bischoff u. a. 2007;
Schimank 2009).

In diesem Kontext gewinnt die Selbstorganisation und Self-Governance an Bedeutung, da Bürgerinnen und Bürger nicht nur Mitsprache, sondern auch Einfluss auf die Gestaltung der gesamten gesellschaftlichen Ordnung fordern. Dieser Wandel spiegelt sich auch in der veränderten Rolle der Planerinnen und Planern wider, die zunehmend von einer hoheitlichen Steuerungsaufgabe zur Moderation und Aushandlung übergehen müssen. Die fachliche Positionierung wird schwieriger, da das politisch-administrative System an Einfluss verliert und die gesellschaftliche Ordnung immer flexibler und unsicherer wird. Hinzu kommt das Glaubwürdigkeitsdefizit der repräsentativen Demokratie, das durch eine zunehmende Orientierung an den Bedürfnissen der gebildeten Mittelklassen und neue Kontrollmöglichkeiten gekennzeichnet ist. Der ‚aktivierende Staat' überträgt zunehmend Aufgaben an die Zivilgesellschaft und nutzt das soziale Kapital der Beteiligung für staatliche Zwecke, was die Grenzen und Herausforderungen von Partizipationsprozessen weiter verdeutlicht (vgl. Rohr u. a.2017).

Methoden der Beteiligung in der räumlichen Planung umfassen eine Vielzahl von Ansätzen und Instrumenten, die darauf abzielen, betroffene Bevölkerungsgruppen aktiv in den Planungsprozess einzubeziehen. Als ‚Betroffene' gelten all jene Personen, deren Lebenssituation durch die geplanten Maßnahmen unmittelbar oder mittelbar beeinflusst wird – in der Regel also die Bürgerinnen und Bürger. Innerhalb von Beteiligungsverfahren treten sie jedoch nicht nur als Betroffene auf, sondern zugleich als ‚Beteiligte'. Ein zentrales Element der Partizipation ist die Information der betroffenen Bevölkerung über geplante Vorhaben, um Transparenz zu gewährleisten und ein Bewusstsein für die anstehenden Planungsprozesse zu schaffen. Dies kann durch Informationsveranstaltungen, gedruckte oder digitale Publikationen sowie interaktive Online-Plattformen erfolgen.

Beteiligungsformate zeichnen sich dadurch aus, dass sie die Mitwirkung bereits in frühen Planungsphasen ermöglichen, beispielsweise in der Ideenfindung. Instrumente wie Workshops, Bürgerforen oder digitale Beteiligungsplattformen bieten dabei die Möglichkeit, die Perspektiven und Vorschläge der Bevölkerung systematisch zu erfassen (vgl. Arnstein, 1969; Senatsverwaltung für Stadtentwicklung und Wohnen, Berlin 2020; Zimmerli 2021; Berlin Institut für Partizipation 2023). Neben Bürgerinnen und Bürgern beteiligen sich auch kollektive Akteure – darunter Vereine, Verbände, Interessenvertretungen und kommunale Institutionen – an solchen Prozessen. Der Umfang und der Zeitpunkt der Beteiligung können dabei erheblich variieren und sind von kontextuellen Rahmenbedingungen abhängig. Die Initiierung und Steuerung von Beteiligungsverfahren obliegt in der Regel den ‚Beteiligenden', die häufig mit den Vorhabenträgern gleichzusetzen sind. Hierbei handelt es sich in erster

Linie um öffentliche Verwaltungen und Behörden, die Partizipationsangebote für verschiedene Akteursgruppen entwickeln und umsetzen. Eine weiterführende Form der Beteiligung stellt die kooperative Mitentscheidung dar, bei der Bürgerinnen und Bürger aktiv in Entscheidungsprozesse eingebunden werden. Zu den entsprechenden Instrumenten zählen Bürgerräte, Planungszellen oder Konsensuskonferenzen, in denen Bürger gemeinsam mit Expertinnen, Experten und Behörden an tragfähigen Lösungen arbeiten. Darüber hinaus existieren partizipative Modelle, die auf Selbstverwaltung und Eigenverantwortung beruhen. Hierzu gehören beispielsweise Bürgerhaushalte oder Stadtteilfonds, die der Bevölkerung finanzielle Mittel sowie Entscheidungsbefugnisse übertragen und damit eine direkte Einflussnahme auf kommunale Entwicklungsprozesse ermöglichen.

7.3.1 Traditionelle Beteiligungsmethoden in der Stadtplanung

Traditionelle Beteiligungsmethoden in der Stadtplanung haben eine lange Geschichte, die eng mit der Entwicklung europäischer Städte und Gemeinden verbunden ist. Besonders seit den 1970er Jahren, im Zuge veränderter ‚Urban-Governance-Modelle', haben sich grundlegende Veränderungen im Selbstverständnis der Stadtentwicklung vollzogen. Vor dem Hintergrund von Programmen wie ‚Soziale Stadt' in Deutschland und ‚Politique de la Ville' in Frankreich entstanden vielfältige Ansätze zur partnerschaftlichen Einbeziehung der Zivilgesellschaft. Die Herausbildung einer aktiven Rolle der Bürgerinnen und Bürger begann in den 1970er Jahren, parallel zu oppositionellen Bewegungen innerhalb der Stadterneuerung in vielen europäischen Großstädten (vgl. Walther & Güntner 2007; Walther 2013). Diese Bewegungen forderten nicht nur Mitentscheidung am Budget, sondern auch die Beteiligung an kooperativen und kommunikativen Prozessen in Planungstheorie und -praxis. Sinning betont, dass diese Erfahrungen zu einer Belebung der lokalen Demokratie führten, die die „Mitverantwortung der Bürger für die Gestaltung ihrer Städte und Gemeinden" in den Vordergrund rückte (vgl. Krummacher 2004; Sinning 2006: 88; Rohr u. a.2017).

Partizipation ist ein zentraler Bestandteil integrativer Raumentwicklung, um Wirtschaft, Institutionen und Bewohnerinnen und Bewohner nicht nur über Maßnahmen der Stadtentwicklung zu informieren, sondern sie auch aktiv einzubinden und zur Mitgestaltung einzelner Projekte zu gewinnen (vgl. Ganser 1991). Partizipation wird in der Raumentwicklung häufig als ein Mittel zur stärkeren Einbindung verschiedener Akteursgruppen verstanden, um nicht nur Transparenz

zu schaffen, sondern auch eine demokratische Legitimation von Planungsprozessen zu fördern. Allerdings zeigt sich in der Praxis oft ein Spannungsverhältnis
zwischen dem Anspruch auf Mitgestaltung und den strukturellen Rahmenbedingungen formalisierter Beteiligungsverfahren, die in vielen Fällen lediglich
konsultativen Charakter haben und damit die Einflussmöglichkeiten der Beteiligten erheblich einschränken. „Wenn die wesentlichen politischen und planerischen
Ziele aber schon vorab feststehen, werden Beteiligungsverfahren zu ‚Alibi-
Veranstaltungen‘. Die genannte Kritik verweist auf den rechtlichen Status vieler
Beteiligungsverfahren in der Stadtplanung: Nur wenige sind gesetzlich vorgeschrieben, und auch diese nur als Anhörungen in Bebauungsplanverfahren (§ 3
BauGB), nicht aber als tatsächliche Mit-Planung" (Rinn 2007: 245).

Europäische Städte unterscheiden sich jedoch deutlich in ihrer Beteiligungskultur: Einerseits in der Gewährung von Mitspracherechten durch Politik und
Verwaltung und andererseits im Einfordern dieser Rechte durch Bürgerinnen
und Bürger. Je umfangreicher die Problematik ist und je länger die Prozesse
andauern, desto umfassender und tiefgreifender sind in der Regel die Partizipationsverfahren. Im Gegensatz zu den sektoralen ‚top-down‘-Planungen werden im
Rahmen der sozialintegrativen Raumentwicklung verstärkt ‚bottom-up‘-Strategien
eingesetzt. Diese Strategien zielen darauf ab, die Lebensbedingungen in benachteiligten Quartieren zu verbessern. Die Bewohnerinnen und Bewohner werden
dabei als eigentliche ExpertInnen vor Ort angesehen, die durch ihre Partizipation in die Zielsetzung und Maßnahmen der Planungen eingebunden werden
sollen. Partizipation, Aktivierung und Empowerment sind somit Schlüsselfelder
der Raumentwicklung, insbesondere weil in diesen Bereichen häufig die Innovationen einer lokalen Beteiligungskultur entwickelt werden (vgl. Schnur 2014;
Kühne u. a. 2024).

7.3.2 Digitale Beteiligungsmethoden

Die Digitalisierung hat die Partizipation in der räumlichen Planung grundle-
gend verändert und neue Möglichkeiten der Bürgerbeteiligung eröffnet. Digitale
Beteiligungsmethoden ergänzen traditionelle Ansätze und ermöglichen eine brei-
tere und effizientere Einbeziehung der Zivilgesellschaft in Planungsprozesse.
Sie erweitern die bestehenden Formate, indem sie zusätzliche Kommunikations-
wege eröffnen und neue Zielgruppen einbinden. Im Folgenden werden zentrale
Aspekte, Methoden und Herausforderungen digitaler Beteiligung erörtert. Digitale
Beteiligungsmethoden umfassen eine Vielzahl von Ansätzen und Tools, die digi-
tale Technologien nutzen, um Bürger in Entscheidungsprozesse einzubeziehen.

Diese Methoden reichen von einfachen Online-Umfragen und Beteiligungsplattformen bis hin zu komplexen virtuellen Planungssimulationen und interaktiven Karten. Sie bieten eine flexible und ortsunabhängige Möglichkeit zur Partizipation und tragen dazu bei, die Transparenz und Nachvollziehbarkeit von Planungsprozessen zu erhöhen. Online-Umfragen und Abstimmungen ermöglichen es, schnell und effizient Meinungen und Präferenzen einer großen Anzahl von Bürgern zu erfassen. Sie sind einfach zu implementieren und auszuwerten, bieten jedoch nur begrenzte Möglichkeiten zur tiefgehenden Auseinandersetzung mit komplexen Themen (vgl. Voss 2014; Helbig u. a. 2016).

Digitale Beteiligungsplattformen wie Consul, CitizenLab oder Decidim bieten umfangreiche Funktionen für die Bürgerbeteiligung, darunter Diskussionen, Ideenwettbewerbe, Budgetierungen und Abstimmungen. Sie fördern den Dialog zwischen Bürgern und Verwaltung und ermöglichen eine transparente Dokumentation der Beteiligungsergebnisse. Geographische Informationssysteme (GIS) ermöglichen es durch interaktive Karten und GIS-basierte Anwendungen spezifische Orte oder Bereiche auf einer Karte zu markieren und Kommentare oder Vorschläge einzureichen (vgl. Zink u. a. 2016). Virtuelle Workshops und Webinare bieten eine interaktive und dialogorientierte Beteiligung. Durch den Einsatz von Videokonferenzen, digitalen Whiteboards und Breakout-Räumen können Bürgerinnen und Bürger aktiv in Diskussionen und Entscheidungsprozesse eingebunden werden. Social Media-Plattformen wie Facebook, Twitter und Instagram können genutzt werden, um Informationen zu verbreiten, Meinungen einzuholen und Diskussionen anzuregen. Sie erreichen insbesondere jüngere Zielgruppen und ermöglichen eine informelle und niederschwellige Beteiligung.

Virtuelle Realität (VR) und Augmented Reality (AR) bieten durch digitale Technologien immersive und interaktive Erfahrungen, bei denen Bürgerinnen und Bürger geplante Bauprojekte oder Stadtentwicklungsmaßnahmen virtuell erleben und kommentieren können. Sie können somit das Verständnis und die Akzeptanz komplexer Planungsprozesse fördern. Augmented-Reality (AR) und Virtual-Reality-Technologien (VR) können als Ergänzung zu traditionellen Beteiligungsformaten dienen, um die Verständlichkeit, Nachvollziehbarkeit, Kollaboration und Interaktion der Beteiligten in Planungsprozessen zu verbessern. Durch den Einsatz dieser Technologien werden Planungsinhalte anschaulicher und interaktiver vermittelt, was die Motivation zur Teilnahme erhöht und die Qualität der Partizipationsprozesse steigert (vgl. Broschart, u. a. 2013; Andorfer u. a. 2016; Fegert u. a. 2021; Fegert 2022; Bernstein u. a. 2024).

Ein bekanntes Pilotprojekt im Bereich der digitalen Partizipation in der Landschaftsplanung ist der Interaktive Landschaftsplan Königslutter am Elm, der häufig als Beispiel für innovative Beteiligungsansätze genannt wird. Im Rahmen der Aufstellung des Landschaftsplans für die Stadt Königslutter wurde eine interaktive Internetplattform entwickelt, die den Zugang zu Informationen verbessern, neue Kommunikations- und Beteiligungswege für Bürgerinnen und Bürger eröffnen und die Transparenz der Planung erhöhen sollte. Ziel war es, durch die digitalen Instrumente der interaktiven Planung letztlich die Qualität der Planungsprozesse zu steigern. Das Projekt wurde vom Bundesamt für Naturschutz und dem Land Niedersachsen gefördert und stellt einen praxisnahen Ansatz für digitale Partizipation in der Landschaftsplanung dar (Oppermann u. a. 2007). Eine umfassende und gut strukturierte Zusammenstellung zu den Vorteilen und Herausforderungen von Partizipation findet sich bei Andreas Paust (2016 und 2016a). In seinem Werk zur Bürgerbeteiligung innerhalb der Allianz Vielfältige Demokratie stellt er praxisnahe Methoden und Ansätze zur Gestaltung partizipativer Prozesse dar. Darüber hinaus beleuchtet er in seinem Beitrag in Riedel u. a. (2016) die spezifischen Herausforderungen der Partizipation in der Landschaftsplanung und geht auf die Notwendigkeit ein, Bürger frühzeitig in Planungsprozesse einzubinden, um Akzeptanz und Umsetzungschancen zu erhöhen.

Digitale Beteiligungsmethoden bieten dementsprechend zahlreiche Vorteile. Sie erhöhen die Reichweite und Zugänglichkeit von Beteiligungsprozessen, da sie orts- und zeitunabhängig sind. Dies ermöglicht es auch Menschen, die durch traditionelle Methoden schwer zu erreichen sind, an Planungsprozessen teilzunehmen. Zudem können sie die Transparenz und Nachvollziehbarkeit von Entscheidungsprozessen fördern, da alle Beiträge und Ergebnisse dokumentiert und öffentlich zugänglich gemacht werden können. Darüber hinaus ermöglichen digitale Methoden eine effizientere und kostengünstigere Durchführung von Beteiligungsprozessen. Die Auswertung und Analyse der gesammelten Daten kann automatisiert werden, was den Planungsprozess beschleunigt und die Verwaltung entlastet.

Trotz der zahlreichen Vorteile gibt es auch Herausforderungen und Risiken bei der Anwendung digitaler Beteiligungsmethoden. Ein zentrales Problem ist die ‚digitale Spaltung', die dazu führt, dass nicht alle Bevölkerungsgruppen gleichermaßen Zugang zu digitalen Technologien haben. Dies kann zu einer Ungleichheit in der Beteiligung führen. Ein weiteres Risiko ist der Datenschutz. Die Erhebung und Verarbeitung personenbezogener Daten im Rahmen digitaler Beteiligungsprozesse erfordert sorgfältige Maßnahmen zum Schutz der Privatsphäre der Teilnehmer. Zudem besteht die Gefahr, dass digitale Beteiligungsprozesse von einer kleinen, aber aktiven Minderheit dominiert werden, die nicht repräsentativ für die Gesamtbevölkerung ist. Um dem entgegenzuwirken, sollten digitale Methoden sinnvoll in Kombination mit traditionellen Beteiligungsformen eingesetzt werden.

7.3.3 Kreative und innovative Beteiligungsmethoden

Durch neue Governance-Ansätze innerhalb spezifischer sozialräumlicher Arrangements können Kreativität und Innovation gefördert werden. Eine wesentliche Voraussetzung dafür ist, dass sich der Staat zunehmend aus der direkten Kontrolle und Regelung gesellschaftlicher Probleme zurückzieht und sich stattdessen stärker zu heterarchischen, netzwerkartigen Formen der Koordination hinwendet. ,Kreative Governance' in der Planung bedeutet auch, Offenheit gegenüber zukünftigen Entwicklungen zuzulassen (vgl. Siebel u. a. 2001). Flexibilität und Diversität in der räumlichen Entwicklung zu ermöglichen, bedeutet, dass Regelungen und Normsetzungen so gestaltet werden, dass zukünftige Entwicklungsmöglichkeiten offengehalten werden. Die Stadtplanung gibt dabei nicht eindeutig vor, innerhalb welcher Regelungen zukünftige Entwicklungen stattzufinden haben. Diese vage Definition von Nutzungs- und Bebauungsregelungen kann jedoch auch zu vielfältigen Konflikten um den städtischen Raum führen. Governance verlangt daher das Aushalten und Austragen von Konflikten sowie eine vermittelnde Position, die schwächere Personen und Gruppen durch Berücksichtigung in Plänen und Regulationen stärkt. Ziel ist es, der zunehmenden Heterogenität des sozialen Lebens in den räumlichen Steuerungsformen Rechnung zu tragen und nicht nur dominanten Gruppen zur Durchsetzung ihrer Interessen zu verhelfen (vgl. Kühn 2023; Kühn & Sommer 2023).

Um die vielfältigen Konzeptionen des sozialen und kulturellen Lebens in einer dynamischen Stadt zu fördern, sollte die Stadtplanung auch Instrumente des „Nicht-Planens" entwickeln. Dieses Konzept bedeutet jedoch nicht das völlige Fehlen von Planung, sondern vielmehr die bewusste Schaffung offener, flexibel nutzbarer Räume, die sich an wandelnde Bedürfnisse anpassen können. Das „Planen des Nicht-Planens" ermöglicht eine flexible Reaktion auf gesellschaftliche, gruppenspezifische und individuelle Veränderungen, indem es Räume schafft, die von den Akteurinnen und Akteuren selbst gestaltet, organisiert und genutzt werden. Dies zeigt sich in temporären Zwischennutzungen, experimentellen Stadtentwicklungsprojekten oder urbanen Pioniernutzungen, die neue Formen der Raumnutzung erproben. Eine Stadtplanung im Sinne der „Nicht-Planung" agiert dabei unauffällig – sie setzt keine starren Vorgaben, sondern schafft Bedingungen, die eigeninitiatives Handeln und Anpassungsfähigkeit fördern (vgl. Frey

2009). Statt Stadtentwicklung als detailliert geplanten Prozess zu verstehen, rückt dieses Konzept die Bedeutung von Freiräumen in den Vordergrund, die bewusst offen gelassen werden, um Veränderungen zu ermöglichen. Damit wird Stadtplanung nicht als rein normatives Steuerungsinstrument betrachtet, sondern als unterstützende Grundlage für dynamische Entwicklungen.

Damit grundlegende Bedürfnisse trotz dieser Flexibilität nicht übersehen werden, sind begleitende Monitoring-Prozesse, partizipative Verfahren und klare Leitlinien erforderlich. Ein zentrales Risiko besteht darin, dass offene Strukturen vorrangig von ressourcenstarken Gruppen genutzt werden, weshalb gerechte Zugangsmechanismen und soziale Träger gezielt eingebunden werden sollten. Gleichzeitig ergeben sich Herausforderungen durch Nutzungskonflikte, den wirtschaftlichen Druck zur Verwertung von Flächen und die Notwendigkeit politischer Unterstützung für solche offenen Konzepte. Trotz dieser Schwierigkeiten kann das „Nicht-Planen" einen wichtigen Beitrag zur Schaffung lebendiger, inklusiver und resilienter Stadträume leisten, indem es Stadtbewohnerinnen und -bewohnern ermöglicht, ihre Umgebung aktiv mitzugestalten und an sich wandelnde Bedingungen anzupassen. Die Entwicklung städtischer Gesellschaften ist in vielen Bereichen unvorhersehbar und schwer planbar. Nicht das Bauen, sondern das Entwickeln im Bestand ist das Ziel einiger nachhaltigen räumlichen Steuerung. Dabei werden Strategien entwickelt, die verstärkt auf die gesellschaftlichen, ökonomischen und ökologischen Problemlagen als Ausgangspunkt Bezug nehmen. Insgesamt zeigt sich, dass kreative und innovative Beteiligungsmethoden in der Stadtplanung eine flexible und adaptive Herangehensweise erfordern, die sowohl die Möglichkeiten der digitalen Partizipation als auch die Notwendigkeit der Anpassung an unvorhersehbare Entwicklungen berücksichtigt (vgl. Eckart u. a. 2018).

7.4   Akteurinnen und Akteure

Die Strategien der Partizipation in der räumlichen Planung umfassen mehrere Dimensionen: a) die Beteiligung der Verwaltung innerhalb der unterschiedlichen Ressorts im Sinne einer ressortübergreifenden Steuerung von Planungsaufgaben, b) die Partizipation privatwirtschaftlicher Akteure im Sinne von Public–Private Partnerships und c) die Beteiligung von Akteurinnen und Akteuren der Zivilgesellschaft mit dem Ziel, die Bürger als aktive Mitgestalter zukunftsweisender und nachhaltiger Entwicklungsmöglichkeiten zu gewinnen (vgl. Krebber 2023). Häufig wird die Partizipation innerhalb der Verwaltung im Rahmen partizipativer Planung übersehen. Als Bestandteil der internen Verwaltungsmodernisierung (horizontale und vertikale Integration) ist die Einbindung der MitarbeiterInnen unerlässlich. Dies umfasst die Organisation neuer und intensivierter Kommunikationsprozesse, die Motivation zu mehr Selbstbestimmung und die Optimierung der Effizienz und Effektivität des Verwaltungshandelns. Eine verstärkte Einbindung unterer Hierarchiestufen in Entscheidungsprozesse eröffnet notwendige Räume für Partizipation und ermöglicht eine ressortübergreifende Vernetzung und Zusammenarbeit (vgl. Landry & Caust 2017; Landry 2020).

Erfolge von Partizipationsprozessen hängen stark davon ab, wie gut die lokale Bevölkerung organisiert werden kann. Dabei ist es wichtig, gemeinsame Sichtweisen und Bedürfnisse sozialer Gruppen herauszuarbeiten, aber auch die Heterogenität der individuellen Bedürfnislagen und Lebenswelten zu berücksichtigen. Insbesondere sollte die Mobilisierung jener Bevölkerungsgruppen gelingen, die durch traditionelle Methoden schwer zu erreichen sind. Dies betrifft vor allem Menschen, deren Alltagssituation eine Beteiligung erschwert, die andere Sprachen sprechen oder kulturelle Unterschiede mitbringen. Um diese Bevölkerungsgruppen zu aktivieren, sollten neue und alternative Wege der Beteiligung und Kommunikation gefunden werden. Die Einbindung von schwer zu erreichenden Gruppen (z. B. MigrantInnen, ältere Menschen, Menschen mit niedriger Bildung oder schwacher kommunikativer Kompetenz) kann über Multiplikatoren, aktivierende Befragungen und das Eingehen auf individuelle Bedürfnisse und Probleme erfolgen. Wichtig ist dabei, ein Klima der Vertrautheit und Ehrlichkeit zu schaffen, das schon im Vorfeld der Aktivierungsmaßnahmen bestehen sollte.

Qualitative Sozialraumanalysen sind unerlässlich, um die Aufenthaltsorte und das Nutzungsverhalten der verschiedenen Bevölkerungsgruppen zu bestimmen und für Kontaktaufnahmen zu nutzen. Wichtig ist anzuerkennen, dass unterschiedliche soziale Gruppen und deren Lebenswelten unterschiedliche Methoden der Beteiligung erfordern. So sollte die Kontaktaufnahme nicht nur über formelle Einladungen erfolgen, sondern auch durch persönliches Ansprechen und informelle Gespräche an allgemeinen Aufenthaltsorten wie Geschäften, Parks, Moscheen, Kirchen oder Kindergärten. Moderatorinnen und Moderatoren sollten dementsprechend flexibel sein, sich auf verschiedene Gruppen einlassen und regelmäßig Rückkopplungen und Feedback geben können (vgl. Riege & Schubert 2005).

Institutionen können in der Anfangsphase eines Beteiligungsprojektes die Interessen benachteiligter Gruppen vertreten, wobei die Selbst-Artikulation dieser Gruppen nicht verloren gehen darf. Partizipation beinhaltet immer zwei Aspekte: die Akteurinnen und Akteuren, die beteiligt werden wollen und eine gesellschaftliche Teilhabe einfordern, und die politischen Institutionen, die über die Entscheidungsmacht verfügen und partizipative Prozesse zulassen, fördern oder blockieren. Die Verantwortung zur Einbindung unterrepräsentierter sozialer Gruppen (z. B. Zuwandererinnen und Zuwanderer, Kinder und Jugendliche, ältere Menschen, Alleinerziehende, Einpersonenhaushalte, kinderreiche Familien, Armutsbevölkerung, Menschen mit niedriger Bildung und geringem Selbstvertrauen bezüglich ihrer sprachlichen Kompetenz) liegt bei den Veranstalterinnen und Veranstaltern dieser Verfahren. Es reicht nicht aus, Hauswurfsendungen in mehreren Landessprachen zu verteilen; zur Aktivierung dieser Personengruppen liegen mittlerweile umfangreiche Erfahrungen vor (vgl. Lüttringhaus 2000).

Die Abb. 7.2 zeigt zentrale gesetzliche Instrumente der formalen Beteiligung in der Stadtplanung. Partizipation erfolgt traditionell im Rahmen planungsrechtlicher Vorgaben, die regeln, wann und wie Bürgerinnen und Bürger eingebunden werden. Ein wesentliches Instrument ist die förmliche und frühzeitige Öffentlichkeitsbeteiligung nach § 3 Abs. 1 BauGB, die Stellungnahmen zu geplanten Vorhaben ermöglicht. Die Umweltverträglichkeitsprüfung (UVP) stellt sicher, dass Umweltaspekte bei größeren Bauprojekten berücksichtigt werden. Gestaltungssatzungen nach § 9 BauGB regeln städtebauliche und architektonische Vorgaben für eine geordnete Entwicklung. Die Informationsverarbeitung für städtebauliche Planung (UIG) gewährleistet eine transparente Bereitstellung relevanter Daten. Die Nachbarbeteiligung (LBO/BGB) betrifft Anwohnerinnen und Anwohner, die direkt von baulichen Maßnahmen betroffen sind. Diese Verfahren garantieren Transparenz und Mitwirkungsmöglichkeiten, sind aber oft begrenzt

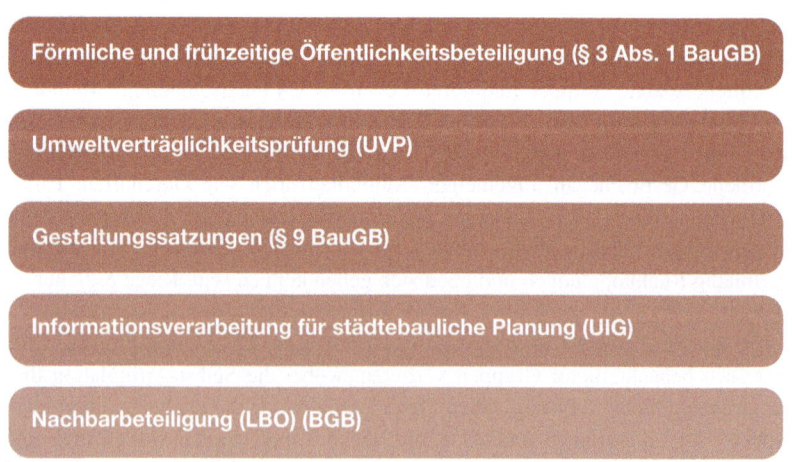

Abb. 7.2 Formelle Beteiligungsverfahren in der räumlichen Planung

in ihrer tatsächlichen Wirkung. Kritisiert wird, dass investoren- und immobilien-getriebene Stadtplanung Partizipation häufig nur im gesetzlichen Mindestumfang zulässt.

7.4.1 Bürgerinnen und Bürger sowie soziale Gemeinschaften

Die Partizipation von Bürgerinnen und Bürgern sowie sozialen Gemeinschaften in der Planung spielt eine zentrale Rolle in der (post-)modernen räumlichen Entwicklung. Dieser Ansatz zielt darauf ab, die Bürgerinnen und Bürger als aktive Mitgestalter ihres Lebensraums einzubeziehen und somit die Qualität und Akzeptanz der Planungsergebnisse zu erhöhen. Partizipation fördert nicht nur das demokratische Grundprinzip der Mitbestimmung, sondern auch die Iden-tifikation der Bevölkerung mit den Planungsprozessen und deren Ergebnissen. Indem Bürgerinnen und Bürger, aber auch Verwaltung und politische Akteure aktiv in Entscheidungsprozesse eingebunden werden, entsteht ein stärkeres Ver-antwortungsgefühl für die eigene Umwelt und eine emotionale Bindung an den gestalteten Raum. Dieser identitätsstiftende Effekt kann zu einer langfristigen Bereitschaft zur Mitwirkung führen und trägt zur sozialen Kohäsion sowie zur nachhaltigen Verankerung partizipativer Strukturen in der Gesellschaft bei.

Die Einbindung der Bürger und Gemeinschaften ist essenziell, um sicherzu-stellen, dass die Planungsprozesse den tatsächlichen Bedürfnissen und Wünschen der Bevölkerung entsprechen. Bürgerpartizipation ermöglicht es, lokale Kennt-nisse und Erfahrungen in die Entscheidungsfindung einzubringen, wodurch die Planung praxisnäher und relevanter wird. Darüber hinaus kann Partizipation zur Stärkung des sozialen Zusammenhalts beitragen, indem sie die Bürgerinnen und Bürger dazu anregt, Verantwortung für ihre Gemeinschaft zu übernehmen und aktiv an deren Gestaltung mitzuwirken.

Die Partizipation von Bürgern und Gemeinschaften kann in verschiedenen Formen erfolgen, die sich hinsichtlich ihrer Intensität und Verbindlichkeit unter-scheiden. Die einfachste Form der Partizipation ist die Informationsweitergabe über Planungsziele und -maßnahmen. Dies schafft Transparenz und ermöglicht es den Bürgern, sich ein Bild von den geplanten Entwicklungen zu machen. Bei der Konsultation werden Bürgerinnen und Bürger um ihre Meinung zu bestimm-ten Planungen gebeten. Dies kann durch Umfragen, öffentliche Anhörungen oder Online-Plattformen geschehen. Die Ergebnisse der Konsultation fließen in die Entscheidungsprozesse ein, sind jedoch nicht bindend. Durch Angebote der Mit-wirkung: haben Bürgerinnen und Bürger die Möglichkeit, aktiv an der Planung mitzuwirken, beispielsweise durch Workshops, Bürgerforen oder Planungszellen. Ihre Beiträge sollten bei der Entscheidungsfindung berücksichtigt werden. Eine weitere Form der Bürgerbeteiligung ist die Mitentscheidung. Bürgerinnen und Bürger sind dabei direkt an der Entscheidungsfindung beteiligt und haben Mitspracherechte. Dies kann in Form von Bürgerhaushalten oder Bürgerbeiräten geschehen, wo sie über bestimmte Projekte oder Budgets mitentscheiden können. Mit Formen der Selbstverwaltung können Bürgerinnen und Bürger sowie Gemeinschaften eigenständig Projekte planen und umsetzen. Damit kann die Eigenverantwortung und das Engagement der Bürger gefördert werden (vgl. Bernhardt u. a. 2024).

Trotz der zahlreichen Vorteile birgt die Bürgerpartizipation auch Herausforderungen. Eine zentrale Herausforderung ist die Sicherstellung der Repräsentativität. Oft sind bestimmte Bevölkerungsgruppen unterrepräsentiert, was zu einer Verzerrung der Ergebnisse und einer ungleichen Berücksichtigung der Interessen führen kann. Dies gilt insbesondere für sozial benachteiligte Gruppen, ältere Menschen oder Migranten. Ein weiteres Problem ist die Ressourcenintensität von Partizipationsprozessen. Diese erfordern Zeit, Geld und personelle Ressourcen, sowohl seitens der Verwaltung als auch der Bürger. Zudem besteht die Gefahr, dass Partizipation als Alibi verwendet wird, ohne dass die Bürgerbeteiligung tatsächlich Einfluss auf die Entscheidungen hat. Die Komplexität der Planungsprozesse selbst stellt ebenfalls eine Barriere dar. Bürgerinnen und Bürgern müssen ausreichend informiert und geschult werden, um die oft komplexen Sachverhalte verstehen und sinnvoll mitgestalten zu können. Dies erfordert umfassende Kommunikations- und Bildungsstrategien.

7.4.2 Öffentliche Verwaltung sowie Politikerinnen und Politiker

Die Partizipation öffentlicher Verwaltung und Politiker in der Planung ist von zentraler Bedeutung für die Umsetzung erfolgreicher Partizipationsprozesse. Diese Akteure spielen eine entscheidende Rolle bei der Gestaltung, Steuerung und Unterstützung von Beteiligungsprozessen. Ihre Einbindung und ihr Engagement sind unerlässlich, um die Legitimität, Effektivität und Nachhaltigkeit der Planungsprojekte zu gewährleisten. Die öffentliche Verwaltung fungiert als Vermittler und Organisator von Partizipationsprozessen. Ihre Aufgaben umfassen die Bereitstellung von Informationen, die Organisation von Beteiligungsveranstaltungen und die Sicherstellung einer transparenten Kommunikation zwischen den verschiedenen Akteurinnen und Akteuren. Zudem ist die Verwaltung für die rechtlichen und administrativen Rahmenbedingungen verantwortlich, innerhalb derer Partizipationsprozesse stattfinden. Sie muss sicherstellen, dass die Beteiligungsverfahren rechtskonform sind und dass die Ergebnisse der Partizipation in die formalen Planungs- und Entscheidungsprozesse integriert werden. Allerdings agiert die Verwaltung nicht immer neutral, da sie sowohl institutionelle Eigeninteressen als auch politische Vorgaben berücksichtigen muss. Dies kann dazu führen, dass bestimmte Partizipationsergebnisse bevorzugt oder unbequeme Positionen abgeschwächt werden. Interessenkonflikte entstehen insbesondere dann, wenn die Erwartungen der Bürgerinnen und Bürgern mit bestehenden politischen Strategien oder verwaltungsinternen Prioritäten kollidieren. In solchen Fällen kann es zu einer asymmetrischen Machtverteilung kommen, bei der die Verwaltung zwar Partizipation organisiert, aber letztlich darüber entscheidet, welche Anliegen tatsächlich berücksichtigt werden. Eine kritische Reflexion der Rolle der Verwaltung in Partizipationsprozessen ist daher essenziell, um sicherzustellen, dass Partizipation nicht als bloße Legitimationsstrategie dient, sondern eine tatsächliche Mitgestaltung ermöglicht.

Politikerinnen und Politiker sind wesentliche Entscheidungsträger in den Partizipationsprozessen. Ihre Unterstützung und ihr Engagement sind entscheidend für die Legitimität und den Erfolg der Beteiligungsverfahren. Sie sollten die Bedeutung der Partizipation anerkennen und bereit sein, die Ergebnisse der Bürgerbeteiligung in ihre Entscheidungen einzubeziehen. Dies erfordert eine Offenheit gegenüber den Anliegen der Bürgerinnen und Bürgern und eine Bereitschaft, ihre eigenen Vorstellungen und Prioritäten zu hinterfragen und gegebenenfalls anzupassen. Darüber hinaus haben Politikerinnen und Politiker die Aufgabe, die Öffentlichkeit über die Bedeutung und den Verlauf von Beteiligungsprozessen zu informieren und für deren Teilnahme zu werben. Sie fungieren als Brückenbauer zwischen der Verwaltung und der Bevölkerung und tragen zur Vertrauensbildung bei, indem sie Transparenz und Rechenschaftspflicht fördern (vgl. Machill u. a. 2014).

Die Integration von Partizipationsprozessen in die öffentliche Verwaltung und die politische Entscheidungsfindung ist nicht ohne Herausforderungen. Eine wesentliche Herausforderung besteht in der Überwindung institutioneller und kultureller Barrieren. Verwaltungsstrukturen sind häufig hierarchisch und sektoral organisiert, was die ressortübergreifende Zusammenarbeit und die flexible Anpassung an die Erfordernisse von Partizipationsprozessen erschwert. Es bedarf einer Veränderung der Verwaltungskultur hin zu mehr Offenheit, Flexibilität und Kooperationsbereitschaft (vgl. Landry & Caust 2017; Landry 2020).

Ein weiteres Problem ist der mögliche Widerstand von Politikern und Verwaltungsmitarbeitern gegen Partizipationsprozesse, die als Bedrohung ihrer Entscheidungsbefugnisse und Autorität wahrgenommen werden können. Die Angst vor Kontrollverlust und die Sorge, dass partizipative Prozesse langwierig und ressourcenintensiv sind, können zu einer zögerlichen oder ablehnenden Haltung führen. Es ist daher wichtig, die Vorteile der Partizipation klar zu kommunizieren und positive Beispiele für erfolgreiche Beteiligungsprojekte aufzuzeigen. Die Einbindung der öffentlichen Verwaltung und der Politikerinnen und Politiker in Partizipationsprozesse ist unerlässlich für deren Erfolg. Beide Akteursgruppen spielen eine entscheidende Rolle bei der Gestaltung, Durchführung und Unterstützung von Beteiligungsverfahren. Durch eine enge Zusammenarbeit und ein gemeinsames Engagement können sie dazu beitragen, dass Partizipationsprozesse transparent, effizient und nachhaltig sind. Dies erfordert jedoch eine Veränderung der Verwaltungskultur und eine offene Haltung seitens der Politiker, um die Potenziale der Bürgerbeteiligung voll auszuschöpfen und eine inklusive und demokratische Stadtentwicklung zu fördern (vgl. Klein 2016; Othengrafen & Reimer 2018).

7.4.3   NGOs und zivilgesellschaftliche Organisationen

Die Partizipation von Nichtregierungsorganisationen (NGOs) und zivilgesellschaftlichen Organisationen spielt ebenfalls eine wesentliche Rolle in der räumlichen Planung und Stadtentwicklung. Diese Akteure bringen spezifisches Fachwissen, lokale Kenntnisse und die Perspektiven verschiedener gesellschaftlicher Gruppen in die Planungsprozesse ein. Ihre Beteiligung stärkt die demokratische Legitimität und trägt zur Entwicklung umfassender und inklusiver Planungsstrategien bei.

NGOs und zivilgesellschaftliche Organisationen fungieren als Brückenbauer zwischen der Bevölkerung und den öffentlichen Institutionen. Sie repräsentieren die Interessen verschiedener gesellschaftlicher Gruppen, insbesondere jener, die oft unterrepräsentiert oder marginalisiert sind. Durch ihre Arbeit können sie sicherstellen, dass die Stimmen dieser Gruppen in den Planungsprozessen gehört und berücksichtigt werden. Darüber hinaus bringen NGOs und zivilgesellschaftliche Organisationen wertvolles Fachwissen und spezifische Expertise in die Diskussionen ein. Sie verfügen häufig über tiefgehende Kenntnisse in Bereichen wie Umwelt, Soziales, Kultur oder Wirtschaft und können dadurch fundierte Beiträge zur räumlichen Planung leisten. Ihre Einbindung fördert somit die Qualität und Relevanz der Planungsentscheidungen.

NGOs und zivilgesellschaftliche Organisationen können auf verschiedene Weise in die Planungsprozesse eingebunden werden. Bei der Konsultation werden NGOs und zivilgesellschaftliche Organisationen zu bestimmten Planungsprojekten befragt. Ihre Meinungen und Vorschläge fließen in die Entscheidungsprozesse ein, ohne jedoch bindend zu sein. Planungsakteurinnen und -akteure können enge Kooperationen mit NGOs und zivilgesellschaftliche Organisationen eingehen, um gemeinsame Ziele zu erreichen. Dies kann durch die Teilnahme an Arbeitsgruppen, Beiräten oder Projektteams geschehen, in denen sie aktiv an der Entwicklung und Umsetzung von Planungsmaßnahmen beteiligt sind. Ebenso ist es möglich Formen der Partizipation zwischen NGOs und zivilgesellschaftliche Organisationen mit öffentlichen Institutionen zu bilden. Diese formellen Partnerschaften basieren auf klar definierten Rollen und Verantwortlichkeiten und zielen darauf ab, langfristige und nachhaltige Lösungen für spezifische Planungsherausforderungen zu entwickeln.

Trotz ihrer wichtigen Rolle in den Planungsprozessen stehen NGOs und zivilgesellschaftliche Organisationen vor verschiedenen Herausforderungen. Eine zentrale Herausforderung besteht darin, ihre Unabhängigkeit zu bewahren, während sie gleichzeitig eng mit öffentlichen Institutionen zusammenarbeiten. Es besteht die Gefahr, dass ihre Positionen und Vorschläge durch institutionelle Zwänge oder politische Interessen verwässert werden. Ein weiteres Problem ist die Sicherstellung einer breiten und repräsentativen Beteiligung. Während einige NGOs und zivilgesellschaftliche Organisationen gut organisiert und einflussreich sind, haben andere möglicherweise weniger Ressourcen und Kapazitäten, um effektiv an den Planungsprozessen teilzunehmen. Dies kann zu einer Verzerrung der vertretenen Interessen führen. Zudem erfordert die Zusammenarbeit mit öffentlichen Institutionen und anderen Akteuren ein hohes Maß an Koordinationsfähigkeit und Flexibilität. NGOs und zivilgesellschaftliche Organisationen müssen in der Lage sein, sich schnell an veränderte Rahmenbedingungen anzupassen und gleichzeitig ihre langfristigen Ziele zu verfolgen (vgl. Schulze-Wolf & Menzel 2007; vgl. Machill u. a. 2014).

7.5 Selbstregulierung und Selbstorganisation

Räumliche Planung sollte stärker auf auftretende Veränderungen reagieren können, indem Selbstorganisation und Selbstregulierung als Entwicklungskräfte anerkannt werden. Dafür ist eine erweiterte Strategie der Planung notwendig, die unterschiedliche subjektive Sichtweisen, Erfahrungen und divergierende Interessen durch Partizipation einbezieht. Dies kann durch Strategien erfolgen, die

Partizipation und Mitgestaltung fördern. Eine Entwicklungsstrategie kann darin bestehen, Selbstregulation und Selbstorganisation der Zivilgesellschaft verstärkt zu ermöglichen. Es geht nicht darum, dass die hoheitliche Planung Strategien entwirft, wie lokale Gemeinschaften und zivilgesellschaftliche Strukturen gesteuert werden können. Im Kern geht es vielmehr darum, den Rahmen so zu setzen, dass Selbststeuerung und Selbstorganisation sich entfalten können, mit dem Ziel, die zivilgesellschaftlichen Strukturen gegenüber Markt und Staat zu stärken.

Historisch hatte die Raumplanung das Ziel, bei der Neugestaltung eines Ortes im Stadtraum neue, verbesserte räumliche und soziale Bedingungen zu schaffen. Dies wurde oft durch ein Konzept erreicht, das nach dem Prinzip ,tabula rasa' vorging. Beauregard (2004) beschreibt die Vereinnahmung und ,Reinigung' von Orten durch Stadtplaner folgendermaßen: „Planners and designers take control of a place by distilling its narratives. They eliminate the ambiguities that might derail the project by casting doubt that is the best and only viable option. Their intent is to create opportunities for action" (Beauregard 2004: 41). Er betont, dass Orte – im Gegensatz zu den investiven planerischen Entwicklungsgebieten – durch eine in den Raum eingeschriebene Verankerung von Lebensgeschichten geprägt sind: „In effect, a site is a place that has been denatured, formalized and colonized, its meanings made compatible with relations of production, state imperatives and the order that both imply (…) Opposed to the site is a representational space – what I have termed place – and its complex symbolism grounded in lived experience" (Beauregard 2004: 40).

Nach den Bürgerprotesten gegen diese Art von Stadtplanung wurden vielerorts Strategien im Rahmen ,behutsamer' oder ,sanfter' Stadterneuerung erprobt (vgl. El Khafif u. a. 2005; Walther & Güntner 2007; Walther 2013). Die historische Komplexität und die soziokulturelle Verfasstheit städtischer Räume erfordern von der Stadtplanung eine Rücksichtnahme auf die vorhandenen Situationen im sozialräumlichen Kontext. Ziel ist es dementsprechend Strategien zu entwickeln und einzusetzen, die Vielfältigkeit zulassen und den kontextuellen Beziehungen der sozialräumlichen Situationen Aufmerksamkeit schenken. Healy formuliert die Herausforderung der Stadtplanung zur behutsamen Weiterentwicklung im Bestand folgendermaßen: „Yet the 'new', whether in art or governance or the 'market', has never worked from a blank sheet. It has always evolved from what is already around, through challenge, re-attribution of meaning and significance, through re-working bits of the past and present into something perceived by others as 'different'" (Healey 2004: 13).

Die Stadtplanung sollte bei der Entwicklung im Bestand eine veränderte Rolle einnehmen. Dies betrifft die Analyse (Mehrdeutigkeit von Modellen, Unsicherheiten und Ungewissheiten), die Zielformulierung, die Projektdefinition und

Umsetzung sowie die Evaluation. Um diesen Steuerungsherausforderungen zu begegnen, werden diverse Governance-Ansätze diskutiert (Benz 2004), die Unsicherheiten, Unplanbarkeiten und Selbstregulierung als ein weiteres Element von Steuerungsprozessen anerkennen (vgl. Frey 2008). In der rechtswissenschaftlichen Innovationsforschung wird den gesellschaftlichen Herausforderungen insofern Rechnung getragen, als Überlegungen zu neuen Rechtsinstrumenten angestellt werden, die einen ‚gestaltenden Beitrag‘ des Rechts zur Ermöglichung von Innovationen und gleichzeitig eine Berücksichtigung von Gemeinwohlinteressen beinhalten.

Diese Rechtsformen werden als ‚regulierte Selbstregulierung‘ bezeichnet. Diese Formen des Rechts, auch als ‚ermöglichendes Recht‘ bekannt, setzen Rahmenbedingungen und markieren Korridore rechtlich erlaubten Verhaltens, ohne das Verhalten im Einzelnen genauer zu regeln. Diese veränderte Rechtsauffassung basiert auf der praktischen Erfahrung, dass es „nicht oder nur begrenzt gelingt, Zwecke mithilfe des Rechtes zu erreichen, die den Interessen der Regulierten zuwiderlaufen" (Hoffmann-Riem 2003: 95). Ziel dieser innovativen Rechtsauffassung ist es, Anreize zu schaffen, um eine Rechtsbefolgung zu erreichen. Diese Anreize werden in Verhandlungen und Interessensabstimmungen vorgenommen. Zudem gibt es die Form des ‚rechtsfreien Raumes‘, der beispielsweise mit Selbstverpflichtungen oder Selbstbeschränkungsabkommen eine gesellschaftliche Selbstregulierung befürwortet, jedoch regulativ eingreifen kann, falls die gewünschten Ziele nicht erreicht werden (vgl. Hoffmann-Riem 2003: 96). Für die Informationsgesellschaft und den rechtlichen Umgang mit Fragen des Datenschutzes und des IT- und Telekommunikationsrechts werden Konzepte der Co-Regulation verwendet. Diese beschreiben, dass der Staat sich in den rechtlichen Regulierungen nicht vollständig zurückzieht, aber die konkrete Ausgestaltung den gesellschaftlichen Akteurinnen und Akteuren überlässt (vgl. Bizer & Lutterbreck & Rieß 2002).

7.6   Partizipation: Grenzen und Herausforderungen

Seit 20 Jahren hat ein Wandel in der räumlichen Planung hin zu stärkerer Berücksichtigung sozialer Prozesse im Zuge von Teilhabe und Partizipation stattgefunden. Partizipation in der räumlichen Planung wurde verstärkt in Stadtentwicklungsprogrammen wie der ‚Sozialen Stadt‘ thematisiert, basierend auf dem Prinzip, dass Planung für Menschen und mit der Bevölkerung erfolgen sollte. Das alte Modell des ‚Gottvater-Planers‘ hat ausgedient, da unterschiedliche gesellschaftliche Gruppen zunehmend Mitsprache und Beteiligung einfordern.

Räumliche Planung sollte sich verstärkt an den Lebenswelten der Menschen orientieren, um das Leben und die Lebensentfaltung der Menschen in Raum und
Zeit zu verbessern: „Raumplanung geht es letztlich und erstlich gerade nicht um
den Raum als solchen und auch nicht um die Zeit als solche, sondern um die
Menschen in Raum und Zeit, nämlich um deren Leben und deren Lebensentfaltung in Staat, Wirtschaft und Gesellschaft vor dem Hintergrund der natürlichen
Umwelt" (Lendi 2000, S. 19).

Trotz dieser Weiterentwicklung und Öffnung der Planungsauffassung ist festzustellen, dass Partizipation und Beteiligung nicht als Allheilmittel betrachtet
werden sollten. Partizipation in der räumlichen Planung und gestaltenden Architektur ist zwar weit verbreitet, doch es stellen sich Fragen zur Effizienz und
Wirksamkeit dieser Prozesse. So wird Partizipation von einigen Akteurinnen und
Akteuren zuweilen überbewertet. Es werden von partizipativen Prozessen Problemlösungen erwartet, die diese nicht leisten kann. Oftmals werden kritische
Fragen verdrängt z. B. inwiefern unklare Partizipationsprozesse auch Ressourcen an Zeit und Geld verschwenden. Diese Überlegungen sind notwendig, da
Partizipation derzeit stark eingefordert wird – oft aus Entscheidungsangst der
Politik, Verantwortungsangst der Verwaltung oder um gegen die Verdrossenheit
und Apathie der Bevölkerung anzugehen (vgl. Selle 2013).

Partizipationsprozesse spielen eine zentrale Rolle in der modernen demokratischen Gesellschaft, indem sie den Bürgerinnen und Bürgern ermöglichen,
aktiv an Entscheidungsprozessen teilzunehmen. Diese Prozesse sind jedoch
nicht ohne Herausforderungen und Grenzen, die es zu berücksichtigen gilt.
Im folgenden Abschnitt werden die verschiedenen Grenzen und Hürden der
Partizipation in der räumlichen Planung untersucht. Bürgerbeteiligung zielt darauf ab, unterschiedliche Interessen sichtbar zu machen und einen Ausgleich
zu finden. Ein grundlegendes Problem dabei ist die ungleiche Verteilung der
Beteiligungsmöglichkeiten, die stark mit sozioökonomischen, soziokulturellen
und soziodemografischen Faktoren korreliert. Bildungsbedingte oder sprachliche Barrieren können dazu führen, dass bestimmte Bevölkerungsgruppen von
Partizipationsprozessen ausgeschlossen werden oder sich nicht ausreichend einbringen können. Ebenso spielen Zeit- und Ressourcenknappheit eine Rolle, da
einkommensschwächere oder beruflich stark eingespannte Personen oft nicht die
Möglichkeit haben, an aufwendigen Beteiligungsverfahren teilzunehmen. Zudem
können ein fehlendes Vertrauen in politische Institutionen oder negative Erfahrungen mit früheren Beteiligungsprozessen dazu führen, dass bestimmte Gruppen
gar nicht erst aktiv werden. Diese Ungleichheiten stellen wiederum die Legitimität der Partizipationsprozesse in unserem demokratischen System infrage, da

sie dazu führen, dass vor allem die Interessen privilegierter Bevölkerungsgruppen Gehör finden, während marginalisierte Gruppen unterrepräsentiert bleiben.

Auch die Methoden der Partizipation sind je nach Art und Weise der Planungsprozesse spezifisch durch geeignete Formen der Kommunikation auszuwählen, um die Interessen und Ziele der Beteiligten präzise zu artikulieren und in den Entscheidungsprozess einbringen zu können Ein zentrales Element erfolgreicher Partizipationsprozesse ist die Verfügbarkeit und Qualität von Informationen. Diese können aus wissenschaftlichen Erkenntnissen, praktischen Erfahrungen, Annahmen, Vorurteilen oder rationalen Schlüssen bestehen. Die Ungleichverteilung dieser Informationen und Ressourcen in der Gesellschaft stellt eine weitere Herausforderung dar, die es zu bewältigen gilt. Die Verfasstheit des politisch-administrativen Systems beeinflusst maßgeblich die Effektivität von Partizipationsprozessen. Häufig wird die Verwaltung in Beteiligungsprozessen vorgeschoben, was zu einem Missbrauch der Verwaltung durch die Politik führen kann. Politische Entscheidungsträger fürchten oft eine Einschränkung ihres Handlungsspielraums durch die Ergebnisse von Partizipationsprozessen. Ein weiterer kritischer Punkt ist die mögliche Instrumentalisierung von Partizipationsverfahren durch politische Parteien oder andere Gruppen. Dies kann dazu führen, dass die Verfahren von Anfang an nicht offen und transparent gestaltet werden, was die Akzeptanz und Repräsentativität der Ergebnisse beeinträchtigen (vgl. Hammer 2018).

Daher ist eine kritische Reflexion erforderlich: Nicht der bloße Ruf nach ,Mehr Partizipation!' ist wichtig, sondern das Instrument selbst sollte auf den Prüfstand gestellt werden. Die Wirkungen und erzielten Ergebnisse von Partizipationsverfahren müssen stärker in den Forschungsfokus rücken. Obwohl viele Beteiligungsprojekte existieren und eine lebendige Beteiligungsszene suggerieren, fühlen sich viele Menschen nicht gehört oder beteiligt. Dies wirft Fragen auf: Ist partizipative Gestaltung des gemeinsamen Lebensraums eine schwer umsetzbare Utopie? Oder wurden noch nicht die richtigen Wege und Formen gefunden, um Teilhabeprojekte allgemein akzeptabel umzusetzen? (vgl. Selle 2013).

Erfolge von Partizipationsprozessen hängen von der Repräsentativität und Legitimität der Beteiligung ab. Es ist entscheidend, dass Interessen möglichst repräsentativ geäußert werden, um unterschiedliche Interessen sichtbar zu machen, auszugleichen und zu berücksichtigen. Das demokratische Prinzip ,Jede Stimme zählt' ist oft schwer zu erreichen, da Beteiligungsmöglichkeiten ungleich verteilt sind und mit sozioökonomischen, soziokulturellen und soziodemografischen Faktoren korrelieren. Politische Beteiligung steigt häufig mit höherer Bildung, Einkommen und Kompetenzen. Besonders benachteiligte Bevölkerungsgruppen ziehen sich zunehmend aus politischen Entscheidungsprozessen zurück, was zu einer Schieflage führen kann. Verunsicherung, Angst, fehlendes Selbstbewusstsein oder mangelnde Ressourcen können Gründe dafür sein. Zudem sind für gelungenen Partizipationsverfahren unterschiedliche sozial-psychologische Kompetenzen erforderlich, da unbewusste Erwartungen den Verlauf beeinflussen können: "Die schlechte Nachricht jedoch lautet: In der Praxis wird offensichtlich nur ein Bruchteil dieser verfügbaren Wissensbestände tatsächlich angewendet. Unserer Ansicht nach wird dabei das, was innerhalb der partizipativen Prozesse geschieht (Kommunikationsprozesse, Gruppendynamik, Konfliktverläufe etc.), nicht explizit berücksichtigt oder methodisch nur mangelhaft angegangen. Dieser Beitrag lenkt den Blick auf psychologische Wissensbestände, die helfen könnten, diese Prozesse besser zu analysieren, zu verstehen und nutzbar zu machen, um so zu einer qualitativen Verbesserung von partizipativen Prozessen und ihrer Evaluationen beizutragen (Baasch & Blöbaum 2017: 27–28).

Mit der Polarisierung gesellschaftlicher und ökonomischer Verhältnisse geht auch eine Polarisierung in Beteiligungsprozessen einher. Neue diskursive Beteiligungsformen werden häufiger von Ober- und Mittelschichtangehörigen genutzt, während marginalisierte Gruppen oft ausgeschlossen bleiben. Bürgerbeteiligungen können durch lautstarke und organisierte Bevölkerungsgruppen dominiert werden, was zu einer Verzerrung der Ergebnisse führt. Eine weitere Herausforderung ist die Krise staatlich-kommunaler Steuerung. Häufig existiert eine stark vertikale Verwaltungsorganisation, die wenig ressortübergreifende Projektorganisation zulässt. Verwaltungskulturen sind oft durch Ressortegoismen geprägt, und es fehlt an politischem Willen und Unterstützung für Partizipationsprozesse. Planungstraditionen und -kulturen sind in langjährigen, schwer veränderbaren Traditionen verhaftet. Politische Entscheidungsträger fürchten oft eine Einschränkung ihres Handlungsspielraumes durch Partizipation, was zu einem Widerstand gegen partizipative Prozesse führen kann. Insofern sollte die Qualität von Teilhabeprozessen stärker evaluiert und optimiert werden, um Partizipation in der Stadtkultur zu etablieren und zu institutionalisieren. Dies erfordert eine kritische Reflexion über eingesetzte Ressourcen und erreichte Ziele sowie eine stärkere Qualitätssicherung und Nutzenoptimierung (vgl. Hummel 2018; Othengrafen & Reimer 2018).

Die aktuellen multidimensionalen Herausforderungen in der Raumentwicklung werfen oft mehr Fragen auf, als es Antworten gibt. Planbarkeit und Vorausschaubarkeit gesellschaftlicher und räumlicher Prozesse werden durch Komplexität, Nichtlinearität, Unsicherheit und Unübersichtlichkeit abgelöst. Die Bevölkerung wird vielfältiger, ebenso wie ihre Interessen und Sichtweisen. Ein einheitliches ‚Bürgerinteresse' existiert nicht mehr (vgl. Mau & Lux 2023). Für Politik und Planung wird es zunehmend schwieriger, der Vielfalt der sozialen Gruppen gerecht zu werden und alle Interessen abzudecken. Dies gilt auch für Beteiligungsprozesse, die den Anspruch haben, der inhaltlichen und gesellschaftlichen Komplexität gerecht zu werden. Zudem nimmt die Bereitschaft zur Teilnahme ab, je komplexer der Beteiligungsgegenstand und -inhalt werden (vgl. Machill u. a. 2014).

Die Beteiligung unterschiedlicher gesellschaftlicher Akteurinnen und Akteure – Bürger, Interessenvertreter, Unternehmer, Politiker, Vertreter der Verwaltung – an einer Planung führt zu einer Vervielfachung der Ideen und des Wissens. Je mehr Menschen zusammenkommen, desto mehr Sichtweisen und Vorschläge werden eingebracht und diskutiert. So können umfassende, den vielfältigen Interessen entsprechende Lösungen entwickelt werden. Öffentlichkeitsbeteiligung bei der Entscheidungsfindung kann sowohl die Qualität von Projekten oder Beschlüssen als auch deren Akzeptanz erhöhen (vgl. Schulze-Wolf & Menzel 2007; vgl. Machill u. a. 2014).

Entscheidend für das Gelingen von Beteiligungsprozessen ist die richtige Wahl der Methode. Diese kann aber erst erfolgen, wenn Klarheit über den Gegenstand der Beteiligung, den Gestaltungsspielraum, die Umsetzbarkeit, die Ziele und die relevanten AkteurInnen herrscht. Oft ist die Abklärung dieser Punkte die größte Schwierigkeit, da verdeckte Ziele, die Akteursvielfalt und Ergebnisoffenheit verschleiern. Fehlerhafte oder unzureichende Vorbereitung kann zur Wahl ungeeigneter Methoden führen.

Die Verbindlichkeit von Partizipationsverfahren stellt eine weitere Herausforderung dar. In der Praxis werden formelle und informelle Verfahren unterschieden. Formelle Beteiligungsverfahren basieren auf rechtlichen Verpflichtungen zur Verfahrensdurchführung und beinhalten Fristen, Verfahrensabläufe, den Teilnahmekreis und Beteiligungsrechte sowie den Verbindlichkeitsgrad der Ergebnisse.

Eine zentrale Frage bleibt, wie man vom politischen ‚Goodwill' zu einem tatsächlichen Recht auf Beteiligung in Planungsfragen gelangen kann. Die Verbindlichkeit von Ergebnissen variiert von strikter Bindung bis zu keiner Verbindlichkeit. Unklarheiten bei der Festlegung der Verbindlichkeit können die Effektivität der Verfahren beeinträchtigen. Flexibilität und Komplexität der Gesellschaft und der Partizipationsinhalte gehen mit Unberechenbarkeit einher. Vertrauen zwischen den Akteuren ist eine wesentliche Grundlage für einen gelingenden Prozess. Vertrauen kann nicht erzwungen werden, sondern muss sich entwickeln: „Wir vertrauten stets schon, wenn uns deutlich wird, dass wir vertraut haben." (Endreß 2001, S. 171). Vertrauen ist sowohl die Grundlage sozialen Zusammenhalts (vgl. Hartmann & Offe 2001) als auch ein Mechanismus der Reduktion sozialer Komplexität (vgl. Luhmann 2000). Es stellt sich die Frage, welche Vertrauensverhältnisse zwischen den beteiligten Akteuren existieren und wie diese in den kommunikativen Prozessen zum Tragen kommen. Eine weitere Grenze von Partizipationsverfahren liegt in der möglichen Durchsetzung von Partikularinteressen bestimmter Gruppen. Dominante, gut vernetzte Gruppen können Beteiligungsverfahren für eigene Zwecke instrumentalisieren, was die Repräsentativität und Akzeptanz der Verfahren infrage stellt. Einige Verfahren können von Anfang an als Instrumentalisierung geplant sein und spezifischen Interessen folgen: „And yet, as planners, we don't have a well-thought-out philosophical position beyond the usual platitude of 'participation'. Some planners today think of their primary role as that of facilitating public discussion or mediating disputes. While they may favor a different outcome, their professional skill is primarily to assist in 'getting to yes' among stakeholders, in arriving at an actionable consensus, whatever that may turn out to be. This facilitative approach is a considerable distance from understanding a planning practice embedded in politics" (Friedmann 2011: 211). Die Untersuchung der Grenzen und Herausforderungen von Partizipationsprozessen zeigt, dass diese trotz ihrer demokratischen Bedeutung komplex und vielschichtig sind. Es bedarf sorgfältiger Gestaltung und kontinuierlicher Reflexion, um die unterschiedlichen Interessen und Ressourcen der Beteiligten angemessen zu berücksichtigen und somit zu repräsentativen und legitimen Entscheidungen zu gelangen. Die Auseinandersetzung mit diesen Grenzen ist essenziell, um die Qualität und Akzeptanz von Partizipationsprozessen zu sichern (vgl. Mölders & Levin-Keitel 2022).

Die Abb. 7.3 veranschaulicht die komplexen Wechselwirkungen zwischen verschiedenen Formen der Planung, den damit verbundenen Herausforderungen und den Potenzialen partizipativer Prozesse. Im Zentrum stehen die Ziele einer inklusiven, integrativen, kollaborativen und partizipativen Planung, die zur Stärkung der Demokratie, zur Erhöhung der Akzeptanz und zur Förderung sozialer Kompetenzen beitragen sollen. Vertrauen, gesellschaftlicher Zusammenhalt und Planungssicherheit sind wesentliche Aspekte, die durch eine transparente und kooperative Planung verbessert werden können. Gleichzeitig zeigt die Abbildung, dass zahlreiche Faktoren den Erfolg partizipativer Prozesse beeinflussen. Dazu gehören politische und kulturelle Rahmenbedingungen, ungleiche Ressourcenverfügbarkeit sowie methodische und kommunikative Herausforderungen. Ein weiteres Spannungsfeld entsteht durch unterschiedliche Erwartungen, Mediennutzung und den Zeitpunkt der Beteiligung, die Einfluss auf den Partizipationsprozess nehmen. Zudem können Faktoren wie Einzelinteressen, Instrumentalisierung und die Wahl der Methoden die Wirksamkeit von Beteiligungsverfahren einschränken. Die Abbildung macht deutlich, dass erfolgreiche Partizipation von

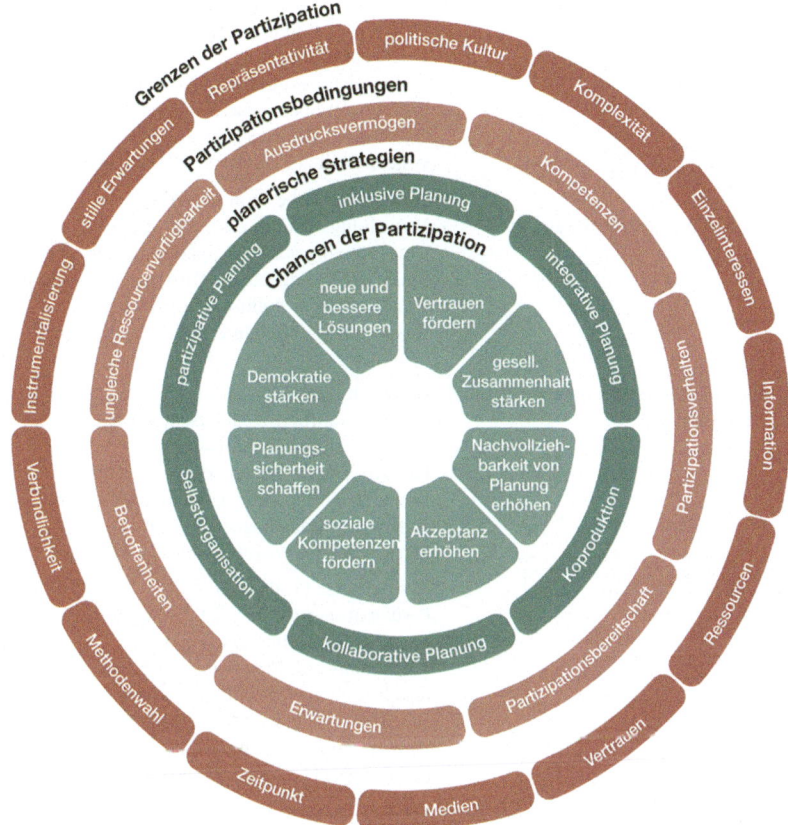

Abb. 7.3 Grenzen und Herausforderungen von Partizipationsprozessen

strukturellen, sozialen und kommunikativen Bedingungen abhängt. Um Planungsprozesse inklusiv und wirksam zu gestalten, müssen sowohl institutionelle als auch informelle Beteiligungsformate weiterentwickelt werden. Eine ausgewogene Balance zwischen Transparenz, Verbindlichkeit und Ressourcenverteilung ist entscheidend, um partizipative Planung langfristig zu stärken.

Im Folgenden werden einige Grenzen und Hürden der Partizipation beschrieben:

Repräsentativität und Legitimität	Partizipationsprozesse leiden oft unter mangelnder Repräsentativität, da politische Beteiligung stark von sozio-ökonomischen und -kulturellen Faktoren abhängt. Dies führt insbesondere bei benachteiligten Gruppen zu einer verzerrten Repräsentation und systematischen Fehlern in der Partizipation
Verfasstheit des politisch-administrativen Systems	Die hierarchische Struktur vieler Verwaltungssysteme erschwert die Unterstützung von Partizipationsprozessen und fördert Ressortegoismen. Partizipation wird oft als störend oder politischer Luxus betrachtet, was ihre Integration in Entscheidungsprozesse behindert
Komplexität des Beteiligungsinhalts und der Gesellschaft	Die wachsende gesellschaftliche und räumliche Komplexität führt zu unterschiedlichen, oft widersprüchlichen Interessen, was Partizipationsverfahren erschwert. Mit zunehmender inhaltlicher Komplexität sinkt zudem die Teilnahmebereitschaft, was die Effektivität der Prozesse weiter einschränkt
Einzelinteressen versus Allgemeininteressen	Ein zentrales Problem in Partizipationsprozessen ist der Ausgleich zwischen Einzelinteressen und dem Allgemeinwohl. Planer und Politiker agieren zunehmend als Moderatoren zwischen Eigeninteressen, was die Frage aufwirft, ob Partizipation einen fairen Ausgleich ermöglicht und wer das Gemeinwohl vertritt
Informationen, Ressourcen und Ziele	Partizipationsprozesse hängen stark von Informationen, Ressourcen und Zielen der beteiligten Gruppen ab, wobei ungleiche Verteilung und verzerrte Informationen häufig zu Ungleichheiten führen. Gruppen mit besseren Ressourcen und Artikulationsfähigkeiten haben dabei deutliche Vorteile gegenüber weniger gut ausgestatteten
Der Verbindlichkeitsgrad der Ergebnisse	Ein Problem in Partizipationsprozessen ist die unklare Verbindlichkeit der Ergebnisse, was das Vertrauen der Beteiligten schwächen kann. Diese Unsicherheit gefährdet die Akzeptanz der erzielten Resultate

(Fortsetzung)

(Fortsetzung)

Repräsentativität und Legitimität	Partizipationsprozesse leiden oft unter mangelnder Repräsentativität, da politische Beteiligung stark von sozio-ökonomischen und -kulturellen Faktoren abhängt. Dies führt insbesondere bei benachteiligten Gruppen zu einer verzerrten Repräsentation und systematischen Fehlern in der Partizipation
Wechselseitiges Vertrauen	Vertrauen ist entscheidend für den Erfolg von Partizipationsprozessen, wird jedoch durch die Unberechenbarkeit (post)moderner Gesellschaften erschwert. Fehlende Transparenz und offene Kommunikation fördern Misstrauen und gefährden den sozialen Zusammenhalt
Die Rolle der Medien und der neuen Medien	Medien, insbesondere Social Media, beeinflussen die Öffentlichkeitswirksamkeit von Partizipationsprozessen positiv, bergen jedoch auch Manipulationsrisiken. Die Herausforderung liegt darin, neue Medien sinnvoll zu integrieren und deren Risiken zu managen
Der richtige Zeitpunkt und die Wahl der Methode	Der Erfolg von Partizipationsprozessen hängt stark von der richtigen Methode und dem richtigen Zeitpunkt ab. Das Partizipationsparadoxon beschreibt, dass Bürger oft erst dann Interesse zeigen, wenn ihre Einflussmöglichkeiten bereits abgenommen haben, was eine sorgfältige Planung erfordert
Formelle vs. informelle Beteiligungsprozesse	Die Verbindlichkeit von Beteiligungsprozessen variiert je nach formellem oder informellem Charakter, wobei informelle Prozesse oft unklare Verbindlichkeit haben. Eine Herausforderung ist, informelle Beteiligungen zu verstetigen und ihre Ergebnisse in formelle Entscheidungsprozesse einzubinden
Instrumentalisierung und Vertrauen	Partizipationsverfahren können durch Instrumentalisierung bestimmter Gruppen oder Parteien ihre Repräsentativität und Akzeptanz verlieren. Fehlendes Vertrauen beeinträchtigt die Zusammenarbeit der Akteure und mindert die Wirksamkeit der Partizipation

(Fortsetzung)

(Fortsetzung)

Repräsentativität und Legitimität	Partizipationsprozesse leiden oft unter mangelnder Repräsentativität, da politische Beteiligung stark von sozio-ökonomischen und -kulturellen Faktoren abhängt. Dies führt insbesondere bei benachteiligten Gruppen zu einer verzerrten Repräsentation und systematischen Fehlern in der Partizipation
Stille Erwartungen und Hoffnungen an Partizipation	Vielfältige und oft unklare Erwartungen der Beteiligten können den Erfolg von Partizipationsprozessen stark beeinflussen. Die Herausforderung besteht darin, diese Erwartungen sichtbar zu machen und in den Prozess zu integrieren
Ungleiches Partizipationsverhalten verschiedener Bevölkerungsgruppen	Soziale, ökonomische und psychologische Faktoren führen zu ungleicher Beteiligung, wodurch bestimmte Gruppen weniger repräsentiert sind. Um dies zu lösen, müssen gezielte Methoden entwickelt werden, um eine breitere und inklusivere Partizipation zu fördern

7.7 Fazit

Partizipation und Empowerment sind zentrale Strategien der räumlichen Planung, um sozial benachteiligten Bevölkerungsgruppen eine aktive Rolle in der Gestaltung ihrer Lebensbedingungen zu ermöglichen. Sie fördern nicht nur die Mitbestimmung, sondern tragen auch zur sozialen Kohäsion und zur Stärkung lokaler Netzwerke bei. Planung und Partizipation gelten daher als wesentliche Elemente der sozialen Stadtentwicklung. Alisch betont die Bedeutung von Empowerment und Governance für die Gestaltung sozialer Stadtentwicklungsprozesse. Entscheidend ist dabei, dass Beteiligungsverfahren so gestaltet werden, dass sie tatsächlich inklusive und handlungswirksame Ergebnisse ermöglichen, um bestehende soziale Ungleichheiten nicht zu verstärken, sondern abzubauen (vgl. Alisch 2007).

Durch ‚bottom-up'-Ansätze und neue Partizipationsmodelle wird die lokale Demokratie gestärkt, indem den Bewohnerinnen und Bewohnern mehr Verantwortung und Entscheidungsbefugnisse übertragen werden. Erfolgreiche Partizipation setzt jedoch die Berücksichtigung kultureller Heterogenität voraus, um alle Gruppen angemessen einzubeziehen. Die gezielte Ansprache schwer erreichbarer Gruppen, unterstützt durch eine fundierte Sozialraumanalyse und den Einsatz professioneller Moderatoren, ist entscheidend, um effektive Beteiligungsprozesse zu gestalten. Auch die Einbindung privatwirtschaftlicher Akteure, etwa durch Plattformen der lokalen Ökonomie oder Public–Private Partnerships, kann zusätzliche Ressourcen mobilisieren. Eine erfolgreiche Partizipation erfordert eine vielschichtige Herangehensweise, die die spezifischen Bedürfnisse und Potenziale der beteiligten Akteure in den Mittelpunkt stellt.

Partizipation ist ein zentraler Bestandteil integrativer Stadtentwicklung, da sie Unternehmen, Institutionen und Bewohnerinnen und Bewohnern nicht nur informiert, sondern aktiv in Planungsprozesse einbindet. Allerdings birgt eine Vielzahl an divergierenden Interessen die Gefahr, Entscheidungsprozesse zu verlangsamen oder zu blockieren, wenn kein tragfähiger Konsens gefunden wird. Um diesem entgegenzuwirken, sind klare Strukturen und Moderationsverfahren erforderlich, die unterschiedliche Perspektiven bündeln und Entscheidungsprozesse effizient gestalten. Ebenso ist eine transparente Kommunikation notwendig, um realistische Erwartungen zu setzen und die Einflussmöglichkeiten der Beteiligten klar abzugrenzen. Effektive Partizipation erfordert zudem eine enge Kooperation zwischen Verwaltung, Politik, Wirtschaft und Zivilgesellschaft, um verschiedene Interessen auszugleichen und tragfähige Lösungen zu entwickeln.

Diese Zusammenarbeit ist zentral für ‚urban governance‘, da sie eine koordinierte Steuerung komplexer Stadtentwicklungsprozesse ermöglicht. Die Beteiligungskulturen europäischer Städte unterscheiden sich jedoch erheblich   sowohl hinsichtlich der von Politik und Verwaltung gewährten Mitspracherechte als auch der aktiven Inanspruchnahme durch die Bürgerinnen und Bürgern. Während einige Städte tief verwurzelte partizipative Strukturen aufweisen, bleibt Bürgerbeteiligung in anderen auf formale Verfahren beschränkt. Erfolgreiche Partizipation setzt daher nicht nur geeignete Rahmenbedingungen, sondern auch eine aktive politische und gesellschaftliche Mitgestaltungskultur voraus.

Umfassendere und tiefgreifendere Partizipationsverfahren sind in der Regel dort nötig, wo die Probleme komplexer und die Prozesse langwieriger sind. Eine erfolgreiche sozialintegrative Stadtentwicklung erfordert dementsprechend neue Partizipationsmodelle, die lokale Demokratie und Empowerment stärken. Dies umfasst die aktive Einbindung aller relevanten Akteurinnen und Akteuren, die Nutzung professioneller Moderation und die Berücksichtigung kultureller und sozialer Potenziale. Ziel ist es, eine möglichst gleichmäßige Verteilung von Lebenschancen und Lebensbedingungen für alle Bewohnerinnen und Bewohner zu erreichen und sozial-räumliche Spaltungsprozesse zu verhindern.

Die Rolle der Planerinnen und Planer in Partizipationsprozessen ist von entscheidender Bedeutung, aber auch mit zahlreichen Herausforderungen verbunden. Als Akteurinnen und Akteure im Spannungsfeld zwischen den Interessen der Beteiligten und den übergeordneten Zielen der Planung sollten sie eine Planungsethik entwickeln, die als Leitfaden für ihr Handeln dient. Dabei stellt sich die Frage, wer die Vermittlung zwischen den oft widerstreitenden Einzelinteressen übernimmt und welche ethische Grundhaltung dieser Vermittlung zugrunde liegt. Angesichts der Tatsache, dass Planerinnen und Planer zunehmend weniger Aufgaben im politisch-administrativen System übernehmen und stattdessen vermehrt für private Unternehmen, NGOs oder in privaten Büros tätig sind, verändert sich auch ihr berufliches Umfeld und die ethischen Herausforderungen, denen sie begegnen. Ein weiteres zentrales Thema ist die Unvereinbarkeit der Erwartungen, Motive und Ziele, die sowohl die Planerinnen und Planer als auch die Partizipationsinteressierten an den Prozess herantragen. Oftmals existieren bei zehn Planern auch zehn unterschiedliche Vorstellungen darüber, wie Beteiligung aussehen soll, was zu stillen Erwartungen und potenziellen Konflikten führen kann (vgl. Kühn 2023).

Um diesen Herausforderungen gerecht zu werden, sind neben fachlichen Kenntnissen auch sozial-psychologische Kompetenzen entscheidend. Planerinnen und Planer sollten bereit sein, kontinuierlich zu lernen und sich weiterzuentwickeln, um emphatisch kommunizieren und sich artikulieren zu können. Ängste, negative Erfahrungen oder das Fehlen einer klaren Sichtweise auf bessere Wege können hinderlich sein, was die Bedeutung von Lernbereitschaft und Anpassungsfähigkeit unterstreicht. Schließlich stellt sich die Frage der Steuerbarkeit von Entwicklungen durch Planung. Die Unplanbarkeit vieler Entwicklungsprozesse erfordert einen bewussten Umgang mit Nicht-Wissen und Unsicherheit. Planerinnen und Planer sollten akzeptieren, dass nicht alles vorhersagbar oder kontrollierbar ist, und dennoch Wege finden, die Prozesse so zu gestalten, dass sie den vielfältigen Anforderungen und Erwartungen gerecht werden (vgl. Eckart u. a. 2018; Mölders & Levin-Keitel 2022).

Literatur

Baasch, Tanja & Blöbaum, Anke (2017). Umweltbezogene Partizipation als gesellschaftliche und methodische Herausforderung. Umweltpsychologie, 21(2), 8–29.
Abt, Jan & Blecken, Lutke & Bock, Stephanie & Diringer, Julia & Fahrenkrug Katrin (Hrsg.): (2022): Von Beteiligung zur Koproduktion: Wege der Zusammenarbeit von

Kommune und Bürgerschaft für eine zukunftsfähige kommunale Entwicklung. Wiesbaden, Heidelberg: Springer VS.

Alcántara, Sophia & Bach, Nicolas & Kuhn, Rainer & Ullrich. Peter (2016): Demokratietheorie und Partizipationspraxis. Analyse und Anwendungspotentiale deliberativer Verfahren. Wiesbaden: Springer VS.

Alisch, Monika (2007): Empowerment und Governance: Interdisziplinäre Gestaltung in der sozialen Stadtentwicklung. In: Baum, Detlef (Hrsg.): Die Stadt in der Sozialen Arbeit. Wiesbaden: VS Verlag für Sozialwissenschaften, S. 305–315.

Altrock, Uwe & Bertram, Grischa (2012): Wer entwickelt die Stadt? Geschichte und Gegenwart lokaler Governance: Akteure – Strategien – Strukturen. Bielefeld: Transcript-Verlag.

Andorfer, Michael & Vockner, Bernhard & Spitzer, Wolfgang & Mittlböck. Manfred (2016): Partizipative Raumplanungsansätze mit 3D-Informationsbeständen. In AGIT 2–2016. Journal für Angewandte Geoinformatik, hrsg. Josef Strobl, Bernhard Zagel, Gerald Griesebner, und Thomas Blaschke, 534–539. Berlin: Wichmann, H; Wichmann.

Arnstein, Sherry R. 1969: A Ladder Of Citizen Participation. Journal of the American Institute of Planners 35 (4): 216–224.

Beauregard, Robert A. (2004): From Place to Site: Negotiating Narrative Complexity. Mimeo.

Benz, Arthur (Hrsg.) (2004): Governance – Regieren in komplexen Regelsystemen. Wiesbaden: VS Verlag für Sozialwissenschaft.

Berlin Institut für Partizipation (2023). Evaluation der Leitlinien für mitgestaltende Bürgerbeteiligung der Stadt Heidelberg. Heidelberg.

Bernhardt, Floris & Bretfeld, Nada & Buzwan-Morell, Josefine & Cermeño, Helena & Doukas, Sina & Güde, Elisabeth & Hörburger, Constantin & Keller, Carsten & Koch, Florian (2024): StadtTeilen: Neue Praktiken gemeinschaftlicher Nutzung urbaner Räume, Bielefeld: transcript Verlag.

Bernstein, Franziska & Kaußen, Lucas & Stemmer, Boris (2024). Online-Partizipation und Landschaft. In: Kühne, Olaf. & Weber, Florian & Berr, Karsten & Jenal, Corinna (Hrsg.): Handbuch Landschaft. RaumFragen: Stadt – Region – Landschaft. Springer VS, Wiesbaden.

Bertram, Grischa Frederik & Altrock Uwe (2023): Beyond agonistic planning theories: The ‚normality' of protests and their influence on conflict resolution in spatial planning, In: Raumforschung und Raumordnung, Nr, 81(5):493–508.

Bischoff, A., Selle, K. & Sinning, H. (2007): Informieren, Beteiligen, Kooperieren. Kommunikation in Planungsprozessen ; eine Übersicht zu Formen, Verfahren und Methoden (Kommunikation im Planungsprozess, Bd. 1, Vollst. überarb. u. erg. Neuaufl., unveränd. Nachdr). Dortmund: Dortmunder Vertrieb für Bau- und Planungsliteratur; Dorothea Rohn.

Bizer, Johann & Lutterbeck, Bernd & Rieß, Joachim (2002): Umbruch von Regelungssystemen in der Informationsgesellschaft. Freundesgabe für Alfred Büllesbach.

Broschart, Daniel & Zeile, Peter & Streich, Bernd (2013): Augmented Reality as a Communication Tool in Urban Design Processes. In Planning times. You better keep planning or you get in deep water, for the cities they are a-changin; proceedings of the 18th International Conference on Urban Planning, Regional Development in the Information Society; 20 – 23 May 2013 Rome, Italy, REAL CORP 2013. Schrenk, Manfred (Hrsg): Planning times. Schwechat: Eigenverl. d. Vereins CORP. S. 119–126.

Cristofoli, D., Douglas, S., Torfing, J., and Trivellato, B. (2022). Having it all: can collaborative governance be both legitimate and accountable? Public Manag. Rev. 24, 704–728.

Eckart, Jochen, Astrid Ley, Elke Häußler und Erl, Thorsten (2018): Leitfragen für die Gestaltung von Partizipationsprozessen in Reallaboren. In: Di Giulio, Antonietta und Defila, Rico (Hg.): Transdisziplinär und transformativ forschen. Wiesbaden: Springer Fachmedien, 105–135.

Einig, Klaus & Grabher, Gernot & Ibert, Oliver & Strubelt, Wendelin (Hrsg.) (2005): Urban Governance. In: Informationen zur Raumentwicklung 9/10, 2005, S. I–IX.

El Khafif, Mona & Frey, Oliver & Witthöft, Gesa (2005): Space.ing: Wechselverhältnisse von gebauten Räumen und Sozialräumen in der Wiener Stadterneuerung. In: Stadt Wien (eds.) (2005): Neue Strategien der Stadterneuerung. Aktionen und multimediale Installationen. Werkstattberichte Stadtentwicklung Nr. 76, S. 59–84.

Emerson, K., and Nabatchi, T. (2015). Collaborative Governance Regimes. Washington, DC: Georgetown University Press.

Endreß, Martin (2001): Vertrauen und Vertrautheit – phänomenologisch-anthropologische Grundlegung. Vertrauen. Die Grundlage des sozialen Zusammenhalts; S. 161–203.

Fegert, Jonas & Pfeiffer, Jella & Reitzer Pauline u.a. (2021): Ich sehe was, was du auch siehst. Über die Möglichkeiten von Augmented und Virtual Reality für die digitale Beteiligung von Bürger:innen in der Bau- und Stadtplanung. HMD 58 Praxis der Wirtschaftsinformatik, 1180–1195.

Fegert, Jonas (2022): Digital Citizen Participation – Involving Citizens Through Immersive Systems in Urban Planning. Karlsruhe Institute of Technology.

Ferry. Jérôme (2003): Formen städtischer Governance in Frankreich. In: Reader Urban Governance und Sozialplanung, Institut für Soziologie an der TU Berlin, S. 77–83.

Filipič, Ursula &Schönauer. Annika (Hrsg.) (2020): Quo Vadis Partizipation und Solidarität? Verlag Arbeiterkammer Wien.

Franta, Lukas & Haufe, Nadine (2020): Co-Creation in der Stadtplanung: Solidarität und Partizipation 2.0? Erfahrungen aus dem Horizon-2020-Projekt SUNRISE. In: Filipič, Ursula &Schönauer. Annika (Hrsg.): Quo Vadis Partizipation und Solidarität? Verlag Arbeiterkammer Wien.

Frey, Oliver (2008): Von der Partizipation als eine integrierte Strategie von Urban Governance zur regulierten Selbststeuerung und Selbstorganisation in der Raumplanung. In: Hamedinger, Alexander & Frey, Oliver & Dangschat, Jens S. & Breitfuss, Andrea: (Hrsg.) (2008): Strategieorientierte Planung im kooperativen Staat. Wiesbaden: VS Verlag für Sozialwissenschaften, S. 224–249.

Frey, Oliver (2009): Die amalgame Stadt. Orte. Netze. Milieus. Wiesbaden: VS-Verlag für Sozialwissenschaften.

Friedmann, John (2011): Insurgencies: Essays in Planning Theory. Abingdon: Routledge

Fürst, Dietrich (2005): Entwicklung und Stand des Steuerungsverständnisses in der Raumplanung. In: disP 4/163, 2005, S. 16–27.

Ganser, Karl (1991): Instrumente von gestern für die Städte von Morgen? In: Ganser, Karl, Hesse, Jens-Joachim und Zöpel, Christoph (Hg.): Die Zukunft der Städte. Baden-Baden: Nomos Verlagsgesellschaft, 54–65.

Hammer, Katharina (2018): Öffentlicher Raum – Chancen und Risiken von Beteiligungsverfahren. In: Tomaschek, Nino und Fritz, Judith (Hg.): In Bewegung: Beiträge zur Dynamik von Städten, Gesellschaften und Strukturen. Münster: Waxmann Verlag, 39–56.

Hartmann, Martin & Offe, Claus (Hrsg.) (2001): Vertrauen: die Grundlage des sozialen Zusammenhalts. Vol. 50. Campus Verlag.

Healey, Patsy (1992): Planning through debate. The communicative turn in planning theory. In: Town Planning Review 63, 2, 143–162.

Healey, Patsy (2004): Creativity and Urban Governance. In: DISP 158, 3/2004.

Helbig, D., Pietsch, M., Schütz, L., Bade, K., Richter, A. & Nürnberger, A. (2016). Online-Beteiligung in Entscheidungs- und Planungsprozessen. Anforderungen aus der Praxis. Journal für Angewandte Geoinformatik (AGIT) 2-2016, 508–517.

Hollingsworth, J.& Boyer, R. (eds.) (1997): Contemporary Capitalism. The Embeddedness of Institutions. Cambridge: Cambridge University Press.

Hummel, Konrad (2018): Demokratische Stadtentwicklung: Vielfaltsstädte und die Herausforderung von Rechtspopulismus und Vertrauensverlusten. Forschungsjournal Soziale Bewegungen 31, Nr. 1-2, S. 245–263.

Klein, Marcus. (2016): Partizipation als Ergänzung und Stärkung der Repräsentation. In Politik mit Bürgern – Politik für Bürger. Praxis und Perspektiven einer neuen Beteiligungskultur, hrsg. Manuela Glaab, 348–352. Wiesbaden: Springer.

Krebber, Felix (2023): Bürgerbeteiligung richtig machen. Was die Ethik-Richtlinie ,Bürgerbeteiligung und Kommunikation' für die Praxis bedeutet. Wiesbaden: Springer Fachmedien Wiesbaden.

Krummacher, Michael (2004): Die Hohen Erwartungen sind nicht erfüllt. Aktivierung und Bürgerbeteiligung in der Programmumsetzung „Soziale Stadt". In: Sozialmagazin 10/2004, S. 40–51.

Kühn, Manfred (2023): Planungskonflikte und Partizipation: Die Gigafactory Tesla, Raumforschung und Raumordnung / Spatial Research and Planning, ISSN 1869-4179, oekom verlag, München, Vol. 81, Iss. 5, S. 538–556.

Kühn, Manfred; Sommer, Christoph (2023): Konflikte und Partizipation in der Planung: Ein Forschungsansatz, IRS Dialog, No. 2/2023, Leibniz-Institut für Raumbezogene Sozialforschung (IRS), Erkner.

Kühne, Olaf. & Weber, Florian & Berr, Karsten & Jenal, Corinna (Hrsg.) (2024): Handbuch Landschaft. RaumFragen: Stadt – Region – Landschaft. Springer VS, Wiesbaden.

Landry, Charles & Caust, Margie (2017). The creative bureaucracy and its radical common sense. Gloucestershire: Comedia.

Landry, Charles (2020): The Creative Bureaucracy: What, why and how. Briefing paper for the Council of Europe; https://rm.coe.int/the-creative-bureaucracy-what-why-and-how/1680a06246

Lendi, Martin (2000): Ethik und Raumplanung – Raumplanungsethik: Von der gestaltenden Kraft des Kerngehaltes des Raumbewusstseins und der Raumverantwortung, in: disP-The Planning Review 36, Nr. 141, S. 17–27.

Luhmann, Niklas (2000): Vertrauen – ein Instrument zur Reduktion sozialer Komplexität, 4. Aufl., Stuttgart.

Lüttringhaus, Maria (2000): Empowerment und Stadtteilarbeit. In: Miller, Tilly/Pankofer, Sabine (2000) (Hg.): Empowerment konkret! Handlungsentwürfe und Reflexionen aus der psychosozialen Praxis. Lucius & Lucius Verlagsgesellschaft. Stuttgart, S.27–48.

Machill, M., Beiler, M. & Krüger, U. (2014): Das neue Gesicht der Öffentlichkeit. Wie Facebook und andere soziale Netzwerke die Meinungsbildung verändern (LfM-Materialien, Bd. 31). Düsseldorf: Landesanstalt für Medien Nordrhein-Westfalen.

Mau, Steffen & Lux, Thomas & Westheuser, Linus (2023): Triggerpunkte: Konsens und Konflikt in der Gegenwartsgesellschaft, Suhrkamp.

Mayntz, Renate (2003): Governance im modernen Staat. Eine Einführung Dreifachkurseinheit der Fernuniversität Hagen. In: Benz, A. et al. (Hrsg.) (2003): S. 71–83.

Mayntz, Renate (2004): Governance Theory als fortentwickelte Steuerungstheorie? Max-Planck-Institut für Gesellschaftsordnung, Working Paper No. 04/1.

Merchel, Joachim (2002). Qualitätsmanagement in der Sozialen Arbeit. Weinheim; München: Juventus Verlag.

Mölders, Tanja & Levin-Keitel, Meike (2022): Umkämpfte Wissensformen der räumlichen Transformation. Zur Rolle und Bedeutung planerischen Wissens. Nachrichten der ARL 1, no. 2022 (2022): 27–30.

Nedden, Martin zur (2020): Partizipation im Kontext von Stadtentwicklung und Gentrifizierung. In: Partizipation für alle und alles? Wiesbaden: Springer Fachmedien.

Oppermann, Bernd & Schipper, Sebastian & Hachmann, Ralph & Meiforth, Jens & Warren-Kretschmar Barbara (2007): Leitfäden zur interaktiven Landschaftsplanung. In: Naturschutz und Biologische Vielfalt 40, Hrsg. Bundesamt für Naturschutz. Münster/Hiltrup: Landwirtschaftsverlag.

Othengrafen, Frank & Reimer, Mario (2018): Planungskultur. In Handwörterbuch der Stadt- und Raumentwicklung Hannover: Verlag der ARL, (S. 1733–1739).

Paust, Andreas (2016): Grundlagen der Bürgerbeteiligung: Materialsammlung für die Allianz Vielfältige Demokratie. Bertelsmann Stiftung.

Paust, Andreas (2016a): Partizipation – eine Herausforderung in der Landschaftsplanung. In: Riedel, Wolfgang & Lange, Harald & Jedicke, Ernst & Reinke, Matthias (Hrsg.), Landschaftsplanung, Springer Berlin Heidelberg, S. 147–156.

Powell, Walter W., 1990: Neither market nor hierarchy: network forms of organization. Research in Organizational Behavior 12: 295–336.

Riedel, Wolfgang & Lange, Harald & Jedicke, Ernst & Reinke, Matthias (Hrsg.), Landschaftsplanung, Springer Berlin Heidelberg, S. 147–156.

Riege, Marlo & Schubert Herbert (Hrsg.) (2005): Sozialraumanalyse – Grundlagen, Methoden, Praxis. Opladen: Leske + Budrich.

Rinn, Moritz (2007): Etwas Besseres als Beteiligung? Kritische Partizipation und Partizipationskritik in der Stadtentwicklungspolitik. In: Bundeszentrale für politische Bildung (Hrsg.): Dossier Stadt und Gesellschaft. Bonn. S, 242–247.

Rohr, J. & Ehlert, H. & Möller Benjamin & Hörster, S. & Hoppe, M. (2017): Impulse zur Bürgerbeteiligung vor allem unter Inklusionsaspekten. empirische Befragungen, dialogische Auswertungen, Synthese praxistauglicher Empfehlungen zu Beteiligungsprozessen. https://www.umweltbundesamt.de/publikationen/impulse-zur-buergerbeteiligung-vor-allem-unter.

Schimank, Uwe (2009): Planung – Steuerung – Governance: Metamorphosen politischer Gesellschaftsgestaltung, in: Die Deutsche Schule 101, 3, S. 231–239.

Schnur, Olaf (Hrsg) (2014): Quartiersforschung. Zwischen Theorie und Praxis, Wiesbaden, VS-Verlag: S. 87–106.

Schulze-Wolf, T. & Menzel, A. (2007). Neue Wege der Öffentlichkeitsbeteiligung in der Raumplanung. Hintergründe, Konzepte und Erfahrungen. In Stiftung Mitarbeit (Hrsg.), E-Partizipation. Beteiligungsprojekte im Internet (Beiträge zur Demokratieentwicklung von unten, Bd. 21, S. 120–143). Bonn: Stiftung Mitarbeit.

Sehested, Karen (2001): Investigating urban governance – from the perspective of policy networks, democracy and planning. In: Research Papers from the Department of Social Sciences, Roskilde University, Denmark, no.01/01, 2001.

Selle, Klaus (2013): Über Bürgerbeteiligung hinaus. Stadtentwicklung als Gemeinschaftsaufgabe? Detmold.

Senatsverwaltung für Stadtentwicklung und Wohnen, Berlin (2020). Partizipation & Pandemie. Handreichung zu kontaktlosen Beteiligungsmethoden. https://www.stadtentwicklung.berlin.de/planen/leitlinien-buergerbeteiligung/download/Handreichung_Partizipation_und_Pandemie.pdf.

Siebel, Walter & Ibert, Oliver & Mayer, Hans-Norbert (2001): Staatliche Organisation von Innovation: Die Planung des Unplanbaren unter widrigen Umständen durch einen unbegabten Akteur, in: Leviathan 29, Nr. 4, S. 526–543.

Sinning, Heidi (2006): Urban Governance und Stadtentwicklung. Zur Rolle des Bürgers als aktiver Mitgestalter und Koproduzent. In: vhw FW 1, Januar-Februar 2006, S. 87–90.

Straßburger, Gaby & Rieger, Judith (2019): Bedeutung und Formen der Partizipation – Das Modell der Partizipationspyramide. In: Straßburger, Gaby und Rieger, Judith (Hg.): Partizipation kompakt. Für Studium, Lehre und Praxis sozialer Berufe. 2. Auflage. Weinheim Basel: Beltz Juventa, 12–41.

Streek, Wolfgang & Schmitter, Philipp (1985): Private Interest Government. Beyond Market and State. London: Sage.

Voss, K. (Hrsg.). (2014). Internet und Partizipation. Bottom-up oder Top-down? Politische Beteiligungsmöglichkeiten im Internet (Bürgergesellschaft und Demokratie, Bd. 42). Wiesbaden: Springer VS.

Walther, Uwe-Jens & Güntner, Simon (2007): Soziale Stadtpolitik in Deutschland: das Programm „Soziale Stadt". In: Die Stadt in der Sozialen Arbeit: Ein Handbuch für soziale und planende Berufe, S. 389–400.

Walther, Uwe-Jens (Hrsg.) (2013): Soziale Stadt—Zwischenbilanzen: Ein Programm auf dem Weg zur Sozialen Stadt? Springer-Verlag.

Williamson, O.E. (1979): Transaction-Cost Economics: The Governance of Contractual Relations. In: Journal of Law and Economics, 22. Jg, Nr. 2, 1979, S. 233–261.

Zimmerli, Joëlle (2021): Partizipation in der Planung großer Quartiere, in: PND 1/2021.

Zink, Roland & Küspert, Stefan & Haselberger, Johannes & Marquardt, Anna & Schröck, Sebastian (2016): Interaktives GIS-Framework für partizipative Raumplanungsverfahren. In: Strobl, Josef & Zagel, Bernhard & Griesebner, Gerald & Blaschke, Thomas (Hrsg.): AGIT 2–2016. Journal für Angewandte Geoinformatik, Berlin: Wichmann, H; Wichmann Verlag, S. 488–497.

Orts- und Raumgestaltung 8

8.1 Einleitung

Die Gestaltung von Orten und Räumen ist eng mit sozialen, kulturellen und ökonomischen Prozessen verknüpft. Orte sind nicht nur physische Strukturen, sondern auch Akteure, die Identität, Zugehörigkeit und soziale Differenzierungen prägen. Die sozialen und materiellen Elemente eines Ortes sind dabei untrennbar miteinander verbunden. Soziale, kulturelle und ökonomische Strukturen und Prozesse prägen die räumliche Umwelt. Gleichzeitig können räumliche Strukturen eigenständige Ursachen sozialer Phänomene sein und eigene sozioökonomische Strukturen oder einzigartige soziale Prozesse hervorrufen. Der städtische Raum kann somit als Triebkraft gesellschaftlicher und ökonomischer Transformationsprozesse wirken. Diese zentrale Annahme betont, dass Unterschiede in der Gestaltung von Orten zur Abgrenzung räumlicher Identitäten beitragen. Ortsgestaltungen können auch eine innere Logik sozialer Differenzen enthalten, die häufig konfliktreich sind. Der sozialräumliche Zusammenhang zwischen verschiedenen Ortsgestaltungen zeigt das Spannungsverhältnis von Wandel und Kontinuität in den Prozessen der Identitätskonstruktion auf. Differenz wird dabei nicht nur als historisch-soziales, sondern auch als räumliches Phänomen verstanden. Somit lassen sich die Grundlagen und Prozesse der Herausbildung gesellschaftlicher Unterschiede sowie die Ergebnisse dieser Differenzierungen als örtlich materialisiert begreifen. Ortsgestaltungen können in ihrem kommunikativen Konstruktionsprozess als Beitrag zur räumlichen Identitätsbildung untersucht werden. „In a regional development process, existing identification features are tracked down and developed in a broad discourse with the public. The ‚identity discourse' aims to identify region-specific endogenous potenzials linked to the population's emotional spatial references and promote cooperation across local

O. Frey, *Raum und Gesellschaft*, https://doi.org/10.1007/978-3-658-48154-4_8

and municipal boundaries" (Kempa u. a. 2023: 9). Die diesem Gestaltungsprozess
zugrunde liegenden sozialräumlichen Differenzen manifestieren sich als örtlich
verankerte gesellschaftliche Ungleichheiten. Dadurch erzeugt der städtische und
regionale Raum in seiner spezifischen Kommunikationsform Integrations- und
Exklusionsprozesse. Die sozial konstruierten Bilder und Werte des Raumes, oft
durch prädispositive Zuschreibungen oder Klischees symbolisiert, beeinflussen
soziale Strukturierungsprozesse (vgl. Lynch 1981; Bourdieu 1998; Dangschat
1998; Christmann 2016; Flade 2020).

Durch die Gestaltung von Orten werden Bilder von ganzen Städten sozial
und kulturell konstruiert. Diese Bilder können einerseits auf Außenstehende wie
eine gelungene Konstruktion wirken und das Gefühl einer Gemeinschaft stärken. Andererseits können sozial konstruierte Bilder über Räume auch konflikthaft
und ausgrenzend wirken. Konstruktionsprozesse in medialen Diskursen und Ortsgestaltungen bilden spezifische sozialräumliche Identitäten heraus, die tradiert,
stabilisiert oder transformiert werden können:

„Die Begründung ist, dass die Bedeutung eines Ortes außer von den Gefühlen,
die man mit diesem Ort verbindet, immer auch von den dort gemachten Erfahrungen sowie den Aktivitäten abhängt, denen man an diesem Ort nachgeht oder
nachgegangen ist. Wie prägend und sinnstiftend diese Aktivitäten sind, zeigt sich
daran, dass von einem Ort weniger die architektonischen Details im Gedächtnis
bleiben als das, was man dort gemacht hat. Was ein Mensch an einem Ort tut
und was er künftig dort zu tun meint, verleiht dem Ort einen Sinn, den ‚sense of
place'" (Flade 2020: 55 f.).

In diesem Aufsatz werden dementsprechend kulturwissenschaftliche Fragestellungen auf räumliche Gestaltung bezogen. Dabei wird eine planungssoziologische
Perspektive einer ‚Eigenlogik von Raum' kritisch betrachtet und die Bedeutung
kultureller Perspektiven auf Stadt und Stadtplanung erläutert (vgl. Göschel &
Kirchberg 1998; Hilber & Ayda 2004; Mattisek 2007). Die Prägekraft von Orten
und Räumen für individuelles und kollektives Handeln sowie die Herausbildung
institutioneller Logiken der Stadtplanung und des Städtebaus sind zentral für
die Strukturierung des Sozialen. Die Identität von Ort und Raum ist eng mit
der urbanen Logik verknüpft und wird durch Stadtpolitik zur Vermarktung einer
spezifischen Alleinstellung von Städten genutzt. Die Unterscheidung zwischen
Innenwirkung und Außenorientierung von Identitätskonzepten städtischer Orte
und Räume ist im Städtebau traditionell verankert. Die Anziehungskraft (post-)
moderner Architektur zur Positionierung der Stadt im Wettbewerb der Städte –
spielt dabei ebenso eine Rolle wie die interne Lesbarkeit städtischer Strukturen.
Räumliche Wahrnehmungen der baulich-materiellen Gestalt, wie Blickrichtungen,

Merkmale und Zeichen des Ortes, können Mentalitäten sowie Handeln und Verhalten prägen (vgl. Lynch 1981; Neill 2003; Pott 2007; Löw 2010; Alaily-Mattar u. a. 2018).

8.2 Orte und Räume

Orte und Räume können sowohl in ihrer geographischen Lage innerhalb der Stadt, der Stadtregion oder auf Quartiersebene als zentral bzw. dezentral beschrieben als auch hinsichtlich ihrer inneren sozialräumlichen Differenzierung in dicht oder locker bebaut sowie in gemischt oder funktional getrennte Bereiche unterteilt werden. Um die sozialen und physisch-materiellen Charakteristika der Orte und Räume methodisch zu erfassen, rückt die Dualität und Wechselwirkung zwischen territorial lokalisierbaren Orten und sozial konstruierten Räumen in den Vordergrund der Untersuchung. Planungssoziologische Analysen zur territorialen Verortung sozialer und immaterieller Strukturen erfassen Verbindungen zwischen der Struktur sozialer Lebensweisen und deren räumlichen, materiellen und physischen Ausprägungen: „Landschaft kann schwerlich als ein physisches Objekt mit inhärenten Eigenschaften gefasst werden, sondern wird sozial konstruiert und diese Konstruktion ist nicht universell. Mit anderen Worten: Die Konstruktion von Landschaft ist sozial wie kulturell differenziert" (Kühne 2018: 237). Die lokale Ebene von Orten und Räumen bringt in diesem Sinne tradierte und tradierbare Sinnzusammenhänge des Handelns von Individuen und sozialen Gruppen in spezifischen Praxisformen hervor. Dies erfordert eine Differenzierung von Orten und Räumen im spezifischen Wechselverhältnis ihrer baulich-sozialen Charakteristika (vgl. Berking 2009; Kühne u. a. 2015; Kaplan & Holloway 2024).

Das traditionelle Raumverständnis der Chicagoer Schule erfasst die räumlichen (Re-)Figurationen im Kontext von Globalisierung und Digitalisierung nur unzureichend. Es basiert auf einem Konzept, das Territorium und geografische Ausdehnung sowie die Verbindung zwischen geografischem Raum und sozialer Identität umfasst. Diese Sichtweise vernachlässigt jedoch die Prozesse und Relationen zwischen territorialem Ort und sozialen Strukturen, die den Raum gestalten. Räume stellen nicht nur stumme Zeugen der Vergangenheit dar, sondern sind in ihrer immensen räumlichen Präsenz und industriellen Architektur auch eine materialisierte Auffassung von sozialer Organisation. Zum Beispiel wirken altindustrielle Gebäude auf neue Formen des Arbeitens und der Freizeit. Gebauter Raum in Form von hohen Werkshallen, Lastenaufzügen, großen Stiegenhäusern erzählt nicht nur eine Geschichte über vorherige Nutzungen, sondern ihm wohnt auch in gewisser Weise eine materialisierte soziale Struktur inne (vgl. Frey 2009; Leuenberger 2018).

Ähnliche Effekte lassen sich in der städtebaulichen Morphologie beobachten: Die Blockrandbebauung in der europäischen Stadt etwa erzeugt klare Raumkanten, fördert eine Mischung aus Wohnen, Gewerbe und öffentlichen Nutzungen und unterstützt somit eine enge soziale Interaktion im öffentlichen Raum. Im Gegensatz dazu wurden sozialistische Satellitenquartiere mit großzügigeren Freiräumen, aber funktional getrennten Wohn- und Arbeitsbereichen geplant, was oft zu geringerer sozialer Durchmischung und weniger urbanem Leben führte. Solche Beispiele zeigen, dass gebaute Umwelt nicht nur räumliche Strukturen vorgibt, sondern auch soziale Praktiken formt und historische, wirtschaftliche sowie politische Entwicklungslogiken widerspiegelt.

Ortsgestaltungen basieren in der räumlichen Planung traditionell oft auf einem eingeschränkten Verständnis des Raums als Behälter. Sie haben bislang nur begrenzt die Erkenntnisse eines relationalen Raumverständnisses aufgenommen, das die Wechselbeziehungen zwischen der sozialen und der materiellen Welt betont. Planerinnen und Planer gehen häufig von einem kausalen Zusammenhang zwischen räumlicher Entwicklung und Verhalten aus und betrachten Räume als neutrale Behälter für soziales Handeln. Diese Perspektive konzentriert sich primär auf die materiellen Bedingungen, die soziales Verhalten prägen. Gleichzeitig werden Räume jedoch auch durch das Verhalten und die Handlungen von Individuen, Gruppen und Institutionen in ihrer Struktur und Entstehung geformt. Daher ist für die Planungssoziologie ein relationaler Raumbegriff zentral, der gebaute materielle Orte im Zusammenspiel mit sozialen Prozessen betrachtet (vgl. Löw 2001; Löw & Knoblauch 2019; Löw & Knoblauch 2021).

In Zeiten beschleunigter Urbanisierung und zunehmender Mobilität wird deutlich, dass soziale Netzwerke und ökonomische Aktivitäten nicht mehr an traditionelle geografische Grenzen gebunden sind. Daher ist ein erweitertes, relationales Raumverständnis notwendig, um die Dynamik und Interaktivität von Räumen zu erfassen, die durch die Wechselwirkungen von Akteuren und Netzwerken kontinuierlich neugestaltet werden (vgl. Löw 2001; Poferl 2019; Löw & Knoblauch 2021). Orte sind als miteinander verwobene Formen der geistigen und materiellen Welt zu verstehen. Das traditionelle bipolare Denken zwischen objektiver Struktur und subjektiver Bedeutung weicht einem polykontextuellen Raumverständnis, wenn man den städtischen Raum als ‚objektiviertes Soziales' betrachtet (vgl. Linde 1972; Pincon & Pincon-Charlot 1986; Löw 2001; Löw &

Knoblauch 2019 und 2021). Das ‚objektivierte Soziale' manifestiert sich in Dingen, Gebäuden und Orten sowie in der Lebensführung der Menschen. Kultur und Geist in der Stadt werden sowohl durch städtebauliche Formen als auch durch gesellschaftliche und soziale Prozesse geprägt (vgl. Halbwachs 1946; Chambart de Lauwe 1952; Hahn 2015: 9–56; Schroer 2022). Jede Lokalität entwickelt durch ihren historischen Prozess eine eigene kulturelle und soziale Dimension, die zur Identität des Ortes führt. Diese Identität prägt das tägliche Leben der Bewohner und beeinflusst deren Wahrnehmung und Interaktion mit ihrer Umgebung (vgl. Pott 2007).

Die traditionelle Sichtweise auf Orte und Räume in der Planung und Architektur versteht Raum jedoch überwiegend als Umweltfaktor und Behälter für soziales Handeln. In diesem Sinn geht der traditionelle Städtebau davon aus, dass durch Gestaltung baulich-physischer Materie das Raumverhalten gesteuert werden kann. Ebenso fokussieren traditionelle planerische Strategien in erster Linie auf die materielle und funktionale Qualität von Orten. Im Gegensatz dazu verfolgt eine planungssoziologische Perspektive ein Verständnis, das die Verbindungen zwischen der objekthaften Dinglichkeit und der sozialen Welt betont. In der materiell-physischen Objekthaftigkeit von Orten zeigen sich Elemente der sozialen Welt. Diese objekthaften Strukturen werden als ‚objektiviertes Soziales' bezeichnet. An physischen Orten spiegeln sich, vermittelt durch kulturelle Symbole, Zeichen und Images, soziale Strukturen wider. Zwischen materiellen Dingen und der sozialen Welt bestehen Verbindungen, die beide Welten kommunizieren lassen. Die sozialräumliche und gebaute Struktur der Stadt kann zudem als ‚Aktant' gesehen werden, der im Sinne dieser ‚objektivierten sozialen Struktur' als Akteur in der gesellschaftlichen Konfiguration agiert (vgl. Linde 1972; Schäfers 2003; Löw 2008; Frey 2009). In diesem Sinne wird auch die ‚Eigenlogik' der Stadt als ein sozialräumlicher Akteur verstanden, der ‚spricht', ‚Atmosphären' erzeugt und einen ‚Habitus des Ortes' hervorbringt: „Der Habitus des Ortes zeichnet sich durch eine spezifische lokale Kultur aus, welche die Rahmenbedingungen für das Ausmaß sozialer Integration oder Desintegration sowie sozialer Toleranz setzt (…)" (Dangschat 1998: 216). Diese Perspektive verdeutlicht, dass Städte nicht nur als physische Gebilde existieren, sondern als aktive Mitgestalter sozialer Ordnungen wirken. Stadtforschung und Planung sind daher gefordert, diese Wechselwirkungen zwischen gebauten Strukturen und sozialen Prozessen stärker zu berücksichtigen, um ein umfassenderes Verständnis urbaner Dynamiken zu entwickeln.

8.3   Ortseffekte

An Orten werden Differenzen nicht nur räumlich, sondern auch sozial erfassbar. Die Untersuchung von Orten zielt daher auf die dort wirkenden sozialen Differenzen ab, die sich im Rahmen eines Kommunikationsprozesses und spezifischer konflikthafter Ortspolitiken materiell manifestieren (vgl. Radtke 2013; Häusler u. a. 2023). Die Gestaltung eines Ortes, die oft als einzigartig empfunden wird, unterscheidet sich somit auch hinsichtlich ihrer Rolle im Identifikationsprozess der Menschen. Diese sozial begründeten und ortsspezifisch materialisierten Differenzen sollen sowohl im Vergleich verschiedener Aspekte als auch innerhalb des jeweiligen vermeintlich einzigartigen Ortes untersucht werden.

In diesem Sinne kann eine mögliche ‚Eigenlogik' des Ortes als spezifische räumliche Sinnstruktur verstanden werden, die sich durch soziale Differenzierung auszeichnet, während ihre Prägung und Ausdrucksform durch allgemeine gesellschaftliche Strukturen und Prozesse erklärbar sind. Die unterschiedlichen Formen von Ortsvorstellungen sowie die lokale kulturelle, städtebauliche und planerische Prägung und Steuerung lassen sich über das Konzept einer ‚städtischen Identität' als Ausdruck ‚kollektiver Identität' erfassen (vgl. Emcke 2010: 199–227, Hilber u. a. 2004, Nasutta & Sönke 2012). Städtische Identität wird demnach als Produkt kommunikativer Konstruktionsprozesse verstanden, die historischen Entwicklungen unterliegen und sich im Wandel der Geschichte an Orten materialisieren, dort manifestieren und entweder tradiert, stabilisiert oder transformiert werden. Die Untersuchung der Kommunikations- und Konstruktionsprozesse in Ortsgestaltungen erfordert eine theoretische Konzeption des Ortes als materialisierten, aber zugleich auch durch Institutionen und Kulturen geprägten gesellschaftlichen Raum (vgl. Halbwachs 1976; Augé 1994; Christmann 2016; Relph 2016).

Die Art und Weise, wie Menschen Räume nutzen, gibt viel über ihre Wahrnehmung und ihr Verhalten preis. Architektur ist dabei nicht nur ein ortsgebundenes Bauwerk, sondern auch ein sinnlich erfahrbares System, das unsere Wahrnehmung prägt. Durch den Wandel von Generationen und Bevölkerungsschichten verändert sich auch der Umgang mit gebauten Strukturen – sie werden neu interpretiert und an aktuelle Bedürfnisse angepasst. Dies zeigt sich besonders in Städten, die aus Straßen, Plätzen und Gebäuden verschiedener Epochen und kultureller Einflüsse bestehen. Die Identität urbaner Orte ist dynamisch und hängt auch von der zunehmenden Multiidentität der Stadtbewohner ab. In der (Post-) Moderne führen flexible Lebensentwürfe dazu, dass viele Menschen sich nicht mehr nur einem einzigen Ort zugehörig fühlen, sondern mehrere Orte gleichzeitig als „Heimat" begreifen. Gebaute Umwelten spielen dabei eine wichtige Rolle, indem sie solche vielfältigen Identitäten ermöglichen und prägen (vgl. Geschke 2009).

Schon die frühen Stadtsoziologen beschäftigten sich mit dem besonderen Charakter des städtischen Lebens. Simmel beschrieb die ‚Blasiertheit' der Großstadtmenschen – eine Art Schutzmechanismus gegenüber der Flut an Eindrücken, die das schnelle und wechselhafte Stadtleben mit sich bringt. Gleichzeitig eröffnet die Stadt durch ihre Zufälligkeiten, Begegnungen und temporären Verbindungen eine Vielzahl an sozialen Interaktionsmöglichkeiten, die in ländlichen Strukturen oft begrenzter sind (vgl. Simmel 1984; Sackmann & Schubert 2018).

Das Verhältnis zwischen Psychogenese – der Herausbildung subjektiver Werthaltungen und Sinnstrukturen der Individuen – und Soziogenese als gesellschaftlicher Mentalitätsstruktur hat Elias als Konfiguration sozialer Prozesse beschrieben. In einem Kommunikations- und Konstruktionsprozess entstehen kollektive und individuelle Identitäten – bei Halbwachs sind diese auch in spezifische Orte eingeschrieben und durch Merkmale im Städtebau materialisiert –, die auf die spezifische Sichtweise der Stadtgesellschaft rückgespiegelt werden. Dieses Bild einer ‚Stadtidentität' wird auch in einem Figurationsprozess zwischen Innenbetrachtungen und außenwirksamen Wahrnehmungen in einem historischen Entwicklungsprozess (re)konstruiert (vgl. Elias 1970 und 1976; Halbwachs 1946 und 1976).

In den gegenwärtigen vielfältigen (Re-)Konfigurationen von Raum wird die Entstehung bipolarer oder multipler Identitäten durch die Vielfalt kultureller und ökonomischer Sinnstrukturen in urbanen Räumen gefördert. Auch im Bereich der Identitätskonstruktionen kommt es zu einer Pluralisierung und Heterogenisierung, wobei sich erzählmächtige Sinnkonstruktionen verstärken. Im Rahmen der Biographieforschung – insbesondere jener, die sich mit der räumlichen Verankerung bzw. örtlichen Entankerungsdynamik von Lebensläufen beschäftigt – wird deutlich, dass sich allgemeine Trends aus individuellen subjektiven Erzählungen über Erlebtes und Erfahrungen an konkreten Orten und im Raum ableiten lassen. Die subjektive (Re-)Konstruktion von Identität lässt auch Rückschlüsse auf allgemeine Strukturen der Identitätsbildung zwischen Handeln und Raum im historischen Verlauf zu. Bourdieu thematisiert die städtischen Praktiken zur Produktion und Reproduktion der Sinnstiftung als ‚Ortseffekte'. Orte als sozial konstruierte Phänomene erklären somit Eigenlogik, die sich auf die Erfahrungsmuster ihrer Akteure auswirken (vgl. Bourdieu 1998: 17–25).

Das materielle Erbe einer Stadt sollte bei einer Ortsanalyse ebenso berücksichtigt werden wie deren aktuelle sozialräumliche Zusammenhänge. Je mehr sich Gestalterinnen und Gestalter von Städten mit der sozialräumlichen Vergangenheit auseinandersetzen und über vergangene Planungen informieren, desto besser können sie sich mit der Weiterentwicklung der aktuellen städtischen Umwelt befassen. Hierbei leistet die Recherche und Aufarbeitung lokaler Geschehnisse und Fakten einen wichtigen Beitrag (vgl. Schott & Toyka-Seid 2008: 145–186).

Im Zuge routinierter und institutioneller Praktiken lassen sich Verdichtung und Grenzziehung sowie die Konstruktion von Eigenheit und Einheit als ortsspezifische und unterscheidende Sinnproduktionen verstehen, an denen verschiedene gesellschaftliche Gruppen mitwirken. Diese Gruppen sind in ihren Praktiken sowohl Produkt als auch Mitproduzenten der städtischen ‚Eigenlogik'. Für Löw entwickeln sich eigenlogische Strukturen nicht nur aus historischen, sondern auch aus räumlichen Relationen. ‚Eigenlogik' kann sich nie nur aus der historischen Relation erklären, sondern auch durch den Vergleich mit zeitgleichen, formgleichen Gebilden. Eigenlogik kann nicht ohne die Praktiken von Abgrenzung und In-Beziehung-Setzen zu anderen Städten entworfen werden (vgl. Löw 2008: 43–46).

Löw konstatiert, dass die Stadt die individuellen Wahrnehmungen und Überzeugungen ihrer Bewohner formt. Dies hat insbesondere auch Auswirkungen auf die Handlungen der Akteurinnen und Akteuren, wie sie im Raum interagieren. Die Fähigkeit, sich mit der materiellen Umwelt identifizieren zu können, basiert auf der Etablierung eines Gemeinschaftsgefühls in der Bevölkerung und orientiert sich an der Schaffung von Solidaritäts- und Zugehörigkeitsgefühlen. Die städtische Eigenlogik bezeichnet die dauerhaften Dispositionen, die an die Sozialität und Materialität von Städten gebunden sind. Außerdem konstituiert sie sich in einem relationalen System globaler, lokaler und nationaler Bezüge der Städte zueinander, durch die eine Stadt mitgeformt wird (vgl. Löw 2008: 49).

Wesentliche Beiträge zur (Neu)Konzeption von Stadtforschung liegen in der Rezeption sowohl neuerer raumtheoretischer Arbeiten (Wentz 1991, Läpple 1991, Bourdieu 1991, Löw 2001, Werlen 2010) als auch kulturwissenschaftlicher Überlegungen zur Rolle kultureller Wahrnehmungs- und Verhaltensformen sowie Handlungs- und Praxisformen bei der Konstituierung städtischer Lebenswelten und Sinnstrukturen (vgl. Lefebvre 1972, Bourdieu 1982, Lindner 1990). Durch die Konzeption von Raum auf unterschiedlichen städtischen Ebenen (Mikro-, Meso-, Makroebene) als relationales Verhältnis zwischen materiellen Objekten, institutionellen Beziehungen und sozialen Verhaltensweisen (vgl. Dangschat 2007) sowie die stärkere Rolle von subjektiv geprägten Kommunikations- und Konstruktionsprozessen innerhalb der Figuration zwischen Sinnstrukturen, kulturellen Werten und Lebenswelten der Städter (vgl. Park 1925, Berger & Luckmann 2013, Lindner 1990 und 2003) wurde eine Öffnung der Perspektive der Stadtforschung erreicht.

Diese erweiterten Zugänge kulturwissenschaftlicher Stadtforschung integrieren interdisziplinäre Verknüpfungen zwischen soziologischen und kulturwissenschaftlichen wie planerischen Perspektiven. Das Verständnis von Stadt sowohl in ihrem eigenständigen historischen Entwicklungspfad als auch in ihrer Rolle als Prägekraft und Ausdruck gesellschaftlicher Strukturierung bildet den gegenwärtigen Forschungshintergrund, der disziplinäre Anschlüsse an die Stadtplanung, Stadtsoziologie und den Städtebau ermöglicht (vgl. Healey 1997; Kemper & Vogelpohl 2013; Kurath 2018; Healey 2010; Healey 2020; Eckardt 2021; Wilde 2021). Städte haben nicht nur Einfluss auf ihre soziale Struktur, sondern auch auf ihre natürliche Umwelt. Ein Beispiel ist die sogenannte „Urban Heat Island" (städtische Wärmeinsel): Durch dichte Bebauung, versiegelte Flächen und Abwärme von Verkehr und Industrie verändern Städte ihr eigenes Mikroklima, indem sie die Temperatur in urbanen Räumen signifikant erhöhen. Dies hat Auswirkungen auf die lokale Flora und Fauna, das Wohlbefinden der Bewohner sowie auf den Wasserhaushalt, da versiegelte Flächen den natürlichen Wasserkreislauf unterbrechen. Die Stadt prägt hier also aktiv ihre Umwelt und formt die ökologischen Bedingungen, unter denen sie selbst existiert. Dieses Beispiel veranschaulicht, wie Städte durch ihre bauliche und funktionale Struktur langfristig auf die Umwelt einwirken und zeigt ihre Wirkmächtigkeit über den menschlichen Sozialraum hinaus.

Planungssoziologische Untersuchungen zu gesellschaftlichen Transformationen sowie zu kulturellen Eigenarten des typisch Städtischen sind dementsprechend durch eine interdisziplinäre integrierte Perspektive auf Prozesse örtlicher Gestaltung, sozialer Strukturierung und räumlicher Steuerung konzipiert. Sowohl dem Städtebau als auch der Stadtplanung wohnt ein kulturspezifischer Blick inne: Das Wesen des Städtischen zeichnet sich für Städtebauer oft durch örtliche Prägungen eines vermeintlichen ‚Genius Loci' aus, der gestaltbar erscheint (vgl. Sitte 1909, Umlauf 1951, Frick 2011). Die jeweils lokal ausgeprägte Planungskultur wird durch individuelle, affektive oder emotionale Aspekte sowohl in ihrem institutionellen als auch instrumentellen Rahmen beeinflusst (vgl. Benevolo 1993; Knieling u. a. 2009, Albers & Wekel 2011). Vor diesem Hintergrund ergibt sich eine interdisziplinäre Perspektive des Fachgebietes Planungssoziologie an der Schnittstelle von kulturwissenschaftlicher Stadtsoziologie und räumlicher Planung. Dabei wird nach dem Beitrag der Ortsgestaltung zum Wesen der Stadt sowie zur typischen Eigenart einer Stadt zwischen Wandel und Kontinuität gefragt.

8.4   Orte als Akteure

Der gebaute Raum ist mehr als eine passive Kulisse – er wird selbst zu einem aktiven Akteur im Spannungsfeld zwischen sozialen Intentionen und planerischen Zielen. Die Wechselwirkungen zwischen menschlichen und nicht-menschlichen Akteuren lassen sich als ‚Dingpolitik' beschreiben: Physischen Orten wird eine eigene Handlungsmacht zugeschrieben, da sie soziale Strukturen prägen und Verantwortung mittragen. In diesem Gefüge wird das menschliche Handeln stets in Zusammenhang mit den physischen Orten kontextualisiert – sei es in Form von Gebäuden, Infrastrukturen oder natürlichen Gegebenheiten. Planerinnen und Planer gestalten nicht abstrakt, sondern setzen durch konkrete Eingriffe in die physische Realität Veränderungen um. Dabei agieren sie nie losgelöst, sondern in ständiger Wechselwirkung mit materiellen Faktoren wie technischen Infrastrukturen, Werkzeugen oder finanziellen Ressourcen. Hier treten Orte selbst als Akteure auf. Die gebaute Umwelt, bestehend aus Straßen, Wohnanlagen, öffentlichen Plätzen und Technologien nehmen insofern eine aktive Rolle im Planungsprozess ein. Orte beeinflussen nicht nur, wie Planung umgesetzt wird, sondern stellen spezifische Anforderungen, die das Handeln der Planerinnen und Planer lenken und herausfordern. Orte sind also keine statischen Kulissen, sondern aktive Mitgestalter in der ständigen Transformation des urbanen Raums (vgl. Latour 2010; Lieto & Beauregard 2016: 1–9; Geschke 2009; Carmona 2021; Eckardt 2021).

Im Gestaltungsprozess von Orten sind die Interaktionen zwischen Menschen und materiellen Entitäten wie Gebäudestrukturen und Umweltelementen zentral. Diese materiellen Akteure besitzen eine eigene Präsenz und Wirkung, die sich durch ihre physische Beschaffenheit, energetische Ausstrahlung und Anpassungsfähigkeit ausdrücken. Sie agieren nicht isoliert, sondern eingebettet in Netzwerke, die sowohl räumliche als auch soziale Interaktionen umfassen. Der Planungsprozess muss daher diese Objekte im sozio-räumlichen Kontext mit einbeziehen (vgl. vgl. Law 1992; Kurath 2018: 121–149). In der räumlichen Planung wird zunehmend anerkannt, dass konkrete Orte nicht nur soziale, sondern auch räumliche Netzwerke repräsentieren. Materielle Orte, wie Gebäude oder Infrastrukturen, beeinflussen das Verhalten von Menschen und sozialen Gruppen, indem sie Wahrnehmungen und Handlungen prägen (vgl. Beauregard 2015). Dabei agieren Orte nicht allein, sondern als Akteure innerhalb eines Netzwerks, in dem sie Handlungen mitgestalten, stabilisieren und beeinflussen. Sie sind entscheidende Mitspieler in einem dynamischen Beziehungsgeflecht, das menschliches Handeln und materielle Einflüsse verknüpft (vgl. Hörning 2015: 172; Sebastien 2020).

Der sogenannte ‚material turn' in der räumlichen Planung betrachtet Orte und physische Objekte als Akteure in Netzwerken, die durch die Verbindung von

Menschen und Dingen erst vollständig zur Geltung kommen. Diese Perspektive rückt die symbiotische Beziehung zwischen sozialen und materiellen Akteuren in den Fokus. Orte sind dabei nicht nur eine passive Kulisse, sondern aktive Teilnehmer, die den Planungsprozess mitgestalten, indem sie sowohl Herausforderungen als auch Möglichkeiten aufzeigen. So entsteht ein dynamisches Netzwerk, in dem Planerinnen und Planer sowie der Ort als Akteur die Umwelt formen. So kann zum Beispiel ein denkmalgeschütztes Industrieareal, das ursprünglich als reine Kulisse für wirtschaftliche Produktion diente, durch Umnutzung und kreative Planung zu einem belebten Kultur- und Wohnquartier werden. Die bestehende Architektur beeinflusst dabei maßgeblich die Gestaltung neuer Nutzungen – etwa durch räumliche Begrenzungen, denkmalpflegerische Auflagen oder bestehende Infrastruktur. In diesem Zusammenspiel wird der gebaute Raum von einem statischen Hintergrund zu einem aktiven Akteur im Planungsprozess. Die Akteur-Netzwerk-Theorie (ANT) erfasst dieses Beziehungsgeflecht und macht deutlich, dass die Wechselwirkungen zwischen der sozialen und physischen Welt gleichberechtigt betrachtet werden müssen. Dadurch wird die räumliche Planung der (Post-)Moderne als komplexes, mehrdimensionales System verstanden, das soziale und materielle Elemente gleichermaßen umfasst und integriert (vgl. Rydin 2014; Rydin & Tate 2016; Tewdwr-Jones 2017; Eckardt 2021).

8.5 Räumliche Identität

Orte werden nicht nur als physische Räume verstanden, sondern auch als bedeutungsvolle Kontexte, die zur Identitätsbildung beitragen. Sozialräumliche Identitäten sind räumlich eingebettet, und der sozialräumliche Diskurs findet oft über lokale Orte Ausdruck. Sozialräumliche Identität zielt darauf ab, eine enge Verbindung zwischen Menschen und ihrem Territorium herzustellen. Sozialräumliche Diskurse präsentieren Territorien als Orte und Landschaften, die einen besonderen emotionalen Wert für die Mitglieder einer Gemeinschaft haben und als Ausdruck der sozialräumlichen Identität gesehen werden. Orts- und Raumidentitäten werden durch die performative Nutzung von Orten, wie Straßen oder Denkmälern, sichtbar gemacht. Diese materiellen Strukturen rufen Emotionen wie Stolz oder Zugehörigkeit hervor und spielen eine entscheidende Rolle bei der Reproduktion sozialräumlicher Diskurse. „Da landschaftsbezogene Identitäten nicht als bloße materielle Raumeigenschaften verstanden werden können, sondern als individuelle Deutungen gesellschaftlich präformierter Bedeutungszuschreibungen, sind sie auch als stets ‚umkämpft' zu betrachten. Denn gesellschaftliche wie

individuelle Lesarten landschaftsbezogener Identitäten sind in ständiger Rekonstruktion, was mit einer Gleichzeitigkeit inhomogener Vorstellungen einhergeht
und somit auch Konflikte hervorruft, die nicht immer explizit sind" (Knaps
u. a. 2020: 293). Landschaften und Orte können in diesem Sinne nicht nur
Schauplätze sozialräumlicher Konflikte sein, sondern auch als Foren zur Versöhnung dienen. Die Auseinandersetzung um Straßennamen oder Denkmäler
zeigt, wie tief verwurzelt sozialräumliche Kämpfe in der materiellen Welt sind,
aber gleichzeitig können Orte auch Brücken zur Annäherung schaffen. Orte
und sozialräumliche Identitäten sind untrennbar miteinander verbunden eine planungssoziologische Analyse von Orten kann Mechanismen der sozialräumlichen
Identitätskonstruktion beschreiben (vgl. Weichhart 1990; Emcke 2010; Edensor
u. a. 2020).

Die im historischen Verlauf oder durch gegenwärtige Transformationen entstandenen sozialräumlichen Strukturen tragen wesentlich zur Identität und Differenz eines Raumes bei. Diese Strukturen ermöglichen es, durch soziale Praxis
sowohl sozialräumliche Unterscheidungen als auch kollektive Zugehörigkeiten
zu einer spezifischen, sozialräumlich verankerten Mentalität zu schaffen. Die
Gestaltung städtischer Orte ist dabei im Kontext der Stadtpolitik stark von den
spezifischen historischen und gegenwärtigen kulturellen Strukturen und Prozessen
des jeweiligen Ortes geprägt. Planungskulturen beeinflussen durch die Formen
und Prozesse der kommunikativen Gestaltung von Orten maßgeblich die Integration oder Exklusion im städtischen Raum. Durch die räumliche Verankerung von
Mentalitäten und Identitäten werden gesellschaftliche Differenzen im gebauten
Raum sichtbar und stellen wesentliche Faktoren für die Entwicklungsprozesse
dar (vgl. Hague 2004; Pott 2007; Knieling & Othengraf 2009).

Konkrete Orte besitzen immer eine soziale Bedeutung und werden durch
menschliche Interpretationen dahingehend geprüft, welche Verhaltensweisen sie
ermöglichen oder verhindern. Die Konfiguration von Orten eröffnet und begrenzt
zugleich individuelle Handlungsspielräume (vgl. Law & Singleton 2014). Ein
Beispiel für diese Prozesse ist die Transformation von Innenstädten und die damit
einhergehenden städtebaulichen Aufwertungsprozesse, die einen Imagewandel der
historischen Stadtzentren bewirken. Früher oft als unattraktive Wohnquartiere
wahrgenommen, ziehen solche Viertel im Zuge der Transformation zunehmend
neue Bewohnerinnen und Bewohner an. Eine höhere Dichte schafft urbane
Dynamik, die neue Nutzungen wie Cafés, Kulturorte und Co-Working-Spaces
begünstigt, während Sanierungen und Neubauten den Wohnkomfort verbessern.
Auch eine optimierte Infrastruktur, etwa durch bessere Nahverkehrsanbindun-
gen und Radwege, erhöht die Attraktivität dieser Quartiere. Zudem werden sie
durch veränderte Lebensstile und finanzielle Ressourcen neuer Bewohnergruppen

geprägt, die sowohl Investitionen als auch soziale Dynamiken – bis hin zur Gentrifizierung – vorantreiben. Diese Veränderungen vollziehen sich vorwiegend im Rahmen sozial-kultureller und ökonomisch-räumlicher Transformationsprozesse. Fehlentwicklungen des industriellen Städtebaus, wie die Funktionstrennung nach der ‚Charta von Athen', der wirtschaftliche Wandel nationaler und internationaler Finanz- und Handelssysteme sowie die zunehmende Globalisierung führten zu einem Bedeutungszuwachs der Städte als Zentren der Kommunikation, des Handels und der Versorgung (vgl. Sassen 2001).

Der Wettbewerb unter großen Städten und Metropolregionen hat sich im Zuge dieser globalen und ökonomischen Restrukturierung intensiviert. Städte haben ein starkes Interesse daran, ihre Standortvorteile gegenüber transnational agierenden Unternehmen und hochqualifizierten mobilen Arbeitskräften hervorzuheben. In den 1980er Jahren entstand vermehrt ein Stadtmarketing, das zunächst harte Standortfaktoren in den Vordergrund stellte. Heute steht das sogenannte ‚urban branding' im Zentrum, bei dem Städte als Marken vermarktet und Lebensgefühle sowie urbane Wünsche strategisch beworben werden. Diese sozioökonomischen Aufwertungsprozesse in den Stadtzentren zielen vor allem auf die Mittelschicht und das Luxuswohnsegment ab. Stadtmarketing verfolgt dabei drei Ansätze: a) als Werbe- und Verkaufsstrategie, b) als Verfahren der projektbezogenen Kooperation zwischen öffentlichen und privaten Akteuren und c) als Philosophie und Handlungsanleitung zur Konzipierung eines Leitbildes für die Stadt (vgl. Putz 2008).

Stadtmarketing wird häufig als kooperative Stadtentwicklung beschrieben, die darauf abzielt, die Stadt und ihre Angebote sowohl für Bürgerinnen und Bürger als auch für Touristinnen und Touristen aufzuwerten. Im Unterschied zur Stadtplanung, die sich mit langfristigen räumlichen und sozialen Entwicklungsprozessen befasst, setzt das Stadtmarketing stärker auf Imagebildung, Standortwerbung und wirtschaftliche Attraktivität. Der Fokus liegt weniger auf einer integrativen, gemeinwohlorientierten Planung als auf der Optimierung von Kommunikation und der Förderung städtischer Akteure mit wirtschaftlichem Interesse. Während konsensorientierte Projekte angestrebt werden, besteht die Gefahr, dass partizipative Ansätze eher symbolischen Charakter haben und kommerzielle Interessen dominieren (vgl. Ebert 2004; Grabow u. a. 2005).

Die Rolle der institutionell und organisatorisch verfassten Stadtplanung erweitert sich im Kontext kulturell bedingter Positionen und Werte. Planungskulturen einer Stadt beeinflussen bewusst und unbewusst viele städtische Transformations- und Gestaltungsprozesse. Der Zusammenhang von kulturell verankerten Mentalitäten, subjektiven Identitäten und kollektiven Werten bzw. Normen der Stadtbewohnerinnen und Stadtbewohner sowie der planenden Akteurinnen und

Akteure prägt in Verbindung mit der gesellschaftlichen Verfasstheit, den institutionellen Strukturen und den Organisationsformen der formalen Stadtplanung die Art und Weise, wie Orte und Räume gestaltet werden (vgl. Werthmöller 1994; Neill 2003).

8.5.1 Konstruktion von Orts- und Raumidentitäten

Die Konstruktion von Orts- und Raumidentitäten ist ein komplexer Prozess, der weit über die manifeste, natürliche und ökologisch-biologische Dimension von Orten hinausgeht. Neben der geografischen und territorialen Lage spielen auch soziale, kulturelle und wirtschaftliche Faktoren eine entscheidende Rolle bei der Identitätsbildung von Orten und Räumen. Um die Prozesse der sozialen Konstruktion von Orts- und Raumidentitäten jedoch vollständig zu verstehen, sollten die Disziplinen des Städtebaus, der Stadtsoziologie und der Stadtplanung über die traditionellen Perspektiven eines ‚natürlichen Raumes' hinausblicken. Das lange verbreitete Bild von Städten als schutzbedürftigen Organismen oder von ländlichen Räumen als naturgeprägten, harmonischen Gebieten hat seine Wurzeln in einer idealisierten biologischen Auffassung. Städte wurden dabei oft als Organismen betrachtet, die ‚erkranken' können – beispielsweise durch Elendsquartiere, periphere Stadtrandsiedlungen oder moderne architektonische Fremdkörper in mittelalterlichen Strukturen (vgl. Umlauf 1951; Weichhart 1990; Werthmöller 1994; Neill 2003).

Planung wurde in dieser Sichtweise als potenzielle Kur verstanden, die Instrumente zur Wiederherstellung und ‚Heilung' bereitstellt, wie etwa behutsame Stadtsanierung, Quartiersmanagement, soziales Empowerment oder städtische Gemeinwesenarbeit. Diese Perspektive vernachlässigt jedoch die vielen sozialen, ökonomischen und kulturellen Dimensionen, die zur Konstruktion von Raumidentitäten beitragen. Vielmehr muss die städtebauliche und räumliche Gestaltung von Orten und Räumen ihre innere Vielfalt und Differenzierung stärker berücksichtigen. Auch in der Stadtsoziologie wurde häufig mit biologischen Metaphern gearbeitet, um urbane Dynamiken zu beschreiben: als ‚pulsierende' Stadt, die ‚niemals schläft'; ‚Verkehrsadern', die verstopft sind; oder als ‚Schaltzentralen' einer ‚Global City'. Diese Metaphern verdeutlichen, dass die Konstruktion örtlicher und städtischer Identitäten häufig über Bilder vermittelt wird, die spezifische Netzwerke, Wege und Strukturen als Raumprodukte in den Vordergrund stellen. Ebenso beeinflusst der ‚Genius der Stadt' – also die spezifischen kulturellen, ökonomischen und historischen Bedeutungen – die Konstruktion von

Orten und Räumen. Je nach ökonomischen Strukturen und Prozessen, der Ausprägung kultureller Vielfalt, den Formen räumlicher Dichte und den verorteten
sozialen Heterogenitäten nehmen Orte und Räume eine bestimmte Identität innerhalb der räumlichen Differenzierungen ein und prägen durch ihre Identität auch
die Entwicklung ihrer Umgebung (vgl. Hague 2004).

Orte und Siedlungsräume können zudem als sozial konstruierte Räume verstanden werden, die sich durch ihre Differenzierung als inspirierende Orte,
kreative soziale Kontaktzonen, innovative Umgebungen oder Kommunikationsräume auszeichnen. Unbewusste Affekte und romantische Sentimentalität sind
ebenso Charakteristika von Räumen wie technisch-materielle Artefakte: „Die
Orts-Identität umfasst Erinnerungen, Gedanken, Gefühle, Einstellungen, Werte,
Vorlieben, Erfahrungen, Bedeutungen und Bewertungen sowie Verhaltensmuster bezogen auf Orte. Es sind Erinnerungen an die aus Orten und Umwelten
bestehende individuelle „Umweltvergangenheit" (environmental past), die in früheren Zeiten auch für die Befriedigung der Bedürfnisse und das Realisieren
von Handlungsabsichten eine Rolle gespielt haben (Flade 2020:69)". Die zuge-
schriebenen Mentalitäten und Identitäten eines Ortes, auf die Bewohnerinnen
und Bewohner reagieren oder mit denen sie sich identifizieren, erfordern nicht
zwangsläufig, dass man dort geboren ist oder dass man eine langfristige Aufent-
haltsberechtigung besitzt, weil sie als allgemein anerkannte kulturelle Codes und
symbolische Bezugspunkte Wirkmacht entfalten. Die zeitlich-räumlichen Bindungen von Individuen hängen ebenso von Faktoren wie Dauer, sozialer Dichte,
baulicher Heterogenität und Bevölkerungszahl ab. Die Konstruktion von Identität
in Verbindung mit spezifischen Eigenschaften von Räumen zeigt sozialräumliche
Voraussetzungen für Planung und Entwicklung. Es besteht ein Spannungsfeld
zwischen dem Wunsch nach homogenen, harmonischen Räumen, die einen inneren Zusammenhalt der Gemeinschaft gewährleisten, und der Anerkennung von
Diversität und spezifischer Unterschiedlichkeit, die eine widersprüchliche Logik
sozialer Beziehungen hervorbringen kann (vgl. Löw 2008).

Räumliche Identitäten werden durch die Eigenheiten und Werte eines Ortes
oder Gebietes zusammen mit topographischen Faktoren konstruiert. Traditionell
wird in der klassischen Planung mit Begriffen wie ‚Standortfaktoren' gearbeitet,
um Raumidentitäten zu erfassen. Der Begriff ‚Bodenkultur' veranschaulicht die
identitätsstiftenden Konstruktionen und deren Zusammenhang mit der Gestaltung
von Orten. Stadtidentität wird als authentische Darstellung einer Stadt betrachtet,
ein Projekt, das sich langfristig entwickelt und sich Stück für Stück zusammensetzt. Sie steht im Gegensatz zum Stadtimage, das für die Vermarktung dient und
ein geschöntes Bild erzeugen soll.

Die Stadtidentität richtet sich an verschiedene Zielgruppen, die auf unterschiedliche Weise von der Wahrnehmung und Bedeutung eines Ortes beeinflusst werden. Für Bürgerinnen und Bürger stellt sich die Frage: ‚Wie wird ‚irgendeine' Stadt zu ‚meiner' Stadt? Dabei geht es darum, wie Menschen eine emotionale Verbindung zu einem Ort entwickeln und eine Zugehörigkeit empfinden. Diese Bindung entsteht durch persönliche Erlebnisse, soziale Netzwerke und die Identifikation mit der Geschichte, den Werten und dem kulturellen Leben der Stadt. Eine Stadt wird so zu einem Ort, der das individuelle Lebensumfeld prägt und Heimat bietet. „Die soziale Konstruktion von Heimat ist dabei weniger auf Utopien denn auf als real erlebte soziale Bezüge und physische Räume gerichtet. Die Dimensionen des Sozialen und des Raumes werden durch die Dimension der Zeit ergänzt: Wird mit Heimat in räumlicher Hinsicht ein Zugehörigkeitsgefühl zu einem bestimmten Raum verbunden, ist in zeitlicher Hinsicht mit Heimat zumeist ein vertraut gewordener, bisweilen auch verlorener, vormals vertrauter Raum gemeint" (Kühne 2018: 273). Die ‚Seele' einer Stadt wird in diesem Sinne dabei durch mehr als nur ihre gebaute Umwelt und Landschaft bestimmt – es sind die Geschichten, die Atmosphären und die Menschen, die sie lebendig machen.

Die Identitätsentwicklung einer Stadt wird täglich von zahlreichen Akteurinnen und Akteuren beeinflusst, sei es bewusst oder zufällig, in kleinen Schritten oder mit großen Veränderungen. In diesem Sinne ist räumliche Entwicklung auch Identitätsentwicklung. Identität ergibt sich aus der individuellen Perspektive, der Einbindung in soziale Gruppen und der zeitlichen Komponente, die Vergangenheit, Gegenwart und Zukunft umfasst. Die Identitätsentwicklung eines Menschen wird durch verschiedene Faktoren geprägt, darunter körperliche Erfahrungen, soziale Beziehungen, berufliche Tätigkeit, materielle Sicherheit und persönliche Werte. Auch der Lebensraum spielt eine entscheidende Rolle, da er Zugehörigkeit und Identifikation, aber auch Abgrenzung und Differenzierung beeinflussen kann – sei es auf der Ebene der eigenen Wohnung, der Nachbarschaft oder im größeren geografischen Kontext von Stadt, Land und Kontinent. In ähnlicher Weise formt sich auch die Identität einer Stadt durch ihr Erscheinungsbild, ihre Lebensqualität, ihre gesellschaftlichen Werte, die wirtschaftlichen Perspektiven sowie die Verfügbarkeit materieller Ressourcen. Die Stadtidentität ist somit nicht statisch, sondern das Ergebnis historischer Entwicklungen und gegenwärtiger Dynamiken, die Transformation, Tradierung oder Manifestation bestehender Strukturen bewirken (vgl. Eberle Gramberg & Gramberg 2012; Flade 2020).

8.5.2 Eigenlogik von Orten und Räumen

Im Mittelpunkt steht die Frage, wie sich im alltäglichen Zusammenleben mit anderen Menschen die Stadt als Sozialwelt sinnhaft konstituiert und reproduziert. Städte unterscheiden sich als unterschiedliche Erfahrungs- und Handlungsräume. Die Logik der Städte folgt nicht zwangsläufig der angenommenen Vielschichtigkeit und Heterogenität, sondern konzentriert sich auf sinnhafte ,Ideen des Eigenen', die als kulturelle Ordnungsmuster in historischen und aktuellen Prozessen entstehen. Die Besonderheit einer Stadt bezieht sich somit nicht nur auf strukturelle Unterschiede, sondern auch auf unterschiedliche alltägliche Deutungen. Nicht die Gesellschaft dient als oberste Referenz für die Stadt, sondern die Stadt oder die Stadtgesellschaft selbst. Dieser Prozess der existenziellen Bezogenheit auf die Stadt wird von Löw als ,Eigenlogik der Städte' bezeichnet. Der Begriff der Eigenlogik verdeutlicht, dass unbewusste Gewissheiten über eine Stadt in unterschiedlichen Ausdrucksformen des Handelns auftauchen und rekonstruiert werden können. Die Grenzen einer Stadt lassen sich konzeptuell nicht als rein administrative Grenzen verstehen, sondern als Sinngrenzen, die durch Benennung und gemeinsame Erfahrung rekonstruierbar sind (vgl. Löw 2010; Kemper & Vogelpohl 2013).

Für die Stadtplanung bedeutet dies, zu verstehen, wie Menschen ihre Umwelt interpretieren und Städte als gemeinsamen Erfahrungsraum erleben. Es ist wichtig, die Vorstellungen einer Stadt von ihrer materiellen Realität zu unterscheiden. Die individuellen Wahlmöglichkeiten der Stadtbewohner, eine selbstgewählte soziale Gruppe in der Stadt als Identifikationsmöglichkeit zu finden, verdeutlichen die Vielfalt von Stadtidentitäten. Stadtfeindlichkeit bzw. Großstadtfeindlichkeit, die eine lange historische Entwicklung hat, wurzelt in der kulturellen Ablehnung dieser Vielfalt und Freiheit. Der Spruch „Stadtluft macht frei" bezieht sich auf die Wahlmöglichkeiten von Sinnzusammenhängen und sozialräumlicher Verankerung. Die Vielfalt des Städtischen stellt für die Bewohnerinnen und Bewohner eine Herausforderung dar, da die starke Ausdifferenzierung der sozialräumlichen Formen und Sinnzusammenhänge eine Vielzahl von Wert- und Identitätskonstruktionen ermöglicht. Diese Formen individueller Überforderung und die zunehmende Unübersichtlichkeit städtischer Strukturen sind charakteristisch für die (post-)moderne Stadtentwicklung. Veränderungen sozialräumlicher Strukturen, wie die Suburbanisierung, Privatisierung öffentlicher Räume, Flächensanierungen und Stadterweiterungen, bilden die räumlich-materielle Grundlage für den Wandel individuell und gruppenspezifisch sozial konstruierter Räume (vgl. Sackmann & Schubert 2018; Carmona 2021).

8.6 Raumbezogene Methoden und Gestaltungsprozesse

Raumbezogene Methoden beziehen sich auf Ansätze und Verfahren, die genutzt werden, um den physischen Raum zu analysieren, zu planen und zu gestalten. Diese Methoden dienen dazu, die Nutzung von Flächen in Städten, Dörfern und Regionen zu organisieren und zu optimieren. Sie spielen eine zentrale Rolle in der räumlichen Planung, da sie es ermöglichen, soziale, wirtschaftliche und ökologische Faktoren zu berücksichtigen. Durch Kartierungen, Analysen und Prognosen können Planerinnen und Planer fundierte Entscheidungen treffen, um nachhaltige und funktionale Räume zu schaffen. Hierbei kommen Techniken wie Geoinformationssysteme (GIS), Raumbeobachtungen und partizipative Planungsprozesse zum Einsatz.

Ortsgestaltung wiederum bezieht sich auf die konkrete physische Gestaltung eines bestimmten Ortes, sei es ein Stadtviertel, ein Platz oder eine ländliche Umgebung. Ziel ist es, ästhetisch ansprechende, funktionale und nachhaltige Orte zu schaffen, die den Bedürfnissen der Menschen gerecht werden. Instrumente der Ortsgestaltung umfassen unter anderem die Architektur, den Städtebau und die Landschaftsplanung (vgl. Kühne 2018). Dabei spielen Materialien, Proportionen, Raumaufteilungen sowie die Integration von Natur eine wesentliche Rolle. Städtebauliche Entwürfe und architektonische Konzepte sorgen dafür, dass der Charakter und die Identität eines Ortes gestärkt werden. Gleichzeitig müssen bei der Gestaltung auch infrastrukturelle Anforderungen, wie die Anbindung an Verkehrssysteme und die Berücksichtigung von Klimaschutzmaßnahmen, bedacht werden.

8.6.1 Methoden der Raumanalyse

Qualitative Methoden in der Raumanalyse betonen die soziale Dimension von Räumen, indem sie subjektive, partizipative und häufig visuelle Ansätze verwenden. Diese Methoden bieten Einblicke in die Art und Weise, wie Menschen Räume wahrnehmen, erleben und nutzen. Ein zentraler Bestandteil dieser Ansätze sind Raumbegehungen und -beobachtungen, die eine wichtige Rolle dabei spielen, das Verhalten und die Interaktionen der Menschen in bestimmten Räumen zu erfassen. Dabei rückt der physische Raum selbst oft in den Hintergrund, während das Augenmerk auf den Aktivitäten der Nutzerinnen und Nutzern und ihren sozialen Interaktionen liegt. Um die Beobachtungen sinnvoll interpretieren zu können, ist ein tiefes Verständnis kultureller Codes erforderlich (vgl. Dangschat & Kogler 2019).

Visuelle Verfahren, wie kognitive und mentale Karten (Cognitive Maps und Mental Maps), sind ein weiteres bedeutendes Werkzeug in der qualitativen Raumanalyse. Die Verwendung subjektiver Landkarten oder Mental Maps basieren auf den Arbeiten von Kevin Lynch (vgl. Lynch 1981). Die kognitiven Karten spiegeln die individuelle Wahrnehmung des Raumes wider und sind besonders nützlich, um die sozialen Bedeutungen und Nutzungen eines Raumes zu verstehen. Sie werden vor allem in partizipativen Ansätzen eingesetzt, um zu ermitteln, welche Bereiche einer Stadt oder eines Stadtteils für die Bewohnerinnen und Bewohnern besonders relevant sind. Diese zeichnerischen Darstellungen geben Aufschluss über die subjektiven Wahrnehmungen eines Raumes und dienen als Ausgangspunkt für weiterführende Untersuchungen. In der Stadtplanung sind sie besonders nützlich, um die Perspektiven der Bewohnerinnen und Bewohnern auf ihre Umgebung besser zu verstehen und deren Eindrücke in Planungsprozesse einzubeziehen. Die subjektive Erfahrung von Räumen wird zudem häufig durch narrative Interviews erfasst. In diesen Interviews schildern die Befragten ihre Erlebnisse und Wahrnehmungen eines Raumes, wobei insbesondere die individuelle Erinnerung und die damit verbundenen Assoziationen eine zentrale Rolle spielen. Diese Methode betont die performative Natur von Raumwahrnehmung und verdeutlicht, dass Raumerleben nicht nur durch physische Gegebenheiten, sondern auch durch soziale und emotionale Aspekte geprägt ist.

Ein wesentlicher Aspekt der qualitativen Raumanalyse ist die Kombination mit quantitativen Methoden, ein Ansatz, der als Triangulation bekannt ist. Dieser Mixed-Methods-Ansatz zielt darauf ab, unterschiedliche Perspektiven zu integrieren, um ein umfassenderes Verständnis des sozialen und physischen Raums zu gewinnen. Dabei steht nicht die Validierung der Ergebnisse im Vordergrund, sondern die Ergänzung der gewonnenen Informationen, um die Komplexität räumlicher Phänomene besser erfassen zu können (vgl. Ziervogel 2011).

Raumbezogene Methoden sind ein zentraler Bestandteil der Sozialraumanalyse und der Raumplanung, um komplexe Wechselwirkungen zwischen physischen, sozialen und kulturellen Dimensionen eines Raumes zu erfassen. Die Sozialraumanalyse, als methodischer Rahmen für raumbezogene Methoden, geht über die reine physische Analyse hinaus. Sie zielt darauf ab, die sozialen Strukturen und Handlungsräume innerhalb eines bestimmten Raumes zu erfassen. Diese ganzheitliche Betrachtung ermöglicht es, die subjektiven Erfahrungen der Bewohnerinnen und Bewohner in den Kontext der physischen Raumstrukturen zu setzen. Es entsteht ein multidimensionales Bild, das bauliche Gegebenheiten, soziale Netzwerke und kulturelle Bedeutungen miteinander verknüpft (vgl.

Riege & Schubert 2005; Deinet 2009). Diese Methoden beziehen sich auf die systematische Erfassung und Analyse von räumlichen Gegebenheiten und sozialen Strukturen, um fundierte Entscheidungen in der Stadtplanung und Architektur zu ermöglichen. Sie greifen auf qualitative und quantitative Methoden zurück, um sowohl die objektiven als auch die subjektiven Aspekte eines Raumes zu verstehen. Zu den raumbezogenen Methoden gehören unter anderem die Nadelmethode, visuelle Stadtanalysen und strukturierte Stadtbegehungen. Die Nadelmethode ermöglicht es, spezifische Orte zu visualisieren, indem verschiedenfarbige Nadeln auf Karten gesteckt werden. Diese Methode bietet einen Überblick über genutzte Wege und Knotenpunkte in einer Stadt, trägt jedoch nur begrenzt zur qualitativen Bewertung dieser Orte bei (vgl. Riege & Schubert 2005; Geschke 2009; Deinet 2009).

Visuelle Stadtanalysen nutzen fotografische oder videografische Erhebungen, um städtische Phänomene zu dokumentieren und zu interpretieren. Ein Beispiel hierfür sind geführte Stadtbegehungen, bei denen Expertinnen und Experten oder Anwohnerinnen und Anwohner auf spezifische städtische Missstände aufmerksam machen, wie etwa mangelnde Instandhaltung oder soziale Ausgrenzung. Diese Methode bietet eine dialogische Produktion von Wissen, bei der sowohl die Forschenden als auch die Befragten aktiv in den Analyseprozess eingebunden werden.

Ein zentrales Konzept bei der Anwendung raumbezogener Methoden ist die Erweiterung von der Vorstellung eines ‚Containerraums‘ hin zum ‚relationalen Raum‘. Nach Löw und Läpple ist der Raum nicht nur ein Behälter für physische Objekte, sondern eine relationale Ordnung von Objekten und Handlungen, die durch gesellschaftliche Kräfte geformt wird (vgl. Läpple 1991; Löw 2001). Diese Sichtweise ermöglicht es, die dynamischen Interaktionen zwischen Raumstrukturen und sozialen Handlungen besser zu verstehen und in der Planung zu berücksichtigen. Raumbezogene Methoden sind eng mit partizipativen Ansätzen verknüpft, da sie häufig darauf abzielen, die Perspektiven der lokalen Bevölkerung einzubeziehen. Partizipative Methoden wie die aktivierende Befragung oder Zukunftswerkstätten ermöglichen es, den Betroffenen, sich aktiv in den Planungsprozess einzubringen und so soziale Problemlagen und Handlungsmöglichkeiten aus ihrer Perspektive zu formulieren. Insgesamt bieten raumbezogene Methoden eine breite Palette an Werkzeugen, um die Komplexität städtischer und ländlicher Räume zu erfassen. Sie sind unverzichtbar, um nicht nur physische, sondern auch soziale und kulturelle Aspekte eines Raumes in der Planung und Gestaltung zu berücksichtigen (vgl. Dangschat & Kogler 2019).

8.6.2 Place-Making und Urban Design

Urban Design, oder Städtebau, ist ein disziplinärer Bereich, der sich mit der Gestaltung und Organisation von städtischen Räumen beschäftigt. Es umfasst die physische Gestaltung von Gebäuden, Straßen, Plätzen und Parks und berücksichtigt dabei sowohl ästhetische als auch funktionale Aspekte der Stadtentwicklung. Urban Design zielt darauf ab, kohärente, nachhaltige und lebenswerte städtische Umgebungen zu schaffen (vgl. Moughtin 2003; Jacobs & Appleyard 2015; Mikhailov u. a. 2020; Kunzmann 2020). Place-Making hingegen bezeichnet einen partizipativen Planungsansatz, bei dem der physische, soziale und kulturelle Charakter eines Ortes durch die aktive Einbeziehung der Gemeinschaft gestaltet wird. Ziel ist es, Orte zu schaffen, die lebendig, funktional und den Bedürfnissen der Menschen angepasst sind. Place-Making fördert die Identifikation der Menschen mit dem Ort und zielt darauf ab, den öffentlichen Raum so zu gestalten, dass er sozialer und nutzerfreundlicher wird: „While the planning discipline was more focused on creating solutions that „fits all" for the city, architectural concepts had their focus on the buildings themselves, rather than the relationship with the public realm. Thus, urban design emerged as a bridge between urban planning and architecture. (…) Although urban designers are more concerned with the daily needs of users, and solving tangible problems, they are still not perceived as the decision makers in the eyes of citizens. Urban planners are the ones perceived with the power to make decisions about the city, since their profession operates on the higher levels of policy formulation" (Abd Elraham & Asaad 2021: 1163).

Place Making und Urban Design stellen verschiedene Instrumente zur Verfügung, um Räume und Orte im Sinne eines nutzerfreundlichen und funktionalen Designs zu gestalten. Eines der zentralen Instrumente im Place-Making ist die Bürgerbeteiligung. Diese Methode ermöglicht es den lokalen Gemeinschaften, ihre Bedürfnisse und Ideen in die Gestaltung eines Ortes einzubringen. Dadurch werden die Menschen zu aktiven Teilnehmerinnen und Teilnehmer im Planungsprozess und die entstehenden Räume reflektieren ihre Wünsche und sozialen Bedürfnisse. „People should feel that some part of the environment belongs to them, individually and collectively, some part for which they care and are responsible, whether they own it or not. The urban environment should be an environment that encourages people to express themselves, to become involved, to decide what they want and act on it" (Jacobs & Appleyard 2015:115). Bürgerbeteiligung trägt zudem dazu bei, dass Menschen eine stärkere emotionale Bindung zu einem Ort aufbauen, was langfristig zur Pflege und Erhaltung des Raumes beiträgt (vgl. Alexander 1987; Moughtin 2003). Ein weiteres wesentliches Instrument im Place-Making ist die temporäre Nutzung von Räumen, bei der städtische Flächen, die vorübergehend leer stehen, für Pop-up-Installationen, Märkte oder kulturelle Veranstaltungen genutzt werden. Diese Art der Zwischennutzung erlaubt es, den Raum in Echtzeit zu testen und die Reaktionen der Gemeinschaft zu beobachten. Dadurch können Planer und Designer besser einschätzen, welche Maßnahmen den Raum beleben und welche weniger gut funktionieren.

Im Bereich des Urban Designs spielen Gestaltungselemente wie Gebäudeanordnung, Straßenführung und die Anordnung öffentlicher Plätze eine zentrale Rolle. Eines der wichtigsten Werkzeuge ist hier die Planung öffentlicher Räume. Diese Planung umfasst die Integration von Plätzen, Parks und Fußgängerzonen in das städtische Gefüge, um eine bessere Lebensqualität und soziale Interaktion zu fördern: „City design as a special type of design and art synthesis of design, architecture, monumental and decorative, urban planning and landscape art includes a number of levels of organization of the spatial environment of the city: the level of individual forms, urban spaces and ensembles, the city as a whole. Its historical development must be considered as a complex multilinear development process, thereby meeting new ideas and ideals of a post-industrial society with an integral picture of worldview, a number of interconnected subsystems (street furniture and equipment, visual communications, graphic environment, color-lighting environment, etc.)" (Mikhailov u. a. 2020:6).

Ein weiteres wichtiges Instrument des Urban Designs ist die Landschaftsarchitektur, die natürliche Elemente wie Pflanzen, Bäume, Wasserflächen und Grünflächen in städtische Räume integriert. Landschaftsarchitektur trägt nicht nur zur ästhetischen Aufwertung bei, sondern verbessert auch die Luftqualität und das Mikroklima und bietet den Bewohnerinnen und Bewohnern Erholungsräume. In Kombination mit nachhaltigen Entwässerungssystemen, die etwa in Regenwassergärten integriert sind, schafft die Landschaftsarchitektur funktionale und ökologisch nachhaltige städtische Umgebungen (vgl. Kreiger 2009).

Im Zusammenspiel von Place-Making und Urban Design wird öffentliche Kunst gezielt als Werkzeug eingesetzt, um die Identität eines Ortes zu stärken und sein kulturelles Erbe sichtbar zu machen. Kunstwerke im öffentlichen Raum tragen zur Schaffung eines Gemeinschaftsgefühls bei und dienen als visuelle Ankerpunkte, die einem Ort Einzigartigkeit verleihen. Gleichzeitig entstehen durch solche Kunstwerke lokale Diskursgegenstände, die gesellschaftliche Debatten anstoßen. Ein Beispiel hierfür ist die Kunstaktion eines Einkaufswagens vor der East Side Mall in Berlin, die – in einem scheinbar paradoxen Zusammenspiel – eine kapitalismuskritische Botschaft vermittelte, obwohl sie auf einem Grundstück des Edge Towers stand und von Amazon mitinitiiert wurde. Darüber hinaus kann Kunst im urbanen Raum als Katalysator für die Aufwertung

strukturell benachteiligter Gebiete dienen und zur Imageverbesserung von Stadtvierteln beitragen. Insgesamt verdeutlichen Place-Making und Urban Design, dass
die Gestaltung lebenswerter Orte auf der Kombination verschiedener Instrumente
beruht, die soziale, kulturelle und wirtschaftliche Aspekte miteinander verbinden: „Spatial planners concerned with placemaking should not focus on the
end-product in isolation as the process of placemaking is an important part of
placemaking, e.g., where the process empowers people. Placemaking may have
the ability to create positive social change. This positive social change can include
sharing ideas and learning new skills to eventually create an end-product. This
sharing and learning of skills to transform an environment suggest placemaking
as an enabling tool. (…) a re-orientation of placemaking from being focused on
physical (spatial) change of the environment (product oriented) created by designers (e.g., architects, spatial planners) towards placemaking as an enabling tool
to be used by planners to facilitate the making of places by numerous people/
role-players outside the planning profession" (Strydom u. a. 2018: 175).

Insbesondere öffentliche Räume dienen nicht nur als Treffpunkte, sondern
auch als Orte der Erholung und Freizeitgestaltung, und ihre Gestaltung muss
Aspekte wie Zugänglichkeit, Sicherheit und Nutzbarkeit berücksichtigen (vgl.
Alexander 1987; Madanipour 2006). Durch Bürgerbeteiligung, die Planung
öffentlicher Räume, temporäre Nutzungen, Landschaftsarchitektur und öffentliche Kunst wird nicht nur die physische Gestaltung, sondern auch das soziale und
kulturelle Gefüge eines Ortes beeinflusst (vgl. Sternberg 2000; Dobbins 2009).

Friedmann beschäftigt sich mit der Bedeutung von Orten in Städten und
dem Prozess des ‚Place Making', also der Schaffung und Gestaltung solcher
Orte. Im Zentrum steht die Unterscheidung zwischen dem physisch gebauten
Raum und den sozialen und emotionalen Beziehungen, die die Bewohner eines
Ortes zu diesem aufbauen. Ein ‚Place' ist nicht nur ein physischer Raum, son-
dern ein Ort, der durch soziale Interaktionen und die emotionale Bindung der
Menschen, die dort leben, geformt wird. Es geht um die Kombination aus dem
materiellen Umfeld und den subjektiven Empfindungen der Bewohnerinnen und
Bewohner. Städte stehen im Wettbewerb um globales Kapital. Dieser Wettbewerb
führt häufig zur Vernachlässigung von ortsgebundenen Gemeinschaften zugunsten von Mega-Projekten und Stadtmarkenbildung. Die Fokussierung auf globale
Infrastrukturprojekte und die Anziehung von Kapital führen oft zur Zerstörung
bestehender Orte und Gemeinschaften. Traditionelle Nachbarschaften werden
durch großstädtische Projekte verdrängt, was zu einer Verdrängung von alteinge-
sessenen Bewohnerinnen und Bewohnern führen kann. Friedmann argumentiert,
dass Place-Making nicht nur eine Aufgabe für Stadtplanerinnen und Stadtplaner ist, sondern ein gemeinschaftlicher Prozess, bei dem die Bewohner aktiv

mitgestalten. Der Erhalt und die Schaffung von Orten können nur erfolgreich sein, wenn die lokale Bevölkerung in den Planungsprozess einbezogen wird. Im Gegensatz zu den Mega-Projekten der Stadtentwicklung betont Friedmann die Wichtigkeit von kleinen, intimen Räumen in Städten: „Speaking globally, and fixated as they often are on globalization, planners in the newly industrializing countries but elsewhere as well seem to have forgotten about the small spaces of the city, the self-defined neighborhoods of urban life. These days, everything we dream about is „mega", those functional structures that, geared to profits, lack soul. Except when state and capital need the land on which ordinary people are living, they Place and Place-Making in Cities and their stake in the city are largely forgotten. (…) I have focused on the small and ordinary because small and ordinary are mostly invisible to those who wield power, unless, when stepped upon, they cry out. But genuine places at the neighborhood scale have order, structure, and identity, all of which are created, wittingly or not, by the people living there. (…) A successful neighborhood is cherished by its inhabitants, even when housing is ill maintained and the infrastructure inadequate. But housing can be renewed, new infrastructure can be emplaced. (…) Ordinary neighborhoods, I would argue, need to be brought back into view, so that planners and local citizens can engage in a joint search for genuine betterment in the physical conditions of neighborhood life. This is a challenge for both parties who, for the most part, are inexperienced in what is, in effect, a moral engagement from which both have something to gain" (Friedmann: 2010: 161 f.).

Diese Orte, wie Nachbarschaften, Plätze oder religiöse Orte sind für das soziale und emotionale Wohlbefinden der Menschen essenziell und fördern eine Identifikation mit dem Ort. Friedmann plädiert letztlich dafür, die Bedeutung von kleinen, gemeinschaftlich geprägten Orten in Städten stärker zu berücksichtigen und in den Mittelpunkt der Stadtplanung zu rücken. Er fordert eine Form der Stadtentwicklung, die nicht nur auf wirtschaftlichen Nutzen, sondern auch auf das soziale Gefüge und die Lebensqualität der Bewohner abzielt (vgl. Friedmann 2010; Thomas 2016; Basaraba 2023).

Auch Strydom und Puren weisen beim ‚Place-Making' auf den partizipativen Ansatz in der Gestaltung öffentlicher Räume hin. Der Prozess des Place-Making, bei dem Orte durch aktive Beteiligung der Gemeinschaft gestaltet werden, ist besonders in städtischen Umgebungen wichtig: „Place-making is an empowering process that takes community involvement as point of departure. (…) Community participation informed place-making in at least two ways: by creating an understanding of the sociospatial dimensions that underlie space and by formulating suggested intervention strategies to address the needs and desires of the community. Suggested interventions include (i) physical interventions (upgrade and

beautification of the space), (ii) social interventions (ongoing community involvement) and (iii) economic interventions (creating employment opportunities).
(…) Place-making implies that places are not products of deliberate intervention such as spatial planning, but should involve active and ongoing participation
of communities. Therefore, places cannot be designed from the outside (e.g.,
by experts). Active involvement of communities is especially important when
making decisions concerning their living environment as involving communities
in decision-making gives them a feeling of ownership and responsibility towards
their environment and ultimately improve their quality of life. Place-making is
based on community involvement as a fundamental point of departure" (Strydom & Puren 2013: 33). In diesem Sinne spielen offene Räume wie Parks oder
Plätze in dicht besiedelten einkommensschwachen Gebieten eine wichtige Rolle
für das soziale Leben. Diese Räume fördern das Gemeinschaftsgefühl und bieten
Möglichkeiten für Erholung und soziale Interaktion. Eine partizipative Gestaltung öffentlicher Räume berücksichtigt sowohl die physische als auch die soziale
Dimension eins Ortes.

Place-Making ist nicht auf eine einzige Disziplin beschränkt, sondern umfasst
verschiedene Bereiche wie die räumliche Planung, Sozialwissenschaften, Kunst,
Bildung und Tourismus. Es geht darum, wie Menschen durch kollektive Anstrengungen ihre Umgebung neugestalten und anpassen, um eine stärkere Identifikation mit ihren Orten zu schaffen. Der Ursprung des Place-Making Konzepts
in der räumlichen Planung lässt sich auf wichtige Theoretiker wie Jacobs und
Whyte zurückführen (vgl. Jacobs 1961; Whyte 1988). Während früher das physische Endprodukt im Fokus stand, hat sich Place-Making inzwischen zu einem
Prozess entwickelt, der soziale und demokratische Elemente betont, insbesondere
durch die Beteiligung der Gemeinschaften. In den letzten Jahrzehnten hat sich das
Place-Making von einem rein physischen Gestaltungskonzept hin zu einem partizipativen, demokratischen Prozess entwickelt. Dabei werden die Entscheidungen
über die Gestaltung von Orten nicht mehr ausschließlich von Expertinnen und
Experten getroffen, sondern beinhalten die aktive Mitwirkung von Gemeinschaften und anderen Interessengruppen. Dies fördert den Respekt gegenüber Vielfalt
und schafft ein stärkeres Gemeinschaftsgefühl. Ein zentraler theoretischer Trend
ist die Vorstellung, dass Place-making Menschen befähigt, ihre eigenen Umgebungen aktiv zu gestalten. Insbesondere in den letzten Jahren wird Place-Making
als Werkzeug verstanden, durch das Gemeinschaften Fähigkeiten erlernen und
Wissen teilen können, um ihre Räume zu transformieren. Dieser Prozess wird
nicht mehr nur von Expertinnen und Experten geleitet, sondern ist offen für alle
Mitglieder einer Gemeinschaft: „The urban design approach in the city should

consider all users. It should also relate to the social aspect where it should operate considering the context and relationship with users. It should consider the
institutional framework of the city and political setting of its practice. Therefore,
urban design is seen as an embedded activity with an interdisciplinary and political activity" (Abd Elraham & Asaad 2021: 1170). Place-Making sollte in der
räumlichen Planung nicht nur als Gestaltung von physischen Räumen verstanden
werden, sondern als ein Werkzeug zur Schaffung positiver sozialer Veränderungen. Es ermöglicht den Austausch von Ideen und das Erlernen neuer Fähigkeiten,
was letztendlich zu einer stärkeren Einbindung der Menschen in den Planungsprozess führt (vgl. Strydom u. a. 2018; Raven u. a. 2018; Abd Elrahman u. a.
2021).

8.6.3 Gestaltung durch materiell-technische Artefakte

Planungssoziologisch betrachtet besteht eine enge Verknüpfung von technischen
und sozialen Dimensionen in der räumlichen Planung und im Urban Design.
Räumliche Planung und Urban Design sind keine rein technischen Disziplinen, sondern tief in soziale, politische und wirtschaftliche Zusammenhänge
eingebettet. Infrastrukturen und materielle Artefakte wie Straßen, Gebäude oder
Versorgungsnetze sind nicht nur technische Konstrukte, sondern beeinflussen das
soziale Leben und die Interaktionen der Menschen innerhalb des städtischen Raumes. Städtische Infrastrukturen sind keineswegs stabil und beständig, sondern
unterliegen einem fortlaufenden Verfall und müssen kontinuierlich gepflegt und
gewartet werden. Ihre scheinbare Stabilität ist ein fragiles, temporäres Ergebnis beständiger Arbeit. Räumliche Planung kann insofern als eine Form von
Technologie betrachtet werden, bei der nicht nur technische Systeme wie Abwas-
sernetze oder Verkehrswege, sondern auch die physische und räumliche Struktur
von Städten als technologisches Artefakt aufgefasst wird. Diese Strukturen haben
weitreichende Auswirkungen auf soziale Beziehungen und gesellschaftliche Hierarchien. Scheinbar technische Details in der Stadtplanung, wie die Breite von
Straßen oder die Anordnung von Plätzen, haben tiefgreifende soziale Implikationen. Solche Entscheidungen beeinflussen das Machtgefüge innerhalb von Städten
und können die soziale Ordnung sowohl fördern als auch behindern. Der Entwurf
und die Umsetzung städtischer Infrastrukturen sind dabei immer das Ergebnis
von Auseinandersetzungen zwischen verschiedenen Akteuren mit divergierenden
Interessen und Zielen. Ein prägnantes Beispiel ist die autogerechte Stadtplanung,
die in vielen Städten lange Zeit dominierte und den motorisierten Individualverkehr priorisierte. Diese Planungsphilosophie führte zu einer räumlichen Ordnung,

die Fußgänger und Radfahrer oft benachteiligte und soziale sowie ökologische Herausforderungen verstärkte. Der Wandel hin zu einer menschengerechteren Stadt zeigt, dass urbane Infrastrukturen nicht neutral sind, sondern Ausdruck bestehender Machtverhältnisse und gesellschaftlicher Prioritäten: „Begreift man Stadtplanung als Technologie, rücken nicht mehr nur Kanalisation, Abwasser, Transportwesen usw. und damit stadttechnische Infrastrukturen im engeren Sinne in den Blick. (…) Das Design der Städte wird zur Technik und die city form zum Gestaltungsobjekt von Planern und Urban Designern, die genauso den ‚Hauch der Technik' verspüren wie Tiefbauingenieure, die mit dem Ausheben von U-Bahn-Tunneln beschäftigt sind. Auch bei Stadtplanung als Technik handelt es sich keinesfalls um eine ‚rein' technologische Sphäre, die von sozialen, politischen, ökonomischen usw. Einflüssen komplett freigehalten werden kann und in der einzig der nüchterne Sachverstand des Planers waltet. (…) Der vermeintlich ›harte‹ technologische Kern von Stadtplanung besteht also schon von Grund auf aus anderen, nicht-technischen Elementen, die in Form von sozialen Interessen, ökonomischen Zwängen, rechtlichen Vorgaben und politischen Allianzen in die Praxis der Planer eingelagert sind" (Wilde 2021:100).

Technische Planungen spiegeln somit immer auch soziale und politische Machtverhältnisse wider. Stadtplanung und Urban Design als sozio-technische Prozesse zeigen die enge Verflechtung technischer und sozialer Dimensionen. Planung und Design sind insofern nicht nur technologische, sondern auch gesellschaftliche Interventionen, die das städtische Leben formen und beeinflussen. In Bezug auf die Planungssoziologie wird insofern deutlich, dass Städtebau und Urban Design als soziotechnische Systeme zu begreifen sind, in denen sowohl technische als auch soziale Elemente zusammenwirken. Der Prozess des Place-Making, bei dem Orte durch technische und soziale Interventionen geschaffen werden, zeigt die wechselseitige Abhängigkeit zwischen Technik und Gesellschaft. Planungssoziologie analysiert jede technische Intervention auch in ihren sozialen Auswirkungen, um Orte schaffen zu können, die nicht nur funktional, sondern auch lebenswert und inklusiv sind (vgl. Knaps u. a. 2020; Kempa u. a. 2023). Ein Instrument zur Gestaltung von materiell-technischen Artefakten ist der Bürgerbeteiligungsprozess. Hier können die Bedürfnisse und Wünsche der Gemeinschaft in die Planung von städtischen Infrastrukturen einfließen. Ein Beispiel ist die Gestaltung öffentlicher Plätze, wo Bürger durch Beteiligungsprozesse aktiv Einfluss auf die Auswahl von Sitzgelegenheiten, Beleuchtung und anderen technischen Elementen nehmen können. Die Einbindung der Gemeinschaft sorgt dafür, dass die Artefakte sowohl funktional als auch sozial verträglich sind.

Ein weiteres wichtiges Instrument ist der Einsatz von Technologien wie Geoinformationssystemen (GIS), die ermöglichen räumliche Daten zu analysieren, um die Gestaltung von Infrastrukturen zu optimieren. Diese Technologien können dazu beitragen, das Verständnis für die Wechselwirkungen zwischen physischem Raum und den sozialen Strukturen der Stadt zu verbessern: „[…] for future projects on ‚digital place-making‘ ‚citizens‘ needs to be considered before projects are implemented and when appropriate be permitted to participate through co-creation, thus moving towards the intended meaning behind the hyphenated spelling ‚place-making‘ (…) how can the public be more involved in co-creation as a bottom up approach to ‘place-making‘ rather than a top-down (i.e., governmental) ‚placemaking‘ approach? What methods can be used to better consider accessibility and personalization in ‚digital place-making‘ initiatives? How can creative and ‚digital place-making‘ techniques be applied to rural or more remote locations and how can a narrative approach be used in ‚digital place-making‘ be applied to cultural heritage tourism?“ (Basaraba 2023: 1493).

Dabei werden sowohl technische als auch ökologische Anforderungen berücksichtigt, wie etwa die Integration nachhaltiger Energiequellen oder die Optimierung von Verkehrsströmen. Die Perspektive, Stadtplanung und Urban Design als Technik zu verstehen, basiert auf der Erkenntnis, dass der Prozess der Gestaltung und des Baus von Städten ein hochtechnologischer Vorgang ist. Infrastrukturelle Netze wie Wasser- und Energieversorgung, Transportwege und Gebäude bilden die physische Grundlage, auf der das städtische Leben basiert. Diese Technologien sind jedoch nicht isoliert zu betrachten, sondern immer auch Teil sozialer Systeme. Sie formen das Verhalten der Menschen im Raum und beeinflussen soziale Dynamiken, etwa wie Menschen in einer Stadt interagieren oder welche Mobilitätsmuster entstehen. Die ingenieurwissenschaftliche Herangehensweise in der räumlichen Planung sollte stärker auf einer sozialwissenschaftlichen Dimension basieren, um die sozialen Bedürfnisse und das Verhalten der Bewohnerinnen und Bewohner besser zu verstehen und in den Planungsprozess zu integrieren. Eine solche interdisziplinäre Perspektive kann zu nachhaltigeren und lebenswerteren urbanen Räumen beitragen, die den vielfältigen Anforderungen unserer Gesellschaft gerecht werden, denn technische Infrastrukturen wirken sich auf soziale Ungleichheit, Zugänglichkeit und Inklusion aus. Wenn beispielsweise Verkehrssysteme so gestaltet werden, dass bestimmte Bevölkerungsgruppen benachteiligt werden, spiegelt dies die enge Verzahnung zwischen Technik und sozialer Gerechtigkeit wider. Auch die Gestaltung von Wohngebieten, die durch bauliche und infrastrukturelle Barrieren segregiert sind, zeigt, dass technische Entscheidungen oft weitreichende soziale Konsequenzen haben. In diesem Sinne ist räumliche Planung im kultursoziologischen Verständnis als Kulturtechnik zu begreifen, da sie nicht nur räumliche Strukturen formt, sondern auch gesellschaftliche Werte, Machtverhältnisse und soziale Interaktionen codiert und reproduziert.

8.7   Fazit

Die Untersuchung der Ortsgestaltung und ihre Einbindung in soziale Prozesse zeigt, wie eng räumliche Strukturen mit sozialen, kulturellen und ökonomischen Dynamiken verknüpft sind. Orte fungieren nicht nur als passive Behälter, sondern als aktive Akteure, die soziale Unterschiede und kollektive Identitäten prägen. Durch die Art der Gestaltung manifestieren sich soziale Ungleichheiten, die sowohl Integrations- als auch Exklusionsprozesse beeinflussen. Die Gestaltung eines Ortes schafft Bilder und Werte, die über Kommunikationsprozesse vermittelt werden und so die Identität von Räumen formen (vgl. Healey 2010).

Planungssoziologische Perspektiven betonen das Wechselspiel zwischen materiellen Objekten und sozialen Prozessen. Historische und gegenwärtige Kontexte sind entscheidend für das Verständnis und die Weiterentwicklung städtischer Umwelten. Ein relationales Raumverständnis, das die Dynamik und Interaktivität von Räumen betont, ist unerlässlich, um die komplexen Verflechtungen zwischen Menschen und Objekten zu erfassen. Um eine Brücke zwischen Planungssoziologie und räumlicher Planung zu schlagen, müssen beide Disziplinen grundlegende Perspektivenwechsel vollziehen. Die Soziologie sollte ihre Raum-, Stadt- und Planungstheorien stärker an den empirischen Bedingungen der räumlichen Entwicklung orientieren. Gleichzeitig sollten Plancrinnen und Planer ihr Verständnis erweitern, indem sie die komplexen Wechselwirkungen zwischen materieller Beschaffenheit und sozialem Handeln berücksichtigen. Die sozialtheoretischen Herausforderungen der Planungssoziologie liegen in der Erkundung des intermediären Raums zwischen Subjekt und Objekt, Mensch und materielltechnischer Welt. Die räumliche Anordnung und Gestaltung von Orten wirkt auf das soziale Verhalten und die Interaktionsmuster der Menschen. Raum ist ein soziales Produkt, das durch gesellschaftliche Verhältnisse und Praktiken ständig neu produziert wird. Materielle und soziale Akteurinnen und Akteure beeinflussen in Netzwerken die soziale Konstruktion von Bildern über Räume (vgl. Lefebvre 1991; Latour 2005).

Studien zur Stadtentwicklung zeigen, dass die Einbeziehung der lokalen Bevölkerung in Planungsprozesse die Akzeptanz und Nachhaltigkeit von Projekten erhöht. Partizipative Planung fördert das Gemeinschaftsgefühl und stärkt die kollektive Identität, indem sie den Bewohnerinnen und Bewohnern ermöglicht, aktiv an der Gestaltung ihrer Umgebung mitzuwirken. Ein weiterer Aspekt

ist die Bedeutung der historischen Kontinuität für die Wahrnehmung und Identifikation der Bewohnerinnen und Bewohner mit ihrer Stadt. Historische Gebäude
und Strukturen prägen einerseits durch ihre zeitliche Beständigkeit die Identität einer Stadt, unterliegen jedoch andererseits tiefgreifenden Transformationen.
Diese Veränderungen fördern zugleich das Gefühl der Zugehörigkeit sowie einer
möglichen Exklusion. Ortsgebundene kollektive Identitäten entstehen insbesondere durch kulturelle und sinnhafte Raumkonstruktionen, die Differenzierungen
innerhalb und zwischen Räumen hervorbringen. Die Abgrenzung und Anders-
artigkeit von Städten oder sozialen Gruppen manifestiert sich in der konkreten
Gestaltung von Orten. Diese kulturellen Dispositionen und der lokale Habitus
eines Ortes spiegeln das Wechselspiel zwischen sozialräumlicher Form, materiellen Objekten und dem jeweiligen Sinnzusammenhang wider. In der Architektur
und Stadtplanung werden Orte unter diesen Voraussetzungen als Identifikationsangebote gestaltet. Über räumliche Identitäten entstehen soziale Konstrukte, die
stets räumlich-sozial und örtlich-materiell gebunden sind. Auch die Architektur und ihre materiell-technischen Artefakte vermitteln zwischen verschiedenen
Zeiten und Generationen. Die Fähigkeit, sich mit der materiellen Umwelt zu
identifizieren, basiert einerseits auf der Etablierung eines Gemeinschaftsgefühls
und der Schaffung von Solidarität und Zugehörigkeit. Andererseits erfolgt Differenzierung und Ausgrenzung durch spezifische Raumidentitäten (vgl. Mattissek
2007; Steets 2011).

Während in aktuellen Diskursen oft das Stadtimage im Mittelpunkt steht,
erhält die städtische Identität weniger Aufmerksamkeit. Das materielle Erbe
einer Stadt sollte ebenso stärker berücksichtigt werden wie ihre aktuellen sozialräumlichen Zusammenhänge. Je mehr sich Städte mit ihrer Vergangenheit
auseinandersetzen und vergangene Planungen reflektieren, desto besser können
sie die aktuelle städtische Umwelt weiterentwickeln.

Literatur

Abd Elrahman & Ahmed S. & Moureen Asaad (2021): Urban design & urban planning: A
    critical analysis to the theoretical relationship gap.in: Ain Shams Engineering Journal 12,
    no., S. 1163–1173.
Alaily-Mattar, Nadia & Bartmanski, Dominik & Dreher, Johannes & Koch, Michael & Löw,
    Martina & Pape, Timothy & Thierstein, Alain (2018): Situating architectural perfor-
    mance: , 'star architecture' and its roles in repositioning the cities of Graz, Lucerne and
    Wolfsburg. European Planning Studies, 26(9), 1874–1900.
Albers, Gerd & Wékel, Julian (2011): Stadtplanung. Eine illustrierte Einführung. Darmstadt:
    Primus Verlag.

Alexander, Christopher (1987): A new theory of urban design. Vol. 6. Center for Environmental Structure.

Augé, Marc (1994): Nicht-Orte. Vorüberlegungen zu einer Ethnologie der Einsamkeit. Frankfurt a. M.: S. Fischer.

Basaraba, Nicole (2023): The emergence of creative and digital place-making: A scoping review across disciplines. New Media & Society, 25(6), S. 1470–1497.

Beauregard, Robert A. (2015): Planning Matter. Acting with Things. The University of Chicago Press, Chicago.

Benevolo, Leonardo (1993): Die Stadt in der europäischen Geschichte. Campus Verlag.

Berger, Peter L.& Luckmann, Thomas (2013): Die gesellschaftliche Konstruktion der Wirklichkeit. Eine Theorie der Wissenssoziologie, Frankfurt am Main.

Berking, Helmuth (2009): „Städte lassen sich an ihrem Gang erkennen wie Menschen "-Skizzen zur Erforschung der Stadt und der Städte. In: Berking, Helmuth & Löw, Martina (Hrsg.) (2009): Die Eigenlogik der Städte. Neue Wege für die Stadtforschung. Reihe: Interdisziplinäre Stadtforschung, Bd. 1. Frankfurt am Main/ New York: Campus, S. 13–31.

Bourdieu, Pierre (1982): Die feinen Unterschiede. Kritik der gesellschaftlichen Urteilskraft. Frankfurt am Main: Suhrkamp.

Bourdieu, Pierre (1991): Physischer, sozialer und angeeigneter physischer Raum. In: Wentz, Martin (Hrsg.) (1991): Stadt-Räume. Frankfurt am Main/New York: S. 25–34.

Bourdieu, Pierre (1998): Ortseffekte. In: Göschel, Albrecht u. a. (Hrsg.): Kultur in der Stadt. VS Verlag für Sozialwissenschaften, Wiesbaden, S. 17–25.

Carmona, Matthew (2021): Public places urban spaces: The dimensions of urban design. Routledge, 2021.

Chambart de Lauwe, P. H. (1952): Paris et l'agglomération parisienne, Band 1. Paris: P.U.F.

Christmann, Gabriela B. (Hrsg.) (2016): Zur kommunikativen Konstruktion von Räumen. Wiesbaden: Springer Fachmedien.

Dangschat, Jens S. & Kogler, Raphaela (2019): Qualitative räumliche Daten. In: Baur, Nina & Blasius, Jörg (Hrsg.): Handbuch Methoden der empirischen Sozialforschung. Springer VS, Wiesbaden.

Dangschat, Jens S. (1998): Segregation. In: Häußermann, Hartmut: Großstadt. Soziologische Stichworte. Opladen: S. 207–220.

Dangschat, Jens S. (2007): Soziale Ungleichheit, gesellschaftlicher Raum und Segregation. In: Dangschat, Jens S. & Hamedinger, Alexander (Hrsg.) (2007): Lebensstile, soziale Lagen und Siedlungsstrukturen. Akademie für Raumforschung und Landesplanung. Hannover: Verlag der ARL, S. 21–50.

Deinet, Ulrich (Hrsg.) (2009): Methodenbuch Sozialraum. Wiesbaden: VS Verlag für Sozialwissenschaften.

Dobbins, Michael (2009): Urban design and people. John Wiley & Sons.

Eberle Gramberg, Gerda & Gramberg, Jürgen (2012): Stadtentwicklung Ist Identitätsentwicklung. In: Hilber, Marie Luise & Ergez, Ayda (Hrsg.) (2012): Stadtidentität. Der richtige Weg zum Stadtmarketing. Zürich: Orell Füssli Verlag, S. 27–35.

Ebert, Christian (2004): Identitätsorientiertes Stadtmarketing: Ein Beitrag zur Koordination und Steuerung des Stadtmarketing. Berlin: Peter Lang International Academic Publishers.

Eckardt, Frank (2021): Die Stadt als Assemblage: Neue Perspektiven für die Stadtplanung durch die Actor-Network-Theorie? In: Zeitschrift für Praktische Philosophie 8, Nr. 1: S. 363–384.

Edensor, Tim & Kalandides, Ares & Kothari, Uma (Hrsg.) (2020): The Routledge handbook of place. Routledge.

Elias, Norbert (1970): Was ist Soziologie? Frankfurt a. M.: Suhrkamp.

Elias, Norbert [1939] (1976): Über den Prozeß der Zivilisation: Soziogenetische und Psychogenetische Untersuchungen, Vol. 1. Frankfurt am Main: Suhrkamp.

Emcke, Carolin (2010): Entstehung kollektiver Identitäten: In: Emcke, Carolin (2010): Kollektive Identitäten. Sozialphilosophische Grundlagen. Frankfurt/Main. Campus, S. 199–227.

Flade, Antje (2020): Ortsverbundenheit und Ortsidentität. In: Wohnen in der individualisierten Gesellschaft, Springer, Wiesbaden, S. 55–71.

Frey, Oliver (2009): Die amalgame Stadt. Orte. Netze. Milieus. Wiesbaden: VS-Verlag für Sozialwissenschaften.

Frick, Dieter (2011): Theorie des Städtebaus. Zur baulich-räumlichen Organisation der Stadt. Ernst Wasmuth Verlag.

Friedmann, John (2010): Place and place-making in cities: A global perspective. In: Planning theory & practice 11, no. 2, S. 149–165.

Geschke, Sandra Maria (Hrsg.) (2009): Straße als kultureller Aktionsraum. Interdisziplinäre Betrachtungen des Straßenraumes an der Schnittstelle zwischen Theorie und Praxis. Wiesbaden: VS Verlag für Sozialwissenschaften.

Göschel, Albrecht & Kirchberg, Volker (Hrsg.) (1998): Kultur in der Stadt, VS Verlag für Sozialwissenschaften.

Grabow, Busso & Hollbach-Grömig, Beate & Birk, Florian. & Jekel. Gregor (2005): Stadtmarketing – Bestandsaufnahme und Entwicklungstrends, DIFU–Deutsches Institut für Urbanistik (Hrsg.): Aktuelle Information.

Hague, Cliff (2004): Planning and Place Identity. In: Hague, Cliff & Jenkins, Paul (Hrsg.): Place Identity, Participation and Planning, London, New York, Routledge.

Hahn, Hans Peter (2015): Der Eigensinn der Dinge. In: Hahn, Hans Peter (Hrsg.) (2015): Vom Eigensinn der Dinge. Für eine neue Perspektive auf die Welt des Materiellen. Berlin: Neofelis Verlag, S. 9–56.

Halbwachs, Maurice (1946) (1938)): Morphologie sociale. Paris.

Halbwachs, Maurice (1976): Das kollektive Gedächtnis. Stuttgart.

Häusler, Eric & Häusler, Jürgen (2023): Wie Städte zu Marken werden, Springer Books.

Healey, Patsy (1997): Traditions of Planning Thought. In: Collaborative Planning. Planning Environment Cities. Palgrave, London.

Healey, Patsy (2010): Making better places: the planning project in the twenty-first century. New York: Palgrave.

Healey, Patsy (2020): Collaborative planning: Shaping places in fragmented societies. Bloomsbury Publishing.

Hilber, Maria Luise & Ayda Ergez (2004): Stadtidentität. Der richtige Weg zum Stadtmarketing. Zürich: Orell Füssli.

Hörning, Karl H. (2015): Was fremde Dinge tun. Sozialtheoretische Herausforderungen. In: Hahn, Hans Peter (Hrsg.) (2015) Vom Eigensinn der Dinge. Für eine neue Perspektive auf die Welt des Materiellen. Berlin: Neofelis Verlag, S. 163–176.

Jacobs, Allan & Appleyard, Donald [1987] (2015): Toward an urban design manifesto. In: The city reader, Routledge, S. 640–651.

Jacobs, Jane (1961): Death and Life of Great American Cities. New York:Random House.

Kaplan, David & Holloway, Steven (2024): Urban geography. John Wiley & Sons.

Kempa, Daniela & Krätzig, Sebastian & Warner, Barbara & Herrmann, Sylvia & Ibendorf, Jens & Knaps, Falco & Kirsch-Stracke, Roswitha & Merling, Milena & Tuitjer, Gesine (2023): Understanding and Using Place Identities – An Opportunity for Future-oriented Regions, Institut für Umweltplanung, Leibniz Universität Hannover, Hannover.

Kemper, Jan & Vogelpohl, Anne (2013): Zur Konzeption kritischer Stadtforschung. Ansätze jenseits einer Eigenlogik der Städte. In: Zeitschrift-suburban, Heft 1, 2013, S. 7–30.

Knaps, Falco & Mölders, Tanja & Herrmann, Sylvia (2020): Räume nachhaltig entwickeln – Landschaftsbezogene Identitäten als theoretische und praktische Herausforderung für die räumliche Planung. In: Raumforschung und Raumordnung 78, 4, 1–16.

Knieling, Joerg & Othengraf, Frank (2009): Planning Cultures in Europe – Decoding Cultural Phenomena. In: Urban and Regional Planning, Ashgate.

Kreiger, Alex (2009): Where and how does urban design happen? In: Kreiger Alex & Saunders, William S (Hrsg.): Urban design. London: University of Minnesota Press; S. 113–30.

Kühne, Olaf & Gawroński Krzysztof, & Hernik, József (Hrsg.) (2015): Transformation und Landschaft: Die Folgen sozialer Wandlungsprozesse auf Landschaft. Springer-Verlag.

Kühne, Olaf (2018): Landschaftstheorie und Landschaftspraxis. Eine Einführung aus sozialkonstruktivistischer Perspektive. Wiesbaden.

Kunzmann, Klaus R. (2020): Urban design: some footnotes from a German perspective. In: Journal of Urban Design 25, no. 1, S. 25–28.

Kurath, Monika & Marskamp, Marko & Paulos, Julio & Ruegg, Jean (Hrsg.) (2018): Relational Planning. Tracing Artefacts, Agency and Practice. Cham: Palgrave Macmillan.

Kurath, Monika (2018): Constructing the urban citizen: how public knowledge is translated into urban planning processes, in: Kurath, Monika u. a. (Hrsg.): Relational Planning. Tracing Artefacts, Agency and Practice. Cham: Palgrave Macmillan, S. 121–149.

Läpple, Dieter (1991): Essay über den Raum: für ein gesellschaftswissenschaftliches Raumkonzept. In: Wentz, Martin (Hrsg.) (1991): Stadt-Räume. Frankfurt am Main/New York.

Latour, Bruno (2005): Reassembling the Social. An introduction to Actor-Network-Theory. Oxford University Press, New York.

Latour, Bruno (2010): Das Parlament der Dinge. Für eine politische Ökologie. Frankfurt a. M.: Suhrkamp.

Law, John & Singleton, Vicky (2014): ANT, multiplicity and policy, Critical Policy Studies, 8:4, S. 379–396.

Law, John (1992): Notes on the Theory of the Actor-Network: Ordering, Strategy and Heterogeneity. In: Systems Practice, Vol. 5, 1992, S. 379–393.

Lefebvre, Henri (1972): Die Revolution Der Städte. München: List Verlag.

Lefebvre, Henri (1991): The Production of Space. Oxford/Cambridge: Blackwell.

Leuenberger, Theresia (2018): Architektur als Akteur? Zur Soziologie der Architekturerfahrung, transcript Verlag.

Lieto, Laura & Beauregard, Robert A. (2016): Introduction. In: Lieto, Laura & Beauregard, Robert A. (Hrsg.) (2016): Planning for a material world. Oxon: Routledge, S. 1–9.

Linde, Hans (1972): Sachdominanz in Sozialstrukturen. Tübingen.

Lindner, Rolf (1990): Die Entdeckung der Stadtkultur. Soziologie aus der Erfahrung der Reportage. Frankfurt am Main: Suhrkamp.

Lindner, Rolf (2003): Der Habitus der Stadt – ein kulturgeographischer Versuch. In: Petermanns Geographische Mitteilungen, 147, 2003/2.

Löw, Martina & Knoblauch, Hubert (2021): Raumfiguren, Raumkulturen und die Refiguration von Räumen. In: Löw, Martina & Sayman, Volkan & Schwerer, Jona & Wolf, Hannah (Hrsg.): Am Ende der Globalisierung: Über die Refiguration von Räumen, transcript Verlag, 25–58.

Löw, Martina (2001): Raumsoziologie. Frankfurt am Main: Suhrkamp.

Löw, Martina (2008): Eigenlogische Strukturen – Differenzen zwischen Städten als konzeptionelle Herausforderung. In: Berking, Helmut & Löw, Martina (Hrsg.) (2008): Die Eigenlogik der Städte. Neue Wege für die Stadtforschung. Frankfurt/Main Campus, S. 33–53.

Löw, Martina (2010): Soziologie der Städte. Suhrkamp.

Löw, Martina. & Knoblauch, Hubert. (2019): Die Re-Figuration von Räumen — Working Paper No. 1. Berlin: TU Berlin.

Lynch Kevin (1981): A theory of good city form. Massachusetts and London: MIT Press.

Madanipour, Ali (2006): Roles and challenges of urban design. In: Journal of Urban Design, S. 173–193.

Mattisek, Annika (2007): Diskursive Konstitution städtischer Identität. Das Beispiel Frankfurt am Main. In: Berndt, Christian; Pütz, Robert (2007): Kulturelle Geographien. Zur Beschäftigung mit Raum und Ort nach dem Cultural Turn. Bielefeld: transcript. S. 83–111.

Mikhailov, Sergey & Mikhailova, Alexandrina & Nadyrshine, Neil (2020): Multilinear approach to representing the historical evolution of urban design (industrial and post-industrial periods), In: IOP Conferences Series: Materials Science Engineering, 890, S. 1–8.

Moughtin, Cliff (2003): Urban design: Method and techniques. Routledge.

Nasutta, Maren & Cordts, Sönke (2012): Städte und Regionen als Marke. mana-Buch

Neill, William J. V. (2003): Urban Planning and Cultural Identity. London: Routledge.

Park, Robert (1925) (1974): Die Stadt als räumliche Struktur und als sittliche Ordnung. In: Atteslander, Peter & Hamm, Bernd (Hrsg.) Materilien zur Siedlungssoziolgie. Köln: Kiepenheuer & Witsch, S. 90–100.

Pincon, Michel & Pincon-Charlot, Monique (1986) : Espace social et espace urbain. In: socius, S. 32–49.

Poferl, Angelika (2019): Die Verortung des Subjekts. Herausforderungen der Globalisierungsforschung und Überlegungen zu einer nachgesellschaftlichen Gesellschaftstheorie, SFB 1265 Working Paper, Nr. 3, Berlin.

Pott, Andreas (2007): Identität und Raum. Perspektiven nach dem Cultural Turn. In: Berndt; Christian & Pütz, Robert (Hrsg.): Kulturelle Geographien. Zur Beschäftigung mit Raum und Ort nach dem Cultural Turn, Bielefeld: Transcript Verlag, S. 27–52.

Putz, Eva-Christin (2008): Stadt als Marke. Stadtmarketing und Citymanagement.

Radtke, Bernd (2013): Stadtslogans zur Umsetzung der Markenidentität von Städten. Eine theoretisch-konzeptionelle und empirische Untersuchung. Springer.

Raven, Jeffrey & Leone, Mattia Federico & Mills, Gerald & Katzschner Lutz & Gaborit, Pascaline & Georgescu, Matej & Hariri, Maryam & Stone, Brian (2018): Urban planning and urban design.In Climate Change and Cities (ARC 3-2). Second Assessment Report of the Urban Climate Change Research Network, Cambridge Univesity Press, S. 139–172.

Relph, Edward (2016): The Paradox of Place and the Evolution of Placelessness. In: Freestone, Robert & Edgar Liu (Hrsg.): Place and placelessness revisited. New York: Routledge, S. 20–34.

Riege, Marlo & Schubert, Herbert (Hrsg.) (2005): Sozialraumanalyse. Grundlagen – Methoden – Praxis. 2. Auflage; Opladen: Leske + Budrich.

Rydin, Yvonne & Tate, Laura (2016): Actor Networks of Planning. Exploring the influence of Actor-Network-Theory. Routledge Research in Planning and Urban Design. Ney York.

Rydin, Yvonne (2014): The challenges of the ‚material turn‘ for planning studies. In: Planning Theory & Practice, Vol. 15, No. 4, 2014, S. 590–595.

Sackmann, Reinhold & Schubert, Christoph (2018): Rurbane Identität, Herausforderung, Konflikte und Gestaltungsoptionen. In: Langner, Sigrun. & Frölich-Kulik, Maria (Hrsg.): Rurbane Landschaften, Perspektiven des Ruralen in einer urbanisierten Welt. Bielefeld, S. 303–320.

Sassen, Saskia (2001): The Global City: New York, London, Tokyo. Oxfordshire: Princeton University Press.

Schäfers, Bernhard (2003): Architektursoziologie. Grundlagen – Epochen – Themen. Opladen.

Schott, Dieter & Toyka-Seid, Michael (Hrsg.) (2008): Die europäische Stadt und ihre Umwelt. Darmstadt: Wissenschaftliche Buchgesellschaft, Darmstadt.

Schroer, Markus (2022): Geosoziologie: Die Erde als Raum des Lebens. Suhrkamp Verlag.

Sebastien, Lea (2020): The power of place in understanding place attachments and meanings. In: Geoforum 108, S. 204–216.

Simmel, Georg (1984): Die Großstädte und das Geistesleben. In: Simmel, Georg (1984): Das Individuum und die Freiheit. Berlin: Wagenbach, S. 192–204.

Sitte, Camillo (1909): Der Städtebau. Nach seinen künstlerischen Grundsätzen. Birkhäuser Verlag.

Steets, Silke (2011): Architektur. In: Löw, Martina & Terizakis, Georgios (Hrsg.) (2011): Städte und ihre Eigenlogik. Ein Handbuch für Stadtplanung und Stadtentwicklung. Campus, S. 133–140.

Sternberg, Ernest (2000): An integrative theory of urban design. In: Journal of the American Planning Association 66, no. 3, S. 265–278.

Strydom, Wessel & Puren, Karen & Drewes, Ernst (2018): Exploring theoretical trends in placemaking: Towards new perspectives in spatial planning. In: Journal of Place Management and Development 11, no. 2, S. 165–180.

Strydom, Wessel & Puren, Karen (2013): A participatory approach to public space design as informative for place-making." Challenges of Modern Technology 4, no. 4, S. 33–40.

Tewdwr-Jones, Mark (2017): Complexity and interdependency in a kaleidoscopic spatial planning landscape for Europe. In: Albrechts, Louis & Alden, Jeremy & Pires, Artur Da Rosa (Hrsg.): The Changing Institutional Landscape of Planning, Routledge, S. 8–34.

Thomas, Derek (2016): Placcemaking: An urban design methodology. New York: Routledge.

Umlauf Josef (1951): Vom Wesen der Stadt und der Stadtplanung. Werner Verlag. und psychogenetische Untersuchungen. Frankfurt a. M.: Suhrkamp.

Weichhart, Peter (1990): Raumbezogene Identität: Bausteine zu einer Theorie räumlich-sozialer Kognition und Identifikation. Stuttgart: Steiner.

Wentz, Martin (Hrsg.) (1991): Stadt-Räume. Frankfurt am Main/New York.

Werlen, Benno (2010): Gesellschaftliche Räumlichkeit. Bd. 2: Konstruktionen geographischer Wirklichkeiten. Stuttgart.

Werthmöller, Ewald (1994): Räumliche Identität als Aufgabenfeld des Städte- und Regionenmarketing: ein Beitrag zur Fundierung des Placemarketing. Berlin: Peter Lang International Academic Publishers.

Whyte, William (1988): City: Rediscovering the Center, University of Pennsylvania press, USA.

Wilde, Jessica (2021): Die Fabrikation der Stadt. transcript Verlag.

Ziervogel, Daniela (2011): Mental-Map-Methoden in der Quartiersforschung. Wahrnehmung, kognitive Repräsentation und Verhalten im Raum. In: Frey, Oliver & Koch, Florian (Hrsg.): Positionen zur Urbanistik I. Stadtkultur und neue Methoden der Stadtforschung. Wien: Lit.Verlag, S. 187–206.

Stadtkonzepte und räumliche Steuerung

9

9.1 Einleitung

Stadtkonzepte sind insofern planungssoziologisch relevant, da sie ein Werkzeug der Planung darstellen, mit dem die Stadtplanung versucht, räumliche Entwicklungen zu steuern. Es handelt sich gewissermaßen um Leitbilder der Stadtentwicklung, die in Lehre und Forschung den Planerinnen und Planern vermittelt werden: „Der Begriff des Leitbilds umfasst in der Stadtplanung zum einen übergreifende Vorstellungen der städtebaulichen Entwicklung, an denen sich für eine bestimmte Epoche mehrheitlich der Berufsstand der Stadtplanung orientiert, zum anderen bezeichnet er ein aufeinander abgestimmtes Bündel von Stadtentwicklungszielen einer Gemeinde" (vgl. Jessen 2021: 93).

Die Beschreibungen und Analysen der folgenden Stadtkonzepte unterliegen selbstverständlich einem gewissen Zeitgeist und sind insofern historisch eingebettet. Das Kapitel soll dennoch als Abgrenzung zu dem gegenwärtigen Trend des Fachgebiets ,Urban Design' dienen, da sich Proponenten dieses Faches in der Tradition der Städtebauer, Stadtplaner und Stadtsoziologen verorten und zunehmend Einfluss auf praxis- und politikbezogene räumliche Steuerungen gewinnen. In ,Urban Design'- Konzepten vermisst man jedoch oft einen tieferen gesellschaftlichen und planzungsbezogenen Kontext. Madanipour formuliert den Kern von ,Urban Design' wie folgt: „Urban design is an intervention in a context, as part of making and transforming the built environment" (Madanipour 2014: 10).

Kennzeichen von ,Urban Design'-Konzepten ist jedoch einerseits, dass die Vielzahl an gegenwärtigen Publikationen und Schriften nicht immer mit substanziellen Analysen und theoretischen Fundierungen überzeugt. Vielmehr handelt es sich oft um das Herstellen von attraktiven und einprägsamen Slogans. Das Substantiv ,Urbanism' oder ,Urban Design' wird oftmals einfach mit einem Adjektiv versehen, wie zum Beispiel in den folgenden Wortkreationen bei Madanipour: ‚Connective Urbanism', ‚Regenerative Urbanism', ‚Inclusive Urbanism', ‚Ecological Urbanism', ‚Democratic Urbanism', ‚Meaningful Urbanism', ‚Socio-spatial Urbanism' (vgl. Madanipour 2014) oder bei Colin McFarlane: ‚Incremental Urbanism', ‚Tactics, Urbanism and Politics', ‚Colonial Urbanism' (vgl. McFarlane 2011).

Im Gegensatz zu dieser Flut an Schlagwörtern werden in diesem Kapitel die untersuchten Stadtkonzepte und Stadtmodelle in das Analysedreieck ‚Gesellschaft, Orte, Steuerung' eingeordnet und damit als planerische Leitbilder untersucht. Dieses erweiterte Verständnis des Leitbildes grenzt sich von Schlagworten wie den zuvor genannten ab, die häufig ebenfalls als Leitbilder bezeichnet werden. Der Begriff des Leitbildes für normative, ganzheitliche Vorstellungen zur Stadtentwicklung und zum Städtebau wurde erstmals in der zweiten Hälfte der 1950er Jahre verwendet (vgl. Knieling 2006 und 2010).

Im Bau- und Planungsrecht ist dieser Begriff jedoch nicht verankert, was ihm eine gewisse Unschärfe verleiht und Raum für neue Interpretationen lässt. Dennoch haben Leitbilder indirekt Einzug in die Bau- und Planungsrechtspraxis gehalten und über Jahrzehnte die Arbeit von Planerinnen und Planern beeinflusst: „Angesichts der widersprüchlichen Anforderungen, mit denen räumliche Planung heute konfrontiert ist, sind in sich widerspruchsfreie Leitbilder der Stadtentwicklung nicht mehr möglich. So steht die Stadtplanung vor dem unauflöslichen Widerspruch, einerseits ohne Leitbilder nicht planen zu können, und andererseits zu wissen, dass es umfassende und zugleich konsistente Leitbilder nicht geben kann" (Jessen 2021: 114).

In den letzten Jahrzehnten war das städtebauliche Leitbild in der deutschen Stadtplanung stets präsent, wenn auch in unterschiedlicher Bedeutung. Ein Hauptkritikpunkt bezieht sich auf den bildhaften Charakter des Leitbildes, der ein statisches Verständnis von Stadt vermittelt, welches der ständigen Veränderung und Dynamik des urbanen Raums nicht gerecht wird. Ein weiterer Vorwurf besteht darin, dass übergreifende Leitbilder die heterogene Vielfalt moderner Stadtstrukturen und die damit verbundenen planerischen Herausforderungen nicht adäquat erfassen können (vgl. Schubert 2016). Dennoch haben diese Stadtkonzepte Planerinnen und Planer über mehrere Jahrzehnte beeinflusst. Konter (1997) hebt hervor, dass sich in den planerischen Leitbildern gesellschaftliche Verhältnisse widerspiegeln, wodurch spezielle, oft privatwirtschaftliche Interessen verdeckt und hinter allgemein geteilten Zielvorstellungen verborgen werden: „In den ‚Leitbildern', Prägestöcke für Planergenerationen, drückt sich vermittelt ebenso der Charakter der gesellschaftlichen Verhältnisse und der ihrer Träger aus. Gerade die Planung eignet sich zur Durchsetzung besonderer Interessen, die

im Gewande sozialer Konsense oder scheinbar allgemeiner Interessen auftreten"
(Konter 1997: 47).

Die folgenden Konzepte städtischer Entwicklung dienen als Werkzeuge für
Planerinnen und Planer, um Zielvorstellungen und Strategien formulieren zu können. Stadtkonzepte sind ebenso zentrale Instrumente im Stadtmanagement. Dass
diese Modelle aufgrund kolonialer Einflüsse oder ideologischer Strömungen über
lokale Grenzen hinauswirken, ist kein neues Phänomen. Allerdings ist unsere
heutige Zeit durch eine rasante Entwicklung und die weltweite Verbreitung neuer
Stadtentwicklungsmodelle gekennzeichnet – von der nachhaltigen Stadt über die
kreative Stadt bis hin zur smarten Stadt (vgl. Söderström et al. 2014).

Städte sind vielfältige Gebilde. Sie beherbergen zahlreiche unterschiedliche
soziale Welten und bringen zugleich dynamische Kräfte hervor, die gesellschaftliche Transformationen beeinflussen. Der Blick auf Städte kann sowohl auf die
städtebaulichen Formen oder auf die urbanen Lebensweisen und -welten als
auch auf die Kräfte ihrer Entwicklung und deren Steuerung fokussiert sein.
Zudem können Städte als eigenständige Akteurinnen und Akteure mit spezifischen Ausprägungen im Zusammenspiel zwischen Gesellschaftsstrukturen,
Steuerungsansätzen und Ortsidentitäten konzipiert werden (vgl. Berking & Löw
2009).

Stadtkonzepte basieren auf unterschiedlichen Typologien und Zielsetzungen:
Sie können planerische Strategien formulieren, eine Utopie oder ein Leitbild
entwerfen. Einige Stadtkonzepte enthalten sowohl normative als auch utopische
Elemente. Als normative Leitbilder sind sie auf eine zukünftige Entwicklung
ausgerichtet und entwerfen oft eine Vision davon, wie die Stadt sein soll. Andererseits können Stadtkonzepte theoretisch und analytisch auf einer empirischen
Grundlage beruhen, in der die Stadt in ihre funktionalen oder sozialen Strukturen
eingeordnet wird. Dieser Typ von Stadtkonzepten enthält eher deskriptive und
realistische Elemente, die beschreiben, welche städtebaulichen Strukturen bestehen und welche stadträumlichen Prozesse ablaufen (vgl. Knieling, Jörg 2006 und
2010).

Dementsprechend können die im Folgenden dargestellten Stadtkonzepte unterschieden werden nach der grundlegenden Frage, ob sie eher normativ ein Leitbild
der künftigen Entwicklung formulieren, in dem die Stadt beschrieben wird, wie
sie sein sollte, und konzeptionell darlegen, wie die Vorstellungen des Leitbildes in
die Wirklichkeit umgesetzt werden können, oder ob das Erfassen der städtischen
Realität als eine Beschreibung der Stadt, wie sie ist, im Vordergrund steht (vgl.
Becker u. a. 1999; Wolfrum & Nerdinger 2008). Auch die Rolle, die Leitbilder
oder Modelle als Manipulationsinstrumente für gewünschte Entwicklungen spielen, wird in der Stadtforschung vermehrt diskutiert (vgl. Jessen 2021). Ebenso

wird verstärkt betont, dass diese Modelle, Beschreibungen oder Pläne auch einen Einfluss auf die Art und Weise der planerischen Auseinandersetzung haben.

Die Zukunft der europäischen Städte hängt vom Wechselverhältnis zwischen gesellschaftlichen Transformationen, der sozialräumlichen Qualität von Orten und Räumen sowie den jeweiligen Formen der Steuerung und Planung ab. Städte können durch das komplexe Geflecht ihrer baulich-räumlichen Ausprägung, ihre Vielfalt an urbanen Lebensweisen sowie die sozialräumlichen Steuerungsformen und Entwicklungsszenarien theoretisch analysiert werden. Eine ‚gute‘ Zukunft der Städte ist dann gegeben, wenn auf die gesellschaftlichen und ökonomischen Transformationen der Gesellschaft auf städtischer Ebene reagiert wird und Antworten gefunden werden, die die negativen Aspekte der Transformationen abfedern. So ist zum Beispiel die Aufgabe des Konzeptes einer ‚Sozialen Stadt‘ den Wandel der Ökonomie und der städtischen Arbeitsformen so zu gestalten, dass die sozioökonomischen Polarisierungen und sozialräumlichen Exklusionsprozesse vermieden bzw. gemildert werden.

Die Verfahren, Instrumente und Methoden der Steuerung dieser Transformationsprozesse auf städtischer Ebene müssen flexibel und nachhaltig wirken können. Dabei ist die Pluralisierung und Heterogenisierung von Akteurinnen und Akteuren der städtischen Entwicklungen sowie die Ausdifferenzierung der Steuerungsformen mit formalen und informellen Verfahren im Bereich des Marktes, der Gesellschaft und des lokalen Staates ein Vorteil, um vielfältige planungspraktische Antworten auf die jeweiligen Problemstellungen zu erhalten. Steuerungen und sozialräumliche Entwicklungen können dabei die Beteiligung von Bewohnerinnen und Bewohnern nicht umgehen. Für nachhaltige Formen der städtischen Planung sollten dementsprechend verstärkt Partizipationsmodelle eingesetzt werden. Zudem ist auf der lokalen Ebene in den Städten das endogene Potenzial von Orten und Räumen einzubeziehen. Auch die städtischen Orte und Räume stellen Akteure bei der Gestaltung städtischer Zukunft dar, indem sie in ihrer historischen Entwicklung eine Identität und Qualität besitzen, die eigene Kräfte der Entwicklung bereitstellen.

9.2 Stadtkonzepte und das Modell der Europäischen Stadt

Das Konzept der ‚Europäischen Stadt‘ wird als eine idealtypische Vorstellung einer Stadt beschrieben, die sich durch bestimmte städtebauliche, politische und soziale Merkmale auszeichnet. Diese Stadtform, die ihre Ursprünge im mittelalterlichen Europa hat, gilt als Modell für Stadtanalysen und Stadtplanungen in der Gegenwart. Einer der zentralen Aspekte der ,Europäischen Stadt' ist die Mischung von Funktionen wie Wohnen, Arbeiten und Erholung auf engem Raum. Diese Nutzungsmischung fördert eine hohe soziale und wirtschaftliche Interaktion innerhalb der Stadt. Charakteristisch für die ,Europäische Stadt' ist zudem die dichte Bebauung und das Vorhandensein öffentlicher Plätze, die als Treffpunkte und Orte der politischen und sozialen Auseinandersetzung dienen. Ein weiterer wesentlicher Aspekt ist die politische Autonomie der Europäischen Stadt. Historisch gesehen hatten europäische Städte eine eigenständige Verwaltung und ein eigenes Rechtssystem, was ihnen einen hohen Grad an Selbstbestimmung verlieh (vgl. Jessen 1999; Häußermann 2001; Siebel 2004; Frey & Koch 2010).

Auch heute noch wird die ,Europäische Stadt' als politischer Akteur betrachtet, der in der Lage ist, eigene Entscheidungen zu treffen und dabei die Interessen der Bürger zu berücksichtigen. Die Beteiligung der Stadtbewohner an politischen Prozessen ist ein wichtiges Merkmal, das die ,Europäische Stadt' von anderen Stadttypen wie zum Beispiel der ,Amerikanischen Stadt' unterscheidet (vgl. Hannemann & Mettenberger (2011). In sozialer Hinsicht stellt dementsprechend die ,Europäische Stadt' einen Ort der Emanzipation dar. Im Mittelalter bot sie den Bürgerinnen und Bürgern die Möglichkeit, sich aus den engen gesellschaftlichen Strukturen des ländlichen Raums zu befreien und ein selbstbestimmtes Leben zu führen. Die Stadt bot Freiheit und Anonymität, was die Entwicklung neuer sozialer und politischer Strukturen ermöglichte (vgl. Schubert 2018).

Die Leipzig Charta zur nachhaltigen europäischen Stadt von 2007, die 2020 aktualisiert wurde, greift viele dieser Merkmale auf und betont die Bedeutung der Europäischen Stadt als Modell für eine nachhaltige und gemeinwohlorientierte Stadtentwicklung. Die Charta fordert eine Verbesserung der Lebensqualität durch den Erhalt öffentlicher Räume, die Förderung von Bürgerbeteiligung und die Schaffung sozialer Gerechtigkeit (vgl. BMUB 2007; BMI 2020). Dementsprechend wird das Leitbild der ,Europäischen Stadt' heute sowohl als normativ-utopisches Leitbild eingesetzt (vgl. Häußermann 2001) als auch zur Beschreibung und Analyse städtischer Strukturen (vgl. Siebel 2000). Es ist deswegen ein Modell und kein Konzept, da die ,Europäische Stadt' einen Idealtypus im Sinne Max Webers darstellt, der ein abstraktes, idealisiertes Modell städtischer Realitäten abbildet (Weber 1921: 247–258; Koch 2011: 191–207). Kritisch wird jedoch angemerkt, dass konkrete Sanktionsmechanismen fehlen, um diese Ziele durchzusetzen, was die tatsächliche Umsetzung erschwert. Dementsprechend wird das Modell der ,Europäischen Stadt' heute eher als normativer Idealtypus eingesetzt, der zahlreiche positive Eigenschaften wie politische Autonomie, soziale Inklusion und funktionale Vielfalt vereint. In diesem Sinne stellt das Modell der Europäischen Stadt nach wie vor ein übergeordnetes Leitbild zukünftiger Stadtentwicklung dar, weil es integrativ und flexibel zwischen historisch gewachsenen und scheinbar festgefügten Strukturen und den gegenwärtigen Transformationen im Spannungsfeld von ‚Gesellschaft, Orten, Steuerungen' vermitteln kann (vgl. Frey & Koch 2010). Das Modell der ‚Europäischen Stadt' ist als analytisches Konzept zur Erfassung des Wesens von Stadt ein übergeordnetes Analyseinstrument von zentraler Bedeutung für eine interdisziplinäre Stadtforschung. Mit diesem Modell können nach wie vor die historischen Typologien und Charakteristika von Städten in ihren gegenwärtigen Veränderungen städtischer Realität – auch außerhalb des europäischen Kontinents analysiert werden (vgl. Koch 2018).

Insofern steht das Modell der ‚Europäischen Stadt' im Zentrum der Betrachtungen von Stadttypen, da ihm ein interdisziplinäres Verständnis zugrunde liegt und es über die Beschreibung einzelner Aspekte europäischer Städte hinausreicht. Sowohl in der Stadtsoziologie, in der Stadtgeschichte, im Städtebau, in der Sozialgeografie als auch in der Stadtplanung wird das Modell der ‚Europäischen Stadt' verwendet, um die jeweilige Blickrichtung zu unterstreichen und ins Verhältnis zu setzen (vgl. Jessen 2004; Hatzfeld 2011).

Die Stadtgeschichte betont den historischen Entwicklungsprozess der Emanzipation europäischer Gesellschaften sowie die über Jahrhunderte hinweg sichtbare räumliche Prägung dieses Prozesses (vgl. Siebel 2004: 11–50). Die Stadtsoziologie hebt die urbane Lebensweise als Ausdruck von Dichte, Heterogenität und Differenz in der ‚Europäischen Stadt' hervor (vgl. Wirth 1938; Simmel 1984) und betont die soziale Organisation der europäischen Stadt, die zur Entwicklung einer spezifischen europäischen Urbanität führte (vgl. Häußermann 2001: 240–246). Im Städtebau wird das Konzept der kompakten, gemischten Stadt betont, die durch zentrale Orte und das Spannungsverhältnis zwischen privatem und öffentlichem Raum als städtebaulich-architektonische Merkmale geprägt ist (vgl. Bahrdt 1961; Feldtkeller 1994). Die Stadtplanung betrachtet die ‚Europäische Stadt' als Ergebnis bewusster und gezielter Planung und betont ihre Rolle als Akteurin der räumlichen Steuerung und Kontrolle (vgl. Siebel 2000). Die Kritik am Modell der Europäischen Stadt basiert im Wesentlichen auf zwei Argumentationslinien:

- Die Transformationen gesellschaftlicher und ökonomischer Strukturen führten zu räumlichen und sozialen Veränderungen der europäischen Städte (Suburbanisierung, sozialräumliche Polarisierung, Privatisierungen, neue urbane Lebensweisen), die den Charakter und Typus der ‚Europäischen Stadt' grundlegend infrage stellen (vgl. Rietdorf 2001: 1–8).
- Das Modell der ‚Europäischen Stadt' würde Gemeinsamkeiten und Strukturähnlichkeiten konstruieren, die relevante Differenzen europäischer Städte

ausklammern und somit einen normativ-ideologischen Mythos schaffen (vgl. Schubert 2001: 270 f.).

Das Modell der ,Europäischen Stadt', so die Kritiker, stelle einen Mythos dar, der die aktuellen Transformationsprozesse europäischer Städte nicht ausreichend erfasse. Zudem sei es ein normativ-utopisches Leitbild, das genutzt werde, um negativ bewertete Strukturveränderungen anzuprangern. Diese kritischen Stimmen betrachten die Europäische Stadt als ein Auslaufmodell. Dennoch ermöglicht es eine mehrdimensionale Betrachtungsweise, die sowohl gesellschaftliche als auch baulich-räumliche und planerisch-steuernde Analysedimensionen umfasst. Insofern lässt sich die Gegenwart und Zukunft durch das Spannungsfeld von ,Gesellschaft, Orten und Steuerung', welches auch das Modell der ,Europäischen Stadt' kennzeichnet, umfassend und komplex analysieren (vgl. Frey & Koch 2010).

9.3 Typologien ausgewählter Stadtkonzepte

In den im Folgenden vorgestellten Stadtkonzepten überwiegt entweder eine normativ-wertende Perspektive oder eine analytisch-beschreibende Herangehensweise. Die nachfolgenden städtischen Konzepte betonen entweder die beschreibenden Typologien technologischer Innovationen und die damit verbundenen ökonomischen Transformationen auf der Makroebene der Gesellschaft oder sie analysieren die Auswirkungen dieser gesellschaftlichen Transformationsprozesse auf die Städte (vgl. Rink & Haase 2018).

Ein Beispiel für ein solches analytisch-beschreibendes Konzept ist die ,Smarte Stadt'. Dieses Modell befasst sich mit der Integration digitaler Technologien in die urbane Infrastruktur, um die Effizienz der städtischen Dienste zu verbessern und die Lebensqualität der Bewohner zu erhöhen. Die ,kreative Stadt' ist ein weiteres Konzept, das den Fokus auf die Förderung von Kreativindustrien legt und die Stadt als Zentrum für Innovation und kulturelle Produktion darstellt (vgl. Merkel 2018). Die ,nachhaltige Stadt' richtet sich auf die ökologischen Aspekte und zielt darauf ab, Städte so zu gestalten, dass sie umweltfreundlich und ressourcenschonend sind (vgl. Rink 2018). Schließlich betrachtet die ,resiliente Stadt' die Fähigkeit von Städten, sich an verschiedene Arten von Störungen und Veränderungen anzupassen und aus ihnen gestärkt hervorzugehen (vgl. Frey 2011).

Diese Konzepte bieten wertvolle Einblicke in die komplexen Wechselwirkungen zwischen technologischen Fortschritten, wirtschaftlichen Veränderungen und urbaner Entwicklung. Sie zeigen, wie Städte sich an neue Herausforderungen anpassen können und welche Strategien sie verfolgen, um nachhaltig und

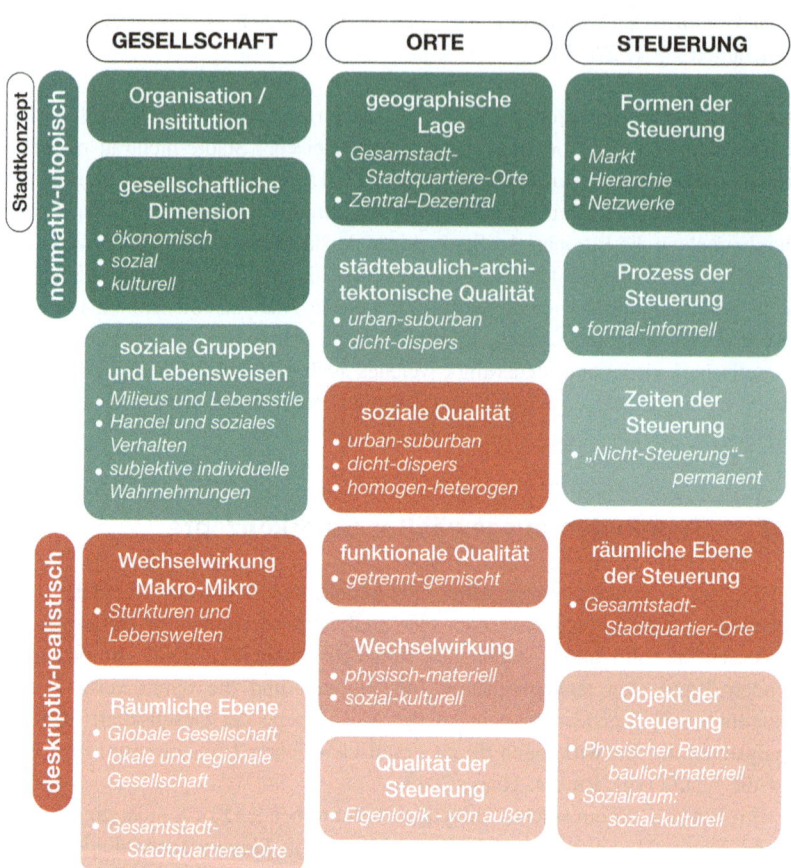

Abb. 9.1 Analysedreieck ‚Gesellschaft – Orte – Steuerung' in Bezug auf Stadtkonzepte

zukunftsfähig zu bleiben. Trotz ihrer analytischen Natur enthalten diese Konzepte auch normative Elemente, da sie implizit bestimmte Zielvorstellungen und Ideale für die zukünftige Stadtentwicklung propagieren. Insgesamt tragen sie dazu bei, ein tieferes Verständnis für die Dynamik (post-)moderner Städte zu entwickeln und bieten Orientierung für die Praxis der Stadtplanung (vgl. Jessen 2021).

Die Abb. 9.1 stellt ein Modell zur Analyse von Steuerung und räumlicher Entwicklung dar, das zwischen normativ-utopischen und deskriptiv-realistischen

Perspektiven von Stadtkonzepten unterscheidet. Sie zeigt, dass Steuerung sowohl auf organisationaler und institutioneller Ebene als auch durch gesellschaftliche Dimensionen wie Ökonomie, Sozialstruktur und Kultur geprägt wird. Die geographische Lage und die städtebaulich-architektonische Qualität eines Ortes beeinflussen maßgeblich seine funktionalen und sozialen Eigenschaften. Gleichzeitig variieren die Formen der Steuerung zwischen Marktmechanismen, hierarchischen Strukturen und Netzwerken. Die Prozesse der Steuerung können formell oder informell ablaufen, während die zeitliche Dimension von temporären Eingriffen bis hin zu einer „permanenten Nicht-Steuerung" reicht. Zudem verdeutlicht die Abbildung, dass soziale Gruppen und Lebensweisen eine zentrale Rolle in der Raumproduktion spielen, indem sie durch ihre Milieus, ihr Verhalten und ihre individuellen Wahrnehmungen Einfluss nehmen. Die funktionale Qualität eines Raumes hängt davon ab, ob Nutzungen klar getrennt oder gemischt sind. Wechselwirkungen zwischen makrostrukturellen Entwicklungen und mikrosozialen Lebenswelten formen die räumliche Entwicklung sowohl auf globaler als auch auf lokaler Ebene. Die Qualität der Steuerung wird dabei als ein Spannungsfeld zwischen Eigenlogik und externen Steuerungsmechanismen betrachtet. Schließlich unterscheidet die Abbildung zwischen physisch-materiellen und sozial-kulturellen Steuerungsobjekten, um die Komplexität räumlicher Planung und Entwicklung zu verdeutlichen.

9.3.1 Nachhaltige Stadt

Das Konzept der ‚nachhaltigen Stadt' basiert auf den Prinzipien der ökologischen, ökonomischen und sozialen Nachhaltigkeit und verfolgt das Ziel, die Lebensqualität zu verbessern und gleichzeitig die negativen Umweltauswirkungen von Städten zu minimieren. Da Städte etwa 75 % der weltweiten CO_2-Emissionen verursachen, spielen sie eine zentrale Rolle im Kampf gegen den Klimawandel. Die historische Entwicklung der nachhaltigen Stadt ist eng mit dem Konzept der nachhaltigen Entwicklung verbunden, das im UN-Brundtland-Bericht von 1987 erstmals umfassend beschrieben wurde. Es zielt darauf ab, die Bedürfnisse der Gegenwart zu befriedigen, ohne die Möglichkeiten zukünftiger Generationen zu gefährden. Dieses Prinzip wurde 2015 auch in den Nachhaltigkeitszielen der Vereinten Nationen verankert, insbesondere in Ziel 11, das sich auf nachhaltige Städte und Gemeinden fokussiert (vgl. Vereinte Nationen 2018).

Die Definition der ‚nachhaltigen Stadt' umfasst eine Balance zwischen den drei Säulen der Nachhaltigkeit: Ökologie (Umweltschutz und Ressourcenschonung), Ökonomie (wirtschaftliche Effizienz) und Soziales (soziale Gerechtigkeit und Inklusion). Eine ‚nachhaltige Stadt' sollte flexibel genug sein, um auf verändernde Umweltbedingungen reagieren zu können je nach den kulturellen, natürlichen und sozialen Gegebenheiten des Ortes. Die erfolgreiche Umsetzung einer nachhaltigen Stadt beruht auf verschiedenen Prinzipien und Maßnahmen, die den Schutz der Umwelt, die effiziente Nutzung von Ressourcen und die Förderung sozialer Gerechtigkeit umfassen. Städte sollten ihre natürlichen Ressourcen optimal nutzen, Umweltverschmutzungen minimieren und ökologische Grundlagen schützen (vgl. Rink 2018).

Ein planerisches Umsetzungsziel hierfür ist die Reduktion des motorisierten Individualverkehrs durch die Förderung öffentlicher Verkehrsmittel und den Ausbau der Radwegeinfrastruktur. Ein weiterer wichtiger Baustein ist die Energieeffizienz und der verstärkte Einsatz erneuerbarer Energien. Um die CO_2-Emissionen zu reduzieren und langfristig eine nachhaltige Energieversorgung sicherzustellen, soll nachhaltige Stadtentwicklung verstärkt auf erneuerbare Energiequellen wie Solarenergie, Windkraft und Biomasse setzen. Gleichzeitig sollten Gebäude energieeffizient gestaltet werden, um den Energieverbrauch zu senken und einen Beitrag zur Klimaneutralität zu leisten. Ein entscheidender Faktor für die Reduzierung von CO_2-Emissionen ist die nachhaltige Mobilität. Der Verkehrssektor ist in Deutschland für einen erheblichen Anteil der Treibhausgasemissionen verantwortlich. Laut Umweltbundesamt verursachte der Verkehr im Jahr 2022 fast 20 % der gesamten Treibhausgasemissionen des Landes (vgl. Umweltbundesamt 2023). Dieser hohe Anteil unterstreicht die Notwendigkeit, den städtischen Verkehr neu zu gestalten, um die Emissionen zu reduzieren und die Klimaziele zu erreichen. Dies kann durch den Ausbau des Radwegenetzes, die Förderung des öffentlichen Nahverkehrs und die Einführung alternativer Antriebe wie Elektro- oder Wasserstofffahrzeuge geschehen (vgl. Lenk u. a. 2021). Neben ökologischen Aspekten spielt auch die soziale Inklusion und Gerechtigkeit eine zentrale Rolle in der nachhaltigen Stadtentwicklung. Alle Bewohnerinnen und Bewohner, unabhängig von ihrer sozialen und wirtschaftlichen Situation, sollen gleichberechtigt am städtischen Leben teilnehmen können. Dies umfasst den Zugang zu bezahlbarem Wohnraum, Gesundheitsversorgung, Bildung und anderen städtischen Dienstleistungen. Nachhaltige Stadtentwicklung hat auch zum Ziel eine möglichst umfassende Inklusion und Integration für die Bewohnerinnen und Bewohner zu erreichen indem sozialer Zusammenhalt gefördert und Exklusionsprozesse verringert werden. Ähnlich wie der Klimawandel, der nicht nur reparative Maßnahmen wie Klimaanlagen und Dämmung erfordert, sondern grundlegende Veränderungen in Bezug auf Freiraumgestaltung, Baumaterialien, Mobilität und Arbeitszeitmodelle bewirken wird, haben auch die sozialen Auswirkungen von demografischem Wandel, Heterogenität und Diversität eine ebenso tiefgreifende und langfristige Bedeutung (vgl. Knieling u. a. 2010; Hummel 2020). Schließlich ist die wirtschaftliche Nachhaltigkeit ein unverzichtbarer Bestandteil des Konzepts. Eine nachhaltige Stadt muss wirtschaftlich stabil sein und Ressourcen effizient nutzen. Dies bedeutet, dass lokale Wirtschaftszweige gefördert werden, um langfristig Arbeitsplätze zu schaffen und die Abhängigkeit von begrenzten Rohstoffen zu verringern. Mit Förderungen und planerischen Maßnahmen soll gezielt die lokale Ökonomie gestärkt werden. Zur Umsetzung dieser Prinzipien sind planerische Strategien wie der Ausbau grüner Infrastruktur, nachhaltiges Bauen und die Förderung der Kreislaufwirtschaft erforderlich. Beispiele erfolgreicher Städte wie Kopenhagen und Freiburg zeigen, wie diese Konzepte realisiert werden können. Kopenhagen strebte bis 2025 CO_2-Neutralität an und setzt auf eine vorbildliche Fahrradinfrastruktur, während Freiburg sich durch nachhaltige Stadtplanung und die Nutzung von Solarenergie auszeichnet (vgl. Haag & Köhler 2012).

Mit dem Leitbild einer ‚nachhaltigen Stadt' wird die Zielvorstellung einer nachhaltigen Entwicklung auf die Städte übertragen. Die Nachhaltigkeitsdebatte zielt auf eine Entwicklung, die ökonomisch, sozial und ökologisch die Zukunftsbeständigkeit im Blickfeld hat. Auf die Stadt übertragen, kommt dieses Konzept dem Modell der ‚Europäischen Stadt' in der analytischen Ebene am nächsten, da es in dem Analysedreieck ‚Gesellschaft, Orte, Steuerung' zu allen drei Bereichen konzeptionelle Überlegungen verlangt. Dies könnte auch ein Grund sein, warum die ‚nachhaltige Stadt' aus sich selbst heraus eine Beständigkeit als ‚große Erzählung' besitzt. Sowohl für die materiell-physische Gestaltungsaufgabe des Städtebaus und der Architektur stellt dieses Konzept im Sinne einer ökologischen Nachhaltigkeit ein wichtiges Leitbild dar. Ebenso werden nachhaltiges Handeln sowie städtische Lebensformen zu einem zentralen Forschungsgegenstand für die Sozialwissenschaften. Zudem bezieht das Konzept Stellung zu normativen Steuerungsfragen und Wertsetzungen von Entwicklung (vgl. Schubert 2016; Großmann & Roskamm 2022).

9.3.2 Grüne Stadt

Das Konzept der ‚grünen Stadt' strebt an, das Verhältnis zwischen Menschen und Natur in städtischen Lebensräumen neu zu definieren. Im Zentrum steht die Integration von Natur in urbane Gebiete, wobei Grünflächen und ökologische Prozesse nicht nur ästhetische Funktionen übernehmen, sondern essenzielle Bestandteile des städtischen Ökosystems darstellen. Ziel der ‚grünen Stadt' ist es, die Lebensqualität der Bewohnerinnen und Bewohner zu steigern, gesundheitliche Vorteile durch den Zugang zu Grünflächen zu bieten und gleichzeitig Umweltbelastungen zu reduzieren (vgl. Haase 2018).

Ein wesentlicher Aspekt ist die Idee, dass Natur nicht als externer Faktor betrachtet wird, sondern als integrierter Bestandteil des städtischen Lebensraums, der saubere Luft, Wasser, Klimaregulierung und Biodiversitätsförderung ermöglicht. Die ‚grünen Städte' basieren auf den Prinzipien ökologischer Stadtplanung und nachhaltiger Mobilität. Maßnahmen umfassen die Schaffung von Parks, urbanen Gärten, und z. B. die Förderung erneuerbarer Energien. Darüber hinaus ist die Einbindung von Natur in die Architektur durch Dach- und Fassadenbegrünungen sowie vertikale Gärten von zentraler Bedeutung. Solche Maßnahmen tragen nicht nur zur Verbesserung des städtischen Mikroklimas bei, sondern reduzieren auch den Energieverbrauch und bieten Schutz vor extremen Wetterbedingungen (vgl. Pfoser 2018). Ein weiteres Schlüsselelement der Grünen Stadt ist die Förderung ‚sozialer Gerechtigkeit' und ‚Grünraumgerechtigkeit' durch den gleichberechtigten Zugang zu Grünflächen für alle Bewohnerinnen und Bewohner: Der städtische Freiraum soll nicht nur Maßnahmen zur Klimaanpassung und Förderung der Biodiversität unterstützen, sondern auch den sozialen Zusammenhalt stärken. Gleichzeitig muss er funktional, optisch ansprechend und pflegeleicht sein. In letzter Zeit wird zudem verstärkt der Ruf nach mehr Gerechtigkeit laut, insbesondere in Bezug auf den gleichberechtigten Zugang zu Grünflächen: „Ein Blick auf aktuelle Strategiepapiere zur Freiraumentwicklung und städtebauliche Förderprogramme im deutschsprachigen Raum zeigt, dass der Begriff der Umweltgerechtigkeit zunehmend aufgegriffen wird und dabei häufig explizit Bezüge zu Stadtgrün und Grünraumversorgung hergestellt werden" (Gstach u. a. 2022: 10). Die Bürgerbeteiligung spielt dabei eine wichtige Rolle in der Stadtplanung, um sicherzustellen, dass die Bedürfnisse und Wünsche der Bevölkerung berücksichtigt werden. Trotz der Vielzahl an Vorteilen stehen Städte vor der Herausforderung, ausreichend Platz für Grünflächen in dicht bebauten urbanen Gebieten zu schaffen, insbesondere angesichts wachsender Bevölkerung und zunehmender Flächenversiegelung.

Die ‚grüne Stadt' integriert somit ökologische und soziale Belange in die Stadtplanung und fördert eine nachhaltige Entwicklung, die langfristig sowohl Mensch als auch Natur zugutekommt. Dem planerischen Konzept der ‚Grünen Stadt' liegt das Modell einer Gartenstadt zugrunde, was durch die Vorstellung der Versöhnung von Natur und Stadt begründet ist. Wohnen im Garten und damit eine Verbindung zwischen Natur und Kultur sollte ein städtebauliches Modell für Sozialreformen werden. Indem einem städtischen Lebensbereich ein Ort in der

Natur zugewiesen wird, sollten die negativen Seiten der Verstädterung und urbaner Dichte aufgehoben werden. Für die Planung von Gartenstädten war historisch eine starke planerische Umsetzung mit geeigneten Instrumenten notwendig. Dieses normative Leitbild städtischen Lebens wird deshalb hier aufgeführt, weil es zu einigen real gebauten Gartenstädten geführt hat und schon sehr früh zu Beginn des 20. Jahrhunderts eine Stadtutopie im Spannungsfeld zwischen natürlicher Landschaft und gesellschaftlicher Stadt formulierte (vgl. Howard 1907).

Ein wichtiger historischer Bezugspunkt für das Konzept einer „grünen Stadt" liegt in den Ideen der Stadtlandschaft, die entwickelt wurden, um der in der Zwischenkriegszeit vorherrschenden Großstadtfeindlichkeit entgegenzuwirken. Reichow entwarf Utopien, in denen sich die Städte in die umgebende Landschaft auflösen sollten, um den negativen Auswirkungen der Urbanisierung, wie Anonymität und übermäßiger Intellektualität, zu begegnen (vgl. Reichow 1948). In diesem Ansatz wird die Großstadt als unkontrolliert wachsender und gefährlicher Ort betrachtet, weshalb ein stark hierarchischer Planungsansatz gefordert wurde, um das Wachstum zu regulieren und eine Versöhnung von Kultur und Natur zu ermöglichen. Diese Idee einer Stadtlandschaft beeinflusste viele nachfolgende städtebauliche Konzepte und findet sich auch im Leitbild der ‚grünen Stadt' wieder, die eine enge Verbindung zwischen städtischen Lebensräumen und der Natur anstrebt. Während Reichow die radikale Auflösung der Stadt in die Landschaft propagierte, versucht das moderne Konzept der ‚grünen Stadt', eine Balance zu finden, indem natürliche Elemente und ökologische Prozesse in den urbanen Raum integriert werden. Durch die Schaffung von Grünflächen, Parks und urbanen Gärten sowie die Förderung von nachhaltiger Mobilität und erneuerbaren Energien wird der Versuch unternommen, Kultur und Natur in Einklang zu bringen, ohne die städtische Struktur aufzugeben.

9.3.3 Schrumpfende Stadt

Das Konzept der ‚schrumpfenden Stadt' beschreibt ein urbanes Phänomen, das durch den Verlust von Bevölkerung und wirtschaftlicher Bedeutung gekennzeichnet ist. Während die städtische Planung lange Zeit stark auf Wachstum fokussiert war, rückte das Thema Schrumpfung in Deutschland erst Anfang der 2000er Jahre in den Fokus. Schrumpfungsprozesse, die bereits in den 1990er Jahren beobachtet wurden, galten zunächst als vorübergehend: Der Wandel hin zu einem verstärkten Fokus auf Schrumpfungsprozesse in der Stadtentwicklung lässt sich also erst seit den frühen 2000er Jahren beobachten (vgl. Kabisch u. a. 2004). Obwohl in den Jahrzehnten zuvor ähnliche Diskussionen stattfanden, zeigt sich eine nur geringe inhaltliche Kontinuität zwischen dem damaligen und dem aktuellen Diskurs: „Begrifflich werden die Diskussionen der 1970er und 1980er Jahre als Vorläufer gefasst, was zum einen die große inhaltliche Schnittmenge der beiden Aufmerksamkeitszyklen zum Ausdruck bringt, zum anderen aber nicht impliziert, dass bereits ein Weg bereitet oder Vorarbeit geleistet wurde. Schließlich bauen die Diskurse der 2000er Jahre nur marginal auf jenen der 1970er und 1980er Jahre auf und sie erleben Thematisierungshemmnisse noch einmal in sehr ähnlicher Form" (Gravert 2022: 202).

Doch mit der Zeit zeigte sich, dass diese Entwicklung anhaltend ist, insbesondere in Ostdeutschland, wo wirtschaftliche Transformationen nach der Wiedervereinigung zu einem starken Bevölkerungsschwund führten. Ein zentraler Aspekt der ‚schrumpfenden Stadt' ist der Bevölkerungsverlust, der meist durch Faktoren wie den wirtschaftlichen Strukturwandel, die Deindustrialisierung und den demographischen Wandel ausgelöst wird. Der Verlust an Arbeitsplätzen führt zu Abwanderung, insbesondere junger, qualifizierter Menschen. Zurück bleiben oft ältere oder weniger qualifizierte Bevölkerungsgruppen, was die soziale Struktur der Städte nachhaltig verändert. Die Schrumpfungsprozesse betreffen jedoch nicht nur die Städte, sondern auch den ländlichen Raum, der oft ähnliche Dynamiken aufweist. Auch dort führt der Verlust von Arbeitsplätzen und Perspektiven zur Abwanderung, insbesondere junger Menschen, was den demographischen Wandel und die Überalterung weiter verstärkt. Die Parallelen zwischen städtischen und ländlichen Schrumpfungsprozessen verdeutlichen, dass diese Entwicklungen weiträumig miteinander verknüpft sind: „Blickt man in die ausformulierten Statistiken zum ländlichen Raum waren die dominierenden Interpretationen geprägt von den Begriffen: Abwanderung, Schrumpfung, Demographischer Wandel, und Überalterung. Vielen Gemeinden und Regionen wurde prognostiziert, dass sie weiter und weiter Bevölkerung verlieren würden" (Stumfol 2022: 2).

Diese Entwicklung zieht vielfältige Auswirkungen nach sich, darunter Leerstand von Wohngebäuden und Gewerbeimmobilien, Verfall von Bausubstanz sowie eine Überdimensionierung der städtischen Infrastruktur. Trotz der negativen Auswirkungen kann die Schrumpfung auch als Chance für Städte verstanden werden. Der Rückgang der Bevölkerungsdichte bietet Möglichkeiten zur Freiraumentwicklung und zur Verbesserung der Lebensqualität durch die Entstehung neuer Grünflächen (vgl. Rink 2020).

Leipzig ist ein Beispiel dafür, wie schrumpfende Städte durch innovative städtebauliche und umweltplanerische Maßnahmen revitalisiert werden können. Heute ist Leipzig wieder eine wachsende Stadt. So nutzte Leipzig den entstandenen Raum, um urbane Wälder und Grünflächen zu schaffen, was sowohl ökologische als auch soziale Vorteile mit sich bringt. Ein wesentlicher Aspekt der Anpassung schrumpfender Städte liegt in der Planung und Gestaltung von Freiräumen. Der Rückbau von Gebäuden in außenliegenden Stadtteilen schafft Platz für neue Nutzungen, wie Parks oder Erholungsflächen, die einen ökologischen Mehrwert bieten und das Stadtbild aufwerten können (Rink & Siemund 2016).

Das Konzept einer ,schrumpfende Stadt' beschreibt komplexe städtische Transformationsprozesse, die tiefgreifende Herausforderungen in den Bereichen Wirtschaft, Demografie und Stadtplanung mit sich bringen. Gleichzeitig bietet die Schrumpfung aber auch die Chance für eine nachhaltige, innovative Neuausrichtung, die auf die veränderten Bedingungen in den Städten reagiert und langfristig die Lebensqualität ihrer Bewohner sichert (vgl. Kunzmann 2003). Das Konzept der ,schrumpfenden Stadt' reagiert dementsprechend auf demographische Prozesse eines Geburtendefizits, die interregionale Abwanderung von Bevölkerung, die Deindustrialisierungsprozesse im Zuge des ökonomischen Strukturwandels sowie zunehmenden Wohnungsleerstand und gestaltet durch starke Planungsmaßnahmen diese Transformation auf der lokalen sozialräumlichen Ebene. In der Diskussion um die Steuerung dieses Phänomens der Entleerung und Entdichtung von städtischem Raum wird oftmals auf die Strategien der Stadterneuerung in den 1970er Jahren verwiesen. Allerdings geht es aktuell in der Debatte einer schrumpfenden Stadtentwicklung um einen Paradigmenwechsel der Steuerungsfragen: Die ökonomischen, sozialen und kulturellen Herausforderungen von Schrumpfungsprozessen stellen das traditionelle Bild der europäischen Stadt und ihrer Entwicklungsmöglichkeiten durch Wachstum und Verdichtung in Frage. Im Grunde geht es um eine grundlegend geänderte Steuerung mit neuen Instrumenten und Methoden, weg von Wachstumsverteilung, hin zum gestalterischen Umgang der Schrumpfungsprozesse (vgl. Kabisch u. a. 2004; Pallagst u. a. 2022).

Die Theorie der Postwachstumsstadt bietet einen neuen Ansatz für den Umgang mit urbanen Schrumpfungsprozessen, indem sie das herkömmliche Wachstumsparadigma infrage stellt (vgl. Brokow-Loga & Eckardt 2020). Statt Städte ausschließlich auf Wachstum und Expansion auszurichten, betont die Postwachstumsstrategie die Notwendigkeit, Schrumpfungsprozesse aktiv und kreativ zu gestalten. Es geht darum, bestehende Ressourcen effizienter zu nutzen, soziale Ungleichheiten zu verringern und die Lebensqualität für alle Bevölkerungsgruppen zu sichern. Auch wenn Brand (2020) den expliziten Bezug zwischen Postwachstumsstrategien und schrumpfenden Räumen nicht direkt herstellt, verweist er auf die Bedeutung einer neuen städtischen Ausrichtung, die nicht vom ständigen Wachstum abhängig ist, sondern auch unter Bedingungen des Rückgangs funktioniert: „Ich würde vorschlagen, den Begriff mit einem Adjektiv aufzuladen: solidarisch. Eine solidarische Postwachstumsstadt – das ist eine Qualität. Denn bei Postwachstumsstadt denkt man nur allzu leicht an schrumpfende oder periphere Städte. Aber durch den Begriff der Solidarität wird der Begriff wissenschaftlich und politisch genauer" (Brand 2020: 36).

Anders als bei Brand angenommen, umfasst das Konzept der ‚schrumpfenden Stadt' planerische Strategien wie die Umnutzung leerstehender Gebäude, den Rückbau von Infrastrukturen und die Förderung von gemeinschaftlichen, solidarischen Projekten. Wie Gravert feststellt: „Nicht nur die befragten Akteur*innen resümieren einhellig, die Themenkarriere Schrumpfende Städte habe wichtige Erkenntnisse und Impulse für die planungswissenschaftliche Disziplin sowie die Planungspraxis geliefert. Grundlegende Errungenschaften des Schrumpfungsdiskurses seien primär die breite (fach-)öffentliche Thematisierung dieses zunächst mit Tabus behafteten Themas sowie der „Paradigmenwechsel" weg von der Fokussierung auf die Generierung erneuten Wachstums hin zur Bewältigung und Gestaltung der unabwendbaren Schrumpfungsprozesse" (Gravert 2022: 258). Schrumpfung wird hier nicht nur als rückläufiger Prozess betrachtet, sondern auch als Chance für eine bewusst gestaltete, nachhaltige Stadtentwicklung, die soziale Gerechtigkeit und Solidarität ins Zentrum rückt. Eine ‚schrumpfende Stadt' kann somit nicht nur durch abbauende Entwicklungen geprägt sein, sondern auch durch eine positive Transformation, die auf Resilienz, Gemeinschaft und innovative Lösungen im Umgang mit Schrumpfungsprozessen setzt.

9.3.4   Soziale Stadt

Das Konzept der ‚sozialen Stadt' bezieht sich auf städtebauliche Maßnahmen, die darauf abzielen, soziale Ungleichheiten und Segregation in benachteiligten Stadtteilen zu verringern. Ziel ist es, die Lebensqualität der Bewohnerinnen und Bewohner durch integrierte städtebauliche, soziale und wirtschaftliche Strategien zu verbessern und den sozialen Zusammenhalt zu stärken. Die Grundlage der ‚sozialen Stadt' ist die Erkenntnis, dass soziale Ungleichheiten und räumliche Segregation in vielen städtischen Gebieten zunehmen. Um das Ziel einer lebenswerten und gerechten Stadtentwicklung zu erreichen, reicht es jedoch nicht aus, lediglich materielle Ungleichheiten zu verringern. Vielmehr bedarf es eines ganzheitlichen Ansatzes, der über die Bereitstellung von Wohnraum hinausgeht und zahlreiche weitere Dimensionen des städtischen Lebens berücksichtigt: „Die soziale Stadt zeichnet mehr aus als preiswerten Wohnraum. Entscheidend für eine humane Urbanität ist ein gelungener Mix aus zahlreichen weiteren Faktoren, von der Kultur bis zur Bürgerbeteiligung. Es geht beispielsweise um Barrie-refreiheit, normative Vielfalt, Bildungschancen in segregierten Vierteln, völlig divergente zivilgesellschaftliche Strukturen, prekäre Sicherheiten im öffentlichen Raum" (Hummel 2020: 1). Diese Entwicklungen führen zu Benachteiligungen in Bezug auf Bildung, Beschäftigung, Wohnraum und soziale Teilhabe, was wie-derum soziale Spannungen und Konflikte verstärken kann. Mit dem Konzept zur Sozialen Stadt wird ein integrativer Ansatz verfolgt, um soziale Ungleichheiten und Segregation zu bekämpfen. Durch die Kombination von baulichen, sozialen und ökonomischen Maßnahmen wird angestrebt, die Lebensqualität in benach-teiligten Stadtteilen zu verbessern und den sozialen Zusammenhalt zu fördern. Das Konzept der Sozialen Stadt zielt darauf ab, die Auswirkungen gesellschaft-licher Transformationsprozesse und die zunehmende soziale Polarisierung in der Stadt zu mildern (vgl. Dangschat 1997; Hanesch 1997; Häußermann u. a. 2003; Walther 2004).

Die Zielvorstellung einer integrierten, gemischten Stadtgesellschaft des sozia-len Ausgleichs findet in den Überlegungen zu einer ‚Sozialen Stadterneuerung' als politisches Programm mit den Verfahren des Quartiersmanagements und mit den Methoden der Partizipation ihren Niederschlag. Es soll im Rahmen baulicher und sozialer Aufwertungsstrategien eine Verbesserung und eine Stabilisierung der physischen Wohn- und Lebensbedingungen erreicht werden (vgl. Walther & Güntner 2007). Steuerungsstrategien der Sanierungsmaßnahmen sollen auch die ökonomische Basis in den Stadtquartieren durch Förderung der lokalen Öko-nomie erreichen. Zielvorstellung ist die Stärkung des sozialen Verbundes durch Nachbarschaften, durch Vereinswesen und einer aktiven Teilnahme der Bewoh-nerinnen und Bewohner am Stadtleben, um so die die Lebensqualität zu erhöhen Die Soziale Stadt greift auf verschiedene Ansätze zurück, um diesen Problemen entgegenzuwirken (vgl. Difu 2003).

Zentral für das Konzept ist die Bürgerbeteiligung, durch die die Anwoh-ner aktiv in die Planungs- und Entwicklungsprozesse einbezogen werden. Dies stärkt nicht nur das Gemeinschaftsgefühl, sondern sorgt auch dafür, dass die Maßnahmen den tatsächlichen Bedürfnissen der Bewohnerinnen und Bewohnern entsprechen. Verschiedene Beteiligungsformen, wie beispielsweise Stadtteilforen, Bürgerwerkstätten oder Mediationen, ermöglichen es den Bewohnern, sich aktiv an der Gestaltung ihres Stadtteils zu beteiligen und ihre Perspektiven einzubrin-gen. Durch diese partizipativen Prozesse wird die Rolle der Bürgerinnen und Bürger jedoch neu definiert. Sie nehmen nicht mehr nur eine beratende Funktion ein, sondern werden zunehmend als aktive Mitgestalter in die Stadtentwicklung eingebunden. Diese erweiterte Verantwortung bringt jedoch auch neue Herausfor-derungen mit sich, da die Beteiligten sich ähnlichen Entscheidungsdilemmata wie politische Vertreter stellen müssen: „Auch das Verständnis von Bürgerbeteiligung ändert sich in der Folge solcher ‚sozialer Architekturgestaltung' governancorientierter Stadtentwicklung: Die Bürgerinnen und Bürger sind nicht an Planungen der Stadt zu ‚beteiligen' (informieren, anhören, Anregungen aufgreifen), sondern sie sind Teil der Planungsentwicklung und damit auch in der Pflicht – und die beteiligten Bürgerinnen und Bürger kommen früher oder später in dasselbe Dilemma wie gewählte Stadträte" (Hummel 2020: 8).

Ein weiterer wichtiger Aspekt der ‚sozialen Stadt' ist die Schaffung von Wohnraum und die Verbesserung der Lebensbedingungen in benachteiligten Stadtteilen (vgl. Lenz 2022). Hierbei spielen sowohl der Bau von sozialem Wohnraum als auch die Sanierung bestehender Wohnquartiere eine wichtige Rolle. Das Konzept der ‚Sozialen Stadt' zielt darauf ab, die Folgen gesellschaftlicher Transformationsprozesse und die zunehmende soziale Polarisierung in der Stadt abzumildern. Durch gezielte Maßnahmen soll verhindert werden, dass einkommensschwache Bevölkerungsgruppen in benachteiligte Stadtteile mit unzureichender Nahversorgung, begrenztem Bildungsangebot und mangelnder sozio-technischer Infrastruktur verdrängt werden und dort unter prekären Bedingungen leben müssen (vgl. Lenz u. a. 2022). Die Förderung von Bildung und Beschäftigung ist ebenfalls ein zentraler Bestandteil des Konzepts der ‚sozialen Stadt'. Der Zugang zu Bildungseinrichtungen und Qualifizierungsmaßnahmen wird verbessert, um die Chancengleichheit zu fördern und die soziale Mobilität zu erhöhen. Gleichzeitig wird versucht durch lokale Wirtschaftsinitiativen Arbeitsplätze zu schaffen und die ökonomische Basis der Stadtteile zu stärken. Erforderlich wäre dementsprechend eine klare Ausrichtung auf gerechtere Bildungschancen trotz unterschiedlicher Bedingungen in den Stadtvierteln, die Sicherung öffentlicher Räume sowie die Berücksichtigung klimatischer Anforderungen bei gleichzeitig stark variierenden Wohn- und Beteiligungsformen (vgl. Hummel 2020).

9.3.5 Kompakte Stadt

Die ‚kompakte Stadt' ist ein stadtplanerisches Konzept, das auf die räumliche Verdichtung und multifunktionale Nutzung urbaner Flächen abzielt, um eine nachhaltige Stadtentwicklung zu fördern. Das Konzept basiert auf der Idee, dass durch die Konzentration von Wohn-, Arbeits-, und Freizeitmöglichkeiten auf engem Raum nicht nur der Flächenverbrauch minimiert, sondern auch der Energieverbrauch gesenkt und die Lebensqualität erhöht werden kann. Die ‚kompakte Stadt' ist ein Modell um den Herausforderungen des Bevölkerungswachstums,

des Klimawandels und der Ressourcenknappheit zu begegnen. Durch die Förderung dichter, gemischter und vernetzter urbaner Strukturen kann eine hohe
Lebensqualität erreicht und gleichzeitig der ökologische Fußabdruck der Stadt
reduziert werden. Dementsprechend setzt das Konzept einer ‚kompakten Stadt'
auf eine hohe bauliche Dichte und eine Mischung verschiedener Nutzungen (vgl.
Roskamm 2011). Durch die Integration von Wohngebäuden, Büros, Geschäften
und Freizeiteinrichtungen in unmittelbarer Nähe entstehen lebendige und vielfältige Quartiere, die soziale Interaktion und Gemeinschaftsbildung fördern. Diese
Mischnutzung trägt dazu bei, dass städtische Gebiete auch außerhalb der typischen Geschäftszeiten belebt bleiben und eine höhere soziale Kontrolle besteht.
Ein weiteres wesentliches Element der ‚kompakten Stadt' ist die effiziente Nutzung von Flächen durch die Nachverdichtung bestehender städtischer Gebiete.
Innenentwicklung bezeichnet eine städtebauliche Strategie, die darauf abzielt,
vorhandene innerstädtische Flächen effizient zu nutzen und brachliegende oder
untergenutzte Grundstücke innerhalb bereits erschlossener Gebiete zu revitalisieren. Ziel ist es, das Wachstum der Städte nach innen zu lenken, anstatt neue
Flächen am Stadtrand zu erschließen. Die Innenentwicklung umfasst Maßnahmen
wie Nachverdichtung, die Umnutzung bestehender Gebäude, die Schaffung neuer
Wohn- und Arbeitsräume auf ungenutzten Flächen sowie die Verbesserung der
urbanen Infrastruktur und öffentlicher Räume. Sie trägt dazu bei, den Flächenverbrauch zu minimieren und unbebaute Natur- und Ackerflächen zu schonen
(vgl. Witthöft 2010). Die ‚kompakte Stadt' fördert dementsprechend auch die
Bereitstellung und den Erhalt von öffentlichen Grünflächen und Erholungsräu-
men. Trotz der hohen baulichen Dichte ist es wichtig, ausreichend Freiräume für
die Erholung der Bewohner und als ökologische Ausgleichsflächen zu erhalten.
Diese Grünflächen tragen zur Verbesserung des städtischen Mikroklimas bei und
bieten wichtige Lebensräume für die städtische Flora und Fauna (vgl. Kley u. a.
2024). Jessen bemerkt zur historischen Beständigkeit des Stadtkonzeptes ‚kompakte Stadt': „Die erstaunlich breite und inzwischen langanhaltende Akzeptanz
des Leitbilds der kompakten und nutzungsgemischten Stadt liegt darin begründet,
dass es ökologische, soziale, politische, ökonomische und kulturelle Anforderungen an zukünftige Stadtentwicklung in ein einziges vertrautes Bild fasst und
so von unterschiedlichen Fachdisziplinen und Politikbereichen getragen werden
kann" (Jessen 2021: 101).

Ein zentrales Merkmal der ‚kompakten Stadt' ist die Förderung der Nahmo-
bilität (vgl. Holz-Rau & Sicks 2013). Kurze Wege zwischen Wohnen, Arbeiten,
Einkaufen und Freizeitaktivitäten reduzieren den Bedarf an motorisiertem Individualverkehr und unterstützen den Ausbau von Fuß- und Radwegen sowie den

öffentlichen Nahverkehr. Dies führt zu einer Reduktion von Lärm, Verkehrsstaus, Luftverschmutzung und CO_2-Emissionen, was positive Auswirkungen auf
die Umwelt und die Gesundheit der Bewohner hat (vgl. Berding u. a. 2018).
Das Konzept der Stadt der kurzen Wege zielt darauf ab, urbane Strukturen
so zu gestalten, dass die täglichen Bedürfnisse der Bewohner – wie Arbeiten,
Einkaufen, Freizeit und Bildung – in fußläufiger Entfernung oder mit kurzen
Wegen erreichbar sind. Durch eine funktionale Mischung von Wohn-, Arbeits-
und Freizeitbereichen wird der Autoverkehr reduziert und umweltfreundliche
Mobilitätsformen wie das Gehen oder Radfahren gefördert. Dies trägt nicht
nur zur Verringerung von CO_2-Emissionen und Luftverschmutzung bei, sondern
steigert auch die Lebensqualität, indem öffentliche Räume für soziale Interaktionen geschaffen werden. Gleichzeitig wird eine ressourcenschonende, nachhaltige
Stadtentwicklung unterstützt, da Flächen effizienter genutzt und bestehende Infrastrukturen besser ausgelastet werden: „Trotzdem befürworten wir (unabhängig
von diesen Analysen) eine an Flächensparsamkeit, kompakten Strukturen, ausge-
wogener Nutzungsmischung sowie an den Angeboten des öffentlichen Verkehrs
orientierte Stadt- und Regionalentwicklung: als Sicherung von Erreichbarkeit und
teilhabe für Menschen ohne Auto sowie als ein Beitrag zur Funktionsfähigkeit
städtischer und regionaler Strukturen für mögliche Zeiten mit (deutlich) weniger Autoverkehr, aber eher nur am Rande als ein Beitrag zum Klimaschutz"
(Holz-Rau & Sicks 2013: 29).

Während die kompakte Stadt ein umfassenderes stadtplanerisches Konzept
darstellt, das auf eine dichte Bebauung, kurze Wege und eine funktionale Durchmischung von Wohnen, Arbeiten und Freizeit in allen urbanen Bereichen abzielt,
konzentriert sich die Innenentwicklung spezifisch auf die Nutzung und Optimierung bestehender innerstädtischer Flächen. Die kompakte Stadt geht über die
reine Innenentwicklung hinaus, indem sie zusätzlich Mobilitätskonzepte, soziale
Durchmischung und Nachhaltigkeit in den Fokus rückt. Trotz dieser Unterschiede
verfolgen sowohl das Konzept der kompakten Stadt als auch die Strategien zur
Innenentwicklung ähnliche Ziele: Sie streben an, den Flächenverbrauch zu minimieren und das städtische Wachstum nach innen zu lenken. Sowohl die kompakte
Stadt als auch die Innenentwicklung fördern dichte und gemischte Nutzungen,
um urbanes Leben effizient und ressourcenschonend zu gestalten. Durch Maßnahmen wie Nachverdichtung, Umnutzung von Flächen und die Schaffung einer
nachhaltigen Infrastruktur überschneiden sich ihre Ansätze. Insgesamt unterstützt
die Innenentwicklung die Ziele der kompakten Stadt, indem sie vorhandene
städtische Flächen optimal nutzt und so die Grundlage für ein nachhaltiges städtisches Wachstum schafft. Durch die Umnutzung und Sanierung von Altbauten,
die Schaffung neuer Wohn- und Arbeitsräume in ungenutzten Gebäuden und

die Entwicklung brachliegender Flächen kann zusätzlicher Wohnraum geschaffen werden, ohne dass neue Flächen an der Peripherie der Stadt in Anspruch genommen werden müssen (vgl. Zupan 2015).

Ein zentraler Aspekt ist die Entwicklung einer ‚alltäglichen Innenstadt', die multifunktionalen Räume für Wohnen, Arbeiten, Freizeit und Konsum schafft und so eine vielfältigere Nutzung ermöglicht. Der Fokus auf Nachhaltigkeit, soziale Kohäsion und Klimaschutz spiegelt das Konzept der kompakten Stadt wider. Die kompakte Stadt fördert eine dichtere und nachhaltigere Stadtstruktur, in der kurze Wege und gemischte Nutzungen die Lebensqualität verbessern und gleichzeitig ökologische Vorteile, wie die Reduktion des Verkehrsaufkommens, bieten. Diese Überlegungen unterstützen die Vision, Innenstädte als resilientere, grüne und integrative Räume zu gestalten, die den Anforderungen der Zukunft gerecht werden (vgl. Diringer u. a. 2022).

Zudem stärkt die kompakte Stadt die soziale und wirtschaftliche Vielfalt, indem sie unterschiedliche Bevölkerungsgruppen sowie eine Vielzahl an Geschäften und Dienstleistungsunternehmen integriert und damit ein lebendiges, urbanes Umfeld schafft. Durch die Schaffung hochwertiger öffentlicher Räume wie Parks und kulturellen Einrichtungen wird die Lebensqualität gesteigert, während gleichzeitig die Effizienz der Infrastruktur verbessert wird. Darüber hinaus trägt die kompakte Stadt zum Klimaschutz bei, da sie umweltfreundliche Mobilität durch den Ausbau von öffentlichen Verkehrsmitteln sowie Rad- und Fußwege fördert. Insgesamt bietet die kompakte Stadt ein Modell für eine nachhaltige, sozial integrative und umweltfreundliche Stadtentwicklung, das langfristige Resilienz und Anpassungsfähigkeit unterstützt. Die Umsetzung des Konzepts der ‚kompakten Stadt' erfordert eine sorgfältige Planung und die Zusammenarbeit verschiedener Akteure, darunter Stadtplanerinnen, Stadtplaner, Architektinnen, Architekten, Immobilienentwickler und die Zivilgesellschaft (vgl. Wentz 2000).

9.3.6 Kreative Stadt

Das Stadtkonzept einer ‚kreativen Stadt' wurde maßgeblich durch den britischen Stadtforscher Landry geprägt, der in den 1980er Jahren das Konzept entwickelte. Landry betont, dass eine kreative Stadt nicht nur physische Infrastrukturen bietet, sondern vor allem kulturelle und soziale Räume schaffen muss, in denen Innovation und kreative Ideen gedeihen können. Sein Ansatz umfasst die Integration von Kultur, Kunst und Bürgerbeteiligung in die Stadtplanung, um eine ganzheitliche, anpassungsfähige und sozial inklusive Stadt zu gestalten (vgl. Landry 2000). Der Soziologe Florida erweiterte das Konzept der ‚kreativen Stadt' um eine

‚konsumorientierten Perspektive'. Er betont, dass die Kreativität der Bürger, insbesondere der sogenannten „kreativen Klasse", einen entscheidenden Beitrag zur wirtschaftlichen Entwicklung von Städten leisten kann. Florida sieht in der Vielfalt kultureller Angebote und der Toleranz gegenüber verschiedenen Lebensstilen entscheidende Faktoren, die eine Stadt für kreative und innovative Menschen attraktiv machen. Diese ‚kreative Klasse' ist nach Florida der Motor für wirtschaftliches Wachstum und technologische Innovation in einer Stadt (vgl. Florida 2005).

Während Richard Florida betont, dass kulturelle Angebote kreative Talente anziehen sollen, legt Merkel (2018) mehr Wert auf produktionsorientierte Ansätze, bei denen lokale kreative Netzwerke und Milieus gezielt gefördert werden, um Innovation und kulturelle Produktion langfristig zu sichern. Merkel betont, dass Städte durch ihre spezifische Struktur besonders förderlich für Kreativität sind. Sie verdichten Kommunikation, Interaktion und Diversität, was zu zufälligen Begegnungen und neuen Ideen führt. Diese dichte soziale Interaktion ist entscheidend für kreative Prozesse und macht Städte zu idealen Orten für Wissens- und Kulturproduktion. Allerdings kritisiert Merkel, dass Kreativität oft als eine ungenaue „Black-Box" verwendet wird, ohne klar zu definieren, was kreative Prozesse in der Stadtentwicklung tatsächlich ausmacht. Viele Städte übernehmen das Narrativ der Kreativität, ohne sich ausreichend mit den sozialen und kulturellen Grundlagen auseinanderzusetzen, die für diese Prozesse essenziell sind (vgl. Merkel 2018). Merkel betont, dass die „kreative Stadt' in der Praxis oft nur eine wirtschaftliche Vision verfolgt, bei der soziale und kulturelle Aspekte untergeordnet werden. Obwohl Toleranz und Diversität betont werden, bleibt der Fokus auf ökonomische Ziele beschränkt, was zu wachsender sozialer Ungleichheit führt. Kritische Potenziale, wie das Fördern von sozialer Vielfalt und kultureller Teilhabe, werden vernachlässigt. Somit ist die ‚kreative Stadt' nicht als ganzheitliches städtisches Entwicklungsmodell geeignet, da sie die sozialen Probleme der Stadt oft verschärft und an den Rand drängt: „Die Diskussion der wissenschaftlichen Kritik zeigt, dass die Kreative Stadt trotz der affirmativen Betonung von Toleranz und Kultur lediglich eine ökonomische Vision ist, in der das Soziale und das Kulturelle unter ökonomischen Gesichtspunkten betrachtet werden und sich soziale Ungleichheiten weiter verschärft haben. Die Kreative Stadt ist kein Leitbild für eine gesamtstädtische Entwicklung, denn sie ist sozial selektiv, blendet die wachsenden sozialen Problemlagen aus bzw. verschiebt sie durch ihre Politiken an den Stadtrand und begreift sich vornehmlich als eine Wirtschaftspolitik" (Merkel 2018: 208).

Bei der Verschmelzung von Arbeit, Kultur und Kreativität spielen Coworking-Spaces sowohl im städtischen (vgl. Merkel 2015 und 2017) als auch im ländlichen Raum als kreative Orte und Gemeinschaftszentren eine zentrale Rolle. Coworking-Spaces sind mehr als bloße Arbeitsorte; sie fungieren als Katalysatoren für Gemeinschaftsbildung und lokale Entwicklungen, insbesondere in ländlichen Gebieten, wo sie als ‚Dorfgemeinschaftshaus' eine wichtige Rolle spielen können. Sie können als Knotenpunkte für Rückkehrer, Selbstständige und lokale Gemeinschaften dienen, um den Austausch und die Vernetzung zu fördern (vgl. Voll u. a. 2022). Das Konzept der ‚kreativen Orte' beschreibt dabei nicht nur physische Treffpunkte, sondern auch die Förderung kreative Prozesse und Innovationen durch die Zusammenarbeit verschiedener Akteure und somit den Aufbau von Gemeinschaften und Netzwerken unterstützt. Insofern zielt das Konzept der „kreativen Stadt" darauf ab, städtische Räume so zu gestalten, dass sie Kreativität, Innovation und kulturelle Vielfalt fördern. Im Zentrum steht die Idee, dass Städte nicht nur wirtschaftliche Zentren sind, sondern auch kulturellen und sozialen Hubs, die durch ihre kreativen Potenziale zu einem nachhaltigeren und attraktiveren Lebensumfeld beitragen. Die kreative Stadtplanung fokussiert sich auf die Nutzung kultureller Ressourcen, die Förderung von Kreativwirtschaft und die Einbindung der Bürger in den Gestaltungsprozess der Stadt (vgl. Frey 2009; Siebel 2015).

Das Konzept der ‚kreativen Stadt' stützt sich auf die gesellschaftlichen Transformationsprozesse, die eine Zunahme von Kreativität und Wissen bei der Produktion von Gütern und Dienstleistungen im Sinne einer Wissensgesellschaft proklamieren (vgl. Stehr 1994; Heßler 2015). Dabei formieren sich informelle soziale Strukturen innerhalb eines ‚kreativen Milieus' mit gemeinsamen Lebensstilen und Werthaltungen. Diese städtischen – aber auch zunehmend ländlichen – Orte und Räume ‚kreativer Milieus' sind durch den Zusammenhang zwischen Innovation, Kreativität und Ökonomie geprägt (vgl. Kirchberg 2010). In diesem Stadtkonzept wird von einer Verschmelzung kultureller Aktivitäten mit ökonomischen Prinzipien ausgegangen, welche durch strategische Planung mit förderungspolitischen Instrumenten der jeweiligen Stadt einen Positionsvorteil im Städtewettbewerb verschaffen kann. Die kreative Stadt wird nicht nur als Raum für künstlerische Ausdrucksformen betrachtet, sondern auch als Katalysator für soziale Integration und ökonomische Erneuerung (vgl. Dähner u. a. 2021). Ein Beispiel hierfür ist die Nutzung kultureller Projekte zur Förderung der Integration von Migranten oder zur Belebung benachteiligter Stadtviertel. Ein zentrales Merkmal der ‚kreativen Stadt' ist die Bürgerbeteiligung. Bürgerinnen und Bürger spielen eine aktive Rolle in der Gestaltung ihrer Stadt, indem sie sich an kreativen Initiativen beteiligen und eigene Projekte entwickeln.

9.3.7 Informelle Stadt

Das Konzept der „informellen Stadt" wird häufig mit informellen Siedlungen
wie Slums, Ghettos oder Favelas in Megastädten Südamerikas oder Indiens in
Verbindung gebracht (Blum u. a. 2014: 8–10). Diese Form der Urbanisierung
ist Ausdruck sozioökonomischer Ungleichheiten, da Prozesse der Verarmung
und sozialräumlichen Ausgrenzung dazu führen, dass marginalisierte Bevölkerungsgruppen in prekären Siedlungen innerhalb oder am Rand großer Städte
konzentriert leben. Diese Orte und Räume bestehen aus provisorisch gebauten
Unterkünften als informelle Siedlungen, welche ohne Planung und durch einen
informellen Wohnungsmarkt sowie einer informellen Ökonomie geprägt sind.
Insofern stellen ‚informelle Städte' das andere Gesicht der Globalisierung und
der aufstrebenden ‚globalen Städte' der Macht und Steuerungszentralen dar (vgl.
zur ‚Global City': Saskia 2004). Die Strukturen der globalisierten Ökonomie
und die migrantischen Gemeinschaften der informellen Stadt basieren auf miteinander verbundenen Prozessen der informellen Ökonomie (Sassen 2005: 84;
Brillambourg u. a. 2005). Die informelle Stadt ist ein urbanes Phänomen, das vor
allem in den Städten des globalen Südens verbreitet ist. Sie entsteht oft durch
unregulierte und spontane Siedlungsprozesse, die durch Bevölkerungswachstum
und Migration getrieben werden. Ein zentrales Merkmal der ‚informellen Stadt'
ist das Fehlen staatlicher Regulierung und geordneter Stadtplanung, was zur
Entstehung von Strukturen führt, die weder formell genehmigt noch durch Infrastruktur oder Dienstleistungen unterstützt werden. Trotz ihrer oft provisorischen
und ungeregelten Natur entwickelt sich die ‚informelle Stadt' jedoch häufig zu
einem integralen Bestandteil des urbanen Gefüges und kann über Zeit beständige
Strukturen hervorbringen.

Die ‚informelle Stadt' ist eher ein analytisch empirisches Instrument, um
urbane Räume und Strukturen zu beschreiben, die außerhalb formeller Planungsprozesse und institutionalisierter Systeme entstehen. Sie ist geprägt von
unregulierter Bebauung, inoffiziellen Siedlungen und oft fehlender staatlicher
Kontrolle. Dies kann beispielsweise in Form von informellen Siedlungen, Slums
oder unregulierten Stadtteilen auftreten, die ohne offizielle Genehmigung entwickelt wurden. Ein Hauptmerkmal ist die Abwesenheit staatlicher Regulierung,
die zur Entstehung von Wohnraum führt, der weder den üblichen rechtlichen
noch den planerischen Vorgaben entspricht. Bewohnerinnen und Bewohner dieser
Gebiete bauen oftmals selbst ihre Häuser, ohne die nötigen Genehmigungen und
ohne Zugang zu grundlegenden Infrastrukturen wie Wasser, Strom oder sanitä-
ren Anlagen. Trotz dieser Widrigkeiten schaffen diese Stadtteile funktionierende
Gemeinschaften, in denen soziale Netzwerke und informelle Ökonomien eine

zentrale Rolle spielen. Die Entwicklung solcher informellen Siedlungen ist häufig eine Antwort auf den Mangel an bezahlbarem Wohnraum und die Unfähigkeit der formellen städtischen Systeme, auf den Druck durch Migration und schnelles Bevölkerungswachstum zu reagieren.

Koch beschreibt Informalität als das Vorhandensein informeller Praktiken und Regelungen, die außerhalb der offiziellen, formell festgelegten Institutionen und Planungsverfahren existieren. In der Stadtentwicklung wird der Begriff der Informalität genutzt, um jene Praktiken zu kennzeichnen, die sich abseits der gesetzlich vorgeschriebenen Verfahren abspielen, jedoch einen wesentlichen Einfluss auf die tatsächliche Entwicklung der Stadt nehmen. Informalität wird dabei nicht automatisch als illegal angesehen, sondern umfasst auch jene Praktiken, die zwar nicht formell verankert sind, aber dennoch erlaubt sind und eine flexible Ergänzung zu den oft als starr empfundenen formellen Regelungen bieten (vgl. Koch 2011).

Die Definition der ‚informellen Stadt‘ umfasst demnach nicht nur die physischen Strukturen, sondern auch die sozialen, wirtschaftlichen und politischen Mechanismen, die in diesen Bereichen entstehen. Informalität wird hier nicht nur als Ausdruck von Rechtswidrigkeit gesehen, sondern auch als kreativer und überlebenswichtiger Umgang mit den Herausforderungen des städtischen Lebens in sich schnell entwickelnden urbanen Räumen (vgl. Roy et al. 2004; Matthiesen u. a. 2014) Die Beschreibungen der informellen Lebensweisen benennen informelle Beziehungsgeflechte innerhalb der Siedlungsstruktur, die einhergehen mit einem hohen Grad an Selbstorganisation, Solidarität und mit zentraler Bedeutung des sozialen Lebens. Die Steuerungsformen dieser sozialräumlichen Organisation wird als abseits formaler Regeln und Planungen gekennzeichnet (vgl. Koch 2011). Es wird der Blick auf ungeplante Entwicklung außerhalb der offiziellen Normen und auf eine Verschmelzung von Öffentlichem und Privatem gelegt. Eine reaktive Stadtplanung versucht durch Partizipation und Siedlungsmanagement meist eine Legalisierung der Siedlungsformen zu erreichen. Auch für die europäischen Städte ist die Existenz der informellen Stadt in geschichtlicher und aktueller Blickrichtung von Bedeutung. Während der Hochphase der Industrialisierung in europäischen Städten sowie durch zunehmende Segregation und Einwanderung entstehen auch hier informelle Quartiere, und informelle Formen der Steuerung von Stadtentwicklung halten Einzug in die Planungsinstrumente europäischer Städte.

9.3.8 Smarte Stadt

Das Konzept der ,smarten Stadt' oder ,Smart City' beschreibt eine urbane Entwicklung, die darauf abzielt, technologische Innovationen und digitale Infrastrukturen zu nutzen, um städtische Prozesse effizienter und nachhaltiger zu gestalten. Im Zentrum dieses Ansatzes steht die Integration von Informations- und Kommunikationstechnologien (IKT), um eine höhere Lebensqualität zu gewährleisten und gleichzeitig wirtschaftliches Wachstum und Ressourcenschonung zu fördern. Das Konzept zur Umsetzung einer ,smarten Stadt' basiert im Wesentlichen in Investitionen in digitale Technologien und Kommunikationsinfrastrukturen. Der Begriff der „Smart City" wurde erstmals 1994 genutzt und hat sich seitdem weiterentwickelt. Der Fokus liegt dabei auf der „intelligenten" und „vernetzten" Stadt, die Technologien und Innovationen nutzt, um das städtische Leben zu optimieren (vgl. Frank & Krajewsk 2018; Giffinger u. a. 2007; Giffinger 2021).

Die Entwicklung einer ,smarten Stadt' beruht auf mehreren Grundpfeilern. Einer der zentralen Aspekte ist die digitale Vernetzung der städtischen Systeme, wie Verkehr, Energieversorgung und Verwaltung. So können beispielsweise Mobilitätsangebote durch Apps effizienter genutzt werden oder Ampelschaltungen werden durch Echtzeitdaten optimiert. Ein weiteres Ziel ist die Förderung von Innovationen, die sowohl der Wirtschaft als auch der Stadtentwicklung zugutekommen. Hierbei spielen Universitäten, Unternehmen und Regierungen eine wichtige Rolle, um neue technologische Lösungen zu entwickeln und zu integrieren. Es gibt verschiedene Ansätze, wie Smart Cities umgesetzt werden können. Das ,Data-driven Modell' setzt auf die Nutzung von Echtzeitdaten zur Optimierung von städtischen Abläufen, während das Technical-innovation-driven Modell auf technologische Innovationen durch die Zusammenarbeit von Universitäten, Unternehmen und Regierungen fokussiert. Das Governancedriven Modell betont die partizipative Gestaltung der Stadt durch Bürgerbeteiligung, während das Evidence-based Modell auf die Analyse städtischer Daten setzt, um Schwachstellen zu identifizieren und anzugehen. Bei der Umsetzung einer ,smarten Stadt' gibt es unterschiedliche Ansätze. Eine ,smarte Stadt' kann in bestehenden Städten umgesetzt werden, indem bestehende Infrastrukturen digitalisiert und modernisiert werden. Alternativ kann die ,smarte Stadt' auch in neu gebauten Städten von Grund auf integriert werden, was es ermöglicht, die Stadt nach den Prinzipien der digitalen Vernetzung und Effizienz zu planen (vgl. Giffinger & Kramar 2021).

Trotz der potenziellen Vorteile wird das Konzept der ‚smarten Stadt' auch kritisch betrachtet. Insbesondere der Schutz der Privatsphäre und die Datensicherheit stehen im Fokus der Diskussion. In autoritären Systemen wie China wird das Konzept stark durch staatliche Kontrolle geprägt, was in demokratischen Gesellschaften wie Europa problematisch wäre. Hier stehen der Datenschutz und die Bürgerbeteiligung im Vordergrund, was die Einführung von Smart-City-Maßnahmen jedoch oft verlangsamt. Die ‚smarte Stadt' ist ein technologiebasiertes stadtplanerisches Konzept, das die Nutzung digitaler Technologien und Datenanalysen zur Verbesserung der städtischen Infrastruktur und Dienstleistungen beschreibt. Eine Smart City setzt auf vernetzte Informations- und Kommunikationstechnologien (IKT), um städtische Prozesse effizienter zu gestalten, die Lebensqualität der Bewohner zu erhöhen und die Nachhaltigkeit der Stadtentwicklung zu fördern. Ein zentrales Element der Smart City ist die Implementierung von IoT (Internet of Things) -Technologien, die es ermöglichen, verschiedene städtische Systeme wie Verkehr, Energieversorgung, Abfallmanagement und öffentliche Sicherheit in Echtzeit zu überwachen und zu steuern. Durch den Einsatz von Sensoren und vernetzten Geräten können Städte präzise Daten über Verkehrsflüsse, Luftqualität, Energieverbrauch und andere kritische Indikatoren sammeln, analysieren und nutzen, um fundierte Entscheidungen zu treffen und Ressourcen effizient zu verwalten. ‚Smarte Stadtentwicklung' besteht dennoch auch in einer Förderung partizipativer Stadtentwicklung durch digitale Plattformen, die Bürgerbeteiligung und Transparenz in Planungsprozessen erhöhen (vgl. Stadt Wien 2015). Diese Plattformen ermöglichen es den Bürgern, aktiv an der Gestaltung ihrer Stadt mitzuwirken, Feedback zu geben und sich über laufende Projekte und Entwicklungen zu informieren. Dies stärkt das Gemeinschaftsgefühl und fördert die demokratische Teilhabe an städtischen Entscheidungsprozessen. Das Konzept der ‚smarten Stadt' kombiniert technologische Innovationen mit nachhaltiger Stadtentwicklung, stößt jedoch auf Herausforderungen im Bereich Datenschutz und gesellschaftlicher Akzeptanz. Die ‚smarte Stadt' setzt zudem auf die Integration erneuerbarer Energien und intelligenter Energiemanagementsysteme, um den ökologischen Fußabdruck zu minimieren und eine nachhaltige Energieversorgung zu gewährleisten. Durch den Einsatz von Smart Grids, die eine bidirektionale Kommunikation zwischen Energieproduzenten und -verbrauchern ermöglichen, kann die Energieeffizienz erhöht und die Nutzung erneuerbarer Energiequellen optimiert werden. (vgl. Frank & Krajewsk 2018).

9.3.9 Resiliente Stadt

Das Konzept der ‚resilienten Stadt' bezieht sich auf die Fähigkeit urbaner Systeme, sich an unterschiedliche externe Schocks und Störungen, wie Klimawandel, demografische Verschiebungen oder soziale Herausforderungen, anzupassen, um ihre Funktionsfähigkeit aufrechtzuerhalten und sich langfristig zu stabilisieren. Der Begriff ‚Resilienz' stammt ursprünglich aus der Physik und bezeichnet die Fähigkeit eines Materials, nach einer Verformung in den ursprünglichen Zustand zurückzukehren. In der Stadtplanung wird der Resilienzbegriff erweitert, um nicht nur die Widerstandsfähigkeit von Städten, sondern auch ihre Anpassungs- und Erneuerungsfähigkeit zu beschreiben (vgl. Christmann u. a. 2018; Kegler 2021; Rink u. a. 2023).

Zentrales Ziel der urbanen Resilienz ist es, Städte in die Lage zu versetzen, mit Bedrohungen wie extremen Wetterereignissen, sozialen Krisen oder infrastrukturellen Herausforderungen umzugehen, ohne dabei ihren grundlegenden Charakter und ihre Funktionalität zu verlieren. Städte sollen in der Lage sein, auf Krisen zu reagieren, sich anzupassen und gestärkt daraus hervorzugehen. Herausforderungen und Chancen der Resilienz zeigen sich in verschiedenen Bereichen der Stadtentwicklung. Extremwetterereignisse wie Starkregen und Hitzewellen stellen wachsende Herausforderungen für Städte dar, da diese Ereignisse durch den Klimawandel verstärkt auftreten. Ein resilientes städtisches Wassermanagement kann hier durch multifunktionale Flächen, wie beispielsweise Spielplätze, die bei Starkregen als Rückhaltebecken fungieren, oder durch den Ausbau von Pufferkapazitäten für Wasserabflüsse helfen, um die Auswirkungen zu mildern. In Gebieten mit starker Nachverdichtung entstehen Zielkonflikte zwischen einer flächensparenden Nutzung und der Schaffung von Resilienzen gegen Starkregen. Diese Herausforderungen können nur durch eine frühzeitige, systematische und interdisziplinäre Zusammenarbeit zwischen Stadtplanung und Siedlungswasserwirtschaft gelöst werden. Bereits auf stadtweiter Ebene müssen dabei entscheidende Weichen gestellt werden (vgl. Ganser 2023).

Neben dem klimatischen Aspekt spielt auch die soziale Dimension eine Rolle. Ein zentraler Bereich ist der soziale Wohnungsbau, der durch steigende Mieten und Zuwanderung unter Druck gerät. Die Resilienz der Städte hängt hier von der Fähigkeit ab, bezahlbaren Wohnraum zu schaffen und soziale Segregation zu verhindern. Dies erfordert flexible und vernetzte Planungsansätze, die sowohl kurzfristige als auch langfristige Lösungen zur Mobilisierung von Wohnraum bieten.

Ein herausragendes Beispiel für ein städtisches Resilienzkonzept ist die Stadt Rotterdam, die ein umfassendes Regenwassermanagement entwickelt hat, um den

Auswirkungen des steigenden Meeresspiegels und häufiger auftretenden Überflutungen entgegenzuwirken. Durch innovative Maßnahmen wie schwimmende Gebäude und intensiv begrünte Dächer wird die Stadt widerstandsfähiger gegenüber klimatischen Veränderungen und schafft gleichzeitig zusätzliche Grünflächen für die Bevölkerung.

Das Konzept der ‚Resilienten Stadt' stellt eine ganzheitliche Herangehensweise dar, um Städte widerstandsfähiger gegenüber den vielfältigen Herausforderungen der ökologischen, ökonomischen und sozialen Umbrüche zu machen. Es kombiniert ökologische, soziale und infrastrukturelle Maßnahmen, um Städte nicht nur auf akute Krisen vorzubereiten, sondern auch langfristig ihre Anpassungsfähigkeit zu stärken (vgl. Jakubowski 2013). Damit werden Fähigkeiten einer Stadt beschrieben, sich an verschiedene Arten von Störungen und Veränderungen anzupassen und aus ihnen gestärkt hervorzugehen. Eine resiliente Stadt zeichnet sich durch flexible Infrastrukturen, robuste soziale Netzwerke und adaptive Governance-Strukturen aus, die es der Stadt ermöglichen, schnell und effizient auf unerwartete Ereignisse zu reagieren (vgl. Kabisch u. a. 2024).

Ein zentrales Element der ‚resilienten Stadt' ist das Prinzip der Redundanz, das bedeutet, dass kritische städtische Funktionen durch multiple, voneinander unabhängige Systeme abgesichert werden. Dies kann zum Beispiel durch ein diversifiziertes Energiesystem erreicht werden, das erneuerbare Energien, Batteriespeicher und intelligente Netze integriert, um die Versorgungssicherheit auch bei Ausfällen zu gewährleisten. Ebenso wichtig ist die Förderung sozialer Resilienz, die durch die Stärkung von Gemeinschaften, die Schaffung inklusiver öffentlicher Räume und die Förderung von sozialem Zusammenhalt erreicht wird (vgl. Christmann u. a. 2016).

Die Planung und Umsetzung resilienter Strukturen in Städten erfordert eine umfassende und interdisziplinäre Herangehensweise. Dabei spielen sowohl technische Innovationen als auch soziale und politische Maßnahmen eine entscheidende Rolle. Die Integration von Frühwarnsystemen, die Entwicklung von Notfallplänen und die Durchführung regelmäßiger Risikobewertungen sind wesentliche Schritte, um die städtische Resilienz zu erhöhen. Darüber hinaus sind partizipative Planungsprozesse und die Einbindung der Zivilgesellschaft unerlässlich, um sicherzustellen, dass die Maßnahmen zur Steigerung der Resilienz den Bedürfnissen und Prioritäten der städtischen Bevölkerung entsprechen. Eine resiliente Stadt investiert zudem in die Wiederherstellung und Erhaltung natürlicher Ökosysteme, wie etwa Flussauen, Wälder und Grünflächen, die natürliche Puffer gegen extreme Wetterereignisse bieten. Durch die Implementierung von grüner Infrastruktur, wie z. B. Regenwassergärten, begrünte Dächer und urbane Landwirtschaft, kann die Stadt ihre Fähigkeit zur Bewältigung von Umweltbelastungen verbessern und gleichzeitig die Lebensqualität der Bewohner erhöhen (vgl. Pfoser 2018; Ganser 2023).

9.4   Städte von morgen

Um das Jahr 2010 herum war erstmals in der Geschichte der Menschheit der Punkt erreicht, an dem mehr als die Hälfte der Weltbevölkerung in Städten lebten. Urbane Siedlungen üben nach wie vor große Anziehungskraft und Attraktivität aus. Einkaufsmöglichkeiten ums Eck; die Nähe von Schulen, Kindergärten und Arbeitsplätzen; das vielfältige kulturelle Angebot; die gute medizinische Versorgung; der Anschluss ans Verkehrsnetz – all das zieht Menschen in die Städte. Doch die Herausforderungen für die Zukunft sind groß. Bevölkerungswachstum, knappe Finanzen, hoher Flächenbedarf, dichter werdender Verkehr, zunehmende Umweltbelastungen und soziale Verwerfungen zwischen verschiedenen Bevölkerungsschichten drohen den Handlungsspielraum der Stadtplanung einzuengen (vgl. Frey 2015).

9.4.1   Ressourcen des Urbanen

Die Städte der Gründerzeit zeichneten sich durch Solidität und bauliche Robustheit aus. Sie dienen oft als Vorbild für verdichtetes und ökologisch sinnvolles Bauen. Ihre Bausubstanz aus dem 19. Jahrhundert trotzte Kriegen und zivilisatorischen Brüchen. In jüngerer Vergangenheit jedoch haben umfassende technokratische Eingriffe in die Stadtplanung zu zahlreichen Fehlentwicklungen geführt. Sie äußern sich unter anderem in einer übermäßigen Ausrichtung der Stadträume auf den Autoverkehr, in ‚aus dem Boden gestampften‘ Großsiedlungen ohne gewachsene Infrastruktur oder in Stadtrandzonen, die aus rein ökonomischem Blickwinkel gestaltet sind wie monofunktionale Gewerbeparks. Die Stadtplanung steht nicht nur vor der Aufgabe neue Herausforderungen zu gestalten, sondern auch Wege finden, diese Wunden zu heilen.

   Zudem gibt es widerstreitende Tendenzen in den Formen des Zusammenlebens. Soziales Verhalten und Interaktionen im öffentlichen Raum verlagern sich zunehmend in die digitalen sozialen Medien hinein, und neue ‚smarte‘ Technologien beeinflussen immer stärker die Wohnbedürfnisse und das Wohnverhalten, indem sie ein Sozialleben ohne räumliche Nähe zu Freunden zu ermöglichen scheinen. Dem entgegen steht ein neues Wir-Gefühl, das in inselähnlichen städtischen Lebensgemeinschaften erwächst, vergleichbar den ‚Berliner Kiezen‘ oder den ‚Wiener Grätzln' – eine Art von städtischen ‚Dorfgemeinschaften' (vgl. Frey 2015).

Die Stadtentwicklung bewegt sich daher in einem schwierigen Spannungsfeld zwischen ökologisch notwendigem Siedlungsumbau und unvorhersehbaren sozialen Veränderungen der Stadtgesellschaft. Behördliche Planerinnen, Planer, Unternehmer und Unternehmerinnen verfolgen groß angelegte ‚Top-Down'-Konzepte, um die Aufgaben der Zukunft zu lösen. Dazu gehören Umbaumaßnahmen und intelligente Gebäudesteuerungen, um den Energieverbrauch zu senken, aber auch das Bebauen bisher brachliegender Flächen und ungenutzter Baulücken. Solche Maßnahmen schränken jedoch die Nutzungsmöglichkeiten der Gebäude und des öffentlichen Raums ein und verkleinern den Spielraum des Soziallebens. Sie werden daher zunehmend auf den Widerstand lokaler Initiativen stoßen. Es ist deshalb zu erwarten, dass sich Bürgerinnen und Bürger vermehrt Freiflächen aneignen – etwa um Parkplätze, Stadtbäume oder Verkehrsflächen herum –, um dort beispielsweise eigene Bepflanzungen durchzuführen. Dieses ‚Urban Gardening' genannte Phänomen gehört zur ‚Stadtentwicklung von unten': dem Bemühen der Anwohner, urbane Freiräume eigenmächtig zu erhalten oder zurück zu erobern (vgl. Bernhardt u. a. 2024).

Stadtplanerinnen und Stadtplaner sollten deshalb künftig verstärkt Position beziehen zwischen den Interessen von Bürgerinnen und Bürgern einerseits und Behörden wie Unternehmen andererseits. Sie sollen dafür sorgen, dass sich Initiativen von Anwohnern entfalten können, um soziale Kreativität und Innovation jenseits technisch-rationaler Lösungen zu ermöglichen und so das Zusammenleben zu bereichern.

Städte der Zukunft sind zudem geprägt von sich rasant ändernden Arbeitswelten. Der Wandel hin zur Dienstleistungsgesellschaft, die Globalisierung und technische Neuerungen bringen Arbeitsformen hervor, die vermehrt ‚weiche' Fähigkeiten als ‚Soft-Skills' erfordern wie Flexibilität, Team- und Kommunikationsfähigkeit. Dies wirkt sich auch auf die Arbeitsorte aus. Traditionelle Gewerbe- und Industriebetriebe werden an Bedeutung verlieren, im Gegensatz zu kleinen Dienstleistungs- und Kreativunternehmen, die sich in Wohnquartieren mit Einkaufsmöglichkeiten und sozialen Treffpunkten ansiedeln. Auch ist zu erwarten, dass kleinere Produktionsbetriebe in die Städte zurückkehren, ermöglicht durch neue emissions- und lärmarme Arbeitsverfahren. Beides führt zu kürzeren Arbeits- und Transportwegen. Somit überlagern sich Arbeit, Wohnen und Freizeit stärker als bisher, was vernetzte Wohn- und Arbeitsgemeinschaften hervorbringt. In den Städten der Zukunft wird es ein Nebeneinander geben von dorfähnlicher Beschaulichkeit und global agierenden Unternehmen (vgl. Frey 2015).

9.4.2 Von der Wohnung übers Haus zur Nachbarschaft

Im Zuge des gesellschaftlichen Wandels und des Trends zur Individualisierung werden die städtischen Bevölkerungen heterogener. Unterschiede zwischen den sozialen Milieus nehmen deshalb zu; die klassische Familie etwa wird immer häufiger von neuen Formen des Zusammenlebens abgelöst. Singlehaushalte, Wohngemeinschaften und generationenübergreifende Formen des Zusammenlebens werden das Stadtbild stärker prägen, ebenso autofreie Siedlungen, Studentenquartiere sowie altersgerechte und barrierefreie Wohnungen. All dies sollte in die Planung neuer Wohnviertel Eingang finden. Die Nachfrage nach Kleinst- und Singlewohnungen beispielsweise steigt. Das erfordert nicht nur Neubauten, sondern auch technische Veränderungen im Altbaubestand, einschließlich des Einsatzes ‚intelligenter' Technik, um energiearmes Wohnen in betagten Gebäuden zu erreichen.

Kooperative Modelle des Bauens gewinnen in Städten der Zukunft voraussichtlich an Bedeutung. Es wird mehr Beteiligungen zwischen Nutzern, Bauträgern und Architekten geben, desgleichen zwischen öffentlicher und privater Hand. Dabei entstehen Gemeinschaften mit relativ einheitlicher Wertestruktur, einhergehend mit sozialer Entmischung. Stadtplaner sollten daher künftig intensiver zwischen den Interessen kleinerer Wohn- und Arbeitskollektive und der Gesamtgesellschaft vermitteln.

9.4.3 Geteilte Mobilität

Überall dort, wo der öffentliche Nahverkehr gut ausgebaut und Fahrradfahren sicher möglich ist, wird der Besitz eines eigenen Automobils künftig an Bedeutung verlieren. Das bedeutet jedoch nicht zwangsläufig, auf individuelle Mobilität zu verzichten. Vielmehr werden sich verstärkt Sharing- und Mietmodelle durchsetzen, die gemeinschaftliche Nutzung von Fahrzeugen also – und zwar sowohl beim Auto- als auch beim Fahrradverkehr. Stadtplanerinnen und Stadtplaner stehen vor der Aufgabe, die Infrastruktur dafür bereitzustellen sowie hinreichend viele Umsteigemöglichkeiten im städtischen Verkehr zu schaffen.

Stau-, Lärm-, und Abgasbelastungen in den Innenstädten lassen sich mithilfe von verkehrsberuhigten Bereichen reduzieren, ebenso mit Maut- oder Sperrzonen, wie das Beispiel vieler Metropolen schon heute zeigt. Vermutlich werden künftige Stadtplaner diese Bereiche noch deutlich ausweiten. Der Rückbau autofreundlicher Infrastruktur in den Stadtkernen ist zwar umstritten. Er birgt aber viel Potenzial, um den öffentlichen Raum zu gestalten, und erlaubt zudem, gemeinsam genutzte Verkehrsbereiche mit gleichberechtigten Teilnehmern wiederzubeleben. Heute spricht man von ‚Shared Space‘, doch das Konzept dahinter ist alt. Zu Beginn des 20. Jahrhunderts entsprach es täglicher Realität, die städtischen Zonen mit unterschiedlichsten Fortbewegungsmitteln zu nutzen. Damals war es normal, dass sich Bollerwagen, Omnibusse und Fußgänger gleichzeitig zwischen den Gleisen der Pferdebahn oder der ‚Elektrischen‘ tummelten. Der Primat des Autoverkehrs kam erst später und ist insofern alles andere als selbstverständlich.

9.4.4 Stadt selber machen – neue städtische Gemeinschaften

Die neuen digitalen Kommunikationsformen haben unter anderem zur Folge, dass immer mehr Bürger sich nicht länger als Konsumenten staatlicher Leistungen verstehen, sondern ihr Lebensumfeld aktiv mitgestalten wollen. Der Dialog zwischen Bevölkerung, Wirtschaft, Verwaltung und Stadtplanung bringt neue informelle Netzwerke hervor und ermöglicht den Bürgern eigene stadtplanerische Projekte. So werden Anwohnerinitiativen über ‚Crowdfunding‘ künftig vermehrt eigenes Kapital in die Gestaltung der Wohngebiete einbringen, was ihnen mehr Mitspracherecht bei der Stadtentwicklung verschafft. Die soziale Bewegung des ‚Stadt selber machen‘ zielt auf eine Emanzipation von behördlichen Nutzungs- und Verhaltensvorgaben. Sie bringt nicht nur die bereits erwähnten Urban-Gardening-Projekte hervor, sondern auch Kooperativen zur selbstbestimmten Ernährung oder zum alternativen kulturellen und sozialen Austausch. Die Erkenntnis, dass solche Initiativen sehr wichtig sind und gefördert werden sollten, indem die Bürger mehr Mitsprache bekommen, hat sich bei den meisten kommunalen Stadtverwaltungen noch nicht durchgesetzt. Und dies, obwohl es politisch unumstritten von Vorteil ist, Anwohner als ‚Alltagsexperten‘ an der Stadterneuerung zu beteiligen. Es hat sich vielmehr immer deutlicher gezeigt, dass die hoheitliche Stadtplanung bei Infrastruktur-Großprojekten kaum mehr zwischen Gemeinwohl, Investoreninteressen und den Anliegen einzelner Bevölkerungsgruppen vermitteln kann. Ob es ihr künftig gelingen wird, sich den Bürgerinnen und Bürgern stärker zuzuwenden, ist offen. Jedenfalls braucht es dafür mehr Mut seitens der politischen lokalen Akteure.

Behördliche, unternehmerische und zivilgesellschaftliche Interessen auszugleichen, wird auch deshalb eine große Herausforderung sein, weil global agierende Unternehmen heute zunehmend die urbane Entwicklung prägen. Solche Tendenzen gab es bereits im 16. Jahrhundert und insbesondere in der Gründerzeit des

19. Jahrhunderts, als große Firmen Arbeitersiedlungen und die zugehörigen Infrastrukturen bauen ließen. Auch heute wieder lassen Unternehmen wie Siemens,
IBM oder Cisco neue Stadtquartiere errichten. Sie nutzen dabei aus, dass die
lokale Politik aufgrund finanzieller Engpässe und oft geringerer demokratischer
Legitimation an Einfluss verloren hat. Solche Firmen haben ein großes Interesse
an mobil nutzbaren Digitaltechniken, da diese sich einerseits lukrativ vermark-
ten lassen und andererseits ein großes Maß an Kontrolle ermöglichen – sowohl
über Nutzer als auch über Dinge. Siemens & Co. erproben ihre Stadtquartiere
als Labor für die Gesellschaft in sogenannten ‚Urban Living Labs‘ – unter
anderem, um soziale Verhaltensweisen zu beeinflussen. So wird zum Beispiel
in einem Forschungsbereich der Aspern Smart City GmbH und CoKG, an
der das Unternehmen Siemens maßgeblich als Gesellschafter beteiligt ist, der
‚Smart User‘ in seinem individuellen Nutzerverhalten untersucht. In drei Gebäu-
dekomplexen des neuen Stadtentwicklungsgebietes Seestadt aspern in Wien wird
dabei der Stromverbrauch exakt aufgezeichnet und Daten über Zimmertempera-
tur und Raumluftqualität in Apps, Internetportalen und E-Mail Services erfasst.
Die virtuelle Steuerung über Kommunikationsschnittstellen (z. B. intelligenten
Stromzählern ‚Smart Metern‘) ermöglicht über ‚Home Automation‘ die Regelung
der Beleuchtung, der Heizung oder des Wasserverbrauchs von jedem Ort aus.
Unter dem Schlagwort einer Energieeffizienz und des optimierten Komforts im
Wohnbereich werden soziale Verhaltens- und Lebensweisen auf technische Mach-
barkeit und Rationalisierung reduziert. Dadurch können individuelle Freiheiten im
Nutzungsverhalten in einem schleichenden Prozess eingeschränkt werden. Die
Unternehmen nutzen diese städtischen Forschungslabore zur Optimierung ihrer
Investitionsstrategien. Sie wollen wissen, ob die Entwicklung für Software und
Apps zur Verbrauchssteuerung oder der Betrieb von Niederspannungsnetzen für
Gebäude bzw. Netze sich auch in einem größeren Markt wirtschaftlich lohnen.

Allerdings erfordert die Gestaltung sozialer Prozesse weit mehr als Technik-
, Raum- und Verhaltensoptimierung. Sie verlangt nach einer Antwort auf die
Frage: Wie wollen wir zusammenleben und wie kann uns das gelingen? Den Frei-
raum zu schaffen, um das gemeinschaftlich zu verhandeln, und sich dabei auch
gegen kommerzielle Akteure durchzusetzen, ist eine wichtige Aufgabe künftiger
Stadtplanung (vgl. Frey 2015).

9.5 Fazit

Die Europäische Stadt galt Jahrhunderte als Inbegriff wirtschaftlicher, politischer und kultureller Entwicklung, die durch wohlfahrtsstaatliche Maßnahmen und öffentliche Stadtplanung ein integratives Gesellschaftsleben gewährleistete. Mit der industriellen Revolution des 19. Jahrhunderts gewann die Stadt enorm an Bedeutung für die gesellschaftliche Entwicklung. Am Ende des 20. Jahrhunderts wurde dem städtischen Raum jedoch eine abnehmende soziale Integrationskraft zugeschrieben, und es wurde vom ‚Ende der Städte' gesprochen, bedingt durch die Auflösung städtischer Zusammenhänge und die Flucht der Mittel- und Oberschichten in die Vorstädte.

Zu Beginn des 21. Jahrhunderts wird jedoch erneut ein Zeitalter der Städte ausgerufen, das eine Neuausrichtung des Städtischen voraussagt. Städte werden als Versuchslabore zur Bewältigung zukünftiger Herausforderungen gesehen. Historische Vergleiche, wie die städtebauliche Robustheit der Gründerzeitstadt und die soziale Innovationskraft urbaner Kreativität, dienen als Vorbilder für zukünftiges städtisches Wachstum.

Mit Blick auf das Jahr 2050, in dem etwa 80 % der Bevölkerung in Städten leben werden, sind die Gestaltungsmöglichkeiten der damit verbundenen Prozesse für Stadtplanung und Gesellschaft von zentraler Bedeutung. Forschungsprogramme auf EU- und nationaler Ebene, wie ‚JPI Urban Europe' und ‚Horizon 2020', sowie nationale Agenden, wie das deutsche Programm zur ‚Zukunftsstadt', betonen die Herausforderungen des Klimawandels, der globalen ökonomischen Transformation und der sozialen Spaltungen. Die Tradition der ‚Europäischen Stadt', die auf bürgerlicher Teilhabe und lokaler Demokratie basiert, steht nach wie vor im Mittelpunkt zukünftiger Stadtentwicklung. Dementsprechend wird es wichtig sein, Differenzen und Konflikte im urbanen Raum bewusst anzuerkennen und positive Gestaltungsmöglichkeiten dieser sozial-räumlichen Veränderungsprozesse zu nutzen. Die städtische Identität muss sich im Spannungsfeld zwischen lokalen Stärken und globalen Einflüssen neu konstruieren und positionieren. Der Begriff ‚Glokalisierung' beschreibt diese verbindenden und gleichzeitig trennenden Prozesse und verdeutlicht, wie lokale Identitäten und kulturelle Besonderheiten im Kontext globaler Trends neu entstehen und sich entwickeln können.

Räumliche Steuerung und Stadtentwicklung betont die Notwendigkeit, verschiedene Stadtkonzepte und Planungsstrategien miteinander zu verknüpfen, um den vielfältigen Herausforderungen urbaner Räume gerecht zu werden. Städte werden zunehmend als dynamische Akteure gesehen, die auf gesellschaftliche, technologische und wirtschaftliche Veränderungen reagieren können. Die

erfolgreiche Entwicklung nachhaltiger und lebenswerter Städte erfordert interdisziplinäre Ansätze sowie partizipative Prozesse, die eine breite Einbindung
der Bevölkerung ermöglichen. Besonders das Modell der ‚Europäischen Stadt'
dient als zentrales Leitbild, das auf Prinzipien wie sozialer Inklusion, politischer Autonomie und funktionaler Vielfalt aufbaut. Gleichzeitig werden jedoch
auch die Herausforderungen durch aktuelle Transformationen, wie den demografischen Wandel, die fortschreitende Digitalisierung und die globalen ökonomischen
Veränderungen, deutlich. Die Bedeutung einer flexiblen Steuerung von urbanen
Prozessen, die sowohl auf formalen als auch informellen Ebenen funktioniert, ist
wesentliche Voraussetzung für die zukunftsorientierte Stadtentwicklung.

Literatur

Bahrdt, Hans-Paul (1961): Die moderne Großstadt. Soziologische Überlegungen zum Städ-
tebau. Reinbek bei Hamburg: Rowohlt Verlag
Becker, Heidede & Jessen, Johann & Sander, Robert (1999): Auf der Suche nach Orientie-
rung – das Wiederaufleben der Leitbildfrage im Städtebau. In: Becker u. a. (1999): Ohne
Leitbild? Städtebau in Deutschland und Europa. Stuttgart/Zürich: Karl Krämer, S. 10–20.
Berding, Nina & Bukow, Wolf-Dietrich & Cudak, Karin (2018): Die kompakte Stadt der
Zukunft. Wiesbaden: Springer Fachmedien Wiesbaden.
Berking, Helmuth & Löw, Martina (Hrsg.) (2009): Die Eigenlogik der Städte. Neue Wege für
die Stadtforschung. Reihe: Interdisziplinäre Stadtforschung, Bd.1. Frankfurt am Main/
New York: Campus.
Bernhardt, Floris & Bretfeld, Nada & Buzwan-Morell, Josefine & Cermeño, Hele-na &
Doukas, Sina & Güde, Elisabeth & Hörburger, Constantin & Keller, Carsten & Koch,
Florian (2024): StadtTeilen: Neue Praktiken gemeinschaftlicher Nutzung urbaner Räume,
Bielefeld: transcript Verlag.
Blum, Elisabeth & Peter Neitzke (2014): Vorbemerkungen, in: Blum u. a. (Hrsg.): Favela
Metropolis: Berichte und Projekte aus Rio de Janeiro und São Paulo. Vol. 130. Birkhäu-
ser, S. 8–10.
Blum, Elisabeth & Peter Neitzke (Hrsg.) (2014): Favela Metropolis: Berichte und Projekte
aus Rio de Janeiro und São Paulo. Vol. 130. Birkhäuser.
BMI – Bundesministerium des Innern, für Bau und Heimat (Hrsg.) (2020): Neue Leipzig-
Charta. Die transformative Kraft der Städte für das Gemeinwohl.
BMUB – Bundesministerium für Umwelt, Naturschutz, Bau und Reaktorsicherheit (Hrsg.)
(2007): Leipzig-Charta zur nachhaltigen europäischen Stadt.
Brand, Ulrich (2020): Sozial-ökologische Transformation konkret. Die solidarische Post-
wachstumsstadt als Projekt gegen die imperiale Lebensweise, In: Brokow-Loga, Anton
Eckardt, Frank (Hrsg.): Postwachstumsstadt. Konturen einer solidarischen Stadtpolitik
oekom verlag München, S. 30–43.
Brokow-Loga, Anton Eckardt, Frank (Hrsg.) (2020): Postwachstumsstadt. Konturen einer
solidarischen Stadtpolitik oekom verlag München.

Christmann, Gabriela & Ibert, Oliver & Kilpe. Heiderose (2018): Resilienz und resiliente Städte. In: Jäger, Thomas & Daun, Anna & Freudenberg, Dirk (Hrsg.): Politisches Krisenmanagement: Band 2: Reaktion–Partizipation–Resilienz. Springer-Verlag, Wiesbaden, S. 183–196.

Christmann, Gabriela & Kilper, Heiderose & Ibert, Oliver (2016): Die Resiliente Stadt in den Bereichen Infrastrukturen und Bürgergesellschaft, Berlin: Forschungsforum öffentliche Sicherheit.

Dähner, Susanne & Reibstein, Lena & Amberger, Julia & Sütterlin, Sabine & Slupina, Manuel; Hinz, Catherina (2021): Digital aufs Land. Wie kreative Menschen das Leben in Dörfern und Kleinstädten neugestalten. Originalausgabe. Berlin, Ludwigsburg: Berlin-Institut für Bevölkerung und Entwicklung; Wüstenrot Stiftung.

Dangschat, Jens S. (1997): Entwicklung von Problemlagen als Herausforderung für die soziale Stadt, In: Hanesch, Walter (Hrsg.) (1997): Überlebt die soziale Stadt? Konzeption, Krise und Perspektiven kommunaler Sozialstaatlichkeit. Opladen: Leske + Budrich, S. 77–108.

Difu (2003): Strategien für die Soziale Stadt. Erfahrungen und Perspektiven. Berlin: Difu

Diringer, Julia & Pätzold, Ricarda & Hendrik Trapp, Jan & Wagner-Endres, Sandra (2022): Frischer Wind in die Innenstädte. Handlungsspielräume zur Transformation nutzen. Difu, Berlin (Sonderveröffentlichung).

Feldtkeller, Andreas (1994): Die zweckentfremdete Stadt. Wider die Zerstörung des öffentlichen Raums. Frankfurt/New York: Campus Verlag.

Florida, Richard (2005): Cities and the creative class. New York: Routledge.

Frank, Sybille & Krajewsk, Georg (2018): Smarter Urbanismus und Urbanität. In: Bauriedl Sybille & Strüver Anke (Hrsg.): Smart City–Kritische Perspektiven auf die Digitalisierung in Städten. Bielefeld: transcript, S. 63–74.

Frey, Oliver & Koch Florian (2010): Die Europäische Stadt. In: RaumPlanung 153, S. 261–266.

Frey, Oliver (2009): Die amalgame Stadt. Orte. Netze. Milieus. Wiesbaden: VS-Verlag für Sozialwissenschaften.

Frey, Oliver (2011): Stadtkonzepte in der Europäischen Stadt: In welcher Stadt leben wir eigentlich? In: Frey, Oliver; Koch Florian (Hrsg.) (2011c): Die Zukunft der europäischen Stadt. Stadtpolitik, Stadtplanung und Stadtgesellschaft im Wandel. Wiesbaden: VS Verlag für Sozialwissenschaften, S. 380–415.

Frey, Oliver (2015): Die Stadt von morgen; in: Spektrum der Wissenschaft, Mai 2015, S. 80–86.

Ganser, R. (2023): Auf dem Weg zur Etablierung von Starkregen-Resilienzen durch vorbereitende Bauleitplanung: Kooperation von Stadtplanung und Siedlungswasserwirtschaft als Basis Abstract. gwf Wasser Abwasser, 164 (11).

Giffinger, Rudolf & Kramar, Hans (2021): Benchmarking, profiling, and ranking of cities: The European smart cities approach, In: Performance metrics for sustainable cities, Routledge, S. 35–52.

Giffinger, Rudolf (2021): Smart city: The importance of innovation and planning. In Smart Cities, Green Technologies and Intelligent Transport Systems: 8th International Conference, SMARTGREENS 2019, and 5th International Conference, VEHITS 2019, Heraklion, Crete, Greece, May 3–5, 2019, Revised Selected Papers 8, Springer International Publishing, S. 28–39.

Giffinger, Rudolf; Fertner, Christian; Kramar, Hans; Kalasek, Robert; Pichler-Milanović, Nataša; Meijers, Evert (2007): Smart Cities – Ranking of European Medium-Sized Cities. Wien: Technische Universität Wien.

Gravert, Andreas (2022): Das Thema Schrumpfende Städte in der Planungswissenschaft. In: Gravert, Andreas (Hrsg.): Themenkarrieren in der Wissenschaft. Organization & Public Management. Springer VS, Wiesbaden, S. 201–258.

Großmann, Katrin & Roskamm, Nikolai (2022): Den Dissens aufwühlen. Kritik, Konflikt und Konsens in der Nachhaltigkeitsdebatte. In: Emily Drewing, Julia Zilles, Julia Janik (Hrsg.). Umkämpfte Zukunft. Zum Verhältnis von Demokratie, Nachhaltigkeit und Konflikt. Bielefeld: transcript, 121–136.

Gstach, Doris & Grimm-Pretner, Dagmar & Weichselbaumer, Roswitha (2022): What's fair? Auf dem Weg zur Grünraumgerechtigkeit. In: zoll+, Haus der Landschaft, Nr. 40. Wien.

Haag, Martin & Köhler, Babette (2012): Freiburg im Breisgau-nachhaltige Stadtentwicklung mit Tradition und Zukunft. In: Informationen zur Raumentwicklung 5/6, S. 243–256.

Haase, Dagmar (2018): Grüne Stadt. In: Rink, Dieter & Haase, Annegret (Hrsg.): Handbuch Stadtkonzepte. Analysen, Diagnosen, Kritiken und Visionen, Opladen, Toronto: utb, Barbara Budrich, S. 151–168.

Hanesch, Walter (Hrsg.) (1997): Überlebt die soziale Stadt? Konzeption, Krise und Perspektiven kommunaler Sozialstaatlichkeit. Opladen: Leske + Budrich.

Hannemann, Christine & Mettenberger, Tobias (2011): Amerika als Spiegelbild – Zur Funktion eines Kontrastes im Diskurs ‚europäische Stadt'. In: Frey, Oliver & Koch, Florian (Hrsg.): Die Zukunft der europäischen Stadt. Stadtpolitik, Stadtplanung und Stadtgesellschaft im Wandel, Wiesbaden, S. 55–70.

Hatzfeld, Ulrich (2011): Die Europäische Stadt – zwischen Mythos und den Mühen des Alltags. In: Frey, Oliver & Koch, Florian (Hrsg.): Die Zukunft der europäischen Stadt. Wiesbaden, S. 358–379.

Häußermann, Hartmut & Kronauer, Martin & Siebel, Walter (Hrsg.) (2003): An den Rändern der Städte. Suhrkamp, Frankfurt/M.

Häußermann, Hartmut (2001): Die europäische Stadt. In: Leviathan. Zeitschrift für Sozialwissenschaft, Heft 4, Dezember 2001, 29. Jahrgang. Wiesbaden: Westdeutscher Verlag, S. 273–255.

Heßler, Martina (2015): Die kreative Stadt: Zur Neuerfindung eines Topos. transcript Verlag.

Holz-Rau, Christian & Sicks, Kathrin (2013): Stadt der kurzen Wege und der weiten Reisen. Raumforsch Raumordnung 71(1), S. 15–31.

Howard, Ebenezer (1907): Gartenstädte in Sicht, Jena.

Hummel, Konrad (2020): Integrationsmaschine Stadt. In: Sozialwirtschaft (SW) 30, no. 1, S. 7–9.

Jakubowski, Peter (2013): Resilienz – eine zusätzliche Denkfigur für gute Stadtentwicklung. Informationen zur Raumentwicklung 40 (4), S. 371–378.

Jessen, Johann (1999): Stadtmodelle im europäischen Städtebau – Kompakte Stadt und Netz-Stadt, in: Becker, Heidede & Jessen, Johann & Sander, Robert (Hrsg.): Ohne Leitbild – Städtebau in Deutschland und Europa. Stuttgart, S. 489 –504.

Jessen, Johann (2004): Die europäische Stadt als Bausteinkasten für die Städtebaupraxis – die neuen Stadtteile. In: Siebel, Walter (Hrsg): Die europäische Stadt. Suhrkamp, Frankfurt, S 92–104.

Jessen, Johann (2021): Städtebauliche Leitbilder – Entwicklungstendenzen. In: Vallée, Dirk & Engel, Barbara & Vogt, Walter D. (Hrsg.) Stadtverkehrsplanung Band 1. Springer Vieweg, Berlin, Heidelberg, S. 93–118.

Kabisch, Sigrun & Bernt, Matthias & Peter, Andreas (2004): Stadtumbau unter Schrumpfungsbedingungen. Eine Sozialwissenschaftliche Fallstudie. Wiesbaden: VS Verlag für Sozialwissenschaften.

Kabisch, Sigrun & Rink, Dieter & Banzhaf, Ellen (Hrsg.) (2024): Die Resiliente Stadt. Konzepte Konflikt. Lösungen, Springer Spectrum.

Kegler, Harald (2021): Resilienz: Strategien und Perspektiven für die widerstandsfähige und lernende Stadt. Vol. 151. Birkhäuser.

Kirchberg, Volker (2010): Kreativität und Stadtkultur – stadtsoziologische Deutungen. In: Hannemann, Christine & Glasauer, Herbert & Pohlan, Jörg & Pott, Andreas. & Kirchberg, Volker (Hrsg.): Jahrbuch StadtRegion 2009/10. Stadtkultur und Kreativität. Opladen, Farmington Hills:Verlag Barbara Budrich, S. 45–63.

Kley, Stefanie & Dovbischuk, Tetiana (2024): Wer profitiert von Grün in kompakten Städten? Center for Sustainable Society Research Working Paper.

Knieling, Jörg & Kunert, Lisa & Zimmermann, Thomas. (2010): Leitbilder der Stadtplanung und Klimaanpassung. In PlanerIn 06/10, Berlin, S. 26–28.

Knieling, Jörg (2006): Leitbilder und strategische Raumentwicklung. Planungstheoretische Einordnung und Diskussion der neuen Leitbilder für die deutsche Raumentwicklung. In: Raumordnung und Raumforschung, Heft 6, S. 473–485.

Koch, F. (2018): Europäische Stadt. In: Rink, Dieter & Haase, Anegret (Hrsg.), Handbuch Stadtkonzepte. Analysen, Diagnosen, Kritiken und Visionen. Opladen & Toronto, Verlag Barbara Budrich, S. 87–106.

Konter, Erich (1997): Lebensraum Stadt – Stadt-Regulation. Grundlagen einer Planungstheorie und -soziologie, Verlag für Wissenschaft und Forschung.

Kunzmann, K. R. (2003): Die schlanke Stadt als Antwort auf regionale Schrumpfungsprozesse, Stadtumbau in internationaler Perspektive. Forum Wohnungsbau, 8, S. 319–322.

Landry, Charles (2000): The Creative City. A Toolkit for Urban Innovators. London: Earthscan.

Lenk, Thomas & Rottmann, Oliver & Grüttner, André & Hesse, Mario (2021): Urbane Mobilität: Nachhaltigkeit durch Elektromobilität? In: Nachhaltiger Konsum: Best Practices aus Wissenschaft, Unternehmenspraxis, Gesellschaft, Verwaltung und Politik, S. 557–571.

Lenz, Martin & Heibrock, Regina (2022): Sozialer Wohnungsmarkt – Beitrag zur Armutsprävention, in: Sozialwirtschaft 1/2022, S. 21–23.

Lenz, Martin (2022): Soziale Wohnraumversorgung innovativ. Kommunalisierung als Chance. Baden-Baden: Nomos.

Madanipour, Ali (2014) Urban Design, Space and Society. Basingstoke: Palgrave Macmillan.

Matthiesen, Ulf; Misselwitz, Philipp; Kaltenbrunner, Robert; Willinger, Stephan (2014): Zur Bedeutung des Informellen in der Stadtentwicklung. In: Informationen zur Raumentwicklung, Heft 2/2014, Bundesinstitut für Bau-, Stadt- und Raumforschung (BBSR), S. 98–107.

McFarlane, Colin (2011): Learning the City. Knowledge and Translocal Assemblage. RGS-IBG Book Series. Chichester: Wiley-Blackwell.

Merkel, Janet (2015): Coworking in the city. In: ephemera 15, no. 2, S. 121–139.

Merkel, Janet (2017): Coworking and innovation. In: Bathelt Harald & Cohendet Patrick & Henn Sebastian & Simon Laurent (Hrsg.): The Elgar Companion to Innovation and Knowledge Creation, Edward Elgar Publishing S. 570–586.

Merkel, Janet (2018): Kreative Stadt. In: Rink, Dieter & Haase Annegret (Hrsg.): Handbuch Stadtkonzepte: Analysen, Diagnosen, Kritiken und Visionen. UTB Verlag, S. 193–212.

Pallagst, Karina & Bontje Marco & Cunningham Sabot, Emmanuèle & Fleschurz, René, (Hrsg.) (2022): Handbook on shrinking cities. Edward Elgar Publishing.

Pfoser, Nicole (2018): Vertikale Begrünung. Verlag Eugen Ulmer.

Reichow, Hans-Bernhard (1948): Organische Stadtbaukunst. Von der Großstadt zur Stadtlandschaft. Braunschweig.

Rietdorf, Werner (2001): Einleitung: Die Europäische Stadt auf dem Prüfstand – ein Leitbild wird hinterfragt. In: Rietdorf, Werner (Hrsg.) (2001): Auslaufmodell Europäische Stadt. Neue Herausforderungen und Fragestellungen am Beginn des 21. Jahrhunderts. Berlin: Verlag für Wissenschaft und Forschung, S. 1–18.

Rietdorf, Werner (Hrsg.) (2001): Auslaufmodell Europäische Stadt. Neue Herausforderungen und Fragestellungen am Beginn des 21. Jahrhunderts. Berlin: Verlag für Wissenschaft und Forschung.

Rink, Dieter & Gebauer, Ronald & Haase, Annegret & Intelmann, Dominik & Kabisch, Sigrun & Kuhlicke, Christian & Schmidt, Anika (2023): Die resiliente Stadt: Forschungsstand in Deutschland, definitorische und konzeptionelle Überlegungen. In: Kabisch, Sigrun & Rink, Dieter & Banzhaf, Ellen: Die Resiliente Stadt: Konzepte, Konflikte, Lösungen. Berlin, Heidelberg: Springer S. 3–21.

Rink, Dieter & Haase, Annegret (Hrsg.) (2018): Handbuch Stadtkonzepte. Analysen, Diagnosen, Kritiken und Visionen, Opladen, Toronto: utb, Barbara Budrich.

Rink, Dieter & Siemund, Sara (2016): Perforation als Leitbild für die schrumpfende Stadt? Erfahrungen aus Leipzig. In: *DisP-The Planning Review* 52, no. 3, S. 50–60.

Rink, Dieter (2018): Nachhaltige Stadt. In: Rink, Dieter & Haase, Annegret (Hrsg.): Handbuch Stadtkonzepte. Analysen, Diagnosen, Kritiken und Visionen, Opladen, Toronto: utb, Barbara Budrich, S. 237–257.

Rink, Dieter (2020): Wachsende vs. schrumpfende Stadt. In: Breckner, Ingrid & Göschel, Albrecht & Matthiesen Ulf: Stadtsoziologie und Stadtentwicklung. Handbuch für Wissenschaft und Praxis. Baden-Baden, S. 207–218.

Roskamm, Nikolai (2011): Dichte: Eine transdisziplinäre Dekonstruktion. Diskurse zu Stadt und Raum. transcript Verlag, Bielefeld.

Roy, Ananya A., Alsayyad, Nezar (Hrsg.) 2004: Urban Informality. Transnational Perspectives from the Middle East, Latin America, and South Asia, Lexington Books, Maryland.

Sassen, Saskia (2005): Fragmented Urban Topologies and their Underlying Interconnections. In: Brillembourg, Alfredo & Feireiss, Kristik & Klumpner, Hubert (Hrsg.) (2005): Informal City. The Caracas Case. München: Prestel.

Schubert A (2016): Ökologische Leitbilder als emotionale Kulturtechnik an den Grenzen der Planbarkeit. In: Othengrafen Frank & Schmidt-Lauber B & Hannemann Christine & Pohlan J & Roost, Frank (Hrsg): Jahrbuch StadtRegion 2015/2016. Schwerpunkt: Planbarkeiten., S 60–81.

Schubert, Dirk (2001): Mythos ‚europäische Stadt'. Zur erforderlichen Kontextualisierung eines umstrittenen Begriffs. In: Die Alte Stadt, 28, 2001, S. 270–290.

Schubert, Dirk (2018). Europäische Stadt. In ARL – Akademie für Raumforschung und Landesplanung (Hrsg.), Handwörterbuch der Stadt- und Raumentwicklung, Verlag der ARL, Hannover, S. 601–610.

Siebel, Walter (2000): Wesen und Zukunft der europäischen Stadt. In: DISP 141, 2000, S. 28–34.

Siebel, Walter (2015): Die Kultur der Stadt. Frankfurt a. M.: Suhrkamp.

Siebel, Walter (Hrsg) (2004): Die europäische Stadt. Suhrkamp, Frankfurt.

Simmel, Georg (1984): Die Großstädte und das Geistesleben. In: Simmel, Georg (1984): Das Individuum und die Freiheit. Berlin: Wagenbach, S. 192–204.

Söderström, Ola & Paasche, Till & Klauser Francisco (2014): Smart cities as corporate storytelling, City: analysis of urban trends, culture, theory, policy, action, S. 307–320.

Stadt Wien, Magistratsabteilung 18, Stadtentwicklung und Stadtplanung (2015): Perspektiven einer smarten Stadtentwicklung, Smart City Wien Werkstattbericht.

Stehr, Nico (1994): Arbeit, Eigentum und Wissen. Zur Theorie von Wissensgesellschaften. Frankfurt am Main.

Stumfol, Isabel (2022): Was ist der ländliche Raum? In: Technische Universität Wien, Fakultät für Architektur und Raumplanung (Hrsg.): Zukunft Ländlicher Raum, future.lab Magazin, Ausgabe 16, Wien S. 1–5.

Umweltbundesamt (2023): Emissionen des Verkehrs.

Vereinte Nationen (2018): Die Agenda 2030 und die Ziele für nachhaltige Entwicklung: Eine Chance für Lateinamerika und die Karibik (LC/G. 2681-P/Rev. 3), Santiago.

Voll, Johanna & Cordes, Christian & Henkels, Wolf-Nicolas (2022): Coworking-Kultur im ländlichen und urbanen Raum. German Coworking Federation e. V., Braunschweig.

Walther, Uwe-Jens (Hrsg.) (2004): Armut und Ausgrenzung in der ‚Sozialen Stadt‘. Konzepte und Rezepte auf dem Prüfstand. Darmstadt: Schader-Stiftung.

Walther, Uwe-Jens & Güntner, Simon (2007): Soziale Stadtpolitik in Deutschland: das Programm „Soziale Stadt". In: Die Stadt in der Sozialen Arbeit: Ein Handbuch für soziale und planende Berufe, S. 389–400.

Weber, Max (1921): Wirtschaft und Gesellschaft: Die nichtlegitime Herrschaft (Typologie der Städte). In: Schmals, Klaus M. (1983): Stadt und Gesellschaft. Ein Arbeits- und Grundlagenwerk. München: Edition Academic Verlags-GmbH, S. 247–258.

Wentz, Martin (Hrsg.) (2000): Die kompakte Stadt. Vol. 11. Campus Verlag, Frankfurt.

Wirth, Louis (1938): Urbanität als Lebensform. In: Schmals, Klaus (Hrsg.) (1983): S. 341–358.

Witthöft, Gesa (2010): Konzeptualisierung des Städtischen. Gesellschaftsorientierte Stadtentwicklung im Spannungsfeld von Innenentwicklung und Planung durch Projekte. Dorothea Rohn, Detmold.

Wolfrum, Sophie & Nerdinger, Winfried (2008): Multiple City. Stadtkonzepte 1908 l 2008. Berlin: jovis Verlag.

Zupan, Daniela (2015): Von der Großsiedlung der Spätmoderne zum kompakten, nutzungsgemischten Stadtquartier: Verlaufsformen eines städtebaulichen Entwicklungsprozesses. Informationen Raumentwicklung, 5, S. 183–199.

Der Buchteil III ‚Raum, Orte und Umwelt' untersucht die vielfältigen Wechselwirkungen zwischen Lebensweisen und der Umwelt. Es werden unterschiedliche Aspekte der Beziehung zwischen menschlichen Aktivitäten und ihrer räumlichen Umgebung dargestellt, welche die Wechselwirkungen zwischen sozialen Strukturen, ökonomischen Prozessen und der räumlichen Gestaltung und Nutzung aufzeigen. Die zunehmende Urbanisierung bringt Herausforderungen mit sich, die interdisziplinäre Ansätze zwischen Stadtplanung, Freiraumplanung sowie Landschafts- und Umweltplanung erfordern. Technologische Innovationen wie Smart Cities und das Internet der Dinge spielen eine entscheidende Rolle bei der Gestaltung nachhaltiger und effizienter Städte. Partizipation und Governance sind essenziell, um Bürger in Planungsprozesse einzubeziehen und transparente, inklusive Entscheidungen zu treffen. Gleichzeitig gewinnen unbebaute Naturlandschaften, Kleinstädte und ländliche Räume aufgrund ihrer hohen Lebensqualität an Attraktivität, da sie Möglichkeiten bieten, mediatisiert zu handeln und durch moderne Technologien standortunabhängig im ländlichen Raum zu kommunizieren.

Die nachhaltige Nutzung lokaler Ressourcen und die Förderung regionaler Wirtschaftskreisläufe sind hierbei von zentraler Bedeutung. Die Stadtsoziologie betrachtet Städte als Mosaik sozialer Welten und untersucht die kulturellen und sozialen Muster urbaner Lebensweisen. Diese Forschungen haben ihren Ursprung in den Erfahrungen des Großstadtreporters und der Chicagoer Schule der Stadtforschung in den 1920er Jahren. Urbane Lebensweisen werden durch ausdifferenzierte Bedürfnisstrukturen, Wahlmöglichkeiten zwischen verschiedenen Aktivitäten und Erfahrungsräumen sowie die Distanz zwischen Individuen und sozialen Gruppen geprägt. Es wird die Bedeutung von Gemeinschaftsorten in städtischen und ländlichen Gebieten beleuchtet. Diese Orte sind zentrale Elemente des sozialen Lebens und fördern den Austausch und die Interaktion zwischen den Bewohnern. Gemeinschaftsorte wie Parks, öffentliche Plätze und Nachbarschaftszentren tragen zur sozialen Kohäsion bei und bieten Raum für gemeinschaftliche Aktivitäten und Veranstaltungen. Sie sind essenziell für die Bildung und Aufrechterhaltung sozialer Netzwerke und unterstützen die Integration unterschiedlicher sozialer Gruppen. Die Gestaltung und Nutzung dieser Orte spielen eine wichtige Rolle in der Stadtplanung und -entwicklung sowie der Landschaftsarchitektur und -planung. Es ist wichtig, dass diese Orte für alle Bevölkerungsgruppen zugänglich und nutzbar sind, um soziale Ungleichheiten zu minimieren und die Lebensqualität in urbanen Räumen zu verbessern. Gemeinschaftsorte fördern nicht nur die soziale Interaktion, sondern auch die physische und mentale Gesundheit der Bewohner*innen.

Das Kap. 10 ‚Lebensweisen und Umwelt' untersucht die komplexen Wechselwirkungen zwischen urbanen Lebensweisen und der städtischen Umwelt, wobei die zunehmende Urbanisierung und die damit verbundenen Herausforderungen im Vordergrund stehen. Neben Großstädten gewinnen auch Kleinstädte und ländliche Räume aufgrund ihrer hohen Lebensqualität und neuen technologischen Möglichkeiten an Attraktivität. Die Stadtforschung, insbesondere die der Chicagoer Schule, hat gezeigt, dass Städte als komplexe Gebilde zahlreiche unterschiedliche soziale Welten beherbergen und dynamische gesellschaftliche Transformationen vorantreiben. Urbane Lebensweisen werden durch soziokulturelle und städtebauliche Merkmale geprägt, wobei Dichte, Heterogenität und Differenz zentrale Merkmale darstellen. Historisch gesehen unterscheiden sich urbane Lebensweisen deutlich von ländlichen, insbesondere durch die Trennung von öffentlichem und privatem Raum sowie von Arbeit und Freizeit. Gestiegene Mobilität sowie neue Informations- und Kommunikationsformen lösen die Trennung zwischen urbanen und ländlichen Lebensweisen zunehmend auf.

Das Kap. 1110 ‚Öffentliche Räume und Urbanität' behandelt die zentrale Rolle öffentlicher Räume für die städtische Identität und das soziale Leben. Diese Räume bieten nicht nur Begegnungsorte für Bewohner*innen und Tourist*innen, sondern fördern auch soziale Netzwerke und reflektieren die kulturelle Vielfalt einer Stadt. Die zunehmende Individualisierung, Digitalisierung und die Auswirkungen von COVID-19 haben die Nutzung und Wahrnehmung dieser Räume verändert. Segregation und Privatisierung bedrohen ihre integrative Funktion, während temporäre Aneignungen durch Events und sportliche Aktivitäten neue Nutzungsmöglichkeiten aufzeigen. Stadtplaner*innen sollten diese Dynamiken berücksichtigen. Die Gestaltung öffentlicher Räume erfordert eine Balance zwischen historischen Strukturen und modernen Anforderungen. Öffentliche Räume bleiben zentrale Lernorte, die soziale Interaktion und Toleranz fördern. In der europäischen Stadtentwicklung hat sich das Spannungsverhältnis zwischen Privatheit und Öffentlichkeit stets neu definiert. Funktionsräume wie Straßen, Plätze und Parkanlagen dienen als Orte städtischer Öffentlichkeit und urbaner Lebensweise. Die urbane Dichte und die historisch gewachsenen Strukturen europäischer Städte erzeugen öffentliche Räume, die als Aushandlungsorte gesellschaftlicher Belange fungieren. Heute ist Urbanität dort lebendig, wo Ungleiches und Unerwartetes in räumlicher Dichte aufeinandertreffen. Die Funktionsmischungen im öffentlichen Raum der europäischen Stadt wurden jedoch durch die Modernisierung gefährdet, was zu einer Krise der öffentlichen Räume führte. Die Revitalisierung und Sanierung älterer Wohnquartiere zielen darauf ab, öffentliche Räume im Wohnumfeld zu erhalten und zu gestalten. Öffentliche Räume sind auch Orte der Aneignung und sozialen Interaktion, wobei unterschiedliche soziale Gruppen und Aktivitäten diese Räume prägen. Die Bedeutung des lokalen öffentlichen Raumes variiert jedoch zwischen den sozialen Gruppen und zunehmende sozialräumliche Segregation führt zu einer Spaltung dieser Räume. Temporäre Aneignungen durch sportliche Aktivitäten und Events zeigen die dynamische Natur öffentlicher Räume und bieten neue Nutzungsmöglichkeiten.

Das Kap. 12 ‚Raum in der Planung' untersucht das Wechselverhältnis zwischen sozialwissenschaftlichen Raumkonzepten und deren Anwendung in der räumlichen Planung. Ein relationales und polykontextuelles Raumverständnis wird hervorgehoben, das die Dynamik und Interaktivität von Räumen betont, welche durch die kontinuierlichen Koordinations- und Kommunikationsprozesse Wechselwirkungen von Akteursnetzwerken gestaltet werden. Räume sind durch die simultane Existenz und Überlagerung verschiedener Kontexte und Bedeutungen geprägt, was bedeutet, dass ein Raum unterschiedliche Bedeutungen und Nutzungen für verschiedene Gruppen haben kann. Diese Perspektive ermöglicht eine umfassendere und flexiblere Herangehensweise in der Planungspraxis, die sowohl physische als auch soziale Dimensionen berücksichtigt. Die Planungssoziologie untersucht die Wechselbeziehungen zwischen sozialen und räumlichen Strukturen und betont, dass physische Substrate des sozialen Lebens zugleich soziale Produkte sind. Für die räumliche Planung sind sowohl die materielle Gestalt als auch die soziale Einbettung der Umwelt von Bedeutung, da sie die Möglichkeiten planerischer Strategien beeinflussen. Räume werden als dynamische Gefüge aus sozialen Ressourcen, Menschen und anderen Lebewesen verstanden, die durch ihre Interaktionen und räumliche Anordnung kontinuierlich geformt und verändert werden.

Dies führt zu einer Vielzahl von Überlagerungen und Bedeutungen, die in der Planung berücksichtigt werden müssen. Die Integration von Container- und relationalem Raumverständnis in die Planungspraxis ermöglicht es Planer*innen, sowohl die physischen Gegebenheiten als auch die sozialen Dynamiken eines

Raumes zu berücksichtigen. Ein relationales Raumverständnis fördert eine ganz-heitlichere Herangehensweise, um die Komplexität und Dynamik von Räumen reflektieren zu können. Die materielle Ausstattung des Raumes beeinflusst sozia-les Handeln und kann Handlungsoptionen einschränken oder erweitern. Kommu-nikation und Dialog spielen eine zentrale Rolle in der räumlichen Planung, um die sozialen Beziehungen zwischen Menschen und Orten sowie zwischen Aktivitä-ten und Territorien zu berücksichtigen. Verschiedene Governance-Modelle bieten Theorien zur Kooperation und Koordination zwischen Akteur*innen, die für die Planungspraxis relevant sind. Planung wird als sozialer und politischer Prozess verstanden, der die Frage nach den Entscheidungs- und Steuerungsstrukturen in einer Gesellschaft aufwirft. Insgesamt zeigt sich, dass die Berücksichtigung der komplexen Beziehungen und Dynamiken von Räumen entscheidend für eine erfolgreiche und zukunftsorientierte räumliche Planung ist. Ein relationales und polykontextuelles Raumverständnis bietet den theoretischen Rahmen, um die viel-fältigen Interaktionen und Bedeutungen von städtischen Räumen zu analysieren und in die Planungspraxis zu integrieren.

Landschafts- und Stadtplanung stehen vor der Herausforderung, dynami-sche soziale, ökologische und räumliche Prozesse in nachhaltige und gerechte Entwicklungskonzepte zu integrieren. Die Wechselwirkungen zwischen urbanen und ländlichen Lebensweisen, die Transformation öffentlicher Räume und die Bedeutung relationaler Raumkonzepte erfordern adaptive Planungsansätze, die sowohl physische als auch soziale Dimensionen berücksichtigen. Besonders in der Gestaltung öffentlicher Räume zeigt sich, wie Segregation und Aneignung neue Herausforderungen und Chancen für die Stadt- und Landschaftsplanung mit sich bringen. Ein integratives Verständnis von Raum, das verschiedene Akteurs-netzwerke und räumliche Überlagerungen einbezieht, ermöglicht eine flexiblere und zukunftsorientierte Planungspraxis. Letztlich zeigt sich, dass die erfolgreiche Gestaltung von Räumen nicht nur materielle Strukturen, sondern auch soziale Prozesse und politische Steuerungsmechanismen umfassen sollte.

Definitionen

Lebensweisen: Lebensweisen bezeichnen die spezifischen Muster und Praktiken, durch die Individuen und Gruppen ihren Alltag gestalten und strukturieren. Diese Lebensweisen reflektieren die sozioökonomischen Bedingungen und individuellen Präferenzen der Akteure, wodurch sie zur Differenzierung und Identität sozialer Gruppen beitragen.

Umwelt: Umwelt umfasst den gesamten physischen, sozialen und kulturellen Raum, der sowohl natürliche Elemente als auch menschengemachte Strukturen einschließt. Diese Umwelt beeinflusst maßgeblich das menschliche Verhalten und die sozialen Beziehungen, während sie gleichzeitig durch menschliche Aktivitäten gestaltet und verändert wird.

Öffentliche Räume: Öffentliche Räume sind gemeinschaftlich genutzte Bereiche in urbanen Umgebungen, die der sozialen Interaktion, dem kulturellen Austausch und der politischen Teilhabe dienen. Diese Räume werden durch die Nutzungspraktiken und die sozialen Dynamiken der Stadtbewohner geformt und transformiert.

Urbanität: Urbanität beschreibt die Merkmale und Qualitäten des städtischen Lebens, die durch dichte und vielfältige soziale Interaktionen, eine Mischung unterschiedlicher Nutzungen und eine ausgeprägte kulturelle Dynamik gekennzeichnet sind. Diese Urbanität entsteht durch die räumliche Nähe und das Zusammenleben verschiedener sozialer Gruppen, was Kreativität, Innovation und wirtschaftliche Aktivitäten fördert.

Polykontextuelles Raumverständnis: Das polykontextuelle Raumverständnis erweitert das relationale Raumverständnis, indem es anerkennt, dass urbane Räume durch die gleichzeitige Existenz und Überlagerung verschiedener sozialer, kultureller und ökonomischer Kontexte geprägt sind. Diese Perspektive berücksichtigt, dass ein und derselbe Raum unterschiedliche Bedeutungen und Nutzungen für verschiedene Gruppen haben kann, abhängig von ihren spezifischen sozialen, kulturellen und ökonomischen Hintergründen.

Akteursnetzwerke: Akteursnetzwerke sind dynamische Gefüge aus menschlichen und nicht-menschlichen Akteuren, die durch wechselseitige Beziehungen und Interaktionen miteinander verknüpft sind. Sie beeinflussen soziale, wirtschaftliche und räumliche Prozesse und formen Strukturen, die sich durch kontinuierliche Aushandlung und Anpassung verändern. In der Planung und Stadtentwicklung sind Akteursnetzwerke zentral, da sie Entscheidungsprozesse, Machtverhältnisse und die Gestaltung urbaner Räume prägen.

Fragestellungen

- Wie lassen sich Konzepte urbaner Lebensweisen und ihre Differenzierung für die Praxis der räumlichen Planung nutzen?
- Wie beeinflussen technologische Innovationen wie Smart Cities die Gestaltung nachhaltiger urbaner Räume?
- Welche Rolle spielen Partizipation und Governance bei der Einbindung der Bürger*innen in Planungsprozesse?
- Inwiefern tragen Gemeinschaftsorte wie Parks, öffentliche Plätze und Nachbarschaftszentren zur sozialen Kohäsion und Integration unterschiedlicher sozialer Gruppen in städtischen und ländlichen Gebieten bei?
- Welche Strategien und Konzepte sind notwendig, um die Resilienz von Städten gegenüber ökologischen und sozialen Herausforderungen zu stärken?

Overview

Der Buchteil C ‚Raum, Orte und Umwelt' untersucht die vielfältigen Wechselwirkungen zwischen Lebensweisen und der Umwelt in urbanen und ländlichen Räumen. Es werden verschiedene Aspekte der Beziehung zwischen menschlichen Aktivitäten und ihrer räumlichen Umgebung beleuchtet, um die Wechselwirkungen zwischen sozialen Strukturen, ökonomischen Prozessen und der räumlichen Gestaltung und Nutzung aufzuzeigen. Es wird verdeutlicht, wie menschliche Aktivitäten in Verbindung mit sozialen Strukturen, ökonomischen Prozessen und räumlicher Gestaltung stehen. Diese Perspektiven ermöglichen eine ganzheitlichere und flexiblere Herangehensweise in der Planungspraxis, die sowohl physische als auch soziale Dimensionen integriert. Ein relationales Raumverständnis fördert nachhaltige und resiliente Planungsstrategien, die den Herausforderungen des Anthropozäns gerecht werden. Die Planungssoziologie betont die Bedeutung der Wechselbeziehungen zwischen sozialen und räumlichen Strukturen und die Rolle physischer Substrate als soziale Produkte. Durch die Integration dieser Perspektiven in die Planungspraxis können Planer*innen sowohl die physischen Gegebenheiten als auch die sozialen Dynamiken eines Raumes berücksichtigen und somit eine nachhaltige Stadtentwicklung fördern.

Lebensweisen und Umwelt 10

10.1 Einleitung

Räumliche Umwelten beherbergen zahlreiche unterschiedliche soziale Welten und bringen zugleich dynamische Kräfte hervor, die gesellschaftliche Transformationen beeinflussen. Der soziologische Blick auf Umwelt kann sowohl auf die ökologischen, geologischen, biologischen als auch sozialen Formen der Lebensweisen und -welten als auch auf die Kräfte ihrer Entwicklung und deren Steuerung gerichtet sein. Die Bedeutung der Umwelt als physische Grundlage für menschliche Gesellschaften zeigt, dass der natürliche Raum eine Existenzgrundlage für den Menschen darstellt. Im Anthropozän wird deutlich, dass menschliche Handlungen nicht nur von der Erde abhängen, sondern diese auch in einer bisher ungeahnten Weise verändern. Die menschliche Gesellschaft wird so zu einem geologischen Faktor, der den Planeten umgestaltet, oft mit negativen Folgen für das eigene Überleben.

Schroer fordert eine Rückbesinnung auf die Tatsache, dass das Leben auf der Erde, sei es durch Klima, Geologie oder andere physische Prozesse, die Existenz von Menschen und anderen Lebewesen formt. Diese interdependente Beziehung zwischen Umwelt und Lebensweisen ist ein zentrales Thema, das stärker in den Fokus der soziologischen Forschung rücken sollte, um die gegenwärtigen ökologischen Krisen besser zu verstehen und zu bewältigen. Schroer stellt fest, dass klimatische Bedingungen und extreme Naturereignisse nicht nur lokale Katastrophen hervorrufen, sondern weitreichende gesellschaftliche Auswirkungen haben können. Der menschliche Einfluss auf das Klima führt zu verstärkten Extremwetterereignissen, die soziale Ungleichheiten verschärfen und politische Instabilitäten fördern können. So haben Dürren, Überschwemmungen und Stürme in verschiedenen Teilen der Welt bereits Migrationen und Konflikte

O. Frey, *Raum und Gesellschaft*, https://doi.org/10.1007/978-3-658-48154-4_10

ausgelöst. Gesellschaften, so Schroer, müssen sich zunehmend mit den sozialen Konsequenzen dieser klimatischen Veränderungen auseinandersetzen und Wege finden, um widerstandsfähiger zu werden. Gleichzeitig ist das Verhältnis zwischen Menschen und Natur durch die Fähigkeit des Menschen geprägt, auf diese Einflüsse zu reagieren und sie durch technische oder soziale Maßnahmen zu bewältigen. Die Anerkennung der wechselseitigen Abhängigkeit von Umwelt und Lebensweisen ist dabei entscheidend (vgl. Schroer 2022).

Die Chicagoer Schule der Stadtforschung beschrieb schon in den 1920er Jahren den Zusammenhang zwischen räumlicher Umwelt und Lebensweisen als ‚Mosaik sozialer Welten‘. Sie machte sich in vielfältigen Studien auf die Suche nach den kulturellen und sozialen Mustern von urbanen Lebensweisen und Lebensstilen spezifischer sozialer Gruppen (vgl. Lindner 2004). Diese qualitativ, ethnographisch und lebensweltlich orientierte Stadtforschung der Chicagoer Schule begründete eine Milieuforschung, welche die Ausprägungen urbaner Lebensweisen in Bezug zu den differenziert zu betrachtenden städtischen Orten und Nachbarschaften setzt. Diese Stadtforschungen über urbane Lebensweisen haben ihren Ursprung in den Erfahrungen des Großstadtreporters (vgl. Lindner 1990). Der Großstadtreporter, in seiner Urform als Polizeireporter, ist einem bestimmten Straßenzug oder anderweitig abgrenzbaren Territorium zugewiesen. Die räumliche Ausdifferenzierung der städtischen Strukturen erfolgt über lokale Ortsangaben von einzelnen Handlungen oder von Institutionen bzw. durch Zuordnung kollektiver Lebensweisen zu städtischen Quartieren und erschließt so den städtischen Raum (vgl. ebd.: 47, 77).

Die Stadtsoziologie entwickelt die Konzeption urbaner Lebensweisen in einem Spannungsfeld von soziokulturellen und städtebaulichen Merkmalen. Dichte, Heterogenität und Differenz werden in ihren sozialräumlichen Ausprägungen als städtische Merkmale beschrieben (Wirth 1938 und Simmel 1984). Die urbane Lebensweise wird im Gegenzug zur ländlichen und dörflichen Umwelt als ein Gegensatz zwischen öffentlichem und privatem Raum konstruiert. Durch Ausdifferenzierung und Arbeitsteilung entstehen in den Städten der Industrialisierung besondere Berufstätigkeiten, eine distanzierte Art des Verhaltens, eine Trennung von öffentlichem und privatem Leben sowie von Arbeit und Freizeit. Nach sozialen Gesichtspunkten werden den einzelnen Lebensweisen unterschiedlich ausdifferenzierte Verhaltensweisen theoretisch zugeordnet. Die unterschiedlichen Definitionen von urbaner Lebensweise und der damit einhergehenden städtischen Umwelt beschreiben die spezifischen soziokulturellen Aspekte und ihre baulich-städtebaulichen Formen. Urbane Lebensweisen werden durch relativ ausdifferenzierte Bedürfnisstrukturen und Werthaltungen, durch die Wahlmöglichkeiten zwischen verschiedenen Aktivitäten und Erfahrungsräumen an ausdifferenzierten Orten und Räumen in der Stadt sowie durch eine mögliche Distanz zwischen Individuen und sozialen Gruppen bestimmt (vgl. Wüst 2004: 52).

Eine verstehende Stadtsoziologie in Anlehnung an Weber, die die aktuellen (Re) Konfigurationen von Stadtumwelten im Kontext gesellschaftlicher Raumverständnisse erklären möchte, sollte über eine isolierte Betrachtung verschiedener Ebenen (Makro-, Meso-, Mikroebene) hinausgehen. Ein subjektorientierter Ansatz, der die Lebensführung betrachtet und kulturelle sowie geistige Ausprägungen mit den objektiven Merkmalen der Sozialstrukturanalyse verbindet, kann dazu beitragen, dualistisches Denken zu überwinden. Zukünftige Lebensstil- und Milieuforschungen könnten von einer konzeptionellen Erweiterung durch relationale, gesellschaftliche Raumvorstellungen profitieren. Dies würde ein praxisnahes Verständnis der Verflechtungen zwischen materiellen Stadtumweltbedingungen und den wechselseitigen Prägungen individueller sowie gruppenspezifischer Lebensstile ermöglichen.

10.2 Lebensführung, Lebensstil, Milieus und Kultur

Der Begriff ‚Lebensführung' bezieht sich auf die Art und Weise, wie Menschen ihr Leben gestalten, Entscheidungen treffen und ihre Alltagsaktivitäten organisieren. Lebensführung ist ein übergeordneter Begriff zur Beschreibung von Verhaltensmustern. Er umfasst individuelle Lebensstile, zum Teil auch Werthaltungen, Präferenzen, Gewohnheiten und die Art und Weise, wie Menschen ihre sozialen Beziehungen, ihre Arbeit, ihre Freizeit und andere Lebensbereiche gestalten. Der Begriff ‚Lebensführung' bei Max Weber ist eng mit der individuellen Ebene der persönlichen Überzeugungen, kulturellen Einflüssen, sozialen Normen und individuellen Zielen verbunden. Lebensführungen sind bei Weber überwiegend mit Handlungen und Handlungsmuster und weniger mit Einstellungen und Wertorientierungen verbunden. Der Begriff ‚Lebensführung' wird von Weber in erster Linie zur Beschreibung von individuellen kulturellen und strukturellen Unterschieden verwendet, nicht aber um das vertikale Paradigma sozialer Ungleichheit zu ersetzen. Lebensführungskonzepte beschreiben überwiegend individuelle Handlungsmuster, Lebensstilkonzepte zielen dagegen auf die Charakterisierung von Gruppen (vgl. Herman 2006). Hermann betont, dass in Webers Handlungstheorie durch Lebensführungsansätze keine Ursachen für Handlungen erklärt werden: „Dies unterscheidet ihn von kulturalistischen Lebensstilansätzen, die das Konzept als Ersatz vertikaler Ungleichheitstheorien sehen und in postmodernen Gesellschaften einen Einfluss von Lebensstilen auf

Handlungen und Einstellungen postulieren, während Klasse und Schicht ihre Bedeutung als erklärende Faktoren verloren haben" (Herman 2006: 253).

Der Begriff ‚Lebensstil' wird hingegen überwiegend verwendet, um bestimmte Gruppen von Menschen zu charakterisieren und zu klassifizieren. Die Analyse von Lebensstilen ermöglicht es, Muster und Trends in Verhaltensweisen, Einstellungen und Konsumgewohnheiten zu identifizieren. Lebensstile erfassen Verhaltensmerkmale und kulturelle Geschmacksmuster, um Personen und soziale Gruppen in Bezug auf soziale Ungleichheit und kulturellen Ausdruck zu unterscheiden. In diesem Zusammenhang kann der Lebensstil auch als soziales Unterscheidungsmerkmal dienen. Individuelle Lebensstile werden in Gruppen von Menschen erfasst und zeigen ähnliche geteilte Lebensstile, die sich in Kleidung, Ernährung, Freizeitaktivitäten, Musikpräferenzen und vielen anderen Aspekten des täglichen Lebens manifestieren (vgl. Otte 2005 und 2013).

Milieus hingegen zeichnen sich durch gruppeninterne Interaktionen, Handlungsmöglichkeiten und Orientierungen von sozialen Gruppen aus, die auch räumlichen Prägungen und territorialen Verortungen unterliegen (vgl. Spiegel 1986; Häußermann & Siebel 1987; Blasius 1993; Dangschat 1994; Frey 2009; Küppers 2024). So stellt auch Otte in seinen Untersuchungen zu Lebensstilen als sozialstrukturelles Merkmal in Bezug auf die Ausprägungen unterschiedlicher Lebensstile dezidiert fest, „dass räumliche Variationen bestehen" (Otte & Baur 2008: 100).

In der Stadtsoziologie werden mit dem Begriff ‚Milieu' die Wechselwirkungen zwischen materiell-physischen Orten und sozialen Gruppen charakterisiert. Milieugruppen teilen gemeinsame objektive Merkmale wie soziale Schichtzugehörigkeit sowie subjektive Wertvorstellungen und Verhaltensweisen. Milieus sind daher durch sozial-räumliche Prägungen gekennzeichnet, die soziale Gruppen aufgrund ähnlicher Lebensbedingungen und -stile umfassen (vgl. Keim 1979 und 1997).

Dieses Konzept ermöglicht ein präziseres Verständnis der sozialen Vielfalt in städtischen Gebieten und berücksichtigt nicht nur demografische, sondern auch kulturelle, soziale und wirtschaftliche Aspekte. Die Milieuforschung untersucht, wie verschiedene Gruppen in städtischen Räumen leben, interagieren und ihre Umwelt wahrnehmen, um Zusammenhänge zwischen sozialen Strukturen und individuellem Verhalten zu analysieren (vgl. Hamm & Neumann 1996; Dangschat 1996; Dörfler 2013).

Mit Konzepten zu Lebensstilen und Milieus wird die klassische Sozialstrukturanalyse erweitert, die mit Begriffen wie Klasse und Schicht arbeitet. Es erfolgt eine Verknüpfung von objektiven Voraussetzungen des individuellen Handelns mit subjektiven Faktoren wie Wahrnehmungen, Interpretationen, Nutzungen und

Gestaltungen (vgl. Bremer & Vester 2006). Insofern trägt die Lebensstil- und Milieuforschung zum Verständnis der Stadt als besondere Kulturform bei. Das kulturelle Wesen und der Geist der Stadt werden durch einzigartige kulturelle Institutionen sowie informelle kulturelle Aspekte des städtischen Lebens geformt (vgl. Kirchberg & Göschel 1998; Frey & Koch 2011b; Siebel 2015).

In den konzeptionellen Überlegungen zur Lebensstil- und Milieuforschung werden die Bezüge zwischen und unter den jeweiligen räumlichen, sozialen und kulturellen Umwelten einer Stadt mitgedacht (vgl. Geiling 2006; Manderscheid 2006; Scheiner 2008). Stadtumwelten umfassen daher die physische Struktur der Stadt, einschließlich Gebäude, Straßen, Parks und öffentlicher Plätze, sowie die sozialen und kulturellen Elemente, die das städtische Leben prägen. Zu den Aspekten von Stadtumwelten gehören unter anderem die Architektur, die städtische Infrastruktur, das soziale Gefüge, die ethnische Vielfalt, die Wirtschaftsstruktur und die Bildungs- und Kultureinrichtungen. Diese Faktoren prägen das alltägliche Leben der Stadtbewohner und beeinflussen ihre Interaktionen, Aktivitäten und Lebensstile (vgl. Hamm & Neumann 1996; Spellerberg 2007a, b).

Mit dem Begriff ‚Stadtumwelt' wird zudem auf multiple Vergesellschaftungsprozesse durch und im Raum Bezug genommen. Damit werden die Dimensionen des Raumes und das menschliche Handeln als gesellschaftlicher Produktionsprozess erfasst, der Raum auch als Grundlage des Handelns begriffen: „als Raum der Weltwahrnehmung und Welterfahrung, als Denk-, Diskurs- und Handlungsraum, als materialen und natürlichen, kulturellen, historischen und sozialen Raum. (..) mit anderen Worten: multiple Räume des Bedeutsamen, in denen und von denen aus sich Bewegungen in der Welt und Zugänge zur Welt entfalten" (Poferl 2019: 18). Die städtischen Umwelten sind geprägt durch die Wechselwirkungen von sozialer und territorialer Differenzierung, kulturellen und intellektuellen Lebensstilen sowie den objektiven materiellen Strukturen. Die Größe, Dichte und Heterogenität der Territorien ermöglichen spezifische kreative Verdichtungen, die durch Milieus hervorgebracht und geprägt werden (vgl. Siebel 2015; Prell 2016; Farias u. a. 2023).

Die Begriffe ‚Lebensführung', ‚Lebensstil' und ‚Milieu' charakterisieren Individuen und soziale Gruppen hinsichtlich ihrer Sozialstruktur und kultureller Merkmale. Während Lebensführung individuelle Entscheidungen und Handlungen im Alltag fokussiert, erfassen Lebensstile Verhaltensmuster, die zur Unterscheidung von Personen und sozialen Gruppen dienen. Milieus zeichnen sich durch gruppeninterne Interaktionen, Handlungsmöglichkeiten und Orientierungen aus und sind räumlich geprägt.

Die Lebensstil- und Milieuforschung erweitert die klassische Sozialstrukturanalyse durch die Verbindung von objektiven Voraussetzungen mit subjektiven
Faktoren. Sie ermöglicht ein besseres Verständnis der städtischen Kultur und trägt
zur Analyse kultureller Elemente und Ausdrucksformen bei (vgl. Hannemann
1997). Die Analyse von Lebensstilen und Milieus in spezifischen städtischen
Umwelten trägt darüber hinaus zum Verständnis der städtischen Dynamik bei und
bietet einen praxisbezogenen Ansatz für die Stadtplanung (vgl. Frey 2020). Die
Stadtsoziologie kann somit durch die Untersuchung der differenzierten territoria-
len Verteilung gruppenspezifischer Verhaltensweisen einen Beitrag zu erweiterten
Sozialstrukturanalysen des städtischen Raums leisten (vgl. Krämer-Badoni 1991;
Matthiesen 1998; Klee 2001; Geiling 2006; Wüst 2008; Küppers 2024).

In der deutschsprachigen Stadtsoziologie wird die Lebensstil- und Milieuforschung auf den sozialen Raum bezogen. Es existieren Untersuchungen zur
Vielfalt der Lebensstile in der Stadt, insbesondere in Bezug auf neue Haushaltstypen und moderne städtische Lebensformen (vgl. Spiegel 1986; Häußermann &
Siebel 1987; Manderscheid 2004; Frey 2009; Blasius & Friedrichs 2011:399–
423). Dabei standen im Fokus der Forschung soziologischer Lebensstilanalysen
insbesondere bestimmte soziale Gruppen (Singles, Gentrifier, Pioniere etc.), an
denen die neuen Haushaltstypen und Wohnformen empirisch belegt werden
(vgl. Spellerberg 1993 und 1997). Die Rolle des Arbeitsortes als zentraler Ort
der Lebensführung zur Produktion sozialen und kulturellen Kapitals im Sinne
einer Wir-Ressource wurde zudem in Forschungen zu den kreativen Milieus und
ihren neuartigen Arbeitsformen in der wissensbasierten städtischen Ökonomie
untersucht (vgl. Läpple & Stohr 2006; Merkel 2008; Frey 2009 und Merkel 2024).

Die gegenwärtige stadtsoziologische Lebensstil- und Milieuforschung verlagert ihre polarisierende Ausrichtung, die einerseits den zentralen Wohnort zur
Darstellung von Lebensführung und andererseits die Arbeitsorte als Bedingungen
für gruppenbezogene Arbeitsformen betrachtet, hin zu einem polykontextuellen
Sozialraumverhältnis. In aktuellen Untersuchungen wird ein Melange-Effekt identifiziert, der zu einer Verschmelzung von Wohn- und Arbeitsorten für spezifische
soziale Gruppen führt und somit zu einer weiteren Ausdifferenzierung der Gesellschaft durch zeitlich-räumliche Überlappungen von Lebenswelten beiträgt. Diese
Ansätze tragen dazu bei, die polykontextuelle Diversifikation von Lebensstilen
und Milieus zu erforschen und die Besonderheiten urbaner Lebensführungen zu
erklären (vgl. Mau u. a. 2023).

Dementsprechend ist es wichtig, sich den Menschen in ihrem Lebensstil zuzuwenden, um das Wesen und den Geist der Stadt zu erfassen (vgl. Umlauf 1951;
Schöller 1959). Ein Blick auf die städtischen Lebensstile und Milieus offenbart
sowohl das Einzigartige als auch das Universelle städtischer Umwelten. Da eine

umfassende Erfassung der städtischen Umwelt durch Analysen der territorialen, infrastrukturellen, technologischen, ökonomischen und ökologischen Teilbereiche nur begrenzt möglich ist, sind Untersuchungen zu den Formen städtischer Lebensführung sowie den sozialen Beziehungen und gruppenbezogenen Interaktionen in der Stadt erforderlich (vgl. Lindner 1990; Hamm & Neumann 1996; Frey & Koch 2011a, b; Prell 2016).

Die morphologischen Strukturen von räumlichen Umwelten, die sich im Laufe ihrer historischen Entwicklung herausgebildet haben, prägen die Akteure des sozialen Lebens maßgeblich. Obwohl physische Elemente wie Straßen, Gebäude und Denkmäler oft eine längere Wirkungsdauer haben als die zugrunde liegenden ökonomischen, sozialen, kulturellen oder historischen Umstände, erweitert die Betrachtung der Rolle, die soziales Verhalten und Handeln bei der Produktion und Konfiguration von Raum einnehmen, unser Verständnis von der Stadt (vgl. Lefèbvre 1974; Steets 2008).

Die räumliche Umwelt einer Stadt zu verstehen, gelingt nur, indem das örtlich Einmalige als Zusammenwirken verschiedener städtischer Teilräume und Bereiche begriffen wird. Für das Verständnis des individuellen Wirkungsgefüges geographischer, politischer, ökonomischer und städtebaulicher Bereiche ist eine kulturspezifische Perspektive notwendig. Denn der jeweils räumlich ausgeprägte Charakter zeichnet sich ebenso durch individuelle, affektive oder auch emotionale Aspekte aus. Der Stadtgeograph Peter Schöller betont in einem Aufsatz ‚Vom Geist und Lebensstil der Stadt', dass entscheidend für das städtische Wirkungsgefüge der „Charakter des städtischen Sozialraumes, in der besonderen Formung seines städtischen Lebens, im Geist und Lebensstil der Stadt die gesellschaftlichen und geistigen Kräfte" ist (Schöller 1959: 45). Insofern gehe es darum, Städte nicht allein unter dem Blickwinkel einer ‚Sachforschung' zu betrachten, sondern die Perspektive auch auf das Wesen des Städtischen, u. a. im Sinne örtlich einmaliger Prägungen eines ‚Genius Loci', zu richten: „Der Zugang zur Eigenart eines städtischen Lebensstils bleibt verschlossen, wenn der Beobachter nicht in und mit der Stadt lebt, Umgang mit ihren Menschen hat, sich in ihre Lebensprobleme hineinversetzt und ihre Spannungen und Interessen mitfühlen und mitvollziehen kann, um sich dann immer wieder kritisch von ihnen zu lösen" (Schöller 1959: 54). Insbesondere die Betrachtung kultureller und geistiger Vielfalt städtischer Lebensführung charakterisiert Städte in ihrer Universalität und Einzigartigkeit (vgl. Umlauf 1951; Schöller 1959; Berking 2008).

Die kulturelle und geistige Vielfalt städtischer Lebensführung umfasst die breite Palette an Kulturen, Traditionen und Lebensstilen, die in einer Stadt aufeinandertreffen und miteinander interagieren. Geistige Vielfalt bezieht sich dabei auf die verschiedenen Ideen, Perspektiven und intellektuellen Beiträge, die diese Vielfalt prägen. Sie hebt die Bedeutung des intellektuellen Austauschs und der kreativen Innovation hervor, die durch die Begegnung unterschiedlicher Denkweisen und Überzeugungen entsteht. Insgesamt fördert diese Vielfalt eine dynamische und lebendige urbane Umgebung, die von kontinuierlichem Wandel und kulturellem Reichtum geprägt ist. Die geistig-kulturelle Prägung einer Stadt entstand früher vor allem durch die besondere Weise, in der sich das städtische Leben um zentrale Orte wie Rathaus, Kirche, Residenz und Universität formierte und von den Stadtbewohnern aktiv gestaltet wurde: „Struktur und Verhaltensstil der Sozialgruppen, ihre Lebensformen und Traditionen, ihre Ideen, Interessen und ihr zweckhaftes Wollen treten in den Vordergrund. Hier kommen auch die einzelmenschliche Entscheidung, das persönliche Handeln, die Autonomie des Geistes zur Wirkung" (Schöller 1959: 45 f.).

Daher stellt die Berücksichtigung der gesellschaftlichen und geistigen Kräfte von Städten, der Verhaltens- und Handlungsweisen sozialer Gruppen sowie der individuellen Lebensführungen einzelner Menschen eine zentrale Perspektive stadtsoziologischer Forschung dar. Mit einer Forschungsperspektive auf Lebensstile und Milieus eröffnet sich ein Verständnis für die zentrale Rolle der Kultur in Städten bei der Erklärung gegenwärtiger räumlicher und gesellschaftlicher Entwicklungen. Diese Perspektive ermöglicht es, die Wechselwirkungen von globalen und lokalen sowie von objektiven und subjektiven Strukturen und Prozessen als verflochtene Einheiten zu begreifen und nicht als voneinander getrennte Ebenen zu behandeln (vgl. Klee 2003).

Der Begriff des Milieus steht im Zentrum stadtsoziologischen Denkens, weil er die Ausprägungen des Verhältnisses zwischen städtischem Raum und sozialen Strukturen thematisiert. Die Analyse der räumlichen Ausprägungen sozialer Beziehungen ist der zentrale Forschungsgegenstand der Stadtsoziologie (vgl. Weber 1921; Park et al. 1925; Saunders 1987; Krämer-Badoni 1991; Lichtenberger 2002; Häußermann/Siebel 2004; Dangschat/Frey 2005; Dangschat 2007: 21 ff.).

Seit der Etablierung der Stadtsoziologie als wissenschaftliche Disziplin an der Schnittstelle von Sozialgeografie, Raumplanung und Architektur wird der Versuch unternommen, das Wechselverhältnis zwischen Raum und Gesellschaft zu erfassen. Die These, dass soziale und gesellschaftliche Strukturen sich hinreichend nur in ihrer Verknüpfung mit räumlichen Gegebenheiten darstellen und analysieren lassen, ist mit dem Begriff Milieu konzeptionell erfasst (Dangschat 1994: 340 ff.).

Das französische Wort Milieu bedeutet wörtlich übersetzt ‚zwischen dem Ort' und verweist auf ein bestehendes Verhältnis zwischen Orten und sozialen Strukturen. Unter einem sozialen Milieu versteht man in der Soziologie eine soziale

Gruppe mit ähnlichen Lebensstilen und Wertpräferenzen sowie sozioökonomischen Bedingungen. Der Zusammenhang zwischen sozialen Beziehungen und ihren räumlichen Ausprägungen an Orten und physischen Dingen ist von dem französischen Soziologen Durkheim als ‚Morphologie social' beschrieben worden: Die physischen Substrate als Voraussetzungen des sozialen Lebens müssen nach ihm zugleich als soziale Produkte desselben gesehen werden (vgl. Durkheim 1893 und 1897).

Eine Unterscheidung zwischen dem physischen Substrat und der sozialen Welt liegt in dem Grad der ungleichen Ausprägungen, wie in ihnen soziales Leben verankert und strukturiert ist. Durkheim ordnet mit dem Begriff der Morphologie soziale Tatsachen in die Struktur der dinghaften Welt ein und zeigt auf, dass die Formen des Städtischen – die Art und Weise des Wohnens ebenso wie die politischen und rechtlichen Strukturen – eine Verankerung in der physischen Umwelt besitzen (Durkheim (1895) 1981: 12–14).

Die morphologischen Strukturen der Städte, die im Laufe der historischen Entwicklung produziert und herausgebildet werden, beeinflussen und prägen die Akteure des städtischen Lebens. Die physischen Elemente wie Straßen, Gebäude, Denkmäler besitzen oftmals eine längere Prägekraft als die ihnen zugrunde liegenden ökonomischen, sozialen, kulturellen oder historischen Umstände, die zur Produktion beigetragen haben (vgl. Lefèbvre 1974: 330–335). Die Zusammensetzung sozialer Gruppen, ihre territoriale Verteilung, die Bilder und Erinnerungen sind an jedem städtischen Ort spezifisch strukturiert (vgl. Halbwachs 1938). In diesem Sinne konstituiert sich in der städtischen Welt ein spezifisches Milieu, das sich aus Personen, Orten und Dingen zusammensetzt und nach gewissen Regeln im städtischen Raum angeordnet ist.

10.3 Raumbezug von Lebensstilen und Milieus

Der Raumbezug städtischer Milieus stellt das Wechselverhältnis zwischen räumlich-physischer Dinglichkeit eines Ortes und den ortsbezogenen sozialen Strukturen und den darin eingebetteten Handlungen in den Vordergrund. Die Beschreibung und Analyse städtischer Milieus muss einerseits die räumliche Bezugsebene klären und andererseits das dahinterstehende Raumkonzept klarstellen. Zu diesem Zweck unterscheidet Dangschat konzeptionell vier Untersuchungsebenen: eine internationale und nationale Makroebene (der auch die städtische und regionale Ebene zugeordnet wird), dazu das städtische Teilgebiet als Mesoebene und die Individualsphäre als Mikroebene (vgl. Dangschat 1990: 18 f.). Die Einführung einer zwischen Mikro- und Makroebene liegenden

Mesoebene des Quartieres soll die Wechselbeziehungen am konkreten städtischen Teilgebiet sichtbar machen. Quartiere und städtische Teilgebiete werden
als ‚eigentliche Bühne' bezeichnet, auf der sich der Prozess des sozialen Wandels
und der Veränderungen von Lebensstilen und Milieus abzeichnet (vgl. Dangschat
1996: 110–115). Die Einführung einer Mesoebene gestattet es, gesellschaftlichen
Wandel an konkreten Orten im Stadtgebiet zu beobachten und zu verstehen. Auch
Mackensen setzt bei der Mesoebene an und fragt sich in diesem Sinne, ob.

> „Quartiere also kein Ort autonomer Lebenswelten sind? Umgekehrt: Auch Quartiere
> können nicht anders verstanden werden denn als gesellschaftliche Ausprägungen und
> Konkretisierungen, welche ihren besonderen Charakter eben aus den Bedingungen
> allgemeiner gesellschaftlicher Systematisierung und aus deren Spezifikation erfahren
> und erhalten." (Mackensen 2000: 241).

Das Einziehen einer Mesoebene bei der Analyse gesellschaftlichen Wandels stellt
einen neuen geografischen Bezugsrahmen her, an dem die Rahmenbedingungen
für individuelles Handeln am deutlichsten hervortreten. Das Verständnis einer „lokalen Dimension des Handelns" (ebd.: 243), in der sich gesellschaftliche Struktur
und individuelles Handeln verbinden, setzt eine neue Interpretation der Lebens-
und Handlungsbedingungen voraus, die stets die Verschränkung zwischen diesen
Bereichen im Blick hat.

> „Stadtsoziologie kann weder allein als ‚Stadtstrukturanalyse' auf der Ebene der
> Gesamtstadt, noch aber auch als ‚Milieuanalyse' allein auf der Ebene der individu-
> ellen Erfahrungsbereiche befriedigend betrieben werden, sondern vielmehr nur unter
> gleichzeitiger und miteinander verschränkter Inanspruchnahme der Konzepte und
> Verfahren, welche für die unterschiedlichen Ebenen speziell entwickelt worden sind"
> (Mackensen 2000b: 241 f.).

Die Konzeption von städtischen Milieus auf der Mesoebene der Stadtquartiere
überwindet das Denken in polaren Gegensätzen. Der Ansatz besteht daraus, das
städtische Leben als eine permanente Interaktion und ein amalgames Gemenge
zwischen Formen der sozialen und dinglich-manifesten Welt zu begreifen. Das
gegensätzliche Denken hebt sich auf, wenn man den städtischen Raum als ‚objektiviertes Soziales' ansieht (vgl. Linde 1972; Giddens 1984; Pincon/Pincon-Charlot
1986). Das objektivierte Soziale findet sich in den Dingen, Häusern und Orten
genauso wie in den handelnden Personen. Dabei bildet sich ein neues Raumverständnis. Soziale Beziehungen sind durch städtebauliche Formen strukturiert und
stellen ein Beziehungsgeflecht dar, bestehend sowohl aus gesellschaftlichen und

technischen Entwicklungen wie aus sozialen Strukturen und Handlungen (vgl. Halbwachs (1938) 1946); Chambart de Lauwe 1952).

Das Wechselverhältnis zwischen städtischen Orten und Individuen entspricht der Sichtweise auf raumgebundene und raumspezifische Kommunikation, die an einem bestimmten Ort sichtbar werden (vgl. Noller 1999). Raum wird dabei in Abgrenzung zu einem positivistischen, naturwissenschaftlichen Verständnis des ‚Behälter- oder Containerraumes' konzipiert. In den Disziplinen Städtebau, Architektur und Raumplanung ist zumeist die Vorstellung von ‚objektiven' Räumen vorherrschend, die sich objektiv vermessen lassen und materiell-objektiv relationierbar sind. Der öffentliche Raum wird dabei als neutrales Gefäß konzipiert, das materielle, körperliche Objekte in sich aufnimmt, deren Einzug bzw. Inkorporation zu einer Umwidmung des Raums führt. Die jeweilige Infrastruktur oder Gebäudestruktur in einem bestimmten Stadtquartier wird unter dem Aspekt der meist quantitativ messbaren Ausprägungen wie Dichte oder Häufigkeit gesehen. Das Verständnis eines ‚Behälter- oder Containerraumes' geht von einem ‚absoluten Raum' aus, der unbeweglich, konstant und unabhängig ist.

Fragt man aber nach den Wahrnehmung, Deutungs- und Aneignungsstrategien städtischer Milieus, so steht die Konstruktionsleistung des sozialen Akteurs bei der Gestaltung des Raumes im Vordergrund. Das theoretische Raumkonzept von Milieus zieht in Betracht, dass Räume kontextabhängig konstruiert werden. Kontextabhängig meint, dass die Sinnzusammenhänge im lokalen Kontext mit jeweils spezifischen institutionellen Kulturen, Normen und Arbeitsabläufen stehen. Auch die Werthaltungen, der Habitus und die sozialstrukturellen Merkmale innerhalb unterschiedlicher städtischer Milieus bestimmen die Konstruktionsleistung mit. Die Sichtweise der Individuen auf Räume unterscheidet sich nach Milieu, Geschlechts oder Kohortenzugehörigkeit. Dieser Konzeption raumbezogener Aneignungsprozesse liegt dementsprechend ein theoretisches Verständnis von gesellschaftlichen, relationalen Räumen zugrunde. Räume werden als aufeinander bezogene Anordnungen sozialer Güter, Menschen und anderer Lebewesen konzipiert. Menschen und Dinge stehen dem Raum weder gegenüber, noch befinden sie sich außerhalb oder innerhalb. Sie sind Teil des Raumes, und soziale Akteure können den Raum durch Neupositionierungen oder Sprechakte anders konstruieren. Erst die miteinander verknüpften sozialen Güter und Menschen werden zum Raum.

Die Interaktion zwischen der materiellen Objekthaftigkeit und der Subjekthaftigkeit der Akteure innerhalb städtischer Milieus stellt eine Dualität zwischen Handlung und Struktur dar, welcher auch eine Dualität entspricht, die sich im Raum widerspiegelt. Die handelnde Aneignung von Räumen schafft und verändert den jeweiligen Raum, so wie die räumlichen Strukturen selbst auf die handelnden Subjekte verändernd einwirken. In den baulichen Strukturen, den Häusern und infrastrukturellen Einrichtungen sowie den kodifizierten sozialen Beziehungen wie den Rechtsstrukturen, dem Eigentum und der Miete finden sich dementsprechend objektivierte soziale Strukturen wieder, die auf die städtischen Milieus einwirken.

Milieus werden als soziale Gruppen mit ähnlichen Werthaltungen und Lebensstilen bezeichnet, die an bestimmte Räume und Stadtquartiere mit spezifischen physisch-materiellen Gegebenheiten und Strukturen gebunden sind. Die Interaktion zwischen den materiellen Objekten und den Handlungen der Akteure innerhalb dieser Milieus stellt eine Dualität zwischen Handlung und Struktur dar, die auch im Raum sichtbar wird. Die Wechselwirkung zwischen städtischen Orten und Individuen beinhaltet raumgebundene und raumspezifische Kommunikation, die an einem bestimmten Ort stattfindet (vgl. Noller 1999).

Innerhalb von Milieus entstehen lokale Kommunikationsgemeinschaften, die über lose und feste Netzwerke verfügen. Milieus sind jedoch nicht in sich abgeschlossen homogen, sondern bewegen sich in einem fließenden Übergang zu anderen sozialen Gruppen. Menschen können im Laufe ihres Lebens verschiedenen Milieus angehören und gleichzeitig unterschiedlichen städtischen Räumen zugeordnet werden. Eine empirische Milieu- und Lebensstilforschung ermöglicht Einblicke in das widersprüchliche und ambivalente Verhalten von Individuen in verschiedenen städtischen Räumen und zu verschiedenen Zeiten (vgl. Breckner 2009).

Im Französischen bedeutet ,Milieu' wörtlich übersetzt ,zwischen dem Ort' und verweist auf das vorhandene Verhältnis zwischen Orten und sozialen Strukturen. In der Soziologie bezeichnet der Begriff eine Gruppe von Menschen mit ähnlichen Lebensstilen, Wertpräferenzen und sozioökonomischen Bedingungen. Der Zusammenhang zwischen sozialen Beziehungen und ihren räumlichen Ausprägungen an bestimmten Orten sowie physischen Objekten wurde vom französischen Soziologen Émile Durkheim als ,Morphologie sociale' beschrieben. Durkheim argumentierte, dass die physischen Substrate als Voraussetzung für das soziale Leben auch als soziale Produkte betrachtet werden müssen. Die Unterscheidung zwischen dem physischen Substrat und der sozialen Welt liegt in den unterschiedlichen Ausprägungen, wie das soziale Leben in ihnen verankert und strukturiert ist. Mit dem Begriff ,Morphologie sociale' integriert Émile Durkheim soziale Fakten in die Struktur der materiellen Welt und zeigt, dass die Formen des städtischen Lebens – sowohl die Art des Wohnens als auch die politischen und rechtlichen Strukturen – in der physischen Umwelt verwurzelt sind (Durkheim 1897).

Die Zusammensetzung sozialer Gruppen, ihre territoriale Verteilung sowie die Bilder und Erinnerungen sind an jedem Ort in der Stadt spezifisch strukturiert. In diesem Sinne entsteht in der städtischen Umwelt ein spezifisches Milieu, das aus Menschen, Orten und Dingen besteht und nach bestimmten Regeln im städtischen Raum angeordnet ist (vgl. Halbwachs 1946). Die Konzeption sozialer Milieus wird traditionell aus den folgenden beiden Perspektiven betrachtet: a) einer makrosoziologischen Perspektive auf die gesamtgesellschaftliche Strukturierung von gesellschaftlichen Gruppen mit ihren eigenen Werthaltungen, Lebenszielen, Grundorientierungen und Mentalitäten; und b) einer mikrosoziologischen Perspektive auf die Ausprägungen eines individuellen Lebensstils, der von den Mitgliedern des Milieus in unmittelbarem Kontakt untereinander in Familien, Freundeskreisen, Jugendgruppen oder Nachbarschaften entwickelt wird (vgl. Manderscheid 2004).

Die Konzeption sozialer Milieus als Vermittlungsebene zwischen der gesamtgesellschaftlichen Sozialstruktur und den individuellen Werthaltungen und Verhaltensweisen wird verwendet, um die Prozesse der sozialen Vergemeinschaftung auf individueller Ebene und deren Werthaltungen zu analysieren. Im Zentrum der Milieukonzeptionen steht das Zusammenspiel zwischen objektiven Lebensbedingungen und subjektiven Lebensstilen (vgl. Dangschat 1996). Die aktive Aneignung von Räumen schafft und verändert den Raum selbst, während räumliche Strukturen auch auf die handelnden Subjekte zurückwirken. In den baulichen Strukturen, den Häusern und Infrastruktureinrichtungen sowie den kodifizierten sozialen Beziehungen wie Gesetzen, Eigentumsverhältnissen und Mieten spiegeln sich objektivierte soziale Strukturen wider, die Einfluss auf die städtischen Milieus haben (vgl. Hahn 2015).

Der Raumbezug städtischer Milieus betont das Wechselspiel zwischen der räumlich-physischen Beschaffenheit eines Ortes und den dort vorhandenen sozialen Strukturen sowie den darin stattfindenden Handlungen. Die Konzeption städtischer Milieus muss einerseits die territoriale Bezugsebene des konkreten Ortes, des Quartiers oder der Stadtregion klären und andererseits das zugrunde liegende Verständnis von Raum deutlich machen. Raum wird hier nicht als ein Behälter oder Container, sondern in einem gesellschaftlich-relationalen Sinn verstanden. Räume werden als aufeinander bezogene Anordnungen sozialer Güter, Menschen und anderer Lebewesen konzipiert. Menschen und Dinge stehen nicht außerhalb oder innerhalb des Raumes, sondern sind Teil des Raumes, den sie durch ihre Positionierung und Kommunikation mitgestalten können (vgl. Löw 2001; Berking 2006; Christmann 2015).

Dementsprechend gestalten Menschen auch durch ihre Verhaltensweisen und Vorlieben den Raum: „Freizeitstile, Konsumorte, ästhetische Präsentationen der

Wohnung und des Wohnumfeldes sind strukturbildend für Räume, sie prägen deren Wahrnehmung und Image. Lebensstile sind damit einerseits abhängig von räumlichen Gegebenheiten, zugleich sind sie für die Produktion von Räumen von Bedeutung" (Spellerberg 2014: 200).

Die stadt- und raumsoziologische Milieuforschung stellt eine Verbindung und Wechselwirkung zwischen Orten und den entsprechenden Ausprägungen des Lebensstils her. Die Konzeption des Milieubegriffs ermöglicht es, gleichzeitig sozialstrukturelle und räumliche Bedingungen auf einer mesoskaligen Ebene zu erfassen und miteinander zu verknüpfen (vgl. Keim 1997). Orts- und Raumbezüge von Milieus können eine intrinsische Ressource zur Erweiterung sozialer Kontakte darstellen. Unterschiedliche Milieus können einerseits durch zahlreiche soziale Kontakte über die unmittelbare Nachbarschaft hinaus gekennzeichnet sein. Andererseits sind bestimmte Milieus verstärkt auf ihre Wohnumgebung und Quartiersnachbarschaft angewiesen (vgl. Gebhardt 2014).

Das Raumverständnis, das der Konzeption städtischer Milieus zugrunde liegt, ermöglicht Untersuchungen über Formen konkreter Ortsbindungen städtischer Milieus. Diese unterliegen raumzeitlichen Konfigurationsprozessen, die Territorien und darin verankerte Milieus fragmentieren (vgl. Robertson 1998). Der Begriff des städtischen Milieus bezeichnet ein Verständnis von Urbanität als Lebensform, das sowohl durch soziokulturelle als auch baulich-physische Charakteristika geprägt ist. In diesem Sinn entwickelt sich Urbanität aufgrund ökonomischer Ausdifferenzierung, Multifunktionalität von Orten und Räumen sowie unterschiedlicher Wohn- und Arbeitsformen (vgl. Wüst 2004).

10.3.1 Ortsbindungen von Lebensweisen

Die aktuellen Debatten zu Globalisierung und Virtualisierung werden bei der Untersuchung von Lebensstilen und Milieus als gleichzeitige Prozesse der räumlichen Ver- und Entankerung betrachtet. Schließlich bieten sich auch Erkenntnisse zur Frage der Entwicklungsprozesse zwischen zunehmender gesellschaftlicher Vielfalt und Homogenität, indem die soziale Differenzierung und Interaktion innerhalb von gruppenspezifischen Milieus und zwischen sozialen Gruppen betrachtet wird (vgl. Beck 1998; Berger & Vester 1998; Berking 2006: 7–22; Poferl 2019; Löw & Knoblauch 2021).

Im folgenden Abschnitt wird zum einen das Raumverständnis geschildert, welches der Konzeption städtischer Milieus zugrunde liegt, und zum anderen werden die Formen der Ortsbindungen städtischer Milieus untersucht, welche sich im Laufe der zunehmenden Auflösung von Raumbindungen sozialer Strukturen und der Fragmentierung und Heterogenisierung städtischer Räume und ihrer Milieus neu ordnen (vgl. Berking 2006: 7–22; Robertson 1998: 192–200). Im Folgenden wird der zentralen Frage nach den Ortsbindungen von Lebensweisen nachgegangen. Zum einen werden diese Prozesse in den Kontext der räumlichen Entankerung sozialer Strukturen gestellt und zum anderen in Bezug zu einer Zunahme von Orts- und Quartiersbezügen auf lokaler Ebene gesetzt. Bei der Beschreibung und Analyse des gesellschaftlichen Wandels ist vom ‚Verschwinden des Raumes‘, von ‚Entgrenzungen‘ und ‚Verflüssigungen‘ von Raumstrukturen die Rede. Im Zuge der Globalisierungsdebatten werden auch die Auswirkungen der Globalisierung auf das raumzeitliche Koordinatensystem städtischer Strukturen untersucht (vgl. Castells 1996; Sassen 2001). Zum einen wird dabei eine Entterritorialisierung bzw. Entlokalisierung von ökonomischen und sozialen Beziehungen, also ein Bedeutungsverlust des konkreten Raumes für Prozesse der Vergemeinschaftung und Vergesellschaftung konstatiert. Andererseits werden spezifische Orte miteinander verbunden und so lokale Beziehungssysteme gestärkt, um das Bestehen im globalen Wettbewerb zu ermöglichen.

Ökonomische und soziale Akteure, so die These, werden durch einen Bedeutungsverlust des Raumes aus ihren Ortsbindungen zunehmend herausgelöst. Auf der anderen Seite wird von der ‚Wiederkehr des Regionalen‘ gesprochen und der Bedeutung räumlicher Dimensionen für die gesellschaftliche Entwicklung wachsende Aufmerksamkeit geschenkt. Diese These führt zu der Frage, welche Rolle das Lokale für die Herausbildung von raumgebundenen und raumbeeinflussten Lebensstilen, sozialen Milieus und deren Identitäten denn nun tatsächlich spielt.

Diese Frage thematisiert neue Beziehungen sozialer Formationen zu den stadtischen Orten und Räumen. Während die Vertreter der Lebensstilkonzeptionen die Handlungen der Individuen eher als von räumlichen Distanzen losgelöst betrachten, gilt bei der Konstitution der Milieus der Ortsbezug als entscheidend. In diesem Sinne entwirft Schulze einen ‚Raum als Szenerie‘ (Schulze 1992: 196): „Die Bodenhaftung sozialer Milieus ist weitgehend verloren gegangen, ohne dass die Milieus selbst verschwunden wären, wie es die traditionelle Vorstellung nahelegt" (Schulze 1992: 1).

Der Raum wird hier als Umgebung gefasst, als ein territorialer Bezugsrahmen, der dem Aktionsradius der Individuen entspricht und innerhalb dessen die Milieubildung stattfindet. Die Bedeutung des Raumes als Umgebung sieht Schulze schwinden und konstatiert, dass der Raum zur Szenerie wird. Die Umgebung wird dabei auf den konkreten Ort reduziert, der als Treffpunkt und Schauplatz von Szenen eine größere Bedeutung erhält. Diese szenischen Orte werden in ihrer räumlichen Ausdehnung als gering und in ihrer zeitlichen Kontinuität als fragil beschrieben. Die sozialräumliche Beziehung zwischen szenischem Ort und

Individuum ist durch Flüchtigkeit gekennzeichnet. Szenerien werden betreten und wieder verlassen, sie können schnell umgebaut und verändert werden oder sogar ganz verschwinden (vgl. Schulze 1992.: 46): „Eine Szene ist ein Netzwerk von Publika, das aus drei Arten der Ähnlichkeit entsteht: partielle Identität von Personen, von Orten und von Inhalten. Eine Szene hat ihr Stammpublikum, ihre festen Lokalitäten und ihr typisches Erlebnisangebot. (…) Jede Szene hat eine zeitliche und eine räumliche Ausdehnung. Es gibt rasch zerfallende Szenen, aber auch solche, die monatelang oder jahrelang bestehen" (Schulze 1992: 463).

Szenen unterscheiden sich gegenüber Milieustrukturen in ihrer Vergemeinschaftungspraxis durch eher flexiblere, geringere Binnenkommunikationen, welche temporären Verräumlichungen unterliegen. Der losgelöste Ort wird zum Gegenstand einer affektiven, spielerischen ‚Politik der Aufmerksamkeit' (vgl. Lange 2005: 82). Die spezifische Ortspolitik besteht darin, dass „soziale Zugehörigkeit neu verhandelt wird" (Lange 2005: 82). Bei Schulze löst sich die einheitliche Fläche des Quartiers auf und bringt auf der einen Seite örtliche Lokalitäten hervor, die mit ganz bestimmten Szenen verbunden sind, während auf der anderen Seite milieuneutrale Zonen entstehen. Die Auflösung der milieuspezifischen Umgebung ist für ihn eine Folge des sozialen Wandels durch technische Innovationen. Er konstatiert eine Fragmentierung des einheitlichen flächenbezogenen Stadtraumes, die zu einer höheren Bedeutung von inselhaft gelegenen Orten führt und eine szenische Vergesellschaftung ermöglicht. Schulze diagnostiziert eine abnehmende Bedeutung von Raum bzw. der Wohnstandorte für die städtische Segregation. In der stadtsoziologischen Debatte wird dies sehr kontrovers diskutiert und im Gegenzug eher ein zunehmender Bedeutungszuwachs des unmittelbaren Wohnumfeldes gerade für benachteiligte Bevölkerungsgruppen thematisiert. Die von Schulze charakterisierte Zunahme von Szenen trifft dementsprechend eher auf moderne, kreative Wissensmilieus zu (vgl. Matthiesen/ Bürkner 2004; Lange 2005).

Die Geschichte der raumbezogenen Milieuforschung in der Stadtsoziologie konstatiert hingegen eher die Wirksamkeit der räumlichen Bindung von Milieustrukturen. Keim unterscheidet die Milieudimensionen in a) eine sozialwirksame Raumstruktur und b) eine raumwirksame Sozialstruktur (Keim 1979: 50 ff.).

Im Fokus der stadtsoziologischen Lebensstilansätze stehen bestimmte soziale Gruppen, die sich in spezifischen räumlichen Gebieten konzentrieren. Hannemann kritisiert, dass die stadtsoziologische Forschung sich überwiegend auf bestimmte Gruppen neuer urbaner Milieus konzentriert habe (vgl. Hannemann 1997). Später erfolgten vermehrt Untersuchungen zur Differenzierung von städtischen und ländlichen Lebensstilen (vgl. Henkel u. a. 2004; Grothues 2006; Spellerberg 2014) sowie Untersuchungen zu Lebensstilen am Stadtrand (vgl. Scheiner 2008). Einige

Studien definieren und beschreiben auch bestimmte Lebensstiltypen auf verschiedenen räumlichen Ebenen, wie beispielsweise regionale, städtische oder ländliche Lebensstile (vgl. Scheiner 2006 und 2008; Spellerberg 2014; Ziegler u. a. 2017) oder auf Quartiersebene, wie Pioniere, Gentrifier und Alteingesessene (Frey 2009; Holm 2010; Blasius & Friedrichs 2016; Frank 2018).

Auch die Trennung zwischen urbanem und ländlichem Lebensstil ist aufgrund von gestiegener Mobilität sowie neuen, räumlich überwindenden Informations- und Kommunikationsformen kaum aufrechtzuerhalten. Infolgedessen kann der städtische Lebensstil heutzutage nicht mehr im Gegensatz zur ländlichen und dörflichen Umwelt definiert werden (vgl. Grothues 2006; Gebhardt 2012; Spellerberg 2014; Haffert 2022). Die Lebensstilforschung zeigt auch die Differenziertheit der Verhaltensweisen innerhalb eines räumlichen Gebiets: Die Lebensstilforschung „lässt typische Konfliktfelder und gleichsam ‚Leitstile' für verschiedene Regionen ins Blickfeld treten und zeigt, dass man nicht von einem städtischen Lebensstil schlechthin sprechen kann" (Richter 1998: 661).

Die beiden Blickrichtungen der Lebensstilforschung auf der einen und die der Milieuforschung auf der anderen Seite zeigen unterschiedliche Annahmen zum Raumbezug des Sozialen. Die räumlichen Entankerungsszenarien der Lebensstilforschung beschreiben eine abnehmende Bedeutung des Wohnortes aufgrund von gestiegenen Wahlmöglichkeiten sozialer Kontakte durch raumüberwindende Informations- und Kommunikationstechnologien. Das Wohngebiet verliert an Bedeutung für die soziale Vergemeinschaftung und die Ausbildung sozialer Netzwerke; vielmehr ist eine Integration in selbst gewählte, ortsunabhängige Szenen und Netzwerke möglich. Im Wohnquartier wird eine Fragmentierung und Pluralisierung unterschiedlicher kultureller und sozialer Welten konstatiert. Bei diesem Konzept wird die These vertreten, dass das Quartier als territorialer Bezug von Vergemeinschaftung an Bedeutung verloren hat. Durch gestiegene Mobilität, neue Informations und Kommunikationsmedien im Kontext einer Individualisierung von Lebensstilen und einer Heterogenisierung sowie Ausdifferenzierung von milieubildenden Werthaltungen wird die Prägung des Wohnquartiers im Sinne eines sozialen Milieus relativiert (vgl. Gebhardt 2009: 91).

Die Ergebnisse der Armutsmilieuforschung beschreiben gegenteilige Prozesse einer eher größeren Bedeutung des Wohnquartieres und dessen Milieustrukturen für die Herausbildung eines stark lokal begrenzten sozialen Netzwerkes (vgl. Häußermann/Kapphan 2000). Die Bewohnerinnen und Bewohner der benachteiligten Wohnviertel müssen über Zwangskontakte in einem Zwangsmilieu die Integration in die Stadtgesellschaft selbst bewerkstelligen, der Wohnort wird ebenfalls zu einer benachteiligenden Ressource und wirkt sich stärker auf die Lebenschancen der dort lebenden Bevölkerung aus (vgl. Dangschat 1996). In seinem Fazit bringt Gebhardt diesen Widerspruch für eine Milieuforschung auf Quartiersebene auf den Punkt: „Raumbezüge sind zwar als handlungsgenerierend zu betrachten, man muss jedoch berücksichtigen, dass die Fähigkeit zur Raumaneignung und zur Ausweitung von Handlungsbezügen von den vorhandenen Ressourcen abhängt" (Gebhardt 2009: 92).

10.3.2 Lebensstile zwischen Homogenität und Heterogenität

Pluralisierung, Fragmentierung und Heterogenisierung des Territoriums und der Lebensstile haben eine Ausdifferenzierung der städtischen Orte und Räume zur Folge. Damit wird sowohl eine städtebaulich-architektonische Gestaltung als auch eine soziale Dimension erfasst, welche entweder die verstärkte Homogenität oder eine zunehmende Heterogenität der Orte und ihrer eingebetteten sozialen Strukturen in den Blick nimmt. Insofern verlangt die Konzeption der städtischen Milieus eine Ausdifferenzierung von Orten und Räumen in der Stadt, die zwischen der Struktur sozialer Lebensweisen und ihren jeweiligen räumlichen, materiellen und physischen Qualitäten vermittelt (vgl. Dangschat 2007: 21 ff.).

Der Spannungsbogen des Bezugs der städtischen Milieus zu den Orten und Räumen in der Stadt reicht von einer Konzeption, die eine verstärkte, homogene Einheit zwischen Territorium und sozialen Strukturen konstatiert, bis hin zu einer Konzeption, welche die Ausdifferenzierung von räumlicher Gebundenheit und sozialen Beziehungen der Milieus benennt. Im folgenden Abschnitt werden diese beiden Blickrichtungen zwischen der Homogenität und Heterogenität des städtischen Raumes beschrieben.

Die Konzeption sozialräumlicher Milieustrukturen, die durch ähnliche Lebensweisen und Mentalitäten geprägt sind, unterstellt eine Einheit zwischen städtischem Milieu und Territorium. Der gedankliche Ausgangspunkt dieses Modells der sozialen Vergemeinschaftung liegt in der Chicagoer Schule und ihren Theorien zur residentiellen Segregation. Robert E. Park, der Gründungsvater der Segregationstheorie, konstatierte einen Zusammenhang zwischen der geografischen Lage von Wohnstandorten im Stadtgebiet und der sozialen Distanz von Menschen (vgl. Park 1925). Seine These lautete, dass innerhalb der Grenzen eines ‚natürlichen' Gebietes (natural area) homogene Sozialstrukturmerkmale der Bewohnergruppen zu finden sind: „There are forces at work – within the limits of the urban community within the limits of any natural area of human habitation, in fact – which tend to bring about an orderly and typical grouping of its population and institutions" (Park 1925: 1).

Das „natürliche" Gebiet ist ein soziales Gebilde, welches im historischen Entwicklungsprozess eine Population mit eigenen Normen, Traditionen und Verhaltensmustern hervorbringt: „Each separate part of the city is inevitably stained with the peculiar sentiments of its population. The effect of this is to convert what was at first a mere geographical expression into a neighborhood that is to say, a locality with sentiments, traditions, and a history of its own" (Park 1915: 579, zit. nach Lindner 1990: 100).

Die Lokalität in ihrer kulturellen Dimension wird als ein geografisches Gebiet beschrieben, welches ein nachbarschaftliches Milieu beherbergt. Die Herausbildung dieses Milieus wird überwiegend durch den Wohnstandort definiert, woraus sich ergibt, dass die residentielle Segregation nach Wohnstandorten zum Indikator für soziale Segregation wird. Es findet also eine Übertragung sozialer Ungleichheit in den städtischen Raum statt (vgl. Dangschat 1996 und 1997). In den Blick genommen wird infolgedessen die geografische Lage der Stadträume zueinander. Es interessieren die Grenzen zwischen den einzelnen Gebieten, und zwar in dem Sinne, wie sie Abgrenzungen zwischen verschiedenen sozialen Vergemeinschaftungsvorgängen darstellen. Wirth formuliert diese Annahme folgendermaßen:

> „Gleichermaßen zieht es Personen von homogenem Status und homogenen Bedürfnissen – ob wissentlich, unbewusst oder durch die Umstände gezwungen – in dieselbe Gegend. Die verschiedenen Teile der Stadt erhalten spezialisierte Funktionen, sodass die Stadt deshalb mehr und mehr einem Mosaik sozialer Welten gleicht und die Übergänge von einer in die andere sich sehr abrupt vollziehen" (Wirth 1974: 55).

Die Pluralisierung, Fragmentierung und Heterogenisierung des Territoriums und der Lebensstile führen zu einer Ausdifferenzierung der städtischen Orte und Räume. Dabei werden sowohl städtebaulich-architektonische Gestaltungselemente als auch soziale Dimensionen erfasst. Diese können entweder eine verstärkte Homogenität oder eine zunehmende Heterogenität der Orte und ihrer eingebetteten sozialen Strukturen widerspiegeln (vgl. Mackensen 2000: 227–272). Konzepte von Lebensstilgruppen und Milieus beinhalten somit sowohl ein Verständnis für die Ausdifferenzierung von Orten und Räumen in der Stadt als auch für die territoriale Verortung spezifischer Lebensstilausprägungen innerhalb von Stadträumen. Gemeinsam ist allen Lebensstil- und Milieukonzepten eine analytische Unterscheidung zwischen Merkmalen individueller Lebensführung und gruppenspezifisch geclusterten Lebensstilen, um Makro- und Mikroebenen miteinander zu verknüpfen:

„Lebensstile als typische Struktur von im Alltagsleben sichtbaren Verhaltensweisen
haben einen expressiven Charakter, implizieren somit eine Stilisierung und gehen
mit einer Symbolisierung von Verhaltensweisen einher. Lebensstilmodelle können
daher als Ergänzung zu Klassen- und Schichtmodellen begriffen werden. Lebensstile weisen vielfältige Raumbezüge auf. Beispielsweise lassen sich sozialräumliche
Segregation, Suburbanisation und Gentrifizierung gewinnbringend lebensstiltypisch
analysieren und interpretieren" (Klee 2018: 1381).

Lebensstil- und Milieuanalysen liefern kulturelle Ausdifferenzierungen von städtischen oder auch ländlichen Regionen: In Lebensstil- und Milieuanalysen
„äußert sich die kulturelle und historische Eigenheit verschiedener Räume, die es
erlaubt, auf gleiche strukturelle Herausforderungen in spezifisch eigener Weise
zu reagieren. Soziale Ungleichheiten erwachsen nicht nur aufgrund struktureller
Merkmale, sondern aus verschiedenen Reaktionen auf diese Merkmale und historisch kulturell geformter Bedeutungen, die man diesen Merkmalen zumisst. Jede
Region mag als System mit ihren Eigenheiten aufgefasst werden" (Richter 1989:
665).

Die Konzeption sozialräumlicher Milieustrukturen, die durch ähnliche Lebensweisen und Mentalitäten geprägt sind, impliziert eine Einheit zwischen städtischem Milieu und Territorium. Der Ursprung dieses Modells einer räumlichen
Vergemeinschaftung liegt in der Chicagoer Schule und ihren Theorien zur residentiellen Segregation. Die klassische Segregationsforschung betrachtet in der
Regel das Merkmal des Wohnstandorts und untersucht die räumliche Verteilung sozialer Ungleichheit. Robert Park, der Begründer der Segregationstheorie,
stellte einen Zusammenhang zwischen der geografischen Lage von Wohnstandorten im Stadtgebiet und der sozialen Distanz zwischen den Menschen fest.
Aufgrund dieser Annahme werden innerhalb der Grenzen eines ‚natürlichen‘
Gebiets homogene Sozialstrukturmerkmale der Bewohnergruppen charakterisiert.
Das ‚natürliche‘ Gebiet wird laut Robert Park durch einen historischen Entwicklungsprozess geprägt, der eine spezifische Bevölkerung und Institutionen mit
eigenen Normen, Traditionen und Verhaltensmustern hervorbringt (vgl. Park u. a.
1925).

Die Stadtsoziologen der Chicagoer Schule übertrugen das Konzept des ‚Mo-
saiks sozialer Welten‘ auf das städtische Territorium. Dabei gehen sie von einem
Raumverständnis aus, bei dem Raum als geografisch abgrenzbares Territorium
betrachtet wird und durch Eigenschaften wie Größe, Lage, Begrenzung und
soziale Identität bestimmbar wird. Die soziale Identität, also der soziale Gehalt
der jeweiligen städtischen Gebiete, die als ‚Behälter‘ betrachtet werden, wird
durch Kriterien von Homogenität und Differenzierung bestimmt: „Gleichermaßen

zieht es Personen von homogenem Status und homogenen Bedürfnissen – ob wissentlich, unbewusst oder durch die Umstände gezwungen – in dieselbe Gegend. Die verschiedenen Teile der Stadt erhalten spezialisierte Funktionen, sodass die Stadt deshalb mehr und mehr einem Mosaik sozialer Welten gleicht und die Übergänge von einer in die andere sich sehr abrupt vollziehen" (Wirth 1938: 55).

Die Chicagoer Schule der Stadtforschung in den 1920er Jahren beschrieb die Stadt als ein ‚Mosaik sozialer Welten'. Neben der Identifizierung von Segregationsmustern widmete sie sich auch der Analyse kultureller und sozialer Muster urbaner Lebensweisen und Lebensstile spezifischer sozialer Gruppen innerhalb städtischer Gebiete (vgl. Lindner 1990). Die qualitativ, ethnographisch und lebensweltlich orientierte Stadtforschung der Chicagoer Schule legte den Grundstein für eine Milieuforschung, die die Ausprägungen urbaner Lebensweisen in Bezug zu differenzierten städtischen Orten und Nachbarschaften setzt.

Stadtforschungen über urbane Lebensweisen haben ihre Wurzeln in den Erfahrungen des Großstadtreporters. In seiner ursprünglichen Form als Polizeireporter ist der Großstadtreporter einem bestimmten Straßenzug oder einem abgrenzbaren Territorium zugewiesen. Die räumliche Differenzierung der städtischen Strukturen erfolgt durch lokale Ortsangaben einzelner Handlungen oder Institutionen sowie durch die Zuordnung kollektiver Lebensweisen zu städtischen Quartieren, wodurch der städtische Raum erschlossen wird (vgl. Lindner 2004).

Quartiere sind Territorien und Räume, in denen Lebensweisen zum Ausdruck kommen und die auch prägend für die Orte und Räume wirken. Auf der Ebene des lokalen Ortes, des Quartiers oder der Stadtregion kommen ebenfalls Lebensstile zum Ausdruck und können nicht anders verstanden werden als gesellschaftliche Ausprägungen und Konkretisierungen. Durch diese sozialräumliche Perspektive entsteht ein Verständnis für die lokale Dimension des Handelns, in der sich gesellschaftliche Struktur und individuelles Handeln verbinden (vgl. Mackensen 2000: 227–272).

Diese Annahmen werden in den Konzepten einer Differenzierung des Verhältnisses zwischen städtischen Orten und Räumen und den jeweiligen sozialen Strukturen weiterentwickelt. Das Quartier wird als Sozialraum konzipiert, der Orte unterschiedlicher städtischer Milieus hervorbringt. Dadurch können verschiedene Sozialräume charakterisiert werden, die in einem städtischen Gebiet eine lokale Kultur oder Gemeinschaft erzeugen (vgl. Gebhardt 2014).

Dieses Verständnis berücksichtigt auch die Koexistenz städtischer Milieus, die sich an konkreten Orten oder Plätzen überlagern oder auch unverbunden nebeneinander bestehen. In diesem Modell löst sich die Einheit des Stadtterritoriums etwas auf und fragmentiert sich in unterschiedliche sozialräumliche Einheiten.

Es entstehen Nachbarschaften, die wie Inseln im städtischen Raum liegen, sich möglicherweise überlappen oder parallel existieren (vgl. Zeiher 1990).

10.4 Empirische Studien der Lebensstil- und Milieuforschung

Empirische Studien im Bereich der Lebensstil- und Milieuforschung werden hauptsächlich für die Beschreibung sozialer Gruppen im Rahmen der Sozialstrukturanalyse eingesetzt. Lebensstile werden in verschiedenen Studien unterschiedlich definiert und umfassen strukturierte, gruppenbezogene, symbolische, wahrgenommene und klassifizierbare Verhaltensmuster, Alltagsorganisationen und -gestaltungen. Durch die Lebensstil- und Milieuforschung können soziale Gruppen voneinander abgegrenzt werden, und die jeweiligen internen Charakteristika der Gruppen, wie Haltungen und Lebensführungen der Individuen, können beschrieben werden (vgl. Herman 2004). Deskriptive Lebensstil- und Milieuuntersuchungen finden vor allem in der Marktforschung, Werbung und im Marketing Anwendung, um Typologien von Verhaltensweisen zu erstellen. Sie werden auch in der Politik-, Institutionen- und Unternehmensberatung verwendet, um zielgruppenspezifische Einschätzungen von Verhaltensweisen zu erhalten (vgl. Borgstedt 2024).

10.4.1 Untersuchungsfelder und Forschungsmethoden

Die Methoden der Sozialraumanalyse verknüpfen sozialräumliche Strukturen mit sozioökonomischen Indikatoren und Nutzungsmustern. Der Fokus liegt auf den Wechselverhältnissen zwischen dem räumlichen Verhalten der Mitglieder städtischer Milieus und den Nutzungsmustern in ihrem Alltag. Sozialraumanalysen rücken somit das soziale Verhalten und aktive Handeln im Raum ins Zentrum des Interesses (vgl. Hannemann 2019).

Die Aktionsraumanalyse zeigt zudem urbane Lebensführungen in ihren individuellen territorialen Bezügen auf. Dabei werden physisch-materielle Raumstrukturen und ihre Symbol- und Zeichensysteme zur sozialen Strukturierung in Beziehung gesetzt. Für die sozialwissenschaftliche Stadt- und Raumforschung sowie für planungs- und architekturbezogene Disziplinen wie Städtebau, Architektur und Stadtplanung ist der Zusammenhang zwischen Raumgestalt

und Sozialgestalt innerhalb sozialer Milieus besonders relevant. Dies ermöglicht eine fundierte Planung differenzierter sozialer Räume (vgl. Scheiner 2006;
Hannappel & Jakobs 2019).

Die Forschungsfelder der Lebensstil- und Milieuforschung erstrecken sich
über verschiedene Themen, wie Gesundheit, Umweltorientierung oder geographische Verteilungen (vgl. Otte 2005). Anwendungen finden sich in verschiedenen
Bereichen wie der klassischen Stadtsoziologie (Dangschat/Blasius 1994), der
Wohnsoziologie (Burda und SINUS 1991; Spellerberg 1997), der Wohnstandortwahl (Rössel & Hoelscher 2012), der Mobilitätsforschung (Stein 2006), der
Digitalisierung (Hecht u. a. 2024), der Nachhaltigkeit (Hesse 1999; Götz u. a.
2011), des Zusammenlebens und der Partizipation (Borgstedt 2024).

Lebensstile fungieren sowohl als abhängige als auch unabhängige Variablen,
die durch Strukturmerkmale erklärt werden können und als Erklärungen für
Einstellungen, Handlungen und Interaktionen dienen. Typologien von Lebensstilgruppen werden in der Regel mithilfe von faktor- und clusteranalytischen
Verfahren erstellt, um Einstellungsmuster und Verhaltensweisen zu beschreiben.
Die sozialstrukturelle Verankerung von Lebensstilen wird durch die Verwendung
objektiver oder demographischer Merkmale der Lebensstilträger als Variablen
untersucht.

Milieus beziehen sich auf räumliche und territoriale Kontexte, die bestimmte
Lebensführungen hervorbringen. Dabei wird davon ausgegangen, dass die Stadtumwelt sowohl auf die Individuen und sozialen Gruppen einwirkt als auch, dass
subjektive Werthaltungen, Einstellungen und Interpretationen den kulturellen und
geistigen Stadtumwelten zugeordnet werden können. In der Milieuforschung werden sowohl objektive Bedingungen der sozialen und räumlichen Lage als auch
subjektive Einstellungen, Mentalitäten und Bedürfnisse berücksichtigt. Milieuforschung untersucht ähnliche objektive Stadtumwelten und deren subjektive
Interpretationen und Wahrnehmungen von spezifischen sozialen Gruppen. Dabei
verschmelzen objektive und subjektive Faktoren an bestimmten territorialen
Orten zu Gruppen von Menschen, die durch äußere objektive Lebensbedingungen, innere Haltungen und interne Gruppeninteraktionen gemeinsame Lebensstile
entwickeln (vgl. Hradil 1987; Groß 2008).

Lebensstil- und Milieuforschungen wurden auch im Kontext von städtischer
Entwicklung eingesetzt. Bei städtebaulichen Aufwertungsprozessen in innerstäd-
tischen Wohnvierteln verändern sich die Sozialstrukturen auf Quartiersebene.
Lebensstil- und Milieuforschungen zeigen, dass bei diesem sozialräumlichen
Wandel verschiedene, vielfältige und expressive Lebensstile bei der Entstehung
neuer Arbeits- und Lebensorte, Freizeit- und Konsuminfrastrukturen sowie im

öffentlichen Raum in den Quartieren identifizierbar sind. Es ist jedoch umstritten, ob bestimmte Lebensstile und Milieus als Ressource für infrastrukturelle
und bauliche Aufwertungsprozesse identifiziert werden können (vgl. Blasius &
Friedrichs 2011).

10.4.2 Bilanz der Lebensstil- und Milieuforschung

Schon zu Beginn der 2000er Jahre wurde von mehreren Autoren eine Bilan-
zierung der Lebensstil- und Milieuforschung vorgelegt, die eine Diskrepanz
zwischen Anspruch und Wirklichkeit aufzeigt. Die zentralen Fragen dieser Bilan-
zierungsversuche beziehen sich darauf, welche Anregungen durch Lebensstil-
und Milieustudien für die Sozialstrukturanalyse gewonnen wurden und ob der
Lebensstil- und Milieuansatz ein neues Paradigma der Ungleichheitsforschung
etablieren kann, das die klassischen vertikalen Klassen- und Schichtmodelle
ablöst (vgl. Allmendinger & Ludwig-Mayerhofer 2000; Meyer 2001; Hermann
2004; Otte 2005).

Lebensstil- und Milieuforschung vernachlässigen oft die Bedeutung ‚objektiver' Ungleichheitslagen wie Bildung, Einkommen und Beruf im Vergleich zu
‚subjektiven' Lebensstilen und Werthaltungen. Einige Ansätze der Lebensstil-
und Milieuforschung gehen davon aus, dass in einer Lebensstilgesellschaft eine
Nivellierung sozialer Ungleichheit stattfindet. Allerdings ist diese Nivellierung
von Einkommens- und Vermögensungleichheiten nicht zu beobachten. Die Position von Individuen und sozialen Gruppen im gesellschaftlichen Raum wird
immer noch überwiegend durch klassische Merkmale wie Einkommen, Bildung und Alter bestimmt. Trotz der größeren Vielfalt an verwendeten Variablen
und Typologien, um übergeordnete Lebensstildimensionen oder themenzentrierte
Lebensstilanalysen zu erstellen, können diese, wie schon vor 20 Jahren bilanziert
wurde, wenig dazu beitragen, eine Theorie der veränderten Sozialstrukturen der
Gegenwartsgesellschaft zu entwickeln (vgl. Meyer 2001; Hermann 2004; Otte
2005).

Lebensstil- und Milieuforschung können weder das vertikale Paradigma sozialer Ungleichheit ersetzen noch Erklärungen für die Ursachen von Handlungen
und Handlungsmustern liefern. Insofern erscheint eine Rückbesinnung zum
übergeordneten Begriff der Lebensführung im Weberschen Konzept sinnvoll,
da bei Weber mit Lebensführungen und Lebensstilen in erster Linie Unter-
scheidungsmerkmale von kulturellen Handlungen deskriptiv beschrieben werden.

Dadurch wird der Fokus auf mikrosoziologisch relevante manifeste und informelle Verhaltensmuster im Sinne der (expressiven) Darstellung individueller und
gruppenbezogener Verhaltensweisen gelegt (vgl. Hermann 2006).

Lebensstil- und Milieuansätze stellen in diesem Sinne nur einen indi-
rekten Handlungsbezug her, der sich vor allem auf kulturelle und geistige
Bereiche konzentriert. Personen und Gruppen lassen sich so in ihrer räumlich-
gesellschaftlichen Struktur und kulturell-geistigen Prägung unterscheiden, insbesondere auch durch die Einflüsse räumlicher Umwelten. Der Anspruch, vertikale
Ungleichheitskategorien der Sozialstrukturanalyse durch Lebensstil- und Mili-
eukonzepte zu relativieren und Schicht und Klasse als erklärende Faktoren zu
ersetzen, lässt sich weiterhin empirisch nicht begründen (vgl. Hermann 2004;
Rössel 2004).

Für die theoretische Konzeption von Lebensstil- und Milieustudien erscheint
es zentral, die räumlichen, symbolischen und kulturellen Einstellungen zu definieren, die das soziale Handeln prägen: „Lebensstile und Milieus sind dann
nützlich für Erklärungen sozialen Handelns, wenn es eine Theorie gibt, die entscheidet, welche Verhaltensweisen und Einstellungen das Milieu beziehungsweise
den Lebensstil definieren, und welche andererseits zu erklärenden Phänomenen
darstellen" (Groß 2008: 114). Daher wäre es für die Weiterentwicklung von
Lebensstil- und Milieuforschungen möglicherweise zielführender, sich auf die
beschreibende Art von differenzierten Verhaltenstypologien und deren strukturelle
Verteilung zu beschränken (vgl. Hermann 2006).

Andererseits konnten die Lebensstil- und Milieuansätze im Gegensatz zur
klassischen Sozialstrukturanalyse zeigen, dass die gesellschaftliche Ausdifferenzierung von individuellen und gruppenbezogenen Verhaltensweisen seit den
1960er Jahren vielfältiger geworden ist. Die Zukunft der Lebensstilforschung
besteht meiner Einschätzung nach darin, empirisch aufzuzeigen, dass Individuen und Gruppen mehrere Lebensstile gleichzeitig in unterschiedlichen Milieus
praktizieren.

Der traditionelle Fokus der Segregationsforschung, der sich auf die Analyse
statistischer quantitativer Daten konzentrierte, hat die subjektiven Lebenswelten
der Individuen zu wenig berücksichtigt. Um städtische Milieus umfassender zu
analysieren, wäre es daher angebracht, verstärkt qualitative Methoden aus der
Biographie- und Stadtkulturforschung einzusetzen. Das Ziel besteht darin, die
Bedeutung der Akteure im Kontext der kulturellen Dimension städtischer Lebenswelten zu erfassen. Dabei sollte eine Kombination verschiedener empirischer
Forschungsmethoden verwendet werden, um Lebens- und Arbeitsorganisation
sowie lokale Aktionsräume mittels textlicher, visueller und geografischer Ansätze
darzustellen (vgl. Deinet & Krisch 2003).

Als Ergänzung zu klassischen Sozialstrukturuntersuchungen liegt der Beitrag der Lebensstilforschung in Untersuchungen zum zeitlich-räumlichen Wandel von Lebensstilen, wie z. B. bei den Verwendungen materieller und zeitlicher Ressourcen zur Freizeitgestaltung, in der Selbstwahrnehmung und -präsentation und in der Rolle sozialer und technischer Medien, in der Bewertung von Geschmackspräferenzen und von Alltagsästhetik (vgl. Otte 2005). Die empirischen Ergebnisse können nicht nur zur Erklärung der Veränderungen von Lebensstilen und Milieus im Prozess individueller und gesellschaftlicher Entwicklung beitragen, sondern auch verdeutlichen, wie ein zunehmend vielfältiges Spektrum an Lebensstilen die Gesellschaft und territoriale Orte prägt.

10.5   Herausforderungen für die räumliche Planung

In den sozialwissenschaftlichen Disziplinen der Stadt- und Raumforschung sowie der Stadtplanung und Architektur besteht nach wie vor oft die Vorstellung von objektiven Behälterräumen, die physisch beschrieben und vermessen werden können. Auch in zahlreichen bisherigen Studien zur Lebensstil- und Milieuforschung werden Konzepte eines objektiven Behälterraums verwendet. Es steht jedoch außer Frage, dass soziale und gesellschaftliche Strukturen nur hinreichend durch ihre Verflechtung mit räumlichen Umgebungen dargestellt und analysiert werden können (vgl. Poferl 2019; Löw & Knoblauch 2021).

Bei der Fokussierung auf Verflechtungsprozesse in räumlichen Umgebungen kann die Lebensstil- und Milieuforschung hilfreich sein, um die kulturellen und symbolischen Faktoren der Raumproduktion in den Blick zu nehmen: „Eine modernisierte Stadtgeographie, die den Lebensstil als strukturbildende Determinante betrachtet, wird daher kulturelle und symbolische Aspekte weit stärker in traditionelle Fragestellungen einbeziehen müssen" (Helbrecht & Pohl 1995: 234).

Für die Stadtsoziologie und Stadtgeographie bietet die Konzeption von Untersuchungen zu Lebensstilen und Milieus in der Stadt eine Möglichkeit, nicht nur die objektiven, vertikalen Muster sozialer Differenzierung zu erfassen, sondern auch deren horizontale Ausprägungen in Quartieren, Nachbarschaften, Arbeits- und Wohnorten sowie Freizeit- und Konsumorten zu verorten. Die Ergebnisse können schließlich von Stadtplanern und Architekten genutzt werden, um die vielfältigen Prozesse der räumlich-sozialen Differenzierung im Planungsprozess angemessen zu berücksichtigen (vgl. Frey 2020): „Eine an Lebensstilen ansetzende Quartiersforschung könnte verschiedene Bewohnergruppen im Raum der Lebensstile verorten und die wesentlichen semantischen Dimensionen dieser Ungleichheitskategorien herausarbeiten, die unterschiedliche Manifestation von

Lebensstilgruppen im öffentlichen Raum und die Prägungen der Infrastruktur, etwa Geschäfte und Lokale erfassen" (vgl. Gebhardt 2008: 504). Die traditionelle Fragestellung der Segregationsstudien, ‚Sag mir, wo du wohnst, dann sag ich dir, wer du bist!' (vgl. Dangschat 1997), wird in raumbezogenen Lebensstil- und Milieuforschungen durch die offene Frage ersetzt: ‚Sag mir, welche Lebensstile du in welchen Milieus praktizierst, dann verstehe ich mehr über die räumlichen Prozesse und Strukturen der Stadt'. Diese Forschungsfrage verdeutlicht die Verbindung zwischen Lebensstilen und dem Raum sowie die Prägung der städtischen Umwelt durch spezifische Milieus. Die Unterscheidung zwischen der sozialwirksamen Raumstruktur und der raumwirksamen Sozialstruktur betont die wechselseitige Verflechtung von Gesellschaft und Raum als Konfigurationsprozess (vgl. Keim 1979; Löw 2018).

Eine umfassende Analyse der Stadtstruktur auf der Ebene der Gesamtstadt wird nur durch Kombination traditioneller struktureller quantitativer Daten mit qualitativen Lebensstil- und Milieuanalysen auf kleinräumiger Ebene zufriedenstellend möglich sein. Dabei ist ein methodischer Ansatz, der unterschiedliche territoriale Ebenen (Makro-, Meso-, Mikroebene) als gesellschaftliche Räume betrachtet, entscheidend (vgl. Mackensen 2000: 227–272).

10.5.1 Kreative Milieus als Motor

Kreative Milieus können einen Motor der Stadtentwicklung sein, da Kreativität und Wissen zentrale Ressourcen von Lebenswelten und städtischer Entwicklung sind. Kreative Milieus, insbesondere die Kultur- und Kreativwirtschaft, werden zunehmend als Treiber wirtschaftlicher Dynamik und städtischer Innovation verstanden. Zahlreiche größere aber auch mittlere und Kleinstädte nutzen dieses Potenzial, um durch kreative Milieus den Strukturwandel von der Industrie- zur Wissens- und Dienstleistungsökonomie zu bewältigen. Florida und Landry prägten Anfang der 2000er Jahre die Diskussion mit dem Konzept der ‚kreativen Klasse' sowie der ‚kreativen Milieus', die aus Berufen bestehen, die Innovationen und kreative Produkte schaffen. Diese Gruppe wird als entscheidend für das Wirtschaftswachstum und die kulturelle Entwicklung von Städten angesehen. Städte, die Kreativität als strategische Ressource nutzen, schaffen kreative Cluster, fördern die Kulturproduktion und ziehen hochqualifizierte Arbeitskräfte an (vgl. Landry 2000; Florida 2004).

Kreative Milieus können eine entscheidende Rolle in der Entwicklung der (post-)modernen Wissens- und Dienstleistungsgesellschaft spielen. Sie konzentrieren sich in räumlichen Umwelten und tragen damit zur Entstehung von neuen

Netzwerken und Formen der Zusammenarbeit bei. Die räumliche Nähe und die dichte Interaktion ermöglicht es neues Wissen auszutauschen, das oft implizit und kontextbezogen ist. Der Begriff des „tacit knowledge" beschreibt dieses persönliche, ortsgebundene Wissen, das durch direkte Kommunikation entsteht. Städte, die solche kreativen Milieus fördern, profitieren von einem erhöhten Potenzial an sozialem Kapital und Innovationsfähigkeit. Diese Entwicklungen haben Städte wie Wien, Berlin oder New York zu kreativen Zentren gemacht, in denen Kulturwirtschaft und wissensbasierte Ökonomie ineinandergreifen. Während kreative Milieus Städte wirtschaftlich und kulturell revitalisieren, gibt es auch negative soziale Folgen, insbesondere Gentrifizierung. So können oft Prozesse der sozialen Verdrängung entstehen. Künstler und Kulturschaffende, die einst von den niedrigen Mieten und der kulturellen Freiheit in diesen Vierteln angezogen wurden, tragen unbewusst zur Aufwertung dieser Stadtteile bei. Diese Aufwertung führt oft dazu, dass die Mieten steigen und einkommensschwächere Bevölkerungsgruppen, einschließlich der Kreativen selbst, verdrängt werden. Immobilienentwickler und Investoren nutzen die kulturelle Attraktivität dieser Viertel, um sie in profitablere, gehobene Wohn- und Geschäftsviertel zu verwandeln. Dieser Prozess zeigt die Ambivalenz kreativer Milieus: Einerseits sind sie Katalysatoren für Innovation und kulturelle Vielfalt, andererseits verstärken sie soziale Ungleichheiten. Strategien der räumlichen Planung sollten daher Wege finden, die positiven Effekte kreativer Milieus zu nutzen, ohne soziale Exklusion und Verdrängung zu fördern. Modelle wie das der „Planung der Nicht-Planung" bieten Ansätze, wie städtische Räume flexibel und integrativ gestaltet werden können, um sowohl die kulturelle Vitalität als auch die soziale Gerechtigkeit zu wahren (Frey 2007 und 2009).

Städte sind durch ihre Dichte, Vielfalt und die zufälligen Begegnungen Orte, die Kreativität begünstigen. Allerdings ist Kreativität nicht nur eine Eigenschaft urbaner Räume, sondern erfordert gezielte politische Maßnahmen, wie die Förderung kultureller Infrastruktur und die Schaffung von Orten für kreative Aktivitäten. Kritiker des Konzepts der kreativen Stadt weisen darauf hin, dass der Fokus oft auf Konsum anstatt auf Produktion liegt und kreative Milieus häufig zu Gentrifizierung und sozialer Polarisierung beitragen. Zudem profitieren oft nur wenige Akteure von der Aufwertung bestimmter Viertel, während einkommensschwächere Bevölkerungsgruppen verdrängt werden. Zwar spielen auch heute kreative Milieus noch eine Schlüsselrolle in der (post-)modernen Stadtentwicklung, jedoch hängen ihre Auswirkungen auf die räumliche Umwelt stark von der sozialen und wirtschaftlichen Einbindung ab. Städte müssen daher Wege finden, die positiven Effekte kreativer Milieus zu nutzen, ohne gleichzeitig soziale Ungleichheiten zu verstärken (vgl. Merkel 2018).

Dabei sollte räumliche Planung der Umwelt sinnvoll eine ressourcenorientierte Perspektive einnehmen, die die kreativen Lebensweisen und die räumliche Umwelt gleichermaßen einbeziehen. Dabei sollte die individuelle Kapitalausstattung der Akteurinnen und Akteuren als ,Ich-Ressource' beachtet werden. Analytisch lässt sich das ökonomische, soziale, kulturelle und symbolische Kapital unterscheiden, welches innerhalb des kreativen Milieus und nach außen hin Handlungsoptionen verschafft. Die Ich-Ressource baut auf die Fähigkeiten und Erkenntnisse auf, die das Individuum im Lebenslauf (Sozialisation, Ausbildung, Arbeit) erworben hat, und ermöglicht individuelle Sichtweisen auf sozialräumliche Phänomene und somit eine eigenständige und individuell geprägte Wahrnehmung und Interpretation sozialen und räumlichen Handelns. Die verstärkte Bedeutung der Ich-Ressource ist ein Ergebnis des gesellschaftlichen Individualisierungsprozesses und ermöglicht es, durch den Einsatz von Kreativität dem eigenen Selbst einen relativ autonomen Stellenwert im gesellschaftlichen Reproduktions- und Produktionsprozess zuzuschreiben. Die Wir-Ressource besteht in der kollektiven Kapitalausstattung der Gesamtheit der Mitglieder des städtischen Milieus und wird über die Information und das Wissen aktiviert, das in ziemlich festen Netzwerken zwischen den Gruppenmitgliedern vorliegt und erarbeitet wird. Die Wir-Ressource der kreativen Milieus stellt ein Kapital dar, welches soziale Kommunikationsmedien benötigt. Dabei unterliegt sie einem doppelten Charakter: Zum einen ist sie über virtuelle Kommunikationsmedien weniger an bestimmte Orte gebunden, zum anderen braucht sie als Basis gegenseitiges Vertrauen und Respekt, welches über gemeinsam geteilte Erfahrungen an konkreten Orten hergestellt wird. Die Wir-Ressource besteht also in den mobilisierbaren Formen und Mengen des sozialen, kulturellen und ökonomischen Kapitals und stellt darüber eine gemeinsame Identität und gruppenintern geteilte Deutungsmuster sozialräumlicher Phänomene her. Die Orts-Ressource der Milieus besteht zum einen in der physisch-materiellen Ausstattung des Ortes und seiner städtebaulichen sowie sozialstrukturellen Nachbarschaft sowie zum anderen in den sozial-räumlichen Strukturen als Orte der Kommunikation und Begegnung in unterschiedlichen sozialen Welten. Diese doppelte Struktur der Orts-Ressource macht sie zu einem zentralen Kapital der kreativen Milieus. Milieus können über den Ort ein Wissen mobilisieren, welches über kulturelle Codes, Images und Symboliken eine gemeinsam geteilte Geschichte ermöglicht. Das Kapital des Ortes besteht daher in doppelter Weise: Als baulich-räumliche Struktur, in der experimentiert werden kann und die kreative Handlungen und Verhaltensweisen zulassen und zum anderen als Zeichen- und Symbolspeicher, der dem Milieu Identifikationen ermöglicht. Über den Ort werden Wissen und Information in Netzwerken als soziales Kapital weitergegeben (vgl. Frey 2009).

10.5.2 Neu-Entdeckung von Kleinstädten und ländlichem Raum

Angesichts der Herausforderungen und Belastungen, denen Großstädte zunehmend ausgesetzt sind, gewinnen kleinere urbane und rurale Räume an Attraktivität. Diese Gebiete bieten oft eine höhere Lebensqualität, geringere Lebenshaltungskosten und ein stärkeres Gemeinschaftsgefühl. Die zunehmende Wiederentdeckung von Kleinstädten und ländlichen Regionen geht mit Herausforderungen der räumlichen Planung einher (vgl. Porsche, Lars 2015):

Kleinstädte erleben zunehmend eine Wiederentdeckung als attraktive Wohnorte, insbesondere durch die Abwanderung aus den teuren Großstädten. Junge Familien, die nach erschwinglichem Wohnraum und einer besseren Lebensqualität suchen, entscheiden sich oft für das Leben in Kleinstädten. Dieser Trend der Binnenmigration ist eng mit der Suche nach mehr Grünflächen, weniger Verkehr und einem stärkeren Gemeinschaftsgefühl verbunden. Kleinstädte bieten eine überschaubare Umgebung, die gerade für Familien mit Kindern attraktiv ist. Allerdings ist dieser Zuwachs nicht gleichmäßig verteilt, da vor allem zentral gelegene Kleinstädte in der Nähe von Großstädten profitieren. Periphere Kleinstädte, insbesondere in strukturschwachen Regionen, haben weiterhin mit Bevölkerungsverlusten zu kämpfen. Für diese Regionen ist es wichtig, den Zuzug junger Menschen zu fördern und gleichzeitig die Abwanderung von qualifizierten Arbeitskräften zu verhindern. Langfristige Investitionen in die Lebensqualität, wie der Ausbau von Bildungs- und Freizeitangeboten, könnten diese Trends positiv beeinflussen.

Eine der größten Herausforderungen für die Wiederbelebung von Kleinstädten ist die unzureichende digitale Infrastruktur. Der Breitbandausbau, insbesondere in ländlichen Regionen, bleibt eine der entscheidenden Hürden, um den wirtschaftlichen Anschluss an urbane Zentren zu sichern. Die digitale Transformation könnte dazu beitragen, Arbeitsplätze in diese Regionen zu verlagern und den Zuzug von digitalen Nomaden zu fördern. Ohne eine leistungsfähige Internetverbindung ist jedoch die wirtschaftliche Entwicklung begrenzt, und junge Menschen sowie Unternehmen werden weiterhin in städtische Zentren abwandern. Gerade für Kleinstädte, die ihre Rolle als attraktive Wohnorte ausbauen möchten, ist der Zugang zu digitalen Dienstleistungen und Homeoffice-Möglichkeiten entscheidend. Um den Strukturwandel erfolgreich zu gestalten, bedarf es daher gezielter staatlicher Förderprogramme, die den Ausbau der digitalen Infrastruktur beschleunigen. Nur so können Kleinstädte wettbewerbsfähig bleiben und neue wirtschaftliche Perspektiven entwickeln. Insofern stehen diese Regionen zwischen den Diskursen über Smart Cities, die sich auf Großstädte konzentrieren, und

Smart Country, das sich auf ländliche Räume bezieht. Kleinstädte müssen ihren eigenen Weg finden, digitale Entwicklungen zu nutzen, um ihre wirtschaftliche und soziale Entwicklung zu fördern. (Porsche, Lars (2021)).

Kleinstädte spielen eine entscheidende Rolle in der Sicherung gleichwertiger Lebensverhältnisse, besonders in ländlichen Regionen. Die Grundversorgung in Bereichen wie Bildung, Gesundheit und öffentlicher Nahverkehr stellt jedoch eine immer größere Herausforderung dar. Besonders in peripheren Regionen müssen Kleinstädte als Ankerpunkte für die Daseinsvorsorge fungieren, was erhebliche Investitionen in die soziale Infrastruktur erfordert. Schulen, Kindergärten und medizinische Einrichtungen sind oft unterfinanziert oder schwer zugänglich, was die Lebensqualität in diesen Städten beeinträchtigt. Die Sicherung dieser Infrastrukturen ist nicht nur eine Frage der Lebensqualität, sondern auch ein Schlüsselfaktor, um die Abwanderung zu stoppen. Eine verstärkte interkommunale Zusammenarbeit und innovative Lösungsansätze, wie mobile Gesundheitsdienste oder digitale Bildungsangebote, könnten die Daseinsvorsorge langfristig sichern. Ohne guten Internetzugang können digitale Anwendungen und Dienstleistungen nicht effektiv genutzt werden, was die wirtschaftliche Entwicklung und den Zugang zu Bildung, Gesundheitsdiensten und anderen grundlegenden Dienstleistungen einschränkt (vgl. Porsche u. a. 2019).

Mobilität und Verkehrsanbindung: Eine weitere Herausforderung für die Entwicklung von Kleinstädten ist die Verbesserung der Mobilität und Verkehrsanbindung. Gerade in ländlichen Regionen sind öffentliche Verkehrsmittel oft unzureichend, was die Erreichbarkeit von Arbeitsplätzen, Bildungseinrichtungen und Dienstleistungen erschwert. Pendeln in die nächste größere Stadt wird für viele Bewohner notwendig, doch ohne effiziente Verkehrsanbindungen sind diese Regionen zunehmend benachteiligt. Innovative Mobilitätskonzepte wie Carsharing, E-Mobilität oder regionale Verkehrsverbünde könnten dazu beitragen, die Abhängigkeit vom Individualverkehr zu verringern. Gleichzeitig müssen Kleinstädte überregional besser vernetzt werden, um wirtschaftlich wettbewerbsfähig zu bleiben. Nur durch eine Verbesserung der Mobilitätsinfrastruktur können ländliche Räume ihre Attraktivität als Wohn- und Wirtschaftsstandorte nachhaltig steigern (vgl. Milbert & Porsche 2021).

Nachhaltige Stadtentwicklung und Umweltbewusstsein: Die Kleinstädte stehen vor der Herausforderung, eine nachhaltige Stadtentwicklung zu fördern, die den Anforderungen des Klimawandels gerecht wird. Der Schutz von Umwelt und Natur sowie der sparsame Umgang mit Ressourcen sind zentrale Aufgaben, die in diesen Regionen oft vernachlässigt werden. Durch die Schaffung von mehr Grünflächen, umweltfreundlicher Bauweisen und nachhaltiger Energieversorgung könnten Kleinstädte Vorreiter in Sachen Klimaschutz werden. Die Einbindung der lokalen Bevölkerung in partizipative Planungsprozesse ist dabei entscheidend, um nachhaltige Entwicklungsziele umzusetzen. Zudem bieten Kleinstädte die Chance, durch ihre überschaubaren Strukturen zukunftsweisende Pilotprojekte zu realisieren, die als Modell für größere Städte dienen könnten. Nachhaltige Mobilitätslösungen, energieeffiziente Bauweisen und eine bewusste Flächennutzung könnten die Resilienz der Kleinstädte gegenüber den Herausforderungen des Klimawandels stärken (vgl. Gribat u. a. 2022).

Darüber hinaus müssen Kleinstädte und ländliche Gemeinden neue Formen der Beteiligung und des Empowerments ihrer Bürgerinnen und Bürger entwickeln (vgl. Kribbel 2023). Eine weitere planerische Herausforderung ist die Überwindung räumlicher Distanz. Durch digitale Technologien könnten Arbeitsplätze entlokalisiert und Co-Working-Spaces auch in ländlichen Regionen ermöglicht werden, was die Abwanderung junger Menschen in städtische Gebiete reduzieren könnte. Allerdings erfordert dies eine solide digitale Infrastruktur und entsprechende politische Unterstützung. Technologische Fortschritte, insbesondere im Bereich der digitalen Kommunikation und Telearbeit, ermöglichen es immer mehr Menschen, unabhängig von ihrem Wohnort zu arbeiten, was zu einer Renaissance des ländlichen Raums führt. Zudem tragen regionale Förderprogramme und innovative Entwicklungsstrategien zur Revitalisierung dieser Gebiete bei. Die nachhaltige Nutzung lokaler Ressourcen, der Erhalt kultureller Identitäten und die Förderung regionaler Wirtschaftskreisläufe sind zentrale Aspekte dieser Entwicklung. Diese Neuausrichtung erfordert jedoch eine umfassende und integrierte Planungsstrategie, die sowohl ökologische als auch soziale und ökonomische Aspekte berücksichtigt. Dadurch können Kleinstädte und ländliche Gebiete nicht nur als Wohn- und Arbeitsorte, sondern auch als wichtige Akteure in einer dezentralen und nachhaltigen Regionalentwicklung positioniert werden (Maretzke & Porsche 2020; Mayer 2021).

10.5.3 Verfestigung von Segregation und Armutsquartiere

Die räumliche Manifestation sozialer Ungleichheit wird durch Segregationstheorien beschrieben, die individuelle Merkmale wie Einkommen, Alter und Nationalität auf der Mikroebene mit Wohnbedingungen korrelieren. Die mikrosoziologische Erklärung der Segregation postuliert, dass größere individuelle Wahlmöglichkeiten auf dem Wohnungsmarkt die Umsetzung von Wohnpräferenzen begünstigen. Um die mikrosoziologische Erklärung der Segregation zu erweitern, sollte das Konzept des Lebensstils in Verbindung mit Bourdieus Kapitalbegriff genutzt werden. Dies zeigt, wie kulturelles Kapital, das sich in der Lebensgeschichte einer Biographie einschreibt, die räumliche Strukturierung beeinflusst. Klassische Segregationstheorien haben praktische Auswirkungen auf die Sozial- und Stadtplanung, indem sie Gebiete identifizieren, in denen Probleme wie ein hoher Ausländeranteil auftreten. Diese Gebiete werden dann durch neue soziale Stadtpolitik adressiert. Viele dieser ‚neuen' Strategien zielen darauf ab, die Integration der ausgegrenzten Quartiersbevölkerung durch kulturelle und soziale Maßnahmen zu fördern.

Daher ist es sinnvoll, in theoretischen Beschreibungen die kulturelle Heterogenität der räumlichen Differenzierung zu berücksichtigen. Mechanismen der Segregation können durch den Begriff der Exklusion aus der französischen Stadtsoziologie erklärt werden. Hierbei geht es um Institutionen und Politiken, die die Teilhabe an der Gesellschaft verhindern. Im Gegensatz zur Theorie der neuen städtischen Unterschicht beleuchtet dies die Macht von Diskursen und Institutionen. Begründungen für den Fokus auf das kulturelle Kapital bei der Strukturierung räumlicher Differenzierung: Integrationsbemühungen sollten die kulturellen und sozialen Potenziale der Menschen in ausgegrenzten Quartieren nutzen. Da die Integration durch den Arbeitsmarkt an Bedeutung verliert und durch lokale Sozialpolitik keine nennenswerten Arbeitsplätze geschaffen werden, ist dies besonders wichtig. Der Markt hat die kulturellen Potenziale in benachteiligten Quartieren längst erkannt und vermarktet diese als Produkte, die so Eingang in die Dominanzkultur finden. Sprache und Musik der jugendlichen Subkultur werden dadurch zu Innovations- und Integrationsmotoren. Dieser Ansatz verdeutlicht, dass kulturelles Kapital eine zentrale Rolle in der räumlichen Strukturierung und in Integrationsprozessen spielt. In Städten verstärken sich soziale Ungleichheiten räumlich, was zu neuen Mustern der Segregation führt. Dies erfordert ein Umdenken in der kommunalen Präventions- und Interventionspolitik hin zu ortsspezifischen Ansätzen wie dem Quartiersmanagement. Es wird zunehmend anerkannt, dass die Vielfalt sozialer Gruppen in der Stadtgestaltung berücksichtigt werden muss, um integrative Begegnungsräume zu schaffen. Giddens betont die wachsende Bedeutung von Orten für die neuen Vergemeinschaftungsprozesse. Wohnorte und öffentliche Räume werden zu zentralen Plattformen für individuelle und gruppenspezifische Identifikation und Integration. Diese Erkenntnisse erfordern eine Anpassung der kommunalen Politik und Stadtentwicklung, um die sozialen Herausforderungen effektiv zu bewältigen.

10.6   Fazit

Der Zusammenhang zwischen Lebensweisen und Umwelt zeigt deutlich, dass
sowohl individuelle Handlungsweisen als auch kollektive Muster bestimmen, wie
Menschen ihre Umwelt gestalten und wie sie von ihr beeinflusst werden. Städtische und ländliche Räume bieten dabei unterschiedliche Bedingungen, die sich
auf die Ressourcenverteilung, Mobilität und den Konsum auswirken, und dadurch
sowohl soziale Ungleichheiten verstärken als auch mildern können. In urbanen
Räumen prägen vor allem soziale Milieus und Lebensstile die Wahrnehmung
und Nutzung der Umwelt stark. Dies führt oft zu räumlichen Segmentierungen
wie Gentrifizierung und der Entstehung von Armutsvierteln. Diese Entwicklungen werfen die dringende Frage auf, wie planerische Prozesse gestaltet werden
können, um sowohl ökologische Nachhaltigkeit als auch soziale Gerechtigkeit zu
fördern.

Eine der zentralen Herausforderungen besteht darin, Lebensstile in einer globalisierten Welt so zu verändern, dass sie umweltfreundlicher werden, ohne dabei
bestehende Ungleichheiten zu verschärfen. Um diese komplexe Herausforderung
zu bewältigen, ist eine integrative Herangehensweise erforderlich, die neben der
ökologischen auch die soziale Dimension der Umweltbelastungen berücksichtigt.
Dabei müssen sowohl strukturelle als auch kulturelle Unterschiede zwischen städtischen und ländlichen Räumen einbezogen werden, um eine gerechte Verteilung
von Ressourcen und Chancen zu gewährleisten.

Durch die Untersuchung der kulturellen und geistigen Vielfalt städtischer
Lebensführungen können die gesellschaftlichen und geistigen Kräfte von Städten besser verstanden und in die Planung einbezogen werden. Lebensstil- und
Milieuansätze der Stadtsoziologie betrachten unterschiedliche territoriale Ebenen
als gesellschaftliche Räume und verwenden Konzepte zur Differenzierung des
Verhältnisses zwischen städtischen Orten und sozialen Strukturen. Physischen
und territorialen Orten kommt dabei eine Schlüsselrolle zu, da sie Symbole
und Images erzeugen, die individuelle und kollektive Verhaltensweisen prägen.
Diese Orte formen nicht nur soziale Netzwerke, sondern tragen auch zur Bildung
von sozialem Kapital und gemeinsamen Werthaltungen bei, die wiederum das
Vertrauen und die soziale Interaktion stärken.

Die Lebensstil- und Milieuforschung kann somit einen wertvollen Beitrag
zur Untersuchung der Wechselwirkungen zwischen städtischen Umwelten und
sozialen Strukturen leisten. Sie verbindet objektive Voraussetzungen mit subjektiven Faktoren und ermöglicht ein tieferes Verständnis der städtischen Kultur
und ihrer Ausdrucksformen. Indem globale und lokale sowie objektive und

subjektive Strukturen als verflochtene Einheiten verstanden werden, können Entwicklungsprozesse besser analysiert und gesteuert werden.

Zukünftige Forschung im Bereich „Lebensweisen und Umwelt" sollte verstärkt die Rolle von Digitalisierung und technologischem Wandel untersuchen. Neue Arbeitsmodelle wie Remote Work und veränderte Mobilitätsmuster bieten Chancen für eine nachhaltigere Lebensweise, werfen jedoch auch Fragen zur gerechten Verteilung dieser Möglichkeiten auf. Es wird entscheidend sein, Strategien zu entwickeln, die nicht nur ökologisch nachhaltige Lebensweisen fördern, sondern auch soziale Gerechtigkeit in den Vordergrund stellen. Die Zukunft der räumlichen Planung wird von diesen Fragen geprägt sein und muss darauf abzielen, soziale Milieus und ökologisch nachhaltige Lebensweisen stärker in Einklang zu bringen, um künftige planerischen Herausforderungen bewältigen zu können.

Literatur

Allmendinger, Jutta & Ludwig-Mayerhofer, Wolfgang (2000): Sozialstruktur: Auf der Suche nach der verlorenen Ungleichheit. In: Soziologische Revue 23.Supplement. S. 264–278.

Beck, Ulrich (1983): Jenseits von Stand und Klasse? In: Kreckel, Reinhard (1983): Soziale Ungleichheiten. Göttingen: Otto Schwartz & Co, S. 35–74.

Beck, Ulrich (Hrsg.) (1998): Perspektiven der Weltgesellschaft, Frankfurt am Main: Suhrkamp.

Berger, Peter & Hradil, Stefan (1990) (Hrsg.): Lebenslagen, Lebensläufe, Lebensstile. Göttingen: Soziale Welt, Sonderband 7.

Berger, Peter A. & Vester, Michael (Hrsg.) (1998): Alte Ungleichheiten. Neue Spaltungen. Opladen: Leske & Budrich.

Berger, Peter A. (2006): Soziale Milieus und die Ambivalenzen der Informations- und Wissensgesellschaft. In: Bremer et al.: S. 73–101.

Berking, Helmuth (2006): Raumtheoretische Paradoxien im Globalisierungsdiskurs. In: Berking, Helmuth (Hrsg.) (2006): Die Macht des Lokalen in einer Welt ohne Grenzen. Frankfurt am Main: Campus, S. 7–22.

Berking, Helmuth (2008): ‚Städte lassen sich an ihrem Gang erkennen wie Menschen' – Skizzen zur Erforschung der Stadt und der Städte. In: Berking, Helmuth & Löw, Martina (Hrsg.) (2008): Die Eigenlogik der Städte. Neue Wege für die Stadtforschung. Reihe: Interdisziplinäre Stadtforschung, Bd. 1. Frankfurt am Main & New York: Campus, S. 13–31.

Berking, Helmuth (Hrsg.) (2006): Die Macht des Lokalen in einer Welt ohne Grenzen. Frankfurt am Main: Campus.

Blasius, Jörg & Friedrichs, Jürgen (2011): Die Bedeutung von Lebensstilen für die Erklärung von sozial-räumlichen Prozessen. In: Rössel, Jörg, & Otte, Gunnar (2011): Lebensstilforschung (Vol. 51), S. 399–423.

Blasius, Jörg (1993): Gentrification und Lebensstile: eine empirische Untersuchung. Dt. Univ.-Verlag.

Blasius, Jörg; Friedrichs, Jürgen (2016): Soziale Ungleichheit in Städten: Analysen zur Sozialstruktur und Segregation. Wiesbaden: Springer VS.

Borgstedt, Silke (2024): Die Sinus-Milieus® als Instrument für Transformationsforschung und evidenzbasierte Politikberatung. In: Barth, Bertram u. a. (Hrsg.): Die Praxis der Sinus-Milieus®: Gegenwart und Zukunft eines modernen Zielgruppenmodells, Wiesbaden: VS-Verlag, S. 305–316.

Bourdieu, Pierre (1983): Ökonomisches Kapital, kulturelles Kapital, soziales Kapital. In: Kreckel, Reinhard (Hrsg.) (1983): S. 183–198.

Bourdieu, Pierre (1987): Die feinen Unterschiede. Frankfurt am Main: Suhrkamp.

Breckner, I. (2009): (Un-)Wissen im Handeln urbaner Milieus. In: Matthiesen, Ulf & Mahnken, Gerhard (Hrsg.): Das Wissen der Städte. VS Verlag für Sozialwissenschaften, S. 71–82.

Bremer, Helmut & Lange-Vester, Andrea (Hrsg.) (2006): Soziale Milieus und Wandel der Sozialstruktur. Die gesellschaftlichen Herausforderungen und die Strategien der sozialen Gruppen. Wiesbaden: VS-Verlag für Sozialwissenschaften.

Burda und SINUS 1991: Wohnwelten in Deutschland 2. Das Haus, Burda GmbH. Offenburg, 3. Auflage.

Castells, Manuel (1996): The Rise of the Network Society. Malden & Massachusetts: Blackwell Publishers.

Chambart de Lauwe, P. H. (1952): Paris et l'agglomération parisienne, Band 1. Paris: P.U.F.

Christmann, Gabriela B. (2015): Raumsoziologie als Perspektive. In: Christmann, Gabriela B.; Jung, Andrea; Kilper, Heiderose (Hrsg.): Raumsoziologie. Handbuch für Wissenschaft und Studium. Wiesbaden: Springer VS, S. 3–18.

Dangschat, Jens S. & Blasius, Jörg (Hrsg.) (1994): Lebensstile in den Städten. Opladen: Leske & Budrich.

Dangschat, Jens S. & Frey, Oliver (2005): Stadt- und Regionalsoziologie. In: Kessel et al. (Hrsg.) (2005): 143–163.

Dangschat, Jens S. (1990): Geld ist nicht (mehr) alles – Gentrifikation als räumliche Segregation nach horizontalen Ungleichheiten. In: Blasius, Jürgen et al. (1990): S. 69–92.

Dangschat, Jens S. (1994): Lebensstile in der Stadt. Raumbezug und konkreter Ort von Lebensstilen und Lebensstilisierungen. In: Dangschat, Jens S. & Blasius, Jörg (Hrsg.): Lebensstile in den Städten. Opladen: Leske & Budrich, S. 335-354.

Dangschat, Jens S. (1996): Raum als Dimension sozialer Ungleichheit und Ort als Bühne der Lebensstilisierung? – zum Raumbezug sozialer Ungleichheit und von Lebensstilen. In: Schwenk: S. 99–135.

Dangschat, Jens S. (1997): Sag' mir wo du wohnst, und ich sag' Dir, wer Du bist. Zum aktuellen Stand der Segregationsforschung in Deutschland. In: Prokla 109, S. 619-647.

Dangschat, Jens S. (2007): Soziale Ungleichheit, gesellschaftlicher Raum und Segregation. In: Dangschat, Jens S./Hamedinger, Alexander (Hrsg.) (2007): Lebensstile, soziale Lagen und Siedlungsstrukturen. Akademie für Raumforschung und Landesplanung. Hannover: Verlag der ARL, S. 21–50.

Dangschat, Jens S. (2007a): Raumkonzept zwischen struktureller Produktion und individueller Konstruktion, In: Ethnoscripts Vol. 9, No. 1, 2007, S. 24–44.

Dangschat, Jens S. (Hrsg.) (1998): Modernisierte Stadt – gespaltene Gesellschaft. Ursachen von Armut und sozialer Ausgrenzung. Opladen: Leske+Budrich.

Dangschat, Jens S./Blasius, Jörg (Hrsg.) (1994): Lebensstile in den Städten. Opladen: Leske + Budrich.

Deinet, Ulrich & Krisch, Richard (2003): Der sozialräumliche Blick der Jugendarbeit. Methoden und Bausteine zur Konzeptentwicklung und Qualifizierung. Wiesbaden: VS-Verlag für Sozialwissenschaften.

Dörfler, Thomas (2013): Milieu und Raum. Zur relationalen Konzeptionalisierung eines sozio-räumlichen Zusammenhangs. Raumbezogene qualitative Sozialforschung, S. 33–59.

Durkheim, Émile (1893): De la division du travail social: étude sur l'organisation des sociétés supérieures. Paris: Alcan.

Durkheim, Émile (1895) (1981): Les Règles de la méthode sociologique. Paris: PUF.

Durkheim, Émile (1897): Note sur la Morphologie sociale. L'Année sociologique 2. 1897.

Eckardt, Frank (2020): Wohnen in der Stadt. In: Eckardt, Frank & Meier, Sabine (Hrsg.): Handbuch Wohnsoziologie. Wiesbaden: Springer VS, S. 213–232.

Esping-Andersen, Gösta (Hrsg.) (1996): Changing Classes: Stratifikation and Mobility in Post-industrial Societies. London/Newbury Park/New Delhi.

Farías, Ignacio & Löw, Martina & Schmidt-Lux, Thomas & Steets, Silke (2023): Kultursoziologische Stadtforschung. Frankfurt und New York: Campus.

Florida, R. (2004): The Rise of the Creative Class. New York: Basic Books.

Frank, Susanne (2018): Gentrifizierung. In Handwörterbuch der Stadt- und Raumentwicklung (S. 779–785), Hannover, Verlag der ARL.

Frey, Oliver & Koch, Florian (2011a): Positionen zur Urbanistik. Impulse zur Weiterentwicklung der Stadt- und Raumforschung durch die interdisziplinäre Zusammenführung raumbezogener Wissenschaften. In: Frey, Oliver & Koch, Florian (Hrsg.): Positionen zur Urbanistik I. Stadtkultur und neue Methoden der Stadtforschung; Münster, Berlin-Münster-Wien-Zürich-London: Lit-Verlag, S. 12–30.

Frey, Oliver & Koch, Florian (2011b). Ein vielstimmiges Gespräch im weiten Feld der Urbanistik. In Positionen zur Urbanistik II. Gesellschaft, Governance, Gestaltung. Münster: Lit-Verlag, S. 13–64.

Frey, Oliver & Koch, Florian (Hrsg.) (2011a): Positionen zur Urbanistik I. Stadtkultur und neue Methoden der Stadtforschung. Münster und Berlin und Wien und Zürich und London: Lit-Verlag.

Frey, Oliver & Koch, Florian (Hrsg.) (2011b): Positionen zur Urbanistik II. Gesellschaft, Governance, Gestaltung. Münster und Berlin und Wien und Zürich und London: Lit-Verlag.

Frey, Oliver & Koch, Florian (Hrsg.) (2011c): Die Zukunft der europäischen Stadt, Wiesbaden: VS-Verlag für Sozialwissenschaften.

Frey, Oliver (2007): Sie nennen es Arbeit. Die Planung der Nicht-Planung in der amalgamen Stadt der kreativen Milieus. In: Derive: Zeitschrift für Stadtforschung, S. 24–28.

Frey, Oliver (2008): Von der Partizipation als eine integrierte Strategie von Urban Governance zur regulierten Selbststeuerung und Selbstorganisation in der Raumplanung. In: Hamedinger, Alexander/Frey, Oliver/Dangschat, Jens S./Breitfuss, Andrea: (Hrsg.) (2008): Strategieorientierte Planung im kooperativen Staat. Wiesbaden: VS Verlag für Sozialwissenschaften, S. 224–249.

Frey, Oliver (2009): Die amalgame Stadt. Orte. Netze. Milieus. Wiesbaden: VS-Verlag für Sozialwissenschaften.

Frey, Oliver (2020): Planungssoziologie – Quo Vadis? Steuerung zwischen gebautem Raum und sozialen Prozessen. n: Dillinger, Thomas & Getzner, Michael & Kanonier, Arthur & Zech, Sibylla (Hrsg.): 50 Jahre Raumplanung an der TU Wien studieren – lehren – forschen. Jahrbuch des Instituts für Raumplanung der TU Wien 2020, Band 8, S. 610–625.

Gebhardt, Dirk (2008): Die Stadt à la Carte? Lebensstile und die Kulturalisierung von Ungleichheit in der Deutschen Stadtgeographie. ACME: An International Journal for Critical Geographies, 7(3), S. 482–509.

Gebhardt, Dirk (2009): Lebensstile in der Quartierforschung. In: Schnur, Olaf (2008): Quartiersforschung. Zwischen Theorie und Praxis, Wiesbaden, VS-Verlag: S. 87–106.

Gebhardt, Dirk (2012): Lebensstile. Die Stadt der kurzen Wege: Alltags- und Wohnmobilität in Berliner Stadtquartieren. In: Kemper, Franz-Josef & Kulke, Elmar & Schulz, Marlies (Hrsg.): (2012): Die Stadt der kurzen Wege: Alltags- und Wohnmobilität in Berliner Stadtquartieren. Springer-Verlag, S. 33–59.

Gebhardt, Dirk (2014): Migration und Stadtentwicklung. Wiesbaden: Springer VS.

Geiling, Heiko (2006): Milieu und Stadt: zur Theorie und Methode einer politischen Soziologie der Stadt. In: Bremer, Helmut & Lange-Vester, Andrea (Hrsg.): Soziale Milieus und Wandel der Sozialstruktur: die gesellschaftlichen Herausforderungen und die Strategien der sozialen Gruppen, Wiesbaden: VS Verl. für Sozialwissenschaften, S. 335–359.

Giddens, Anthony (1984): Die Konstitution der Gesellschaft. Grundzüge einer Theorie der Strukturierung, Frankfurt am Main.

Götz, Konrad & Deffner, Jutta & Stieß, Immanuel (2011): Lebensstilansätze in der angewandten Sozialforschung–am Beispiel der transdisziplinären Nachhaltigkeitsforschung. Lebensstilforschung, Sonderheft, 51, S. 86–112.

Gribat, Nina & Ülker, Barış & Weidner, Silke & Weyrauch, Bernhard & Ribbeck-Lampel,Juliane (Hrsg.) (2022): Kleinstadtforschung. transcript Verlag, Bielefeld.Maretzke, Steffen (2016): Demografischer Wandel im ländlichen Raum. So vielfältig wie der Raum, so verschieden die Entwicklung. In: Informationen zur Raumentwick-lung Heft 2.2016, Bonn, S. 169–187.

Groß, Martin (2008): Klassen, Schichten, Mobilität. Wiesbaden: VS Verlag für Sozialwissenschaften.

Grothues, Rudolf (2006): Lebensverhältnisse und Lebensstile im urbanisierten ländlichen Raum: Analyse anhand ausgewählter Ortsteile im münsterländischen Kreis Steinfurt. Geographische Komm. für Westfalen.

Haffert, Lukas (2022): Stadt, Land, Frust. Eine politische Vermessung, Bonn, Sonderausgabe für die Bundeszentrale für politische Bildung.

Hahn, Alois (2015): Soziologie des Raumes. Bielefeld: transcript.

Halbwachs, Maurice (1938) (1946): Morphologie sociale. Paris.

Hamm, Bernd & Neumann, Ingo (1996): Siedlungs-, Umwelt- und Planungssoziologie. Ökologische Soziologie Band 2, Opladen: Leske+Budrich.

Hannappel, M., & Jakobs, P. (2019). Digitale Aktionsraumforschung. Neue Methoden zur Analyse von Bewegungsprofilen im städtischen Raum. Raumforschung und Raumordnung. Spatial Research and Planning, 77(3), S. 241–255.

Hannemann, Christine (1997): Städtische Lebensstile. In: Bechinger, Walter u. a. (Hrsg.) (1997): Stadtkultur leben. Vol. 1. Lang, S. 25–41.

Hannemann, Christine (2019). Stadtsoziologie: eine disziplinäre Positionierung zum Sozialraum. Handbuch Sozialraum: Grundlagen für den Bildungs- und Sozialbereich, S. 45–68.

Häußermann, Hartmut & Siebel, Walter (1987): Neue Urbanität. Frankfurt am Main: Suhr-kamp.

Häußermann, Hartmut & Siebel, Walter (2004): Stadtsoziologie. Eine Einführung. Frankfurt: Campus.

Häußermann, Hartmut/Kapphan, Andreas (2000): Berlin: von der geteilten zur gespaltenen Stadt? Sozialräumlicher Wandel seit 1990. Opladen: Leske + Budrich

Healey, Patsy (2003): Collaborative Planning in perspective. In: Planning Theory 2/2, 2003, S. 101–123.

Hecht, V. Jan (2024). Die Menschen hinter den Usern verstehen: Die Digitalen Sinus-Milieus®. In: Barth, Bertram & Flaig, Berthold Bodo & Schäuble, Norbert & Taut-scher, Manfred: Praxis der Sinus-Milieus®. Gegenwart und Zukunft eines modernen Gesellschafts- und Zielgruppenmodells. Wiesbaden: Springer VS, S. 149–160.

Helbrecht, I., & Pohl, J. (1995): Pluralisierung der Lebensstile: neue Herausforderungen für die sozialgeographische Stadtforschung. Geographische Zeitschrift, S. 222–237.

Henkel, Gerhard u. a. (2004): Dörfliche Lebensstile: Mythos, Chance oder Hemmschuh der ländlichen Entwicklung? 1. Auflage. Essen: Institut für Geographie.

Hermann, Dieter (2004): Bilanz der empirischen Lebensstilforschung. In: Kölner Zeitschrift für Soziologie und Sozialpsychologie 56. Jg., Nr. 1, S. 153.

Hermann, Dieter (2006): Back to the Roots! Der Lebensführungsansatz von Max Weber. In: Albert, Gert & Bienfait, Agathe & Sigmund, Steffen & Stachura, Mateusz (Hrsg.) Aspekte des Weber-Paradigmas. VS Verlag für Sozialwissenschaften, S. 238–257.

Hesse, Markus (1999): Die Räume der Milieus. Ökologisches Wirtschaften-Fachzeitschrift, 14(5–6).

Holm, Andrej (2010): Gentrifizierung und Kultur: Zur Logik kulturell vermittelter Auf-wertungsprozesse, in: Hannemann Christine u. a. (Hrsg.): Schwerpunkt: Stadtkultur und Kreativität, S. 64–82.

Hradil, Stephan (1987): Sozialstrukturanalyse in einer fortgeschrittenen Gesellschaft. Von Schichten und Klassen zu Lagen und Milieus. Opladen: Leske & Budrich.

Keim, Karl-Dieter (1979): Milieu in der Stadt. Ein Konzept zur Analyse älterer Wohnquar-tiere. Stuttgart & Berlin & Köln & Mainz: Kohlhammer.

Keim, Karl-Dieter (1997): Milieu und Moderne. Zum Gebrauch und Gehalt eines nachtra-ditionalen sozial-räumlichen Milieubegriffs. In: Berliner Journal für Soziologie, H. 3, S. 387–399.

Kirchberg, Volker & Göschel, Albrecht (Hrsg.) (1998): Kultur in der Stadt. Stadtsoziologi-sche Analysen zur Kultur. Opladen: Leske + Budrich.

Klee, Andreas (2001): Der Raumbezug von Lebensstilen in der Stadt. Ein Diskurs über eine schwierige Beziehung mit empirischen Befunden aus der Stadt Nürnberg, Passau, LIS-Verlag.

Klee, Andreas (2003): Lebensstile, Kultur und Raum: Anmerkungen zum Raumbezug sozio-kultureller Gesellschaftsformationen. Geographische Zeitschrift, 63–74.

Klee, Andreas (2018): Lebensstile. In: Handwörterbuch der Stadt- und Raumentwicklung. Hannover: ARL-Akademie für Raumforschung und Landesplanung. S. 1381–1387.

Krämer-Badoni, Thomas (1991): Die Stadt als sozialwissenschaftlicher Gegenstand – Ein Rekonstruktionsversuch stadtsoziologischer Theoriebildung. In: Häußermann, Hart-mut u. a. (Hrsg.): Stadt und Raum: soziologische Analysen. Deutschland: Centaurus-Verlagsgesellschaft, S. 1–29.

Kribbel, Hanna (2023): Bürgerbeteiligung in Kleinstädten. Eine Analyse der Beteiligungspraxis in fünf Kleinstädten. Cottbus: HochschulCampus KleinstadtForschung (Hrsg.), Working Paper 7

Kunzmann, Klaus R. (2004a): Culture, creativity and spatial planning. In: Town Planning Review 75/4, 2004.

Küppers, Rolf (2024): Übertragung in den Raum: Die sinus-geo-milieus®. In: Barth, Bertram & Flaig, Berthold Bodo & Schäuble, Norbert & Tautscher, Manfred. (Hrsg.): Praxis der Sinus-Milieus®. Gegenwart und Zukunft eines modernen Gesellschafts- und Zielgruppenmodells. Wiesbaden: Springer VS, S. 133–147.

Landry, C. (2000): The Creative City: A Toolkit for Urban Innovators. London: Earthscan.

Landry, Charles (2000): The Creative City. A Toolkit for Urban Innovators. London: Earthscan.

Lange, Bastian (2005): Socio-spatial strategies of Culturepreneurs. The example of Berlin and its new professional scenes Zeitschrift für Wirtschaftsgeographie (Special Issue: Ökonomie und Kultur), 49, 2: 81–98.

Läpple, Dieter & Stohr, Henrik (2006): Arbeits- und Lebenswelten im Umbruch: Herausforderungen für soziale Infrastrukturen in Stadtquartieren, in: Sozialwissenschaften und Berufspraxis, Jg. 29/2006, H. 2, S. 173–191.

Läpple, Dieter (2003): Thesen zu einer Renaissance der Stadt in der Wissensgesellschaft. In: Gestring, Norbert u. a. (2003): Jahrbuch StadtRegion, S.61–77.

Lefebvre, Henri (1974): Die Produktion des Raums. In: Dünne, Jörg & Günzel, Stephan (Hrsg.) (2006): Raumtheorie. Grundlagentexte aus Philosophie und Kulturwissenschaften, Frankfurt am Main, Suhrkamp Taschenbuch Verlag, S. 330-342.

Lepsius, Rainer Maria (1979): Soziale Ungleichheit und Klassenstrukturen in der Bundesrepublik Deutschland. In: Wehler (1979): S. 166–209.

Lichtenberger, Elisabeth (2002): Die Stadt. Von der Polis zur Metropolis. Darmstadt: Wissenschaftliche Buchgesellschaft.

Linde, Hans (1972): Sachdominanz in Sozialstrukturen. Tübingen.

Lindner, Rolf (1990): Die Entdeckung der Stadtkultur. Soziologie aus der Erfahrung der Reportage. Frankfurt am Main: Suhrkamp.

Lindner, Rolf (2004): Walks on the wild side. Eine Geschichte der Stadtforschung, Frankfurt am Main: Campus.

Löw, Martina & Knoblauch, Hubert (2021). Raumfiguren, Raumkulturen und die Refiguration von Räumen. In: Löw, Martina & Sayman, Volkan & Schwerer, Jona & Wolf, Hannah (Hrsg.): Am Ende der Globalisierung. Über die Refiguration von Räumen, transcript Verlag.

Löw, Martina & Weidenhaus, Gerhard (2018). Relationale Räume mit Grenzen: Grundbegriffe der Analyse alltagsweltlicher Raumphänomene. Technik–Macht–Raum: Das Topologische Manifest im Kontext interdisziplinärer Studien, S. 207–227.

Löw, Martina (2001): Raumsoziologie. Frankfurt am Main: Suhrkamp.

Löw, Martina (2018): Vom Raum aus die Stadt denken: Grundlagen einer raumtheoretischen Stadtsoziologie (Vol. 24). transcript Verlag.

Mackensen, Rainer (2000): Lokales Handeln in Siedlungswelten. In: Mackensen, Rainer (Hrsg.) (2000): S. 227–272.

Mackensen, Rainer (Hrsg.) (2000): Handlung und Umwelt – Beiträge zu einer soziologischen Lokaltheorie. Opladen: Leske + Budrich.

Mackensen, Rainer (2000b): Raumbezogene Sozialforschung – Traditionen, Aufgaben, Perspektiven. In: Brake, Klaus; Dangschat, Jens S.; Herfert, Günter (Hrsg.): Stadtentwicklung und Stadtforschung in Deutschland. Opladen: Leske + Budrich, S. 139–156.

Manderscheid, Katharina (2004): Milieu, Urbanität und Raum. Soziale Prägung und Wirkung städtebaulicher Leitbilder und gebauter Räume, Wiesbaden: VS-Verlag für Sozialwissenschaften.

Manderscheid, Katharina (2006): Sozialräumliche Grenzgebiete: unsichtbare Zäune und gegenkulturelle Räume. Eine empirische Exploration der räumlichen Dimension sozialer Ungleichheit. In: sozialer sinn: Zeitschrift für hermeneutische Sozialforschung, Jg. 7/2006, H. 2, S. 273–299.

Marcuse, Peter (1989): 'Dual City': A muddy methaphor for a quarted City. In: International Journal of Urban and Regional Research 13, 1989, S. 697–708.

Maretzke, Steffen; Porsche, Lena (2020): Stadtentwicklung und demografischer Wandel. Wiesbaden: Springer VS.

Matthiesen, Ulf (Hrsg.) (1998): Die Räume der Milieus: Neue Tendenzen in der sozial- und raumwissenschaftlichen Milieuforschung in der Stadt- und Regionalplanung. Berlin: Sigma.

Matthiesen, Ulf/Bürkner, Hans-Joachim (2004): Wissensmilieus – zur sozialen Konstruktion und analytischen Rekonstruktion eines neuen Sozialraum-Typus. In: Matthiesen, Ulf (2004): S. 65–89.

Mau, Steffen & Lux, Thomas & Westheuser, Linus Lux (2023): Triggerpunkte: Konsens und Konflikt in der Gegenwartsgesellschaft, Suhrkamp.

Mayer, Heike (2021): Wirtschaftliche Entwicklung und Innovationsdynamiken in Kleinstädten. In Kleinstadtkompendium; Steinführer, Anett & Porsche, Lars & Sondermann, M., (Hrsg.): Forschungsbericht der ARL 16; ARL: Hanover, Germany; S. 140–154.

Merkel, Janet (2008): Kreativquartiere: urbane Milieus zwischen Inspiration und Prekarität, Berlin: Ed. Sigma.

Merkel, Janet (2018): Kreative Stadt. In: Rink, Dieter & Haase Annegret (Hrsg.): Hand-buch Stadtkonzepte: Analysen, Diagnosen, Kritiken und Visionen. UTB Verlag. S. 193–212

Merkel, Janet (2024): Kulturelle Stadt. In: Eckardt, Frank (Hrsg.): Handbuch Stadtsoziologie. Wiesbaden: Springer VS.

Meyer, Thomas (2001): Das Konzept der Lebensstile in der Sozialstrukturforschung – eine kritische Bilanz. In: Soziale Welt. S. 255–271.

Milbert, Antonia & Porsche, Lars (2021): Kleinstädte in Deutschland. Bonn, Bundesinstitut für Bau-, Stadt- und Raumforschung (BBSR) im Bundesamt für Bauwesen und Raumordnung (BBSR).

Noller, Peter (1999): Globalisierung, Stadträume und Lebensstile. Kulturelle und lokale Repräsentationen des globalen Raumes, Opladen: Leske & Budrich.

Otte, Gunnar & Baur, Nina (2008): Urbanism as a way of life? Räumliche Variationen der Lebensführung, in: Deutschland/Urbanism as a Way of Life? Spatial Variations in Lifestyles in Germany. Zeitschrift für Soziologie, 37(2), S. 93–116.

Otte, Gunnar (2005): Hat die Lebensstilforschung eine Zukunft? In: Kölner Zeitschrift für Soziologie und Sozialpsychologie 57 (1), S. 1–31.

Otte, Gunnar (2013): Lebensstile. In: Mau, Steffen, & Schöneck, Nadine (Hrsg.): Handwörterbuch zur Gesellschaft Deutschlands. Springer VS, S. 538–551.

Park, Robert & Burgess, Ernest W. & Mc Kenzie, Roderick D. (1925): The City. Suggestion for Investigation of Human Behavior in the Urban Environment. Chicago: University of Chicago Press.

Park, Robert E. (1915): The City: Suggestions for the Investigation of Human Behavior in the Urban Environment. In: The American Journal of Sociology, 20(5), S. 577–612.

Park, Robert (1925): Die Stadt als räumliche Struktur und als sittliche Ordnung. In: Atteslander, Peter & Hamm, Bernd (Hrsg.) (1974): Materialien zur Siedlungssoziolgie. Köln: Kiepenheuer & Witsch, S. 90–100.

Pincon, Michel & Pincon-Charlot, Monique (1986): Espace social et espace urbain. In: socius. 1986, S. 32–49.

Poferl, Angelika (2019): Die Verortung des Subjekts. Herausforderungen der Globalisierungsforschung und Überlegungen zu einer nachgesellschaftlichen Gesellschaftstheorie, SFB 1265 Working Paper, Nr. 3, Berlin.

Porsche, Lars & Steinführer, Annett & Beetz, Stephan & Dehne, Peter & Fina, Stefan & Großmann, Katrin & Leibert, Tim & Maaß, Anita & Mayer, Heike & Milbert, Anto-nia & Nadler, Robert & Sondermann, Martin (2019): Kleinstadtforschung; Positionspapier aus der ARL 113; ARL: Hannover.

Porsche, Lars & Steinführer, Annett & Sondermann, Martin (Hrsg.) (2019): Kleinstadtforschung in Deutschland: Stand, Perspektiven und Empfehlungen (Arbeitsberichte der ARL, 28). Verl. d. ARL, Hannover.

Porsche, Lars (2015): Die Zukunft von Kleinstädten gestalten. In RaumPlanung 181, 5/2015, Dortmund, S. 26–32.

Porsche, Lars (2021): Kleinstädte – digital, smart oder intelligent?Steinführer, Annett; Porsche, Lars; Sondermann, Martin (Hrsg.): Kompendium Kleinstadtforschung. Hannover, 155–176.

Prell, Uwe (2016): Theorie der Stadt in der Moderne: kreative Verdichtung. Verlag Barbara Budrich.

Richter, R. (1989): Lebensstile in der städtischen Gesellschaft. In: Haller, Max & Hoffmann-Nowotny, Hans-Joachim, & Zapf, Wolfgang (Hrsg.): Kultur und Gesellschaft: Verhandlungen des 24. Deutschen Soziologentags, des 11. Österreichischen Soziologentags und des 8. Kongresses der Schweizerischen Gesellschaft für Soziologie in Zürich 1988. Frankfurt am Main: Campus Verlag, S. 656–667.

Robertson, Roland (1998): Glokalisierung: Homogenität und Heterogenität in Raum und Zeit. In: Beck, Ulrich (Hrsg) (1998): Perspektiven der Weltgesellschaft. Frankfurt am Main: Suhrkamp, S. 192–220.

Rössel, Jörg & Hoelscher, Michael (2012): Lebensstile und Wohnstandortwahl. Kölner Zeitschrift für Soziologie und Sozialpsychologie, 64 (2), S. 303–327.

Rössel, Jörg (2004): Von Lebensstilen zu kulturellen Präferenzen – Ein Vorschlag zur theoretischen Neuorientierung. Soziale Welt, 55(1), S. 95–114.

Sassen, Saskia (2001): The Global City: New York, London, Tokyo. Oxfordshire: Princeton University Press

Saunders, Peter (1987): Soziologie der Stadt. Frankfurt am Main/New York: Campus Verlag

Scheiner, Joachim (2006): Wohnen und Aktionsraum: Welche Rolle spielen Lebensstil, Lebenslage und Raumstruktur? Geographische Zeitschrift, S. 43–62.

Scheiner, Joachim (2008): Lebensstile in der Innenstadt. Lebensstile am Stadtrand. Wohn-standortwahl in der Stadtregion. In: Deutsche Zeitschrift für Kommunalwissenschaften, Jg. 47/2008, H. 1, S. 47–62.

Schöller, Peter (1959): Vom Geist und Lebensstil der Stadt. Anmerkungen und Gedanken zur individuellen Stadtgeographie. In: Berichte zur Landeskunde (Hrsg.): Von Institut für Landeskunde. Zentralarchiv für Landeskunde von Deutschland, Bad Godesberg, 23. Band, S. 45–54.

Schroer, Markus (2022): Geosoziologie: Die Erde als Raum des Lebens. Suhrkamp Verlag.

Schulze, Gerhard (1992): Die Erlebnisgesellschaft – Kultursoziologie der Gegenwart. Frank-furt am Main/New York: Campus.

Siebel, Walter (2000): Wesen und Zukunft der europäischen Stadt. In: DISP 141, 2000, S. 28–34

Siebel, Walter (2015): Die Kultur der Stadt, Suhrkamp Verlag.

Simmel, Georg (1984): Die Großstädte und das Geistesleben. In: Simmel, Georg (1984): Das Individuum und die Freiheit. Berlin: Wagenbach, S. 192–204.

Spellerberg, Annette (1993): Lebensstile im Wohlfahrtssurvey 1993. Dokumentation zum Konzept und zur Entwicklung des Fragebogens. Berlin.

Spellerberg, Annette (1997): Lebensstile und Wohnverhältnisse, WZB Discussion Paper, No. FS III 97–403, Wissenschaftszentrum Berlin für Sozialforschung (WZB), Berlin.

Spellerberg, Annette (2007a): Lebensstile im sozialräumlichen Kontext: Wohnlagen und Wunschlagen. In: Dangschat et al. (2007): 182–204.

Spellerberg, Annette (2007b): Hinweise der Lebensstilforschung für die Debatten um Virtua-lisierung und Reurbanisierung. In: Lingner, Stephan & Allin, Simone & Steinebach, Ger-hard (Hrsg.): Gesellschaftliche Randbedingungen der Virtualisierung urbaner Lebens-welten, S. 41–56.

Spellerberg, Annette (2014). Was unterscheidet städtische und ländliche Lebensstile? In: Berger, Peter u. a. (Hrsg.) Urbane Ungleichheiten: Neue Entwicklungen zwischen Zen-trum und Peripherie, 199–232.

Spiegel, Erika (1986): Neue Haushaltstypen: Entstehungsbedingungen, Lebenssituation, Wohn- und Standortverhältnisse, Frankfurt a. M. [u. a.]: Campus-Verlag.

Steets, Silke (2008): Raum & Stadt. In: Baur, Nina & Korte, Hermann & Löw, Martina & Schroer, Markus (Hrsg.) Handbuch Soziologie. VS Verlag für Sozialwissenschaften. Handbuch Soziologie, 391–412.

Stein, Petra (2006): Lebensstile im Kontext von Mobilitätsprozessen. Entwicklung eines Modells zur Analyse von Effekten sozialer Mobilität und Anwendung in der Lebensstil-forschung, Wiesbaden, VS-Verlag.

Umlauf Josef (1951): Vom Wesen der Stadt und der Stadtplanung, Werner Verlag.

Weber, Max (1921): Wirtschaft und Gesellschaft: Die nichtlegitime Herrschaft (Typologie der Städte). In: Schmals (1983): 247–258.

Wirth, Louis (1938): Urbanität als Lebensform. In: Herlyn (1974): 42–66.

Wirth, Louis (1974): Urbanism as a Way of Life. In: Fischer, George (Hrsg.): The Urban Sociology Reader. Frankfurt am Main: Suhrkamp, S. 65–84.

Wüst, Thomas (2004): Urbanität. Ein Mythos und sein Potential. Wiesbaden: VS-Verlag für Sozialwissenschaften.

Wüst, Thomas (2008): Faktoren und Aspekte sozialräumlicher Entwicklungsprozesse. In: Alisch, Monika & May, Michael (Hrsg.): Kompetenzen im Sozialraum: Sozialraument-wicklung und -organisation als transdisziplinäres Projekt, Leverkusen: B. Budrich, S. 39–59.

Zeiher, Helga (1990): Organisation des Lebensraumes bei Großstadtkindern – Einheitlichkeit oder Verinselung? In: Bertels u. a. (1990): S. 35–58.

Ziegler, Laura & Irmer, Max A. (2017): Wem gefällt was in der Stadt? Eine Typisierung von Präferenzen an das urbane Lebensumfeld in der stadtsoziologischen Lebensstilfor-schung, Masterarbeit im Studiengang Urbanistik, Fakultät für Architektur und Urbanis-tik, Bauhaus-Universität Weimar, mimeo.

11.1 Einleitung

Eine Stadt hat viele Gesichter, aber ihre Seele zeigt sich in den öffentlichen Räumen. Seit Beginn des Städtebaus und der Stadtplanung gehört es zu den Kernaufgaben dieser Disziplinen, das Verhältnis zwischen bebautem und unbebautem Raum zu gestalten. Stadtentwicklung als öffentliche Aufgabe setzt den rechtlichen, wirtschaftlichen, sozialen und kulturellen Rahmen für die Nutzung und Gestaltung öffentlicher Flächen. Der öffentliche Raum besitzt dabei eine politische und kulturelle Funktion, während der private Raum der Produktion und Reproduktion dient und juristisch gesehen dem Eigentumsrecht unterliegt (vgl. Siebel 2000: 31).

Diese traditionelle Definition der Urbanität, die sich insbesondere auf das Modell der Europäischen Stadt bezieht, basiert auf einer dichotomen Vorstellung von Öffentlichkeit und Privatheit sowie einer klaren Trennung zwischen Stadt und

Land. Zahlreiche aktuelle Forschungen entlarven jedoch diese Sichtweise als überholten Mythos (vgl. Wüst 2004; Berding u. a. 2018). Insbesondere die gegenwärtigen gesellschaftlichen und städtischen Transformationsprozesse zeigen eher eine Verschmelzung und Überlagerung zwischen öffentlicher und privater Sphäre.

Die zunehmende Mobilität, ermöglicht durch verbesserte Verkehrs- und Kommunikationsinfrastrukturen (vgl. Stein 2006; Gebhardt 2012), sowie die neuen digitalen Informations- und Kommunikationsformen (vgl. Hecht 2024), lassen die traditionelle Trennung zwischen urbaner und ländlicher Lebensweise (vgl. Spellerberg 2014) zunehmend obsolet erscheinen. Die Verflechtung von privaten

© Der/die Autor(en), exklusiv lizenziert an Springer Fachmedien Wiesbaden GmbH, ein Teil von Springer Nature 2025
O. Frey, *Raum und Gesellschaft*, https://doi.org/10.1007/978-3-658-48154-4_11

Lebensbereichen mit neuen Arbeitsmodellen wie dem Homeoffice, der Wandel von Berufsfeldern und die Veränderungen in Freizeitaktivitäten stellen die traditionellen Sichtweisen von Urbanität weiter infrage.

Urbanität heute ist durch die komplexe Vernetzung von sozialen, kulturellen und räumlichen Strukturen gekennzeichnet. Sie beschreibt das Leben in Städten, das sich durch eine hohe Dichte von Menschen, Aktivitäten und Infrastrukturen auszeichnet, die vielfältige Begegnungen und Interaktionen ermöglichen (vgl. Räuchle u. a. 2020). Urbanität umfasst die Durchdringung von öffentlichen und privaten Räumen, wobei traditionelle Grenzen zunehmend verschwimmen. Sie ist geprägt von einer vielfältigen, oft heterogenen Bevölkerungszusammensetzung, die zu einer kulturellen und sozialen Vielfalt führt. Flexibilität und Wandelbarkeit in Lebens- und Arbeitsformen, unterstützt durch digitale Technologien und Mobilität, sind zentrale Merkmale. Schließlich ist Urbanität auch Ausdruck einer besonderen städtischen Lebensqualität, die durch eine Mischung von Angeboten, Funktionen und sozialen Dynamiken entsteht. Berding und Selle (2018) betonen, dass öffentliche Räume Funktionen erfüllen, die weit über die der Verkehrsfläche beziehungsweise Frei- und Grünfläche hinausgehen: „Öffentliche Räume können identitätsstiftend sein, sie bieten Raum zur Entfaltung und zur Selbstverwirklichung, sie dienen der Meinungsäußerung und können auch gesundheitsfördernd beziehungsweise gesundheitsbelastend wirken. Gerade die Diskussion um die (nicht konfliktfreie) Verlagerung öffentlicher Diskurse in den digitalen Raum macht deutlich, dass Funktionen des öffentlichen Raums auch in andere Bereiche übertragen werden können." (Koch u. a. 2024: 42).

Urbanität ist heute als Lebensform nicht nur durch soziokulturelle, sondern auch durch baulich-physische Charakteristika definiert. Sie entwickelt sich entlang einer ökonomischen Ausdifferenzierung, einer Multifunktionalität von Orten und Räumen sowie durch die Überlagerung und Transformation von Wohn- und Arbeitsformen (vgl. Wüst 2004: 53). Die Ausdifferenzierung städtischer Milieus und sozialräumlicher Lebensstile führt insofern zu einer sozialräumlichen Heterogenität, die sich auch im öffentlichen Raum widerspiegelt (vgl. Fugmann u. a. 2017; Hillmann 2020; Barth u. a. 2024).

Aktuelle gesellschaftliche und räumliche Transformationsprozesse manifestieren sich insbesondere in den Überlagerungen zwischen privaten und öffentlichen Bereichen der städtischen Umwelt. Die frühere strikte Unterscheidung zwischen öffentlichem und privatem Raum, die auf der Ausdifferenzierung und Arbeitsteilung in den Städten der Industrialisierung basierte, wird heute durch ein relationales polykontextuelles Raumverständnis abgelöst (vgl. Löw 2018; Löw & Weidenhaus 2018). Dieses Verständnis berücksichtigt die komplexen, sich ständig wandelnden Wechselwirkungen zwischen verschiedenen sozialen, kulturellen und räumlichen Kontexten, die die moderne Urbanität prägen. Die Verschmelzung und die dynamischen Beziehungen zwischen privaten und öffentlichen Räumen sind zentrale Elemente dieses neuen Urbanitätsbegriffs.

Zudem zeigt sich, dass urbane und ländliche Räume immer stärker miteinander vernetzt sind, sodass sich Urbanität zunehmend als ein fluides, hybrides Konzept darstellt, das traditionelle Dichotomien auflöst und neue Formen des Zusammenlebens und der Raumorganisation hervorbringt (vgl. Schmid 2023). Diese Entwicklungen erfordern eine Neubewertung und Anpassung stadtplanerischer und gesellschaftlicher Konzepte, um den komplexen Realitäten der heutigen Urbanität gerecht zu werden.

In Zeiten, in denen die Handlungsspielräume der Stadtpolitik und -planung zunehmend unsicher sind, sollte das Bewusstsein für die spezifischen, notwendigen und passenden Gestaltungsherausforderungen des öffentlichen Raumes dringend gestärkt werden (vgl. Carmona 2021). Öffentliche Räume spiegeln wider, welche Anstrengungen die Stadtpolitik unternimmt, um die Lebensqualität der Bewohnerinnen und Bewohner zu verbessern; sie zeigen aber auch, welchen Stellenwert die Pflege und Sorge um gemeinwohlorientierte öffentliche Flächen haben. So entstehen immer wieder neue öffentliche Räume in der Stadt, indem temporäre, gemeinwohlorientierte Bereiche, die ursprünglich einer anderen Funktion dienen (beispielsweise Parkplätze oder Schulhöfe), für eine bestimmte Zeitspanne als öffentliche Räume umgestaltet und genutzt werden. Diese Umnutzung eröffnet neue Möglichkeiten für die Gemeinschaft, indem sie bestehenden Flächen eine zusätzliche, sozial orientierte Bedeutung verleiht (vgl. Ostrom 1990; Pelger 2021; Marguin & Pelger 2023; Koch u. a. 2024).

Gerade heute, wo das Vertrauen in die Handlungsfähigkeit öffentlicher Politik schwindet, kann durch die gezielte und inklusive Gestaltung öffentlicher Räume Vertrauen in das Gemeinwesen einer Stadt wiederhergestellt werden. Dies ist besonders relevant in einer Zeit, in der die Wahrnehmung öffentlicher Räume als Angsträume zunimmt, die durch soziale Spannungen und Ungleichheiten geprägt sind (vgl. Reutlinger 2020). Das subjektive Sicherheitsgefühl vieler Bevölkerungsgruppen wird durch gewalttätige Zwischenfälle im öffentlichen Raum oftmals stark beeinträchtigt: „Die verstärkte Thematisierung des subjektiven Sicherheitsempfindens von Bürger*innen berücksichtigt einerseits die Erkenntnis, dass sich Sicherheit nicht nur an Zahlen der Kriminalstatistik messen lässt, sondern auch individuelle Wahrnehmungen, Einschätzungen, Verwundbarkeiten und Handlungskompetenzen berücksichtigen muss" (Floeting u. a. 2019: 5). Zudem bestehen an die Gestaltung öffentlicher Flächen in einer vielfältigen Stadtgesellschaft die unterschiedlichsten Interessen, die sorgfältig gegeneinander abgewogen werden müssen.

Aktuelle Forschungen zeigen, dass eine partizipative Herangehensweise, die die verschiedenen Bedürfnisse der Stadtbewohner einbezieht, die Akzeptanz und den Erfolg von öffentlichen Raumprojekten signifikant steigern kann. Die Herausforderung für die Stadtplanung besteht heute darin, flexible und adaptive Planungsinstrumente zu entwickeln, die den dynamischen und oft widersprüchlichen Anforderungen an den öffentlichen Raum gerecht werden. Angesichts der zunehmenden sozialen und ökologischen Herausforderungen müssen öffentliche Räume multifunktional und resilient gestaltet werden, um den vielfältigen Nutzungen und zukünftigen Veränderungen standzuhalten. Der Ansatz der Mehrfachnutzung ermöglicht es, die strikte Zuweisung von räumlichen Funktionen aufzulösen und fördert dadurch eine neue Perspektive auf öffentliche Räume. Die Strategie der Mehrfachnutzung, auch als Mehrfachkodierung bekannt, besagt, dass verschiedene Nutzungen auf derselben Fläche gleichzeitig stattfinden können, wodurch die bestehenden öffentlichen Räume effizienter und vielseitiger genutzt werden (Wiegand et al., 2018). Es zeigt sich auch, dass Städte, die innovative und nachhaltige Konzepte für ihre öffentlichen Räume umsetzen, langfristig nicht nur die Lebensqualität ihrer Bürgerinnen und Bürger verbessern, sondern auch ihre Attraktivität und Wettbewerbsfähigkeit als lebenswerte Orte steigern können (vgl. Stadt Wien 2021).

Der öffentliche Raum ist nicht nur ein Lernort für soziales Verhalten, ein Raum für Interaktionen und eine Bühne der Selbstdarstellung, sondern auch ein Spiegel der sozialen Ungleichheiten und Integrationserfolge innerhalb einer Stadtgesellschaft (vgl. Frey 2004). In vielen städtischen Quartieren zeigt sich eine deutliche Segregation: Auf öffentlichen Spielplätzen dominieren in manchen Nachbarschaften Kinder von Zuwanderinnen und Zuwanderern, während in anderen Vierteln vorwiegend Kinder der autochthonen akademischen Mittelschicht zu finden sind. Diese Segregation im öffentlichen Raum reflektiert die Wohnsegregation und führt dazu, dass die integrative Funktion öffentlicher Räume beeinträchtigt wird, was eher zu einer homogenen Verinselung sozialer Differenzierung führt. Dadurch verlieren öffentliche Räume ihre potenzielle Rolle als Orte der Begegnung und des Austauschs zwischen verschiedenen sozialen Gruppen. Um diesem Trend entgegenzuwirken, bedarf es gezielter stadtplanerischer Maßnahmen, die die soziale Durchmischung fördern und Räume schaffen, die für alle Bevölkerungsgruppen gleichermaßen zugänglich und attraktiv sind (vgl. Wiesemann 2015; vhw 2017).

Darüber hinaus erfüllen öffentliche Räume sehr spezifische Funktionen, die oft in einem Spannungsfeld zueinanderstehen. Einerseits sind sie durch kostenpflichtige Angebote wie gastronomische Bereiche geprägt, die eine bestimmte Klientel anziehen, andererseits bieten sie konsumfreie Zonen, die als Orte des Verweilens und der Eigengestaltung dienen. Öffentliche Grünflächen beispielsweise sind als Räume für Sport, Spiel und Entspannung konzipiert, können aber auch zu Konflikten führen, wenn unterschiedliche Gruppen unterschiedliche Nutzungsansprüche stellen (vgl. Loidl-Reisch 1991). Der ‚Kampf um den öffentlichen Raum‘ manifestiert sich oft in Auseinandersetzungen über die Frage, wem diese Räume gehören und wie sie genutzt werden sollten: „Insbesondere in innerstädtischen Nachbarschaften zeigt sich, dass im öffentlichen Raum in hohem Maße Flächen- und Nutzungskonkurrenzen existieren. Dabei werden zwei wesentliche Linien der Diskussion deutlich: Der Konflikt um Verkehrsflächen und andere Nutzungen des öffentlichen Raums sowie der Konflikt um miteinander inkompatible Nutzungen (z. B. Flächen für exkludierte Bevölkerungsgruppen wie Suchtkranke auf der einen Seite und Flächen für Kinderspiel auf der anderen Seite)" (Koch u. a. 2024: 47). Gleichzeitig wächst das Bewusstsein dafür, dass öffentliche Räume integrative Plattformen sein müssen, die allen sozialen Gruppen gleichermaßen zur Verfügung stehen und deren Bedürfnisse berücksichtigen (vgl. Kail 1991; Boettner u. a. 2016).

Im Städtebau versteht man unter der ‚Gestalt der öffentlichen Räume‘ meist den physischen Gehalt der baulichen Strukturen, wobei traditionell die Auffassung vorherrscht, dass öffentlicher Raum durch bauliche Maßnahmen geordnet und geplant wird. Diese Sichtweise berücksichtigt jedoch oft zu wenig die dynamische und soziale Dimension des Raumes (vgl. Gehl 1987; Manderscheid 2004). Die Stadtsoziologie betont daher, dass Raum durch soziales Handeln und Verhalten konstituiert wird, wodurch öffentlicher Raum als sozial konstruiert betrachtet werden sollte. Ein integriertes Verständnis von öffentlichen Räumen erkennt an, dass räumliche Entwicklungen immer auch sozial produziert und beeinflusst werden. Die ökonomische, politische und kulturelle Entwicklung einer Gesellschaft hat somit direkten Einfluss auf den Wandel städtischer öffentlicher Räume, und es ist entscheidend, diese Wechselwirkungen in der Stadtplanung zu berücksichtigen (vgl. Breuer 2003; Frey u. a. 2007; Mandanipour 2010; Koch u. a. 2020).

Darüber hinaus verdeutlichen Studien, wie etwa zur ‚Integration im öffentlichen Raum‘ (vgl. Breitfuss u. a. 2006), sowie ‚StadtTeilen‘ (vgl. Bernhardt u. a. 2024), dass eine relationale Raumanalyse, die den Raum als sozialen Kontext versteht, für das Verständnis sozialer und gesellschaftlicher Integration von zentraler Bedeutung ist: Es zeigt sich, dass durch das Teilen von Räumen (sowohl im Rahmen des temporären Teilens als auch durch das Teilen von privaten Räumen) neue Perspektiven auf den öffentlichen Raum entstehen. Dabei sind die Verhandlungen über die Schaffung und Nutzung dieser neuen öffentlichen Räume gerade in durch

Nutzungskonkurrenzen und Flächenknappheit gekennzeichneten innerstädtischen Nachbarschaften nicht konfliktfrei" (Koch u. a. 2024: 47).

Gleichzeitig stellt sich die Frage, wie bestehende städtebauliche Strukturen, die oft beständiger sind als der gesellschaftliche Wandel, an diese dynamischen sozialen Veränderungen angepasst werden können. Die Debatte über öffentliche Räume sollte daher verstärkt die Frage einbeziehen, wie neue Strukturen geschaffen werden können, die flexibel genug sind, um dem sozialen Wandel gerecht zu werden, und gleichzeitig stabile Ankerpunkte in einer sich schnell verändernden Gesellschaft bieten. Dies erfordert eine engere Verzahnung von sozialen und städtebaulichen Perspektiven, um öffentliche Räume zu gestalten, die den Bedürfnissen einer vielfältigen und dynamischen Stadtgesellschaft entsprechen.

11.2   Öffentliche Räume in der Europäischen Stadt

Die Europäische Stadt hat im Laufe ihrer historischen Entwicklung das Spannungsverhältnis zwischen Privatheit und Öffentlichkeit immer wieder neu definiert. Im Zuge dieser Entwicklung hat der Städtebau verschiedene Funktionsräume wie Straßen, Plätze, Parkanlagen und Quartiersräume im Wohnumfeld geschaffen, die als Orte städtischer Öffentlichkeit und urbaner Lebensweise dienen. Urbanität entwickelte sich aus der Wechselwirkung zwischen privater und öffentlicher Sphäre und zeichnete sich durch eine funktionale Mischung sowie die Verflechtung von Handel, Gewerbe und Wohnen aus. Ein Kennzeichen der europäischen Stadt ist ihre hohe urbane Dichte, die sich in historisch gewachsenen Strukturen manifestiert und eine klare Trennung zwischen Stadt und Land überwindet (vgl. Rietdorf 2001).

Der öffentliche Raum, oft durch dicht zusammenstehende Gebäude geformt und als Zwischenraum gestaltet, ist in vielen europäischen Städten ein wertvolles historisches Erbe. Diese bauliche Gestaltung des Verhältnisses zwischen privaten und öffentlichen Räumen hat Plätze, Straßen und andere Außenräume hervorgebracht, die die Entwicklung der urbanen Lebens- und Gesellschaftsform ermöglichten. Bahrdt betonte in ‚Die moderne Großstadt' (1961) die historische Entwicklung des öffentlichen Raumes als Aushandlungsort gesellschaftlicher Belange, wobei er die Polarität zwischen Öffentlichkeit und Privatheit als konstitutiv für den urbanen Lebensstil ansah. Diese Dualität ist nicht nur kennzeichnend für die europäische Stadt, sondern auch für ihre Fähigkeit, soziale Interaktionen und politische Teilhabe zu fördern.

Das Modell der europäischen Stadt, das durch Kompaktheit, Dichte, Heterogenität und funktionale Durchmischung geprägt ist, dient vielen Stadtplanerinnen und Stadtplanern als Leitbild. Öffentliche Räume werden als charakteristisch für europäische Städte angesehen und bieten sowohl Bewohnerinnen und Bewohnern als auch Touristen Identifikationsmöglichkeiten (vgl. Kazig u. a. 2003; Knierbein 2010; Frey 2011). Oft wird auf die historische Kategorie der bürgerlichen Urbanität zurückgegriffen, die Freiheit von politischer Abhängigkeit, ökonomischer Ausbeutung und sozialer Deklassierung symbolisiert. Diese Sichtweise vernachlässigt jedoch die Vielfalt urbaner Kulturen und deren Bedingungen. Unterschiedliche urbane Lebensstile und die räumliche Segregation in der bürgerlichen Stadt des 18. und 19. Jahrhunderts zeigen, dass die historische Ableitung von Urbanität problematisch ist (vgl. Häußermann & Siebel 1987). Die heutigen europäischen Städte sind durch eine weit größere kulturelle und soziale Vielfalt geprägt, die neue Herausforderungen an die Gestaltung und Nutzung öffentlicher Räume stellt (vgl. Carmona 2021).

Der Wandel des Konzepts der Europäischen Stadt spiegelt die tiefgreifenden Veränderungen wider, die Europa in den letzten Jahrhunderten durchlaufen hat. Ursprünglich war die Europäische Stadt geprägt durch eine klare Trennung von Stadt und Land, eine kompakte und dichte Struktur sowie eine starke funktionale Mischung von Wohnen, Arbeiten und Handel. Öffentliche Räume spielten dabei eine zentrale Rolle als Orte der Begegnung, des Handels und der politischen Teilhabe. Sie waren integraler Bestandteil des urbanen Lebens und verkörperten die Idee der bürgerlichen Urbanität, in der soziale Interaktionen und das Gemeinwohl im Vordergrund standen.

Im Laufe des 20. Jahrhunderts wurde dieses Konzept durch die Modernisierung und Industrialisierung herausgefordert. Suburbanisierung, funktionale Entmischung und die Verlagerung vieler städtischer Funktionen an den Stadtrand führten zu einer Krise der europäischen Stadt, die sich auch in der Erosion öffentlicher Räume manifestierte. Die großflächigen Flächensanierungen der 1960er und 1970er Jahre und die Entstehung von Großwohnsiedlungen brachten oft eine Entwertung und Vereinheitlichung öffentlicher Räume mit sich, wodurch ihre Rolle als lebendige Orte des sozialen Austauschs und der urbanen Identität geschwächt wurde. Die Krise der Stadt war auch eine Krise der öffentlichen Räume. Die ‚Rettung der kaputten Stadt' (vgl. Von Einem 1985) und die Wiederbelebung der Innenstädte wurden zentrale Anliegen. Mitscherlich machte in ‚Die Unwirtlichkeit unserer Städte' (1965) auf die zerstörerischen Folgen des modernen Städtebaus aufmerksam. Die Sanierung, Modernisierung und Revitalisierung älterer Wohnquartiere zielten darauf ab, öffentliche Räume im Wohnumfeld der dicht bebauten Gebiete zu erhalten und zu gestalten.

In den letzten Jahrzehnten hat sich das Konzept der Europäischen Stadt jedoch erneut gewandelt, hin zu einer Renaissance der Innenstädte und einer neuen Wertschätzung für öffentliche Räume. Dieser Wandel wird durch das Bewusstsein für Nachhaltigkeit, soziale Inklusion und kulturelle Vielfalt getragen. Öffentliche Räume werden heute nicht nur als physische Orte, sondern als soziale und kulturelle Ressourcen verstanden, die entscheidend für die Lebensqualität in Städten sind: „Die Ästhetisierung der Innenstädte verändert die Sozialen Choreografien der Menschenströme, ihren Bewegungsflow und den choreografierten Raum der Stadt, wie er sich in Architektur, Infrastruktur und Raumplanung zeigt: Fußgängerzonen, Radwege, ‚Plazas', Tempo-30-Zonen, Umbau von Altindustrieanlagen in Kultur- und Kunstorte, die verglaste ‚durchsichtige' Architektur moderner Bürogebäude für den ‚durchleuchteten' Menschen, die Auflösung der Trennung von Arbeit, Wohnen und Leben, ein neues Verhältnis zwischen Zentrum und Peripherie sind beispielsweise Kennzeichen einer neuen choreografischen Ordnung, die das über Jahrhunderte gewachsene Konzept der europäischen Stadt verändert hat" (Klein 2020: 400). Öffentliche Räume sollen heute Orte der Begegnung und Interaktion sein, die soziale Kohäsion fördern und gleichzeitig auf die Herausforderungen des 21. Jahrhunderts wie den Klimawandel, soziale Ungleichheit und die digitale Transformation reagieren.

Die Europäische Stadt wird somit zunehmend als dynamisches, hybrides Gefüge verstanden, in dem öffentliche Räume als flexible, multifunktionale und inklusive Orte eine Schlüsselrolle spielen. Sie sind nicht nur Zeugen historischer Entwicklungen, sondern auch aktive Gestalter des städtischen Lebens und der urbanen Identität. Urbanität ist dort lebendig, wo Ungleiches und Unerwartetes in räumlicher Dichte aufeinandertreffen (vgl. Häußermann 1996). In den gegenwärtigen Metropolen entstehen durch die Verflechtung unterschiedlicher sozialer und baulicher Formen neue Formen urbaner Lebensweise und öffentlicher Räume (vgl. Frey 2007). Diese neuen Formen erfordern eine flexible und innovative Stadtplanung, die den sich ständig verändernden sozialen Dynamiken gerecht wird. Gleichzeitig zeigt sich, dass öffentliche Räume nicht nur Orte der Begegnung und des Austauschs sind, sondern auch Räume, in denen soziale Konflikte und Ungleichheiten sichtbar werden. Dies unterstreicht die Bedeutung einer inklusiven und gerechten Gestaltung öffentlicher Räume, die allen gesellschaftlichen Gruppen Zugang und Teilhabe ermöglicht (vgl. Kail 1991; Mandanipour 2010). Die Funktionsmischungen im öffentlichen Raum der europäischen Stadt wurden durch die funktionale Entmischung der Moderne gefährdet. Suburbanisierung, Flächensanierung der 60er Jahre und der Bau von Großwohnsiedlungen führten in den 1970er Jahren zu einem Paradigmenwechsel in Planung und Architektur.

11.3   Typologie öffentlicher Räume

Beim Schreiben und Reden über öffentliche Räume können Missverständnisse entstehen, da der Begriff verschiedene Dimensionen umfasst. Was ist mit öffentlichem Raum gemeint? Bezieht sich der Begriff auf eigentumsrechtliche Zuordnungen, Zugangsmöglichkeiten für Nutzungen oder auf Aspekte sozialen Verhaltens im Raum? Ist der öffentliche Raum als Gegensatz zum privaten Raum der Wohnung gemeint? Die Polarität zwischen Öffentlichkeit und Privatheit, die Bahrdt (1961) in seinem Buch „Die moderne Großstadt" als konstitutives Merkmal eines urbanen Lebensstils kennzeichnete, muss heute differenzierter betrachtet werden: Auch private Räume sind gesellschaftliche Konstruktionen, und der öffentliche Raum wird zunehmend durch private Lebensstile und individuelle Aneignungsprozesse geprägt (vgl. Frey 2004; Deinet 2010).

Konzepte öffentlicher Räume sind vielfältig und lassen sich nicht auf technische, juristische oder räumlich-morphologische Aspekte reduzieren. Eigentum allein reicht zur Definition öffentlicher Räume nicht aus. Wichtige analytische Dimensionen sind Zugänglichkeit, Sichtbarkeit, Nutzungsformen, demokratische Repräsentanz, Kommunikation, Interaktion, Identität, Sozialität, soziales Lernen, soziale Kontrolle und Sicherheit. Während Architektur und Stadtplanung öffentliche Räume als gebaute Strukturen betrachten, stehen sie in Stadtsoziologie, Sozialgeographie, Kulturwissenschaften und Anthropologie als Sozialräume im Fokus (vgl. Breuer 2003; Klamt 2012; Kessl u. a. 2019).

Selle unterscheidet vier Analyseebenen öffentlicher Räume: Raumproduktion, Eigentumsverhältnisse, Nutzungsregulierung und Sozialcharakter (vgl. Selle 2002: 51–65). Nissen differenziert zwischen öffentlichen Freiräumen (Parks, Spielplätze, Straßen), öffentlich zugänglichen verhäuslichten Räumen (Kaufhäuser, U-Bahnhöfe) und institutionalisierten öffentlichen Räumen (Sportanlagen, Schulen, Kirchen) (vgl. Nissen 1998: 170). Diese Klassifikationen zeigen, dass öffentlicher Raum nicht monolithisch ist, sondern unterschiedliche Typologien und Nutzungen umfasst. Eine Typologie öffentlicher Räume macht funktionale und soziale Unterschiede sichtbar und bietet eine Grundlage für die Stadtplanung. Im Folgenden werden acht zentrale Kriterien zur Typologisierung öffentlicher Räume und zur Identifikation relevanter Planungsaufgaben vorgestellt.

• Funktionale Dimension:

Nutzung: Öffentliche Räume können je nach Funktion unterschiedliche Nutzungen erfüllen, wie z. B. Erholung (Parks, Grünflächen), Verkehr (Straßen, Plätze), Handel (Marktplätze, Einkaufsstraßen) oder soziales Leben (Plätze, Promenaden).

Herausforderungen: Die Stadtplanung sollte sicherstellen, dass verschiedene Nutzungen miteinander harmonieren und die Räume multifunktional gestaltet werden, um eine breite Nutzerschaft anzusprechen und Übernutzung oder Konflikte zwischen unterschiedlichen Nutzungsgruppen zu vermeiden.

• Soziale Dimension:

Nutzung: Öffentliche Räume als Orte der sozialen Interaktion, die verschiedenen sozialen Gruppen zugänglich sind und Begegnungen zwischen unterschiedlichen Bevölkerungsgruppen ermöglichen.

Herausforderungen: Es gilt, soziale Inklusion zu fördern, Barrieren für bestimmte Gruppen abzubauen (z. B. durch barrierefreie Gestaltung) und gleichzeitig den Raum so zu gestalten, dass er als sicher und einladend wahrgenommen wird.

• Kulturelle Dimension:

Nutzung: Öffentliche Räume als Träger von kulturellen Werten und Identität, etwa durch Denkmäler, historische Plätze oder Räume für künstlerische Ausdrucksformen.

Herausforderungen: Die Stadtplanung sollte den Erhalt und die Pflege kultureller Erbe-Stätten sicherstellen, während gleichzeitig Raum für zeitgenössische kulturelle Ausdrucksformen geschaffen wird. Dabei ist die Berücksichtigung der vielfältigen kulturellen Hintergründe der Stadtbevölkerung wichtig.

• Ökologische Dimension:

Nutzung: Öffentliche Räume, die ökologische Funktionen erfüllen, wie Grünflächen zur Verbesserung des Stadtklimas, Biotope für Artenvielfalt oder Wasserrückhalteflächen zur Reduzierung von Hochwasserrisiken.

Herausforderungen: Die Integration ökologischer Funktionen in die Stadtplanung, insbesondere in dicht bebauten Gebieten, sowie die Balance zwischen Naturschutz und urbaner Nutzung sind wesentliche Aufgaben.

• Ökonomische Dimension:

Nutzung: Öffentliche Räume als Orte ökonomischer Aktivitäten, wie Märkte, Einkaufsstraßen oder temporäre Veranstaltungen, die zur lokalen Wirtschaft beitragen.

Herausforderungen: Sicherstellung einer ausgewogenen Nutzung, die wirtschaftliche Aktivitäten fördert, ohne den öffentlichen Raum zu stark zu kommerzialisieren, sodass auch konsumfreie Nutzungen weiterhin möglich bleiben.

• Politische Dimension:

Nutzung: Öffentliche Räume als Orte politischer Partizipation, Demonstrationen und öffentlicher Diskurse.
Herausforderungen: Die Stadtplanung muss sicherstellen, dass öffentliche Räume frei zugänglich und sicher für politische Versammlungen und Ausdrucksformen sind, ohne dabei die Rechte und Sicherheit anderer Nutzer zu gefährden.

• Ästhetische Dimension:

Nutzung: Öffentliche Räume als Orte der ästhetischen Erfahrung, die durch ihre Gestaltung, Kunstwerke und Architektur visuelle Anreize bieten.
Herausforderungen: Eine ansprechende Gestaltung öffentlicher Räume, die sowohl funktional als auch ästhetisch ansprechend ist, wobei der lokale Kontext und die Bedürfnisse der Nutzer berücksichtigt werden.

• Sicherheitsdimension:

Nutzung: Öffentliche Räume, die als sicher empfunden werden und Schutz bieten, z. B. durch Beleuchtung, Sichtachsen und Präsenz von Sicherheitskräften.
Herausforderungen: Schaffung eines Gleichgewichts zwischen der Sicherstellung von Sicherheit und der Offenheit des Raums, um Überwachung zu vermeiden, die das Gefühl der Freiheit und Zugänglichkeit beeinträchtigen könnte.
Die Abb. 11.1 zeigt die Vielschichtigkeit öffentlicher Räume und die Herausforderungen, die mit ihrer Gestaltung verbunden sind. Öffentliche Räume müssen verschiedenen Anforderungen gerecht werden, darunter soziale, ökologische, ökonomische und funktionale Aspekte. Dabei werden sie sowohl durch institutionalisierte und politisch regulierte Strukturen als auch durch individuelle Nutzungsformen geprägt.
Im Zentrum der Abbildung stehen zentrale Strategien zur Steuerung und Gestaltung öffentlicher Räume. Dazu gehören Freiraumstrategien, kulturelle Strategien, wirtschaftliche Strategien sowie die Regulierung von Nutzungen und Multifunktionalität. Barrierefreiheit und die Integration ökologischer Funktionen

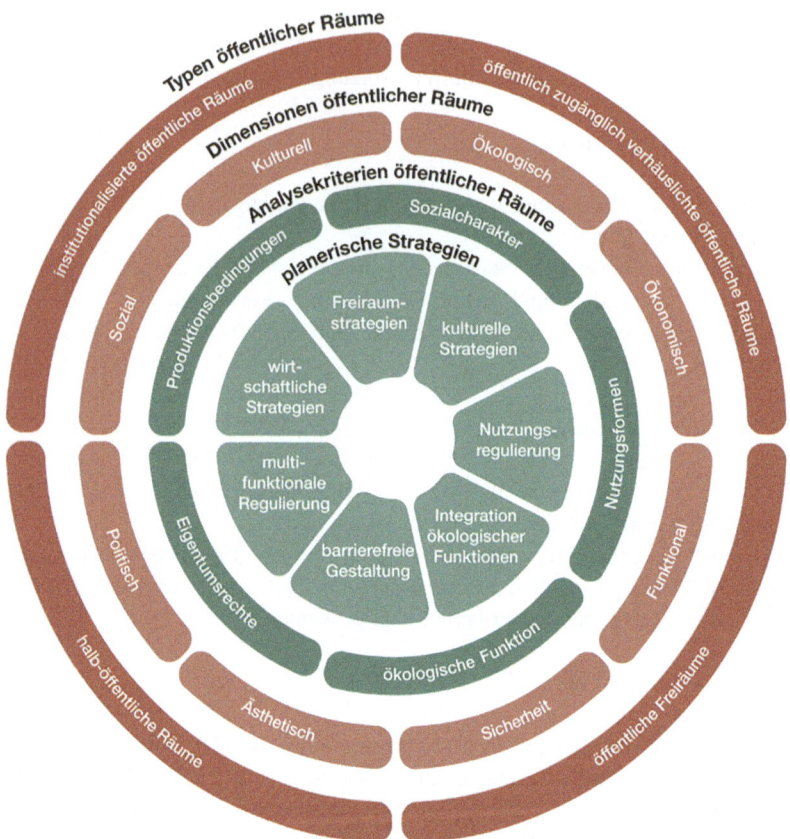

Abb. 11.1 Typologie Öffentlicher Räume und planerische Strategien

spielen ebenfalls eine entscheidende Rolle. Die äußeren Kreise der Abbildung verdeutlichen, dass öffentliche Räume zwischen verschiedenen Kategorien angesiedelt sind – von institutionell regulierten über öffentlich zugängliche bis hin zu halb-öffentlichen und privatisierten Räumen. Aspekte wie Eigentumsrechte, soziale und kulturelle Rahmenbedingungen sowie politische Einflussfaktoren bestimmen maßgeblich ihre Nutzung und Zugänglichkeit. Zudem beeinflussen ästhetische, sicherheitsbezogene und ökologische Funktionen die Wahrnehmung und Gestaltung öffentlicher Räume. Die Abbildung macht deutlich, dass Stadtplanung eine integrative Herangehensweise benötigt, um die unterschiedlichen

Anforderungen an öffentliche Räume miteinander zu verknüpfen. Nur durch eine ausgewogene Regulierung und strategische Planung lassen sich nachhaltige, inklusive und funktionale öffentliche Räume schaffen.

Der öffentliche Raum ist ein Kristallisationsort gesellschaftlicher Prozesse, Machtstrukturen sowie Deutungs- und Handlungsstrukturen. In der Stadt verdichten sich diese Dynamiken besonders, da sie als Brennglas gesellschaftlicher Konflikte fungiert – sei es im Kontext des Klimawandels, des Verkehrs- oder Kulturwandels. Ein Beispiel hierfür ist die Umgestaltung innerstädtischer Straßenräume: Während autofreie Zonen von Umweltverbänden gefordert werden, stoßen sie bei Gewerbetreibenden und Anwohnenden oft auf Widerstand, was die Aushandlungsprozesse um die Nutzung öffentlicher Räume verdeutlicht.

Lefebvre (1991) unterscheidet zwischen Vorstellungsräumen (Raum als Ausdruck von Wertvorstellungen und Machtpositionen) und Darstellungsräumen (Raum als Ausdruck der Konformität mit gesetzten Regeln und unerfüllten Wünschen der Nutzenden). Der urbane öffentliche Raum soll hier über seine allgemeinen Zugangs- und Nutzungsmöglichkeiten definiert werden: Bürgersteige, Straßen, Plätze, Freiflächen, Brachflächen. Doch öffentlicher Raum wird erst durch seine Nutzung und Aneignung wirklich öffentlich. Im Folgenden wird daher auf öffentliche Räume im Sinne urbaner Freiräume unter dem Gesichtspunkt der Aneignungsperspektive eingegangen (vgl. Frey 2004).

Der öffentliche Raum im Konzept des ,angeeigneten physischen Raumes' von Pierre Bourdieu betont die Möglichkeit der Aneignung und sozialen Interaktion. Öffentlicher Raum ist von eminenter sozialer Bedeutung, da hier Aneignungsprozesse, Kommunikation und Sozialisation stattfinden (vgl. Selle 2002: 51–65). Die Chancen und Möglichkeiten der Aneignung sind jedoch nicht für alle StadtbewohnerInnen gleich (vgl. Deinet u. a. 2004; Häberlin und Furchtlehner 2017). Öffentliche Räume sind ein Sozialraum, in dem die AkteurInnen einen bestimmten Platz einnehmen, der durch die Kapitalarten und das Kapitalvolumen bestimmt ist (vgl. Bourdieu 1991). Diese unterschiedlichen Zugangsmöglichkeiten führen zu sozialen Ungleichheiten und Machtkämpfen im öffentlichen Raum (vgl. Bette 1997).

Die verschiedenen Sorten von Macht oder Kapital umfassen ökonomisches Kapital (Geld, Grundbesitz), kulturelles Kapital (Bildung, Wissen), soziales Kapital (soziale Beziehungen) und symbolisches Kapital (symbolische Repräsentanz der genannten Kapitalarten). Nicht jede/r hat gleiche Zugangschancen zu diesen Ressourcen, was zu Kämpfen um die Anerkennungsregeln der Kapitalarten im öffentlichen Raum führt. Die Fähigkeit, den angeeigneten Raum zu dominieren, hängt vom jeweiligen Kapital ab. Personen ohne Kapitalien werden physisch und symbolisch von wertvollen Gütern ferngehalten und gezwungen, mit unerwünschten Personen und Gütern zu verkehren (vgl. Bourdieu 1991: 30). Durch Aneignungsprozesse in öffentlichen Räumen wird die jeweilige soziale Ordnung des Raumes anerkannt oder zurückgewiesen (vgl. Bourdieu 1991: 27). Veränderungen der städtischen Umwelt müssen im Zusammenhang mit gesamtgesellschaftlichen Prozessen des sozioökonomischen Wandels betrachtet werden. Der Übergang von einer modernen, industriell geprägten Stadtorganisation zu postindustriellen sozialräumlichen Strukturen in einer Wissensgesellschaft führt zu einem Funktionswandel öffentlicher Räume. Der soziale, ökonomische und kulturelle Wandel der Gesellschaft bringt neue Entwicklungen städtischer Lebenswelten und damit einen Bedeutungswandel öffentlicher Räume mit sich.

Die Typologie öffentlicher Räume, wie sie in der vorherigen Analyse dargelegt wurde, hilft dabei, diese Veränderungen zu verstehen und zu strukturieren. Die funktionale Dimension hebt hervor, dass öffentliche Räume multifunktional sein müssen, um den verschiedenen gesellschaftlichen Anforderungen gerecht zu werden. Die soziale Dimension betont die Notwendigkeit, diese Räume inklusiv zu gestalten, während die kulturelle Dimension die Bedeutung kultureller Ausdrucksformen und Identität unterstreicht. Die ökologische Dimension verlangt nach der Integration nachhaltiger und resilienter Elemente, und die ökonomische Dimension verweist auf die Rolle des öffentlichen Raums als Ort ökonomischer Aktivität. Schließlich thematisieren die politische Dimension und die sicherheitsrelevante Dimension die Bedeutung öffentlicher Räume als Orte der demokratischen Teilhabe und Sicherheit.

Die Frage 'Was ist los mit den öffentlichen Räumen?' wird daher von Architektinnen und Architekten, Planenden und raumbezogenen Sozialwissenschaftlerinnen und Sozialwissenschaftlern intensiv debattiert (vgl. Mandanipour 2010; Lynch 2014). Einerseits wird ein quantitativer Verlust urbaner öffentlicher Freiflächen durch Privatisierung festgestellt, andererseits vollzieht sich vielerorts ein qualitativer Wandel ihrer Funktionen und Nutzungen im Zuge gesellschaftlicher Ausdifferenzierungsprozesse. Die zunehmende Bedeutung von Informationen und Wissen, der Einfluss neuer Informations- und Kommunikationstechnologien, veränderte Mobilitätsmuster sowie neue Formen sozialräumlicher Segregation prägen die Rolle öffentlicher Räume als Orte der Identifikation und Integration.

Durch die Berücksichtigung der verschiedenen Dimensionen öffentlicher Räume kann die Stadtplanung sicherstellen, dass diese Räume nicht nur als physische Strukturen, sondern auch als lebendige soziale und kulturelle Orte gestaltet werden, die den Bedürfnissen und Herausforderungen einer modernen Stadtgesellschaft gerecht werden.

11.4 Wandel öffentlicher Räume

Der Wandel öffentlicher Räume spiegelt die tiefgreifenden gesellschaftlichen, ökonomischen und technologischen Veränderungen der letzten Jahrzehnte wider. Zunächst haben Privatisierungstendenzen und kommerzielle Nutzungen zu einer Reduktion frei zugänglicher, konsumfreier Flächen geführt, was die soziale Funktion dieser Räume verändert hat. Gleichzeitig hat die Suburbanisierung vieler Städte zu einer Verlagerung der Nutzungen geführt, wodurch Innenstädte zeitweise an Lebendigkeit verloren haben. Der Aufschwung neuer Kommunikationstechnologien hat die Art und Weise, wie Menschen öffentliche Räume nutzen und erleben, revolutioniert, wobei digitale Vernetzung physische Präsenz teilweise ersetzt.

Die zunehmende soziale und kulturelle Vielfalt in städtischen Gesellschaften erfordert heute eine stärkere Berücksichtigung inklusiver und integrativer Planungsansätze. Ökologische Herausforderungen wie der Klimawandel haben zudem die Notwendigkeit einer nachhaltigen und resilienten Gestaltung öffentlicher Räume ins Zentrum der Stadtplanung gerückt: „Mit der weltweiten Hinwendung zu ökologischen Fragen und der Orientierung am übergreifenden Ziel einer nachhaltigen Entwicklung gewannen die Freiräume in den Städten zusätzlich an Bedeutung. Praktische Auswirkungen fanden sich in zahlreichen Projekten der Verknüpfung von Stadt- und Freiraumentwicklung ebenso wie im Bemühen um die Stärkung umweltverträglicher Mobilität durch das Angebot qualitativ hochwertiger Fuß- und Radwegenetze. Mit dem Klimawandel erlangen zudem das Freihalten von stadtklimatisch relevanten Flächen sowie die klimagerechte und stadtökologisch angepasste Gestaltung von Freiräumen neue Aufmerksamkeit" (Berding u. a. 2018: 1642).

Der Wandel zeigt sich auch in der Rückkehr zu einer stärkeren Partizipation der Bürgerinnen und Bürger in der Gestaltung und Nutzung öffentlicher Räume, was zu einer Demokratisierung dieser Orte beitragen soll: „Schließlich haben sich partizipative Verfahren der Gestaltung öffentlicher Räume insbesondere dann als erfolgreich – gerade auch hinsichtlich ihrer integrativen Kraft (für Alt und Jung, zwischen Ethnien und ihren Verhaltensweisen, zwischen Lebensstilen und Milieus) – erwiesen, wenn sie über die Diskussion und Einwirkungen auf Entscheidungen auch die Möglichkeiten eröffneten, selbst Hand anzulegen und den Identifikationsraum aktiv mit zu gestalten. Damit entsteht eine Verantwortlichkeit für den Erhalt und die Pflege des ‚gemeinsamen Raumes'. Dort weicht die ‚organisierte Unverantwortlichkeit' auch einer gewissen Bereitschaft zur sozialen Kontrolle" (Dangschat 2011: 7). Letztlich hat auch die Pandemie die Bedeutung von öffentlichen Räumen als Orte der Erholung und sozialen Interaktion unterstrichen, was zu einem neuen Bewusstsein für ihren Wert geführt hat (vgl. Volkmer & Werner 2020; Lips et al. 2022).

Öffentliche Räume spielen eine zentrale Rolle für die Identifikation sowohl der Wohnbevölkerung als auch der Städtetouristinnen und -touristen. Sie sind Orte der Begegnung, des Austauschs und der Bewegung im lokalen Umfeld. Für Städtetouristinnen und -touristen bieten zentrale öffentliche Räume oft die Möglichkeit, die Identität und das einzigartige Flair einer Stadt zu erfassen, während für die lokale Bevölkerung quartiersnahe öffentliche Räume als Orte der Aneignung, Kommunikation und Sozialisation von besonderer Bedeutung sind. In Wohnquartieren fördern Plätze und Straßen soziale Netzwerke, die eine wichtige Ressource für soziale Teilhabe in der Nachbarschaft darstellen. Räuchle und Berding weisen darauf hin, dass „skeptische Stimmen warnen jedoch vor der Zelebrierung und Romantisierung öffentlicher Räume als potenzielle Orte der Begegnung" (Räuchle u. a. 2020: 88). Es wird darauf verwiesen, dass öffentliche Räume – selbst, wenn sie ‚gut' gestaltet sein mögen – tatsächlich Orte gleichberechtigter Teilhabe sind, da „das alltägliche Interaktionsgeschehen nicht von Kontakt und Austausch, sondern von gegenseitiger Distanzierung und Gleichgültigkeit bestimmt ist" (Wiesemann 2015: 51).

Diese Funktion öffentlicher Räume als Identitätsorte hat sich jedoch durch die Digitalisierung und die Verbreitung neuer Informations- und Kommunikationsmedien gewandelt. Virtuelle Räume, die durch soziale Medien und digitale Plattformen entstehen, ersetzen teilweise die traditionellen physischen Räume als Ausdrucks- und Mitteilungsorte. Gleichzeitig bieten digitale Netzwerke und Nachbarschaftsforen zusätzliche Möglichkeiten, die soziale Teilhabe und die sozialen Netze der quartiersbezogenen realen Orte zu stärken. Soziale Lebensstile finden zunehmend auch in virtuellen Räumen ihre Entfaltung, während virtuelle Begegnungsorte es sozialen Gruppen ermöglichen, über die unmittelbare Nachbarschaft hinaus Netzwerke zu bilden. Dadurch entstehen neue Verschmelzungen zwischen lokalen und globalen öffentlichen oder halböffentlichen Räumen, die sowohl physisch als auch digital existieren (vgl. Neuburg 2020; Döbler et al. 2021).

Der Begriff der ‚Glokalisierung' beschreibt dieses Phänomen: Während physische Kontakte im Lokalen abnehmen, gewinnen globale und virtuelle Kommunikationsräume an Bedeutung. Virtuelle Welten eröffnen neue Lebensräume und beeinflussen die Rolle lokaler öffentlicher Räume erheblich. Heute entstehen Netzwerke, die weit über das lokale Wohnumfeld hinausreichen und es ermöglichen, dass Menschen gleichzeitig in kleinteiligen, ortsgebundenen Nachbarschaften und in globalen, digitalen Gemeinschaften agieren. Dies verändert die Art und Weise, wie soziale Interaktionen und Identitäten in öffentlichen Räumen erlebt und gestaltet werden. Neuburg und andere beschreiben die Folgen dieser Veränderungen für die sozialraumorientierte Jugendarbeit folgendermaßen: „Durch die Verflüssigung von Treffpunkten junger Menschen in der analogen Welt, im Sinne einer erhöhten Mobilität der Zielgruppen (Treffpunkthopping), und die parallele Verdrängung von Jugendlichen aus dem öffentlichen Raum treten virtuelle Netzwerke als wichtige neue räumliche Dimension hervor, die von Jugendarbeiter*innen genutzt werden sollten, um mit ihren Dialoggruppen in Kontakt und Beziehung zu treten" (Neuburg u. a. 2020: 169).

Die Bedeutung des lokalen öffentlichen Raums variiert stark zwischen den sozialen Gruppen und ist eng mit Prozessen sozialer Differenzierung, Segregation und Exklusion verknüpft. Für einige soziale Gruppen hat der öffentliche Raum und das lokale Wohnumfeld an Bedeutung gewonnen, insbesondere im Kontext der gesellschaftlichen Integration. Gleichzeitig führt die zunehmende sozialräumliche Segregation jedoch zu einer Spaltung der öffentlichen Räume. Arbeitslosigkeit, Armut und soziale Ausgrenzung zwingen bestimmte Bevölkerungsgruppen dazu, sich stärker auf ihr unmittelbares Wohnumfeld zu konzentrieren, wo die Effekte sozialer Exklusion deutlich sichtbar werden. In solchen Kontexten kann der öffentliche Raum selbst zur Ursache sozialer Benachteiligung werden, indem er die bestehenden sozialen Ungleichheiten widerspiegelt und verstärkt (vgl. Dangschat 1996: 99–135; Diebäcker u. a. 2020).

Diese Segregation führt zur Entstehung von ‚Gewinnerräumen' für ökonomisch Starke und ‚Verliererräumen' für Marginalisierte, wobei letztere oft unter einem Mangel an Ressourcen und sozialen Angeboten leiden. Personen wie Drogenabhängige, Obdachlose und Bettler, die temporär in diese ‚Gewinnerräume' eindringen, werden oft als Störung empfunden, was die Exklusionsmechanismen weiter verschärft. Eine sozialintegrative Stadtplanung muss daher darauf abzielen, soziale Disparitäten und Ungleichheiten im öffentlichen Raum abzubauen, um eine inklusive Nutzung dieser Räume für alle Bevölkerungsgruppen zu ermöglichen (vgl. Breitfuss u. a. 2004). Die Fragmentierung und Hybridisierung öffentlicher Räume führt zudem zu veränderten Hierarchien, in denen der Zugang und die Nutzungsmöglichkeiten zunehmend von sozialen, ökonomischen und kulturellen Kapitalien abhängen. Der Verlust traditioneller Institutionen und Normen sowie die zunehmende Individualisierung und Heterogenisierung der Gesellschaft führen zu neuen sozialen Lebensstilen und Konflikten im öffentlichen Raum, die eine differenzierte und gerechte Stadtplanung erfordern.

Die COVID-19-Pandemie hat die Bedeutung und Nutzung öffentlicher Räume grundlegend verändert. Während der Lockdowns wurden viele öffentliche Plätze

leer, und die Menschen zogen sich in ihre Wohnungen zurück, was die physische Präsenz im öffentlichen Raum deutlich reduzierte. Gleichzeitig gewannen
digitale Räume erheblich an Bedeutung; virtuelle Treffen, Online-Shopping und
digitale Kommunikation wurden zur Norm und ersetzten viele Funktionen, die
zuvor in physischen öffentlichen Räumen stattfanden: „Durch die Hygiene- und
Schutzmaßnahmen zur Eindämmung der Pandemie waren (und sind) viele öffentliche gesellschaftliche Orte nur eingeschränkt zugänglich. Seit dem Frühjahr 2020
kam es, nicht zuletzt auch durch die notwendig gewordene beschleunigte Digitalisierung, zu einer verstärkten Verschränkung öffentlicher und privater Räume
und somit auch zu anderen Bedingungen des Raumhandelns. Diese manifestier-
ten sich auch in veränderten Teilhabemöglichkeiten" (Lips et al. 2022: 73). Dies
führte zu einer veränderten Wahrnehmung des öffentlichen Raumes, der plötzlich
weniger als Ort sozialer Interaktion, sondern eher als potenzieller Gefahrenort
wahrgenommen wurde (vgl. Lips et al. 2022).

Zudem mussten öffentliche Räume an neue Hygiene- und Sicherheitsstandards
angepasst werden, was oft zu räumlichen und gestalterischen Veränderungen
führte, wie z. B. Abstandsmarkierungen, reduzierte Sitzmöglichkeiten und neue
Verkehrsführungen. Die Pandemie machte auch deutlich, wie wichtig frei zugängliche Räume zur Erholung und physischen Betätigung sind, insbesondere in
urbanen Gebieten mit hoher Bevölkerungsdichte. Grünflächen und Parks wurden
zu unverzichtbaren Orten, um den sozialen und psychischen Belastungen der Isolation entgegenzuwirken. Die Pandemie hat somit gezeigt, dass öffentliche Räume
nicht nur als soziale Treffpunkte, sondern auch als essenzielle Infrastruktur für das
körperliche und seelische Wohlbefinden der Bevölkerung betrachtet werden müssen (vgl. Adli 2017). Dieser Wandel fordert von der Stadtplanung, flexible und
resiliente Konzepte zu entwickeln, die sowohl die fortdauernden Gesundheitsrisiken als auch die verstärkte Nachfrage nach qualitativ hochwertigen Freiräumen
berücksichtigen.

Die Polarität zwischen privaten und öffentlichen Räumen hat sich in den letzten Jahren zunehmend aufgelöst, was zu einer Verflüssigung der traditionellen
Grenzen geführt hat. Private Verhaltensweisen werden vermehrt auch in öffentlichen Räumen ausgelebt und demonstriert, während die klassische Trennung
zwischen Wohn- und Arbeitsort in bestimmten Milieus verschwimmt. Dies hat
zur Entstehung neuer Gemengelagen geführt, in denen sich verschiedene Lebensbereiche überschneiden und öffentliche Räume multifunktional genutzt werden
(vgl. Barth u. a. 2024).

Öffentlicher Raum dient heute nicht nur als Ort der Begegnung, sondern
auch als Bühne für (Selbst-)Darstellung, Entertainment und städtisches Marketing. Städte inszenieren öffentliche Räume gezielt für Marketingstrategien und zur

Darstellung vorzeigbarer urbaner Flächen, wodurch diese Räume eine Eventisierung erfahren (vgl. Knierbein 2010; Zanger u. a. 2020). Diese Nutzung als Orte des Spektakels und der Events betont den Wandel von öffentlichen Räumen hin zu kommerzialisierten und inszenierten Erlebnisorten: „Inszenierte und Urbanität simulierende Räume der Eventkultur, des Einkaufens, der Freizeitgestaltung, des Sports usw. sind die neuen öffentlichen Räume der Konsumgesellschaft" (Thieme 2020: 12).

Gleichzeitig bleibt der öffentliche Raum ein zentraler Integrationsraum in der Nachbarschaft, in dem verschiedene Bevölkerungsgruppen mit unterschiedlichen Bedürfnissen aufeinandertreffen. Um gleiche Chancen für alle Nutzungen zu gewährleisten, müssen diese unterschiedlichen Bedürfnisse erkannt und durch gezielte Strategien unterstützt werden. Dies umfasst den Abbau sozialer und baulicher Barrieren, die Berücksichtigung von Gender-Aspekten und sozialräumlicher Diversität sowie die Mitbestimmung und Partizipation lokaler Bevölkerungsgruppen bei der Planung und Gestaltung öffentlicher Räume (vgl. Manderscheid 2006; Hüttermann 2023).

Öffentliche Räume dienen darüber hinaus als Orte der Erholung, der zufälligen Begegnungen und der alltäglichen Interaktionen. Sie bieten Raum für Spiel- und Sportaktivitäten, Flanieren, Treffen und die Beobachtung des städtischen Lebens. Insbesondere Kinder und Jugendliche profitieren von selbstbestimmten Spiel- und Sportmöglichkeiten, die ihr Selbstbewusstsein stärken und eine Alternative zum Rückzug ins Private bieten. Die urbane Qualität zeigt sich in der Begegnung von Fremdem und Unerwartetem sowie in der spontanen Nutzung dieser Räume, was Kreativität und städtische Innovation fördert. Diese urbane Vielfalt spiegelt sich besonders in der Nutzungsmischung öffentlicher Räume wider, insbesondere in gründerzeitlichen Vierteln, die eine hohe Dichte an unterschiedlichen Aktivitäten und Bevölkerungsgruppen aufweisen (vgl. vhw 2017).

Der Nahraum in einem Quartier dient als Integrationsinstanz einer Nachbarschaft und schließlich der städtischen Zivilgesellschaft. Orte, an denen man sich zu Hause fühlt, obwohl man sich draußen in der Stadt bewegt, steigern die Identifikation der Bewohnerinnen und Bewohner mit ihrem Lebensumfeld. Ein Teil der öffentlichen Räume besitzt einen repräsentativen Charakter, der zur Schaffung einer städtischen Identität beiträgt. In diesen Räumen finden Konsum, Events sowie die städtebauliche Ästhetik ihren Ausdruck (vgl. Holzbaur u. a. 2020). Eine städtische Zivilgesellschaft braucht Toleranz, um Unterschiede auszuhalten und zu akzeptieren, und öffentliche Räume sind dabei die Bühne, auf der diese Toleranz gelebt und erprobt wird. Die Individualisierungsschübe einer Gesellschaft bedeuten, dass zunehmende Vielfalt anerkannt und als normal betrachtet wird, was sich in der Nutzung und Gestaltung öffentlicher Räume widerspiegelt.

Demonstrationen, Kundgebungen und politische Auseinandersetzungen finden gerade im öffentlichen Raum statt, wodurch dieser zum Ausdruck gesellschaftlicher und politischer Identitäten wird. Eine lebendige demokratische Kultur sollte daher den gesellschaftspolitischen Charakter des öffentlichen Raumes bewahren und pflegen.

Angesichts des Wandels öffentlicher Räume wird die Rolle der Planung, Partizipation und Teilhabe immer wichtiger. Die Stadtplanung sollte flexible und anpassungsfähige Konzepte entwickeln, die den vielfältigen Nutzungsanforderungen gerecht werden und unterschiedliche gesellschaftliche Gruppen eingebunden werden. Partizipative Planungsprozesse, bei denen die lokale Bevölkerung aktiv in die Gestaltung ihrer Umgebung einbezogen wird, sind entscheidend, um die Akzeptanz und die nachhaltige Nutzung öffentlicher Räume zu fördern. Dies bedeutet auch, die Bedürfnisse marginalisierter Gruppen besonders zu berücksichtigen, um soziale Exklusion zu verhindern und integrative Räume zu schaffen. Die Förderung von Teilhabe und Mitbestimmung in der Planung öffentlicher Räume stärkt das Gemeinschaftsgefühl und die Identifikation der Bewohnerinnen und Bewohner mit ihrem Quartier. Zudem tragen partizipative Ansätze dazu bei, dass öffentliche Räume als Orte der Demokratie, der Begegnung und des sozialen Austauschs erhalten bleiben und weiterentwickelt werden. Die städtische Zivilgesellschaft kann so aktiv an der Gestaltung ihrer Umgebung teilhaben und diese Räume zu Orten der Vielfalt, Toleranz und Identität machen (vgl. Blokland 2017; Berding u. a. 2020; Roth 2020).

11.4.1 Aneignung öffentlicher Räume

Aneignung öffentlicher Räume bezeichnet den Prozess, durch den Individuen oder Gruppen einen öffentlichen Raum für sich nutzen, ihn gestalten und ihm dadurch eine spezifische Bedeutung verleihen. Dieser Prozess kann sowohl physischer als auch symbolischer Natur sein und umfasst Handlungen, durch die Menschen sich einen Raum zueigen machen, ihn für ihre Bedürfnisse anpassen und durch ihre Präsenz und Aktivitäten prägen (vgl. Deinet 2010; Hauck 2017).

Aneignung kann in verschiedenen Formen stattfinden, wie etwa durch alltägliche Nutzungen (Spielen, Sporttreiben, Treffen), temporäre Veranstaltungen (Märkte, Feste) oder symbolische Handlungen (Demonstrationen, Kunstaktionen). Dabei wird der öffentliche Raum nicht nur passiv genutzt, sondern aktiv umgestaltet und mit neuen Bedeutungen versehen.

Wichtig ist, dass Aneignung ein dynamischer Prozess ist, der sowohl individuelle als auch kollektive Dimensionen haben kann. Durch Aneignung wird öffentlicher Raum zu einem Ort, an dem sich soziale Beziehungen entwickeln, kulturelle Praktiken ausgelebt werden und individuelle oder gemeinschaftliche Identitäten zum Ausdruck kommen. Aneignung kann somit auch als ein Mittel zur Schaffung von Identität, sozialem Zusammenhalt und kultureller Vielfalt in urbanen Räumen verstanden werden (vgl. Hüllemann 2019).

Urbane öffentliche Räume bieten entweder Möglichkeiten zur Aneignung oder schaffen Barrieren für Individuen und soziale Gruppen. Diese Aneignungsprozesse entstehen aus der Interaktion zwischen der materiellen Struktur des Raums und den Handlungen der Akteure. Diese Wechselwirkung schafft und verändert den Raum und beeinflusst gleichzeitig die handelnden Subjekte. Öffentliche Räume sind sowohl Produkte objektiver als auch subjektiver Strukturen und lassen sich als „objektiviertes Soziales" beschreiben (vgl. Linde 1972; Pincon & Pincon-Charlot 1986). Bauliche Strukturen, infrastrukturelle Einrichtungen und kodifizierte soziale Beziehungen (wie Rechtsstrukturen, Eigentumsverhältnisse und Mietverträge) sind Beispiele für objektivierte soziale Strukturen. Die Nutzerinnen und Nutzer bringen ihre eigenen sozialen Erfahrungen und verinnerlichten Geschichten mit, wodurch ein dynamischer Prozess der Raumaneignung entsteht (vgl. Ostermeyer 2017).

Aneignung öffentlicher Räume erfolgt unter anderen Bedingungen als die Aneignung von privatem Besitz. Der Begriff Aneignung geht weit über die bloße Nutzung hinaus und beschreibt einen fortlaufenden, interaktiven Prozess. Öffentliche Räume sind nicht nur Behälter für physische Dinge, sondern auch gesellschaftliche Produkte, in denen die relationalen Beziehungen zwischen Objekt und Subjekt eine wesentliche Rolle spielen. Die Raumaneignung ist auch eine Aneignung von Haltungen und Verhaltensweisen. Es lassen sich vier Hauptformen der Aneignung unterscheiden:

- Aneignung von Raumverhältnissen: Diese erfolgt durch das Erlernen und Übernehmen von Praktiken, wie sich Personen und Dinge im Raum positionieren. Man lernt, sich zu bewegen, Raum zu ergreifen, Grenzen im Raum anzuerkennen und zu überschreiten. Verhaltensweisen und Körperbewegungen werden angeeignet, und die Bedeutung sozialer Kommunikation wird bewusst. Dieser Prozess ist dynamisch und reflexiv, beeinflusst durch den Habitus des Individuums, der eine verinnerlichte und dinggewordene Geschichte darstellt.
- Aneignung von Spielregeln: Diese wird durch institutionalisierte und normative Regulationssysteme bestimmt, die soziale Kontrolle über individuelle

Verhaltensweisen ausüben. Diese Systeme legen fest, welches Kapital (ökonomisch, kulturell oder sozial) in welchem Raum von Bedeutung ist. Beispielsweise ist kulturelles Kapital in Schulräumen oder Vereinsräumen wertvoll, während ökonomisches Kapital in Shopping Malls eine größere Rolle spielt.

• Aneignung von Dienstleistungen: Um Dienstleistungen im öffentlichen Raum nutzen zu können, müssen Raumstrukturen überwunden und Zeit aufgebracht werden. Die Chancen dieser Aneignungsmöglichkeiten sind unterschiedlich verteilt und hängen von der Klassen-, Schicht- und Geschlechtszugehörigkeit ab. So manifestiert sich die soziale Ungleichheitsordnung städtischer Strukturen im Raum. Besonders in benachteiligten Stadtquartieren, die oft von Migrantinnen und Migranten mit geringem ökonomischem Kapital bewohnt werden, unterscheiden sich die kulturellen und sozialen Praktiken deutlich von denen der übrigen Stadtquartiere.

• Mentale Aneignung von Stadtwahrnehmungsräumen: Diese wird durch subjektiv-psychologische Voraussetzungen geprägt. Jeder Raum ist zunächst ein Wahrnehmungsraum, der durch unsere Sinne erfasst wird. Mit Methoden wie „kognitivem Mapping" können Aktions- und Wahrnehmungsräume dargestellt und die Bedeutung städtischer Strukturen für kognitive Aneignungsprozesse erfasst werden. Dies hilft, die Struktur und Identität eines Ortes zu verstehen.

Diese Formen der Aneignung verdeutlichen, wie komplex und vielfältig die Interaktionen zwischen Menschen und öffentlichen Räumen sind und wie diese Interaktionen zur sozialen und kulturellen Gestaltung urbaner Umgebungen beitragen (vgl. Klein 2020). Kognitive Aneignungskarten von befragten Personen zeigen, wie der öffentliche Raum unterschiedliche Aneignungsräume ermöglicht. Je nach Fortbewegungsart – zu Fuß, mit dem Fahrrad oder Auto – entstehen unterschiedliche kognitive Aneignungsräume. Radfahrer erleben den Raum beweglicher und abwechslungsreicher, während Autofahrer den öffentlichen Raum eher als kontinuierlichen Durchgangsraum wahrnehmen. Diese Form der Fortbewegung führt dazu, dass der öffentliche Raum eher flüchtig und funktional als Transitraum wahrgenommen wird, der wenig Aufenthaltsqualität bietet. Die Technisierung der Fortbewegung durch das Auto führt tendenziell zu einer Entwertung des öffentlichen Nahraums. Fußgänger hingegen erleben den Straßenraum oft als Barriere, da ihre Wahrnehmung auf die unmittelbare Umgebung fokussiert ist, etwa auf Details wie Blumenbeete, Bänke und dort verweilende Menschen. Für Fußgänger kann der Straßenraum somit zur Aneignungsbarriere werden, da ihre Wahrnehmung kleinteilig und auf spezifische Platzsituationen gerichtet ist. Dabei ist „Platz" im Sinne eines geografisch markierbaren Ortes zu verstehen und nicht im engeren Sinne als Square oder zentraler städtischer Raum. Diese punktuelle Orientierung beeinflusst die Art und Weise, wie sich Fußgänger den Stadtraum aneignen, da sie sich an klar definierten Orten und Übergängen orientieren, während großflächige Verkehrsachsen häufig als Hindernisse wahrgenommen werden. Diese unterschiedlichen Aneignungsprozesse und Wahrnehmungen zeigen, wie wichtig es ist, öffentliche Räume so zu gestalten, dass sie vielfältige Nutzungsmöglichkeiten bieten und für alle sozialen Gruppen zugänglich sind (vgl. Klein 2020).

In verschiedenen Forschungsarbeiten wurde untersucht, wie unterschiedliche Stadtwahrnehmungsräume durch soziokulturelle Strukturen und lebensgeschichtliche Erfahrungen in Wahrnehmungsprozesse einfließen (vgl. Schmid 2005; Rau 2017). Ziel ist es, die Bedeutung spezifischer städtischer Strukturen für kognitive Aneignungsprozesse herauszuarbeiten. Mithilfe der Methode des kognitiven Mappings, angelehnt an Lynch (1981), werden die Aktions- und Wahrnehmungsräume der Befragten kartiert. Die Identifikation einzelner städtischer Bereiche anhand von Wahrzeichen, Images, charakteristischen Merkmalen, Weglinien oder Barrieren verdeutlicht die räumliche Struktur und Identität eines Ortes. Das individuelle Bewusstsein und die Orientierung der Befragten im öffentlichen Raum geben Aufschluss über die Intensität der Aneignung sowie deren Einfluss auf das subjektive Erleben und die Nutzung städtischer Räume.

11.4.2 Urbanität als Lernort

Urbanität als Lernort bietet vielfältige Möglichkeiten für das soziale, kulturelle und politische Lernen in einer dynamischen städtischen Umgebung. In urbanen Räumen treffen Menschen unterschiedlicher Hintergründe und Lebensweisen aufeinander, was den Austausch von Ideen und Perspektiven fördern und so kollektive Lernprozesse anstoßen kann. Öffentliche Räume fungieren als Orte, an denen demokratische Praktiken, wie Diskussionen und Proteste, erlebt und erlernt werden können. Auch die kulturelle Vielfalt der Stadt trägt dazu bei, dass Menschen mit unterschiedlichen Traditionen, Sprachen und Werten in Berührung kommen und voneinander lernen. Gleichzeitig fördern städtische Infrastrukturen wie Bibliotheken, Museen und kulturelle Zentren die Auseinandersetzung mit Wissen und Kunst, was die Bildung und persönliche Entwicklung unterstützten. In diesem Sinne ist die Stadt nicht nur ein physischer Raum, sondern auch ein soziales Gefüge, das kontinuierlich Lern- und Bildungsprozesse ermöglicht und stärkt.

Andererseits argumentierte Sennett schon 1976 in dem Buch 'The Fall of
Public Man', dass der öffentliche Raum auf dem Sterbebett liege (vgl. Sen-
nett 1976). Die zunehmende Individualisierung und Informalisierung haben das
Verhalten in öffentlichen Räumen verändert, was zu deren Fragmentierung und
Entmischung führt. Suburbanisierung, Nutzungsentmischung und zunehmende
Segregation schaffen neue Stadtstrukturen, die traditionelle öffentliche Räume
schwächen. Begriffe wie edge city und Zwischenstadt beschreiben diese Ten-
denzen und verdeutlichen die Erosion des klassischen öffentlichen Raums (vgl.
Sieverts 2003).

Zudem führt die zunehmende Spaltung der Städte in arme und reiche Quartiere
zu Öffentlichen Räumen, welche Exklusion und starke soziale Differenzierung
festigen. Die Verräumlichung sozialer Ungleichheit schwächt das Kriterium der
sozialen Mischung im öffentlichen Raum und führt zu isolierten Inseln orts-
gebundener Armut (vgl. Dangschat 1996: 99–135). Zahlreiche Autorinnen und
Autoren beschreiben einen Funktionsverlust des öffentlichen Raums, der mit Privatisierung und Kommerzialisierung einhergeht: Private Sicherheitsunternehmen
kontrollieren den Zugang und das Verhalten in Shopping Malls, die in den USA
als privately owned public spaces bezeichnet werden.

Die Diskussion über die Privatisierung und Kontrolle öffentlicher Räume verbindet sich eng mit der Exklusionsdebatte (vgl. Lehrer 1998). Überwachung
urbaner Räume ist eine Folge der zunehmenden sozialen Spaltung der Städte,
wodurch öffentliche Räume soziale Disparitäten widerspiegeln und Armut sowie
Ausgrenzung sichtbar machen. Diese Segregationsprozesse prägen den öffentlichen Raum und werden als Ausdruck sozialer Differenzierung beschrieben. Dabei
wird die Bedeutung des geographischen und architektonischen Raums als Ursache
und Ausdruck von Trennungsprozessen oft unterschätzt (vgl. Klauser 2006).

Dennoch bieten öffentliche Räume weiterhin wichtige Lernorte, in denen
gesellschaftliche Werte, demokratische Prinzipien und soziale Praktiken erfahrbar
und erlernbar sind. Die temporäre Aneignung öffentlicher Räume durch Aktivitäten wie Sport, Spiel und Festivitäten zeigt das Bedürfnis nach öffentlichem
Ausdruck privater Lebenseinstellungen. Massenevents wie Sportveranstaltungen,
Love-Parades, Marathons und Christopher Street Day Paraden verdeutlichen das
gestiegene Bedürfnis nach öffentlicher Selbstdarstellung und dem gemeinsamen
Erleben und Feiern im öffentlichen Raum. Diese temporäre Aneignung öffentlicher Räume bietet Chancen für das demokratische Gemeinwesen, indem sie
unterschiedliche soziale Gruppen zusammenbringt und Räume für soziale Interaktion und gemeinsames Lernen schafft. Gleichzeitig stößt sie jedoch auch auf
Widerstand, da verschiedene soziale Gruppen öffentliche Räume unterschiedlich
nutzen und bewerten. Für viele Menschen kann die temporäre Umgestaltung,

etwa durch Straßensperrungen für Events, Proteste oder kulturelle Veranstaltungen, als Einschränkung der individuellen Bewegungsfreiheit oder alltäglicher Routinen empfunden werden. Die Sperrung einer Straße für eine Demonstration, die monatelange Umwandlung eines Stadtbereichs in eine Fanmeile oder autofreie Sonntage führen häufig zu Frustration – sei es aus pragmatischen Gründen oder weil sich einzelne Gruppen übergangen fühlen. Dies verweist auf den Spannungsbogen zwischen Gemeinwohlorientierung und der zunehmenden Individualisierung städtischer Ansprüche, die öffentliche Räume nicht nur als Orte der Begegnung, sondern auch als persönliche Freiheitszonen verstehen. Solche kollektiven Erlebnisse im öffentlichen Raum fördern das soziale Miteinander und tragen zur Bildung einer integrativen, toleranten Stadtgesellschaft bei (vgl. Kessl und Reutlinger 2013).

War die Festkultur bis ins Mittelalter hauptsächlich ein Privileg der Kirche, so ist die heutige Eventisierung des öffentlichen Raums nicht mehr an repräsentative Formen gebunden. Aufmarsch- und Kirchenplätze sind durch das Bedürfnis nach individuellem Ausdruck in der Masse ersetzt worden. Die kollektive Aneignung des urbanen Raums erfolgt durch gemeinsame Anwesenheit in der Stadt, wobei Individuen nicht nur andere erleben, sondern auch sich selbst in einer öffentlichen Arena neu entdecken und definieren möchten. Dies bringt eine neue Bewegungs- und Körperkultur im öffentlichen Raum hervor, bei der Skateboardfahrer, Inline-Skater und andere sportlich aktive Gruppen Anerkennung im verkehrlichen Stadtraum fordern und sich diesen temporär aneignen.

Musil beschreibt in Der Mann ohne Eigenschaften das „brodelnde Geschehen" im öffentlichen Raum als ein unaufhörliches In-, Mit- und Gegeneinander: „Wie alle großen Städte bestand sie aus Unregelmäßigkeit, Wechsel, Vorgleiten, Nichtschritthalten, Zusammenstößen von Dingen und Angelegenheiten, bodenlosen Punkten der Stille dazwischen, aus Bahnen und Ungebahntem, aus einem großen rhythmischen Schlag und der ewigen Verstimmung und Verschiebung aller Rhythmen gegeneinander, und glich im Ganzen einer kochenden Blase, die in einem Gefäß ruht, das aus dauerhaftem Stoff von Häusern, Gesetzen, Verordnungen und geschichtlichen Überlieferungen besteht" (Musil zit. nach Harlander 2002: 99).

In urbanen öffentlichen Räumen findet ein kontinuierlicher sozialer Lernprozess statt, der Toleranz und den Umgang mit unterschiedlichen Lebenssituationen fördert. Kinder und Jugendliche können in diesen Räumen Selbstständigkeit erlernen und soziale Kontakte aufbauen (vgl. Fischer 2017; Blinkert 2017; Kogler 2021). Öffentliche Räume bieten somit wertvolle Lernchancen für Toleranz, Rücksichtnahme und die Akzeptanz von Unterschiedlichkeit. Die US- amerikanische Stadtplanerin Jacobs hebt hervor, dass Straßen in Städten „viele Zwecke erfüllen, abgesehen davon, dass sie Fahrzeuge befördern" (Jacobs 1992: 29). Sie betont die Bedeutung der Straße als Ort der Sicherheit, der Förderung von sozialen Kontakten und Kommunikation sowie als Lernort für Kinder. Auf der Straße können Kinder und Jugendliche Verhaltensweisen beobachten und Kontakte zu gesellschaftlich relevanten Handlungsfeldern knüpfen, wodurch sie die Zusammenhänge des Großstadtlebens und die Bedeutung öffentlicher Verantwortung kennenlernen.

Die Straße, insbesondere im städtischen Wohnquartier, bietet somit einen bedeutenden Lernort für das Verständnis sozialer und kultureller Unterschiede. Herlyn weist darauf hin, dass die Straße als „klassischer Ort städtischer Öffentlichkeit" durch Verkehr und Kommerz in ihrer Lernfunktion bedroht ist. Die Zerstörung dieses nahöffentlichen Raumes trifft insbesondere jene sozialen Schichten, die stärker auf diesen Sozialisationsort angewiesen sind (Herlyn 1997: 246). In diesem Kontext wird deutlich, dass die Gestaltung und Erhaltung von multifunktionalen Straßenräumen und öffentlichen Räumen als Lernorte eine zentrale Aufgabe der Stadtplanung sein sollte, um soziale Integration und gesellschaftliches Lernen in der urbanen Umgebung zu fördern.

11.5 Öffentliche Räume und Planung

Stadtplanung hat als Kernaufgabe die Gestaltung Öffentlicher Räume durch systematische Planung und Organisation städtischer Flächen, die allen Bürgerinnen und Bürgern zur Nutzung offenstehen. Dies umfasst die Entwicklung von Straßen, Plätzen, Parks und anderen urbanen Freiräumen unter Berücksichtigung von sozialen, ökologischen und ästhetischen Aspekten. Die Planung öffentlicher Räume zielt darauf ab, funktionale, zugängliche und attraktive Orte zu schaffen, die den Bedürfnissen der Gemeinschaft entsprechen und soziale Interaktionen fördern. Dabei spielen auch partizipative Prozesse eine zentrale Rolle, um die Wünsche und Anforderungen der Bevölkerung in die Gestaltung dieser Räume einzubeziehen. Folgende Leitziele zur Planung und Gestaltung öffentlicher Räume lassen sich vor dem Hintergrund des Wandels Öffentlicher Räume identifizieren:

- Inklusion und Zugänglichkeit: Öffentliche Räume sollten so gestaltet werden, dass sie für alle Bevölkerungsgruppen zugänglich sind, unabhängig von Alter, Geschlecht, sozialem Status oder körperlichen Fähigkeiten. Barrierefreiheit, Sicherheit und die Berücksichtigung unterschiedlicher Bedürfnisse sind zentrale Aspekte, um Inklusion zu gewährleisten.

- Multifunktionalität und Flexibilität: Öffentliche Räume sollten multifunktional gestaltet sein, um verschiedene Nutzungen und Aktivitäten zu ermöglichen. Flexibilität in der Gestaltung erlaubt es, auf sich ändernde Bedürfnisse und Trends zu reagieren, sodass der Raum sowohl für Freizeit, Erholung, Begegnungen als auch für temporäre Veranstaltungen genutzt werden kann.
- Soziale Interaktion und Gemeinschaft: Die Planung öffentlicher Räume sollte soziale Interaktionen fördern, indem sie Begegnungszonen schafft, die Austausch und Gemeinschaftsbildung erleichtern. Dies kann durch die Gestaltung von Sitzbereichen, Spielplätzen, Grünflächen und anderen sozialen Knotenpunkten unterstützt werden.
- Nachhaltigkeit und Ökologie: Öffentliche Räume sollten umweltfreundlich und nachhaltig gestaltet werden, indem sie ökologische Funktionen erfüllen, wie z. B. die Verbesserung des Mikroklimas, die Förderung der Biodiversität und die Integration von grünen Infrastrukturen. Naturnahe Gestaltungselemente tragen zur Lebensqualität bei und unterstützen den Klimaschutz.
- Partizipation und Mitgestaltung: Die Einbeziehung der Bevölkerung in den Planungsprozess ist entscheidend, um die Bedürfnisse und Wünsche der Nutzerinnen und Nutzer zu berücksichtigen. Partizipative Planungsverfahren fördern die Identifikation der Bürgerinnen und Bürger mit dem öffentlichen Raum und sorgen dafür, dass die Gestaltung den tatsächlichen Anforderungen der Gemeinschaft entspricht.

Die Diversität öffentlicher Räume erfordert für die städtische Planung spezifisch angepasste strategische Leitziele. Diese Leitziele umfassen Inklusion und Zugänglichkeit, den Abbau sozialer und baulicher Barrieren, die Berücksichtigung von Gender-Aspekten sowie sozialräumlicher Diversität, und den Abbau von Disparitäten und Ungleichheiten. Ein zentrales Ziel ist die Verankerung von Mitbestimmung und Partizipation lokaler Bevölkerungsgruppen bei der Planung und Gestaltung öffentlicher Räume (vgl. Dangschat 2011; Kemper u. a. 2015). Diese Ziele sollten auf fundiertem Wissen und Forschung, wie z. B. Sozialraumanalysen, Mental Mappings oder digitalen Aktionsraumnutzungen, basieren, um die soziale und bauliche Struktur verschiedener öffentlicher Räume besser zu verstehen (vgl. Schneider 2005; Kessl und Reutlinger 2013; Bakic u. a. 2016). Fugmann u. a. weisen im Hinblick auf die eingesetzten Forschungsmethoden darauf hin, dass „Erweiterungen reizvoll wären und in Bezug auf bestimmte Fragestellungen (Aktionsräume verschiedener Gruppen) auch notwendig. Das gilt insbesondere für die Einbeziehung GPS-basiert erfasster Raumnutzungsmuster" (Fugmann u. a. 2017: 7).

Die Planung öffentlicher Räume erfordert zum Beispiel zudem die Durchführung qualitativer relationaler Sozialraumanalysen, um die Verflechtungen
zwischen baulichen und sozialen Strukturen im öffentlichen Raum zu erfassen:
„Öffentliche Räume sollten als „System" betrachtet werden. Ihr Zusammenhang
ist sowohl für die Wohnqualität im Quartier wie für die Nutzung einzelner Elemente dieses ‚Systems' von Bedeutung. Besonderes Augenmerk ist zudem Fuß-
und Radwegeverbindungen zu widmen, die gefahrlos zu nutzen sind und so auch
zur Erweiterung der Streifräume von Kindern beitragen" (Fugmann u. a. 2017:
6). Das gewonnene Wissen dient als Grundlage für spezifische planerische Maßnahmen und Strategien. Dazu müssen verschiedene Akteurinnen und Akteure
und Forscherinnen und Forscher in den Datenerhebungsprozess eingebunden
werden, darunter Gemeinwesenarbeit, sozialräumliche Jugend- und Sozialarbei-
ter, Akteurinnen und Akteure der Stadtplanung sowie der Zivilgesellschaft, die
ihre Kompetenzen und ihr Wissen einbringen können. Auch Ausbildungs- und
Forschungsinstitutionen im Bereich der Planung, Architektur und Gemeinwesenarbeit spielen eine zentrale Rolle bei der Gestaltung integrativer öffentlicher
Räume.

Öffentliche Räume betreffen verschiedene Lebensbereiche der Menschen
und erfordern eine ganzheitliche Erfassung der Nutzungsvielfalt und Funktionsmischungen. Um dies zu erreichen, müssen die sektoralen Fachressorts
integrativ zusammenarbeiten. Die Stadtplanung sollte dabei als Moderator fungieren, sowohl innerhalb der Verwaltung als auch im Dialog mit der Bevölkerung
und privatwirtschaftlichen Akteuren. Sie muss der Heterogenität sozialer Welten Rechnung tragen, Konflikte und gegensätzliche Interessen moderieren und
gegebenenfalls durch Mediation lösen. Partnerschaften und Kooperationen sollten dabei gefördert werden, um eine umfassende und inklusive Planung zu
gewährleisten.

Der gesellschaftliche und räumliche Transformationsprozess bringt mehr
Uneindeutigkeit und weniger Steuerbarkeit mit sich, weshalb die Planung flexibel auf Veränderungen reagieren und verstärkt unterschiedliche subjektive
Sichtweisen, Erfahrungen und Interessen am öffentlichen Raum durch Partizipationsprozesse einbeziehen sollte. Reutlinger weist darauf hin, „dass nicht alles
im Leben planbar ist – und dies gilt ebenso für den öffentlichen Raum!" (Reutlinger 2015: 50) und fordert Mut zur Spontaneität, um in Bezug auf Jugendliche
verborgene Potenziale in den oft chaotisch entstehenden Freiräumen zuzulassen,
die durch die Aneignung von Jugendlichen zum Vorschein kommen (vgl. Frey
2009).

Diskussionen in Bürgerforen, Stadtteilinitiativen und Selbsthilfegruppen sollten aktiv in die Planungsprozesse einbezogen und in Zusammenarbeit mit den

Akteurinnen und Akteuren der Stadtpolitik umgesetzt werden. Partizipation, Empowerment und Selbsthilfe können im öffentlichen Raum zentrale Felder der Förderung und Unterstützung werden. Verschiedene Stufen der Beteiligung, von reiner Information über Mitbestimmung bis hin zur Selbstorganisation, fördern die Selbstgestaltung von Räumen, was zu einer besseren Integration führt, da die Bewohnerinnen und Bewohner aktiv an der Gestaltung ihrer Räume teilhaben können. Neben einer gestalterisch-funktionellen Planung bedarf es daher verstärkter Bürgerbeteiligung und eines sozial integrativen Miteinanders bei der Nutzung und Aneignung des öffentlichen Raumes.

11.6 Fazit

Öffentliche Räume spielen eine zentrale Rolle in der Gestaltung des städtischen Lebens und der urbanen Identität. Sie bieten Orte der Begegnung und des Austauschs, fördern soziale Netzwerke und reflektieren die kulturelle Vielfalt der Stadt. In der (post-)modernen Stadtentwicklung sind Öffentliche Räume nicht nur physische Räume, sondern auch soziale und symbolische Orte, die durch Nutzungspraktiken und soziale Interaktionen ständig neu ausgehandelt werden. Diese Räume sind wesentlich für die urbane Lebensqualität, da sie das Zusammenleben in der Stadt strukturieren und soziale Integration ermöglichen.

Die zunehmende Individualisierung und Digitalisierung sowie die Auswirkungen der COVID-19-Pandemie haben die Nutzung und Wahrnehmung öffentlicher Räume stark verändert. Während der Pandemie wurden öffentliche Räume oft leer, was die Notwendigkeit betonte, diese Räume sicher und zugänglich zu gestalten. Digitale Räume gewannen an Bedeutung und ersetzten teilweise die physische Präsenz in öffentlichen Räumen, konnten diese jedoch nicht vollständig ersetzen. Dies verdeutlicht die anhaltende Relevanz physischer öffentlicher Räume, trotz der zunehmenden Bedeutung digitaler Interaktionen (vgl. Volkmer & Werner 2020; Neuburg u. a. 2020; Döbler et al. 2021.

Segregation und Privatisierung stellen weiterhin eine Bedrohung für die integrative Funktion öffentlicher Räume dar. Die zunehmende soziale Ungleichheit und räumliche Segregation führen zu einer Fragmentierung der Stadt, bei der öffentliche Räume oft zu Orten der Exklusion werden. Gleichzeitig bieten temporäre Aneignungen durch Events und sportliche Aktivitäten neue Nutzungsmöglichkeiten und zeigen die dynamische Natur dieser Räume. Diese Entwicklungen verdeutlichen, dass öffentliche Räume flexibel und anpassungsfähig gestaltet werden müssen, um ihre integrative Funktion zu bewahren.

Um die soziale und funktionale Vielfalt öffentlicher Räume zu bewahren und zu fördern, sind partizipative Planungsansätze unerlässlich. Die Einbindung lokaler Bevölkerungsgruppen in die Planung und Gestaltung öffentlicher Räume fördert nicht nur die Akzeptanz und Identifikation, sondern auch die soziale Integration und das Gemeinschaftsgefühl. Stadtplanerinnen und Stadtplaner sollten verstärkt die unterschiedlichen Bedürfnisse und Ansprüche der verschiedenen sozialen Gruppen berücksichtigen. Strategische Leitziele umfassen den Abbau sozialer und baulicher Barrieren, die Förderung von Gender-Aspekten, die Berücksichtigung sozialräumlicher Diversitäten und die Stärkung von Mitbestimmung und Partizipation.

Literatur

Adli, Mazda (2017): Stress and the City: Warum Städte uns krank machen. Und warum sie trotzdem gut für uns sind. C. Bertelsmann Verlag.

Bahrdt, Hans-Paul (1961): Die moderne Großstadt. Soziologische Überlegungen zum Städtebau. Reinbek bei Hamburg: Rowohlt Verlag.

Bakic, Josef & Diebäcker, Marc & Hammer Elisabeth (Hrsg.) (2016): Aktuelle Leitbegriffe Sozialer Arbeit. Ein kritisches Handbuch. Bd.3. Wien.

Barth, Bertram & Flaig, Berthold Bodo & Schäuble, Norbert & Tautscher, Manfred (Hrsg.) (2024): Praxis der Sinus-Milieus®. Gegenwart und Zukunft eines modernen Gesellschafts- und Zielgruppenmodells. Wiesbaden: Springer VS.

Berding, Nina & Bukow, Wolf-Dietrich (Hrsg.) (2020): Die Zukunft gehört dem urbanen Quartier. Wiesbaden: Springer VS.

Berding, Ulrich & Selle, Klaus (2018): Öffentlicher Raum. Verlag der ARL.

Bernhardt, Floris & Bretfeld, Nada & Buzwan-Morell, Josefine & Cermeño, Hele-na & Doukas, Sina & Güde, Elisabeth & Hörburger, Constantin & Keller, Carsten & Koch, Florian (2024): StadtTeilen: Neue Praktiken gemeinschaftlicher Nutzung urbaner Räume. Bielefeld: transcript Verlag.

Bette, Karl-Heinz (1997): Asphaltkultur. Zur Versportlichung und Festivalisierung urbaner Räume. In: Hohm, Hans-Jürgen: Straße und Straßenkultur. Interdisziplinäre Beobachtungen eines öffentlichen Sozialraumes in der fortgeschrittenen Moderne. UVK, S.305–327.

Blinkert, Baldo (2017): Kind sein in der Stadt. In: Fischer, Sabine & Rahn, Peter (Hrsg.): Kind sein in der Stadt. Bildung und ein gutes Leben. Opladen/Berlin/Toronto: Verlag Barbara Budrich, S. 27–48.

Blokland, Talja (2017): Community as urban practice. John Wiley & Sons.

Boettner, Johannes & Güntner, Simon (2016): Öffentlicher Raum und Zugehörigkeit. in: Bakic, Josef & Diebäcker, Marc & Hammer Elisabeth (Hrsg.): Aktuelle Leitbegriffe Sozialer Arbeit. Ein kritisches Handbuch. Bd.3. Wien.

Bourdieu Pierre (1991) Physischer, sozialer und angeeigneter physischer Raum. In: Wentz Martin (Hrsg) Stadt-Räume. Campus, Frankfurt a. M., New York, S 25–34.

Breitfuss, Andrea & Dangschat, Jens & Frey, Oliver & Hamedinger, Alexander (2004): Städtestrategien gegen Armut und soziale Ausgrenzung. Herausforderungen für eine sozialverträgliche Stadterneuerungs- und Stadtentwicklungspolitik. Wien: Kammer für Arbeiter und Angestellte Wien.

Breitfuss, Andrea & Dangschat, Jens & Witthöft, Gesa & Gruber, Sabine & Gstöttner, Sabine (2006): Integration im öffentlichen Raum, Stadt Wien, Magistratsabteilung 18, Wien.

Breuer, Bernd (2003): Öffentlicher Raum – ein multidimensionales Thema. Information zurRaumentwicklung. Heft 1/ 2.2003.

Carmona, Matthew (2021): Public places urban spaces: The dimensions of urban design. Routledge.

Dangschat, Jens S. (1996): „Raum als Dimension sozialer Ungleichheit und Ort als Bühne der Lebensstilisierung? – Zum Raumbezug sozialer Ungleichheit und von Lebensstilen", in: Otto Schwenk (Hg.): Lebensstil zwischen Sozialstrukturanalyse und Kulturwissenschaft. Opladen: Leske + Budrich: 99–135.

Dangschat Jens S. (2011) Partizipation, Integration und öffentlicher Raum. In: eNewsletter Netzwerk Bürgerbeteiligung 01/2011 vom 12.12.2011. Netzwerk Bürgerbeteiligung, Bonn.

Deinet, Ulrich & Reutlinger, Christian (Hrsg.) (2004): Aneignung als Bildungskonzept der Sozialpädagogik. Wiesbaden: VS Verlag für Sozialwissenschaften.

Deinet, Ulrich (2010): Aneignungsraum. In: Reutlinger, Christian & Fritsche, Caroline & Lingg, Eva (Hrsg.): Raumwissenschaftliche Basics. Eine Einführung für die Soziale Arbeit. Wiesbaden: VS Verlag für Sozialwissenschaften, S.35–43.

Diebäcker, Marc & Wild, Gabriele. (Hrsg.) (2020): Streetwork und Aufsuchende Soziale Arbeit im öffentlichen Raum. Wiesbaden: Springer.

Döbler, Thomas & Pentzold, Christian & Katzenbach, Christian (Hrsg.) (2021): Räume digitaler Kommunikation: Lokalität–Imagination–Virtualisierung. Vol. 16. Herbert von Halem Verlag.

Fischer, Sabine & Rahn, Peter (Hrsg.) (2017): Kind sein in der Stadt. Bildung und ein gutes Leben. Opladen/Berlin/Toronto: Verlag Barbara Budrich.

Floeting, Holger & Bartl, Gabriel Barl & Creemers, Niklas (2019): Sicherheit und gesellschaftliche Vielfalt in Stadtquartieren als Aspekte der Lebensqualität, In: Bartl, Gabriel & Creemers, Niklas & Floeting, Holger: Vielfalt und Sicherheit im Quartier, DIFU, Berlin, S. 5–9.

Frey, Oliver & Lacina, Brigitte & Smetana, Kurt & Gstöttner, Sabine (Hrsg.) (2007): Draußen in der Stadt. Öffentliche Räume in Wien. MA 18, Stadtentwicklung und Stadtplanung, Wien.

Frey, Oliver (2004): Urbane öffentliche Räume als Aneignungsräume: Lernorte eines konkreten Urbanismus? In: Deinet, Ulrich & Reutlinger, Christian (Hrsg.): Aneignung als Bildungskonzept der Sozialpädagogik. Wiesbaden: VS Verlag für Sozialwissenschaften, S. 219–233.

Frey, Oliver (2007): Sie nennen es Arbeit. Die ‚Planung der Nicht-Planung' in der amalgamen Stadt der kreativen Milieus. In: dérive – Zeitschrift für Stadtforschung, Heft 26, Jänner-März 2007, Wien.

Frey, Oliver (2009): Die amalgame Stadt. Orte. Netze. Milieus. Wiesbaden: VS-Verlag für Sozialwissenschaften.

Frey, Oliver (2011): Stadtkonzepte in der Europäischen Stadt: In welcher Stadt leben wir eigentlich? In: Frey, Oliver & Koch, Florian (Hrsg.) (2011): Die Zukunft der europäischen Stadt. Stadtpolitik, Stadtplanung und Stadtgesellschaft im Wandel. Wiesbaden: VS Verlag für Sozialwissenschaften, S. 380–415.

Gebhardt, Dirk (2012): Lebensstile. Die Stadt der kurzen Wege: Alltags- und Wohnmobilität in Berliner Stadtquartieren. In: Kemper, Franz-Josef & Kulke, Elmar & Schulz, Marlies (Hrsg.): (2012): Die Stadt der kurzen Wege: Alltags- und Wohnmobilität in Berliner Stadtquartieren. Wiesbaden: Springer-Verlag, S. 33–59.

Gehl, Jan (1987): Life between buildings. Using public space. New York: Van Nostrand Reinhold.

Häberlin, Udo W. & Furchtlehner, Jürgen (2017): Öffentlicher Raum für alle? Raumaneignung versus Gemeinwesen in der Wiener Praxis. In: Hauck, Thomas E. & Hennecke, Stefanie & Körner, Stefan (Hrsg.): Aneignung urbaner Freiräume. Ein Diskurs über städtischen Raum. Bielefeld: Van Nostrand Reinhold, S.171–199.

Harlander, Tilman (2002): Leitbild: Soziale Mischung. In: Die alte Stadt, 2/2000, S. 97–113.

Hauck Thomas & Hennecke Stefanie & Körner, Stefan (Hrsg.) (2017): Aneignung urbaner Freiräume. Ein Diskurs über städtischen Raum. Bielefeld: transcript, S. 263–279.

Häußermann, Hartmut & Siebel, Walter (1987): Neue Urbanität. Frankfurt am Main: Suhrkamp.

Häußermann, Hartmut (1996): Stadtentwicklung im Labor: Berlin-Mitte. In: Wentz, Martin (1996): Stadtentwicklung. Frankfurt am Main: Campus, S. 76–89.

Hecht, V. Jan (2024). Die Menschen hinter den Usern verstehen: Die Digitalen Sinus-Milieus®. In: Barth, Bertram & Flaig, Berthold Bodo & Schäuble, Norbert & Tautscher, Manfred: Praxis der Sinus-Milieus®. Gegenwart und Zukunft eines modernen Gesellschafts- und Zielgruppenmodells. Wiesbaden: Springer VS, S. 149–160.

Herlyn, Ulfert: Die Stadtstraße als Lernort für verschiedene soziale Gruppen. In: Hohm, Hans-Jürgen: Straße und Straßenkultur. Interdisziplinäre Beobachtungen eines öffentlichen Sozialraumes in der fortgeschrittenen Moderne. UVK 1997, S.233–247.

Hillmann, Felicitas (2020): Die Diversität von heute ist die Migration von gestern. Vielfalt und Vielfalt und Sicherheit im Quartier, S. 93–110.

Holzbaur, Ulrich & Neifer Evelyn & Vanini, Vanessa (2020): Nachhaltige Events im öffentlichen Raum. In: Zanger, Cornelia (Hrsg.): Events und Messen im digitalen Zeitalter. Markenkommunikation und Beziehungsmarketing. Wiesbaden: Springer Gabler.

Hüllemann, Ulrike & Reutlinger, Christian & Deinet, Ulrich (2019): Aneignung als strukturierendes Element des Sozialraums, in: Kessl, Fabian & Reutlinger, Christian (Hrsg.), Handbuch Sozialraum. Grundlagen für den Bildungs-und Sozialbereich, Wiesbaden: VS Springer, S. 381–398.

Hüttermann, Jörg (2023): Der „Flairneur" und sein Gegenüber: Über den genussvollen Umgang mit migrationsbezogener Diversität im urbanen Raum. In: Zeitschrift für Soziologie, 52(3), S. 262–281.

Jacobs, Jane: The death and life of great american cities. New York 1992, Erstausgabe 1961.

Kail, Eva & Kleedorfer, Jutta (Hrsg.) (1991): Wem gehört der öffentliche Raum. Frauenalltag in der Stadt. Wien: Böhlau Verlag.

Kazig, Rainer/Müller, André/Wiegandt, Claus-Christi.an (2003): Öffentlicher Raum in Europa und den USA. Informationen zur Raumentwicklung, Heft 3/4, 2003

Kemper, Raimund & Reutlinger, Christian (Hrsg.) (2015): Umkämpfter öffentlicher Raum: Herausforderungen für Planung und Jugendarbeit. Vol. 12. Wiesbaden: Springer-Verlag.

Kessl, Fabian & Reutlinger, Christian (Hg.) (2013): Urbane Spielräume. Sozialraumforschung und Sozialraumarbeit. Wiesbaden: VS Verlag.

Kessl, Fabian & Reutlinger, Christian (Hrsg.) (2019): Handbuch Sozialraum. Grundlagen für den Bildungs-und Sozialbereich. Wiesbaden: VS Springer.

Klamt, Martin (2012): Öffentliche Räume. In: Eckardt, Frank (Hrsg.). Handbuch Stadtsoziologie. Wiesbaden: Springer VS, S. 775–804.

Klauser, Francisco Reto (2006): Die Videoüberwachung öffentlicher Räume: zur Ambivalenz eines Instruments sozialer Kontrolle. Vol. 902. Frankfurt a. M.: Campus Verlag.

Klein, Gabriele (2020): Soziale Choreografie: Bewegungsordnungen und-praktiken in urbanen Räumen. In: Breckner, Ingrid & Göschel, Albrecht & Matthiesen, Ulf (Hrsg.): Handbuch Stadtsoziologie und Stadtentwicklung. Baden-Baden: Nomos-Verlag, S. 391-402.

Knierbein, Sabine (2010): Die Produktion zentraler öffentlicher Räume in der Aufmerksamkeitsökonomie. Wiesbaden: VS Verlag für Sozialwissenschaften.

Koch, Florian & Buzwan-Morell, Josefine & Cermeño Helena (2024): Neue öffentliche Räume: Konzepte und Beispiele, in: Bernhardt, Floris & Bretfeld, Nada & Buzwan-Morell, Josefine & Cermeño, Helena & Doukas, Sina & Güde, Elisabeth & Hörburger, Constantin & Keller, Carsten & Koch, Florian: StadtTeilen: Neue Praktiken gemeinschaftlicher Nutzung urbaner Räume. Bielefeld: transcript Verlag, S. 41–48.

Koch, Florian & Hampel, Lea & Keller, Carsten & Bernhardt, loris. (2020): StadtTeilen–Öffentlicher Raum und Wohnen als neue Gemeingüter in sozial gemischten Nachbarschaften..In: Brokow-Loga, Anton & Eckardt, Frank (Hrsg.): Postwachstumsstadt. Konturen einer solidarischen Stadtpolitik. München: Oekom, S. 224–237.

Kogler, Raphaela (2021): (Un-)Sichtbarkeit von Kind(heit) in der Stadtforschung: Sozialräumliche Kindheitsforschung und urbane Raumaneignung, in: Kogler, Raphaela & Hamedinger, Alexander (Hrsg.): Interdisziplinäre Stadtforschung: Themen und Perspektiven Bielefeld: transcript Verlag, S. 117–140.

Lefebvre, Henri (1991): The Production of Space. Oxford/Cambridge: Blackwell.

Lehrer, Angelika (1998): Is there still Room for Public Space? Globalizing Cities and the Privatization of the Public Realm. In: Urban Strategies at the End of the 20th century, INURA (Zürich).

Linde, Hans (1972): Sachdominanz in Sozialstrukturen. Tübingen: Mohr Siebeck.

Lips, Anna & Heyer, Lea & Thomas, Severine. (2022). Jugendliches Raumerleben während der Corona-Pandemie. Diskurs Kindheits- und Jugendforschung, 17(1). 72–88.

Loidl-Reisch, Cordula (1991): Orte des Spiels. In: Kail, Eva & Kleedorfer, Jutta (Hrsg.): Wem gehört der öffentliche Raum. Frauenalltag in der Stadt. Wien: Böhlau Verlag, S. 67–78.

Löw, Martina & Weidenhaus, Gerhard (2018): Relationale Räume mit Gren-zen: Grundbegriffe der Analyse alltagsweltlicher Raumphänomene. Technik–Macht–Raum: Das Topologische Manifest im Kontext inter-disziplinärer Studien, S. 207–227.

Löw, Martina (2018): Vom Raum aus die Stadt denken: Grundlagen einer raumtheoretischen Stadtsoziologie. Frankfurt: transcript Verlag.

Lynch Kevin (1981): A theory of good city form. Massachusetts and London: MIT Press.

Mandanipour Ali (2010): Whose public space? In: Madanipour A (Hrsg): Whose public space? International case studies in urban design and development. London/New York: Routledge, S 237–243.

Manderscheid, Katharina (2004): Milieu, Urbanität und Raum. Soziale Prägung und Wirkung städtebaulicher Leitbilder und gebauter Räume. Wiesbaden: VS-Verlag für Sozialwissenschaften.

Manderscheid, Katharina (2006): Sozialräumliche Grenzgebiete: unsichtbare Zäune und gegenkulturelle Räume. Eine empirische Exploration der räumlichen Dimension sozialer Ungleichheit. In: sozialer sinn: Zeitschrift für hermeneutische Sozialforschung, Jg. 7/2006, H. 2, S. 273–299.

Marguin, Séverine & Pelger, Dagmar (2023): Art-Based Commoning. Zur räumlichen Verstrickung von Kultur-und Stadtpolitik am Bespiel der Projekträume in Berlin. In: Konfliktuelle Kulturpolitik, Wiesbaden: Springer Fachmedien Wiesbaden, S. 175–198.

Mitscherlich, Alexander (1965) (2023): Die Unwirtlichkeit unserer Städte, in: Anthologie zum Städtebau. Band III: Vom Wiederaufbau nach dem Zweiten Weltkrieg bis zur zeitgenössischen Stadt, Gebr. Mann Verlag, S. 424–425.

Neuburg, Florian Kühne Stefan und Reicher (2020). Soziale Netzwerke und Virtuelle Räume: Aufsuchendes Arbeiten zwischen analogen und digitalen Welten. In: Diebäcker, Marc & Wild, Gabriele (Hrsg.) Streetwork und Aufsuchende Soziale Arbeit im öffentlichen Raum. Wiesbaden: Springer VS.

Nissen, U. (1998): Kindheit, Geschlecht und Raum: sozialisationstheoretische Zusammenhänge geschlechtsspezifischer Raumaneignung. Beltz Juventa.

Ostermeyer, Serjoscha (2017): Zur Paradoxie von Planung und Aneignung. Aneignungen als destruktive und produktive oder intervenierende urbane Partizipationstaktiken, in: Hauck Thomas & Hennecke Stefanie & Körner, Stefan (Hrsg.): Aneignung urbaner Freiräume. Ein Diskurs über städtischen Raum- Bielefeld: transcript, S. 263–279.

Ostrom, Elinor (1990): Governing the commons: The evolution of institutions for collective action. Cambridge university press.

Pelger, Dagmar (2021): Spatial Commons versus separate Spaces: Zwei Modi der Urbanen Raumproduktion. PhD diss., Technische Universität Berlin.

Pincon, Michel & Pincon-Charlot, Monique (1986): Espace social et espace urbain. In: socius. 1986. 32–49.

Rau, Susanne (2017): Räume: Konzepte, Wahrnehmungen, Nutzungen. Vol. 14. Campus Verlag.

Räuchle, Charlotte & Berding, Ulrich (2020): Freiräume als Orte der Begegnung. Standort 44, 86–92.

Reutlinger, Christian (2015): Aneignung öffentlicher Räume durch Jugendliche. Konflikte und Potentiale. In: Kemper, Raimund & Reutlinger, Christian (Hrsg.) (2015): Umkämpfter öffentlicher Raum: Herausforderungen für Planung und Jugendarbeit. Vol. 12. Wiesbaden: Springer-Verlag, S. 47–61.

Reutlinger, Christian (2020): Sicherheiten und Sichtbarkeiten: Ordnungspolitiken in öffentlichen Räumen und die Verdrängung der problematisierten Anderen. in: Diebäcker, Marc & Wild, G. (Hrsg.): Streetwork und Aufsuchende Soziale Arbeit im öffentlichen Raum. Wiesbaden: Springer.

Rietdorf, Werner (Hrsg.) (2001): Auslaufmodell Europäische Stadt. Neue Herausforderungen und Fragestellungen am Beginn des 21. Jahrhunderts. Berlin: Verlag für Wissenschaft und Forschung.

Roth, Birgit (2020): Open City – Der öffentliche Raum in der Stadt der kurzen Wege. In: Berding, Nina & Bukow, Wolf-Dietrich (Hrsg.): Die Zukunft gehört dem urbanen Quartier. Wiesbaden: Springer VS.

Schmid, Christian (2005): Stadt, Raum und Gesellschaft: Henri Lefebvre und die Theorie der Produktion des Raumes. Vol. 1. Franz Steiner Verlag.

Schmid, Christian (2023): Extended Urbanisation. A Framework for Analysis. In: Schmid, Christian & Topalovic, Milica (Hrsg.): Extended urbanisation: Tracing planetary struggles. Birkhäuser, S 23–82.

Schneider, Johann (2005): Sozialraum Stadt. Sozialraumorientierung kommunaler (Sozial-) Politik -eine Einführung in die Sozialraumanalyse für Soziale Berufe. Frankfurt am Main: Fachhochschulverlag.

Selle, Klaus (2002): Stadt und öffentlicher Raum – Thema mit Variationen. In: Kornhardt, Diethild u. a. (Hg.): Mögliche Räume. Junius Verlag GmbH, S. 51–65.

Sennett, Richard (1976): The fall of public man, New York: Alfred A. Knopf.

Siebel, Walter (2000): Wesen und Zukunft der europäischen Stadt. In: DISP 141, 2000, S. 28–34.

Sieverts, Thomas (2003): Cities Without Cities: an Investigation of the Zwischenstadt. London: Spon Press.

Spellerberg, Annette (2014). Was unterscheidet städtische und ländliche Lebensstile? In: Berger, Peter u. a. (Hrsg.) Urbane Ungleichheiten: Neue Entwicklungen zwischen Zentrum und Peripherie, 199–232.

Stadt Wien (2021) Mehrfach genutzt! Beispiele und Tipps zur Umsetzung, Stadt Wien – Stadtentwicklung und Stadtplanung, Wien.

Stein, Petra (2006): Lebensstile im Kontext von Mobilitätsprozessen. Entwicklung eines Modells zur Analyse von Effekten sozialer Mobilität und Anwendung in der Lebensstilforschung. Wiesbaden: VS-Verlag.

Thieme, Karin (2020): Stadt als Erlebnis. Standort 44, 9–14.

vhw – Verband Wohnen und Stadtentwicklung (Hrsg) (2017): Öffentliche Räume in stadtgesellschaftlich vielfältigen Quartieren: Nutzung, Wahrnehmung und Bedeutung. Aachen: vhw,.

Volkmer, Michael & Werner, Karin (Hrsg.) (2020): Die Corona-Gesellschaft: Analysen zur Lage und Perspektiven für die Zukunft. transcript Verlag.

Von Einem, Eberhard (Hrsg.) (1985): Die Rettung der kaputten Stadt. Planen und Bauen als demokratische Anstrengung. Transit Buchverlag.

Wiegand, D., Schmied, A., Kleedorfer, J. & Fellinger, M. (Hg.) (2018): Einfach – mehrfach. Warum Mehrfach- und Zwischennutzung so wichtig ist und wie es geht, Wien, Stadtentwicklung Wien.

Wiesemann, Lars (2015): Öffentliche Räume und Diversität. Geographien der Begegnung in einem migrationsgeprägten Quartier – das Beispiel Köln-Mülheim. LIT, Berlin, Münster.

Wüst, Thomas (2004): Urbanität. Ein Mythos und sein Potential. Wiesbaden: VS-Verlag für Sozialwissenschaften.

Zanger, Cornelia (Hrsg.) (2020): Events und Messen im digitalen Zeitalter. Markenkommunikation und Beziehungsmarketing. Wiesbaden: Springer Gabler.

Raum in der Planung 12

12.1 Einleitung

In der räumlichen Planung werden unterschiedliche Perspektiven auf Raum miteinander verbunden, die sich je nach Planungsmethoden, Planungsinstrumenten und Strategien der Planung unterscheiden. Einerseits liegt in der traditionellen Planung oft ein Verständnis von Raum als Behälter- oder Containerraum zugrunde, der hauptsächlich durch materielle physische Dinge und deren Anordnung sowie Lage charakterisiert wird. Dieses Verständnis sieht Raum als eine statische Entität, die gefüllt und genutzt werden kann.

Andererseits werden zunehmend sozialwissenschaftliche Raumkonzepte angewandt, die Raum nicht als Behälter oder Container, sondern in einem gesellschaftlich-relationalen Sinn verstehen. Hierbei werden Räume als dynamische Anordnungen sozialer Güter, Menschen und anderer Lebewesen konzipiert. Menschen und Dinge stehen nicht außerhalb oder innerhalb des Raumes, sondern sind Teil des Raumes, den sie durch ihre Positionierung und Kommunikation aktiv mitgestalten können (vgl. Urry 1985; Soja 1985; Löw 2001; Berking 2006; Christmann 2015).

Diese Sichtweise betont die Wechselwirkungen und Verflechtungen zwischen den Akteurinnen und Akteuren sowie ihrer Umgebung. So wird Raum als ein Produkt sozialer Interaktionen und Beziehungen verstanden, das sich kontinuierlich durch menschliche Aktivitäten und Kommunikationsprozesse verändert. Ein relationales und vielschichtig-kontextuelles Raumverständnis erkennt an, dass Raum durch die soziale Praxis der Akteurinnen und Akteure geformt und transformiert wird und somit eine wichtige Rolle bei der Gestaltung und Nutzung spielt. Ein weiterer Aspekt dieses Ansatzes ist die Anerkennung der Vielschichtigkeit und Heterogenität von Räumen. Verschiedene Gruppen können denselben

© Der/die Autor(en), exklusiv lizenziert an Springer Fachmedien Wiesbaden GmbH, ein Teil von Springer Nature 2025
O. Frey, *Raum und Gesellschaft*, https://doi.org/10.1007/978-3-658-48154-4_12

Raum auf unterschiedliche Weise wahrnehmen und nutzen, je nach ihren spezifischen sozialen, kulturellen und ökonomischen Hintergründen. Dies führt zu einer
Vielzahl von Überlagerungen und Bedeutungen, die in der räumlichen Planung
berücksichtigt werden müssen (vgl. Halbwachs 1946; Riege & Schubert 2005).
Die Herausforderung besteht darin, sowohl den Containerraum als auch den
relationalen Raum in der Planungspraxis zu berücksichtigen und ihre jeweilige
Relevanz anzuerkennen. Erst die integrative Verknüpfung beider Perspektiven
ermöglicht eine umfassendere und flexiblere Herangehensweise an räumliche Pla-
nungsprozesse. Es ermöglicht Planerinnen und Planern, sowohl die physischen
Gegebenheiten als auch die sozialen Dynamiken eines Raumes zu berücksichti-
gen und somit nachhaltige und resiliente Planungsstrategien zu entwickeln. Die
Zukunft der räumlichen Planung liegt in der Fähigkeit diese unterschiedlichen
Raumkonzepte zu integrieren und anzuwenden. Dafür sind eine kontinuierliche
Reflexion und Anpassung der Planungsmethoden und -instrumente notwen-
dig, um den komplexen und sich wandelnden Anforderungen (post-)moderner
Gestaltung von Räumen gerecht zu werden.

12.2 Räumliche Planung und gebauter Raum

Für die räumliche Planung sind sowohl die materielle Gestalt als auch die soziale
Einbettung der Umwelt von Bedeutung. Die Wechselwirkungen zwischen gebautem Raum und sozialen Verhältnissen beeinflussen die Möglichkeiten planerischer
Strategien. Hamm und Neumann betonen in ihrer ‚Siedlungs-, Umwelt- und Planungssoziologie‘, dass die Umwelt sowohl als Ressource als auch als Raum
zu verstehen ist. Die Autoren betonen, dass die Umwelt sowohl als Ressource
als auch als Raum verstanden werden muss (vgl. Hamm & Neumann 1996).
Auch Kulturlandschaften oder gebaute Umwelt enthalten soziale Elemente, da
sie von Menschen gestaltet wurden. Planerinnen und Planer agieren in einem
komplexen Geflecht aus materiellen Dingen und sozialen Handlungen, da auch
die unbelebte materielle Umgebung soziale Elemente enthält. Die Art und Weise,
wie Infrastrukturen, Gebäude und öffentliche Räume gestaltet werden, beeinflusst
das soziale Verhalten und umgekehrt: Soziale Praktiken und Bedürfnisse prägen
die Nutzung und Gestaltung des Raumes. Die Akteursperspektive in der Planungssoziologie ist für das Verständnis der Wechselwirkungen zwischen Raum
und Gesellschaft entscheidend, da die Akteure im Raum – seien es Planerinnen
und Planer, Bewohnerinnen und Bewohner oder politische Entscheidungsträger
oder andere Interessensgruppen – aktiv zur Gestaltung und Transformation von
Räumen beitragen. Durch ihre Handlungen und Entscheidungen formen sie die

physische und soziale Struktur des Raumes (vgl. Halbwachs 1946; Prigge 1986; Sturm 1998). Hamm und Neumann sprechen auch vom sozialen Charakter der physischen Umwelt. Landschaft, Natur, bebaute Umwelt und Objekte spielen insbesondere im Planungs- und Raumkontext eine wichtige Rolle für den Gebrauchs- und Nutzungswert. Zwar sind viele Dinge für spezifische Nutzungen konstruiert und legen durch ihre Gestaltung bestimmte Gebrauchsmöglichkeiten nahe, doch zeigt sich in der Praxis, dass Räume und Objekte oft auf vielfältige Weise genutzt werden. Beispielsweise können urbane Möbel nicht nur als Sitzgelegenheiten dienen, sondern auch von Skatern oder Mountainbikern umfunktioniert werden. Ebenso entstehen durch Guerilla Gardening neue, oft nicht intendierte Nutzungsformen, die bestehende Raumordnungen herausfordern. Sie sind materiell verfestigte Handlungsmuster und Institutionen. Da Dinge gleichzeitig Gegenstände von Besitzansprüchen sind, unterwerfen sie die Nutzer der Kontrolle des Besitzers, was besonders bei Produktionsmitteln deutlich wird. Dinge sind nicht nur einfache Objekte, sondern spiegeln als materielle Ergebnisse vergangener menschlicher Arbeit gesellschaftliche Strukturen und Handlungsmuster wider. Ihre Gestaltung und Funktion geben vor, wie sie genutzt werden können – sei es eine Parkbank, die primär zum Sitzen gedacht ist, oder ein Platz, der für bestimmte soziale Interaktionen vorgesehen wurde. Doch zugleich sind sie durch Besitz- und Nutzungsrechte reguliert: Ein öffentlich zugänglicher Stadtpark kann beispielsweise vielfältig genutzt werden, während eine eingezäunte Grünfläche oder eine private Gartenanlage bestimmte Gruppen ausschließt. Diese materiellen Strukturen sind nicht statisch, sondern tragen historische Kontinuität in sich – etwa wenn alte Bahntrassen zu Radwegen umgenutzt werden oder frühere Industrieareale durch Landschaftsplanung in Naherholungsräume transformiert werden. So zeigen sich in der räumlichen Planung sowohl die Einschränkungen als auch die Möglichkeiten, die mit den materiellen und institutionellen Rahmenbedingungen von Dingen verbunden sind.

Die materielle Ausstattung des Raumes prägt und lenkt soziales Handeln, indem sie bestimmte Nutzungen erleichtert oder erschwert. Straßenmöbel, Wegeführungen oder räumliche Barrieren bestimmen, wie Menschen sich im Raum bewegen und interagieren. So fördern breite Gehwege mit Sitzgelegenheiten Aufenthaltsqualität und Begegnungen, während enge, stark befahrene Straßen den Fußgängerverkehr einschränken. Auch in der Landschaftsplanung zeigt sich dieser Zusammenhang: Öffentliche Parks mit offenen Wiesenflächen laden zur vielfältigen Nutzung ein, während umzäunte oder streng gestaltete Grünanlagen bestimmte Aktivitäten ausschließen. Gleichzeitig sind Räume nicht nur durch ihre ursprüngliche Funktion definiert – informelle Aneignungen, wie das Skaten

auf urbanen Möbeln oder das Anlegen von Gemeinschaftsgärten auf ungenutzten Flächen, zeigen, dass Menschen sich Räume auch aktiv aneignen und neu
interpretieren. Insofern können materielle Gegebenheiten Handlungsoptionen einschränken oder erweitern, soziale Verhältnisse stabilisieren oder verändern. Der
gebaute Raum ist somit ein Akteur in den Aushandlungsprozessen der räumlichen Planung und des sozialen Handelns: „Raum ist die zweckvolle Anordnung
von Sachen. Wenn man Räume in ihrem materiellen Substrat betrachtet, sind sie
gebildet aus den darin anwesenden Menschen und den geordneten Mengen von
Sachen. (…) Hans Linde hat darauf hingewiesen, dass auch Sachen Träger sozial
relevanter Informationen sind. Indem solche Sachen die Regeln ihrer richtigen
Benutzung an sich tragen, beeinflussen sie soziales Verhalten und konstituieren
soziale Verhältnisse" (Hamm & Neumann 1996: 55).

Konter beschreibt in seiner Habilitationsschrift von 1997 „Lebensraum Stadt –
Stadtregulation" Raum und Zeit mit einem relationalen Verständnis: „Raum und
Zeit sind grundlegende Existenzformen der Materie; umgekehrt sind Raum und
Zeit an die Materie gebunden. Es gibt keinen absoluten Raum und keine absolute Zeit, sondern nur ein Verhältnis von Raum, Zeit, Materie und Bewegung
bzw. Ereignis" (Konter 1997: 21). Dabei unterscheidet Konter klar zwischen
dem Begriff des Raums und den darin enthaltenen materiellen Gegenständen.
Für die räumliche Planung ist es sinnvoll, ein relationales und polykontextuelles Raumverständnis zu integrieren, um die spezifischen materiell-physischen
Ortseigenschaften im Wechselverhältnis zu den sozialen Prozessen im Raum
erfassen zu können. Dennoch bleibt es für die räumliche Planung zentral, die
Perspektive auf die materiell gestalteten Artefakte im Raum beizubehalten. In der
planerischen Praxis sollten beide Perspektiven – die relationale und polykontextuelle sowie die materiell-physische – gleichberechtigt wahrgenommen werden,
da Räume insbesondere durch die materiellen Gegenstände erfahr- und nutzbar
werden. Gleichzeitig darf die Dominanz der physischen Objekte Planerinnen und
Planer nicht dazu verleiten, die sozialen und gesellschaftlichen Dimensionen zu
unterschätzen: „Der Raum an sich ist weder sichtbar noch berührbar, d. h. weder
visuell noch taktil wahrnehmbar. Raum wird erst durch materielle Gegenstände
oder körperliche Objekte erfahrbar" (Konter 1997: 21).

Materielle Objekte, Räume und Infrastrukturen sind nicht nur passive Elemente der Umwelt, sondern prägen aktiv soziale Strukturen und beeinflussen
zwischenmenschliche Beziehungen. Durch ihre Gestaltung und Nutzung können sie bestehende Ordnungen stabilisieren oder Veränderungen anstoßen. Der
Mensch handelt dabei nie isoliert, sondern immer in Wechselwirkung mit Dingen,
Gebäuden, Technik, Natur oder Landschaft. So bestimmen etwa urbane Möblierungen, Verkehrsinfrastrukturen oder landschaftliche Gestaltung, wie Menschen

sich im Raum bewegen, interagieren und ihn wahrnehmen: „Planners do not just have to deal with their moral vision and how discourse can make a difference in public arenas, but also need to revise their normative and technical expertise in order to effectively operate in the material world. Things have politics. And the way they are designed, measured, and regulated by norms is significant" (Lieto 2015: 38).

Planerinnen und Planer agieren stets in Zusammenarbeit mit Menschen und nicht-menschlichen Dingen wie Gebäuden, Straßen, Verkehrszeichen, Mauern oder Plänen. Die Unterscheidung zwischen materiellen Objekten und dem sozialen Raum erlaubt es der Raum- und Landschaftsplanung, die physische Umwelt eigenständig zu analysieren und gleichzeitig ihre Wechselwirkungen mit sozialen Akteuren zu berücksichtigen. Dinge und Objekte sind nicht nur passive Elemente, sondern sie entfalten ihre Wirkung in bestimmten räumlichen und sozialen Kontexten. Sie besitzen spezifische Eigenschaften in Bezug auf Qualität, Quantität, Raum und Zeit und stehen immer in Beziehung zu anderen Objekten sowie zur räumlichen Umwelt. So beeinflusst beispielsweise die Anordnung von Stadtmöblierung, die Materialität von Wegen oder die Gestaltung von Grünflächen die Art und Weise, wie Menschen diese Räume nutzen, wahrnehmen und aneignen: „Gegenstände sind externe autonome Entitäten für kognitive Subjekte wie denkende Menschen, das heißt, sie existieren außerhalb unserer Denkorgane. Sie sind unabhängig vom wahrnehmenden Subjekt" (Schönwandt 2002: 73).

Die Unterscheidung zwischen körperlichen, dinglichen Objekten und dem sozialen Raum schafft die Grundlage für eine differenzierte Betrachtung der materiellen Umwelt und ihrer Beziehung zu den sozialen Akteuren. In diesem Zusammenhang betonen sowohl Schönwandt als auch Hahn die zentrale Rolle von Dingen und deren Eigenschaften im Zusammenspiel mit der räumlichen Umgebung.

Während Schönwandt die Autonomie und Unabhängigkeit von Objekten gegenüber den wahrnehmenden Subjekten hervorhebt, lenkt Hahn den Fokus auf die Reflexion der Wahrnehmung von Dingen und die daraus resultierende Veränderung im Selbstverständnis der Betrachtenden. „Es geht um eine Bewertung der Dinge auf der Grundlage einer Reflexion über ihre Wahrnehmung. Objekte sind mit Assoziationen verknüpft, und das Nachdenken darüber, wie ein Gegenstand wahrgenommen wird, führt zu einer De-Zentrierung des Ich. Das bedeutet eine neue Sicht auf die eigene Fähigkeit, Dinge zu erkennen, und die Einsicht in bislang übersehene Aspekte der materiellen Umwelt" (Hahn 2015: 12 f.).

Diese Perspektive führt dazu, dass die traditionelle Rolle von Planerinnen und Planern als unangefochtene Fachexpertinnen und Fachexperten, die Räume für die Bevölkerung allein mit ihren eigenen Methoden und Planungsinstrumenten gestalten und deren Nutzung festschreiben können, grundlegend infrage gestellt wird. Die Erkenntnis des ‚Eigensinns der Dinge‘, wie Hahn es nennt, und die Autonomie von Objekten, wie Schönwandt sie beschreibt, verdeutlichen den Planenden die Grenzen ihrer Gestaltungsmacht. Diese Einsicht lässt das historische Planungsmodell des allwissenden „Gott-Vater"-Planers, das auf totaler Kontrolle und unbegrenzter Gestaltungsmacht basierte, endgültig obsolet erscheinen. Stattdessen rückt die Notwendigkeit in den Vordergrund, die materielle Umwelt in ihrer Wechselwirkung mit sozialen und nicht-menschlichen Akteuren zu berücksichtigen.

In diesem erweiterten Verständnis von Raum und Planung wird deutlich, dass Planerinnen und Planer nicht nur die Autonomie der Dinge und deren soziale Verflechtungen anerkennen müssen, sondern auch die Netzwerke, in denen diese Dinge eingebettet sind. Es ist daher für die räumliche Planung zentral, dass Dinge und Objekte nicht isoliert betrachtet werden, sondern immer auf ihre Einbindung in ein Netzwerk von Beziehungen mit anderen Dingen und der räumlichen Umgebung verweisen: „Dinge, die sich durch eine Bedeutungsstruktur auszeichnen, treten nie isoliert auf. Zunächst verweist die Bedeutung, mit der etwas erscheint, auf vielerlei implizite Aspekte, von der Rückseite eines Dinges bis zu Dispositionen wie Zerbrechlichkeit oder Brauchbarkeit. Ringsum breiten sich Umfelder aus wie Wohnung, Werkstatt oder Landschaft, in die sich die Dinge einfügen" (Waldenfels 2015: 65).

Die sozialtheoretische Herausforderung besteht darin das Dazwischen als Vermittlung, Vernetzung oder Verknotung zu erfassen, sodass ein dynamisches Beziehungsgeflecht zwischen Subjekt und Objekt bzw. zwischen Menschen und der materiell-technischen Welt sichtbar wird. Trotz der materiell-objektiven Umwelt bleibt die soziale Interaktion zwischen Menschen zentral, da sie durch Interessen, Motive und Handlungsgründe bestimmt ist. Die materielle Umwelt beeinflusst jedoch die sozialen Beziehungen und Verhaltensweisen. Die binäre Dichotomie zwischen Person und Ding ist im Sinne einer ‚Dingpolitik‘ nicht länger haltbar. Dinge mischen in täglichen Beziehungen und sozialen Interaktionen mit und sind aktiv an der Gestaltung und Veränderung menschlicher Verhältnisse beteiligt: „A politics of things accepts that humans do not act alone but always in alliances with non-human things: technologies, representatives of nature, and buildings" (Beauregard 2016: 21).

Aus dieser ‚Dingpolitik‘ ergibt sich ein heterogenes Netzwerk von Akteuren, in dem nicht nur Menschen, sondern auch Objekte, Infrastrukturen und technische Systeme eine aktive Rolle spielen. Durch die Delegation von Aufgaben und Verpflichtungen an Nicht-Menschen entstehen neue Abhängigkeiten und Handlungsmöglichkeiten. So beeinflussen beispielsweise Verkehrsleitsysteme, Ampeln und Fahrbahnmarkierungen das Verhalten von Fußgängern und Autofahrern, indem sie Wege vorgeben, Entscheidungen lenken und Regeln durchsetzen. Ebenso strukturieren öffentliche Möblierungen wie Parkbänke, Fahrradständer oder Absperrungen das soziale Leben im Stadtraum, indem sie Aufenthalts- und Bewegungsmuster fördern oder einschränken. In der Landschaftsplanung zeigt sich dieser Zusammenhang etwa in Entwässerungssystemen, die nicht nur die ökologische Funktion eines Gebiets bestimmen, sondern auch Auswirkungen auf Landnutzung und menschliche Aktivitäten haben: „Things ‚have politics' in as much as they are part of assemblages: being such a part is encompassed in their representation. Representation is not merely a visual or descriptive issue: it is also, and mostly, a matter of inclusion of associations between different actors converging on and expanding from the object of representation – be it a bridge, a hospital, a parking facility, or a landfill" (Lieto u.a. 2016: 39).

Objekte, Dinge, Zeichen, Wege oder Wände besitzen stets eine soziale Bedeutung und werden durch menschliche Interpretationen fortlaufend daraufhin befragt, welche Verhaltensweisen sie nahelegen oder ausschließen. Die Art und Weise, wie Gegenstände und Dinge im Raum konfiguriert sind, eröffnet und begrenzt zugleich die individuellen Handlungsspielräume. Meine Forschungsarbeit mit dem Titel „Die amalgame Stadt. Orte. Netze. Milieus" (Frey 2009) verdeutlicht diese Verflechtungen zwischen Objekten und Menschen im Stadtraum am Beispiel altindustrieller Gebäudestrukturen. Dabei wird deutlich, dass diese Räume nicht nur stumme Zeugen der Vergangenheit sind, sondern in ihrer räumlichen Präsenz und industriellen Architektur eine materialisierte Auffassung sozialer Organisation und historischer Bedeutung darstellen. Solche Gebäude beeinflussen neue Formen des Arbeitens und der Freizeitgestaltung und tragen dabei eine materialisierte soziale Struktur in sich. Hohe Werkshallen, Lastenaufzüge und große Stiegenhäuser erzählen nicht nur Geschichten früherer Nutzungen, sondern veranschaulichen, wie physische Räume in Verknüpfung mit sozialen und kognitiven Strukturen agieren (vgl. Leuenberger 2018). Der Begriff der Amalgamation bezeichnet in diesem Kontext die temporäre Verbindung unterschiedlicher Elemente, die materielle Gegebenheiten und soziale Strukturen eines Raumes miteinander verflechten. Die Idee der Amalgamation zeigt sich besonders deutlich in Transformationsräumen, in denen bestehende materielle Strukturen mit neuen sozialen und funktionalen Anforderungen verknüpft werden. Ein Beispiel hierfür sind ehemalige Industrieareale, die durch planerische Eingriffe zu neuen urbanen Quartieren umgewandelt werden. In der Landschaftsplanung wird dieses Prinzip etwa in der Umnutzung von Braunkohletagebauen zu Seenlandschaften sichtbar, bei denen technische Infrastrukturen, natürliche Prozesse und gesellschaftliche Interessen miteinander verwoben werden. Diese hybriden

Räume machen deutlich, dass materielle Gegebenheiten nie statisch sind, sondern sich durch menschliche Aneignung und Planung immer wieder neu konstituieren. So entstehen Orte, an denen Vergangenheit und Zukunft, Bestehendes und Neues in einer temporären Verbindung aufeinandertreffen – sei es in einer revitalisierten Fabrikhalle, die als Kreativstandort dient, oder in einem renaturierten Industriegelände, das als Erholungsraum genutzt wird.

12.3   Räumliche Planung und sozialer Raum

Räumliche Planung zielt darauf ab, Orte zu verändern oder zu stabilisieren. Räumliche Planung zielt darauf ab, Orte zu verändern oder zu stabilisieren, indem sie räumliche Strukturen bewusst gestaltet und reguliert. Planung ist stets ein aktiver Eingriff in bestehende räumliche Konstellationen (vgl. Lynch 1981; Faludi 1987; Augé 1994; Fürst 2018; Wiechmann 2018). Sie schafft neue Nutzungsoptionen, erhält oder transformiert bestehende Strukturen und beeinflusst dadurch soziale, wirtschaftliche und ökologische Prozesse. Dies zeigt sich beispielsweise in der Umnutzung von Industriebrachen zu urbanen Parks oder der behutsamen Weiterentwicklung historischer Stadtquartiere, bei denen sowohl Erhalt als auch Anpassung eine Rolle spielen. Planung agiert somit stets im Spannungsfeld zwischen Wandel und Kontinuität. In diesem Prozess spielen Kommunikation und Dialog zwischen den Akteurinnen und Akteuren eine zentrale Rolle. Die strategische Umsetzung von Planungszielen muss die sozialen Beziehungen zwischen Menschen und Orten sowie zwischen Aktivitäten und Territorien berücksichtigen. Die Koordination und Steuerung des sozial-räumlichen Handelns sowie der sozial-räumlichen Strukturen sollte darauf abzielen, das Zusammenspiel der Akteurinnen und Akteuren sowie die Wechselbeziehungen zwischen der Herstellung von Raum und dessen Gestaltungs- und Planungsprozessen zu berücksichtigen. Dies erfordert ein Verständnis des Raumes, das mikro- und makrosoziologische Theorien der Steuerung sowie der (Re-) Produktion von städtischen Räumen miteinander verknüpft. Dementsprechend bieten aktuelle Steuerungstheorien wie räumliche Governance-Modelle Theorien zur Kooperation und Koordination zwischen Akteurinnen und Akteuren, die für die Planungspraxis relevant sind (vgl. Mayntz 2004: Benz 2004; Frey 2008; Schimank 2009; Schmitt & Danielzyk 2018; Wiechmann 2019a und 2019b; Zimmermann & Feiertag 2022). Diese Governance-Modelle, die auf Kooperation und Koordination zwischen Akteurinnen und Akteuren abzielen, heben die Bedeutung einer transparenten und partizipativen Planungskultur hervor. Planungsstrategien, die nicht nur top-down, sondern auch bottom-up initiiert werden, sind planungssoziologisch besonders relevant, da sie die aktive Beteiligung der Zivilgesellschaft an der räumlichen Planung einbeziehen. Eine solche partizipative Planung berücksichtigt die spezifischen Bedürfnisse und Perspektiven der verschiedenen Akteurinnen und Akteuren und ermöglicht es, lokale Expertise und Lebenswelten in die Entscheidungsprozesse einzubringen. Insgesamt zeigt sich, dass erfolgreiche räumliche Planung die Berücksichtigung der komplexen Beziehungen zwischen sozialem Handeln und der materiellen Umwelt erfordert. Dies bedeutet, dass nicht nur die physischen Strukturen, sondern auch die sozialen Dynamiken, die diese Strukturen beeinflussen, in den Planungsprozess integriert werden müssen.

Healey argumentiert in ihrem Aufsatz von 1996 für einen „kommunikativen Turn" in der Planung, der soziale Prozesse des Vermittelns, Aushandelns und Argumentierens in den Mittelpunkt stellt. Sie beschreibt Planung als eine kommunikative Tätigkeit, die durch Debatten, Dialoge und Engagement stattfindet (vgl. Healey 1996). Bereits 1987 betonte John Friedmann, dass die Einbeziehung der Betroffenen für die Planung wesentlich ist: „But in radical planning, the relevant knowledge, embedded as it is in transformative theory, is always and necessarily contextual: it points to action, considers strategy, endeavors to reach a critical understanding of the present and near future, and is informed by specific social values. This contextualizing of knowledge is a profoundly social process in which those who stand in the front line of the action – households, local communities, and social movements – make a decisive contribution" (Friedmann 1987: 394).

Schönwandt entwickelte 2002 das System-Umwelt-Paradigma, das die Umwelt nicht nur als gebauten Raum versteht. Systeme bestehen aus einem Kern, der in eine Umwelt eingebettet ist, und diese Umwelt beeinflusst die Konfiguration des Systemkerns: „Akteure, mit ihrer jeweiligen Gedankenwelt, agieren (in der Regel in Organisationen) als Systemkern im Kontext einer Umwelt und stehen auf bestimmte Art und Weise in ständigem Austausch mit den für sie relevanten Komponenten dieser Umwelt" (Schönwandt 2002: 39).

Schönwandt betont, dass Planende auch in ihrer Alltagswelt verankert sind und die sozialen Prozesse dieser Welt die Planungsprozesse beeinflussen können. Planung ist demnach in erster Linie ein sozialer Prozess. Viele dieser sozialen Prozesse bleiben jedoch unsichtbar und müssen sichtbar gemacht werden. Oft ist auch nicht klar, wer hinter der Planung steht. Zudem hat hoheitliche Planung in der heutigen Zeit an Durchsetzungskraft verloren. Besonders sichtbar wird dies in der Landschafts- und Raumplanung, wo großräumige Infrastrukturprojekte – etwa Nord-Süd-Trassen für Energie oder Verkehr – einerseits wirtschaftliche und ökologische Ziele verfolgen, andererseits aber häufig auf lokalen Widerstand stoßen.

Initiativen nach dem NIMBY-Prinzip (‚Not in my backyard') verdeutlichen, dass die Durchsetzungskraft hoheitlicher Planung in der heutigen Zeit stark von gesellschaftlichen Akzeptanzprozessen abhängt. Dies zeigt sich beispielsweise bei Windparks oder Hochspannungsleitungen, die gesamtgesellschaftlich erwünscht sind, aber auf lokaler Ebene Protest hervorrufen. Auch in der Landschaftsplanung sind solche Konflikte erkennbar, etwa wenn großflächige Renaturierungsprojekte mit landwirtschaftlichen Interessen kollidieren oder die Umwidmung von Flächen für Hochwasserschutzmaßnahmen auf Widerstand stößt. Planung agiert somit zunehmend im Spannungsfeld zwischen übergeordneten Entwicklungszielen und lokalen Interessen, wodurch neue partizipative Ansätze erforderlich werden. Die Analyse der Organisation von Planungsprozessen gibt Aufschluss darüber, in welchem Tempo räumliche Entwicklungen vorangetrieben werden, wie die Abstimmung zwischen professionellen Akteurinnen und Akteuren sowie Stakeholdern erfolgt und welche Steuerungsmechanismen zum Einsatz kommen. In vielen Fällen zeigt sich, dass unterschiedliche Organisationsformen maßgeblich den Verlauf und die Umsetzung von Planungsprojekten beeinflussen. So kann eine stark hierarchische Steuerung Prozesse beschleunigen, während partizipative Ansätze oft länger dauern, aber eine höhere Akzeptanz sichern. Ebenso spielt die Art der Zusammenarbeit eine Rolle – beispielsweise, ob verstärkt auf Public-Private-Partnerships gesetzt wird oder ob öffentliche Institutionen die Planung federführend übernehmen. Paulos (2018: 231) liefert hierzu formale Typologien, die verschiedene Formen der Planungskoordination systematisieren und ihre Auswirkungen auf Effizienz, Partizipation und Steuerungsfähigkeit untersuchen.

Planungssoziologische Untersuchungen thematisieren in diesem Zusammenhang die sozialen Prozesse der Kommunikation, Koordination und des Dialogs als Beziehungsgeflecht zwischen den Akteurinnen und Akteuren im jeweiligen Planungsprozess. Aus einer empirischen Perspektive betrachtet, erscheint Planung als ein dynamischer Prozess des Beziehungsaufbaus, bei dem es fortlaufend darum geht, andere Akteurinnen und Akteure von gemeinsamen Interessen zu überzeugen und die eigene Legitimität zu untermauern. Diese Sichtweise verdeutlicht, dass Planung nicht nur eine technische oder administrative Aufgabe ist, sondern in hohem Maße von sozialen Interaktionen und der Fähigkeit zur Vermittlung von Interessen abhängt: „The empirical perspective on relations suggests problematizing planning as relation-building activity that continuously needs to convince other entities of their shared interest, and its own legitimacy" (Marskamp et al. 2018: 7).

Räumliche Planung und die damit verbundenen sozialen Prozesse zeigen sich in der Art und Weise, wie Planerinnen und Planer Interaktionen gestalten. Dabei werden verschiedene Kommunikationsformen und Rollen eingesetzt, die je nach

Kontext unterschiedliche Dynamiken erzeugen. Durch die Interaktionen der Planungsakteurinnen und -akteure entstehen vielfältige soziale Prozesse, die die Entwicklung eines Plans maßgeblich beeinflussen. Besonders die Beteiligung der Zivilgesellschaft sowie anderer institutioneller Akteure spielt oft eine zentrale Rolle: „Social processes are here understood as the interaction of planners and citizens in PEP (public engagement with planning) initiatives, including the question which planning stakeholders and what kind of citizens have been brought together and the 'balance of information and consultation' and the amount of 'activity' or ‚passivity' the participants are accorded" (Kurath 2018: 125). Die Art und Weise, wie diese Interaktionen strukturiert und welche Akteure einbezogen werden, beeinflusst direkt die Ergebnisse des Planungsprozesses. Daraus ergibt sich, dass räumliche Planung als ein sozialer und politischer Prozess verstanden wird, der durch ein relationales und polykontextuelles Raum- und Steuerungsverständnis als gesamtgesellschaftliche Aufgabe wahrgenommen werden kann. Räumliche Entscheidungs- und Steuerungsstrukturen in einer Gesellschaft müssen im Rahmen dieses relationalen Raumverständnisses sowohl die baulichen als auch die sozialen Ebenen einbeziehen. Die zugrunde liegenden sozialen Prozesse sind dabei als Netzwerke von Beziehungen zu verstehen, die sich in materiellen Strukturen manifestieren: „The social is nothing other than patterned networks of heterogeneous materials" (Law 1992: 382). Dieses Verständnis macht deutlich, dass der Raum nicht unabhängig von den sozialen Akteuren und deren Beziehungen existiert, sondern durch sie geformt und beeinflusst wird.

Planerinnen und Planer stehen vor der Herausforderung, in welchem Maße sie räumliche Entwicklungen steuern können und inwieweit externe Kräfte außerhalb ihrer Kontrolle diese Prozesse beeinflussen. Dabei spielt die Rolle materieller Artefakte innerhalb des Akteursnetzwerks und sozialer Prozesse eine zentrale Bedeutung. Soziale Gruppen interagieren auf unterschiedliche Weise mit technischen Artefakten und weisen ihnen verschiedene Bedeutungen zu. Für die räumliche Planung bedeutet dies, dass soziale Formen und Beziehungen nicht isoliert betrachtet werden können, sondern stets in ihrer räumlichen Einbettung berücksichtigt werden müssen: „For the semiotic approach tells us that entities achieve their forms as a consequence of the relations in which they are located in, by, and through those relations. A consequence is that everything is uncertain and reversible, at least in principle. It is never given in the order of things" (Law 1999: 4). Ein zentraler Faktor in diesem Kräftespiel ist das Verhältnis zwischen Staat und Gesellschaft. Der Wandel dieses Verhältnisses führt zu einer Neubestimmung der sozialen Ordnungsprinzipien zwischen Staat, Markt und Gesellschaft. Der

‚kooperative Staat' wird als ein interaktiver Prozess verstanden, der in veränderte Governance-Strukturen eingebettet ist und die spezifischen Interaktionen von Raumplanung strukturiert (vgl. Healey 2003: 104).

Räumliche Planung vermittelt zwischen Gesellschaft, Staat und privaten Unternehmen und trägt zur Verbesserung der Lebensqualität unter Berücksichtigung verschiedener Interessen bei. Eine zukünftige Herausforderung der Planung besteht darin, die Balance zwischen einer stärkeren Öffnung zur Zivilgesellschaft und den Interessen privater Investoren und Unternehmen zu finden – insbesondere in Zeiten geschwächter politischer Durchsetzungskraft. Dabei stellt sich die Frage, inwiefern der Umstand knapper öffentlicher Haushalte die Rolle der Planung verändert hat. Wenn staatliche Mittel begrenzt sind, gewinnen privatwirtschaftliche Akteure an Einfluss, wodurch sich die Planung zunehmend an marktwirtschaftlichen Logiken orientieren könnte. Gleichzeitig leidet das Vertrauen in staatliche Institutionen, was sich in Planungsprozessen beispielsweise durch stärkere Protestbewegungen und ein wachsendes Misstrauen gegenüber politischen Entscheidungen zeigt.

Vor diesem Hintergrund sollten sich die Disziplinen der räumlichen Planung fragen, ob sie von der Rolle der Moderatorin zur Erfüllungsgehilfin privater Interessen geworden sind und welche Vermittlungsfunktion sie im Interesse des Gemeinwohls wieder einnehmen könnten. Die Herausforderung besteht darin, demokratische Beteiligungsprozesse zu stärken und gleichzeitig planerische Steuerungsfähigkeit zu bewahren – eine Balance, die unter den gegenwärtigen wirtschaftlichen und gesellschaftlichen Bedingungen zunehmend schwieriger zu erreichen ist.

Die Rolle der Planung in Staat und Gesellschaft wird vor dem Hintergrund von Steuerungs- und Legitimationsdefiziten des hoheitlichen Staates intensiv diskutiert. Planung als sozialer Prozess stellt die Partizipation in den Mittelpunkt und führt zu neuen Planungsstrategien, insbesondere auf kommunaler oder regionaler Ebene. Dabei gewinnt die veränderte Beziehung zwischen Steuerungssubjekt und Steuerungsobjekt an Bedeutung und sollte in der planerischen Praxis bewusst berücksichtigt werden. Es zeigt sich zunehmend, dass räumliche Planung stärker in ein komplexes institutionelles Gefüge eingebettet ist. Die Öffnung des politisch-administrativen Systems schafft dabei neue Chancen für ein Steuerungsverständnis, das als sozialer und kommunikativer Prozess verstanden werden kann. Dieses Verständnis eröffnet Möglichkeiten für eine zukunftsorientierte Raumentwicklung, in der die Zusammenarbeit zwischen verschiedenen Akteurinnen und Akteuren, sowohl aus der Zivilgesellschaft als auch aus Institutionen, eine tragende Rolle spielt (vgl. Frey 2008: 245 f.).

12.4 Relationales und polykontextuelles Raumverständnis

In den vorangegangenen Abschnitten wurden die beiden Dimensionen des materiellen und sozialen Raums für die Disziplinen der räumlichen Planung überwiegend getrennt voneinander betrachtet. Dies ist insofern sinnvoll, als traditionelle Planung in der Praxis meist die materielle Dimension in den Vordergrund stellt und diese als vorrangige Gestaltungsaufgabe versteht. Die Planung von Verkehrsverbindungen, Infrastruktureinrichtungen, Wohngebäuden sowie öffentlichen Plätzen und Parks wird dabei überwiegend als physische, bauliche Aufgabe betrachtet. Dass Planung jedoch einem sozialen Prozess unterliegt und somit im Kern einer sozialen und gesellschaftlichen Aufgabenstellung folgt, wird erst durch ein relationales und polykontextuelles Raumverständnis deutlich, das beide Dimensionen miteinander verbindet. Dieses integrative Verständnis betont, dass materielle und soziale Aspekte der Raumplanung untrennbar miteinander verbunden sind und nur in ihrem Zusammenspiel eine ganzheitliche Raumentwicklung ermöglichen können. An dieser Stelle wird deutlich, dass eine isolierte Betrachtung der materiellen Dimension der Raumplanung den sozialen und gesellschaftlichen Kontext oft unzureichend berücksichtigt. Daher ist es notwendig, ein theoretisches Modell zu integrieren, das die Wechselwirkungen zwischen sozialen Prozessen und physischen Räumen systematisch untersucht.

Zunächst werden die grundlegenden Forschungen eines relationalen Raumverständnisses von Linde, Läpple und Löw skizziert. Anschließend wird erörtert, welche praktischen Konsequenzen sich aus diesem relationalen Planungs- und Raumverständnis für die planerische Praxis ergeben (vgl. Rydin und Tate 2016). In diesem Zusammenhang werden die Chancen und Herausforderungen, die sich aus den raumtheoretischen Erkenntnissen der Akteur-Netzwerk-Theorie (ANT) sowie den Forschungen der Science and Technology Studies (STS) ergeben, für die räumliche Planung aufgezeigt. Diese Ansätze verdeutlichen, wie ein relationales Raumverständnis in der Planungspraxis angewendet werden kann und welche Potenziale sich daraus für eine zukunftsorientierte Raumentwicklung ergeben.

Räumliche Strukturen und Entwicklungen stehen in einem wechselseitigen Verhältnis von Wahrnehmungen, Interpretationen und Handlungen verschiedener Akteurinnen und Akteure. Diese agieren sowohl auf der lokalen Mikroebene als auch im Kontext überregionaler ökonomischer und politischer Strukturen. Die zentrale Aufgabe der räumlichen Planung und Steuerung besteht darin, das Zusammenspiel dieser Akteurinnen und Akteure sowie die Wechselwirkungen zwischen der Entstehung von Raum und dessen Gestaltungs- und Planungsprozessen zu koordinieren und zu lenken. Dafür ist ein Raumverständnis erforderlich, das mikro- und makrosoziologische Theorien zur Steuerung sowie zur (Re-) Produktion städtischer Räume miteinander verknüpft. Diese Theorien, die unter anderem aus der Akteur-Netzwerk-Theorie (ANT) und den aktuellen Forschungen der Science and Technology Studies (STS) hervorgegangen sind, bieten wertvolle Perspektiven für die Analyse und Gestaltung räumlicher Prozesse. Im folgenden Abschnitt werden die wesentlichen Merkmale dieses erweiterten Raumverständnisses kurz skizziert, um eine theoretische Grundlage für die darauf aufbauenden Planungsstrategien zu schaffen.

In den Disziplinen Städtebau, Architektur, Raum- und Landschaftsplanung dominiert bislang die Vorstellung von „objektiven" Räumen, die sich objektiv vermessen lassen und materiell-objektiv in Beziehung gesetzt werden können. Räume werden dabei als neutrale Gefäße betrachtet, die materielle, körperliche Objekte in sich aufnehmen und deren Einzug bzw. Inkorporation zu einer Umwidmung des Raums führt. Die jeweilige Infrastruktur oder Gebäudestruktur in einem bestimmten Stadtquartier wird häufig unter dem Aspekt meist quantitativ messbarer Merkmale wie Dichte oder Häufigkeit betrachtet. Dieses Verständnis des Raums als „Behälter- oder Containerraum" geht von einem „absoluten Raum" aus, der als unbeweglich, konstant und unabhängig vom Menschen existiert.

Im Gegensatz dazu wurde ein relationales und polykontextuelles Raumverständnis entwickelt, das Raum nicht als statisches Gefäß, sondern als dynamisches Beziehungsgeflecht zwischen Akteurinnen und Akteuren, Objekten und sozialen Prozessen versteht. Dieses Verständnis geht davon aus, dass Räume durch soziale Interaktionen, materielle Beziehungen und symbolische Bedeutungen ständig neu erzeugt und verändert werden. In der Raumsoziologie wird betont, dass Raum kein unveränderlicher Hintergrund ist, sondern in einem ständigen Prozess von Aushandlung und (Re-)Produktion steht. Ein relationales und polykontextuelles Raumverständnis nimmt daher die vielfältigen Wechselwirkungen zwischen sozialen, politischen und materiellen Dimensionen in den Blick. Räume sind demnach nicht nur physische Orte, sondern auch Schauplätze von Machtverhältnissen, kulturellen Praktiken und ökonomischen Prozessen, die sich wechselseitig bedingen und gestalten (vgl. Löw 2001; Ash 2002; Massey 2005; Jessop u. a. 2008; Harvey 2013; Steets, 2015; Löw & Knoblauch 2019).

Läpple entwickelte 1991 ein relationales Raumkonzept, das keine Trennung zwischen physischen Orten und den sozialen Strukturen zulässt. In seinem Modell des „Matrix-Raumes" werden Räume als gesellschaftliche Räume verstanden, die sich aus ihrem qualitativen sozialen Funktions- und Entwicklungszusammenhang heraus erklären. Dieses Konzept betont, dass Räume nicht isoliert als bloße physische Gegebenheiten betrachtet werden können, sondern stets in Verbindung mit den sozialen, politischen und wirtschaftlichen Prozessen stehen, die sie gestalten und prägen. Läpple zeigt, dass physische Orte immer auch Ausdruck gesellschaftlicher Machtverhältnisse, kultureller Praktiken und historischer Entwicklungen sind. Der Raum wird dabei als dynamisches Geflecht aus sozialen Interaktionen und materiellen Gegebenheiten begriffen, das kontinuierlich (re-) produziert wird und sich verändert. Durch dieses Modell wird deutlich, dass die räumliche Dimension untrennbar mit den sozialen Prozessen verwoben ist, die sie beeinflussen und formen (vgl. Läpple 1991). Es unterscheidet 4 Ebenen des Raumes:

- Das materiell-physische Substrat hat eine Objekthaftigkeit als Erscheinungsform. Auf den öffentlichen urbanen Raum übertragen, gehören die Bebauung, der materialisierte Verkehr oder bauliche, raumgestaltende Elemente dazu.
- Die gesellschaftlichen Interaktions- und Handlungsstrukturen bzw. die gesellschaftliche Praxis: Die sind durch ihre Subjekthaftigkeit gekennzeichnet. Die Subjekthaftigkeit der Akteure wird durch die klassenmäßige Differenzierung im sozialen Raum bestimmt.
- Das institutionalisierte und normative Regulationssystem: Eigentumsformen, Machtbeziehungen und gesetzlichen Regelungen steuern die Entwicklungsmöglichkeiten der sozialräumlichen Umwelt.
- Das räumliche Zeichensystem verweist auf die soziale Funktion der Artefakte (wie z. B. Gebäude). Es stellt ein hochselektives Kriterium dar, welches das räumliche Verhalten der Individuen strukturiert.

Diese vier Ebenen – das materielle Substrat, gesellschaftliche Handlungsstrukturen, institutionelle Regulation und das räumliche Zeichensystem – greifen in Planungsprozessen untrennbar ineinander. In der Landschaftsplanung zeigt sich dies beispielsweise bei der Renaturierung von Flusslandschaften: Hier bestimmen physische Gegebenheiten wie Flussverläufe und Bodenbeschaffenheiten (materielles Substrat) die Umsetzbarkeit von Maßnahmen. Gleichzeitig beeinflussen gesellschaftliche Nutzungsansprüche, etwa von Landwirtschaft, Naturschutz oder Freizeitnutzenden, die Planung (gesellschaftliche Praxis). Institutionelle Regulungen wie Umweltgesetze oder Eigentumsverhältnisse setzen dabei entscheidende Rahmenbedingungen (Regulationssystem). Schließlich prägen auch symbolische Bedeutungen den Raum: Ein renaturierter Fluss kann nicht nur ökologischen Mehrwert bieten, sondern auch als Identitätsort dienen oder bestimmte soziale Gruppen durch seine Gestaltung anziehen oder ausschließen (räumliches Zeichensystem). Diese Verflechtungen verdeutlichen, dass räumliche Planung stets mehrdimensional agiert und sowohl materielle als auch soziale Dynamiken berücksichtigen muss.

12.5   Raum in der Akteur-Netzwerk Theorie (ANT)

Die Akteur-Netzwerk-Theorie (ANT) und in deren Folge die Forschungen der Science-Technology-Studies (STS) und die Urban Assemblage Modelle nehmen in einer grundsätzlichen Überlegung das Geflecht zwischen räumlicher Umwelt und sozialen Prozessen zum Ausgangspunkt ihrer theoretischen und empirischen Forschungen. Die Rolle des Menschen und des Raumes wird vielmehr in einem gleichwertigen Geflecht von menschlichen und nicht-menschlichen Akteuren untersucht:

„Actor-network theory (ANT) rejects the separation between humans and non-humans. This claim, in effect, renounces a methodological individualism, which views the world as compromised of atomistic, rational individuals pursing their singular interest. In its place, ANT posits that the constituent form of reality is networks and not individuals, or what actor-network theorists label as assemblages. Within assemblages, actors are known for their effects; that is, an action has occurred when the relationships among actors within the network have changes. To this extent, all action is relational and distributed, or shared, within the assemblage" (Lieto & Beauregard 2016: 11).

Das Geflecht eines Netzwerkes aus menschlichen und nicht-menschlichen Akteuren hat zur Folge, dass nicht nur rein soziale Prozesse der Kommunikation und des Verhaltens zwischen Menschen ein relationales Raumverständnis begründen. Im Gegenteil, der Raum besteht aus einer Vielzahl miteinander in Beziehung gestellten bzw. stehenden Dingen und Personen: „If human beings form a social network, it is not because they interact with other human beings. It is because they interact with human beings and endless other material too" (Law 1992: 382).

Die Konsequenz aus diesen Forschungsergebnissen ist eine Zurücknahme der Bedeutung menschlicher Akteure durch eine stärkere Gewichtung von Objekten, Dingen oder technischen Maschinen bei der Gestaltung der sozial-räumlichen Umwelt. Dies folgt aus einer Konzeption von „Aktanten", die sowohl menschlicher als auch materieller Natur sein können. Während ein Akteur traditionell als bewusst handelnde Person oder Institution verstanden wird, bezeichnet ein Aktant jedes Element – sei es Mensch, Objekt oder Technologie –, das innerhalb eines Netzwerks eine wirkmächtige Rolle einnimmt und Handlungsprozesse mitgestaltet. So können etwa smarte Verkehrsleitsysteme oder wasserregulierende Infrastrukturen in der Landschaftsplanung eigenständige Steuerungsfunktionen übernehmen, die den Handlungsspielraum menschlicher Akteure beeinflussen. Innerhalb dieses Beziehungsgeflechts spielen menschliche Akteure somit eine reduzierte Rolle, da sie sowohl in räumlich-materielle Rahmenbedingungen als auch in eine Vielzahl anderer Akteure und Aktanten eingebunden sind: „This shifts the emphasis from looking for the social link in the relation between actors to focusing on how actors emerge and achieve this link making durable. The shift was made possible by the introduction of the concept of „actant". Actants emerge in a given network by virtue of emergence of their relations with other actors and other actants. The introduction of actants helps emphasizing the fact that nothing lies outside the network of relations and that there is no difference in the ability of technology, humans, animals, or other non-humans to act leading to change" (Tanev 2014: 75).

In Anlehnung an die Akteur-Netzwerk-Theorie (ANT) können Orte als Aktanten in kommunikativer und steuernder Verbindung mit den Menschen konzipiert werden (vgl. Latour 2005). Im Folgenden wird diese Sichtweise auf die Rolle von Dingen und gebautem Raum als ein ‚Akteur' in der räumlichen Planung mit Hinblick auf neuere Forschungen der Akteur-Netzwerk-Theorie (ANT) begründet: „As it core, ANT (Akteur-Network-Theory) rejects the long-term superiority of human actors as decision-makers. Rather, it embraces heterogeneity: humans act in a concert with animals, water, electrons, metal cables, aquifers, bridges, and digital technologies and give rise to hybrids, metabolic chains, and transnational rotes where cyborg entities travel and exchange knowledge and power" (Lieto & Beauregard 2016: 4).

Die Theorien der Urban Assemblage konzipieren die Orte und Objekte als Akteure in einem Netzwerkverbund mit Individuen und sozialen Gruppen. Die Untersuchungen der Urban Assemblage Ansätze sind im Kontext der Science-Technologie-Studies entstanden und analysieren die Verbünde zwischen Technik und gesellschaftlichen Akteuren: „The idea of socio-technical assemblages obviously comes from some of the sort of material semiotics work of actor-network theorists and the post structural philosophies of Gilles Deleuze and his colleagues. Clearly the key point there is that technologies are not merely material artifacts and that the whole tradition in social sciences of rendering the world into this binary of the social, which is the subject of social science, and the technical, which is perhaps the subject of engineering, is radically unhelpful. So, our starting point is that the world of human life and the worlds of urban life are simultaneously imbued with all manner of relationship that are socio-technical simultaneously social and technical" (Farías 2010: 198).

Die Ansätze und Theorien der ‚Urban Assemblage' rücken weniger die Planerinnen und Planer als handelnde Subjekte bei ihren Entscheidungen in den Vordergrund, sondern erforschen das komplexe Beziehungsgeflecht zwischen den heterogenen Akteurinnen und Akteuren – sowohl materiellen als auch menschlichen Ursprungs. Die Bedeutung des Konzepts der „Urban Assemblage" liegt darin, dass es ein dynamisches Verständnis von Städten als lebendige, sich ständig verändernde Gefüge von Beziehungen und Kräften fördert (vgl. Farías 2011). Es hebt hervor, dass urbane Räume nicht das Ergebnis einzelner Entscheidungen von Planerinnen und Planern sind, sondern durch das Zusammenspiel von menschlichen, materiellen und nicht-menschlichen Akteuren geformt werden. Dieser Ansatz ermöglicht es, die Akteurinnen und Akteure eines Netzwerks und ihre Verbindungen untereinander gezielt zu untersuchen. Der Verbund aus menschlichen und nicht-menschlichen Akteuren erzeugt nur zeitlich begrenzte, einzigartige Netzwerke an spezifischen Orten. Die Beziehungen dieser Akteure innerhalb des erweiterten Netzwerks von Dingen, Orten und Menschen sind weder dauerhaft stabil noch gleichmäßig aktiv oder passiv. Einige Akteurinnen und Akteure spielen eine zentralere Rolle als andere, während bestimmte Verbindungen über die Zeit schwächer oder stärker werden können. Dementsprechend ist der gebaute Raum als materielle Welt zu verstehen, die durch eine Heterogenität von Eigenschaften und Fähigkeiten gekennzeichnet ist. Diese materielle Welt sollte als eigenständiger Akteur betrachtet werden, der fähig ist, Handlungen zu beeinflussen und Unterschiede zu erzeugen.

Für die räumliche Planung bedeutet das Denken in diesen erweiterten Netzwerken materieller als auch menschlicher Akteure, dass die wechselseitigen Beziehungen zwischen räumlicher Gestalt und sozialer Welt für Handlungsoptionen entscheidend werden. Räumliche Planung stabilisiert oder transformiert die Verbindungen zwischen gebauter Umwelt und sozialer Welt und wird in ihrem Handlungsspielraum durch die Beziehungsverflechtung und die Kommunikationsprozesse zwischen Natur, Kultur, Technik, Ortsgestaltungen und Menschen bestimmt: „Planning is a matter of assemblages and planners must think of the city in a similar light. ANT (Acteur-Network-Theory) and assemblage thinking are powerful levers to provide new descriptions of the city that go deeply into the imbricated relations between nature and culture, formal institutions and informal practices, actors and technologies, and change and stability" (Lieto & Beauregard 2016: 2).

Nicht nur die Sozialwissenschaften, sondern auch die Planungstheorie und Planungspraxis ist herausgefordert, sich mit der Idee ausweitender Akteursnetzwerke, die nicht nur durch menschliche Individuen oder soziale Gruppen geprägt sind, sondern auch Objekte, materielle Dinge, Technologien, Naturelemente miteinbeziehen:

„Today, urban scholars think of cities and regions as evolving through networks of human associations, technologies, and natural ecologies. These being the case, planners are faced with the task of navigating a profoundly material world. Planning with and for humans alone is unacceptable; in the unfolding of urban processes, non-human things cannot be ignored" (Lieto & Beauregard 2016: 1)

Die Anerkennung des Materiellen bzw. des gebauten Raumes als gleichwertiger Faktor im Konzert einer Entscheidung um räumliche Entwicklung, zeigt auf, dass Planerinnen und Planer in einem normativen und politischen Feld tätig sind. Dies deshalb, weil die Ebene der Beziehungen zwischen räumlicher Umwelt und sozialer Welt analytisch zwar gleichwertig untersucht wird, aber sich aus den Spannungsverhältnissen der unterschiedlichen Machtpositionen Konflikte ergeben: „(…) there is a failure to consider how humans and non-humans are entangled and always act together, even if not always in concert. The contrast brings into relief the need to acknowledge the materiality of the political action in which planners engage" (Beauregard 2016: 12).

Diese Forschungsergebnisse des letzten Jahrzehnts sind aber in ihren Grundüberlegungen in einer planungssoziologisch fundierten Analyse der Wechselbeziehung zwischen Menschen und Umwelt nicht ganz neu. Zum anderen greifen diese Forschungsrichtungen auf ältere (vorchristliche) Philosophien und Überlegungen zur Einbettung des Menschen in die Welt zurück. Insbesondere die Rolle des Subjektiven in Bezug zu objektiven Umweltgegebenheiten wie Territorium, Ort, Raum wird dabei stärker in einer Einheit gesehen. Letztlich wird dadurch die Frage aufgeworfen, ob die Dominanz des menschlichen Subjektes über die leblose Objekthaftigkeit bzw. Dinglichkeit der Natur und Umwelt theoretisch aufrechterhalten werden kann. Ebenso nehmen Hamm und Neumann in ihrer Grundlegung der Planungssoziologie Ende des 20. Jahrhunderts die Gewichtung materieller Objekte und Sachen als Akteure in der Planung auf und rechnen ihnen eine relativ aktive Rolle im Planungsprozess zu: „(…) die in der Form physischer Infrastrukturen von einer Generation auf die nächste ‚vererbt' werden. Physische Objekte, Sachen aber auch Institutionen, Gesetze) sind Lösungen für Probleme, die irgendjemand einmal erfunden hat, die sich, wenn zweckmäßig, verbreitet haben, an die wir uns gewöhnt haben (…)" (Hamm & Neumann 1996: 54).

In dieser planungssoziologischen Sichtweise werden Sachen und Dinge, Gebäude und Plätze auch als sozial-räumliche Einheiten aufgefasst, die als technologische Struktur Berücksichtigung in ihrer sozialen und räumlichen Funktion finden:

„Aber nicht nur die Nutzung, auch die Produktion, die Finanzierung, die Pflege, der Ersatz von Sachen haben soziale und technologische Strukturen, Sachverhältnisse hinter sich; und wir sehen keinen Grund, eine Stadt, die ja nichts anderes ist als eine sehr komplexe technologische Struktur, hier anders zu behandeln als jede andere Sache" (Hamm/Neumann 1996: 259).

Die Blickrichtung der ANT/STS/Assemblage-Modelle sind dabei weder einseitig auf spezifisch menschliche unterschiedliche Eigenarten wie Willen, Emotionen bzw. soziale Handlungen oder Verhalten gerichtet, noch auf die Eigenschaften der materiellen Umwelt: „It says that we should be exploring social effects, whatever their material form, if we want to answer the ‚how‘ questions about structure, power and organization. This is the basic argument: to the extent that ‚society‘ recursively reproduces itself, it does so because it is materially heterogeneous. And sociologies that do not take machines and architectures as seriously as they do people will never solve the problem of reproduction" (Law 1992: 389).

Diese Forschungen nehmen zum einen aktuelle gesellschaftliche Entwicklungen in den Blick, bei denen Maschinen und Technik durch digitale Steuerungsprozesse immer mehr Bereiche des gesellschaftlichen Lebens gestalten. Automatisiertes Fahren, Facebook-Algorithmen, künstliche Intelligenz und lernende Maschinen sind nur einige Beispiele dieser fortschreitenden Technisierung sozialer und gesellschaftlicher Prozesse. Zum anderen stehen damit verbundene räumliche und planerische Herausforderungen im Fokus: Smarte Städte, Algorithmen gestützte Verkehrssteuerung oder digitale Beteiligungsverfahren verändern nicht nur Entscheidungsprozesse, sondern auch die Art und Weise, wie Räume genutzt, gestaltet und wahrgenommen werden. Dadurch entstehen neue Steuerungslogiken, die sich auf soziale Interaktionen, politische Regulierung und materielle Infrastrukturen auswirken: „We are currently witnessing a change of human condition due to the unprecedented increase of complexity of everyday technological artifacts. The technologies around us are becoming more complex, more intelligent and more autonomous as compared to what has been known before" (Tanev 2014: 80).

Diese technologisch-materiellen Konstrukte bzw. Maschinen prägen und steuern immer stärker die sozialen Prozesse im Raum. In Folge dessen entstehen neue Kommunikationsformen zwischen Menschen und Maschinen: „There is increasing number of social aspects which are controlled not by people but by automatic systems. Unfortunately, the automation of social systems is paralleled by a process of depersonalization of the interaction between people which creates additional problems due to communication ambiguities"(Tanev 2014: 80).

Zudem wird in neueren STS Forschungen den digitalen Maschinen auch ein Eigenleben zugeordnet. In gewisser Weise stellen sie autonome Aktanten dar, die zwar keine Absichten oder auch keinen Willen besitzen. Dennoch können sie als intelligente Maschinen eigenständig handeln: „The point here is that many technological ‚solutions‘ are emerging as independent autonomous actors in our lives. Yes, computer viruses and antiviruses programs do not have intentions; yes, there were designed by a programmer, but it does not really matter who this programmer was if, for example the antivirus program will consistently remove the attachments from my email because of the suspicion or ,fear' of potential virus activities" (Tanev 2014: 81). Die Interaktion als Kommunikation zwischen Usern und digitalen Maschinen verändert auch die Kommunikationsformen zwischen Menschen untereinander. Interaktionen durch nutzerorientierte Technologien stellen dabei einen Teil sozialer Aktivitäten dar, welche nicht auf technische Produkte reduziert werden können. Zentral an dem theoretischen Ansatz der STS Forschungen ist auch die Zuschreibung einer aktiven Rolle der ,Intelligenten Computermaschinen': „Nonhuman artifacts are also considered to be active which is another expression of the fundamental principle of symmetry between human and non-human agents (Tanev 2014: 73)".

Die ANT/STS/Assemblage-Forschungen zeigen, dass die historische Phase des planenden ,Gott-Vaters', den insbesondere die eigenen individuellen Möglichkeiten der Gestaltung räumlicher Umwelt beflügelten, infrage zu stellen ist. Zumindest in theoretischer Beurteilung kann eine Abspaltung des planerischen Subjekts von seinen relationalen Beziehungsnetzwerken der räumlichen Umwelt konstatiert werden. Die Fokussierung des planenden Fachmanns auf die Veränderung der physischen Umwelt hat seine Einbettung in das kommunikativ-politische aber auch seine Beziehung zu den materiell-physischen Aktanten in ihrer Vielfalt oft übersehen. Konsequenzen dieser verengten Perspektive sind heute in vielen Städten und Gemeinden ,autogerechte Räume' oder ,funktionsgetrennte Siedlungsgebiete' als vielfach defizitäre Räume. Die Chancen für die Raumplanung, Planungstheorie und -praxis durch eine stärkere Berücksichtigung der ANT-Forschungen liegen in einer neuen Bescheidenheit der Planenden in Bezug auf ihre Handlungsmöglichkeiten: „It just leads to the opposite conclusion: if inequalities have to be generated, this is the proof that other types of actors than the social ones are coming into play" (Latour 2005: 64).

Zudem sollte stärker berücksichtigt werden, dass neben den Möglichkeiten Orte und Räume zu gestalten und zu planen, die „Wirkungen und Folgen des Eingriffs in die räumliche Umwelt" einen stärkeren Stellenwert für planungssoziologische Untersuchung erhalten. Durch die ANT-Forschung wird das Geflecht zwischen baulich-technischen und menschlichen Akteure an konkreten Orten zur Forschungsfrage, die zeitlich noch vor einem gestaltenden und planenden Eingriff in die räumliche Umwelt zu analysieren ist: „This is a radical claim because it says that these networks are composed not only of people, but also of machines, animals, texts, money, architectures – any material that you care to mention. So, the argument is that stuff of the social isn't simply human" (Law 1992: 381).

Dadurch könnte eine weitere Sensibilisierung der Planenden für eine aufmerksame Beachtung des Beziehungsgeflechts zwischen Nutzerinnen und Nutzern, Planungsbetroffenen, den Strukturen und Atmosphären von Gebäuden, Plätzen oder Straßenzügen erfolgen. Sensibilität für die materielle Umwelt, die Relationalität und Unsicherheit von planender Praxis kann zur Folge haben, dass Planerinnen und Planer sich stärker der Frage widmen müssen, wie Menschen und Objekte in der Praxis verwoben sind und wie deren Beziehungen zueinander verstanden werden können. Gefahren und Grenzen der ANT/STS/Assemblage Forschungen in der Übertragbarkeit für die Raumplanung bestehen durch eine komplette Verschmelzung und Überwindung des Objekt-Subjekt Verhältnisses, das in Grundzügen in den theoretischen Überlegungen angelegt ist: „First, the traditional sociological theories of human action have greatly reduced it to the type of causal action. Second, in addition to its major advantages (symmetrical treatment of human and non-human agents and a more comprehensive understanding of the dynamics of their relationship) ANT needs some further conceptual developments in order to be able to cover some important and unique aspects of human behavior" (Tanev 2014: 79).

In diesem Sinne wird die Entscheidungsmacht der Planenden relativiert, da angenommen wird, dass sie stark in die Beziehungsstruktur des Netzwerks aus materiell-physischen und sozialen Akteuren eingebettet sind. Folge wäre ein „Laissez-faire" aufgrund eingeschränkter Entscheidungsmöglichkeit anstelle einer aktiv-initiierenden Rolle im Planungsprozess. Zudem werden in den Forschungen bisher zu wenig die unterschiedlichen Eigenschaften der materiellen Objekte und der sozialen Akteure herausgearbeitet: „ANT needs a concept of an asymmetry between non-human and human actors so that it could describe unique human behavior such as moral obligation, endurance, struggle, dedication, responsibility, duty, passion and, why not love. Such characteristics are difficult to ascribe to non-humans but it is equally difficult to ascribe them to all humans" (Tanev 2014: 79).

12.6   Relevanz für die räumliche Planung

Akteurinnen und Akteure der räumlichen Planung sind als Expertinnen und Experten in ein erweitertes Netzwerk von sozialen und baulich-manifesten Akteuren eingebunden. In dieser Verbindung des Geflechts von menschlichen und nicht-menschlichen Akteuren gilt eine Gleichwertigkeit hinsichtlich der Beziehungen in der Struktur dieses Netzwerkgeflechts. Dies wirft folgende Frage auf: „Is it possible to develop a common new ontology that combines things, humans, and concepts by moving away from the notion of substance, and instead redu-cing the entities to what they reveal in the course of their (inter)action?" (Roussel 2014: 7). Daraus folgt, dass die Analyse eines erweiterten Planungsnetzwerkes dezentral und gegenseitig beeinflusst erfolgt (vgl. Roussel 2014: 10). Die Rolle der Expertinnen und Experten als ein Akteur unter Vielen rückt die Art und Weise der Beziehungen untereinander in den Vordergrund. Dabei sind die Eigenschaf-ten und Rollen der einzelnen Netzwerkakteure sowie die Art und Weise ihrer Beziehungsstruktur unterschiedlich gelagert. Für die planenden Akteure sind die Planungsziele sowie die Anerkennung ihrer Position zentral. Das heißt, dass die wechselseitigen Formen des Austausches im Netzwerk gegenüber der subjektiven Autonomie der Individuen an Bedeutung gewinnen: „A discussion of humanity not from a dogmatic point of view but within a history of defining and redefi-ning only takes place as the history of an exchange of forms. […] in describing social practices apart from the more political agenda of a critique of subjective autonomy as the core of our modern times" (Roussel 2014: 19).

Planerinnen und Planer können jedoch dieses Beziehungsgeflecht nach wie vor gestalten. Denn sie beschäftigen sich mit der Frage, wer oder was in das Netz-werk zur Gestaltung und Planung der räumlichen Umwelt eingebunden wird. Dabei nehmen sie eine besondere Rolle durch ihre Verankerung in der loka-len und überörtlichen Ebene ein. Sie identifizieren durch Analyse, Beobachtung, Datenaufbereitung oder weitere Erhebungen, welche baulich-örtlichen, räumli-chen oder sozialen Ressourcen die jeweiligen Akteure in die praktische aktive Planung und Gestaltung der sozial-raumlichen Umwelt einbringen können. Dabei werden Akteure und Ressourcen reduziert oder erweitert. Planerinnen und Planer treffen nicht die endgültige Entscheidung, wer oder was in das Netzwerkgeflecht eingebunden ist, aber sie können Akteure – menschliche oder nicht-menschliche – in ihrer Rolle stärken oder beschränken: „This line of argument takes us directly to the question of democratic theory, most of which, at least in recent decades, has had the nation state as its primary focus" (Friedmann 2011: 213).

In gewisser Weise sind Planerinnen und Planer Mediatoren im Netzwerk mit eigenständigen Werkzeugen und Methoden. Durch Techniken der Kommunika-tion, Methoden der Partizipation oder die Art und Weise der Informations- und Datenbereitstellung, der Analyse und Erhebung können sie den Planungspro-zess beeinflussen: „The agency of form is found in the interplay of the human and the non-human. Thus, cultural forms crystallize (social) interaction. Forms in this sense may be regarded as interfaces for the exchange of data flows at the very moment of having agency" (Roussel 2014: 20). Diese Werkzeuge, Instrumente, Methoden und Verfahren stellen innerhalb des Akteursnetzwerkes als Pläne, Modelle, Zeichnungen und Simulationen sowohl in ihrer sozialen Art

als auch in ihrer Materialität einen weiteren Akteur dar. Zwischen all diesen
Akteuren hat die Raumplanung nicht nur die Aufgabe, Verbindungen zu gestalten,
sondern auch zu übersetzen und zu vermitteln. Die Abb. 12.1 veranschaulicht die verschiedenen Ebenen und Dimensionen
der Raumanalyse in der räumlichen Planung. Im Zentrum stehen die Wech-
selwirkungen zwischen menschlichen und nicht-menschlichen Akteuren sowie
institutionellen Akteuren, die durch Kommunikation, Kooperation und Dialog
miteinander verbunden sind. Der Raum wird in drei grundlegende Kategorien
unterteilt: den wahrgenommenen Raum, den gelebten Raum und den konzipierten Raum. Strukturen wie ökonomische und politische Rahmenbedingungen
beeinflussen die räumliche Entwicklung, während Prozesse wie Globalisierung,
Digitalisierung und Medialisierung die Wahrnehmung und Aneignung von Räumen verändern. Ressourcen und Kapital spielen eine entscheidende Rolle bei
der Gestaltung von Orten und Räumen, ebenso wie Machtverhältnisse, die durch
hegemoniale Strukturen und Gegenmacht geprägt sind. Die materielle und virtuelle Dimension des Raums wird durch Materialität, Virtualität, Technik und
Topografie definiert.

Funktionen des Raums umfassen Wohnen, Erleben, Nutzung und Wahrnehmung, die durch individuelles Verhalten und soziale Interaktionen geprägt
werden. Der imaginierte Raum ergänzt die anderen Dimensionen, indem er Vorstellungen, Bedeutungen und gesellschaftliche Konstruktionen von Raum umfasst.
Institutionelle Akteure steuern Prozesse der Raumproduktion und beeinflussen,
wie Räume genutzt, gestaltet und reguliert werden. Die Abbildung zeigt, dass
Raum nicht nur als physisches Gebilde existiert, sondern durch soziale, politische und wirtschaftliche Dynamiken geformt wird. Die Betrachtung dieser
verschiedenen Dimensionen ermöglicht eine ganzheitliche Analyse räumlicher
Entwicklungen und deren Auswirkungen auf Gesellschaft und Planung.

12.7 Raumverständnis in der räumlichen Planung

Planerinnen und Planer legen ihrer Arbeit häufig einen kausalen Zusammenhang
zwischen räumlicher Entwicklung und Verhalten zugrunde. Sie verstehen Räume
als neutralen Behälter für soziales Handeln. Bei der Vorstellung eines Behälterraums dominiert die Sichtweise auf die Bedingungen des materiellen Raumes, die
soziales Verhalten und Handeln prägen. Andererseits werden Räume auch durch
Verhaltens- und Handlungsweisen von Individuen, Gruppen oder Institutionen in
ihrer Struktur und Entstehung konstituiert. Insofern ist für das Fachgebiet der
Planungssoziologie ein relationaler Raumbegriff zentral, der gebaute, materielle

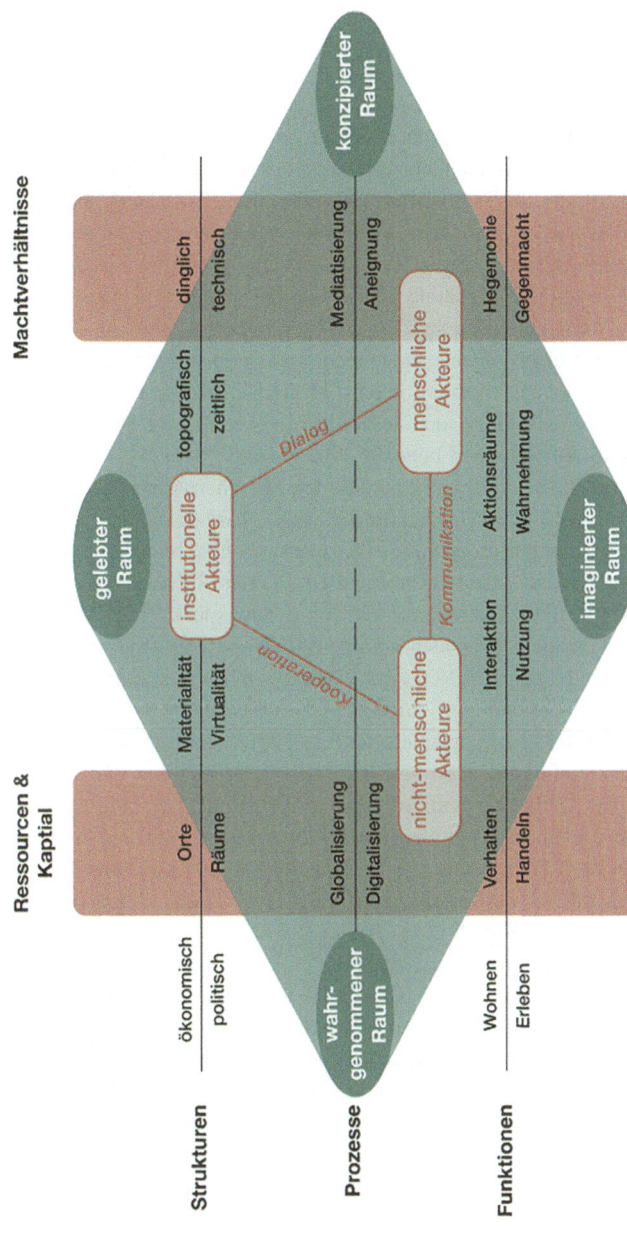

Abb. 12.1   Ebenen und Dimensionen der Raumanalyse in der räumlichen Planung

Orte im Wechselspiel mit den sozialen Prozessen im Raum konzipiert (vgl. Löw 2001; Löw & Knoblauch 2021).

Akteurinnen und Akteure der Stadt- und Raumplanung können durch das relationale und polykontextuelle Raumverständnis ihren Raumbegriff weiterentwickeln, indem sie die komplexen Wechselwirkungen zwischen materiell-physischer Beschaffenheit und sozialem Handeln verstärkt berücksichtigen. Zusätzlich avanciert der gebaute Raum über seine statische Rolle hinaus zu einem aktiven Teilnehmer im Dialog zwischen sozialen Intentionen und planerischen Ambitionen. Das Handeln der Planerinnen und Planer kann dadurch stets im Zusammenhang mit den Dingen – seien es Gebäude, technische Infrastrukturen oder natürliche Gegebenheiten – kontextualisiert werden: „What planners propose and advise are changes in the built environments; their recommendations are inseparable from the material consequences that they intend. Moreover, planners never act alone but always with material things such as landfills, bus lanes, site maps, affordable housing units, GIS software, and budgets" (Beauregard 2016: 10).

Im Planungsgeschehen sind die Interaktionen zwischen Menschen und nicht-menschlichen Entitäten – wie Gebäudestrukturen, Umwelelementen und Infrastrukturen – von zentraler Bedeutung. Diese physischen Manifestationen sind nicht nur passive Objekte, sondern besitzen eine eigene Präsenz und einen ‚Eigensinn', der sich in ihrer Materialität, Verortung, atmosphärischen Wirkung und Anpassungsfähigkeit an verschiedene Nutzungsformen zeigt. Sie agieren nicht isoliert, sondern sind Teil eines Netzwerks, das sowohl in die räumliche Umwelt als auch in soziale Interaktionen eingebettet ist. Besonders in der räumlichen Planung und Landschaftsplanung spielt die Frage nach den Repräsentationen der Umwelt und Topografie eine zentrale Rolle: Die Wahrnehmung und Gestaltung von Landschaften, Gebäuden und Infrastrukturen ist nicht nur durch funktionale Anforderungen geprägt, sondern auch durch symbolische und kulturelle Deutungen. Die Berücksichtigung dieser dynamischen Prozesse innerhalb ihrer sozio-räumlichen Kontexte ist daher essenziell für eine nachhaltige und adaptive Planung (vgl. Law 1992; Kurath 2018; Paulus 2018).

Planerinnen und Planer bewegen sich in einem komplexen Beziehungsgeflecht aus materiellen Dingen, gebauten Strukturen und sozialen Dynamiken. Sie interagieren nicht nur mit Menschen, sondern auch mit nicht-menschlichen Akteuren wie Gebäuden, Infrastrukturen oder Landschaftselementen. Diese materielle Umgebung ist nicht neutral, sondern von Menschen gestaltet, geformt und mit Bedeutungen aufgeladen. Objekte und Dinge verweisen dabei stets auf ihre Einbettung in ein größeres Netzwerk aus räumlichen und sozialen Bezügen. Für die Raum- und Landschaftsplanung bedeutet dies, dass der gebaute

Raum und die natürliche Umwelt nicht nur als physische Strukturen betrachtet werden dürfen, sondern als Teil sozialer Prozesse. Ein Beispiel hierfür ist die Gestaltung von Hochwasserschutzsystemen: Dämme, Rückhaltebecken oder Renaturierungsmaßnahmen haben nicht nur eine physische Schutzfunktion, sondern beeinflussen auch die Nutzung angrenzender Flächen, die wirtschaftlichen Interessen von Landwirten und die Wahrnehmung von Bürgerinnen und Bürgern. Ebenso verändert der Bau von Windparks nicht nur die Landschaft, sondern ruft gesellschaftliche Debatten über Energiewende, Naturschutz und lokale Mitbestimmung hervor.

Unter dem Begriff „Material Turn" in der räumlichen Planung wird eine Perspektive beschrieben, die das baulich-physische Objekt nicht als passives Element, sondern als Aktanten innerhalb eines Netzwerks aus menschlichen und nicht-menschlichen Akteuren versteht. So sind beispielsweise Planungstools wie GIS-Systeme oder digitale Simulationsmodelle nicht nur Werkzeuge der Planenden, sondern beeinflussen aktiv Entscheidungsprozesse, indem sie bestimmte Szenarien aufzeigen und andere ausblenden. In diesem Ansatz werden menschliche und nicht-menschliche Akteure als gleichwertige Teile eines Beziehungsgeflechts betrachtet. Planung ist damit nicht nur ein menschlicher Prozess, sondern entsteht im Zusammenspiel mit technischen, materiellen und natürlichen Elementen, die Handlungsoptionen ermöglichen oder begrenzen: „Dinge, vor allem Artefakte, haben Handlungsmacht. Sie bewegen, bewirken, haben Einfluss, bringen Vieles zustande, sind dienlich, stören aber auch und machen Probleme. Sie werden oft zu Mittlern, die einen deutlichen Unterschied machen und Ergebnisse hervorbringen, die ohne Zusammenspiel nicht existieren würden. Handeln ist kein menschliches Privileg mehr" (Hörning 2015: 172). Dieser Perspektivwechsel lenkt den Blick darauf, dass Planungsentscheidungen nicht isoliert getroffen werden, sondern durch ein Netzwerk aus Akteuren, Materialien und Technologien geformt werden: „However, a focus on the material does offer new topics for study, looking at how planning actors are brought into association with material elements" (Rydin 2014: 592).

Insbesondere die räumliche Planung in der Postmoderne ist durch Raumfigurationen geprägt, die eine inhärente Komplexität und Mehrdimensionalität aufweisen und somit über simplifizierende Kategorien hinausgehen. Mit der Akteur-Netzwerk-Theorie (ANT) wird das dynamische Beziehungsgeflecht erfasst, in dem die Konfiguration und Wechselwirkung der sozialen und physischen Welt transparent werden. Diese Perspektive umfasst sowohl die sozialen Strukturierungen als auch die materiellen Gestaltungen der Gesellschaft und ihrer Räume. Es handelt sich um eine Welt, in der alles mit allem verbunden ist und in der die Unterscheidung zwischen Subjekt und Objekt obsolet geworden ist.

Die Überwindung des Subjekts geht mit einem Verlust an Eigenschaften sowohl aufseiten der Menschen als auch aufseiten der Dinge einher. Menschliche Fähigkeiten wie interessengeleitetes Handeln, Wissenserwerb und soziales Lernen, die in einem ‚Dazwischen-Sein' stattfinden, werden dementsprechend relativiert (vgl. Rydin & Tate 2016; Tewdwr-Jones 2017).

12.8   Fazit

Ein relationales und polykontextuelles Raumverständnis bietet für die räumliche Planung eine wertvolle Grundlage, um die Dynamik moderner urbaner Räume zu verstehen und zu gestalten. Es zeigt, dass Räume nicht als statische Behälter, sondern als soziale und physische Konstrukte betrachtet werden müssen, die durch das Zusammenspiel verschiedener Akteurinnen und Akteure sowie durch materielle und soziale Prozesse kontinuierlich neu konfiguriert werden. Dieser Ansatz erkennt die gleichzeitige Existenz und Überlagerung mehrerer Kontexte und Bedeutungen innerhalb eines Raumes an, was zu einer vielfältigen Nutzung und Wahrnehmung desselben Raumes führt – je nach den sozialen, kulturellen und ökonomischen Hintergründen der jeweiligen Nutzergruppen. Diese komplexen räumlichen Beziehungen und die damit verbundenen Dynamiken sind zentral für das Verständnis relationaler und polykontextueller Räume (vgl. Läpple 1991; Löw & Knoblauch 2021). Durch Theorien wie die Akteur-Netzwerk-Theorie (ANT) und das Konzept der Urban Assemblage wird deutlich, dass materielle und soziale Elemente gleichwertig in Planungsprozesse einbezogen werden müssen. Der gebaute Raum avanciert dabei von einem statischen Hintergrund zu einem aktiven Akteur, der soziale Interaktionen mitprägt. Gleichzeitig erfordert die Berücksichtigung ökologischer und nicht-menschlicher Akteure ein erweitertes Verständnis der urbanen Dynamiken, um den Herausforderungen von Globalisierung, Migration, Klimawandel und Digitalisierung gerecht zu werden (vgl. Noller 1999; Poferl 2019).

Die Zukunftsperspektive für neue Raumkonstellationen unter den Bedingungen des Anthropozäns im Zuge der Globalisierung, der Migration, des Klimawandels und der Digitalisierung ist geprägt von neuen Prozessen und Typologien geographischer, virtueller und sozialer Räume. Schroer warnt jedoch vor der Verabsolutierung eines relationalen Raumverständnisses und der vollständigen Verabschiedung des Behälterraums. Er betont, dass zukünftige Raumkonstitutionen und -konstruktionen durch die Aktivitäten verschiedenster Akteurinnen und Akteure beeinflusst werden, einschließlich der Verflechtungen von Gesellschaftsformationen, die Menschen, Tiere und Pflanzen umfassen. Er spricht von

‚terrestrisch' erbauten Räumen, die von Höhlen bis zu Hochhäusern reichen, und beschreibt ‚geosoziale Gesellschaften', die sowohl Pflanzen- und Tiergesellschaften als auch posthumane Gesellschaften einschließen. Um die neuen ‚Geoverhältnisse und Geopraktiken' im Kontext des Klimawandels, des Artensterbens und von Pandemien zu verstehen, sollte die Planungspraxis in Zukunft verstärkt sowohl überlagernde und volatile soziale Raumstrukturen als auch die Faktoren der nicht-menschlichen Natur berücksichtigen (vgl. Schroer 2019 und 2022). Dies beinhaltet eine verstärkte Auseinandersetzung mit den Auswirkungen planerischen Handelns auf die Umwelt sowie die Einbeziehung ökologischer Dynamiken in die Gestaltung von Räumen. Durch die Integration dieser Aspekte kann ein umfassenderes Verständnis von Räumen entwickelt werden. Dies ermöglicht es, nachhaltigere und resilientere räumliche Entwicklungsstrategien zu entwerfen, die sowohl den sozialen als auch den ökologischen Herausforderungen gerecht werden.

Literatur

Ash, Amin (2002): Ethnicity and the multicultural city: Living with diversity. In: Environment and Planning A 34 (6): 959–980.

Augé, Marc (1994): Nicht-Orte. Vorüberlegungen zu einer Ethnologie der Einsamkeit. Frankfurt a. M.: S. Fischer.

Beauregard, Robert A. (2016): Planning and the politics of resistance. In: Lieto, Laura & Beauregard, Robert A. (ed.) (2016): Planning for a material world. Oxon: Routledge, S. 10–25.

Benz, Arthur (Hrsg.) (2004): Governance – Regieren in komplexen Regelsystemen. Wiesbaden: VS Verlag für Sozialwissenschaft.

Berking, Helmuth (2006): Raumtheoretische Paradoxien im Globalisierungsdiskurs. In: Berking, Helmuth (Hrsg.) (2006): Die Macht des Lokalen in einer Welt ohne Grenzen. Frankfurt am Main: Campus, S. 7–22.

Christmann, Gabriela B. (Hrsg.) (2015): Zur kommunikativen Konstruktion von Räumen: theoretische Konzepte und empirische Analysen. Springer-Verlag.

Faludi, Andreas (1987): A Decision-centred View of Environmental Planning, Pergamon Press, Oxford.

Farías, Ignacio (2010): Interview with Stephen Graham. In: Farías, Ignacio & Bender, Thomas (ed.) (2010): How Actor-Network Theory changes urban studies. London and New York: Routledge, S. 197–206.

Farías, Ignacio (2011): The politics of urban assemblages. In: City 15, Nr. 3–4, S. 365–374.

Frey, Oliver (2008): Von der Partizipation als eine integrierte Strategie von ‚Urban Governance' zur regulierten Selbststeuerung und Selbstorganisation in der Raumplanung. In: Hamedinger, Alexander & Frey, Oliver & Dangschat, Jens S. & Breitfuss, Andrea:

(Hrsg.) (2008): Strategieorientierte Planung im kooperativen Staat. Wiesbaden: VS Verlag für Sozialwissenschaften, S. 224–249.

Frey, Oliver (2009): Die amalgame Stadt. Orte. Netze. Milieus. Wiesbaden: VS-Verlag für Sozialwissenschaften.

Friedmann, John (1987): Planning in the public domain: From Knowledge to Action. Princeton: Princeton University Press.

Friedmann, John (2011): Insurgencies: Essays in Planning Theory. Abingdon: Routledge.

Fürst, Dietrich (2018): Planung, In: ARL – Akademie für Raumforschung

Hahn, Hans Peter (Hrsg.) (2015): Vom Eigensinn der Dinge. Für eine neue Perspektive auf die Welt des Materiellen. Berlin: Neofelis Verlag.

Halbwachs, Maurice (1946): Morphologie sociale. Paris.

Hamm, Bernd & Neumann, Ingo (1996): Siedlungs-, Umwelt- und Planungssoziologie. Ökologische Soziologie Band 2, Opladen: Leske+Budrich.

Harvey, David (2013): Rebellische Städte. Frankfurt/Main: Suhrkamp.

Healey, Patsy (1996): Planning Through Debate: The Communicative Turn in Planning Theory. In: Town Planning Review, Vol. 63, S. 143–162.

Healey, Patsy (2003): Collaborative Planning in perspective. In: Planning Theory 2/2, 2003, S. 101–123.

Hörning, Karl H. (2015): Was fremde Dinge tun. Sozialtheoretische Herausforderungen. In: Hahn, Hans Peter (Hrsg.) (2015) Vom Eigensinn der Dinge. Für eine neue Perspektive auf die Welt des Materiellen. Berlin: Neofelis Verlag, S. 163–176.

Jessop, Bob & Brenner, Neil & Jones, Martin (2008). Theorizing sociospatial relations. Environment and planning D: society and space, 26 (3), 389–401.

Konter, Erich (1997): Lebensraum Stadt – Stadt-Regulation. Grundlagen einer Planungstheorie und -soziologie.

Kurath, Monika (2018): Constructing the Urban Citizen: How Public Knowledge Is Translated into Urban Planning Processes. In: Kurath, Monika & Marskamp, Marko & Paulos, Julio & Ruegg, Jean (eds) (2018): Relational Planning. Tracing Artefacts, Agency and Practice. Cham: Palgrave Macmillan, S. 121–150.

Läpple, Dieter (1991): Essay über den Raum: für ein gesellschaftswissenschaftliches Raumkonzept. In: Häußermann, Hartmut u.a. (Hrsg.) (1991): Stadt und Raum: soziologische Analysen. Deutschland: Centaurus-Verlagsgesellschaft, S. 155–207.

Latour, Bruno (2005): Reassembling the Social. An introduction to Actor-Network-Theory. Oxford University Press, New York.

Law, John (1992): Notes on the Theory of the Actor-Network: Ordering, Strategy and Heterogeneity. In: Systems Practice, Vol. 5, 1992, S. 379–393.

Law, John (1999): After ANT: Complexity, Naming and Topology. In: The Sociological Review 47, 1999, S. 1–14.

Lieto, Laura & Beauregard, Robert A. (2016): Introduction. In: Lieto, Laura/ Beauregard, Robert A. (ed.) (2016): Planning for a material world. Oxon: Routledge, S. 1–9.

Lieto, Laura (2015): Things, rules, and politics: Blurring the boundaries between formality and informality. In: Planning for a material world, Routledge, S. 26–41.

Löw, Martina & Knoblauch, Hubert (2021). Raumfiguren, Raumkulturen und die Refiguration von Räumen. In: Löw, Martina & Sayman, Volkan & Schwerer, Jona & Wolf, Hannah (Hrsg.): Am Ende der Globalisierung. Über die Refiguration von Räumen, transcript Verlag.

Löw, Martina (2001): Raumsoziologie. Frankfurt/Main: Suhrkamp.
Löw, Martina, & Knoblauch, Hubert (2019). The Re-Figuration of Spaces. SFB 1265 Working Paper No. 2. Berlin: CRC 1265.
Lynch Kevin (1981): A theory of good city form. Massachusetts and London: MIT Press.
Mackensen, Rainer (2000): Lokales Handeln in Siedlungswelten. In: Mackensen, Rainer (Hrsg.) (2000): S. 227–272.
Mackensen, Rainer (Hrsg.) (2000): Handlung und Umwelt – Beiträge zu einer soziologischen Lokaltheorie. Opladen: Leske + Budrich.
Marskamp, Marko & Paulos, Julio & Kurath, Monika & Ruegg, Jean (2018): Introduction: An Invitation to Inquire the Relations inside Planning. In: Kurath, Monika & Marskamp, Marko & Paulos, Julio & Ruegg, Jean (eds) (2018): Relational Planning. Tracing Artefacts, Agency and Practice. Cham: Palgrave Macmillan, S. 3–26.
Massey, Doreen (2005): For space. London: Sage.
Mayntz, Renate (2004): Governance Theory als fortentwickelte Steuerungstheorie? Max-Planck-Institut für Gesellschaftsordnung, Working Paper No. 04/1.
Noller, Peter (1999): Globalisierung, Stadträume und Lebensstile. Kulturelle und lokale Repräsentationen des globalen Raumes, Opladen: Leske & Budrich.
Paulos, Julio (2018): Performing Urbanity: An Inquiry into the Modes of Knowing the City. In: Kurath, Monika & Marskamp, Marko & Paulos, Julio & Ruegg, Jean (eds) (2018): Relational Planning. Tracing Artefacts, Agency and Practice. Cham: Palgrave Macmillan, S. 229–258.
Poferl, Angelika (2019): Die Verortung des Subjekts. Herausforderungen der Globalisierungsforschung und Überlegungen zu einer nachgesellschaftlichen Gesellschaftstheorie, SFB 1265 Working Paper, Nr. 3, Berlin.
Prigge, Walter (1986): Zeit, Raum und Architektur. Zur Geschichte der Räume. Köln: Kohlhammer.
Riege, Marlo & Schubert Herbert (2005): Zur Analyse sozialer Räume – ein interdisziplinärer Integrationsversuch. In: Riege, Marlo et al. (2005): S. 7–67.
Riege, Marlo & Schubert Herbert (Hrsg.) (2005): Sozialraumanalyse – Grundlagen, Methoden, Praxis. Opladen: Leske + Budrich.
Roussel, Martin (2014): 'Agency' of Form and the Delegation of the Human. Outline and Introductory Remarks. In: Roussel, Martin & Tchalakov, Ivan & Tanev, Stoyan & Jaekel, Charlotte & Niehaus, Michael & Kapriev, Georgi & Tatnall, Arthur & Tummons, Jonathan & Dopieralski, Marta: Le Sujet de l'Acteur. An Anthropological Outlook on Actor-Network Theory. Paderborn: Wilhelm Fink, S. 9–23.
Rydin, Yvonne (2014): The challenges of the "material turn" for planning studies. In: Planning Theory & Practice, 15, 4, 2014, S. 590–595.
Rydin, Yvonne & Tate, Laura (2016): Actor Networks of Planning. Exploring the influence of Actor-Network-Theory. Routledge Research in Planning and Urban Design. Ney York.
Schimank, Uwe (2009): Planung – Steuerung – Governance: Metamorphosen politischer Gesellschaftsgestaltung, in: Die deutsche Schule 101, 3, S. 231–239.
Schmitt, Peter & Danielzyk Rainer (2018): Exploring the planning-governance nexus: Introduction to the special issue. In: disP-The Planning Review 54, no. 4, S. 16–20.
Schönwandt, Walter L. (2002): Planung in der Krise? Theoretische Orientierungen für Architektur, Stadt- und Raumplanung. Stuttgart: Verlag W. Kohlhammer.
Schroer, Markus (2019): Räume der Gesellschaft. Wiesbaden: Springer Fachmedien.

Schroer, Markus (2022): Geosoziologie: Die Erde als Raum des Lebens. Suhrkamp Verlag.

Soja, Edward (1985): The Spatiality of Social Life: Towards a Transformative Retheorisation. In: D. Gregory & J. Urry (Hrsg.): Social Relations and Spatial Structures. Houndsmills et al: Macmillan: 90–127.

Steets, Silke (2015): Der sinnhafte Aufbau der gebauten Welt: Eine Architektursoziologie. Berlin: Suhrkamp.

Sturm, Gabriele (1998): Wege zum Raum. Opladen: Leske+Budrich.

Tanev, Stoyan (2014): Actor-Network vs Activity Theory. Dealing With the Changing Nature of the Asymmetry in Human-Technology-Inter-Actions. In: Kapriev, Georgi & Roussel, Martin & Tchalakov, Ivan (Eds.) (2014): Le Sujet de l'Acteur. An Anthropological Outlook on Actor-Network Theory. Morphomata Reihe. Paderborn: Wilhelm Fink GmbH & Co. Verlags-KG, S. 65–85.

Tewdwr-Jones, Mark (2017): Complexity and interdependency in a kaleidoscopic spatial planning landscape for Europe. In: Albrechts, Louis & Alden, Jeremy & Pires, Ar-tur Da Rosa (Hrsg.): The Changing Institutional Landscape of Planning, Routledge, S. 8–34.

Urry, John (1985): Social Relations, Space and Time. In: D. Gregory & J. Urry (Hrsg.): Social Relations and Spatial Structures. Houndsmills et al.: Macmillan: 20–48.

Waldenfels, Bernhard (2015) Die Mitwirkung der Dinge in der Erfahrung, In: Hahn, Hans Peter (Hrsg.): Vom Eigensinn der Dinge. Für eine neue Perspektive auf die Welt des Materiellen. Berlin: Neofelis Verlag. S, 57–80.

Wiechmann, Thorsten (2018): Planungstheorie, In: ARL – Akademie für Raumforschung und Landesplanung (Ed.): Handwörterbuch der Stadt- und Raumentwicklung, ARL – Akademie für Raumforschung und Landesplanung, Hannover, S. 1771–1784.

Wiechmann, Thorsten (Hrsg.) (2019a): ARL Reader Planungstheorie: Band 1 Kommunikative Planung, Neoinstitutionalismus und Governance. Berlin: Springer Spektrum.

Wiechmann, Thorsten (Hrsg.) (2019b): ARL Reader Planungstheorie: Band 2 Strategische Planung-Planungskultur. Berlin: Springer Spektrum.

Zimmermann, Karsten & Feiertag, Patricia (2022): Governance and city regions: Policy and planning in Europe. Taylor & Francis.

Fazit

13

Diese Fotografie (Abb. 13.1) veranschaulicht die Dynamik von Orten und Räumen, indem sie das bauliche Skelett eines Objekts im Wiener Arsenal freilegt und den Transformations- sowie Umbauprozess dokumentiert. Zwischen Gesellschaft und Raum entfaltet sich die Planung als lebendiges Gewebe aus Macht, Demokratie und sozialem Wandel – ein stetiger Dialog, der Orte nicht nur formt, sondern auch ihre Bedeutung im Fluss der Zeit neu verhandelt. Planungssoziologie erfordert die Kunst des Verstehens und Vermittelns – sie erkennt Raum als soziale Struktur, Gesellschaft als räumliche Formation und Planung als Brücke zwischen Theorie und gelebter Wirklichkeit.

Das Fachgebiet Planungssoziologie beruht auf den beiden Säulen räumliche Planung und Soziologie. Durch interdisziplinäre Verknüpfungen und Übersetzungsleistungen wirken planungssoziologische Forschungen und Lehre auf eine Veränderung des Planungs- und Raumverständnisses in beide Disziplinen hinein. Für die räumliche Planung wird die Perspektive auf das Wirkungsgeflecht zwischen Gesellschaft, Raum und Planung gestärkt; für die Soziologie wird die Bedeutung der Raumgebundenheit sozialer Prozesse betont. Planungssoziologie unterscheidet sich von beiden Disziplinen, da sie weder die praktische sozial-räumliche Intervention in den Mittelpunkt stellt noch eine rein theoretische Gesellschaftsanalyse betreibt, sondern einen praxis- und planungsbezogenen Ansatz integriert.

Räumliche Planung muss soziale, ökologische und ökonomische Aspekte integrieren, um eine gerechte und nachhaltige Entwicklung zu sichern. Soziale Dimensionen sind zentral, da sie die Bedürfnisse aller gesellschaftlichen Gruppen

Abb. 13.1 Fotografie des Arsenal Wien in der Transformations- und Umbauphase im Jahr 2014 (c) Michael Seirer Photography

berücksichtigen. Die Soziologie unterstützt die Planungspraxis, indem sie hilft, gesellschaftliche Dynamiken zu verstehen. Eine interdisziplinäre Herangehensweise ist essenziell, um diese Vielfalt in die Planung zu übertragen. Governance und Partizipation erhöhen die Effektivität und Akzeptanz von Planungsprozessen.

Die Abb. 13.2 zeigt, wie gesellschaftlicher Wandel und Demokratie die räumliche Planung beeinflussen. Während sich die Anforderungen an Planung ändern, trägt sie zugleich zur Gestaltung demokratischer Prozesse bei. Die wechselseitige Beziehung betont die Notwendigkeit sozial sensibler, partizipativer Planung. Die Planungssoziologie fördert eine „Planung für die Menschen" und unterstützt die Anpassung an gesellschaftliche Veränderungen.

Die Wechselwirkungen zwischen gebautem und sozialem Raum sind untrennbar miteinander verbunden und bestimmen maßgeblich die Lebensqualität in Landschaften, Regionen, urbanen und ländlichen Gebieten. Eine transparente und inklusive Planungskultur stärkt das Vertrauen der Bevölkerung in die Planungsbehörden und erhöht die Akzeptanz von Projekten. Eine partizipative Planungskultur ist somit nicht nur wünschenswert, sondern auch notwendig, um soziale Gerechtigkeit und Nachhaltigkeit in der Stadtentwicklung zu gewährleisten. Die Erkenntnisse aus diesem Buch bieten wertvolle Empfehlungen für

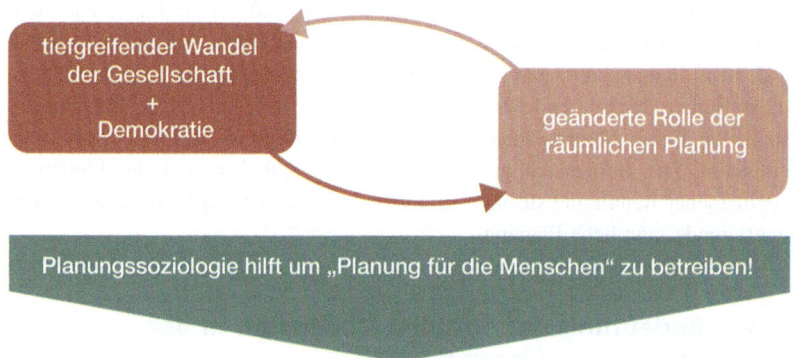

- Gesellschaft als „Zielgruppe" verstehen
- Eigene Rolle als Planer*in Gesellschaft und Politik reflektieren
- Räumliche Planung als gesellschaftlichen Prozess gestalten

Abb. 13.2 Rolle der Planungssoziologie für die räumliche Planung

Planer*innen, Politiker*innen und Forscher*innen, um Herausforderungen räumlicher Entwicklung in der Praxis zu berücksichtigen. Es wird deutlich, dass die Integration sozialer Dimensionen in die räumliche Planung nicht nur möglich, sondern auch dringend erforderlich ist.

Insgesamt zeigt diese Monographie auf, dass eine ganzheitliche Raumentwicklung, die soziale, ökologische und ökonomische Dimensionen gleichermaßen berücksichtigt, der Schlüssel zur Bewältigung der komplexen Herausforderungen der heutigen Zeit ist. Durch die Kombination von theoretischen Ansätzen und praktischen Beispielen wird verdeutlicht, wie integrative Planungsansätze zur Förderung einer gerechteren und nachhaltigeren Gesellschaft beitragen können.

Die Monographie untersucht umfassend tiefgreifende Wechselwirkungen zwischen gesellschaftlichen Strukturen, räumlichen Prozessen und planerischen Steuerungsmechanismen. Ein Ergebnis ist die Erkenntnis, dass Raum nicht nur als physische Entität, sondern als gesellschaftliches Konstrukt betrachtet werden sollte. Räumliche Planungsprozesse sind stets eingebettet in soziale, wirtschaftliche und politische Dynamiken. Die Untersuchung zeigt, dass Planungssoziologie einen essenziellen Beitrag zur Erfassung und Steuerung sozial-räumlicher Transformationsprozesse leisten kann. Sie deckt auf, wie normative Leitbilder, institutionelle Rahmenbedingungen und soziale Dynamiken die Nutzung und Gestaltung des Raumes beeinflussen. Durch die Analyse des Analysedreiecks

‚Gesellschaft, Orte, Steuerung' erarbeitet das Buch die vielfältigen Faktoren, die die räumliche Entwicklung beeinflussen und steuern. Besonders deutlich wird, dass Planungsprozesse von Konflikten geprägt sind, da unterschiedliche Akteur*innen divergierende Interessen verfolgen. Ein inklusiver Planungsansatz sollte daher Mechanismen zur Konfliktbewältigung und Machtverteilung beinhalten. Die Berücksichtigung sozialer Ungleichheiten und die Förderung angemessener Beteiligungsformen sind essenziell für eine nachhaltige und sozial integrierende räumliche Planung.

13.1 Bedeutung der sozialen Dimension in der räumlichen Planung

Gesellschaftliche Prozesse und Strukturen beeinflussen maßgeblich die Art und Weise, wie Räume gestaltet und genutzt werden. Die soziale Dimension umfasst Aspekte wie soziale Gerechtigkeit, Inklusion und Teilhabe im Raum. Die Integration sozialer Aspekte in die Planungspraxis trägt dazu bei, soziale Ungleichheiten zu reduzieren und den Zugang zu Ressourcen und Dienstleistungen für alle Bevölkerungsgruppen zu verbessern. Soziale Planung zielt darauf ab, die Bedürfnisse und Interessen unterschiedlicher sozialer Gruppen zu berücksichtigen und Konflikte zwischen ihnen zu minimieren. Durch partizipative Planungsprozesse wird die Einbindung der Bevölkerung gefördert, was zu einer höheren Akzeptanz und Wirksamkeit der Planungen führt. Darüber hinaus trägt die soziale Dimension dazu bei, die Resilienz von Gemeinschaften zu stärken, indem sie den sozialen Zusammenhalt und die Unterstützung unter den Bewohnern fördert. Eine Planung, die die soziale Dimension vernachlässigt, läuft Gefahr, bestehende Ungleichheiten zu verschärfen und soziale Spannungen zu fördern. Daher ist es entscheidend, soziale Analysen und Beteiligungsprozesse in die Planung zu integrieren. Zudem ermöglicht die Berücksichtigung der sozialen Dimension die Schaffung von Räumen, die den kulturellen und sozialen Bedürfnissen der spezifischen Gemeinschaften entsprechen. Durch die Einbeziehung der sozialen Dimension wird die Planung zu einem integrativen Prozess, der die Vielfalt der Gesellschaft widerspiegelt und fördert.

Die soziale Dimension ist ein zentraler Aspekt in der räumlichen Planung, da sie die Bedürfnisse und Interessen der verschiedenen gesellschaftlichen Gruppen umfasst. Eine erfolgreiche räumliche Planung muss die komplexen Wechselwirkungen zwischen sozialen, wirtschaftlichen und ökologischen Faktoren erkennen und integrieren. Dabei spielt die Inklusion gesellschaftlicher Akteur*innen eine

wesentliche Rolle. Soziale Aspekte wie Zugang zu Wohnraum, Bildungseinrichtungen, Gesundheitsversorgung und sozialen Dienstleistungen sind entscheidend
für die Lebensqualität in regionalen, städtischen und ländlichen Gebieten. Die
räumliche Planung sollte daher sicherstellen, dass diese Ressourcen gerecht verteilt und zugänglich sind. Zudem fördert die Beteiligung der Gemeinschaften an
Planungsprozessen das soziale Kapital und stärkt das Gemeinschaftsgefühl, was
wiederum zu einer nachhaltigeren und resilienteren Raumentwicklung beiträgt.
Die soziale Dimension in der räumlichen Planung betont die Notwendigkeit, marginalisierte Gruppen zu unterstützen und soziale Ungleichheiten zu reduzieren.
Durch partizipative Planungsansätze können die Bedürfnisse und Perspektiven der
verschiedenen sozialen Gruppen besser verstanden und berücksichtigt werden.

Die Analyse zeigt, dass soziale Ungleichheiten sich in räumlichen Strukturen widerspiegeln. Gentrifizierungsprozesse, soziale Segregation und ungleicher
Zugang zu urbanen Ressourcen führen dazu, dass bestimmte Gruppen systematisch benachteiligt werden. Ein Beispiel ist die Verdrängung einkommensschwacher Bevölkerungsgruppen aus zentralen urbanen Lagen. Während wirtschaftlich
starke Gruppen Zugang zu hochwertigen Wohn- und Infrastrukturen haben, werden ärmere Haushalte zunehmend an die städtischen Ränder gedrängt. Dies führt
zu einer Verstärkung sozialer Spaltungen und kann langfristig zur Destabilisie-
rung urbaner Räume und der Gesellschaft beitragen. Die Planungspraxis muss
sich dieser Problematik bewusst sein und Mechanismen entwickeln, die eine
sozial gerechtere Stadtentwicklung ermöglichen. Hierzu gehören Maßnahmen wie
eine sozial ausgewogene Bodenpolitik, integrative Wohnkonzepte und gezielte
Förderprogramme für sozial benachteiligte Quartiere. Zudem ist eine engere Verzahnung zwischen Sozial- und Raumplanung erforderlich, um Exklusionsrisiken
frühzeitig zu erkennen und entgegenzuwirken.

13.2   Bedeutung von Governance und Partizipation in der räumlichen Transformation

Governance und Partizipation spielen eine zentrale Rolle in der räumlichen
Transformation. Eine effektive Governance-Struktur fördert die Zusammenarbeit
zwischen verschiedenen Akteur*innen und ermöglicht die Entwicklung kohären-
ter und integrierter Planungsstrategien. Partizipation ist dabei ein wesentlicher
Bestandteil, der sicherstellt, dass die Interessen und Bedürfnisse der Bevölkerung sowie die unterschiedlichen Aspekte der Fachplanungen und institutionellen
Akteur*innen in den Planungsprozess einfließen. Partizipation kann diesbezüglich
in verschiedenen Formen erfolgen, von der einfachen Information der Bürger bis

hin zu aktiver Einbeziehung unterschiedlichster Akteur*innen und Institutionen in Entscheidungsprozesse. Dabei ist es wichtig, inklusive und zugängliche Beteiligungsmethoden zu entwickeln, die möglichst viele gesellschaftliche Gruppen und institutionellen Akteure einbeziehen. Eine partizipative Governance-Struktur fördert die Demokratisierung der Planung und stärkt das Vertrauen der Bürger in die politischen Institutionen. Governance-Modelle, die auf Kooperation und Koordination abzielen, unterstützen die Entwicklung von Planungsstrategien, die sowohl top-down als auch bottom-up initiiert werden. Die Bedeutung von Governance und Partizipation zeigt sich auch in der Fähigkeit, auf unvorhersehbare Entwicklungen und Herausforderungen flexibel zu reagieren.

Governance spielt eine zentrale Rolle in der räumlichen Planung, da sie den Rahmen für Entscheidungsprozesse setzt und die Zusammenarbeit zwischen staatlichen, privaten und zivilgesellschaftlichen Akteuren ermöglicht. Die Forschungsergebnisse zeigen, dass eine partizipative Planung nicht nur die Akzeptanz von Maßnahmen erhöht, sondern auch zu gerechteren räumlichen Strukturen führen kann. Allerdings gibt es Herausforderungen: Partizipationsprozesse sind oft von selektiven Beteiligungsmechanismen geprägt, wodurch insbesondere marginalisierte Gruppen von Entscheidungsprozessen ausgeschlossen werden. Zudem besteht die Gefahr, dass Partizipation als symbolisches Mittel missbraucht wird, ohne dass reale Einflussmöglichkeiten bestehen. Eine wirksame Governance erfordert daher transparente Prozesse, Verbindlichkeit und eine gerechte Machtverteilung unter den Akteuren.

Das Buch hebt hervor, dass es nicht nur auf das ‚ob‘, sondern auch auf das ‚wie‘ der Partizipation ankommt. Erfolgreiche Beispiele zeigen, dass deliberative Verfahren, kooperative Planungsmodelle und digitale Beteiligungsformate neue Möglichkeiten für eine effektive Bürgerbeteiligung bieten können. Gleichzeitig bedarf es jedoch regulatorischer Rahmenbedingungen, um eine wirksame demokratische Mitbestimmung zu gewährleisten.

13.3   Bedeutung von baulichem und sozialem Raum für die Stadtentwicklung

Der bauliche und soziale Raum sind zwei untrennbare Komponenten der Raumentwicklung. Der bauliche Raum umfasst die physischen Strukturen und Infrastrukturen, die das Rückgrat räumlicher Umwelt bilden. Der soziale Raum hingegen bezieht sich auf die sozialen Interaktionen, Netzwerke und Beziehungen, die innerhalb dieser physischen Strukturen stattfinden. Beide Dimensionen beeinflussen sich gegenseitig und tragen zur Formung der sozial-räumlichen

Umwelt bei. Die Gestaltung des baulichen Raums hat direkte Auswirkungen auf das soziale Leben der Bewohner*innen, indem sie Begegnungen fördert oder verhindert, Zugänglichkeit schafft oder einschränkt und die Nutzung öffentlicher Räume beeinflusst. Gleichzeitig prägen soziale Dynamiken und Bedürfnisse die Anforderungen an die räumliche Umwelt, sei es durch die Nachfrage nach bestimmten Wohnformen, öffentlichen Einrichtungen oder Verkehrsinfrastrukturen. Eine erfolgreiche Raumentwicklung berücksichtigt beide Dimensionen gleichermaßen und strebt danach physische Strukturen zu schaffen, die soziale Interaktionen und Integration fördern. Der bauliche Raum kann als Bühne für soziale Prozesse betrachtet werden, während der soziale Raum den Kontext liefert, in dem bauliche Interventionen ihre Wirkung entfalten. Die Berücksichtigung des sozialen Raums in der Planung hilft, soziale Ungleichheiten zu reduzieren und die Lebensqualität aller Bewohner zu verbessern. Dies erfordert ein tiefes Verständnis der sozialen Strukturen und Dynamiken innerhalb des Raums sowie die Einbeziehung der Bewohner*innen in den Planungsprozess.

Öffentliche Räume haben traditionell eine wichtige Funktion als Orte des sozialen Austauschs, der politischen Artikulation und der gesellschaftlichen Integration. Die Monographie verdeutlicht jedoch, dass diese Räume einem tiefgreifenden Wandel unterliegen. Zum einen wird durch zunehmende Privatisierung und Kommerzialisierung öffentlicher Räume die Zugänglichkeit für bestimmte Bevölkerungsgruppen eingeschränkt. Zum anderen führen sicherheitspolitische Maßnahmen wie Videoüberwachung oder ordnungspolitische Regulierungen zu einer selektiven Nutzung und Exklusion bestimmter sozialer Gruppen. Darüber hinaus verändert die Digitalisierung die Art und Weise, wie öffentliche Räume wahrgenommen und genutzt werden. Während digitale Plattformen neue Formen des sozialen Austauschs ermöglichen, kann dies auch zu einer Entfremdung vom physischen Raum führen.

13.4 Gesamtschau der wichtigsten Erkenntnisse des Buches

Das Buch ‚Gesellschaft und Raum. Soziale Dimension der Planung' bietet eine umfassende Analyse der Wechselwirkungen zwischen gesellschaftlichen Strukturen und räumlicher Planung. Es wird deutlich, dass die soziale Dimension in der räumlichen Planung von zentraler Bedeutung ist und nicht vernachlässigt werden darf. Die Bedeutung von Governance und Partizipation wird hervorgehoben, da sie die Transparenz und Legitimität von Planungsprozessen erhöhen und die aktive Beteiligung der Bevölkerung fördern. Der bauliche und soziale Raum wird als integrale Komponenten der Raumentwicklung betrachtet. Die Analyse zeigt, dass eine integrative Planung, die sowohl physische als auch soziale Aspekte berücksichtigt, notwendig ist, um den Herausforderungen des 21. Jahrhunderts gerecht zu werden. Die Untersuchung verschiedener Governance-Modelle verdeutlicht die Notwendigkeit einer flexiblen und kooperativen Planungskultur, die auf Transparenz und Partizipation setzt. Die Bedeutung einer interdisziplinären Herangehensweise wird betont, um die komplexen Wechselwirkungen zwischen Raum und Gesellschaft zu erfassen und in die Planungspraxis zu integrieren. Abschließend wird die Notwendigkeit einer nachhaltigen und sozialen Stadtentwicklung unterstrichen, die durch partizipative und inklusive Ansätze gefördert wird.

13.5   Ausblick auf zukünftige Entwicklungen und Forschungsfelder

Der Blick in die Zukunft zeigt, dass sich die Herausforderungen und Chancen der räumlichen Planung weiter diversifizieren. Urbanisierung und Klimawandel erfordern nachhaltige Lösungen, während Digitalisierung und technologische Innovationen neue Gestaltungsmöglichkeiten bieten. Partizipative Ansätze gewinnen an Bedeutung, da sie eine stärkere Einbindung der Bevölkerung ermöglichen. Zukünftige Forschung wird sich verstärkt mit Globalisierung, Klimawandel, Migration und demografischem Wandel befassen. Die Analyse sozialer Ungleichheiten und ihrer räumlichen Auswirkungen bleibt zentral, ebenso wie die Entwicklung kooperativer Governance-Modelle.

Angesichts wachsender urbaner Herausforderungen müssen Forschung und Praxis der räumlichen Planung kontinuierlich weiterentwickelt werden. Nachhaltigkeit, Resilienz und soziale Gerechtigkeit sollten verstärkt in die Stadtplanung einfließen. Neue Technologien ermöglichen datenbasierte, adaptive Planungsansätze sowie eine effizientere und transparentere Bürgerbeteiligung. Interdisziplinäre Zusammenarbeit zwischen Architekten, Soziologen, Ökologen und weiteren Fachrichtungen kann innovative Lösungen hervorbringen. Ein wichtiges Forschungsfeld bleibt die Anpassung städtischer Gebiete an den Klimawandel und die Minderung von Risiken. Zudem muss sichergestellt werden, dass möglichst viele gesellschaftliche Gruppen in Planungsprozesse einbezogen werden.

Die Zukunft der Raum- und Gesellschaftsforschung erfordert eine stärkere interdisziplinäre Integration. Die Wechselwirkungen zwischen sozialem Wandel, technologischer Entwicklung und ökologischer Transformation machen es notwendig, über traditionelle Planungsmethoden hinauszudenken. Digitale Technologien wie Smart-City-Konzepte, Beteiligungsplattformen und KI-gestützte Analysen bieten neue Möglichkeiten, bringen aber auch Herausforderungen mit sich. Nachhaltige Stadtentwicklungsstrategien müssen ökologische Aspekte, Klimagerechtigkeit und Ressourcennutzung stärker einbeziehen. Schließlich bleibt soziale Gerechtigkeit ein zentrales Ziel der Planung. Nur durch verstärkte Kooperation zwischen Wissenschaft, Praxis und Zivilgesellschaft lassen sich innovative Lösungen für sozial-räumliche Transformationen entwickeln.

Die Abb. 13.3 zeigt zentrale Aspekte der Zukunftsgesellschaft und die künftigen planerischen Herausforderungen. Eine zukunftsfähige Raumentwicklung erfordert die Stärkung der sozialen Kohäsion, um Gemeinschaften resilienter und solidarischer zu gestalten. Gleichzeitig sollte Vielfalt gefördert und Integration vorangetrieben werden, um möglichst vielen Menschen eine gleichberechtigte Teilhabe am sozial-räumlichen Leben zu ermöglichen. Nachhaltigkeit wird zu einem essenziellen Raumfaktor, da ökologische, soziale und ökonomische Entwicklungen eng miteinander verknüpft sind.

Konflikte spielen eine besondere Rolle, da sie nicht nur Herausforderungen darstellen, sondern auch demokratische Prozesse stärken können. Die Abbildung verdeutlicht zudem die Notwendigkeit einer Neubewertung des Verhältnisses von öffentlichem und privatem Leben, da sich soziale Interaktionsräume stetig verändern. Visionen für gerechte und lebenswerte Städte sind entscheidend, um nachhaltige und inklusive urbane Strukturen zu schaffen.

Ein zentrales Konzept ist die ‚Mega-Erzählung' der Teilhabe im Raum, die über die physische Gestaltung hinausgeht und auch soziale sowie kulturelle Prozesse umfasst. Räume sollten so gestaltet werden, dass sie vielen Menschen unabhängig von Herkunft, Einkommen oder sozialem Status eine aktive Mitgestaltung ermöglichen. Dabei ist eine enge Verzahnung von Planung, Governance

Abb. 13.3 Zukunft der planungsbezogenen Raum- und Gesellschaftsforschung

und Beteiligung erforderlich. Die Abbildung macht deutlich, dass räumliche Teilhabe kein statischer Zustand ist, sondern ein dynamischer, sich kontinuierlich entwickelnder Prozess. Eine zukunfts- und sozialorientierte Planung sollte daher weiterhin langfristige Strategien entwickeln, um gesellschaftlichen Wandel aktiv zu gestalten und gerechte Teilhabe zu gewährleisten.

Weiterführende Literatur

ARL – Akademie für Raumentwicklung in der Leibniz-Gemeinschaft (Hrsg.) (2024): Große Transformation und nachhaltige Raumentwicklung machen: Impulse zur Umsetzung in der regionalen und kommunalen Praxis. Hannover. Positionspapier aus der ARL 148.

Davy, Benjamin (2016): Land policy: Planning and the spatial consequences of property. Routledge.

Farías, Ignacio & Löw, Martina & Schmidt-Lux, Thomas & Steets, Silke (2023): Kultursoziologische Stadtforschung. Frankfurt: Campus Verlag.

Flade, Antje (Hrsg.) (2015): Stadt und Gesellschaft im Fokus aktueller Stadtforschung: Konzepte – Herausforderungen – Perspektiven. Wiesbaden: Springer Fachmedien Wiesbaden.

Frey, Oliver (2015): Die Stadt von morgen; in: Spektrum der Wissenschaft, Mai 2015, S. 80–86.

Frey, Oliver (2024): Lebensstile und Milieus in der Stadt. In: Eckardt, Frank (Hrsg. 2024): Handbuch Stadtsoziologie, Wiesbaden: Springer Fachmedien Wiesbaden, S. 1–32.

Kibel, Jochen & Meier, Nina & Steets, Silke & Weidenhaus, Gunter (2025): Figuring Out Spaces. Über die Sozialität von Räumen und die Räumlichkeit des Sozialen. Bielefeld: transcript.

Knoblauch, Hubert & Löw, Martina (2024): The Refiguration of the Global: Globalization and the Spatial Logics of Digitalization. Critical Sociology, online first.

Mau, Steffen & Lux, Thomas & Westheuser, Linus (2023): Triggerpunkte: Konsens und Konflikt in der Gegenwartsgesellschaft, Suhrkamp.

Reckwitz, Andreas (2017): Die Gesellschaft der Singularitäten. Zum Strukturwandel der Moderne. Berlin: Suhrkamp.

Steets, Silke (2015): Der sinnhafte Aufbau der gebauten Welt: eine Architektursoziologie, Suhrkamp Verlag.

Streich, Bernd (2011): Stadtplanung in der Wissensgesellschaft. Ein Handbuch. 2. Aufl. Wiesbaden: VS Verlag für Sozialwissenschaften.

Erratum zu: Raum und Gesellschaft

Erratum zu:
O. Frey, *Raum und Gesellschaft*,
https://doi.org/10.1007/978-3-658-48154-4

Aufgrund eines bedauerlichen Versehens seitens der Produktion war bei den Abbildungen Abb. 3.2, Abb. 3.3, Abb. 6.1, Abb. 9.1 und Abb. 13.3 der Hintergrund schwarz. Die ursprünglich veröffentlichte Version wurde korrigiert.

Die aktualisierte Version dieses Buchs finden Sie unter
https://doi.org/10.1007/978-3-658-48154-4

The manufacturer's authorised representative in the EU is Springer
Nature Customer Service Centre GmbH, Europaplatz 3, 69115 Heidelberg,
Germany. If you have any concerns regarding our products, please
contact ProductSafety@springernature.com

Printed and bound by CPI Group (UK) Ltd, Croydon, CR0 4YY
24/04/2026
02096373-0005